자아, 윤리, 그리고 철학

자아, 윤리, 그리고 철학

한 현상학적 접근

이길우

고려대학교출판부
KOREA UNIVERSITY PRESS

이길우 선생

이길우(李吉雨, 1941–2000)

1941년	경상북도 대구 생
1960년	경북고등학교 졸업
	고려대학교 문과대학 철학과 입학
1969년	고려대학교 문과대학 철학과 졸업(문학사)
1975년	고려대학교 대학원 철학과 졸업(문학석사)
1984년	독일 본대학교Rheinisch Friedrich Wilhelms Universität zu Bonn 졸업(철학박사)
1984–95년	강원대학교 철학과 부교수, 교수
1988–90년	강원대학교 인문대 교무과장
1990–95년	한국현상학회 편집이사
1992–94년	강원대학교 학생생활연구소장
1995–96년	고려대학교 문과대학 철학과 부교수
1996–98년	고려대학교 부설 철학연구소 연구이사, 총무이사
	한국현상학회 부회장
1996–2000년	고려대학교 문과대학 철학과 교수
2000년 5월 4일	지병으로 타계

책머리에

한 지인의 전언에 따르면 이길우 선생께서는, 회갑에 즈음하여 평생 쓰신 논문을 모두 모아 한 권의 책으로 펴낼 계획을 가지고 계셨다. 그러나 돌연한 병마가 선생께 필요한 시간과 힘을 허락하지 않았고, 결국 선생께서는 2000년 5월 많은 아쉬움만을 남긴 채 세상을 뜨셨다. 회갑을 두 해 정도 남겨 둔 시점이었다.

철학과의 남겨진 교수들은 가신 분을 잊지 못하고 자주 그분에 대한 이야기를 나누던 중 논문집 발간에 관한 생각에 이르게 되었다. 그러나 당시 우리는 위의 이야기를 전혀 모르고 있었다. 만일 알고 있었더라면 우리가 그렇게 넋을 잃고 손을 놓고 여섯 번의 겨울과 봄이 가고 오게 하지는 않았을 것이고, 또 책도 아마 고인의 뜻대로 회갑에 맞추어 발간될 수 있었을 것이다. 많은 시간을 고인의 뜻에 반하여 흘려보냈으니 참으로 안타까운 일이다.

그러나 이제 고인의 여섯 번째 기일을 맞으며 비로소 선생께서 남기신 평생의 학문적 족적을 모아 한 권의 책으로 펴낼 수 있게 되었다. 선생께서 손수 하셨어야 할 일이지만, 늦게나마 남은 이들이 힘을 모아 선생의 뜻을 이루어 드렸으니 그나마 다행한 일이다.

이 책이 빛을 보기까지 정말 많은 분들의 도움이 있었다. 재정적 이해를 전혀 고려하지 않고 출판을 맡아 주신 고려대학교출판부장 황현산 교수님과 편집실 여러분, 깔끔한 교정을 위해 시간과 노고를 아끼지 않은 고려대학교 철학과 대학원생들, 이 뜻있는 일을 위해 재정적인 지원을 해 주신 분들, 그리고 무엇보다도 일의 처음부터 끝까지 아낌없는 배려와 도움을 베풀어 주신, 나를 제외한 고려대학교 철학과의 모든 교수님들 ― 이 분들의 도움이 없었더라면 출판은 불가능했을지도 모를 일이다. 최소한 지금 이 상태의 책이 선생께 바쳐질 수는 없었을 것이다. 이에 감히 고인과 유족을 대신하여 감사의 말씀을 드린다.

이 책에는 모두 열여섯 편의 글이 수록되어 있다. 이것은 선생의 석·박사 학위논문과 서평, 에세이를 제외한 학술적인 글 전부이다. 가히 선생의 학문적 궤적을 모두 모아 정리했다고 말할 수 있다. 누구나 읽어 보면 쉽게 감지할 수 있는 바이지만, 열여섯 편의 글 어디에서도 선생의 학문적 성실과 철학적 진지함이 묻어 나온다. 이 성실과 진지함이야말로 선생께서 후학들에게 몸소 주신 가르침일 것이다.

이제 선생께서는 가시고 말씀이 없으시지만, 그분이 남기신 글들이 한자리에 모여 이야기를 시작한다. 자아와 윤리에 대해, 그리고 철학적 사유에 대해. 나의 귀에는 마치 이 모든 글들이 각기 다른 목소리로, 그러나 오로지 한 가지에 대해서만 말하는 것이 들리는 듯하다. 언젠가 고인이 번역하셨던 책의 서문에 쓰셨던 '철학의 정신'에 대해서 말이다 ― "현상학은 원래 철학이 어떤 것이어야 하는가를 가르쳐 준다. 그리고 그 정신에 철저할 것을 요구한다. 현상학이 가르쳐 주는 철학의 진정한 의미란 진리에 대한 무조건적인 사랑(philosophia)이다. '그 무엇을 위하여' 또는 '그 무엇 때문에' 진리를 추구하는 것이 아니라 진리를 얻으려는 노력과 진리 그 자체가 철학의 목적이다."

2006년 5월, 고인의 여섯 번째 기일을 맞으며

편집자 김창래

차 례

III. 철학적 사유의 길

I. 자아와 공동 주관성

선험적 자아의 존재와 동일성*

序論

후설E. Husserl(1859-1938)이 1913년 《순수현상학과 현상학적 철학의 이념들》 제1권[1]을 세상에 내어 놓았을 때, 그때까지 논리적 객관주의를 그의 확고한 철학적 노선으로 여겼던 많은 동료와 제자들을 놀라게 하였으며, 후설과 격렬한 논쟁을 벌였다고 한다.[2] 그 이유는 후설이 이미 극복한 것으로 여겼던 심리적 주관주의에 다시 빠져버린 것으로 보았기 때문이다. 그 결과 후설을 그동안 지지하였던 다른 철학자들과 후설 사이에는 더 이상 좁힐 수 없는 거리가 생기고 말았다. 이에 대하여 후설은 그들 모두가 선험철학으로서의 현상학

---

* 《철학연구》, 대한철학회 편, 42집, 1986.

1 *Ideen zu einer reinen Phänomenologie und phänomenologischen Philosophie I, Husserliana III.* (이하 《이념들 I》로, 같은 책 II, III권은 각기 《이념들 II》, 《이념들 III》으로 약함)

2 E. 후설, 〈로만 잉가르덴에게 보낸 편지〉, *Phaenomenologica*, Bd. 25, Haag : Martinus Nijhoff, 1968. 이 중 잉가르덴이 쓴 '후설에 대한 끈의 회고' 113쪽 참조. '괴팅겐 현상학파'에 관하여는 H. Spiegelberg의 《현상학 운동*The phenomenological movement*》, 제1권, *Phaenomenologica*, Bd. 5, 196쪽 이하 참조.

을 이해하지 못한 것이라고 한탄하며 이들 이른바 '현상학파'들과 자신의 선험 현상학을 명백히 구별하였다.[3]

후설이 심리적 주관주의에 빠져버렸다는 비난은 《논리연구》 제2권이 나온 1901년부터 시작되었던 것이나, 1913년 앞서 말한 《이념들 I》이 나오자 사람들은 지금까지 가졌던 의구심이 확실하게 되었다고 믿었던 것이다. 《논리연구》 제2권 특히, 제5연구('지향적 체험과 그 내용')부터는 대상의 주관적 상관자로서의 체험에 관하여 논하고 있는데, 어디까지나 이것은 객관적 대상의 단순한 상관자로서만 다루어지고 있는 것 같은 인상을 준다. 이러한 인상을 받은 사람은 그 당시에도 있었을 것이며 이들은 아직 후설이 다시금 심리적 주관주의로 떨어졌다고 비난할 수는 없었을 것이다. 그러나 《이념들 I》에서는 이전까지 대상의 단순한 주관적 상관자이던 주체가 대상을 구성Konstitution하는 것으로 등장함으로써 후설은 종래의 관념론자와 다를 바 없다고 보게 된 것이다.[4] 이러한 결과 선험 현상학의 핵심개념들인 에포케epoché, 선험적 화원transzendentale Reduktion, 순수의식reines Bewußtsein과 마찬가지로 선험적 자아transzendentale Ich에 관한 후설의 이론도 그 본질적인 의의를 별로 인정받

[3] E. 후설, 《유럽 학문의 위기와 선험 현상학》, *Husserliana VI*, Haag : Martinus NijHoff, 1976, 431, 439쪽 참조.

[4] '만들어 내다', '이루다', '해내다'라는 일상적인 말뜻이 들어 있는 '구성'Konstitution이란 낱말에 후설은 특별한, 선험적인 의미를 부여함으로써 현상학에서는 이 낱말이 대상인식에 있어서 주체가 갖는 역할을 가장 잘 시사해 주는 용어로 쓰이고 있다. 이 개념에 관한 보다 구체적인 것은 Eugen Fink가 제3회 국제 현상학 대회에서 발표한 글 "Operative Begriffe in Husserls Phänomenologie"를 참조 바람(*Zeitschrift für Philosophische Forschung* 11, 1957년에 게재. 이것은 Fink의 단행본 *Nähe und Distanz*, München : Karl Alber, 1976에도 실려 있음).

지 못하는 결과가 되었다.

선험적 자아에 관한 후설의 사고를 대개의 학자들은 칸트I. Kant적 개념과 대동소이한 것이라는 레테르를 붙이고 더 이상 거들떠보려 하지 않았다. 이러한 상황은 1950년대 《후설 전집*Husserliana*》이 나오기 시작하면서부터 달라졌으며, 1960년대에 와서는 풍부한 연구결과가 나왔다.[5] 무엇보다도 후설 전집 I권으로 나온 《데카르트적 성찰》[6](특히 제4성찰) 그리고 IV권으로 나온 《이념들 II》(특히 제2부 1장)는 선험적 자아에 관한 후설의 이론이 매우 확고한 체계를 이루고 있음을 보여 주고 있다.

후설 전집의 계속적인 발간과 후설의 현상학에 관한 연구결과는 긍정적인 성과와 함께 문제 또한 적지 않게 드러내게 되었다. 선험적 자아와 관련된 문제들 중 가장 중심되는 문제는 언제나 경험적 자아das empirische Ich와 선험적 자아의 구별이었다. 선험적 자아를 전혀 인정하려 들지 않는 사람들은 물론 이 구별을 알지 못하거나 또한 무의미한 독단으로 여긴다(특히 경험론적 철학 전통을 이어 받고 있는 영미철학 영역에서). 비록 심적 자아das psychische Ich와 정신적 자아das geistige Ich의 구별을 타당하게 받아들이는 유럽의 많은 철학자들도(관

---

5 그중 두 가지만 예로서 들어 본다면, Hans Wagner, 〈후설 유고遺稿에 대한 비판적 고찰Kritische Betrachtungen zu Husserls Nachlaß〉, *Philosophische Rundschau* 1, 2/3 (1953/54)에 실려 있음. Iso Kern, *Husserl und Kant*, *Phaenomenologica*, Bd. 16, Haag : Martinus Nijhoff, 1964 ; H. Wagner의 논문은 1950년대 초반 독일의 철학계에 후설에 대한 새로운 관심을 불러 일으키는 계기가 되었으며, I. Kern의 이 박사학위논문은 칸트와 신칸트학파에 대한 후설의 관계를 명확히 보여줌으로써 후설의 선험 현상학에 관한 올바른 이해를 갖게 하는 데 기여하였다.

6 *Cartesianische Meditationen und pariser Vorträge, Husserliana I* (이하 《성찰》로 약함).

념론적 입장이든, 실재론적 입장이든) 선험적 자아를 인정하는 데는 매우 완고한 입장을 취한다(Hartmann, Scheler, Heidegger, Merleau-Ponty, Schütz 등). 경우에 따라서는 선험적 자아를 인정한다 하더라도 이것을 경험적 자아의 규정내용은 모두가 경험적 자아의 본질에 속하는 것으로 간주된다. 이러한 해석이 가능한 여지를 주는 것은 후설 자신이 선험적 자아 또는 순수자아는 실재적 자아reales Ich의 "핵심 내용Kerngehalt"이라고 한다든가(《이념들 II》, 110쪽) 또는 반대로 표현하여 실재적 자아는 선험적 자아의 "세계화하는 자기이해die verweltlichende Selbstapperzeption"(《성찰》, 130쪽)라고 표현하는 데 기인한다. 그리고 이 '세계화'를 곧 본질로부터 사실Faktum로의 이행으로 잘못 이해하는 데에 기인한다. 이러한 오해는 후설이 《논리연구》 제2권 1부(359쪽 이하 참조)에서 말하는 순수자아das reine Ich와 《이념들》 I, II에서 말하는 순수자아를 동일한 의미에서 사용하는 것으로 심하게 오해하도록 만든다. 이러한 해석이 정당하다고 가정할 경우, 후설이 실재적 자아만큼 많은 선험적 자아가 있다고 말하는 것이나(《이념들 II》, 110쪽) 하나의 사실적인 선험적 자아ein faktisches transzendentales Ego의 자기변경Selbstvariation에 의한 '에이도스'로서의 선험적 자아를 획득하는 문제에 관한 그의 설명(《성찰》, 103-106쪽)이 무엇을 뜻하는지 우리는 전혀 이해할 수 없게 될 것이다.

물론 선험적 자아를 인정한다 하더라도 후설의 현상학에 있어서 그것이 어떠한 존재인가 하는 것은 그리 쉽게 이해되는 것은 아니다. 후설은 《데카르트적 성찰》과 《이념들》 그리고 그 밖의 다른 곳에서도 수없이 강조하기를 선험적 자아는 모든 존재자들의 존재 의미와 존재 타당성을 그로부터 마련할 수 있는 절대적 궁극 근거라고 말하고 있다. 모든 존재자Seiendes의 궁극조건이요 근거인 선험적 자아는 따라서 존재자의 '타당근거'요, '원리'라고 할 수 밖에 없다('경험의 가능 조건은 곧 경험 대상의 가능 조건'이라는 칸트의 말을 상기해 보라). 선험적 자아가 모든 존재자의 원리라면, 그것은 다른 존재자와 같은 하나의 존재자일 수는 없다. 그럼에도 불구하고 후설은 사실적인 선험적 자아를 말하고, 선험적 자아의 자기경험Selbsterfahrung에 관하여 말함으로써 하나의 존재자처럼 다루고 있다는 인상을 준다. 후설이 절대적 존재 원리로서의 선험적 자아를 말하는 경우에는 본질eidos로서의 선험적 자아를 두고 하는 말이라고 그를 옹호하려 한다 해도 헛수고에 지나지 않는다. 왜냐하면, 사실적 선험적 자아의 자기변경에 의하여 '에이도스'로서의 선험적 자아를 획득한다는 것은 다른 사실적 대상경험으로부터 본질직관에 의하여 그 대상의 본질을 파악하는 것과 다르지 않으며, 따라서 '에이도스'인 선험적 자아 또한 직관된다. 즉 경험된다고 말해야 하기 때문이다.[7] 실제로 후설은 "나〔자아〕는 나 자신에 대하여 그리고. 경험 명증에 의하여 계속하여 나에게 나 자체로서 주어져 있다. 이것

---

[7] 후설에 있어서 직관Anschauung이란 개념과 경험Erfahrung이란 개념은 흔히 같은 의미로 쓰이지만 자아와 관련해서는 직관이란 말보다 지각知覺Wahrnehmung이나 경험이란 말을 사용한다. 그러나 자아와 관련해서도 자아의 본질을 파악하는 방식이 본질직관Wesensanschauung이라면, 경험적 자아나 선험적 자아에 대해서도 직관이란 용어의 사용이 전혀 금지되어 있는 것은 아니다. 본문에서나 위에서 언급된 본질직관이란 감각적 직관과 대비되는 범주적 직관kategoriale Anschauung의 한 유형으로서 한 개별적이며 사실적인 경험을 범례로 삼아 사실로부터 본질로 이행하는 절차에 의해 사실의 본질을 파악하는 것을 뜻하는 것으로 이것은 현상학의 선험적 절차와 관계없이도 시행될 수 있다. 본질직관이나 그 밖에 후설 현상학에 있어서 기본개념에 속하는 것을 지면 관계상 일일이 풀이하지 못하는 점을 양해하기 바란다.

은 선험적 자아에게도 적용되는 말이다〔…〕"라고 말한다(《성찰》, 102쪽).

그 때문에 바그너Hans Wagner는 후설이 선험적 주관성die transzendentale Subjektität의 존재성Seiendheit을 검토 없이 전제하고 있다고 비판한다(註 4에 적은 H. Wagner의 《후설 유고에 대한 비판적 고찰》, 제2부, 94쪽 이하 참조). 여기서 바그너는 경험될 수 있는 것은 오직 존재자Seiendes이며, 원리Prinzip는 경험될 수 없는 것이 그 특성이므로 만일 선험적 주관성이 경험될 수 있는 것이라고 규정된다면 그것은 원리일 수가 없다는 것이다. 후설은 데카르트René Descartes가 사유하는 자아ego cogito의 세속성Mundanität에 머물러 버림으로써 선험적 주관성으로 통하는 입구에서 좌절하고 말았음을 지적하고 있다(《성찰》, §10, §17 '위기론' 참조). 그러나 바그너에 의하면, 데카르트가 순수 주관성의 존재성을 전제하고 있는 점에 대해서는 전혀 비난하지 않았으며, 이것은 바로 후설 자신이 또한 선험적 주관성의 존재성을 무비판적으로 채용하고 있기 때문이라고 지적하면서 이렇게 말하고 있다. "만일 사유와 주관성(진리의 수행 근거로서의)을 일단 존재적으로ontisch 이해하였을 경우 어떻게 데카르트의 형이상학으로부터 벗어나려 하는지 전혀 이해할 수 없게 된다. 데카르트가 후설보다 더 철저하다는 테베나즈Pierre Thévenaz가 과연 옳다. 후설은 사실 충분히 철저하지 못하다"(H. 바그너, 《비판적 고찰》, 제2부, 94쪽).[8]

[8] Pierre Thévenaz(1913-1955), 스위스의 철학자. 바그너는 테베나즈가 1951년 4월 브뤼셀에서 열린 국제 현상학 대회에서 발표한 〈데카르트와 후설의 철저한 출발점에 관한 문제La Question du point de départ radical chez Descartes et Husserl〉에서 데카르트와 후설의 철저주의Radicalism를 비교하여 말한 것을 두고 하는 말이다. Thévenaz의 발표 논문은 그의 논문집 *What is Phenomenology?*, Chicago : a Quadrangle Paperback original, 1962에도 실려 있음.

바그너가 여기서 말하는 존재성이 자연적(비선험적) 경험대상의 존재성을 뜻하는 것이 아니며 '존재적으로 이해하고 있다'는 말 역시 그러한 뜻으로 말하는 것이 아님은 물론이다. 비록 선험적 주관성이 실재성Realität과 세속성Mundanität을 가지지 않았다 하더라도 적어도 비실재성Irrealität과 선험성Transzendentalität을 가진 것으로서 경험될 수 있다고 설명함으로써 그 존재성을 전제하고 있다는 것이다.

여기서 문제되는 것은 경험과 존재Sein의 두 개념이다. 경험의 개념을 확대할 수 있는 최대한으로 확대한다 하더라도 존재하는 것만이 경험된다고 할 수 있다. 후설에 있어서 경험의 가장 넓은 개념에는 우선 지각경험이 포함된다. 지각경험의 대상은 일차적으로는 감각적 지각sinnliche wahrnehmung의 대상이 되는 실재적 존재reales Sein와 범주적 지각kategoriale Wahrnehmung의 대상이 되는 관념적 존재ideales Sein이다.[9] 그러나 후설은 반성을 통한 자아의 체험 자체를 대상으로 삼는 의식 작용Akt을 또한 지각, 정확히 말하면 내재적 지각immanente Wahrnehmung이라고 부르는 한 이것 역시 지각의 한 유형이다. 이 내재적 지각을 통하여 선험적 자아는 우선은 순수 체험을 지각하고 이를 통하여 자아 자체를 경험한다(지각한다고는 말하지 않더라도). 그리고 경험의 넓

9 감각적 지각이나 범주적 지각이란 말 대신에 감각적 직관, 범주적 직판이란 말이 더 많이 사용되고 있다. 이 개념들을 설명하는 자리에서 후설은 지각과 직관Anschauung을 같은 의미로 사용한다. 우리나라에서는 '직관'이란 번역어 때문에(특히 본질직관Wesensanschauung이란 용어 같은 것) 현상학에서 어떤 불교적인 것이나 신비적인 것을 찾으려는 헛된 수고를 하는 사람들이 있다. 그 때문에 차라리 '지각'이라고 말하는 편이 나을 것 같다. 위에서 언급한 두 가지 지각유형에 관해서는 《논리연구 *Logische Untersuchungen* II/2》, Tübingen : Max Niemeyer, 1986을 참조 바람.

은 개념에는 다른 인간의 자아(타아)의 심적인 것은 물론, 그의 순수 체험 및 순수자아에 관한 간접적인 경험도 포함된다. 그리고 후설은 선험적 자아가 경험될 수 있다고 말하면서 동시에, 모든 경험을 가능케 하는 원리이며, 모든 경험적 대상의 존재 의미를 그로부터 마련할 수 있는 존재근거라고 주장한다 (《성찰》의 전체에 걸쳐).

바그너의 '비관적 고찰'이 취하고 있는 기본적인 입장은 존재자만이 경험될 수 있으며 원리는 경험될 수 없다고 하는 것이다.[10] 그러나 적어도 원리의 진술 가능성, 이론적 인식가능성에 대해서는 부정할 수 없다. 진술 가능하며 인식 가능한(물론 아프리오리한 순수 이론적 분석 작업에 의해서이긴 하나) 이상 그 어떤 것이며 따라서 그 어떤 존재Sein라고 하지 않을 수 없다. 우리는 존재의 개념을 구체자로서의 존재Sein als Konkretum와 모든 구체자의 존재근거인 원리로서의 존재Sein als Prinzip를 구별해야 한다. 원리로서의 존재는 따라서 판단 일반의 단순한 상관자이다. 원리로서의 존재에 관하여 우리는 진술할 수 있으며, 인식할 수 있다는 점을 후설은 인정하며 진술될 수 있음과 인식될 수 있음은 그에게 있어서는 어떤 경우에나 경험의 넓은 개념에 포함된다. 이것은 곧 의식의 넓은 개념과도 일치되는 말이다.

바그너의 후설 비판에서 눈에 띄는 것은 선험적 주관성dis transzendentale Subjektivität이라고 말하고, 선험적 주체das transzendentale Subjekt 또는 선험적 자아 dis transzendentale ego 또는 Ich라고는 말하지 않는다는 점이다.[11] 바그너에 의하

10 원리Prinzip에 관한 바그너의 이론은 Hans Wagner, *Philosophie und Reflexion*, München, Basel : Ernst Reinhard, 제1판(1959) 또는 제3판(1980) 참조 바람(특히 §1-§12).

면, 구체적인 순수 체험이 없는 단순한 관계극Beziehungspol으로서의 순수자아를 말함은 무의미하다고 한다(이것은 또한 후설의 견해이기도 하다). 단순한 극Pol으로서의 자아 이외의 모든 다른 것은 순수 체험의 구체적 영역에 속하고 이 전체가 곧 자아의 구체적 내용이라고 본다. 그러나 미리 언급해야 할 것은 바그너가 그의 비판적 고찰에서 습득성Habitualitäten과 제2감성sekundäre Sinnlichkeiten을 구별하지 않으며, 습득성에 관한 후설의 이론을 충분히 검토하지 않았거나 중요시하지 않고 있음을 보여준다(이 두 개념과 양자 간의 차이는 아래 '3. 습득성의 특성'에서 참조 바람).

후설 자신도 《이념들 I》에서는 선험적 자아를 단순히 극으로서만 이해하고 있음을 볼 수 있다(§57, §80 참조 바람). 극으로서의 선험적 자아 또는 순수자아는 그 후 《이념들 II》(§25)에서도, 《성찰》(§31)에서도 설명되어 있다. 여기에 설명되어 있는 내용을 요약하면 이렇게 말할 수 있다.

후설은 의식의 양극에 관하여 말한다. 한 체험의 전체에서 한편으로는 자아극Ichpol이 있고, 다른 한편으로는 대상극Gegenstandspol이 있는데 자아는 다양한 의식 작용들(=체험들)의 동일한 자아일 수 있으며, 대상 또한 여러 가지 의식 작용들의 동일한 대상일 수 있다는 점에서 다양한 의식 작용들의 극화Polarisierung에 관하여 말할 수 있다. 동일한 대상이 여러 가지 측면에서 지각될 수 있을 뿐만 아니라, 동일한 대상이 지각될 수도, 상상될 수도, 원하여질 수도

11 '주관성'이라고 말할 경우에는 자아와 그의 체험영역 전체를 가리킨다. 따라서 적어도 후설에 있어서는 주관성이란 용어를 주체의 성격으로 이해한다든가 주체의 성격으로 이해한다든가 주체와 동의어로 이해하여서는 안 된다.

있다. 그리고 이 모든 것을 동일한 하나의 자아가 수행할 수 있음은 말할 것도 없다. 대상극에 맞서는 이 "제2의 극화, 두 번째 유형의 종합Synthesis"인 체험의 동일극으로서의 자아는 모든 의식체험 속에서 살며 체험을 통하여 모든 대상극들에 관계한다(《성찰》, 100쪽).

순수의식의 내적 구조에서 순수한 체험 활동 자체의 상관자인 대상 영역(Noema의 영역)은 체험 원래의 영역, 즉 후설의 용어대로 내실적reell 영역에는 속하지 않으므로 내재적 초월immanente Transzendenz 또는 내재에서의 초월("Transzendenz in der Immanenz")이라고 불리어진다(《이념들 I》, 138쪽). 그러나 순수자아가 지닌 이 독특한 체험 초월성이 과장되어 이해되어서는 안 된다. 순수자아의 체험 초월성이 지닌 의미는 개별적인 체험이든, 체험의 흐름 전체이든 간에 그것의 내실적 구성요소로서 포함되어 있는 것이 아니라는 것과 체험 전체를 순수자아와 동일화시켜서는 안 된다는 것일 뿐이다. 왜냐하면 체험이란 순수자아의 산물, 즉 순수자아의 활동이자 동시에 그 결과이기 때문이다. 이것은 선험적 자아가 체험의 존재에 의해서만 구체적인 선험적 자아일 수 있다 하더라도 마찬가지이다. 후설에 의하면 순수자아는 지향적 생을 유적流的으로(흐름처럼) 다양하게 형성하는 데서, 그리고 거기에서 구성되는 대상들에서만 오직 구체적일 수 있으며, 그러한 다양한 형성활동에서 자기를 지속적으로 동일한 자아로서 구성한다고 한다(《성찰》, 102쪽). 그 때문에 그는 라이프니츠Gottfried W. Leibniz의 용어를 빌어 선험적 자아를 '모나드Monade'라고 규정한다. 모나드로서의 자아는 현실적인, 잠재적인 의식생意識生 전체를 자체 안에 지니는 자아라고 후설은 규정한다(《성찰》, 102쪽).

선험적 자아는 이제 단순한 체험극으로서뿐만 아니라, 모나드로서 규정되었다. 이러한 선험적 자아가 지속적인 단일체일 수 있으며, 체험의 다양성에도 불구하고 동일한 자아일 수 있는 근거로서 그 세 번째의 성격규정, 즉 습득성의 기체基體Substrat로서 규정된다. 일정한 시간 동안 지속하는 다양한 개별적인 체험들은 계속하여 새로이 산출되고 사라지는데 개별적인 체험의 주체인 자아는 어떻게 사라지는 체험과 더불어 사라지지 않고 동일성을 유지할 수 있는가 하는 것이 습득성 이론에 의하여 해명된다. 자아는 물론 반성에서 과거의 한 체험을 수행한 '나'와 현재 어떤 한 체험을 수행하는, 또는 이제 막 수행한 나를 동일한 자아로서 지체 없이 동일화한다. 그러나 명백한 반성 없이도 순수 자아는 언제나 그 동일성을 유지하고 있다. 이 사실을 자명하다고 본다면, 그것은 너무나 소박한 생각이다. 이 동일성을 경험적 자아의 동일성이나 자기 신체의 동일성에 소급시켜 설명하고자 한다면, 그것은 철학적 사고가 아니다. 경험적 자아는 자기 자신에 관하여 '나는 어제의 내가 아니다'라든가, '나는 이제 새로운 나이다'라고 말할 수 있다. 그러나 선험적 자아는 체험과 체험 대상의 어떠한 변화에도 영향 받지 않는 언제나 동일한 자아로 머물러 있다. 그리고 신체는 자아의 소유물이다. '나는 신체이다'라고 말하지 않고 '이것은 나의 신체이다'라고 말한다. 신체가 언제나 동일하다고 가정하더라도 소유물의 동일성에 소유자의 동일성이 근거한다고 말함은 불합리하다. 물론 신체 없이는 경험적 자아도 선험적 자아도 있을 수 없다. 그러나 신체가 선험적 자아의 존재 근거라고 말함은 전도된 사고이다.

선험적 자아는 자기동일성을 유지할 수 있는 근거는 선험적 자아 자체 내에서 찾아져야 한다. 이 자기동일성이 가능한 토대를 명백히 제시할 수 없다면, 우리는 선험적 자아에 관하여 아무 것도 말할 수 없다.

1. 의식 작용Akt 개념의 요약

습득성의 개념과 형성에 관한 후설의 이론을 살펴보기 전에 이와 밀접한 관계에 있는 의식 작용의 개념이 언급되지 않을 수 없다. 후설은 《논리연구》 제II권 제1부에서 지향적 체험intentionales Erlebnis을 의식 작용이라고 불렀다(《논리연구 I/1》, 343쪽 이하). 지향적 체험을 후설은 다시 "개별적인 모든 심적 의식 작용"이라고 말하고 이것을 의식의 세 번째 개념으로서 설명하고 있다(《논리연구 II/1》, 346쪽). 의식 작용을 지향적 체험이라고 부르는 근거는 첫째로, 모든 의식은 그 무엇에 관한 의식Bewußtsein von etwas으로서 언제나 그 무엇을 지향하고 있다intendieren는 것이 의식의 근본 성격이라고 보는 점에서 그러하며, 둘째로는 체험에는 감각 자료들Empfindungsdaten도 있는데 이것은 체험이긴 하되 결코 지향성Intentionalität은 지니고 있지 않으므로 그러하다(이에 관해서는 《논리연구 II/1》, 369쪽 이하, 374쪽 그리고 《이념들 II》, 208쪽 참고 바람).

우리의 주제와 관련하여 여기서는 후설의 의식 작용 개념에 관한 두 가지 사항만을 명확히 하고자 한다.

첫째는, 《논리연구》의 시기에는 후설이 아직 의식 대상(지향적 대상)의 영역을 의식 작용의 개념에 포함시키지 않고 있다는 것이다. 여기서는 심적 의식 활동 그 자체만을 가리키고 있다. 즉, 의식 자체에 원래부터 속하는 것만을 뜻하고 있다(이것은 물론 《이념들 I》이 나온 후 수정판으로 나온 《논리연구》 제2판에서는 선험철학적 결정의 영향을 받아 이중적으로 해석할 수 있는 불확실한 설명이 발견되지만). 그러나 이제 선험철학의 길에 들어선 《이념들 I》에 와서는 의식 작용(지향적 체험)의 영역에는 지향적 대상이 단순히 포함될 정도가 아니라 의식 작용의 불가분한 구성계기로서, 의식 작용의 개념이 확대되기에 이르렀다.

둘째는, 《논리연구》에서는 후설이 모든 지향적 체험을 다 의식 작용이라고 불렀으나(의식 작용=지향적 체험), 《이념들 I》에 와서는 현재 활동하는(수행되고 있는) 지향적 체험만을 의식 작용이라고 부르기로 함으로써 의식 작용 개념의 외연을 어떤 의미로는 축소시킨 셈이다(《이념들 I》, 206쪽 참조). 이것은 후설이 의식개념을 전체적으로 확대한 것과 관련이 있다. 의식의 넓은 개념에는 일단 수행된 후 비활동적으로 되어 수동성Passivität의 영역으로 가라 앉아 활동적인 체험의 배경을 이루고 있는, 그러나 여전히 지향성은 갖는 지향적 체험도 포함되기 때문이다.[12]

활동적인 지향적 체험만을 이제 의식 작용이라고 부른다면, 이것은 곧 대상을 어떠하다고 사념하는vermeinen 것으로서 대상에 대하여 일정한 입장을 취하는stellungnehmen 것이다. 따라서 후설은 이것을 정립定立Setzung, Thesis이라고 부르며, 특히 대상을 '현실적으로 생생하게 거기에 있는 것wirklich-da-Sein'으로, 참된 것Wahrhaft-Sein으로 정립하는 경우를 이성 정립이라고 칭한다(《이념

12 의식Bewußtsein의 개념은 개별적인 체험을 가리킬 때도 있고, 한 주체의 체험 전체를 가리킬 때도 있다. 의식의 3가지 개념은 우선 《논리연구 II/1》, 346쪽 이하를 참조 바람.

들 I》, 333쪽 이하 참조). 습득성은 바로 이 이성 정립에서 형성되는 것이다.

2. 습득성의 형성

모든 의식 작용, 즉 활동적인 지향적 체험이 갖는 가장 두드러진 특성은 일과성과 일회성이다. 모든 개별적인 의식 작용은 끊임없이 수행되고 사라진다. 그 때문에 전체로서의 의식은 체험의 연속적인 흐름이다. 개별적인 체험들은 이 흐름 내에서 끊임없이 생성소멸한다. 일단 수행된 의식 작용들은 비활동적으로 되어 수동적 의식영역으로 가라앉게 되는데 이 수동적 영역에 가라앉아 있는 이성 정립을 후설은 '제2감성sekundäre Sinnlichkeiten'이라 부른다 (《이념들 II》, 부록 XII §1). 이것은 감각 자료, 감정, 충동과 같은 제1감성과 구별하여 부르는 명칭이다. 제2감성은 자아의 자발성에 의하여 언제라도 다시금 활동적 의식 작용으로 될 수 있는 가능성을 지닌다. 그러나 이 재생된 의식 작용은 다시금 새로운 하나의 의식 작용이라는 성격을 지니기 때문에 모든 개별적인 의식 작용은 일회적이요, 결코 완전히 동일한 두 개의 체험은 있을 수 없다. 비록 체험의 한 본질적 계기를 이루는 지향적 대상을 포함하여 지향된 내용(노에마Noema)이 동일하다 해도 재생된 체험 전체는 결코 이전의 체험과 동일한 것이 아니다. 이 다양한, 끊임없이 흐르는 체험들의 부침에서 모든 개별적인 체험들을 '필연적으로 동반할 수 있어야 할' 체험의 동일극인 자아는 이제 그 자체 내에 형성되는 습득성에 의해서 비로소 자아동일성을 나타내며 개별적인 체험들과 함께 사라지지 않고 유지되는 것이다. 이 습득성은 원리적 성격을 지니며 자아가 의식 작용을 산출하는 기반의 역할을 한다. 개별적인 습득성들은 선험적 자아가 자기를 세속화Mundanisierung 또는 질재화Realisierung함으로써 경험적 자아의 실재적 습득성의 의미를 지니게 된다.[13] 이 구체적이며 실재적인 습득성들의 예를 통하여 우리는 후설의 습득성 개념에 접근할 수 있다. 결심이나 결정, 계속 견지하고 있는 견해, 확신 같은 것들은 실천적 의식 작용에 의하여 형성된 습득성들이며, 참된 것으로 받아들여 자기 것으로 지니고 있는 모든 지식은 말하자면, 이론적 습득성들이다. 모든 습득성은 활동적으로 수행되는 의식 작용, 즉 이성 정립에 의하여 형성된다. 모든 개별적인 의식 작용은 체험의 흐름 속에서 생겨났다가 사라진다. 후설에 의하면, 의식 작용은 그러나, 흔적 없이 사라지는 것이 아니라 반드시 그 어떤 결과를 남겨 놓는다고 한다(《이념들 II》, 112쪽). 의식 작용은 그 어떤 것이나 새로운 습득성을 형성하든가 아니면, 이미 형성된 습득성을 되풀이하든가 둘 중 하나이다. 이것은 모든 지각 작용, 판단 작용, 상상 작용에 적용되는 말이다. 이전에 형성된 습득성의 반복이라는 성격을 지닌 것이 아닌 모든 유형의 새로운 의식 작용은 체험의 흐름 내에서 흐르지 않고 남는 그 무엇을 자아 내에 형성한다. 이 "자아극 자체 내에 구성되는" 습득성은 그냥 단순히 남아 있는 것이 아니라, 다른 동기를 가진 새로운 의식 작용에 의해 버려지지 않는 한, 계속하여 효력 타당성Geltung을 지니고 언제라도 동일한 테마의 다른 의식 작용을 유발할 수 있는 잠재력을 갖고 있다. 예를 들어, 어떤 하나의 결정이나 확신은 원초적인 (새로운 테마의) 의식 작용

13 선험적 자아의 세속화, 실재화 또는 세계화Verweltlichung라는 것은 선험적 태도에서 자연적(일상적) 태도로 전환하게 됨으로써 세계 내의 모든 대상과 자아 자체의 존재를 의식 초월적 실재로 보게 되는 것을 뜻한다.

에 의해 형성되며, 같은 테마를 가진 다른 의식 작용들에서 타당한 전제로서 나타난다.

습득성의 개념은 가치 평가적 또는 실천적 의식 작용의 예에서 보다 쉽게 이해된다. 의식 작용의 주체인 '나'는 예컨대, 설악산 등반을 하기로 결정하는 의식 작용을 수행하였으므로 이 결정, 즉 이 하나의 구체적인 습득성은 계속 효력 타당성을 지니고 그 이상의 다른 의식 작용을 유발시킨다. 예를 들어 등반 코스나 등반준비에 관한 의식 작용들, 그 밖에도 이 결정과 관련된 많은 다른 의식 작용들이 동일한 습득성에 의해 동기를 부여받게 된다.

습득성은 의식 작용에 의하여 비로소 형성되므로 의식 작용의 결과라고 할 수 있으나 의식 작용 자체에는 속하지 않으므로 그것과 함께 사라지지 않는다. 습득성은 의식 작용의 내실적 구성요소(넓은 뜻의 '노에시스Noesis')에도, 의식의 지향적 내용(Noema)에도 속하지 않는다. 만일 이들 중 어느 것에 속하는 것이라면 의식 작용과 함께 사라질 것이 틀림없다. 그러나 습득성은 체험의 흐름 전체 내에 있으면서 일단 형성된 후에는 그것을 형성한 의식 작용과 함께 흘러가는 것이 아니다. 이러한 습득성의 특성을 좀 더 구체적으로 살펴보자.

3. 습득성의 특성

의지의 작용적 측면을 '노에시스'라고 부르고 의식 활동이 지향하는 의식된 것, 또는 체험된 것인 의식 대상적 측면을 '노에마'라고 부른다면, 한 습득성의 효력 타당성은 그 습득성에 의하여 야기된 의식 작용의 '노에마'에서 표현되어 있다. 의식 작용이 일회적이라든가, 일과성을 지니고 있다는 것은 엄밀히 말하여 의식 작용의 '노에시스'가 갖는 성격을 두고 하는 말이다. 의식된 내용인 '노에마'는 일종의 관념성Ideailtät을 지니고 있어서 흔히 처음 지각하는 의식 작용의 '노에마'가 나중에 회상하는 의식 작용에서 다시 동일한 '노에마'로서 등장한다. 또한 다른 의지주체의 의식 작용에서도 다시 동일한 '노에마'로 나타날 수 있다는 가능성을 지니고 있다. 이러한 '노에마'의 비시간적 관념성 때문에 후설은 '노에마'를 순수 체험의 내재적 초월이나, 체험의 내실적 구성요소이긴 하되 그 내실적 요소는 아닌 것이다.

습득성이 의식 작용의 '노에마'에서 표현되긴 하나 '노에마'와 같은 것이 아님은 다음 두 가지 점에서 명백하다.

첫째, 습득성은 시간성을 지니고 있다. 선험적 자아 내에서 그 효력 타당성이 의식 작용과는 비교되지 않을 만큼 긴 지속성을 갖는다 하더라도 개별적인 습득성은 각기 일정한 시간에서만 유효성을 갖는다. 즉, 한 의식 작용에 의하여 형성된 때로부터 그 습득성을 소멸시키는 의식 작용을 수행할 때까지 그 주체에게 타당하다. 어떤 한 습득성을, 그것을 가진 주체가 언제까지나 버리지 않는다 하더라도 시간성을 갖는다면 습득성의 특성에는 변함이 없다. 원리로서, 선험적 자아에 속하는 습득성은 경험적 자아에서는 구체성과 실재성Realität을 지니게 되나, 수학적, 논리적 개념들과 같은 관념적 존재ideales Sein 일반이 지니는 관념성을 지니지 않으며, 모든 활동적인 의식 작용에서 어떤 방식으로든 작용하고 있다고 말할 수 있다.

둘째, 습득성은 '노에마'와는 달리 언제나 효력 타당성을 지니고 있는 반면에 '노에마'는 효력 타당성과는 관계없이 존재한다. 잘못 계산하는 의식 작용의

'노에마' 적 내용은 그 후 그 의식 작용이 잘못임을 판단하는 의식 작용이 수행되었다 해도 그것은 제2감성의 노에마로서 그 타당성 여부와는 관계없이 의식의 수동성 영역에 가라앉아 있다. 처음의 계산이 잘못임을 판단하는 의식 작용에서는 물론 하나의 새로운 습득성, 즉 그러한 계산은 틀린 것이라는 하나의 확신 Überzeugung이 형성된다. 습득성의 효력 타당성이란 의식 주체가 계속하여 자기에게는 그것이 옳으며, 참되며, 또는 가치 있는 것으로 여기고 있는 것만이 습득성이다. 따라서 습득성이 갖는 효력 타당성은 어디까지나 주관적 타당성 subjektive Geltung이요, 결코 객관적 타당성을 의미하는 것이 아니다.[14] 이 주관적 타당성은 습득성 의 핵심적인 성격으로서 취소된 습득성 은 더 이상 습득성이 아니다. 즉, 효력 타당성을 지니지 않은 습득성이란 생각할 수 없다.

습득성이 제일감성(수동성으로 가라앉은 의식 작용)과 다른 점도 바로 효력 타당성이며 바로 이것 때문에 동일한 테마의 다른 의식 작용을 유발할 수 있는 동기력Motivationskraft을 갖는다. 제2감성은 전혀 효력 타당성을 지닌 것이 아니며 다만 활동적 의식 작용의 수동적 배경의식Hintergrundbewußtsein을 이루고 있으며, 다시 재생될 수 있다는 가능성으로 하여 현재의 의식 작용과 내적시간 의식에서 관계를 맺고 있다.

끝으로 '노에마'와도, 제2감성과도 다른, 습득성이 지닌 또 하나의 특성은 그것이 형성되어 존속하는 위치이다. 습득성이 의식 작용과 더불어 흘러가지

---

14 습득성의 개념과 관련하여 독일어의 'Geltung'을 그냥 '타당성'이라고 하지 않고 '효력 타당성'이라고 번역하는 이유는 그냥 '타당성'이라 말할 경우 '객관적 타당성'으로 잘못 이해하게 될 우려가 있지 않을까 해서이다.

않고 남아 있다면 그것은 어디에 자리 잡는가? 순수자아가 체험의 전체 내에 체험의 관계극으로서 존재한다면, 습득성도 체험 전체 내에 있으며 특히 자아극 내에 있다(이미 앞서 인용한 《성찰》, 102쪽 참조). 순수자아가 어떤 의미에서 체험 전체를 초월하는 하나의 내재적 초월이라고 한다면, 같은 의미에서 습득성 또한 하나의 내재적 초월이라 해도 된다. 따라서 이제 말할 수 있는 것은 자아와 그의 체험은 동일한 것이 아니며 반드시 구별되어야 한다면, 습득성은 정확히 말하여, 순수 체험에 속하는 것이 아니라, 순수자아에 속하여서 이 자아의 구체적 내용을 이루고 있다고 말해야 할 것이다. 그리고 순수자아가 체험 전체에 속하여 거기에서 살아간다고 말하는 경우에만 습득성도 역시 체험에 속한다고 말할 수 있다. 습득성의 위치가 바로 체험의 동일극인 선험적 자아 내에 있다는 것으로 하여 후설은 습득성을 자아고유성Icheigenheit을 이루는 것이라고 말한다(《현상학적 심리학》, 후설전집 IX, 214쪽 참조). 습득성만이 자아의 고유한 내용을 형성하며 선험적 자아가 단순한 형식적 동일극이 아님을 인식하게 하는 근거이다.

4. 자아고유성으로서의 습득성

의식 작용의 일시적 지속성만을 고려한다면, 자아는 개별적 의식 작용에서 하나하나 분리되어 결코 동일한 단일성을 지닐 수 없는 것같이 보인다. 그 때문에 하르트만N. Hartmann은 의식 작용의 주체는 개별적인 의식 작용에서 "낱낱이 분리되므로" 매순간 통일적인 단일체로 결합시키지 않으면 안 되는 것으로 보았다(《정신적 존재의 문제》, 137쪽 이하).[15] 그러나 하르트만은 이 동일화가 어떻게 가능한지, 어떤 방식으로 이루어지는지는 전혀 설명하지 못한다. 그러나 후설에 있어서는 순수자아가 모든 수동적, 능동적 체험들의 발생원천일 뿐만 아니라, 무엇보다도 특히 모든 습득성들의 동일한 기체로 파악됨으로써 자아의 동일성 문제는 해결된다. 습득성은 곧 자아의 자기 규정이다. 하나의 습득성을 자아극 내에 형성함으로써 자아는 바로 그러한 습득성의 자아이다. 그 무엇을 결정하는 의식 작용에서 형성된 습득성이 계속하여 효력 타당성을 지닌다면, 그러한 습득성을 형성한 나는 바로 그러한 결정을 한 나로서 자신을 규정하는 셈이다. 순수자아는 그의 의식 작용에서 습득성을 형성하고 계속 타당성을 부여함으로써 자아 자체를 지속적 고유성을 지닌 자아로서 스스로 구성하며 동일화한다.

지금까지의 고찰에서 아직도 우리에게 남아 있는 문제란 습득성들도 역시 자아 내에서 생성 소멸한다는 것이다. 습득성이 자아의 자기 규정인 한, 습득성의 모든 변경(취소와 형성)은 바로 선험적 자아의 자아 변경Ichänderung이라 할 수 있다(《현상학적 심리학》, 후설전집 IX, 214쪽). 물론 습득성이 생성 소멸한다는 것은 의식 작용의 그것과는 전혀 다른 방식과 의미를 지닌다. 그렇다면 습득성이 자아동일성을 유지하는 근거라고 말할 수 없지 않은가 하고 물을 수 있다. 이에 대한 대답은 의식 작용과 비교하여 습득성의 변경 방식을 살펴보는 데서 발견될 수 있다.

습득성은 결코 일정한 시간 지속되다가 저절로 사라지는 것이 아니라, 능동

15 N. Hartmann, *Das Problem des geistigen Seins*, Berlin, 1932(제3판 1955).

적 의식 작용의 수행에서만 변경된다는 점이 의식 작용의 사라짐과 다르다. 취소하는 의식 작용은 반드시 또한 새로운 습득성의 형성이다. 그뿐만 아니라, 자아가 변경의 의식 작용을 수행하는 데는 반드시 일정한 동기가 있다. 그리고 이 동기는 모든 의식 작용의 전체적인 내재적 인과성immanente Kausalität의 연관에서 보아 이해될 수 있는 그러한 동기이다. 한 구체적인 선험적 자아 내에 형성된 습득성 전체를 특정 짓고 있는 그 어떤 유형Typus이 있으며 이것이 한 구체적인 선험적 자아가 갖는 습득성의 체계System가 지닌 고유한 '스타일' 이다. 그 때문에 후설은 습득성에 의해 자아는 그의 고유성을 지니게 되고 더 나아가서 "개인적인 성격personaler Charakter"을 보존하게 된다고 말한다(《성찰》, 101쪽). 습득성의 전체 '시스템'에서 보면 개별적인 습득성의 변경은 자아 변경을 의미하더라도 결코 자아의 동일성 상실이나 자아의 해체를 뜻하지는 않는다. 한 습득성의 변경이 자아의 변경이긴 하되, 그 변경이 이성적 동기를 갖고 있으며, 지금까지 구성된 자아고유성에 일치하며, 따라서 통일된 '스타일'을 보여 주는 한, 그것은 자아의 분열이 아니다(《이념들 II》, 270쪽 이하 참조). 습득성의 형성과 폐기는 전적으로 순수자아의 근원적인 자유에 속한다. 그러나 형성된 습득성의 전 체계는 자아의 자기동일화를 위한 필수적 전제인 것이다.

결론

습득성의 문제는 어디까지나 선험적 주관성의 영역에서 하나의 원리로서 제기된 것이다. 후설이 습득성을 'Habitualitäten'이라고 복수로 표현하는 이유도 바로 그 때문이다. 따라서 원리로서의 습득성은 실재적인 심적 자아das real-psychische Bewußtsein에서 생기는 습관Habitus, 예컨대 흄D. Hume식의 '마음의 습관habits of mind'과는 아무런 유사점이 없다. 습득성은 반복되는 경험의 되풀이에서 생기는 것이 아니라, 단 하나의 능동적인 의식 작용에서 형성되며, 저절로 생기거나 저절로 없어지는 것이 아니다. 더구나 습득성은 어디까지나 의식 주체가 그것에 주관적 타당성을 부여하고 있는 것이며, 언제라도 새로운 의식 작용을 수행함으로써 종전의 습득성으로부터 타당성을 앗아버릴 수 있다. 심적 습관에 관하여 후설의 이론은 전혀 별개의 연구영역에서 발견된다. 그것은 수동적 연합passive Assoziation에서 이루어지는 수동적 동기관계passive Motivation, 경험동기관계Erfahrungsmotivation 등의 이론에서 구체적으로 전개되는 수동적 종합passive Synthesis의 이론영역에 속한다(《이념들 II》, 232-226쪽 ; 《수동적 종합의 분석》, 후설전집 XI 참조).

끝으로 언급되어야 할 것은 선험적 원리로서의 습득성을 말하면서 개별적인 습득성을 예로서 든다는 것은 원리의 구체화라는 것, 즉 설명의 편의상 구체적인 예를 말하는 것에 지나지 않는다는 것이다. '에이도스Eidos'로서의 선험적 자아에 관하여 말하는 경우에는 구체적인 선험적 자아(개별적인 선험적 주체인)의 개별적인 습득성은 전혀 논의의 여지가 없다. 그렇다면 '에이도스'로서의 선험적 자아에서는 습득성의 보편적인 구조와 기능만이 문제되는 것인가? 이 문제는 선험적 자아의 사실Faktum로부터 본질Eidos로의 이행에서 나타나는 새로운 문제의 지평을 시사하고 있다.

자아의 태도와 습득성*

序

후설E. Husserl(1859-1938)의 현상학에서 제기되는 문제를 이해하기 위해서는 우선 일차적으로 '현상학적 태도'가 무엇인지 알지 않으면 안 된다는 것은 널리 알려진 사실이다. 이것은 우리가 칸트I. Kant의 선험적 관념론을 이해하기 위해서는 그가 《순수이성 비판》의 〈서문〉에서 제기한 이른바 '사고방식의 혁명'을 충분히 이해해야 하는 것과 마찬가지이다. 사고방식의 전환이란 곧, 태도의 전환이며, 칸트의 선험적 태도에서는 대상이 사물 자체Ding an sich로서가 아니라 '현상들, 또는 표상들의 규칙적, 법칙적 연관체' 이외의 다른 것이 아님을 칸트는 《순수이성 비판》의 도처에서 강조하고 있다(선험적 감성론, 선험적 논리학, 특히 안티노미 이론의 B.519 이하).

그러나 우리의 일상적인 태도에서 벗어난다는 것이 그렇게 쉽지 않음은

* 《자아와 실존》, 최동희 교수 회갑 기념 논문집, 민음사, 1987.

전문적인 철학적 연구에서도 부지중에 다시금 그러한 태도에서 사물을 관찰하게 되는 데서 알 수 있다. 흔히 후설의 현상학의 여러 가지 개별적인 이론에 대한 비판도 이 현상학적 태도를 충분히 이해한 바탕 위에서 수행되어야 함에도 불구하고, 이를테면 '소박실재론'의 입장에 서서 비판하고 있음을 보게 된다. 소박실재론이라 불리어지는 일상적인 태도에서 후설의 현상학적 이론을 비판하게 되는 경우, 그러한 비판적 태도는 비판되지 않은 여러 가지 전제들을 무비판적으로 받아들이고 있으므로 정당한 비판으로서의 자격을 갖추고 있지 못한 것이다. 비판을 위해서는 물론 현상학적 태도로 전환해야 할 필요는 없다. 그러나 적어도 태도와 태도변경에 대한 이해를 위해서는 현상학적 태도에 대한 이해가 불가결한 것이 아닐 수 없다.

후설에 있어서의 현상학적 태도는 한마디로 경험 사실로부터 경험근거로 소급하는 데서 갖게 되는 태도이다. 이러한 태도에서는 모든 실재적인reales, 관념적인ideales 초월적 존재자들은 다만 존재현상Seinsphänomen으로서만 타당성을 지닌다.[1] 그러나 이러한 태도전환은 존재의 본질구조와 타당근거를

---

1 세계적인 존재는 크게 실재적인 존재das reale Sein와 관념적 존재das ideale Sein로 나누어 볼 수 있다. 무기적, 유기적 자연, 인간의 신체, 정신은 전자에 속하며, 수학, 기하학의 대상들, 논리학의 대상들, 여러 가지 존재론의 대상들인 유적 본질들은 후자에 속한다. 이들 모든 존재자들을 '초월적'이라고 말하는 것은 전적으로 후설의 현상학적 의미에서 사용된 것이다. 후설에 있어서는 '초월적'이란 단순히 '의식초월적인 것Bewußtseinstranszendentes'이라는 의미에서 '초월적'이라고 말할 수 있는 반면에, '선험적 의식을 초월한 것Transzendentalbewußtseinstranszendentes'이라는 의미에서 '초월적' 이라는 말을 사용할 수 있다. 후설이 《이념들 I》(이 책 13쪽 각주 1 참고)의 §42 이하에서 보는 바와 같이 의식에 대한 내재Immanenz와 초월Transzendenz을 대립시킬 때의 이 초월은 의식 초월을 의미하며, 《데카르트적 성찰》의 §11에서 보는 바와 같이 '선험적

밝혀내기 위한 방법적 절차이지 결코 초월적 존재자를 의심하거나 부정하려는 것이 아님은 물론이다. 이 점에서는 후설이 그의 후기에 자신의 현상학을 '선험적 관념론'이라고 부르는 것이나 (《데카르트적 성찰》, 176쪽), 칸트가 자신의 선험적 관념론을 소위 '내용적 관념론materialer Idealismus'과 구별한 것이나 동일한 동기에서 나온 것이라 하겠다(《순수이성 비판》 B. 519쪽 주1). 즉 칸트의 선험적 관념론은 외적 사물의 존재를 의심하거나 부정하는 내용적 관념론은 아니라는 것이다. 이 점을 분명히 하는 것은 후설의 현상학적 제 문제를 이해하는 불가결한 요건이다. 이 선험적, 현상학적 태도를 끊임없이 의식하는 가운데서 모든 현상학적 연구는 비로소 성과 있는 결과를 얻을 수 있으며, 여기에서만 후설이 말하는 의식, 체험, 대상, 지향성, 선험적 자아 등의 의미가 오해 없이 이해될 수 있다.

따라서 현상학적 태도에서 무엇보다도 중요한 것은 외적 사물들이, 그리고 이 사물들의 총체인 세계가 나의 주체 및 의식과 관계없이 즉자적으로 존재한다는an sich seiend 믿음을 단순히 받아들이지 않고 전적으로 '나의' 의식 내용으로만 의미를 갖는 것으로 본다는 것이다. 그 때문에 후설에 있어서도 대상이란 칸트에 있어서와 마찬가지로 결코 의식초월적 즉자존재An-sich-Sein가 아니라, 의식을 구성하는 내재적 계기immanentes Moment에 지나지 않는다. 즉 대상은 언제나 지향적 대상intentionaler Gegenstand이며, 이것은 체험의 불가결한 한

인 것Transzendentales'과 '초월적인 것Transzendentes'을 대립시킬 때는 보다 엄밀한 뜻에서 '선험적 의식을 초월한' 의미에서 사용되고 있다. 이 소론의 본문에서 사용되고 있는 '초월적'이란 말도 이 후자의 의미에서 말하고 있는 것이다.

요소로서 지향적 체험에 내재한다.

현상학적 태도에서는 모든 의식 외적 존재자들이 즉자존재로서의, 존재의미가 보류되고 의식이 한 구성요소라는 의미를 지니게 된다면, 이러한 의미변경을 받는 것은 세계적인 실재적 존재에 포함되어 있는 다른 인간주체들만이 아니라, 세계 속에 살아가고 있는 인간으로서의 자아 자체도 마찬가지이다. 물적, 심적 존재로서의 자아는 물론이요, 정신적 존재로서의 자아도 이것들이 모두 즉자적 실재로서 타당시되어 온 이상 마찬가지로 의미변경을 받지 않으면 안 된다. 현상학적 태도에서 이러한 의미변경을 통하여 우리가 발견하는 자아란 모든 의식체험을 가능케 하는 궁극 근거인 선험적 자아이다. 따라서 근본적으로 동일한 자아가 태도에 따라서 심적 자아, 정신적 자아, 선험적 자아로 파악된다고 볼 수 있다.[2] 그리고 자아의 이 세 가지 구별은 오직 현상학적 태도에서만 가능한 것으로 인정된다. 일상적 태도에서는 선험적 자아란 결코 나타나지 않으며, 심적 자아와 정신적 자아의 구별도 흔히 난센스로 여겨질 뿐이다. 이것은 학문 이전의 일상인의 태도에서도 그렇지만 경험론적 철학 전통을 이어받은 대부분의 현대 영미철학의 연구태도를 지배하는 견해이기도 하다. 일상적인 태도에서는 또한 태도에 따라서 대상이 다르게 주어진다는 것을 난센스로 본다. 일생생활에서도 물론 여러 가지 태도가 있을 수 있다.

---

2 후설은 물론 이런 식의 표현을 원하지 않을 것이다. 그는 오히려 자아의 세 가지 구별은 동일한 대상의 세 가지 측면, 또는 세 가지 의미가 아니라, 전혀 다른 대상이라고 말하고자 한다. 구체적으로는(구체적 인간으로서의 자아는) 말할 것도 없이 하나의 자아가 있을 뿐이다. 그러나 심적 자아, 정신적 자아, 선험적 자아를 반성적인 현상학적 태도에서 고찰할 때, 그것들은 결코 반성적 체험의 동일한 대상일 수는 없다고 본다. 이에 관하여서는 이 소론의 본론에서 다루고 있는 '태도'의 분석을 참조하기 바란다.

그리고 태도를 바꾸어서 관찰한다는 것은 동일한 사물 또는 사태를 다른 측면에서 고찰한다는 것이며, 그렇게 함으로써 동일한 대상이 지닌 다른 의미를 파악할 수 있으며, 이렇게 파악된 의미내용 전체가 지금까지 우리가 그 대상에 관하여 인식한 전부요, 그것이 즉자적으로 존재하는 대상이 우리에게 알려지는 전부라고 보는 것이다. 이러한 일상적인 태도에서는 태도에 따라서 전혀 다른 '대상'이 주어진다는 말을 이해할 수가 없다. 왜냐하면 거기에서는 인식된 대상이 주어질 수 있기 위한 주관적 조건에 관하여 아는 바가 없으며, 대상은 곧 있는 그대로 우리에게 인식된다는 소박한 신념이 토대가 되어 있기 때문이다. 자연과학적 태도에서도 비록 대상이 있는 그대로 우리에게 주어진다는 소박한 신념은 버렸다 하더라도 그것이 우리의 주체 밖에 주체와 관계없이 독립적이요, 실재적으로 존재한다는 확고한 신념은 결코 버리지 않는다.

일상적인 태도나 자연과학적인 태도나 의식 밖의 존재자들이 초월적으로 존재한다는 대전제를 조건 없이 받아들이고 있음은 마찬가지이다. 그리고 자연과학적 태도는 대상을 인식하는 데 있어서 주관적 요소를 어떻게 하든지 배제하고, 이른바 전적으로 객관적인 대상을 파악하려고 노력한다. 그러나 자연과학에서 의미하는 이 객관성이 결국 본질적으로 무엇을 의미하는가 하는 것은 자연과학적 태도 자체에서는 결코 파악하지 못한다. 왜냐하면 최대의 객관성이 보증되었다고 보는 대상인식도 결국 인식주체의 인식이요, 따라서 인식대상의 주관적 조건은 배제될 수 없기 때문이다. 이 주관적 조건은 물론 개인적인, 심적 조건은 아니며, 모든 인식주체에 공통적인, 그리고 어떠한 경험으로부터 산출된 것이 아닌, '아프리오리a priori' 한 조건이다.

모든 경험은 그 어떤 경우에나 일정한 태도를 전제하고 있으며, 태도란 어디까지나 경험주체의 태도인 한, 현상학적 태도에서만 개방된다는 순수 체험의 영역Region에서 제기되는 모든 문제나 선험적 자아의 문제도 우선 무엇보다도 태도에 대한 올바른 이해를 통해서만 접근 가능하다고 말할 수 있다. 따라서 이 소론에서는 먼저 후설이 말하는 태도Einstellung에 관한 일반적인 이해를 깊이 한 뒤에 선험적 자아의 인식 근거에 관한 문제를 고찰하고자 한다.[3]

1. 태도와 태도변경

후설은 《이념들》 I, II, III권과 이들이 《후설전집*Husserliana*》의 III, IX, V권으로서 출판될 때 각 권에 붙여진 부록들에서 수없이 많이 태도에 관하여 언급하고 있으나, 태도에 관한 그의 이론을 충분히 전개하지도 않았으며, 어디에서도 체계적으로 논하고 있지는 않다. 그는 다만 경험의 상이한 유형들은 상이한 '태도'를 지시하고 있으며, 또한 경험의 유형에 따라서 상이한 대상 영역이 나타난다는 영역Region—경험의 기본유형Grundart der Erfahrung—태도Einstellung의 관계를 강조하려는 것이다. 예컨대 실재Realität의 영역은 물질, 신체, 심적 존재, 정신적 존재로 나누어 볼 수 있는데, 이 영역들은 각기 상이한 경험유형의 대상 영역이며, 상이한 경험유형은 그 나름으로 다시금 상이한 태도를 바탕으로 가능한 것임을 설명하고 있다(《이념들 III》, 제1장을 참조 바람).

3 태도의 문제와 선험적 자아의 인식근거에 관한 문제는 현상학 내에서는 문제의 분석을 깊이 할수록 전혀 별개의 문제로 나타난다. 그러나 출발점에서 보면 태도의 문제는 그 후의 모든 문제를 이해하는 전제가 되므로 후설의 태도 개념을 주지의 사실로 보는 것이 아닌 한, 이 문제를 먼저 살펴보려는 것이 논자의 의도이다.

태도의 개념과 이에 관한 문제를 집중적이며 체계적으로 설명하지 않고 있는 것은 영역에 관한 후설 자신의 이론이 전혀 체계적인 것이 못 되며, 설명이 명확하지 않은 것과도 관계되는 것으로 보인다. 물론 영역 개념의 모호성은 다만 일부의 영역에 국한된 것이며, 후설이 자연적 태도라고 부르는 일상적 태도와 현상학적 태도에 바탕을 둔 경험의 상이한 유형에서 나타나는 자연적 영역(초월적 영역)과 선험적 영역에서는 그 구별이 명확하다. 그러나 선험적 영역이 자연적 태도의 경험이 대상으로 갖는 모든 영역을 새로운, 현상학적 의미에서 다 포괄한다는 점에서 보면, 선험적 영역은 결코 다른 여러 가지 자연적 영역들과 같은 등급의 한 영역일 수는 없다. 이 점으로 보아서도 후설의 영역 개념은 일정한 외연을 갖고 있지 않음을 알 수 있다.

영역 개념의 모호한 점이 우선 눈에 띄는 것은 후설이 자연Natur을 하나의 영역이라고 부르고, 자연의 존재론die Ontologie der Natur이라고 부르는 데서 찾아볼 수 있다.[4] 자연이 만일 하나의 영역으로 규정된다면, 자연에 속하는 물질의 영역, 심적 존재의 영역과는 어떤 관계에 있는가? 영역들에도 種과 類의 관계를 가정해야 하는가? 영역들의 관계에서 종과 유의 관계가 불가능함은 영역이 구체적인 최상의 유konkrete oberste Gattung이라고 정의되어 있는 데서 명백해진다(《이념들 I》, 23, 37, 39쪽 ; 《경험과 판단》, 432쪽 이하 참조). 왜냐

4 《이념들 I》, 24, 26쪽 참조. 자연을 하나의 영역Region이라고 칭하는 데서는 이 영역이란 용어를 일상적인 뜻에서 사용하고 있는 것이 아니라, 후설 자신이 특별히 지시하는 의미에서 사용하고 있음을 바로 '자연의 존재론'이라고 부르는 데서 알 수 있다. 후설에 의하면 개개의 영역에는 그 영역을 연구하는 하나의 본질학인 존재론이 상응하기 때문이다.

하면 최상의 유 개념은 그 위에 보다 더 보편적인 어떠한 유 개념도 갖지 않기 때문이다. 만일 자연을 하나의 영역으로 규정한다면, 그에 속하는 물질, 신체, 심적 존재는 결코 구체적인 최상류인 영역일 수가 없다. 그러나 후설은 《이념들 III》에서 이 후자들을 명백히 영역들로 칭하고, 이것들이 상이한 경험 유형들을 소급 지시하고 있음을 상세히 설명하고 있으므로 우리는 오히려 《이념들 I》의 첫머리(§9, §10)에서 자연Natur을 영역이라고 칭하고 있음은 후설이 깊이 생각하지 않고 언급한 것이라고 봄이 타당하다.[5] 《이념들 II》의 여러 곳에서도 후설은 자연 전체를 하나의 영역처럼 표현하고 있으나, 이것은 정신을 실재 세계의 한 영역으로 보는 이상 이에 대비시켜 자연의 영역들 전체를 총칭하여 말하는 것으로 보아야 할 것이다.

영역들 간의 구별이 언제나 뚜렷할 수 없음은 구체적인 존재자에 있어서는 (예컨대 인간에 있어서) 흔히 함께 연관되어 있으며, 토대를 부여하고, 부여받는 관계에 있기 때문이다. 영역들을 선명하게 구별하는 것이 어떤 점에서는 어렵다 하더라도 이 구별들이 궁극적으로 지시하는 태도의 구별 또한 어려운 것은 아니다. 후설이 비록 태도 일반에 대한 개념 규정을 명확히 하고 있지는 않으나, 태도란 한마디로, 경험주체의 '관찰방식Betrachtungsweise' 또는 '이해방식Auffassungsweise'이라고 말할 수 있다.

---

5 *Ibid.*, 24쪽에는 물리적 자연에 관한 형상학die eidetische Wissenschaft von der physischen Natur überhaupt으로서의 자연의 존재론die Ontologie der Natur이라고 되어 있으므로 여기서는 오직 무기적 자연만을 가리키고 있다. 그렇다면 차라리 '물질의 존재론die Ontologie des Materiellen'이라고 표현하는 것이 보다 적절하다. 이것은 *ibid.*, 140쪽의 표현에도 해당되는 말이다.

태도의 일반적인 규정으로서 우선 말할 수 있는 것은, 후설이 규정하는 의식의 가장 넓은 의미에는 태도 역시 포함된다는 것이다. 그러나 태도는 결코 의식 작용의 산물은 아니며, 오히려 언제나 의식 작용에 전제되어 있다고 볼 수 있다. 그러나 물론 발생론적으로 보아 먼저 태도가 있고 의식 작용이 형성되는 그러한 논리는 있을 수 없으며, 태도는 어디까지나 의식 작용을 통하여 의식 주체가 바로 그러한 태도에 있음을 알게 될 뿐이다. 내가 반성을 통하여 나의 의식 작용 Akt을 앎으로써 비로소 나는 내가 방금 수행한 의식 작용이 어떠한 태도를 전제로 수행되었는가를 안다. 따라서 우리는 결코 태도 자체를 의식 작용처럼 수행할 수는 없다. 수행되는 것은 다만 의식 작용이며, 의식 작용을 미루어 보아 태도를 알게 될 뿐이다. 예를 들어 우리가 어떤 책을 보다가 이를테면, 칸트의 《순수이성 비판》을 옛날의 독일 문자로 된 아카데미판으로 읽다가 글의 내용을 파악하는 의식 작용으로부터 문자의 묘한 형태를 관찰하는 의식 작용을 행한다면, 이미 나는 하나의 태도로부터 다른 태도로 전환한 것이 된다. 따라서 태도변경도 전후의 두 의식 작용을 비교함으로써 비로소 알 수 있게 되는 것이다. 그리고 경험주체는 다른 유형의 의식 작용을 수행함으로써 언제라도 임의로 자신의 태도를 변경할 수 있다.

후설은 가장 근본적인 두 가지 태도를 우리가 앞서 잠정적으로 '일상적 태도'라도 불렀던 '자연적 태도natürliche Einstellung'와 '현상학적 태도phänomenologische Einstellung'라고 부른다. 그리고 실재적인 존재자에 관계하는 두 가지 태도를 '자연주의적 태도naturalistische Einstellung'와 '인격주의적 태도personalistische Einstellung'로 나누고 있다. 후설은 전자의 근본적인 두 가지 태도에 관하여서는

《이념들 I》의 제2부에서 다루고 있으며, 후자의 두 가지 태도는 주로 《이념들 II》의 제3부에서 상세히 다루고 있다.

후자의 자연주의적 태도와 인격주의적 태도는 실재 세계를 현실적으로, 그 자체로 존재한다고 보는(외적 존재의 즉자적 존재 타당성을 전제하는) 입장이므로 자연적 태도라고 불리어진다. 자연주의적 태도는 자연적 태도 내에서도 하나의 특수한 태도이며, 우리가 앞서 일상적 태도라고 부른 것은 사실 인격주의적 태도로서, 말하자면 가장 자연스러운 우리의 일상적인 태도이다. 자연주의적 태도가 하나의 특수한 태도라는 것은 일종의 인위적인 추상작용에 의해서만 가능한 것이기 때문이다. 이 태도에서 수행되는 의식 작용의 대상은 우리의 일상생활에서 그대로 주어지는 것이 아니라, 어떠한 유용성이나 아름다움 같은 가치론적 의미가 배제되고 순전히 사물적인 것Sachliches으로 주어진다. 따라서 자연주의적 태도는 일종의 이론적 태도이다. 자연과학자의 연구태도는 바로 이 자연주의적 태도인 것이다.

후설에 의하면, 이들 자연적 태도는 "자연적인 세계에 단순히 향하고 있는" 태도이다(《이념들 I》, 57, 11쪽 이하). 자연적 세계란 자연적 경험의 대상 전체를 뜻한다. 자연적 경험이란 오관을 통하여 우리가 자연스럽게 행하는 경험이다. 즉 후설이 '원초적으로 주는 경험(일차적으로 대상이 우리에게 주어지는 경험)'이라 일컫는 것이다(《이념들 I》, 11쪽). 이 자연적 태도에서는 세계란 언제나 우리 앞에 현실적으로 존재하는 것으로 의식되어 있으며, '존재하는 현실세계'라는 것이 이 태도의 대전제이다. 이 소박한 믿음의 대상 세계에는 무기적, 유기적 자연만이 아니라, 정신의 존재도, 수학, 기하학, 논리학의 대상인 관념적 존재ideales Sein도, 그리고 이 모든 존재자들의 본질의 존재도 함께 포함되어 있다.[6] 즉 사실적 존재와 마찬가지로 그 사실의 본질인 본질적 존재도 다 포함되어 있다. 그리고 물론 관념적 존재das ideale Sein를 대상으로 하는 수학, 기하학, 논리학도, 본질을 대상으로 하는 존재론들도 그러한 자연적 태도의 대상 세계에 함께 속하여 있다. 이 자연적 태도는 결코 존재의 타당근거가 어디에 있는가를 묻지 않고 다만 자명한 것으로 전제하고 있다. 자연적 태도에서는 경험주체가, 말하자면 직접적으로 즉자적 세계에 향하여 있다.

이에 대하여 우리가 이 세계적인 존재의 궁극적인 타당근거에 관하여 묻고자 한다면, 이 자연적 태도의 소박한 존재정립을 버림으로써 자연적 태도를 근본적으로 변경시키지 않으면 안 된다는 것이 후설의 견해이다. 이 자연적 태도를 근본적으로 변경하는 절차가 바로 후설이 '에포케epoché'(판단중지)라고 부르는 그것이며, 이 절차를 통하여 갖게 되는 태도가 곧 현상학적 태도이다. 현상학적 태도에서는 그러나, 자연적 태도의 존재 정립이 전적으로 사라지는 것이 아니며, 그것을 다만 '작용 밖에' 두는 것이며, '괄호 속에 묶어 놓는 것'이다(《이념들 I》, 66쪽 이하). 따라서 자연적 존재 정립의 근본적인 변경이 세계의 현실적인 존재에 대한 의심이나, 세계의 무화無化로 오해되어서는 안

6 관념적 존재는, 이것을 인간의 심적 산물로 보든, 인간의 의식과 관계없는 즉자적 존재유형으로 보든 어느 경우에나, 자연적 태도에서는 그 존재 타당성을 검토 없이 받아들이고 있다. 그 때문에 후설은 이것도 현상학적 태도로 태도 변경을 하는 경우에는 판단중지의 대상에 포함되어야 할 것으로 본다. 본질Wesen로서의 존재도 이것이 초월적 존재의 본질인 이상, 그리고 그 존재 타당성을 검토없이 받아들이고 있는 이상 자연적 태도의 대상 영역에 속하는 것이며, 현상학적 태도에서는 판단중지의 대상이 되지 않을 수 없다. 이제 관해서는 *ibid.*, 140쪽 이하를 참조 바람.

된다. 변경을 당하는 것은 오직 초월적 존재자들(현상학적 의미에서는 심적 의식도 포함하여)이 즉자적으로 존재한다는 검토되지 않은 의미이다.

현상학적 태도에서는 이제 그러한 초월적 세계가 순수한 '의식 상관자'로서의 의미를 지니게 된다. 자연적 태도에서 현상학적 태도로 변경하는 것은 초월적 대상으로 향하던 나의 시선을 의식 작용 자체와 그 상관자인 의식 내재적 대상으로 방향전환 시키는 것일 뿐만 아니라, 그렇게 함으로써 동시에 초월적 존재의 존재 타당성에 대한 믿음을 중지하고epoché, 그러한 소박한 전제로부터 해방시킨 순수의식 자체로 되돌아가는 것Reduktion이다.[7] 따라서 현상학적 태도는 명백히 하나의 반성적 태도이며, '에포케'를 방법으로 삼는 순수한 이론적 태도이다. 이 반성적 태도는 물론 경험주체가 단순히 자신의 심적 상태와 의지 등에 대하여 반성하는 자연적 또는 심리학적 반성과 구별되며, 이 이론적 태도는 자연적 태도에서 수행되는 개별과학적 이론작업의 태도와 구별된다. 구별 근거는 현상학적 판단중지의 수행 여부이며, 그를 통하여 나타나는 '절대

---

7 후설은 후기에 와서는 'epoché'(판단중지)와 'Reduktion'(환원)이란 용어를 구별하여 사용하나; 그 이전에는 대체로 동일한 의미로 사용하였다. 다만 판단중지를 동일한 절차의 소극적 표현이라고 본다면, 환원은 적극적 표현이라고 할 수 있다. 그러나 후설이 epoché를 주로 자연적 태도의 소박한 존재 정립에 관련시켜 말한다면, epoché는 이른바 '현상학적 환원'과 동일한 뜻으로 사용되었다고는 할 수 있으나, 환원 일반과 동일하게 사용된 것은 아니다. 왜냐하면, 환원에는 사실로부터 본질Wesen로 환원하는 형상적 환원die eidetische Reduktion도 있기 때문이다. 형상적 환원은 자연적 태도에서 수행되며, 거기에서 수행되는 형상적 환원에 의하여 도달하는 Eidos(형상) 또는 본질은 어디까지나 검토되지 않은 존재 타당성의 의미가 괄호에 묶여지지 않은 채 그대로 붙어 있기 때문이다. 즉 이러한 형상적 환원은 현상학적 판단중지와 아무런 관계도 없다.

적 또는 선험적 주관성의 영역'과 자연적 태도의 존재세계라는 대상 영역의 차이이다(《이념들 I》, 72쪽).[8]

이 선험적 주관성의 영역은 선험적 의식과 순수한 의식 상관자 그리고 순수 자아로 형성되어 있다. 그리고 이 영역을 대상으로 하는 경험은 '선험적 경험transzendentale Erfahrung'이라고 불리어진다(《이념들 I》, 70쪽 ; 《데카르트적 성찰》, 66쪽). 이제 영역, 경험, 태도의 일치관계는 다음과 같이 표현할 수 있다.

자연적(초월적) 영역—자연적 경험—자연적 태도
선험적 주관성의 영역—선험적 경험—현상학적 태도

이제 실재 세계에 관한 두 가지 자연적 태도를 살펴본다면, 이미 언급한 바와 같이 자연주의적 태도는 하나의 자연적-이론적 태도이다. 이에 대하여 인격주의적 태도는 후설에 의해 '정신적 태도'라는 다른 명칭으로도 표현되는데, 그 이유는 '정신'이라는 실재의 한 유형은 오직 이 태도에서만 하나의 대상 영역으로 나타나기 때문이다. 후설에 의하면, 자연주의적 태도에서는 모든 대상이 순전히 물적, 심적 자연으로 나타나기 때문에 정신Geist(인간의 정신 또는 정신적 주체)도 단순히 심적 상태로서 파악된다고 한다. 그러나 인격주의적 태도에서는 모든 자연물이 단순한 자연물로서가 아니라, 인간에게 유용한 것, 아름다운 것 등의 가치적인 의미를 지니고 주어진다. 다른 인간도 물론 단순히 물체로서 또는 동물적, 심적 존재로서 주어지는 것이 아니라, '나'와 동일한 인격적

8 선험적 주관성die transzendentale Subjektivität이란 선험적 주체das transzendentale Subjekt에 속하는 모든 것을 가리킨다.

주체Person로서 주어진다.[9] 그리고 이 태도는 우리의 극히 자연스러운 일상적인 태도임을 알 수 있다. 따라서 일상적인 태도란 곧 '자연적-인격주의적 태도'이다. 한 인간을 단순한 물체로 파악하기 위해서는 하나의 '인위적인 태도'를 취함으로써 가능하다(《이념들 II》, 183쪽). 일상생활에서 우리는 물론 임의로 인격주의적 태도에서 자연주의적 태도로 전환할 수 있으며, 그 반대도 언제나 가능하다. 예를 들어 한 인간을 일차적으로는 우선 하나의 정신적, 인격적 존재로서 이해하는 태도에서 단순한 자연 물체로(단순한 신체로) 보는 태도로 변경할 수 있다. 인격주의적 태도에서 파악하는 인간은 인격적 존재로서 그리고 그의 신체는 인격적 존재가 거기에서 표현되는 표현수단으로서 이해되며, 모든 자연물도 정신적 의미(아름다운, 유용한 또는, 위험한 것이라는)를 지닌 사물로서 파악된다. 반대로 자연적 태도에서는 한 인간은 다만 신체적, 심적 단일체로서 자연에 속하며, 자연의 모든 존재자들과 자연의 인과관계 속에 있는 것으로 파악된다(《이념들 II》, 181쪽 이하).

이제 후설이 직접 표현한 것과 암시만 한 것을 좀더 세분하여 나타내면 다음 페이지의 도표와 같다.

도표와 관련하여 다음의 몇 가지 점을 설명하고자 한다.

(1) 자연주의적 태도 내에서도 일상적 자연주의적 태도와 자연과학적 태도가 나누어질 수 있음은 우리가 일상생활에서 반드시 학문적인 연구 태도가

---

9 이와 관련하여, 정신적 존재와 심적 존재의 구별이 어떻게 가능한가 하는 문제와 아울러 '심리학적 태도', '정신적-이론적 태도'가 어떻게 다른가 하는 까다로운 물음이 제기되는데, 이에 관하여서는 무엇보다도 《이념들 II》를 철저히 연구함으로써 그 해답을 얻을 수가 있다.

아니라 하여도 단순히 물체의 형태나 성질에 관하여 살펴보는 경우가 있다는 사실에 근거하고 있다.

(2) 인격주의적 태도 중에는, 말하자면 이론적 인격주의적 태도가 있을 수 있으니, 모든 인문, 사회과학의 연구 태도가 이것에 속한다고 볼 수 있다. 후설은 이 이론적 인격주의적 태도를 전체적으로 '정신과학적 태도'라고 부르고 있으나(《이념들 II》, 340쪽 이하), 일상적인 인격주의적 태도에서도 일상적인 자연주의적 태도에서와 마찬가지로 이론적인 태도가 있을 수 있다. 예를 들어 우리가 인격적 존재로서의 한 인간의 어떤 점에 관하여(그의 행위나 의도 등) 또는 어떤 정신적 의미에 관하여 단순히 알고자 하는 경우(어떤 다른 것과의 자연적인 인과관계에서 파악하려는 것이 아니고) 우리는 일상적인 이론적-인격주의적 태도에 있다고 말할 수 있다. 그 밖의 일상적 인격주의적 태도는 전통 가치론적 태도이거나 실천적 태도라고 하겠다.[10]

---

10 이론적, 가치론적, 그리고 실천적 태도는 후설이 구별하는 의식 작용Akt의 세 가지 기본유형, 즉 이론적 의식 작용der theoretische Akt, 가치론적 의식 작용der axiologische Akt 그리고 실천적 의식 작용der praktische Akt에 근거하여 붙인 명칭이다.

(3) 경험의 한 유형에는 하나의 태도가 전제되어 있을 뿐이다. 예를 들어 일상적 이론적-인격주의적 태도는 자연적 태도이며, 인격주의적 태도이며, 이론적 태도이나, 이것은 세 가지 태도가 아니라, 어디까지나 단 하나의 태도이며, 자연적 태도와 인격주의적 태도는 유와 종의 관계에 있는 것으로 볼 수 있다.

(4) 여러 가지 자연적 태도에서 다루어질 수 있는 모든 대상들은 현상학적 태도에서 다루어질 수 있으며, 이 여러 가지 태도 자체와 태도 변경에 관한 모든 문제들은 오직 현상학적 태도에서만 연구될 수 있다. 물론 심리학자는 자연적 태도를 연구 대상으로 삼을 수 있다. 그러나 심리학자는 태도를 심적 상태의 한 요소로 보며, 경험주체와 대상 간의 인과관계에서 이해하려 한다. 심리학자는 더구나 자신의 연구태도를 연구하지 않으며, 현상학적 태도에 관하여 아는 바 없다. 심리학자는 또한 어디까지나 자연과학적 태도에서 연구를 해 나가므로 인격주의적 태도의 의미를 알지 못하며, 자연주의적 태도와 인격주의적 태도의 구별을 알지 못한다. 모든 소박한 존재 믿음으로부터 순화시킨 순수의식과 그의 순수자아에 대한 반성을 통해서만 태도와 태도변경에 관한 진정한 연구도 가능하게 된다.

우리는 앞서 후설의 현상학에서는 심적 자아, 정신적 자아 그리고 선험적 자아가 서로 다른 영역에 속하는 대상으로서 구별된다고 하였다. 자아의 이 세 가지 구별을 태도와 관련시켜 살펴보면, 자연주의적 태도의 경험에서는 심적 자아가, 인격주의적 태도의 경험에서는 정신적 자아(또는 정신Geist)가, 현상학적 태도의 선험적 경험에서는 선험적 자아가 구성된다고 하겠다. 심적 자아와 정신적 자아는 후설의 현상학에서는 선험적 자아의 실재화Realisierung 또는 세속화Mundanisierung라고 할 수 있으며, 이 중 심적 자아는 특히 자연화된 자아das naturalisierte Ich, 즉 선험적 자아가 자연화된 것이라고 말할 수 있다. 이러한 실재화나 자연화는 물론 선험 현상학적 태도로부터 자연적 태도로(자연주의적 태도나 인격주의적 태도로) 변경함으로써 가능하다. 심적 자아와 정신적 자아의 참된 존재근거는 어디까지나 선험적 자아에서 찾아질 수 있으며, 선험적 자아가 순수의식 내에서 언제나 자기 동일성을 유지할 수 있음으로써 그러한 실재적 자아로서의 존재도 가능하다.

2. 선험적 자아의 인식근거로서의 습득성

인간의 의식생활은 체험의 끊임없는 부침 가운데 이루어진다. 체험은 말하자면, 시간 속에서 끊임없이 흘러가는 '헤라클레이토스적 흐름'으로서 결코 한 체험(의식 작용)이 두 번 반복될 수는 없다. 우리가 하나의 체험에 관하여 말할 수 있음은 오직 반성을 통하여서만 가능하다. 일차적으로 체험된 내용에 관해서가 아니라, 체험하는 의식 작용 자체에 관한 반성을 '노에시스적 반성die noetische Reflexion'이라고 부를 수 있다면, 이제 우리는 이 노에시스적 반성을 수행하면서 선험적 자아에 관한 한 문제를 고찰하고자 한다.

후설은 한 체험Erlebnis의 전체에서 의식의 양극에 관하여 말한다(《데카르트적 성찰》, 100쪽). 즉 한편으로는 자아극Ichpol이 있고, 다른 한편으로는 대상극Gegenstandspol이 있는데, 후설은 자아가 여러 가지 의식 작용들의 동일한 자아일 수 있으며, 대상 또한 여러 가지 의식 작용들의 동일한 대상일 수 있다는 점에서 두 가지 극화Polarisierung를 말하는 것이다. 여기서 대상은 의식의 작용하는 측면에는 속하지 않고, 작용된(의식된) 측면Noema에 속한다. 지향적 대상이 의식 작용의 고유한 내실적 계기reelles Moment에, 즉 넓은 뜻의 '노에시스Noesis'에 속하지 않고, 의식의 다른 한 계기인 '노에마Noema'에 속하는 것으로 하여 '내재적 초월immanente Transzendenz'이라고 불리어질 수 있다(《이념들 I》, § 97 비교하라). 그러나 여기서 다시금 선험 현상학적 태도를 환기할 필요가 있으니, 이 내재적 초월은 결코 외적 대상이 밖으로부터 나의 의식 속으로 들어온 것처럼, 또는 나의 의식에 모사된 것처럼 이해해서는 안 된다.

의식의 그러한 내적 구조에서 자아극을 이루고 있는 순수자아 역시 체험과 관련하여 보면, 하나의(독특한 의미에서) '내재적 초월'이다(《이념들 I》, 138쪽). 왜냐하면 다양한 체험의 변화와 흐름 속에서도 항상 동일한 극Pol으로서 자아동일성Ichidentität을 유지하기 때문이다. 그러나 이 자아는 전적으로 하나의 형식이며, 절대적으로 공허한 자아이다. 이 자아극은 모든 체험을 가능케 하는 '기능중심'이라 하더라도 그것이 어떻게 그러한 기능을 할 수 있는지 알 수 없다. 이것은 바로 칸트가 선험적 통각die transzendentale Apperzeption으로서의 자아라고 부른 것과 동일하며 "모든 나의 표상을 동반할 수 있어야 할 '나는 생각한다Das : Ich denke'" 그것이다(《순수이성 비판》 B. 132쪽). 후설의 선험적 자아(순수자아)가 그러한 것에 지나지 않는다면, 이 선험적 자아의 고찰은 하르트만N. Hartmann이 말하는 단순한 재귀성die bloße Reflexivität에 지나지 않을 것이다(《정신적 존재의 문제》, 144쪽).

선험적 자아가 단순한 형식적 자아가 아니며, 그의 동일성이 단순한 형식적 동일성이 아니요, 모든 체험을 산출하고 지배하는 기능중심임을 인식할 수 있는 근거가 어디에 있는가를 이제 살펴보고자 한다.

2.1. 의식 작용과 습득성의 형성[11]

제기된 문제들을 밝혀내기 위해서는 먼저 후설이 의미하는 의식 작용의 개념이 언급되어야 하겠다. 여기서는 이 개념을 상세히 풀이하기보다는 오해하기 쉬운 점만을 지적하는 것이 우리의 목적에 보다 적합한 것으로 보인다.

후설에 있어서는 의식 작용이란, 곧 개별적인 지향적 체험intentionales Erlebnis을 뜻하며, 흔히 실재론에서처럼 주체의 의식 활동 자체만을 가리키는 것은 아니다.[12] 후설은 의식 작용을 《논리연구》에서는 우선 개별적인 지향적 체험과 동일한 것으로 보았고(《논리연구 II/1》, 361쪽 이하), 후에 《이념들 I》에서는 수행되는 또는 활동적인 지향적 체험만을 의식 작용이라고 부른다(《이념들 I》, 206쪽 참조). 왜냐하면 지향적 체험에는 비활동적으로 되어 의식 배경에 속하는 것도 있기 때문이다. 활동적인 지향적 체험이라는 뜻의 의식 작용은

---

11 후설의 용어 Habitualität는 글자 그대로 번역하면 '습관성'이라고 해야겠으나, 이러한 번역은 후설의 이 용어를 잘못 이해하게 만들기 쉽다. 후설 자신이 만들어낸 이 낱말의 어원은 라틴말의 'habitare'(거주하다)로서 독일어로 사용되고 있는 낱말로는 'Habitus'(습관, 습성)와 'habituell(습관적)'이 있다. 습관 또는 습성의 심리학적 또는 생물학적 어의를 배제하려는 의도에서 여기서는 '습득성'이라고 번역한 것이다.

12 '지향적intentional'이란 원래 '그 무엇을 향하여 있는'이란 뜻으로 의식의 근본적인 특성을 가리키는 말이다. 후설에 의하면, 모든 의식은 '그 무엇에 관한 의식Bewußtsein von etwas'으로서 반드시 그 어떤 대상적인 것에 향하여 있다(이 대상적인 것이 현실적으로 존재하든 않든 관계 없이). 지향성Intentionalität은 현상학의 기초 개념으로서 이 개념에 관해서는 《논리연구 II/1》, 제V연구 ; 《이념들 I》, §84 이하 참조 바람.

곧 대상을 이러이러하다고 사념하는vermeinen 것이라는 점에서 정립(Setzung 또는 Thesis)이라고 한다. 특히 대상을 현실적으로 생생하게 거기에 있는 것 Wirklich-da-Sein으로, 참된 것Wahrhaft-Sein으로 정립하는 경우, 그것은 이성 정립Vernunftsetzung이다(《이념들 I》, 333쪽 이하).

의식 작용의 기능적 활동을 보면, 우선 눈에 띄는 것이, 모든 의식 작용은 시간적으로 일정한 지속만을 갖는다는 것이다. 즉 일과성一過性이 가장 두드러진 특성이다. 모든 의식 작용은 끊임없이 생겨나서는 사라진다. 그 때문에 전체로서의 의식은 체험의 연속적 흐름이라고 할 수 있다. 개별적인 체험은 이 흐름 내에서 끊임없이 생성 소멸한다. 한번 수행된 의식 작용은 비활동적으로 되어 수동적 의식 영역으로 가라앉게 된다. 수행된 의식 작용이 수동적 영역에 가라앉아 있는 것을 후설은 제2차적 감성sekundäre Sinnlichkeit이라고 부르며, 이것은 자아의 자발성에 의하여 언제라도 다시금 능동적 의식 작용으로 될 수 있는 가능성을 지닌다(《이념들 II》, 부록 II, §1). 그러나 이 재생된 의식 작용은 물론 다른 하나의 새로운 의식 작용이라는 성격을 지니기 때문에 모든 개별적인 의식 작용은 일회적이요, 결코 동일한 두 개의 체험은 있을 수 없다. 비록 체험의 한 본질적 계기를 이루는 '노에마'가 동일하다 해도 하나의 체험 전체는 결코 동일한 것이 아니다.

이 다양한, 변화무쌍한 체험들의 끊임없는 생성 소멸에서 모든 체험들을 필연적으로 동반할 수 있어야 할, 체험의 동일극으로서의 순수자아는 이제 그 자체 내에 형성되는 독특한 그 무엇에 근거하여, 비로소 자아동일성을 나타내며, 체험들과 함께 사라지지 않고 유지되는 것이다. 이 선험적 자아에서 형성되어 그 동일성을 가능케 하는 것이 바로 '습득성Habitualitäten'이다(《이념들 II》, 111쪽 이하 ; 《데카르트적 성찰》, 100쪽 이하 참조). 여기서 말하는 습득성이란 어디까지나 선험적 습득성을 뜻하나, 이 용어의 후설적 개념을 이해하기 위해서는 구체적이고, 실재적인 습득성들의 예를 들어 설명하는 것이 쉽다. 즉 결심이나 결정, 지속적인 견해, 확신 그리고 참된 것으로 받아들이고 있는 모든 지식이 그것이다. 이러한 구체적인 예에서 우리는 습득성이 무엇을 의미하는가 대체로 짐작할 수 있다. 이러한 습득성은 활동적으로 수행되는 지향적 체험, 즉 앞서 이성 정립이라고 부르는 의식 작용에 의하여 형성된다. 모든 하나하나의 의식 작용은 체험의 흐름 속에서 생겨났다가 사라진다. 후설에 의하면, 의식 작용은 그러나 흔적 없이 사라지는 것이 아니라, 반드시 그 어떤 결과를 남겨 놓는다고 한다(《이념들 II》, 112쪽). 모든 의식 작용은 그 어떤 것이나 '이전에 설립된 지속적 이념früher gestiftete bleibende Meinung'의 반복이거나 아니면, 새로운 사념의 설립이다. 모든 개별적인 의식 작용은 반드시 체험의 흐름 내에서 흐르지 않고 남는 그 무엇을 형성한다. 이 잔존하는 것은 다른 동기를 가진 새로운 의식 작용에 의해 폐기되지 않는 한 계속하여 효력 타당성Geltung을 지니게 된다.[13] 예컨대 어떤 하나의 결정이나 확신은 원초적인(새로 설립하는) 의식 작용에 의해 설립되며 동일한 주제를 가진 다른 의식 작용들에서 타당한 전제로서 다시 나타난다.

습득성의 개념은 가치론적 또는 실천적 의식 작용의 예에서 보다 쉽게 이해

---

13 습득성이 일단 형성된 후에는 저절로 사라지는 것이 아니라는 특성 때문에 아마도 후설이 'stiften'(설립하다), 'Stiftung'(설립)이라는 말을 사용하는 듯하다.

된다. 의식 작용의 주체인 '나'는 예컨대 '내일 낚시를 가기로' 결정하는 의식 작용을 수행하였으므로 이 결정, 즉 이 습득성은 계속 효력을 지니고 그 이상의 다른 의식 작용을 유발시킨다. 즉 이 결정과 관련된 많은 다른 의식 작용이 동일한 습득성에 의해 동기부여 받는다.

이 습득성과 의식 작용의 관계는 이렇게 말할 수 있다. 습득성은 의식 작용에 의하여 비로소 형성되므로 의식 작용의 결과라고 할 수 있다. 그러나 의식 작용 자체에는 속하지 않고, 따라서 의식 작용과 함께 사라지지는 않는다. 그리고 일단 형성된 습득성은 그 이상의 다른 (동일한 테마의) 의식 작용을 가져오는 힘을 갖는다. 즉 의식 작용을 야기시키는 동기력Motivationskraft을 갖는다. 지금까지 효력을 갖고 있는 습득성을 폐기시키는 하나의 새로운 의식 작용은 동시에 다른 새로운 습득성을 설립한다. 습득성은 의식 작용에 의해 설립되고 폐기된다.

발생론적 관점에서 보면, 습득성은 의식 작용의 가능근거라고 말할 수 있다. 그러나 이 점은 보다 면밀한 고찰이 있은 뒤에야 비로소 이해될 수 있는 문제라고 하겠다.

2.2. 습득성의 특성

습득성은 앞서 예로 든 그 어떤 결정이나 결심만이 아니라, 한 의식 주체가 지금까지 주관적 또는 공동주관적으로intersubjektiv 타당한 것으로 알고 있는 모든 경험적 지식, 수학적, 논리적 지식을 가리키는 명칭이기도 하다. 한 습득성의 효력 타당성은 그것에 의하여 야기되는 의식 작용의 노에마적 내용에서 표현되어 있다. 의식 작용의 일회성 및 일과성이란 엄밀히 말하여 의식 작용의 '노에시스'가 갖는 성격이다. 의식된 '노에마'는 말하자면, 일종의 관념성 Idealität을 지니고 있어서 의식 '노에시스'의 다양성 가운데서, 흔히 원초적 의식 작용의 '노에마'가 회상하는 의식 작용에서는 다시금 동일한 '노에마'일 수가 있다. '노에마'의 이러한 비시간적 관념성 때문에 후설에 있어서 그것은 의식의 '내재적 초월'로서, 의식의 내실적 구성계기는 아닌 것이다.

습득성이 외견상 의식의 한 내재적 계기인 '노에마'에 유사하다는 인상을 줄 수도 있으나 또 흔히 그렇게 오해되기도 하였으나, 습득성이 '노에마'와는 전혀 다른 것임은 두 가지 점에서 명백하다.

첫째, 습득성은 노에마와는 달리 일정한 시간적 지속성을 갖는다는 점이다. 한 주관성 내에서 그 효력 타당성의 지속이 아무리 길다 하여도 개별적인 습득성은 각기 일정한 시간에서만 그 타당성을 지닌다. 즉 한 원초적 의식 작용에 의해 설립된 시점부터 그것이 폐기될 때까지, 또는 영원히 폐기되지 않는 것이 있다 하더라도 시간성을 갖는다는 특성에는 변함이 없다. 따라서 습득성은 관념성을 결코 갖지 아니하며, 선험적 자아가 실재화Realisierung 되는 데서는 구체성과 실재성을 지닌 습득성으로 나타난다.

둘째, 습득성은 '노에마'와는 달리 언제나 효력 타당성을 지니고 있다. 반면에 '노에마'는 효력 타당성과는 관계없이 존재한다. 잘못된 계산의 노에마적 내용도(이 의식 작용에서 처음에 설립된 습득성의 폐기와는 관계없이) 역시 하나의 '노에마'로서 손색이 없다. 그러나 습득성의 효력 타당성이란 의식 주체가 계속해서 그것이 옳으며, 참되며, 또는 가치 있는 것으로 여기는 것만이 습득성이다. 습득성은 물론 능동적 반성에서만 고찰의 대상이 될 수 있다는 점에서는 노에마와 마찬가지이다. 그러나 반성적 고찰에서 비로소 노에마와는 달리 효력 타당성의 단일체Geltungseinheit임이 또한 드러난다. 이 효력 타당성은 어디까지나 그것을 설립한 의식 주체인 자아에 대한 타당성이며, 그 타당성을 상실한, 즉 폐기된 습득성은 이미 더 이상 습득성이 아니다. 습득성이 제2차 감성(수동적으로 가라앉은 '이성 의식 작용')과 구별되는 점도 바로 이 점이다. 수행된 의식 작용은 수동적 배경의식Hintergrundbewußtsein으로 가라앉아 제2차 감성으로서 기능할 뿐이다. 이 제2차 감성은 효력 타당성과 전혀 관계없으며, 다만 재생될 수 있다는 가능성으로 하여 현재의 활동적 의식 작용과 내적 시간의식에서 관계를 맺고 있으며, 이 의식 작용의 무한한 배경을 이룬다.

'노에마'와도, '제2차 감성'과도 다른, 습득성이 지닌 또 하나의 특성은 후설에 의하면, 습득성이 형성되어 존속하는 위치이다. 습득성은 앞서 언급한 바와 같이 의식 작용에 의해 설립되나, 설립된 습득성은 '노에시스'에도 '노에마'에도 속하지 않는다. 이 두 계기로 이루어진 의식 작용에는 적어도 속하지 않는다. 습득성도 체험의 흐름 내에서 형성되며, 체험의 전체 안에 있으나, 그것이 차지하고 있는 위치는 바로 체험의 동일극인 순수자아이다. 즉 순수자아는 습득성의 '기체基體Substrat'이다(《데카르트적 성찰》, 100쪽). 그 때문에 습득성은 후설에 의해 '자아고유성Icheigenheit'이라고 불린다(《후설전집 IX》, 214쪽). 습득성만이 자아의 고유한 내용을 형성하며, 선험적 자아가 단순한 형식적 동일극이 아님을 인식하게 하는 근거이다. 습득성은 곧 선험적 자아의 인식근거ratio cognoscendi이다.

2.3. 자아 고유성으로서의 습득성

순수자아는 체험의 동일극으로서 그의 의식 작용들과 불가분하며, 활동적, 비활동적 체험 속에서만 산다 하더라도, 그리고 끊임없이 변화하는 모든 체험들을 동반한다 하더라도 내재적 시간에서 절대적으로 동일한 것으로 머물러 있다. 그러나 이러한 형식적 동일성을 넘어서 구체적일 수 있음은 이 순수자아가 습득성의 기체라는 데서 해명이 된다. 우리가 의식 작용의 특성인 일시적 지속성을 다시 한 번 고려해 볼 때, 자아는 개별적 의식 작용에서 하나하나 분리되어 결코 동일한 단일성을 지닐 수 없는 것 같이 보인다. 그 때문에 칸트도 선험적 통각이 자아의 동일성을 사고할denken 수 있게 하나, 내가 인식하는 자아는 현상으로서 결코 즉자적 존재로서의 '나 자체Ich an-sich'는 인식할 수 없다고 하였고(《순수이성 비판》 B. 135쪽), 하르트만은 의식 작용의 주체는 개별적인 의식 작용에서 "낱낱이 분리되므로" 순간순간 통일적인 단일체로 결합시키지 않으면 안 되는 것으로 보았다(《정신적 존재의 문제》, 137쪽 이하). 그러나 하르트만은 과거의 의식 작용을 수행한 자아와 현재 의식 작용을 수행한 자아를 어떻게 동일화시킬 수 있는지를 설명하지 못한다. 후설에 있어서는 그러나 순수자아가 모든 수동적, 능동적 체험들의 발생원천일 뿐 아니라, 모든 습득성들의 동일한 기체로 파악됨으로써 자아의 동일성 문제는 해결된다. 자아가 의식 작용을 수행함으로써 자아극에 습득성이 형성된다. 이렇게 형성된 습득성은 그것이 수정되거나, 폐기되지 않는 한 자아 자체의 규정내용들Ichbestimmtheiten로서 계속해서 효력을 지닌다. 효력을 지닌다는 것은 계속해서 동일한 테마의 의식 작용 수행을 동기 지으며motivieren, 언제라도 그러한 의식 작용을 유발할 수 있는 동기력을 지닌다는 점을 의미한다. 이것은 곧 자아 자신의 자기 규정이며, 자아는 그러한 습득성의 자아이다. 예를 들어 금연을 결심하는 의식 작용에서 설립된 습득성이 계속하여 효력 타당성을 지닌다면, 그러한 의식 작용을 수행한 '나'는 금연을 결심한 '나'로서 자신을 규정하는 셈이다. 이렇게 습득성이 자아의 자기 규정인 한, 습득성의 모든 변경(폐기와 새로운 설립)은 바로 '자아의 변경Ichänderung'이라 할 수 있다(《후설전집 IX》, 214쪽). 선험적 자아는 그의 의식 작용들에서 습득성을 설립하고, 계속 타당성을 부여함으로써 자아 자체를 지속적 고유성을 지닌 자아로서 자기를 구성하며, 동일화한다. '나'는 이러러하게 결정하였으므로, 이러 이러하게 결정한 '나'로서 동일성을 유지한다.

그러나 여기서 간과될 수 없는 것은, 습득성들도 역시 자아 내에서 생성 소멸한다는 점이다. 물론 습득성이 설립되고 폐기되는 것은 일시적 지속성을 갖는 의식 작용의 생성소멸과는 전혀 다른 방식이긴 하다. 그리고 변경되는 습득성이란 언제나 동기력이 약한 것들이 대부분일 것이다. 그럼에도 불구하고 습득성도 원칙적으로는 변경되며, 변경될 수 있음은 사실이다. 그렇다면 습득성의 그러한 변경에도 불구하고 자아는 어떻게 자기동일성을 유지할 수 있는가 묻지 않을 수 없다. 습득성의 변경은 자아가 그것을 변경하는 능동적 의식 작용의 수행에서만 가능해진다. 이 점이 개별적인 체험의 사라짐과 다른 점이다. 그리고 자아가 변경의 의식 작용을 수행하는 데는(이것은 반드시 다른 새로운 습득성의 설립인데) 반드시 일정한 동기가 있다. 그리고 이 동기는 모든 의식 작용의 전체적인 동기관계Motivation의 연관에서 보아 이해될 수 있는 그러한 동기이다.[14] 따라서 여기에는 습득성 전체를 특징 짓는 그 어떤 정형Typus이 있으며, 이것이 한 의식 주체가 갖는 습득성의 체계System가 지닌 고유한 정형이라고 볼 수 있다. 이러한 전체 '시스템'에서 보면, 개별적인 습득성의 변경은 자아 변경을 의미하더라고 결코 자아의 동일성 상실이나 자아의 해체를 뜻하지 않는다. 한 습득성의 변경이 자아의 변경이긴 하되, 그 변경이 이성적인 동기를 갖고 있으며, 지금까지 설립된 습득성의 자아 고유성에 일치하며, 따라서 통일된 '스타일'을 보여주는 한, 그것은 자아의 분열이 아니다(《이념들 II》, 270쪽 이하). 습득성의 설립과 폐기는 순수자아의 근원적인 자유에 속한다. 그러나 설립된 습득성의 전 체계는 자아의 자기동일화를 위한 필수적 전제임에는 틀림없다.

2.4. 습득성의 여러 가지 형태

첫째, 기능적 관점에서 습득성의 형태들을 구별하면, 여기에는 세 가지의 형태가 있음을 알 수 있다. 즉 계속하여 효력 타당성을 지니거나 폐기될 수 있는 습득성이 있는가 하면, '망각된' 습득성이나 '충실된' 습득성이 있을 수 있다. 망각된 습득성이란 흔히 이론적 의식 작용에서 설립된 것으로, 의식 주체가 지니고 있는 수많은 지식이 그러한 습득성에 속하며, 여기에는 잊어버리고 기억하지 못하는 것도 있음은 어렵지 않게 짐작이 된다. '충실된' 습득성이란

14 동기관계Motivation라는 개념의 중심되는 의미는 의식 작용들 사이의 유발하고, 유발되는 관계로서 후설은 특히 이것을 정신적 존재를 지배하는 기본원리로 삼았다. 이에 관하여서는 특히 《이념들 II》, 3부 참조 바람.

흔히 실천적 의식 작용들에서 설립된 것으로, 그 어떤 결정이나 결심은 그것을 성취시키는 의식 작용이나 행위에 의해 충실된다.

후설에 의하면, 망각되었거나, 충실된 습득성도 그것을 명백히 폐기하는 의식 작용이 없는 한, 여전히 자아 내에 존속한다고 한다(《경험과 판단》, 137쪽 이하). 망각된 습득성은 결코 흔적 없이 사라진 것이 아니라, 다만 잠재적으로 된 것이며, 충실된 습득성도 결코 충실됨과 동시에 폐기된 것이 아니라, '충실의 양태'를 지니고 계속 타당성을 갖는다고 한다(《데카르트적 성찰》, 101쪽). 따라서 망각된 습득성도 충실된 습득성도 여전히 자아의 고유성으로서 자아 내에 존속하며, 계속하여 자아를 규정하고 있다고 보아야 한다. 자아는 언제라도 회상의 의식 작용에서 그의 충실된 결정을 소급하여 파악할 수 있으며, 저러한 결정을 충실시킨 자아로서 자아 자신을 동일화할 수 있다. 물론 충실된 습득성은 아직 충실되지 않은 습득성과는 자아동일성에서 기능하는 역할은 다를 것이다. 그러나 충실된 습득성도 , 그 동기력의 변경은 있을 수 있으나, 역시 또 다른 의식 작용을 유발할 수 있는 효력 타당성을 지니고 있음에 틀림없다. 다른 한편 망각된 습득성은 다시금 동기력을 가질 수 있는 잠재성은 있다 하더라도 그 자체로서 어떻게 자아의 동일성 유지에 기여하는지는 알기 어렵다. 이에 대하여서는 후설 역시 아무런 암시도 주지 않는다.

둘째는, 의식 작용의 유형적 구별에 따른 습득성의 구별로서, 단순한 지각 작용에서부터 자연과학적 태도의 순수 이론적 의식 작용에 이르기까지 모든 이론적 의시작용에서 형성된 이론적 습득성과 원하는, 욕구하는, 소위 가치론적, 실천적 의식 작용에서 설립되는 가치론적-실천적 습득성axiologisch-praktische Habitualitäten이 구별될 수 있음은 앞서 암시된 바와 같다.

셋째로, 매우 중요한 구별이 있는데, 주관적 습득성과 공동주관적 습득성이 그것이다. 공동주관적 습득성intersubjektive Habitualitäten은 물론 개별적인 하나의 의식 주체에 있어서는 동시에 주관적 습득성이다. 그러나 그것은 동시에 다수의 주체들에게 효력 타당성을 갖는 한, 공동주관적 습득성이다. 공동주관적 습득성은 다수의 주체들에 의한 공동주관적 의식 작용에 의하여 설립된 것일 수도 있고(이를테면 공동의 결정, 약속 등) 한 개별적인 주체가 이미 설립되어 효력 타당성을 갖고 있는 공동주관적 습득성을 단순히 인계받는 의식 작용에서 획득하게 된 공동주관적 습득성일 수도 있다(이를테면 배운 지식, 관습 등). 이러한 종류의 습득성에 관련된 문제는 무엇보다도 선험적 공동주체성die transzendentale Intersubjektivität의 구성 문제가 기본적으로 밝혀져야 하는데 이것은 여기 우리의 문제 테두리를 넘어서는, 별개의 문제영역에 속하는 것이다.

결어

후설은 습득성에 관하여 그의 저서와 강의록 등에서 극히 단편적으로 서술하고 있을 뿐 전혀 체계적인 이론으로 전개시키지 않은 탓으로 습득성의 문제는 지금까지 큰 주목을 받지 못하였다. 그 때문에 이에 대한 이론적 전개의 가능성은 매우 크다고 말하지 않을 수 없다. 특히 여기서 구체적으로 다룰 수 없었던 공동주관적 습득성의 문제는 사회학적 문제들의 현상학적 접근에 기여할 수 있는 실마리를 줄 수 있는 가능성을 보여준다.

지금까지 우리가 다룬 태도나 습득성의 문제는 어디까지나 선험적 주관성의 영역에서 하나의 원리로서 제기된 문제들이다. 후설 자신도 습득성을 하나의 선험적 원리로 고찰하였기 때문에 언제나 Habitualitäten이라고 복수로 표현하고 있다. 따라서 원리로서의 습득성은 자연적인 심적 의식에서 생기는 습관Habitus, 예컨대 흄D. Hume식의 '마음의 습관habits of mind'과는 근본적으로 다르다. 이러한 것과 유사한 것으로는 후설에 있어서 수동적 연합passive Assoziation에서 이루어지는 수동적 동기관계passive Motivation, 경험동기관계 Erfahrungsmotivation 등의 이론에서 구체적으로 전개되는 수동적 종합passive Synthesis의 이론영역에 속한다(《후설전집 XI》, 〈수동적 종합의 분석들〉 참조). 이 영역에서 논의되는 습관이나 심적 경향성들psychische Tendenzen 같은 것이 습득성과 두드러지게 다른 점은 그것들이 이성 정립Vernunftsetzung, 즉 능동적인 지향적 체험의 결과가 아니라는 것과 전혀 의식 작용을 가져오는 동기력과 효력 타당성을 지닌 것이 아니라는 점이다. Habitualitäten이란 용어가 Habitus(습관)와 어원을 함께 한다는 것으로 하여 흄식의 습관과 같은 것으로 오해하는 것은 이에 대한 후설의 연구가 언제나 현상학적 태도의 영역에서 이루어지고 있음을 다시금 망각한 결과에 지나지 않는다.

공동주관성의 문제*

1. 머리말

후설Edmund Husserl은 그의 마지막 저서 《유럽 학문의 위기와 선험 현상학》에서 말한다.

> 판단중지는 유일무이한 철학적 고독을 가져온다. 이것은 참으로 철저한 철학의 방법적 기본조건이다.[1]

현상학적 판단중지epoché를 통하여 순수의식으로 환원함으로써 자아는 외견상 그야말로 'souls ipse'(독아獨我)의 상황에 빠진다. 세계 내의 모든 존재자는 나의 순수의식 내의 존재현상으로서 나의 것이다.[2] 여기서 자아는 이제

---

* 《후설》, 이영호 편, 고려대학교 출판부, 사상신서 7, 1990.

1 《유럽 학문의 위기와 선험 현상학*Die Krisis der europäischen Wissenschaften und phänomenologischen Philosophie*》, *Husserliana VI*, 187-188쪽(이하 《위기》라 약함).

2 의식내의 존재현상은 '내재적 초월자'로서 특징지어지는 노에마Noema로서 의식의

더 이상 세계에 속하는, 세계 내의 존재자는 아니다. 오히려 세계가 나 안에, 나의 의식 안에 현상으로서 주어져 있다. 그러므로 나는 선험적 자아이다. '손 앞에 있는vorhanden' 모든 객체들은 즉자적 존재자An-sich-Seiendes가 아니라, 다만 순수의식 내의 사실Faktum, 즉 선험적 사실로 되었다. 이제는 "더 이상 경험적으로 의심 없이 '현존하는' 세계에 관하여 말할 수 없으며", "현존하는 동물과 인간에 대해서도 말할 수 없다〔…〕".[3] 세계 내의 다른 인간들은 그들의 신체와 함께 다른 객체들과 마찬가지로 인간이라는 의식현상으로서만 그 타당성을 지닌다. 이로써 선험 현상학은 '선험적 독아론transzendentaler Solipsismus'의 외양을 지닌 것으로 보인다(《제1철학 II》, 64쪽). 후설은 이렇게도 말한다. "하나의 선험 현상학은 따라서 선험적 자아론Egologie으로서만 가능한 것처럼 보인다. 현상학자로서 나는 필연적으로 독아론자이다. 비록 자연적 태도에 근거하는, 일반적으로 조롱하는 의미에서는 아니더라도 선험적 의미에서" (《제1철학 II》, 174쪽).

그러나 선험 현상학이 사실상 선험적 독아론으로 귀결되는 것은 아니다. '독아론적 현상학'의 외양을 취한 것은 연구방법상 그렇게 하지 않을 수 없었을 뿐, 선험적 자아의 자기 구성은 선험적 자아이자 동시에 선험적 공동주관성

구성요소이므로 나의 것(나의 소유)이다. 그러나 엄밀히 말하여 자아의 일부분은 아니다. 후설은 《데카르트적 성찰》에서 "환원된 자아가 세계의 일부분이 아닌 것처럼, 세계와 모든 개개의 세계적인 객체는 거꾸로 나의 자아의 일부분은 아니다"라고 말한다. *Cartesianische Meditationen und pariser Vorträge, Husserliana I*, p. 65(이하 《성찰》로 약함).

3 *Erste Philosophie, Husserliana VIII*, p. 64(이하 《제1철학 II》로 약함).

transzendentale Intersubjektivität으로서 구성된다.[4] 선험 현상학이 연구방법상 자아론으로서 시작하지 않을 수 없는 이유를 우선 두 가지만 지적하자. 첫째는, 일체의 소박한 존재 믿음을 버리고 순수의식으로 환원한 현상학자는 그 자신의 선험적 자아라는 하나의 사실Faktum을 시초경험Anfangserfahrung으로 삼아 본질직관의 방법으로 본질Eidos인 선험적 자아를 찾아야 하기 때문이다. 둘째는, 객관적 세계나 그 안의 모든 다른 자아가 비록 나의 의식현상 이상을 지시한다 하더라도 궁극적으로는 나의 의식에서 구성되며 여기에서만 그 의미를 얻을 수 있기 때문이다.

이 둘째 문제와 관련하여 선험적 공동주관성을 해명하는 것이 후설의 선험적 공동주관성 이론이다. 그러나 물론 이보다 앞서 공간세계 및 다른 인간과 그의 신체를 '괄호쳤음'(그 존재 여부에 대하여 판단중지하였음)에도 불구하고 어떻게 타자의 순수 자아와 그 의식 삶은 결코 작용 밖에 두어지지 않는지를 해명하여야 한다(《제1철학 II》, 177쪽 참조).

현상학에서 공동주관성의 문제가 중요한 것은 단순히 독아론이라는 오해를 없애기 위해서만은 아니다. 오히려 중요한 것은, 타아의 구성을 해명하는

---

4 독일어 'Intersubjektivität'를 지금까지 상호주관성이라고 번역하는 것이 보통이었으나, 필자는 '공동주관성'이라고 번역하고 있다. 접두어 inter는 물론 '사이'라는 의미를 지닌다. 그 때문에 한때는 간주관성間主觀性이라고 번역되기도 하였다. 그러나 '상호'는 1대 1의 대응관계를 연상시키므로 현상학 용어인 Intersubjektibität를 잘못 이해할 우려가 있다. 이 용어가 원래 의미하는 바는 나와 너의 관계만이 아니라, 다수 주체의 공동체화Vergemeinschaftung를 뜻하므로 공동주관성이라고 번역함이 보다 적합하다. 그런 말의 뜻이기 때문에 E. 후설은 선험적 '자아공동체Ich-Gemeinschaft' 또는 '선험적 우리transzendentales Wir'라고도 부른다(《성찰》, 137쪽).

일뿐만 아니라, 객관적 세계의 문제 및 자연적 태도에서 갖는 존재믿음의 근거를 또한 밝힐 수 있기 때문이다. 후설이 공동주관성의 문제를 체계적으로 다루고 있는 곳은 《성찰》의 제5성찰이지만, 그러나 이 문제에 대하여 생각하고 있는 것은 이미 선험 현상학이 처음 구상되던 때부터이다.[5] 후설의 강의록을 살펴보면, 물론 1905년부터 1910년 사이에 타자경험에 대한 문제가 매우 구체적으로 논의되고 있으나, 출판된 저서에 등장하고 있는 것은 《순수현상학과 현상학적 철학의 이념들》 제1권이다.[6] 이 책 29절에서 후설은 자연적 태도에서 타자의 주체들이 자아에게 어떻게 경험되며, 각자의 경험이 각자의 의식에 의하여 분리되어 있음에도 불구하고 우리는 타인들과 서로 이해하며, 우리 모두의 환경세계로서 하나의 객관적인 시공간적 세계를 공동으로 정립한다고 언급하고 있다(《이념들 I》, 61-62쪽 참조). 그리고 53절에서는 세계가 단순히 물리적 세계만이 아니라 정신물리적, 즉 심신적 세계인 만큼 타자의 심적 의식이 나의 절대적 순수의식에서 어떻게 구성되었는가를 묻고, 여기에는 하나의 독특한 경험방식이 기능하고 있음을 암시하고 있다(《이념들 I》, 131쪽 참조). 그리고 타아경험을 매개로 한 공동주관적 세계의 구성에 관해서는 《이념들 I》의 151절에서 물체의 선험적 구성층을 분석하면서 언급하고 있다. 즉,

---

5 이에 대해서는 *Husserliana XIII*, 〈편집자의 서문〉 XXII쪽 이하 참조. 이 서문에서 편집자 케른Iso Kern은 후설이 1905년 제펠트Seafeld에서 여름휴가 중 구상한 것(소위 '제펠더 블레터')에 근거하여 1905년부터 이미 공동주관성 문제를 고찰하였다고 언급하고 있다.

6 *Ideen zu einer reinen Phänomenologie und phänomenologischen Philosophie I*(《이념들 I》로 약함)은 1913년에 출판되었음. 이 책 13쪽 각주 1 참고.

한 주체의 유일한 의식류意識流Bewußtseinsstrom에서 감각적 지각의 상관자로서 구성되는 '노에마'적 단일체 위에 보다 상위의 단계에서 '공동주관적으로 동일한 물체'가 구성되며, 이 공동주관적 세계는 공동주관적 경험의 상관자로서 구성됨을 설명하고 있다(《이념들 I》, 372쪽 참조).

타아경험과 공동주관성의 문제가 본격적으로 다루어지고 있는 것은 그러나, 《이념들 I》에 바로 뒤이어 씌어졌으나 후설이 세상을 떠난 후 1950년에야 비로소 출판된 《이념들 II》에서 볼 수 있다. 여기서는 물질적 자연의 구성 문제와 관련하여 이미 공동주관적 경험 및 객관적 자연의 구성가능성에 관하여 보다 깊이 고찰하고 있다. 《이념들 II》(18절 e)에서 후설은 우선 개별적 주체의 독아론적 단계에서도 객관적 자연의 구성이 정상 · 비정상의 구별 및 모든 상대성의 배제에 의하여 어느 정도 가능하나, 이 단계에서는 객관적 자연의 구성이 완전한 것일 수 없음을 보여준다. 왜냐하면 '경험하는 주체는 진실로 어떠한 독아론적 주체가 아니라, 다수 주체들 중의 한 주체'이기 때문이다(《이념들 II》, 78쪽). '독아론적 경험으로부터 공동주관적 경험으로의 이행'이라는 제목을 가진 18절 f에서는 나중에 《성찰》의 제5성찰에서 선험적 공동주관성의 구성을 단계적으로 해명하는 것의 축소판을 발견하게 된다. 객관적 시공간 내의 객관적 물체의 구성에 관한 상관관계적 해명은 같은 18절 g, h와 함께 《성찰》보다 오히려 상세한 부분이 있다.[7] 물론 여기서는 선험적 공동주관성의

7 상관관계적 해명이란 구성된 측면과 구성하는 측면의 두 가지 시각에서, 즉 노에시스적 관점과 노에마적 관점을 함께 고려하면서 그 원리적 구조를 밝혀내는 것을 말한다. E. 후설의 그러한 상관관계적 해명방식은 다른 데에서도 사용하고 있으나 실재 세계의 구성 문제를 다루고 있는 《이념들 II》에서 특히 잘 드러나고 있다.

구성 문제가 아니라, 실재 세계reale Welt의 한 영역인 물질적 자연의 구성을 해명하려는 목적에서, 특히 물질적 자연의 객관성과 관련하여 타아경험 및 공동주관성이 다루어지고 있다. 타아의 주체와 그 주관성이 나의 의식에서 하나의 인간이라는 단일체로서 어떻게 구성되는가를 후설은 《이념들 II》 46, 47절에서 감정이입Einfühlung이라는 개념에 의해 설명하고 있다. 감정이입이란 타아의 신체를 매개로 하여 그의 마음Seele, 즉 심적 의식, 더 나아가서 타자의 정신을 이해함을 뜻한다.

그러나 《이념들 II》에서 공동주관성 문제가 어느 다른 곳보다도 가장 중요한 문제로 등장하는 곳은 제3편 〈정신적 세계의 구성〉이다. 여기서는 타아의 구성을 토대로 한 타아와 자아의 공동주관성의 구성 없이는 정신적 자아 및 정신적 세계의 구성이란 생각할 수 없다. 왜냐하면, 정신적 주체는 곧 인격체Person로써 구성되며, 인격체는 다른 인격체들 및 이들과 함께 이루는 사회적 환경세계Umwelt를 고려하지 않고는 생각할 수 없기 때문이다. 문화적 환경세계 내의 모든 정신적 의미를 지닌 대상들은 이미 구성된 다른 인격체들을 전제로 하여 구성된다. 여기서는 방법적 이유에서 고립된 개인에 관하여 말한다 하더라도 그것은 하나의 추상에 지나지 않는다. 인격체는 언제나 인격연합체Personenverband에서만 인격체일 수 있다(《이념들 II》, 190쪽 이하 참조). 《이념들 II》에서 인격체 또는 정신Geist의 구성과 관련하여 서술되어 있는 타자의 정신 및 정신적 공동주관성의 구성 문제도 몇 가지 점에서는 《성찰》에서 보다 더 구체적으로 설명되어 있다(《이념들 II》, 182-208쪽, 부록 V, X 참조).[8] 《이

[8] 정신적 공동주관성의 개념 및 선험적 공동주관성과의 구별은 아래 '선험적 공동주관

념들》 I, II에서 후설이 다루고 있는 공동주관성의 모든 문제들은 그러나 선험적 공동주관성의 구성에 뿌리박고 있으므로 선험적 공동주관성이 해명됨으로써만 그 궁극적인 설명이 이루어진다. 그리고 이 해명은 《성찰》에서 비로소 체계적이며 명료하게 이루어진다. 그렇다고 하여 선험적 공동주관성의 문제가, 이미 언급한 바와 같이, 후설 사상발전과정에서 후기에 속하는 것은 아니다. 즉, 마치 독아론이라는 부당한 비난을 받던 나머지 《성찰》(1931년 불어판으로 처음 출판)에서 체계적인 반론을 제기한 것처럼 여기는 것은 오해에 지나지 않는다. 이것이 오해임은 지금까지 언급한 것 외에도 《후설전집 XIII》에 실린 많은 자료들이 증명하고 있다. 다만 현상학을 이해하는 길을 쉽게 하기 위하여 공동주관성의 문제를 뒤로 미루었다고 봄이 타당하다.[9] 공동주관성의 문제가 선험 현상학의 형성 초기에 이미 제기되지 않을 수 없었던 이유는 여러 가지 고려에서 자명하게 드러난다. 현상학적 판단중지에 의해 순수의식으로 환원한 자아는 세계 내의 모든 대상들을 이제 다만 자아의 의식현상으로서 관찰할 수 있게 된다. 그런데 이 현상들 중에는 다른 인간들도 포함되어 있다. 이 타자들은 우선 보기에는 단순한 신체현상 및 인간현상으로서 주어져 있는 것 같으나, 사실은 이미 단순한 현상 이상의 의미를 지니고 구성되어 있다. 순수의식의 절대영역에 머물러서 이제 더 이상 어떠한 존재믿음도 배제한 선험적 자아에게는 타자의 주체가 단순한 신체현상으로서가 아니라, '나' 아닌

성과 세속적 공동주관성'을 참조 바람.

9 공동주관성 문제를 다루는 이 논문도 같은 이유에서 선험 현상학의 많은 전문용어가 이미 설명되어 있는 것으로 전제하지 않을 수 없다.

바로 다른, 그러나 본질적으로는 같은 하나의 주체로서 경험된다. 타자의 주관성이, 주어진 신체를 매개로 하여서든 감정이입에 의하여서든, 간접적이든 직접적이든 간에 어떻든 구성된 타자의 주관성으로서 주어져 있다. 순수의식으로 현상학적 환원을 수행한 자는 순수의식 내의 이 선험적 사실을 부정할 수 없다. 후설은 《성찰》의 제5성찰 도입부(42절)에서 반문한다.

> 선험적 환원은 나로 하여금 나의 순수 체험류와 거기에서 구성된 단일체들에 결부시키고 이 (노에마적) 단일체들은 나의 자아와 불가분하며 나의 구체성 자체에 속한다. 그러나 단순히 나 안에서 표상된 것이 아니요, 나 안의 종합적 단일체도 아닌 의미상 바로 타자Andere인 다른 자아는 어떻게 이해해야 하는가? 우리는 과연 선험적 실재론을 부당하게 취급하였는가? 선험적 실재론이 자아의 내재로부터 타자의 초월에 이르는 길을 찾는 한, 비록 현상학적 토대가 결여되어 있다 하여도 원칙적으로 그 나름의 정당성을 갖는다. 그렇다면, 초월적 인식가능성, 특히 나의 절대적 자아로부터 타아에 이르는 가능성의 문제는 현상학에서는 제기될 수 없는 것이 아닌가? 나의 선험적 인식영역은 나의 선험적 경험영역과 거기에 종합적으로 포함된 것을 넘어서 나아갈 수 없다는 것은 처음부터 자명한 것이 아닌가?(《성찰》, 121-122쪽 참조)[10]

---

10 42절의 중간부분에서 인용한 이 내용은 물론 타아인식과 그 근거해명이 불가능함을 토로하고 있는 것이 아니라, 다만 역설적으로 반문하고 있는 것이다(이 인용문은 부분적으로 생략하고 중요한 내용만 선택적으로 인용하였음). 여기서 E. 후설이 언급하고 있는 '선험적 실재론transzendentaler Realismus'이란 후설보다 약간 앞서 살았던 E. v. Hartmann(1842-1906)이 처음 사용한 말이다. 선험적 실재론은 I. Kant와는 달리 즉자존재자(인식주체와 그 인식 활동으로부터 독립되어 존재하는 것)가 어떻게든 인식될 수 있다고 보는 점에서 실재론이다. 다른 한편, I. Kant의 감성론에 따라, 우리가 지각하는 것은 시간, 공간이라는 직관형식을 조건으로 한 현상세계인데, 이것은

이러한 의문에 대하여 현상학이 해야 할 일은 순수의식에서 타아가 알려지고 보증되는 지향성을 분석하는 것이라고 후설은 지적한다. 즉 어떤 종합작용에서 타자가 단순한 물체 또는 동물이 아니라, 바로 다른 자아라는 의미를 나 안에서 지니게 되며, 존재하는 것으로서 보증되는가를 통찰하는 일이다. 따라서 타아경험을 해명하고 나아가서 객관적 세계의 문제를 해결하기 위해서는 타아의 노에마적 소여방식을 실마리로 삼는 것이 유일한 길이다.

이 논문에서는 첫째로, 타아경험을 해명하는 후설의 방법과 절차 그리고 거기에서 제기되는 문제점을 살펴보고, 둘째로, 타아의 구성을 매개로 한 객관적 자연의 구성, 더 나아가서 공동주관성의 구성에 이르는 과정을 분석하고자 한다. 셋째로, 선험적 주관성과 세속적(실재적) 공동주관성의 관계, 객관성의 문제를 고찰하고자 한다.

2. 원초적 환원

나의 순수의식으로 선험적 환원을 수행한 뒤에도 세계 내의 모든 사물, 사태들은 의식초월적 존재성이라는 레테르를 떼어내었을 뿐 자아는 그것들을 순수체험의 영역 내에서 여전히 경험한다. 세계의 모든 대상과 마찬가지로 타자들도, 그들의 의식삶도 존재하지 않을는지 모르나 이것들에 대한 나의 지향적 구상은 의심할 수도, 부정할 수도 없다. 여기에서 수행되는 선험적 구성은 "우

개별적인 심적 구조에 의존되어 있는 것은 아니라고 보는 점에서 선험적이다. 그 때문에 선험적 실재론이라고 부른다. 이 입장은 오늘날 보통 '비판적 실재론'이라고 부른다(N. Hartmann이 그 대표자이다).

선 〔…〕 개별적인 의식에 관계하며, 그 다음에는 또한 공동체 의식, 즉 본질적으로 가능한, 교호관계에 있는 다수의 의식-자아들과 의식류들에 관계한다. 이들에 대하여 하나의 물체가 동일한 객관적 · 현실적인 것으로서 공동주관적으로 주어질 수 있으며 동일화될 수 있는 것이다"(《이념들 II》, 330쪽). 후설은 물체의 선험적 구성에 있어서도 상호이해하는 다수주체들에 관계되어 있는 공동주관적 의미의 층이 확실히 있음을 지적한다. 단 하나의 주체와 그 의식류에 관계된 실체적 · 인과적 물체라는 의미층이 있는가 하면, 공동주관적으로 동일한 물체라는 의미층도 구성된다(《이념들 I》, 372쪽 이하 참조).

후설이 《이념들 I》에서 언급한 것과 같은 내용을 《성찰》에서도 언급하고 있는데, 이와 같은 선험적 사실을 해명하기 위해서는 하나의 독특한 새로운 판단중지가 방법적으로 중요하다고 후설은 주장한다. 존재자의 보편적 본질을 인식하기 위해서는 우리가 소박하게 받아들이고 있는 존재믿음을 더 이상 수행하지 않는 것이 그 1차적인 요건이듯이, 타자경험과 그것을 매개로 한 공동주관적 경험 및 그 상관자인 공동주관적 세계의 본질구조를 통찰하기 위해서는 또 다시 새로운 '제2의 판단중지'가 요구된다고 후설은 말한다. "〔…〕 우리는 타자의 주관성에 직접, 간접으로 관계된 지향성의 모든 구성적 수행성과를 도외시한다." 그리고, 나의 자아가 그 고유영역에서 그 자신을 구성한 지향성, 자아의 고유성에 속하는 종합적 단일체들을 구성하는 지향성에 국한하여 고찰하자는 것이다(《성찰》, 124-125쪽). 이것은 "선험적 구성이 나에게 타자로서 산출하는 모든 것을 배제함으로써 나의 선험적 고유영역으로 환원하는 것"을 말한다(《성찰》, 125쪽). 그러나 타자지향작용의 종합적 성과를 배제하는 것일 뿐, 타자를 향한 지향성 그 자체는 순전히 나에게 속하는 고유영역에 그대로 있다. 이것은 구성된 타자 및 이를 매개로 하여 구성된 의미층을 이론적·인위적으로 걷어냄으로써 타자지향성과 거기에서 구성된 것의 본질구조를 파악하려는 방법이다.

여기서 걷어내게 되는 의미층은 현존하는 인간으로서의 타자와 동물들, 즉 나와 같은 또는 유사한 종류의 생물이라는 의미 그리고 타자의 정신 및 나와 타자의 정신이 공동으로 산출한 모든 문화적 의미들이다. 이와 같은 제2의 판단중지에 의하여 자아에게 남는 것은 자아에게 '고유한 자연eigentliche Natur' 그 자체와 이에 대한 자아의 체험이다(《성찰》, 127쪽). 이 자연에는 어떠한 객관적인 의미도 부여되어 있지 않다. "공동주관적으로 구성된 것으로서, 누구에게나 경험될 수 있는 것으로서 모든 세계적인 것이 지닌 '객관적'이라는 의미는 전적으로 사라지고 없다"(《성찰》, 127쪽). 이제 나에게 구성된 것으로서 남은 것은 '누구에게나Für-jedermann'라는 '객관적' 의미를 상실한 단순한 자연뿐이다(《성찰》, 128쪽).

여기서 우리가 확실히 하여야 할 것은 보통 현상학적 판단중지라고 부르는 제1의 판단중지와 이 제2의 판단중지의 차이와 관련된 문제이다. 즉 순수의식으로 환원되어도 나와 같은 종류의 다른 주체라는 의미를 지니고 타자가 구성되어 있음이 사실이다. 그러나 객관적 세계라는 의미는 이미 제1의 판단중지에 의하여 버려진 것이 아닌가 하는 것이다. 만일 그렇다면, 제2의 판단중지는 제1의 판단중지를 되풀이하고 강화한다는 뜻밖에 없는 셈인가? 그리고 제1의 판단중지 및 선험적 환원에서 드러난 나의 순수 체험류와 거기에서 구성된 것의 크기와 제2의 판단중지 및 원초적 환원에서 드러나는 단순한 자연의 크기는 같다고 보아야 할 것인가?[11]

그러한 생각은 그러나, 우리가 제5성찰에서 후설이 제2의 판단중지를 방법적 요건으로서 제시하는 곳이나 그 밖에 《이념들 I》, 《위기》, 《제1철학 II》 등의 여러 곳을 살펴본다면, 불합리함이 확실히 드러난다. 물론 후설은 현상학적 판단중지(선험적 판단중지)를 처음 제시하는 《이념들 I》의 설명에서 매우 혼란되게 표현하고 있다. 예컨대, 자연적 태도의 일반정립Generalthesis이 지닌 특성을 설명하는 곳에서 세계는 현실적인 것으로서 "언제나 우리에게 거기에 있으며für uns da, 손 앞에vorhanden 있다"고 말한다(《이념들 I》, 67쪽). 이 '현존하는daseiend'이라든가, '손 앞에 있는vorhanden sein'이라는 말은 객관적인 존재 성격을 가리키는 것이며 이러한 존재 타당성을 배제하는 것이 선험적 판단중지이다. 또한 《성찰》에서는 "앞서 주어진 객관적 세계에 대한 모든 입장을 타당성 밖에 두는 것 〔…〕 혹은 〔…〕 객관적 세계의 이 현상학적 판단중지 또는 '괄호 속에 묶어두기Einklammern'"라고 표현하고 있다(《성찰》, 60쪽). 그러나 선험적 판단중지에서 객관적 존재자라는 존재믿음을 버린 것이 그에 대한 부정도 의심도 아님은 후설의 현상학적 방법의 의도를 아는 사람에게는 자명하다. 모든 존재는 선험적 판단중지에 의하여 존재현상 또는 존재 의미라는 '타당성 변경'을 당하였을 뿐이다(《성찰》, 60쪽). 따라서 객관적 세계 자체에 대한 소박한 존재믿음은 더 이상 없으나 그것은 이제 '객관적 세계라는 대상

11 토이니센Michael Theunissen이 그와 같은 주장을 한다. 그의 *Der Andere*(Walter de Gruyter, 1981), 56-57쪽 참조.

적 의미'로서 있는 것이다(《성찰》, 127쪽). 이제 제2의 판단중지에서는 바로 이 객관적 세계라는 대상적 의미와 타자경험에서 산출된 모든 것을 우리말식의 표현으로 하자면, '괄호 밖에 내놓자'(배제하자)는 것이다. 그리고 제2의 판단중지에서는 객관성의 의미뿐만 아니라, 다른 동물의 심적인 것, 타자의 심적인 것, 정신적인 것, 나의 정신적인 것이 다 추상된다. 이와 관련해서는 쉬츠Alfred Schütz(1899-1959)가 그의 논문 〈후설의 선험적 공동주관성 문제〉에서 명료하게 설명하고 있다. "제2의 판단중지에 의하여 자아의 선험적 경험영역은 두 개의 층으로 분리된다 ; 첫째는, 모든 타자가 가리어져 있는 경험의 연관된 층을 지닌 자아의 고유영역, 둘째는, 타자의 층으로."[12] 그리고 이제 이 두 번째의 층이 어떻게 구성되는가를 고찰하는 것이 이제부터의 과제인 것이다. 여기서 간과하여서는 안 될 것은 타자와 타자를 매개로 한, 또는 타자에 대한 감정이입에 의한 모든 노에마들은 이미 구성되어 있으며, 자아는 이미 타자의 의미와 타자를 매개로 한 객관세계의 의미를 선험적 사실에서 이미 알고 있다는 것이다. 그것을 방법적으로 판단중지할 수 있기 위해서는 판단중지되어야 할 대상을 미리 알고 있지 않으면 안 된다. 다만 어떻게 타자 및 객관세계의 구성이 가능한가를 그 구성의 본질적 구조에서 살피기 위하여 이제 원초적 환원이 필요한 것이다. 이 점을 쉬츠도 앞에서 언급한 논문에서 지적하고 있다(쉬츠, 86-87쪽 참조). 후설도 《성찰》에서 나에게 고유한 것을 간접적으로 '비타非他Nichtfremdes'로서 특징지었는데, 이것은 타자의 개념에

12 A. Schütz, "Das Problem der transzendentalen Intersubjektivität bei Husserl," *Philosophische Rundschau*, Bd. 5, Jahrgang 1957, p. 86(이하 쉬츠로 약함).

입각하고 있으며 그것을 전제로 하고 있다고 말하고 있다(《성찰》, 131쪽).[13] 그 반면에 〈파리 강연〉에서는 선험적 환원을 수행하는 자아는 그에게 고유한 것과 타아의 반영물을 구별하지 못한다고 말한다(《성찰》, 35쪽 참조).

3. 자아의 원초적 영역

후설은 자아의 고유영역을 먼저 소극적으로 규정하여, 타아 및 그 의미에 있어서 타아를 지시하며 그것을 전제하는, 현상세계의 모든 규정들을 추상하고 남는 것에 한정시키고 이것을 나에게 고유한 자연 또는 '원초적 세계primordinale Welt'라고 불렀다(《성찰》, 134, 137쪽).[14] 그러나 이 원초적 세계를 적극적으로 규정하는 데서 비로소 여러 가지 모호한 것이 확실하게 드러난다. 전체적으로 규정하게 되면 어쩔 수 없이 소극적으로 밖에는 규정하기 힘들다. 왜냐하

13 제2의 판단중지에 의하여 자아에게 전적으로 고유한 원초적 영역으로 환원하는 이 원초적 환원을 수행하는 자아는 어떠한 태도Einstellung에 있는가? 이 자아가 현상학적 태도에 있는 것은 틀림없으나, 선험적 환원만을 수행하는 현상학적 태도와는 다를 것이다. 후설은 현상학적 태도에 대립되는 자연적 태도를 자연주의적 태도와 인격주의적 태도로 나누었는데 원초적 환원을 수행하는 자아는 현상학적 태도 내에서 자연주의적 태도를 취하고 있는 것같이 보인다. 그러나 원초적 영역에서도 오직 나에게 '아름다운' '쓸모있는' 등의 가치술어적 의미가 구성되므로 결코 자연주의적 태도와 같은 것은 아니다. 따라서 원초적 환원을 수행하는 태도를 '원초적 태도primordiale Einstellung'라고 불러도 될 것이다. 가치술어적 의미가 원초적 영역에서도 구성된다는 점을 E. 후설은 《성찰》, 129쪽에서 지적하고 있다.

14 '원초적'이라고 번역한 'primordinal'은 원래 'primordial'인데 후설의 책에는 i 다음에 n 이 더 들어가 있다. 후설이 잘못 사용한 것인지, 의도적으로 그렇게 사용한 것인지 아무도 알 수 없다. 그 때문에 오늘날의 현상학자들은 E. 후설을 그대로 따라서 'primordinal'로 쓰는 사람도 있고 (인용하는 경우) 'primordial'로 고쳐 쓰는 사람도 있다.

면 타자와, 타자를 지향한 체험의 성과를 제외한 모든 구체적 체험과 거기에서 구성된 것이 다 포함되기 때문이다. 즉 단순한 감각 자료들, 이를 구성하는 지각활동, 거기에서 지각된 것, 감각적 직관만이 아니라 범주적 직관에서 주어지는 관념적 대상들ideale Gegenstände이나 자신의 신체를 포함한 전체, 이와 상관적으로 나의 다양한 순수 체험 전체, 수동적(잠재적)·능동적(활동적)인 모든 지향성 그리고 여러 가지 유형의 다양한 의식 작용에서 형성되는 순전히 주관적인 습득성Habitualitäten 등이 다 포함된다.

여기서 한 가지 특별히 주목하여야 할 것은 이 원초적 고유영역으로 환원함으로써 세계 내의 자아는 어떠한 이해변경을 당하는가 하는 것이다. 제1의 판단중지, 즉 선험적 판단중지에 의하여 자연적 인간(심적, 정신적 자아)은 실재하는real 인간이라는 하나의 현상으로 그 타당성을 변경 당하였다. 이 자아와, 판단중지를 수행하는 선험적 자아는 물론 구별되어야 한다. 즉, 세계를 구성하는 자아와 세계와 함께 그 세계의 한 부분으로서 구성되는 자아는 개념상 같은 것이 아니다. 이 후자의 '인간적 자아' 또는 '세속적 자아mundanes Ich'는 후설이 말하듯이 선험적 자아의 '세계화하는 자기 통각verweltlichende Selbstapperzeption'의 산물이다(《성찰》, 130쪽). 이 세속적 자아가 원초적 환원에서는 선험적 자아의 원초적 세계 내에서 자연화된 자아로서 등장한다. 여기서는 더 이상 정신적 존재로서의 자아는 없다. 왜냐하면 정신적 자아는 다른 문화적(정신적) 술어의미를 지닌 대상들과 마찬가지로 타아 및 그와의 관계에서 구성되기 때문이다. 원초적 세계의 단순한 자연에서 자연화된 자아가 어떻게 구성되는가를 후설은 이렇게 설명한다.

> 자연 속에서 선험적 자아인 나는 하나의 독특한 '물체'를 발견한다. 그러나 이것은 단순한 물체가 아니라 신체이다. 이것이야말로 환원된 나의 자연에서, 내가 경험적으로 감각장Empfindungsfel들을 그것에 속하는 것으로 보고 내가 직접 통제할 수 있는 유일한 객체Objekt이다. 나는 나의 신체와 감각기관을 마음대로 사용함으로써 나의 신체를 경험한다. 자아의 원초적 영역에서 나는 타아를 알지 못한다. 그것은 우선 자연 내의 단순한 물체이다. 그러나 나의 신체는 위의 사실에 따라서 단순한 물체가 아니라, '정신물리적 단일체psychophysische Einheit', 즉 나의 신체와 마음Seele의 단일치이다(《성찰》, 128쪽).

후설은 이 정신물리적 단일체를 "이 인간으로서의 '나'라는 객관적 현상"의 본질적 일부분이 산출된 것으로 본다(《성찰》, 128쪽).[15] 이리하여 자아의 고유영역에는 "신체와 마음 그리고 개인적 자아personales Ich를 지닌 정신물리적 자아"가 속하여 있다(《성찰》, 129쪽).[16] 그 때문에 정신물리적 자아의 심적 의식 삶 전체가 이 고유영역에 속한다. 그리고 이 심적 의식 삶에는 타자에 대한 자아의 지향성도 포함되어 있다. 이 지향성을 사실, 보다 정확히 고찰할 필요가 있다. 나의 원초적 영역 내의 사물에 대한 지향성도 지각에서 주어진 것에 끝나려 하지 않고 그 이상을 지향한다. 물체를 지각하는 의식지향성에

15 정신물리적 단일체는 엄밀한 의미에서 '인간'을 뜻하지는 않는다. 인간으로서의 자아는 오직 타아를 통하여서만 그 구성이 가능하다. 타아는 곧 내가 구성하는 최초의 인간이다(《성찰》, 153쪽 참조).

16 '개인적 자아'란 정신적 주체인 인격체Person로서의 자아를 가리키는 것이 아니라, 그 자아에게만 속하는 외적 신체적 특성을 갖는 개체를 의미할 뿐이다. 즉 "신체에서 그리고, 이것을 매개로 하여 외부세계에 영향을 가하고 또 영향을 받는" 자아이다 (《성찰》, 128쪽). 그 때문에 인격적 자아 대신에 '개인적 자아'로 번역하였다.

있어서 나는 시간적으로도 결코 현재 눈앞에 있는 것에 국한되지 않고 과거의 경험지평을 과거지향Retention함과 동시에 미래를 예료豫料Antizipation 또는 미래지향Protention하면서 현재 주어진 것을 넘어서 나아가며, 공간적으로도 주어진 앞면과 함께, 보이지 않는 뒷면, 그리고, 주목하지 않는 주변의 다른 사물을 포함한 공간적 지평의식이 함께 기능한다. 그 때문에 나의 고유영역에서도 초월적 대상이 구성되는 것이다. 마찬가지로 나의 원초적 영역에서 단순히 자연의 물체로서 주어진 '타자의 신체'를 향한 지향성은 그것을 물체로서 구성하는 것에 그치지 않고 그 이상을 예료하면서 나아간다. 즉 이 지향성은 자아자신의 "고유한 존재를 전적으로 초월한다"(《성찰》, 135쪽). 그 때문에 나의 환원된 고유영역에서 구성되는 모든 것은 나의 고유영역 내의 초월자Tranzendenz들이다. 즉 환원된 원초적 자연은 "원초적 초월primordinale Transzendenz"이다(《성찰》, 136쪽). 이 초월은 그러나 나에게 고유한 영역이며, 나의 구체적 자아의 부분이므로 "내재적 초월immanente transzendenz"이다(《성찰》, 136쪽). 즉 나의 고유영역 내에 있는 나 아닌 것Nicht-Ich이다. 이 위에, 이것을 기반으로 하여 보다 높은 구성단계에서 "객관적 초월objektive Tranzendenz"이 구성된다(《성찰》, 136쪽).

4. 타아의 구성

객관적 세계라는 존재 의미가 구성되는 여러 단계 중 타아의 구성의 그 최초의 단계로서, 그 밖의 다른 객관적 존재 의미가 구성될 수 있는 토대이다. 그 때문에 후설에 있어서 타아구성의 해명은 객관적 세계구성의 해명을 위한 실마리가 되는 것이다. 그러나 타아 구성의 해명은 많은 어려움이 있으며, 그만큼 후설의 해명에서도 적지 않은 문제점이 발견되고 있다. 그 일차적인 이유는 타아가 주어지는 특이한 방식에 있다. 나의 고유영역에서 타아가 직접적으로 주어지는 것은 오직 그의 신체뿐이다. 타아의 신체는 나의 지각활동에서 적어도 하나의 물체로서 원본적으로 충실될 수 있게 주어지나, 그것은 타아 자신과 그의 체험류는 아니다. 그럼에도 불구하고 타아가 바로 다른 하나의 자아로서 구성될 수 있다는 데서 타아지향성의 독특한 점이 있다. 이 독특한 점은 바로 타아지향성이 '간접지향성'이라는 데에 있다(《성찰》, 138쪽). 직접지향에서는 오직 타아의 신체만이 구성된다. 그것도 단순한 물체로서. 그리고 만일 타아가 직접지향에서 다 주어질 수 없다면, 자아는 타아와 자아 그 자신을 구별할 수 없을 것이다. 직접지향에서 주어지는 것, 원본적 지각에서 주어지는 것과 함께 있다고 표상되는 것, 그러나 결코 그 자체 거기에 있지 않으며, 있을 수도 없는 것이 어떤 방식으로든 주어지기 때문에 타아의 구성이 가능한 것이다. 일상적인 소박한 의식에서는 타아가 바로 타아로서 주어지는 것이 극히 자명한 것처럼 여겨지며 아무런 문제도 없는 것 같으나, 깊이 생각해 보면, 거기에는 간단히 설명할 수 없는 문제가 있음을 알게 된다. 후설은 위에서 언급한 그러한 간접지향성을 '간접현시Appräsentation'라고 부른다(《성찰》, 139쪽). 간접현시란 현재 직접 주어지는 것과 함께, 주어지지 않는 것을 나타나게 하는 의식작용이다. 따라서 이것은 물체의 지각활동에서는 언제나 기능하는 것이라고 볼 수 있다. 한 물체의 지각에서 우리는 언제나 그 보이는 앞면과 함께 보이지 않는 뒷면, 또 어떤 경우, 보이는 표면과 함께 보이지 않는 뒷면은 계속적인 지각 작용에서 직접현시Präsentation될 수 있는 가능성을 지니며, 실제로 그렇게 된다. 그러나 타자의 내면, 그의 심적인 의식삶, 그의 자아는 직접 현시될 수 있는 가능성을 처음부터 배제하고 있다. 이 점이 타자경험의 간접현시가 물체지각의 경우와 다른 점이다. 발생론적 관점에서 고려할 때, 만일 나의 지각영역에서 처음으로(나의 신체를 제외하고) 물체가 나타난다면, 시각적으로 보이는 측면과 함께 그 이상의 것을 예료하면서 보이지 않는 측면을 간접현시하고, 계속되는 지각 작용에서 시각적 · 촉각적으로 그것을 직접 지각함으로써 앞서 예료된 것을 확증하고 계속 충실시켜 나가게 될 것이다. 그 반면에, 나의 고유한 지각영역에서 타자가 나타날 때 그것이 하나의 물체로서 다른 물체처럼 지각적으로 구성되는 것까지는 명백하나, 어떻게 하여 단순한 물체나 움직이는 '마네킹'이 아니라 바로 타아로서 구성될 수 있는가 하는 것이 해명되어야 할 문제이다. 이 문제와 관련하여 후설은 타자와 관계된 간접현시의 방식으로서 '통각적 전이apperzeptive Übertragung'에 관하여 말한다(《성찰》, 140쪽). 즉, 이미 구성되어 있는 나의 신체로부터 유비類比Analogisierung시켜 파악하는 작용을 말한다. 단순한 물체로서 나타나는 타자의 신체를 나의 신체와 비교하여 우선 파악되는 유사성이 자아로 하여금 계속하여 유사성을 확인하도록 유발시킴으로써 비로소 타자의 신체가 단순한 하나의 물체가 아니라, 나의 신체와 같은 종류의 신체로서 구성된다는 것이다. 그런데 이 유비적 통각은 물체의 경험에서도 기능하는 것이다. 물체의 지각에서 우리는 어떻게 당장 책상, 시계, 만년필을 지각하는가? 이미 반복된 경험에서 동일한 의미를 지니고 구성된 일정한 정형Typus을 갖고 있으며, 그것을 새로운 지각경험에 유비시켜 전이함으로써 그것이 바로 그러한 물체임을 지각한다. 그런데 이 경우 우리는 일상적으로는 당장 그것임을 아는 바와 같이 타자의 경우도 그러하다. 그 때문에 후설은 유비적 통각이 일종의 논리적 추리가 아님을 지적한다(《성찰》, 141쪽 참조). 그리고 모든 물체 경험에서 얻는 의미는, 그 의미가 원초적으로 형성된 경험을 소급 지시하고 있다. 타자의 신체라는 의미가 구성되는 데에 있어서도 원초적 의미형성이 소급 지시되어 있으며, 여기서는 나의 신체와, 물체로서 구성되는 타자의 신체가 그 원본이라고 볼 수 있다. 그러나 이 경우 원초적으로 형성된 의미인 나의 신체와 타자의 '물체'(몸)는 습득성의 일종인 정형으로서 기능하는 것이 아니라, 계속하여 현재적으로 생생하게 기능하는 원본이다(《성찰》, 141-142쪽 참조).

유비적 통각을 보다 구체적으로 설명하는 데서 후설은 '짝짓기Paarung'의 개념을 도입한다(《성찰》, 142쪽). '짝짓기'란 두 개의 감각 자료가 하나의 의식 단일체로 결합되는 것을 말한다. 이것이 순수한 수동성의 감성 영역에서 이루어지기 때문에 유비적 통각도 가능하다. 이 짝짓기를 후설은 연합Assoziation이라고 부르는 수동적 종합의 가장 기본적인 형식이라고 본다. 왜냐하면, 짝지어진 것을 토대로 하여 통일된 하나의 그룹이 형성되며, 더 나아가서 다수의 동일한 것, 유사한 것이 구성되기 때문이다. 자아와 타아도 가장 근원적 수동성의 영역에서 그 신체들과 관련하여 근원적으로 짝지어진다고 보아야 할 것이다. 그러므로 나의 지각영역에 타자가 나타나자마자 자아 자신의 신체와, 우선 물체로서 나타나는 타자의 신체를 짝짓는 연합이 이루어진다. 그리하여 나의 신체로부터 유비적 의미전이를 받고 '타자물체'가 바로 신체라는 의미를 지니고 구성된다.

그러나 그것으로 타자의 신체가 당장 바로 '타자'의 신체로서 구성되는 것은 아니다. 후설은 반문한다. "무엇이 그 신체를 '타자'의 신체로 만드는가? 나의 제2의 신체가 아니고?"(《성찰》, 143쪽) 결코 더 이상 아무 것도 지각적으로 보증해 주지 못하는데도 어떻게? 이 물음에 대답할 수 있는 열쇠는 앞서 언급한 간접현시에서 찾을 수 있다. 우선 강조되어야 할 것은 직접현시 없는 간접현시란 있을 수 없다는 것이다. 물체경험은 그 어떤 것이든 직접현시된 것을 넘어서 계속적으로 충실될 것을 목표로 한다. 그러나 충전적充全的으로adäquat 주어질 수 없다는 것은 물체경험이 지닌 극복할 수 없는 한계이다. 그 때문에 주어진 것 이상을 예료하는 것은 이 경험의 내적 특성이다. 타자 경험에서는 신체 이외의 다른 것도 예료되긴 하나 더 이상 직접적으로 충실될 수는 없는 이상, 오직 "종합적으로 일치되어서 진행되는 새로운 간접현시들에 의해서만" 간접적으로 보증된다(《성찰》, 144쪽). 타자의 신체는 계속 일치되는 거동Gebaren, 즉 표정, 제스처, 몸동작, 기타 신체적 표현 등을 통하여 하나의 신체로서, 그러나 나의 제2의 신체가 아닌 타자의 신체로서 주어진다. 왜냐하면 나의 신체는 내가 마음대로 사용, 통제하는 나의 의지기관인데 이제 또 하나의 다른 저 신체는 나의 의지대로 움직여지는 신체가 아님을 안다. 신체는 또한 심적인 것을 표현하는 표현기관이다. 저 신체가 직접현시하는 것과 함께 심적인 것이 그 여러 가지 거동에 따라 간접현시되고 계속 새로이 간접현시되는 가운데서 보증된다. 물론 처음에는 타자의 신체로서 지각하다가 사실은 사람이 아니라, '마네킹'이라는 것이 드러나는 경우처럼 계속적인 직접현시와 간접현시에서 일치되지 않는 것이 주어지면 그것은 타자로서 구성되지 못한다. 따라서 간접현시에서 지시된 것이 계속 보증되면서 경험되는 경우에만 타자의 신체 및 이와 하나의 단일체를 이루는 마음Psychisches이 구성된다.[17] 또 간접현시에서 계속 보증될 수 있기 위해선 나의 신체 및 마음과 지속적인 유비적 연합이 토대로서 기능하여야만 한다. 따라서 타아는 후설에 의하면, 자아의 '유사물Analogon'이다(《성찰》, 145쪽).

지금까지 우리는 원본으로서 기능하는 자아의 그 자신에 대한 경험이 완전히 충실되어 있는 것처럼 설명하였으나 사실은 그렇지 않다. 원초적 영역 내에서 신체와 심적인 특성, 기질, 성격을 포함한 전체로서의 정신물리적 자아는 결코 그 구성에 있어서 완결되어 있는 것은 아니다. 그것은 무엇보다도, 자아의 신체가 얼마나 불완전하게 구성되어 있는가를 생각한다면 쉽게 이해된다. 그 때문에 쉬츠는 후설과는 반대로 이미 먼저 구성된 타아의 신체가 자아의 신체구성을 위한 원본으로서 기능한다고 본다. 왜냐하면 타자의 신체는 시각적으로 지각될 수 있게 주어지나, 나의 신체는 특수한 경우가 아니라면 나에게 다만 부분적으로 지각 가능하다는 것, 그리고 나 자신의 신체를 타자의 신체처럼 지각한다는 것은 불가능하기 때문이다. 따라서 타자의 신체는 나의 신체가 나에게 주어지는 것과 전혀 다르게 주어지며 그 때문에 유비적 통각이 가능하지 않다고 본다(쉬츠, 90쪽 참조). 쉬츠의 이 비판은 선험적 고유영역에서 타아

---

17 신체와 마음 또는 심적인 것은 정위 감각들Empfindnisse에 의하여 하나의 단일체를 이룬다. 정위 감각이란 신체에 자리잡는 감각이라는 뜻으로 모든 심적인 것은 직접·간접으로 신체와 불가분한 관계를 지니고 있으며, 이에 따라서 심적인 것도 자연의 인과법칙 하에 있게 된다. 이에 대한 자세한 것은 《이념들 II》, 144-157쪽 참조.

구성을 해명하려는 후설의 방법을 부정하는 입장에서 나온 것이지만, 후설의 입장에서 이 비판에 대답하는 것은 그리 어렵지 않다. 우선 후설도 자아가 완전히 구성되었다고 보는 것은 아니다. 나의 고유영역에서 구성된 자아는 그의 체험이 확대됨과 아울러 계속 구성되어 나갈 자아이다. 자아의 신체의 구성도 물론 일정한 한계가 있으나, 그 때문에 타자의 신체구성을 위한 원본으로서 기능하지 못하는 것은 아니다. 또 타자의 신체와 그 마음, 더 나아가서 정신물리적 타아가 구성되면 그 타아의 의미가 거꾸로 자아에게 전이되어 자아의 자기경험 내용을 더욱 충실시킬 수도 있다. 그리고 자아의 신체와 타아의 신체가 주어지는 방식은 물론 다르다. 그러나 그 다른 방식이 유비적 통각을 불가능하게 하는 것이 아니라, 오히려 바로 그 때문에 타아의 신체가 나의 제2의 신체로서 구성되지 않는 근거이다. 바로 그 때문에 타아는 나의 '복제물Duplikat'이 아니라, 나의 '변경체Modifikat'로서 주어진다(《성찰》, 145-146쪽).

타아가 나의 복제물이 아니라, 나와는 다른 하나의 타아로서 구성되는 데에는 나의 원초적 영역이 또한 중요한 구성적 역할을 한다. 이 역할을 이해하기 위해서는 나의 원초적 영역에서 자아와 타아가 주어지는 방식의 차이를 고찰하는 데서부터 출발하는 것이 쉽다. 나의 신체는 '여기'라는 양식으로 타아의 신체는 '거기'라는 양식으로 주어진다. 그런데, 나의 원초적 영역 내에서 하나의 공간적 자연이 구성되는 것은 내가 나의 신체를 여기저기 옮길 수 있으며, 그에 따라서 그 옮겨진 위치를 중심으로 나는 다른 현상양식을 가질 수 있는 것으로 하여 가능하다. 나의 신체가 갖는 위치는 이 자연에서 언제나 좌표상의 영점이다. 나의 신체의 위치를 변경할 수 있다는 이 가능성이 또한 나를 자연의 공간 속에 존재하는 것으로 파악하게 해 준다. 나는 모든 '거기'를 나의 '여기'로 바꿀 수 있음을 안다. 이제 타자의 신체가 우선은 단순히 하나의 물체로서 '거기'라는 양식을 지니고 위치변경이 가능한 것으로서 나타난다면, 그것은 곧 나의 신체를 상기시킨다. 즉 나의 신체가 '거기'로 위치를 바꿀 경우 거기에서 보여질 나의 신체를 상기시키고, 이 상기에서 유비적 통각이 수행되며, '거기'라는 양식에서 주어진 타자의 신체는 비로소 나의 신체로부터 바로 신체라는 의미를 부여받게 된다. 그리고, 내가 타자의 신체가 자리잡은 위치인 '거기'로 옮겨가면 나 또한 타자의 것과 동일한 현상양식을 가질 수 있음을 안다. 반대로 타자의 신체도 나의 '여기'로 옮기면 내가 갖는 것과 동일한 현상양식을 가질 것임을 안다. 이 앎은 그러나 처음에는 나로부터 의미를 전이시킨 것일 뿐이며, 계속적인 간접현시를 통하여 보증되어야만 비로소 타자의 심적 내용에 대한 감정이입이 수행된다. 타자의 신체와 신체적 거동의 직접현시에서 나는 나의 신체와 심적인 것을 그것에 유비적으로 전이시켜 타자의 심적 내용을 이해한다. 타자의 심적 상태, 예컨대 쾌 · 불쾌 · 분노 등을 그의 표정 · 행동 등의 직접현시를 통하여 나는 감정이입한다.[18] 더 나아가서 타자 또한 그의 심적 의식삶에서 감정이입을 통하여 나의 심적인 것을 이해함을 알게 된다. 이런 방식으로

18 여기서 의미하는 직접현시는 언어나 그 밖의 상징을 통한 의사전달은 포함되지 않는다. 왜냐하면, 그러한 것들은 심적 자아로서 타아가 구성되는 단계보다 훨씬 높은 구성단계에서 이루어지는 공동주관적 산물이기 때문이다. 감정이입이란 보다 깊이 진전된 직접현시에 지나지 않는다. 즉, 보다 고도의 심적 내용을 이해하는 것을 의미하므로 '감정이입'이라는 번역어가 별로 적합하지 못하나, 이미 널리 통용되는 말이기에 그대로 사용한다. 후설은 심적인 것이 아니라, 정신적인 것의 감정이입을 의미하는 경우에는 오히려 '상호이해Einverstehen'란 표현을 사용한다.

결국 나는 타자 역시 그의 원초적 세계를 가진 자아임을 간접현시적으로 통각한다. 여기에서 처음으로 '모나드Monade'로서의 자아라는 개념이 생겨난다. 현상양식의 교환가능성은 내가 나의 원초적 세계에서 구성하는 자연과 타아가 그의 원초적 세계에서 구성하는 자연이 동일한 것임을 알게 된다. 동일성의 의미는 물론 개별적인 대상경험에서 이루어지나 동일한 하나의 자연이라는 의미가 결국 그로부터 산출된다. 타아가 하나의 심적 자아로서 구성되며 이것을 토대로 하여 하나의 동일한 자연이 구성되는 이 과정은 결코 시간적인 순서를 의미하는 것이 아니고, 그 구성의 단계를 아래로부터 위로 나아가는 방향으로 다만 정태적으로statisch 분석한 것으로서 다음의 장에서도 그것은 마찬가지이다.

5. 공동주관적 세계의 구성

앞장의 마지막에서 우리는 나의 자연과 타아의 자연이 당장 동일한 것임을 알게 되는 것처럼 말하였으나, 거기에는 아직도 해명하기 어려운 구성단계가 있음을 후설은 지적한다(《성찰》, 150쪽 이하 참조). 우선 타자의 신체구성과 관련하여 아직도 남아 있는 문제로부터 시작하여 보자. 타자의 신체는 나의 원초적 영역에서 나와는 불가분하게 구성된 것이다. 그것은 나의 신체가 아닌 다른 신체로서 구성되었을 뿐 아직 전혀 객관적인 의미를 지닌 것이 아니다. 그런데 나의 원초적 세계에서 '거기'라는 양식을 지니고 나타나는 한 신체와 그 타자에게는 그 자신의 '여기'라는 양식을 지니고 나타나는 신체가 동일한 신체임을 어떻게 아는가 하는 것이 문제이다. 실제의 경험에서는 물론 당장 그것이 동일한 신체임을 의심할 이유가 없다. 그러나 여기서는 현상학적 해명이 문제이다. 그러나 좀더 주의 깊게 이 물음의 내용을 살펴본다면, 이 물음 자체가 이미 나의 원초적 영역과 타자의 원초적 영역이 구별되어 있음을 전제하고 있다는 것을 알게 된다. 이 구별을 모른다면 그러한 물음 자체가 나올 수 없다. 우리는 다시금 나의 원초적 상황으로 되돌아가서 살펴볼 필요가 있다. 장차 신체로서 구성될 하나의 물체가 이제 나타났다면 그 물체의 모습과 동작이 직접현시되는 가운데 직접 주어질 수 없는 것이 간접현시된다. 이미 설명한 바와 같이, 이 경우 간접현시는 언제나 직접현시와 더불어 이루어진다. 간접현시는 직접현시와 기능적으로 언제나 함께 결합되어 있다. 그 때문에 직접현시되는 것과 간접현시되는 것이 동일한 대상에 속하지 않을 수 없다. 그 이상의 간접현시도 나의 원초적 세계에 나타난 물체가 타자의 신체라는 의미를 얻음으로써만 가능함은 자명하다. 그리하여 결국 나의 원초적 영역에서 간접현시된 타자의 심적인 것도 타자 자신에게는 원초적인 그의 심적인 것을 지시하는 것임을 알게 되고, 타자 역시 하나의 정신물리적 자아로서 구성된다. 이 타아는 그의 신체를 사용, 통제하며 간접적으로는 그에게 현상하는 자연에 영향을 가하는 자아로서 나에게 간접현시된다. 그리고 마침내 그의 신체가 속하는 그의 원초적 자연은 나의 원초적 자연과 동일한 것으로 간접현시된다(《성찰》, 150-151쪽 참조). 내가 직접현시에서 줄 수 있는 대상들은 현상양식의 교환가능성에 의하여 타아에 의해서도 그의 직접현시에서 줄 수 있는 가능성을 지니며, 이 직접현시될 수 있는 대상들의 전체가 말하자면, 나와 타자에게 공통된 자연, 공동주관적 자연이다. 나는 '여기', 타자는 '거기'라는 양식의 차이 때문에 각자의 현실적인 지각활동과 거기에서 지각되는 내용은 다를 수밖에 없다. 그러나 간접현시는 지속적으로 직접현시와 함께 하나의 통일된 것으로 이루어지므로 여기에서 필연적으로 나의 원초적 자연과 타자의 것이 동일하다는 의미가 산출된다.

이상과 같이 공동주관적 자연의 최초의 형식이 산출되는 셈이나, 그것이 계속적으로 의미와 타당성을 지니고 구성될 수 있기 위해서는 다른 대상경험의 지속적 타당성의 유지와 마찬가지로 지나간 경험과 현재의 경험을 연결시키는 활동이 필요하다. 후설은 다른 대상경험에서 동일화시키는 종합작용을 예로 들어, 최초의 경험이 이미 지나가고 없어도 되풀이하여 '현재화Vergegenwärtigung'하는 활동에 의하여, 언제나 최초의 경험으로 소급할 수 있다는 가능성에 의하여 현재의 경험내용은 동일화되고, 동일한 의미와 타당성을 지닌다고 한다(《성찰》, 155쪽). 타자경험에 있어서도 최초의 동일화가 지닌 의미와 타당성은 그 후의 계속적인 경험에서 지나간 경험을 되풀이 현재화할 수 있음으로써 동일화되고, 동일성의 의미는 더욱 강화된다. 더 나아가서 원초적 자연의 공동화와 더불어 공동의 시간 형식, 공간형식이 구성되고, 그 안에서 나의 자아와 타아가 공존한다는 의식이 산출된다.

나와 타아가 각기 지닌 원초적 자연의 동일화가 최초의 공동주관적 자연이라면, 이와 상관관계에 있는 나의 체험과 타아의 체험이 '공동체화Vergemeinschaftung'됨으로써 공동주관적 자연의 구성도 가능하다. 그러나 나의 체험과 타아의 체험은 각자의 자아에 의해 분리되어 있으므로 결코 타자의 체험이 나의 것으로 될 수는 없다. 그 때문에 라이프니츠Gottfride Wilhelm Leibniz의 용어 '모나드'는 구체적인 선험적 자아를 특징짓는 표현으로 매우 적합하다. 각자의 자아는 그의 체험류와 함께 "절대적으로 고립된 단일체"이다(《성찰》, 157쪽). 그 때문에 '모나드'들끼리의 공동체화란 결코 내실적reell(체험 원래의 요소에 속하는) 결합이 아니라, 어디까지나 지향적intentional(노에마에 관계된) 결합을 의미하는 것이다. 그리고 이 공동체화란 어떤 특정한 타아와 자아가 1 대 1의 대응관계에서 이루어지는 것이 아니라, 타아로서 총칭되는 다수주체들과의 공동체화이다. 이 공동체화는 공동주관적 자연을 토대로 하여 우선은 심적 자아(정신물리적 자아)들의 공동체화가 전체 공동주관성의 구성단계로 보아 맨 하부층에 구성된다.

그러나 이 구성에서는 앞서 언급한 바와 같이, 나의 원초적 세계에 속하는 나의 정신물리적 자아는 아직 하나의 인간으로서 완전히 구성된 것이 아니다. 그것은 나의 신체가 아직 나에게 불완전하게 구성된 것에 한 원인이 있을 뿐만 아니라, 아직 타아가 구성되기 전에는 객관적 시공간 내에 있는 하나의 인간으로서 자아가 구성되는 것은 불가능하다. 왜냐하면, 인간은 개체로서도 이미 공동체의 구성원이라는 의미를 필연적으로 지니기 때문이다(《성찰》, 157쪽 참조). 그러므로 우선 타자의 신체, 그것과 함께 간접현시되는 그의 심적 삶을 감정이입함으로써 타아가 최초의 인간으로서 구성되고, 나는 이 구성을 거꾸로 자아자신에게 의미를 전이시킨다. 타아가 나의 원초적 세계 내에서 구성된 정신물리적 존재임을 넘어서 하나의 객관적 인간이라는 의미를 지님으로써 우선 타자의 신체적 거동에 의해 나의 신체구성이 보충되고, 나의 자아 역시 타아의 원초적 세계에서 그러한 하나의 인간으로 구성됨을 더욱 진전된 감정이입에 의해 알게 된다. 즉, 나에 대한 타자의 체험을 감정이입함으로써 나는 나 자신을 객관화하는 것이다. 이로써 인간적 자아로서의 나 자신을 타아와 마찬가지로 공동주관적 세계에 귀속시키며 동시에, 다수의 자아들은 동일한 하나의 공동세계 내에서 각자는 다른 인간들 중의 한 인간으로서, 언제나 상호 관계에 있는 존재로서 구성되는 것이다. 이로부터 이제 비로소 '교호공동체Wechselgemeinschaft'의 구성원이라는 의미를 지니는 인격체Person의 최초의 의미가 산출된다(《성찰》, 158쪽). 타아가 이제 한 인간으로서 나에게는 단순한 객체가 아니듯이 나 또한 타아에게 단순한 객체가 아니라, 바로 하나의 주체이며 더구나 단순한 심적 주체가 아니라 인간적 주체, 하나의 인격체인 것이다.[19]

후설은 인격체들끼리의 상호 관계적 의식 작용을 "인격적 의식 작용personaler Akt" 또는 "사회적 의식 작용sozialer Akt"이라고 부르고, 이것에 의하여 인격적 '의사소통Kommunikation'이 가능해진다고 말한다(《이념들 II》, 188, 194쪽 ; 《성찰》, 159쪽). 이 의식 작용을 통하여 모든 정신적 대상들, 즉 가치론적 · 실천적 술어의미를 지닌 대상들이 주어지고 "보다 높은 등급의 인격체들Personalitäten höherer Ordnung"이 구성된다(《성찰》, 160쪽).[20] 이와 상관관계적으로 정신적 대상들의 전체인 환경세계Umwelt가 구성된다. 그리고 객관적 세

19 '인간'이라는 개념은 후설에게서 반드시 정신적 주체 또는 인격체만을 가리키는 것은 아니다. 심적 자아 역시 인간으로 표현된다. 즉 후설은 인간이라는 개념을 자연적 실재Naturrealität로서의 인간, 또는 정신적 실재geistige Realität로서의 인간이라는 두 가지 의미로 사용하고 있다. 이에 대해서는 《이념들 II》, 93, 143쪽 참조.

20 '보다 높은 등급의 인격체들'이란 여러 가지 정신적 공동체를 두고 하는 말이다. 이에 대해서는 다음 장 참조.

계는 전체적으로 자연의 세계, 문화적 환경세계 그리고, 그 안에 있는 다수의 주체들, 주체들의 여러 가지 공동체를 다 포괄하는 세계로서 구성되어 있다. 그런데 이 모든 것이 가능함은 선험적 자아들의 공동체화가 가능하였기 때문이며, 모든 실재적 공동체에 상응하여 '선험적 공동주관성'이라고 부르는 '모나드 공동체Monadengemeinschaft'가 원리로서 기능하고 있기 때문이다(《성찰》, 158쪽).

사실 지금까지의 모든 해명, 타아의 구성, 객관적 세계의 구성에 대한 해명은 어디까지나 선험적 태도에서 수행된 선험적 해명이다. 그리고 이 해명은 어떤 한 사실로서의 선험적 자아에 관한 해명이 아니라, 형상적 환원에 의한 '에이도스Eidos'(본질)로서의 선험적 자아와 그 절대적 의식영역에서 구성되는 타아 및 이를 매개로 한 객관세계의 구성을 해명한 것이요, 해명이 요구되었던 이 구성들이 전부 바로 선험적 공동주관성의 수행성과인 것이다. 이 구성들은 결국 선험적 공동주관성의 자기 구성의 단계들이며 동시에 자기객관화에 다름 아니다. 앞에서 우리는 타아가 하나의 인격체로서 구성되는 데까지만 타아의 구성을 추적하였다. 선험적 공동주관성은 그러나 선험적 타아trans-zendentales alter-ego의 구성을 전제로 한다. 이 선험적 타아 역시 일종의 감정이입에 의하여 이해되는 것이라고 본다면, 이것은 많은 다른 감정이입의 결과 비로소 가능한 것이다(《성찰》, 34, 144쪽 참조). 지금까지 우리가 그 구성에 관하여 직접 살펴본 실재적 또는 세속적 타아는 자아와 마찬가지로 선험적 타아의 자기실재화Selbstrealisierung이다. 선험적 자아는 그 자신을 세속적(실재적) 자아와 구별한다. 하나는 구성하는 자아요, 다른 하나는 구성되는 자아이다. 그렇다면, 선험적 자아는 세속적 타아를 통하여 간접현시되는 선험적 타아를 아는 것이라고 볼 수 있다. 왜냐하면, 모든 세속적 자아는 선험적 자아를 그 '통각적 핵심 내용'으로서 지니고 있으며, '실재적 자아만큼 많은 순수자아가 있기' 때문이다(《이념들 II》, 110쪽). 그리고 "순수자아가 〔…〕 그의 경험 내에서 한 인간을 〔…〕 정립한다면, 그것에 함축적으로 속하는 하나의 순수자아 및 그의 의식류를 정립하는" 것이기 때문이다(《이념들 II》, 110쪽).

6. 선험적 공동주관성과 세속적 공동주관성

앞장의 마지막에서 제기된 문제와 관련하여 개념적으로 구별되는 선험적 공동주관성과 세속적 공동주관성의 관계를 후설의 이론에서 보다 명확히 할 필요가 있다. 이 두 공동주관성 개념의 차이는 곧 선험적 자아와 세속적 자아의 개념적 차이이기도 하다.[21] 왜냐하면 후설에 있어서는 공동주관성도 일종의 주관성이며, 그 때문에 두 공동주관성 개념의 차이는 자아를 포함한 주관성의 선험성Transzendentalität과 세속성Mundanität의 차이이기 때문이다. 선험적 자

21 현상학에서 자아와 주관성의 개념은 일반적으로 일치하지 않는다. 현상학 밖에서 주관성이라는 개념은 흔히 주체가 갖는 내적 특성을 가리킨다. 현상학에서 의미하는 주관성이란 자아는 물론 그의 의식체험과 그 내용, 습득성 등 그 밖의 모든 규정내용, 즉 자아와 불가분하며 그것 없이는 자아가 바로 자아일 수 없는 모든 구체적인 의식 내용이 다 포함된다. 의식 체험류에 포함되는 전체와 자아를 통틀어 말하는 경우가 아니고 그러한 의식체험 전체의 중심이 되며, 그것을 통괄하는 주체 그 자체만을 의미할 때는 자아, 특히 선험적 영역에서는 순수자아reines Ich라는 표현을 쓴다(이에 대해서는 순수자아가 그의 체험에 대하여 갖는 관계를 설명하고 있는 《이념들 II》, 22-25절 ; 《성찰》, 30-33절 참조). 그리고 모든 체험을 산출하고 세계를 구성하는 원리Prinzip로서의 자아를 의미할 때는 선험적 자아라는 표현을 사용한다.

아와 세속적 자아의 차이는 세속적 자아가 세계 내의 다른 객체들과 마찬가지로 하나의 초월적 대상으로서 오직 순수의식 내에서 하나의 세계 내의 존재자라는 의미를 지니고 구성된다는 것이다. 따라서 세속적 자아는 선험적 자아의 단순한 지향적 대상이다. 또 이렇게도 표현할 수 있다 ; 선험적 자아는 그 자신을 실재 세계에 속한 것으로서, 즉 시공간적 자연에 속할 뿐 아니라, 정신적 환경세계 내에 속하는 자아로서 자기 통각함으로써 그 자신을 탈바꿈할 수 있다. 선험적 자아는 그 자신을 그렇게 구성함으로써만 타아와 함께 동일한 공동주관적 세계에 속하는 자아로서 타아와 의사소통이 가능해진다. 따라서 세속적 자아란 선험적 자아의 세속화Mundanisierung 또는 실제화Realisierung이다.[22] 그런 의미에서도 선험적 자아는 구성하는 자아이며, 실재적 자아는 구성되는 자아이다. 비록 근본적으로는 단 하나의 자아가 있을 뿐이나, 하나의 원리로서 기능하는 자아요, 다른 하나는 원리에 의해 규정되는 자아인 것이다. 그리고 후설이 《이념들 I》에서 현상학적 판단중지에 관하여 말하는 그 자리는 자연적 태도에서 (특히 인격주의적 태도에서) 살아가는 실재적 자아가 현상학적 태도로 태도 변경을 함으로써 선험적 자아로 되돌아가는 것을 설명하고 있는 것이다.[23] 선험적 자아만이 유일한 절대적 자아인 순수의식에 있어서는 세계 내에서 살아가는 실재적 자아는 이제 세계 내의 모든 대상들과 함께 단순한

---

22 세속적 또는 실재적 자아는 다시금 개념적으로 심적 자아와 정신적 자아로 나누어진다. 그러나 여기서 선험적 자아와 대비시키는 실재적 자아란 심적 자아를 구성적으로 보아 그 아래에 두고 있는 정신적 자아를 의미한다.

23 태도의 개념과 태도들 간의 관계에 관해서는 이길우, 《현상학적 정신이론》, 강원대학교출판부, 1986, 42쪽 이하 ; '도표 II', 같은 책, 261쪽 참조.

'현상'으로 된 자아이다. 그 반면에 선험적 자아는 이 모든 현상 '위에 서 있는', 어떤 의미에서 이 현상을 '초월하고 있는' 자아이다(《이념들 I》, 138쪽 ; 《성찰》, 60쪽 ; 《위기》, 188쪽 참조).

선험적 자아와 세속적 자아의 관계를 선험적 공동주관성과 세속적 또는 정신적 공동주관성의 관계에 적용하면, 후자는 곧 전자의 실재화이다. 선험적 공동주관성은 결코 세계적인 것, 세계에 속하는 것이 아니라, 하나의 동일한 객관적 세계를 구성하는 주관성이다. 그러므로 만일 다수의 주체들로 이루어진 자아 공동체가 객관세계를 구성하는 원리로서 기능한다면, 그것은 선험적 공동주관성이요, 이 모나드 공동체가 인간공동체라는 의미를 지니고 세계 내에 나타난다면 그것은 실재적(정신적) 공동주관성인 것이다. 이것을 우리는 후설의 다음과 같은 말에서 충분히 확인할 수 있다. "〔…〕 공동주관성의 그 어떠한 선험적 자아이든 〔…〕 반드시 세계 내의 인간으로서 구성되어 있다는 것, 따라서 인간 각자도 하나의 선험적 자아를 지니고 있다는 것 또한 궁극적으로 이해할 수 있게 된다"(《위기》, 189-190쪽).

그런데 선험적 주관성은 곧 궁극적으로 선험적 공동주관성이다. 엄밀히 말하여 선험적 공동주관성은 선험적 주관성의 확대이다. 선험적 자아가 그 자체 내에 선험적 타아를 구성함으로써 선험적 주관성은 선험적 공동주관성으로 확대되며, 이것이 곧 "공동주관적 자연과 세계 일반의 선험적 토대"인 것이다(〈파리 강연〉, 《성찰》, 35쪽). 선험적 주관성의 확대에 대하여 말한다 해도 선험적 자아의 확대를 의미하는 것은 아니다. 선험적 자아는 절대적으로 유일하며 확대될 수도 변경될 수도 없는 것Undeklinierbarkeit이다. 앞서 언급한 대로 선험적 자아가 세계 내에 나타나기 위하여 반드시 실재적 자아로 '탈바꿈' 해야 한다는 것은 결코 그 자체의 변경이 아니라, 자기객관화의 방법에 지나지 않는다. 그렇게 함으로써 선험적 자아는 실재적 자아의 외양을 수단으로 타아와 교섭하고 객관적 자연을 구성하고, 인간공동체를 이룸으로써 비로소 그 자신을 하나의 객관적인 정신적 자아로 구성한다. 그리고 모든 실재적 자아는 선험적 자아를 그 핵심에 지니고 있으므로 실재적 타아를 매개로 하여 간접현시되는 선험적 타아를 통각하게 된다. 그리하여 선험적 자아는 많은 선험적 자아들 중의 한 선험적 자아로서, 즉 모나드 공동체의 한 자아로서 기능함을 알게 된다.

이런 식으로 후설은 세속적 공동주관성의 구성을 해명하는 방법을 통하여 선험적 주관성은 동시에 공동주관성임을 보여주었다. 선험적 자아는 그의 원초적 영역으로 환원함으로써 정신적 자아를 그 영역 내의 한 정신물리적 자아로 환원시켰다. 이 환원된 자아는 원초적 영역 내에 나타나는 타자의 신체를 통하여 감정이입함으로써 타자 역시 하나의 정신물리적 자아로서 구성하게 된다. 그리고 타자 역시 나를 하나의 그러한 자아로서 구성함을 나는 감정이입한다. 이제 나와 타자는 서로 이해한다einverstehen. 그런데 감정이입과 상호이해에서는 확실히 상호교섭이 전제되어 있으며 일종의 의사소통Kommunikation이 기능하고 있다. 그렇다면, 의사소통이 궁극적으로 선험적 공동주관성의 구성에 있어서 중요한 하나의 구성적 기능을 하고 있는 것이 아닌가? 쉬츠는 어떠한 의사소통이든 그것은 의사소통관계에 들어서는 모든 관계자들에게 공통된 심적 · 정신적 토대를 전제하고 있는 것이 확실하므로 이미 거기에 공동주관성이 기능하고 있다고 본다. 그리고 의사소통이란 어디까지나 실재적 세계 내에서 현실적으로 살아가는 실재적 주체들에 의해서만 이루어지므로 이미 거기에 정신적 공동주관성이 구성되어 있다고 본다(쉬츠, 97쪽 참조). 그러나 가장 기초적인 의사소통은 타자의 신체가 나의 신체와 유사한 것으로 구성되는 데서 이미 그 가능성이 열린다고 볼 수 있다. 그런 의미에서 후설이 사회성 또는 공동주관성이 특정한 의사소통적 의식 작용들에 의하여 구성된다고 말하여도 틀린 말은 아니다(《이념들 II》, 194쪽 참조).

그러나 선험적 공동주관성에 관하여 말하는 것이 얼마나 큰 의의가 있는가 하는 문제는 검토해 볼 필요가 있다. 후설은 제2의 판단중지로부터 타아신체의 구성, 정신물리적 타아, 객관적 자연의 구성, 나아가서 인간으로서의 타아, 이를 통한 한 인간으로서의 자아구성 그리고 결국에는 정신적 공동주관성의 구성에 대하여 설명한 뒤, 이 공동체에 선험적 공동주관성이 상응한다고 말한다(《성찰》, 158쪽). 이로써 후설은 순수자아론으로서 시작하는 선험 현상학이 선험적 독아론이 아니라, 선험적 공동주관성의 해명을 위한 예비단계임을 명백히 하였다. 그럼에도 불구하고 선험적 공동주관성에 관하여 직접 말하는 것은 그렇게 많지 않다. 선험적 주관성은 제1의 판단중지에 의해 직접적으로 개방되는 반면에, 선험적 공동주관성은 선험적 자아가 그 자신을 세속화(객관화)함으로써 그리고 역시 세속적인 타아와의 교섭을 통한 정신적 공동주관성의 구성이라는 우회적인 방법을 통하여 드러나게 되는 것이다. 그 때문에 현상학적 문제로서 연구되어야 할 것은 그 풍부한 구체성을 가진 정신적 공동주관성이다. 선험적 공동주관성에 관하여 직접 말할 것이 별로 없는 또 하나의 이유는 선험적 공동주관성도 오직 선험적 자아에서, 자아의 선험적 기능과 성과에서 밝혀지기 때문이다(《위기》, 189쪽 참조). 같은 뜻이지만, 정신적 공동주관성과 관계없이 '선험적 자아들의 공동체'(모나드 공동체)에 관하여 말하는 것도 별로 의의가 있는 것 같지 않다. 공동체를 이루는 것은 각자의 신체와 심적 자아를 바탕으로 한 정신적 자아들이지, 선험적 자아들이 하나의 선험적 공동체를 이룬다고 말함은 애당초 선험적 자아의 유일성·절대성·변경불가능성과 반드시 일치하는 것은 아니다(물론 후자의 경우 '에이도스'로서의 선험적 자아를 두고 하는 말이긴 하지만). 오히려 후설이 〈파리 강연〉에서 말하였듯이, 선험적 타아는 나의 자아 내에서 나의 반영물Spiegelndes로서 생각될 수 있을 뿐이다(《성찰》, 35쪽 참조).

정신적 공동주관성은 다수의 정신적 자아들이 공동체를 이룸으로써 구성되는 보다 높은 등급의 인격체이다. 후설이 비록 '선험적 우리transzendentales Wir'에 관하여 말하나, 다수 주체들의 공동체로서 '우리'라고 말할 수 있는 것은 정신적 공동주관성이다. 그런데 한 가지 주목할 만한 것은 자아론의 영역에서는 자아는 주체이며, 그의 의식체험 전체와 함께 주관성이라고 부름으로써 자아와 주관성을 구별한다. 그러나 주관성과 공동주관성의 유사성에도 불구하고 공동주관성에는 주체Subjekt에 해당하는 어떠한 명칭도 사용되지 않고 있다. 후설은 물론 공동체Gemeinschaft라는 용어를 사용하나, 그것은 공동주관성과 동의어로 쓰는 것이 보통이다. 주관성에 있어서는 모든 다양한 체험들의 원천이요 체험류의 중심이 되는 순수자아가 있으나, 공동주관성에 있어서는 각자의 자아가 다 그 중심이다. 그 때문에 여기서는 주관성의 자아와 같은 그 무엇에 관하여 원칙적으로는 말할 수 없다. 그러나 그것은 선험적 공동주관성에 해당되는 말일 뿐, 정신적 공동주관성에게는 분명히 주관성의 자아에 해당되는 그 무엇이 있음을 알게 된다. 왜냐하면, 후설은 보다 높은 단계의 인격체는 자아가 그의 의식 작용들, 습득성들의 기체Substart인 것과 마찬가지로 공동의 의식 작용과 공동의 습득성들에 대한 기체라고 말하기 때문이다.[24] 그렇다면, 정신적 공동주관성에 있어서도 그러한 기체에 해당되는 명칭이 따로 있어야 하며 이 기체가 되는 것과 그의 의식 작용, 습득성들을 다 포함하는 명칭으로서는 정신적 공동주관성이라고 부름이 적합하다. 그 때문에 공동주관성의 이 기체를 필자는 '정신적 공동주체geistiges Intersubjekt'라고 불러 왔다.[25] 이 정신적 공동주체를 후설이 일정한 명칭없이 '공동체 주관성Gemeinschaftssubjektivität'이라든가, '사회적 주관성' 또는 '인격 연합체Person-enverband'라고 표현하는 데서 암시되어 있는 바와 같이, 그것은 일종의 주관성이다(《후설전집 XIV》, 206쪽 ; 《이념들 II》, 193, 195쪽). 그러나 인격적 주체들의 단순한 집합체가 아니라, 인격적 자아들이 상호 관계에 의해 그 안에 함께 결합되어 있으며, 이들을 전체적으로 포괄하는 정신으로서 구성된다는 의미에서 정신적 공동주체는 개별적인 인격체보다 높은 차원의 인격적 단일체라고 말할 수 있다. 이렇게 공동주체가 공동주관성에서 기체로서 기능한다면, 자아와 그의 의식 및 습득성을 갖는 것과 마찬가지로 개별적인 인격체들의 일정한 의식과 습득

24 《공동주관성의 현상학*Zur Phänomenologie der Intersubjektivität*》, 제2권, *Husserliana XIV*, 201쪽 참조(이하 《후설전집 XIV》로 약함).

25 이길우, 《현상학적 정신이론》, 206쪽 참조.

성을 포괄하는 공동의 의식 및 습득성들을 가질 것이다. 이것은 물론 개별적인 인격체들 간의 상호이해Einverstehen에 의하여 가능해지는 "공동체 의식Gemeinschaftbewußsein"일 뿐 개별적인 자아의 의식류와 같은 의식단일체는 아니다(《이념들 II》, 360쪽 ; 《후설전집 XIV》, 206쪽 참조). 여기서 말하는 공동체 의식이란 지속적인 상호이해의 결과에 지나지 않는 것이요, 감정이입을 통하여 한 자아의 고립된 일정한 의식 작용이 타자들의 의식 작용과 공동의 지향성을 갖는 형식으로 결합되는 것에 지나지 않는다. 동일하게 느끼고 사념하며, 동일한 것을 원하고 결정하는 의식 작용 이외에 다른 것이 아니다. 엄밀히 말하여, 이 결합은 노에마적 내용의 동일성에 의한 의식체험의 일치일 뿐, 체험 자체의 본질적 동일성을 의미하는 것은 아니다. 다시 말하여, 정신적 공동주체는 개별적 주체와 유사하게 의식을 가지나, 개별적인 주체들의 공동체 의식으로서 갖는 것이다. 이렇게 될 수 있는 것은 개별적인 자아들의 신체가 서로 물리적인 관계(가장 기초적인 의사소통관계)를 가짐으로써 정신적 공동주체의 하부 토대로서 기능하고 있기 때문이다. 후설에 의하면, 정신적 공동체는 개별적 자아들의 신체를 그의 신체로서 갖는 하나의 살아 있는 개별적 실재Realität라고 한다(《이념들 II》, 243쪽 ; 《후설전집 XIV》, 205쪽 참조).[26] 후설이 1920년대 초기의 강의록에서 '공동 정신Gemeingeist'이라고 부르는 것은 모두 이 정신적 공동주체를 가리키는 것이다.[27]

---

26 E. 후설은 'Realität'라는 용어를 실재하는 대상이 지닌 특성, 즉 실재성이라는 의미로 쓰기보다는 실재적 대상 일반을 칭하는 말로 사용한다. 그러한 의미에 따라서 필자는 실재적 대상을 요약한 명칭으로 실재라고 표현한다.

27 《후설전집 XIV》에서 이 전집의 편집자가 "Gemeingeist"(공동 정신)이라고 제목을

7. 맺는말—공동주관성과 객관성

후설은 《성찰》의 제5성찰 첫 머리에서 객관적 세계의 선험적 문제를 해결하는 것이 선험 현상학의 요구임을 분명히 하였다(《성찰》, 121쪽 참조). 선험적 공동주관성을 해명한 중요한 의미도 여기에 있다. 나의 선험적 의식에서 내재적 초월로서 이미 구성되어 있는 세계의 객관성이라는 문제를 후설은 타아경험을 해명함으로써 그 해결을 시도하였다. 객관적 세계의 구성은 나의 원초적 영역을 그 맨 밑바탕으로 하여 타자의 구성단계 그리고 '우리 공동체'의 구성과 상관적으로 누구에게나 동일한, 그리고 우리 모두가 그에 속한 하나의 자연과 세계가 구성되는 순서로 분석되었다.

그런데 객관적 세계는 선험적 자아에게나, 공동주관성에게나 하나의 초월이다. 비록 내재적 초월이긴 하지만, 선험적 자아의 체험류에서는 세계가 객관적 존재 의미로서 구성되나, 해명의 결과, 보다 정확히 말하여, 선험적 공동주관성의 수행성과이다. 즉 선험적 공동주관성이 그의 공동주관적 고유영역 내에서 구성한 것이다. 따라서 객관적인 자연세계와 정신세계(문화세계)의 구성적 상관자는 선험적 공동주관성이다. 그러므로 객관적 세계는 내재적 초월로서 선험적 공동주관성에 내재하나, 이 객관적 존재 의미는 선험적 자아의 원초적 영역을 "전적으로 초월하고 있다"(《성찰》, 136, 138쪽 참조). 이 의미를 보다 명확히 하기 위하여 후설이 객관적 세계의 초월에 관하여 언급한

붙인 Nr. 9, 10, 부록 XXVI 등에서 보면, E. 후설 자신이 'Gemeinschaft'(공동체)라는 표현 대신에 'Gemeingeist'라고 부르고 있다. 그러나 '공동 정신'이라는 표현은 공동체보다 개념적 외연이 더 큰 것을 가리키고 있다. 이에 대해서는 《후설전집 XIV》, 220-232쪽 참조.

곳을 살펴보자. 후설은 1923년의 한 강의록에서 다음과 같이 말하고 있다.

> 한 주관성에서 지각이 아니라, 간접현시를 통하여 구성될 수 있는 것은 그 주관성에 더 이상 내재적이지 않다. 내실적으로도 이념적으로ideell도 내재적이지 않다. 그 자신을 넘어선 모든 그러한 초월은 〔…〕 감정이입, 근원적인 해석에 근거하고 있다. 여기에만 오로지 원래 그렇게 부를 수 있는 초월이 있다. 그리고 객관적 세계와 같이, 그 밖에도 초월이라고 부를 수 있는 모든 것은 타자 주관성의 초월에 근거하고 있으며, 해석적 경험을 통하여 서로 초월적인 주관성들과 관련하여 공동체가 산출된다는 데서, 그리고 모든 개별적인 주체에게 내재적인 대상들이 〔…〕 공동주관적 동일화에 의하여 동일한 대상들로서 경험되며, 인식될 수 있다는 데서 그 의미를 지닌다. 그러므로 세계는 공동주관적-이념적-내재적이다(《제1철학 II》, 495-496쪽 주 2).[28]

모든 의식초월적 존재자란 궁극적으로 하나의 이념Idee이라는 의미에서 객관적 세계는 비록 공동주관성 내에서 구성되더라도 초월이며 '이념적 초월ideelle Tranzendenz'이다. 이 이념성은 세계 내의 어떠한 지각 대상이든, 지각작용에서는 개별적인 주체에게 각기 차이나는 현상양식에서 주어지며, 다수의 주체들이 동일한 시공간에서 동일한 대상을 지각한다는 것은 처음부터 생각할 수도 없다는 데에 근거한다. 그 때문에 참된 의미의 객관적 대상, 즉 어떠

---

28 여기서 말하는 'ideell'이란 이념Idee에 관계된 것을 의미하는 것으로 현상학에서 'ideale Gegenstände'(관념적 대상들)라고 표현하는 경우의 'ideal'과는 다르다. 수학적 · 기하학적 · 논리적 개념들, 즉 범주적 직관의 대상이 되는 것들은 'ideal'한 것들이다. 그러므로 혼동을 피하기 위하여 'ideell'을 '이념적', 'ideal'을 '관념적'이라고 번역함이 타당하리라고 본다. 그러나 E. 후설은 가끔 'ideell'과 'ideal'을 같은 뜻으로 쓰기도 한다.

한 주체에도 의존하지 않는 문자 그대로 즉자적 존재자란 하나의 이념이다. 그런데 위에서 인용한 후설의 말에서 보면, 본래적 의미의 초월자는 간접현시에 의해 한 주관성에서 구성될 수 있는 것이라고 하므로 그것은 타아뿐이다. 나의 자아도 물론 타아 주관성에 대해서는 같은 의미의 초월자이다. 그러나 이 초월자들을 매개로 하여 구성되는 객관적 세계는 초월자이되 내재적 초월이다. 그 이유는 객관적 세계가 바로 공동주관성의 우리에게, 누구에게나 동일한 하나의 세계로서 그 타당성을 지니고 있기 때문이다. 그것이 나의 사적 세계가 아니라, 우리들 누구나 동일하게 경험하며, 경험할 수 있는 세계로서 구성되므로 내재적이다. 그러나 이 객관세계는 나에게 고유한 것도 아니요, 타아에게 고유한 것도 아니므로 초월적이다.

그러므로 세계의 객관성이란 후설에 있어서는 결국 공동주관성이다. 이 객관성의 의미는 한 주체가 객관적인 대상으로 인식한 것은 그와 상호이해관계에 있는 다른 주체들의 누구나 그것을 동일한 객관적인 대상으로 인식할 수 있어야 함을 가리킨다. 그러나 여기서 문제되는 것은 그러한 의미가 과연 객관성의 엄밀한 의미와 일치하는가 하는 것이다. 후설은 세계의 객관성이 어디에 근거하는가를 현상학적으로 밝혀내었다. 그러나 그것으로 객관성의 문제가 남김없이 해결되었는가 하는 의문이 남는다. 왜냐하면 공동주관성도 일종의 주관성인 이상, 그 공동성Gemeinsamkeit의 개념을 아무리 확대한다 하더라도 주관적인 성격을 완전히 면할 수는 없다. 즉 공동주관적 객관성은 어디까지나 주관적 타당성을 벗어나지는 못하는 것이다. 우리에게 주어지는 한, 모든 객관적인 것은 반드시 공동주관적이어야 하나, 그렇다고 하여 공동주관적인 것이 곧 객관적일 수 있는가? 이 문제와 관련하여 바그너Hans Wagner는 이렇게 비판하고 있다.

> 세계가 '누구에게나 타당한 것'이라는 의미를 지니면 과연 객관성의 의미를 갖는가? 공동주관성은 공동주관적 대상관계이며, 객관성은 타당한 대상관계이다. 만일 공동주관성이 '타당한' 공동주관적 대상관계가 아니라면 그것은 아무것도 아니다.[29]

바그너에 의하면, 후설은 공동주관성의 타당성을 이미 전제하고 있다고 한다. 그리고 타당성이란 대상적 타당성이므로 객관성과 같은 것이다. 따라서 타당성이 전제되어 있다며 객관성도 전제되어 있다. 그런데 객관성이 전제되어 있다면 초월자도, 세계도 전제되어 있다고 바그너는 결론짓는다(바그너, 107쪽 참조).

바그너의 지적은 선험적 관념론이 지닌 극복할 수 없는 한계에 관련된 것이다. 객관적 세계는 다수의 주체들에 의해 구성된 것이므로 노에마 또는 사고된 것cogitatum들의 체계이다. 이 노에마들의 객관적 타당성에 대한 문제를 후설은 노에시스 또는 사고하는 것cogitatio으로 소급하여 대답한다. 그러나 이 노에시스가 단순한 심적 작용이 아니라, 탁월한 명증성을 지닌 것이라 하여도 그것이 세계의 객관적 타당성을 보증해줄 수 있는가를 다시금 묻게 된다. 그러므로 결국 엄밀한 학學이고자 하는, 궁극적으로 철저히 정초定礎된 학문이고자 하는

---

29 Hans Wagner, 〈후설 유고에 대한 비판적 고찰Kritische Betrachtungen zu Husserls Nachlaß〉(*Philosophische Rundschau*, Bd. 1, Jahrgang 1953/1954), 107쪽.

선험 현상학은 어느 정도까지 엄밀할 수 있는가를 묻게 된다. 그러나 이 물음과 더불어 우리는 이미 선험 현상학을 떠나버린 것이 아닐까?

정서적 동기 관계와 상호주관적 습득성*

E. 후설의 현상학적 윤리학을 중심으로

머리말

동기관계Motivation와 습득성Habitualitäten은 현상학에서 자연에 대한 정신의 고유성을 정초하는 중요한 두 개념이다. 정신을 지배하는 원리를 나타내는 이 두 개념은 도덕성을 그 본질로 하는 윤리적 존재인 정신적 주체(인격체)의 원리이기도 하다. 따라서 정신의 이 두 지배 원리를 분석하는 일은 후설E. Husserl 현상학의 윤리학을 올바르게 이해하고 그것을 발전적으로 체계화하는 기본 토대가 된다.

자연법칙인 인과관계와 구별되는 정신의 법칙을 찾아냄으로써 자연과 구별되는 정신의 고유성을 철학적으로 정초하려는 시도는 데카르트 이래로 합리주의 전통에서 적잖게 발견된다. 그러나 칸트 이전은 물론 칸트의 선험적 관념론을 거쳐 피히테, 헤겔에 이르는 독일 관념론에서도 정신과 마음Seele을

* 《현상학과 실천철학》, 철학과 현상학 연구 제7집, 한국현상학회 편, 1993.

구별하지 않고 정신의 발전에서 드러나는 단계적 차이로만 파악하고 있다. 현대철학에 와서 비로소 마음을 자연에 속하는 것으로, 그리고 정신을 자연과 구별되는 고유한 대상 영역으로 보는 관점이 생겨났다.

현대철학, 특히 현대 독일철학에서 비록 정신을 자연, 특히 마음으로부터 구별하긴 하나 일반적으로 단순히 구별되는 현상으로서 설명하는 데에 그칠 뿐 철학적으로 그 구별 근거를 명확히 해명하지는 못하였다. 예를 들어, N. 하르트만은 그의 저서 《정신적 존재의 문제*Das Problem des geistigen Seins*》에서 정신적 존재의 고유한 영역과 그 법칙을 심적 현상과 구별되는 다양한 현상들로부터 설명하고 있으나, 그것은 정신적 현상에 대한 서술일 뿐 정신과 그 현상 법칙의 근거에 대한 궁극적 해명에 이르지는 못하고 있다.[1]

현대철학에서 마음과 구별되는 정신의 개념에 대해서는 철학자에 따라 그 세부에서는 다소간의 차이를 보여주고 있으나 그 공통분모적 개념을 이끌어 낼 수는 있다. 대체로 공통된 것은 첫째, 정신은 어떤 관념적인 것Ideales이 아니라 실재적인 것Reales이라는 것, 즉 시간, 공간 내에서만 있을 수 있다는 것이다. 그러나 물론 정신이 스스로 시공간성을 지닌다는 뜻은 아니고 심적인 것(마음)과 신체를 매개로 하여 간접적으로만 시공간성을 지닌다. 왜냐하면, 정신은 마음과 신체를 토대로 해서만 존재할 수 있기 때문이다. 둘째, 정신은 주관적인 것과 객관적인 것(또는 공동 정신이라 부를 수 있는 상호주관적인 것)으로

---

1 N. 하르트만은 《정신적 존재의 문제》에서 실재 세계의 계층적 구조가 "논의의 여지가 없으며 피상적 시선으로도 인식될 수" 있다고 말한다(*Das Problem des geistigen Seins*, 3. Aufl., Walter de Gruyter, 1962, p. 15 아래). 이 말은 정신적 존재의 연구 전체에 걸쳐 일관된 그의 입장의 한 표현이다.

구별될 수 있다는 것이다. 주관적인 것이란 한 개인의 정신, 또는 인격체Person 라고 부르는 것이며 객관적인 것이란 정신적 의미를 지닌 모든 사물(생활도구, 책, 예술작품 등 모든 문화적 사물)과 정신적 공동체(도덕, 법, 언어, 교회, 학교, 국가 등) 등을 의미한다.[2] 셋째, 정신의 본질적인 것은 주관 정신이 아니라 객관 정신에 있다. 왜냐하면, 주관 정신인 한 개인은 정신적인 모든 요소를 정신세계(환경세계)에서 성장하면서 받아들여 형성하기 때문이다. 하르트만의 견해로는 바로 이 점이 정신적 존재가 심적 존재와 근본적으로 다른 특성이다. 심적 존재는 한 인간에 폐쇄되고 고립되어 있는 반면에, 정신적 존재는 언제나 한 개인을 초월하여 개인들을 결합시키는 특성을 지닌다.[3]

이 정신적 존재가 마음 또는 심적인 것과 과연 다른가 하는 것은 명쾌하게 결정하기가 매우 어려운 문제이다. 정신이란 마음의 다른 명칭이거나 보다 훨씬 세련된 심적 현상을 두고 하는 말이라고 보는 경험론적 입장에 대하여 어떻게 반론을 제기할 수 있는가 하는 것도 물론 간단한 문제가 아니다. 이 문제와 관련하여 우선 명백히 해야 할 것은 현대철학에서는 정신이란 개념이 데카르트의 '사유하는 존재res cogitans'라는 규정 이래로 흔히 전제되어 온 것처럼 어떤 하나의 실체substance를 의미하는 것은 아니라는 점이다. 인간이라는 하나의 존재자는 물질적 존재(육체)이면서 마음을 지닌 심적 존재이며 동시에 정신적 존재(인격체)이다. 실체라는 개념은 마음과 정신의 구별 문제에서는

---

2 정신의 개념에 대한 보다 상세한 서술은 본 논문의 주제를 넘어서는 문제이므로 여기서는 필요한 정도 내에서만 그때그때 단편적으로 언급하게 될 것이다.

3 이에 관해서는 N. 하르트만이 《정신적 존재의 문제》의 제2부 '객관정신Der objektive Geist'에서 매우 탁월하게 분석하고 있다.

별로 의미가 없다. 마음과 정신은 어떤 의미에서 인간과 관련된, 인간으로부터 나온 다양한 현상들이 지닌 의미층이라고 부를 수 있고 하르트만처럼 존재층이라고도 부를 수 있다.[4]

앞으로 논하게 될 '정서적 동기관계와 상호주관적 습득성'은 현상학에서 정신의 구성원리를 나타내는 핵심적 개념으로서 이에 대한 보다 면밀한 분석을 시도해본 것이다. 이러한 분석은 후설의 현상학적 윤리학을 이해하는 기초가 되며, 체계화되어 있지 않은 그의 윤리학을 보다 확대 전개할 수 있는 토대를 마련할 수 있을 것이다. 더 나아가서 이 분석의 시도는 우리의 사회윤리적 상황을 현상학적으로 분석, 비판하고 개선의 방향을 지시하는 하나의 응용 윤리학으로 전용할 수 있는 계기를 마련하려는 데에도 그 의도가 있다.

1. 동기관계의 현상학적 개념

후설의 현상학에서는 정신도 하나의 인식가능한 실재적 대상으로서 다른 대상의 의미 구성과 마찬가지로 정신의 구성에서도 대상을 바로 그러한 대상으로 의미를 부여하는 주체의 태도가 중요하다. 즉, 그 어떤 의미가 부여된 대상은 의미를 부여하는 주체와의 관계에서만 대상으로서 가능하므로 주체가 어떤 의식 태도에서 대상에 의미를 부여하는가의 문제가 중요하다. 여기서는

---

4 E. 후설이 가끔 표현하는 의미층Sinnesschicht이란 물론 낱말이나 명제의 의미를 뜻하는 것이 아니라 의식 주체가 대상에게 부여하는 의미로서 대상의 핵심적 내용을 말한다. 그리고 N. 하르트만의 경우, 존재자Seiendes의 층이 아니라 존재층Seinsschichtung이라고 부르는 데에 주목할 필요가 있다. 존재는 이 경우 존재자가 지닌 보편적 성격을 뜻한다. 존재Sein와 존재자Seiendes의 개념적 구별에 관해서는 N. 하르트만의 《존재론의 정초*Zur Grundlegung der Ontologie*》, Walter de Gruyter, 1965, 37쪽 이하 참조 바람.

태도, 의식 작용(모든 유형의 사고 작용) 그리고 대상 간의 불가분한 상관관계가 언제나 문제된다. 예를 들어, 하나의 책은 주체의 태도에 따라서 단순한 하나의 물체라는 대상으로 될 수도 있고 우리가 원래 의미하는 하나의 정신적 산물(현상학에서는 '정신적 객체geistiges Objekt')이라는 대상으로 될 수도 있다. 이 경우 물체로서의 책과 정신적 산물로서의 책이라는 두 존재자를 우리가 경험하고 있는 것이 아니라 하나의 존재자가 지닌 두 가지 의미의 층 또는, 오해의 여지가 있지만, 존재층이라고 보아야 한다. 이것을 '층層'이라고 부르는 것은 책의 예에서 보듯이, 정신적인 것은 물질적인 것을 토대로 하여 그 대상적 의미를 지니기 때문이다. 즉, 종이와 잉크라는 물질적 의미층 없이는 이것을 매개로 하여 표현되는 정신적 내용은 거기에 없다. 그렇다고 하여 책의 경우 물질적인 것이 더 본질적인 것이라고 말할 수는 없다. 이 토대 관계는 다만 양자의 불가분한 상관관계를 나타낼 뿐, 종속 관계라든가 원천과 파생의 관계를 말할 수는 없다.

인간의 경우 신체와 마음에 대한 정신의 관계도 책의 경우와 유사한 토대 관계를 지닌다. 책의 정신적 내용이 종이와 잉크의 물질적 상태에 갇혀 있는 것이 아니듯이 정신도 비록 물질적인 것(육체)과 이것을 토대로, 이것과 직접 결부되어 있는 마음, 그리고 이 양자를 토대로 해서만 그 실재성을 지닌다하더라도 그것에 고립적으로 폐쇄되어있는 것이 아니다. 한 개인으로서의 정신은 그가 속해 있는 정신적 세계, 즉 환경세계와의 유기적 관계에서만 정신적 존재이다. 그것은 심적 존재와는 현상에서는 어렵지 않게 구별되는 대상이다. 현상학은 이들 대상 영역이 지닌 고유한 법칙성을 밝혀냄으로써 각각의 대상 영역에 상응하는 자연과학과 정신과학의 연구방법적 기초가 동일한 것일 수 없다는 것을 보여준다.

데카르트 이후 후설만큼 자연과 구별되는 정신이 지닌 고유한 법칙을 선험철학적으로 정초하려는 본격적이며 체계적인 시도를 하고 있는 철학자는 보기 어렵다. 후설은 그의 저서 《이념들 II》의 제3부 〈정신세계의 구성〉(172쪽 이하)에서 인과관계와 구별되는 정신의 법칙인 '동기관계Motivation'에 대하여 상세히 다루고 있다.[5] 그는 이 책의 제1부와 2부에서 물질적 자연과 심적 자연으로 구별하고 심적인 것(마음)은 신체와 불가분하게 결부되어 있어서 하나의 단일체를 이루고 있음을 논증한다. 그 때문에 마음은 신체와 함께 자연의 인과법칙에 전적으로 지배되고 있다는 것이다. 마음은 일정한 자극에는 일정한 반응을 보여주며 이것은 언제나 동일하다. 이것은 그 마음의 주체가 자극의 성질에 대한 지식을 갖고 있는가의 여부에 관계없이 누구에게나 동일하다. 즉, 일정한 원인은 예외 없이 일정한 결과를 산출한다. 바로 그 때문에 심리학은 최근까지 그 연구에서 귀납추리를 수단으로 한 통계 방법을 사용하여 심리법칙을 밝혀내었던 것이다. 심리학의 이 방법은 자연과학적 방법과 동일한 것이며 그 연구 대상인 마음이 자연에 속함을 잘 알고 있다는 것을 의미한다.[6]

---

5 실재 세계의 구성 문제를 다루는 《이념들 II》의 중점은 어디까지나 제3부에 놓여 있으며 동기관계에 대하여 직접 설명하는 부분은 제3부의 제2장 '정신의 기본법칙인 동기관계'라는 제목 아래 서술되어 있다. 후설이 말하는 'Motivation'이란 분명히 동기를 유발하는 것과 유발되는 것과의 관계를 의미하므로 'Motivation'을 '동기관계'라고 번역하는 것이 '인과관계'와 대비하는 후설의 의도를 보다 쉽게 이해할 수 있다.

6 심리학이 인간의 내면적인 모든 것의 법칙을 밝혀내려는 이념에서 출발한 이상 인간을 전적으로 자연에 속하는 것으로만 보아서는 충분하지 못하다는 반성이 이미 수십

자연의 인과관계와 정신의 동기관계를 구별하여 설명하기 위하여 후설은 '실재 관계reale Beziehung'와 '지향 관계intentionale Beziehung'를 대비시킨다.[7] 실재 관계는 시공간 내에서 만나는 사물들과 나와의 물리적 관계이다. 여기서는 관계되어 있는 사물이 없어지면 그 관계도 없다. 그러나 이 관계를 토대로 한 지향 관계는 그 사물이 없어져도 사라지지 않는다. 지향 관계는 말하자면, 내가 어떤 한 대상에 의미를 부여함에 따라서 이루어지는 관계이다. 예를 들어, 칼을 처음 만져보고 손을 다친 어린아이는 그 칼에 대하여 단순히 '손을 아프게 하는 것'이라는 의미를 부여하게 될 것이다. 칼날을 만지면 손을 다치게 되는 것은 누구나 마찬가지이다. 이것은 실재 관계이다. 그러나 일정한 형태를 지닌 칼에 대한 지각은 칼에 한번 다친 어린아이에게 '무섭다' 또는 '만져서는 안 된다'는

년 전부터 생겨난 이래 '정신과학적 심리학'의 필요성이 절실해졌다. 20년 이래 독일에서 주목받고 있는 '동기 심리학Motivationspsychologie'은 그러한 일련의 반성에서 등장한 것이다('동기'라는 것이 여기서 어느 정도까지 정신과학적 의미를 지니는가 하는 것은 다소 의문의 여지가 있긴 하나). 특히 사회심리학의 분야에서는 인간 공동체를 인격체(정신)들의 집단으로 보는 시각 없이는 그 연구가 불가능함은 말할 필요도 없을 것이다.

7 '실재 관계', '지향 관계'라는 명칭들은 《이념들 II》, 215쪽 이하에서 표현되고 있음. '실재 관계'는 자연의 인과관계를 대신하는 명칭으로 사용될 수 있으나 지향 관계는 동기관계의 여러 가지 유형들 중의 하나라고 말할 수 있다. 정확히 말하면, 의식 활동적 측면인 '노에시스'와 의식 내용적 측면인 '노에마' 간의 동기관계이다. 능동적 의식 작용들 간의 동기관계는 모두 지향 관계이긴 하나 실재 관계와 대비시키는 의미에서 말하는 지향적 관계는 좀 더 엄밀한 의미를 지닌다. 그리고 여기서 언급하는 지향 관계와 관련하여 등장하는 '지향성Intetinonalität' 개념은 《이념들 I》에서 순수의식의 구조에 관한 설명에서 의미한 개념의 확대라고 볼 수 있다. 즉, '그 무엇을 지향함das Intendieren auf etwas'을 넘어서서 '그 무엇에 반응함das Reagieren auf etwas'이다(이에 관해서는 《이념들 I》, 203쪽 이하 ; 《이념들 II》, 217쪽 이하 참조).

의식을 유발하게 될 것이다. 이 어린아이는 자신의 경험에 근거하여 칼에 단순히 그러한 의미만을 부여한다. 칼에 대한 감각적 지각과 '무섭다'는 공포감 또는 위험하다는 의식의 관계는 지향 관계이다. 많은 지향 관계는 실재 관계를 토대로 하고 있으나 그렇지 않은 경우도 있다. 칼에 대한 상상도 공포감을 이 어린아이에게 유발할 수 있으나 칼에 대한 상상만으로 손을 다치지는 않는다. 이것은 지향 관계이지만 실재 관계는 결여되어 있다. 나중에 이 어린아이가 자라면서 칼이 다른 용도로 쓰인다는 것, 칼이 매우 편리한 도구라는 것을 알게 되면 그 칼에 대하여 다른 의미를 부여하게 될 것이며 지향 관계의 내용도 달라지게 될 것이다. 지향 관계에서는 의식 주체가 어떤 한 대상에 대하여 아는 정도에서만 하나의 의식이 다른 의식을 유발하게 된다. 예를 들어, 칼을 보는 지각 작용이 그것을 무서워하는 감정 작용을 유발하고 그것을 피해야겠다는 의식을 유발한다. 반면에 지향 관계가 달라져도 칼날에 잘못하면 다치게 된다는 실재 관계는 여전히 다르지 않다. 칼에 대하여 어떠한 의미를 부여하든 실재 관계는 누구에게나 언제나 동일하다. 지향 관계는 객관적으로 존재하는 어떤 대상과 자아와의 관계를 의미하는 것이 아니라 내가 한 대상에 의미를 부여하는 나의 의식 작용Akt과 그것에 의하여 유발되는(동기 지어지는) 다른 하나의 의식 작용 간의 관계이다. 어린아이가 칼을 보게 되니까 무섭다는 의식을 갖게 된다. 그리고 무섭다는 의식은 그것을 만지지 않겠다는 의식 작용을 일어나게 한다. 따라서 이것은 한 의식과 다른 의식 사이의 '내재적 관계'이다.[8] 바로 내재적 관계이기 때문에 동기를 부여하는 의식의 대상이 객관적으로 현존하

8 '내재적 관계immanente Beziehung'에 대해서는 《이념들 II》, 222, 226쪽 참조.

는가 않는가는 중요하지 않다.

후설은 실재 관계와 지향 관계의 구별을 통하여 인과관계와 동기관계를 구별하고 나아가서 자연과 정신이 전혀 다른 두 법칙 아래에 있음을 보여줌으로써 양자의 대상 영역이 전혀 다르다는 것을 증명하고자 한다. 실재 관계와 지향 관계의 구별을 통하여 우리는 적어도 물리적 관계와 의식내재적 관계의 구별을 이해할 수 있다. 다시 말하여, 우리는 물질적 자연과 정신이 전혀 다른 법칙적 연관성 속에 있음을 이해할 수 있다. 그러나 이것만으로 정신과 마음이 구별된 것은 전혀 아니다. 현상학 밖에서 보자면, 앞에서 다룬 지향 관계로부터 정신의 특성이라고 말할 수 있는 아무것도 이끌어낼 수 없다. 지향 관계에 대한 그러한 설명은 모두 마음의 심리적 법칙에 대한 사례로서 사용될 수 있다. 심리적 관계도 지향 관계와 마찬가지로 마음의 내재적 관계이다. 아니 지향 관계 자체가 바로 심리적 관계라고 말할 수 있을 것이다. 그렇다면 심적 자연animalische Natur이라고 부르는 것과 정신세계의 구별은 단순한 발달상태적 구별에 지나지 않는 것일까? 이에 대한 해명을 위해서는 후설이 'Seele'라고 부르는 마음의 개념을 살펴보는 데서 출발해야 한다. 그는 《이념들 II》의 제2부에서 한편으로는 물질적 자연에 속하고 다른 한편으로는 감관을 지닌 육체로서 자아의 의지기관인 신체Leib의 이중적 기능을 설명하면서 마음은 바로 신체와 하나의 단일체Einheit를 이루는 것으로 본다. 즉, 마음과 신체는 독립적인 별개의 두 존재가 아니라 하나의 유기적 단일체라는 것이다. 그는 이것을 논증하기 위하여 신체에 자리잡는 감각, 즉 정위 감각Empfindnis이라는 개념을 도입한다.[9] 모든 감각들, 희로애락의 감각적 감정들은 신체에 직접 간접으로 자리잡는다는 것을 보여줌으로써 마음과 신체의 단일성을 증명한다. 이 양자를 따로 말한다는 것은 이론적 추상에 지나지 않으며 양자는 하나의 단일체로서 비로소 실재성을 지닌다는 것이다.

마음의 모든 내용이 신체에 자리잡고 신체와 하나의 단일체를 이룬다면 마음은 필연적으로 신체를 지닌 하나의 개체에 패쇄될 수밖에 없다. 신체로부터 마음을 이론적으로 추상한다면 그런 의미의 마음 자체, 또는 개별적인 심적 상태는 시간적이긴 하나 공간적인 것은 아니다. 그러나 마음은 신체와 하나이므로 신체의 공간성에 의하여 공간적인 것으로 규정될 수 있다. 나의 심적 상태는 결코 다른 사람의 심적 상태와 동일한 것일 수 없다. 동일한 시간에 있다 하더라도 동일하지 않은 신체로 인하여 동일한 공간에 있을 수 없다. 한 인간의 마음은 다른 한 인간의 마음과 전적으로 분리되어 있다. 신체적 표현을 기초로 한 감정이입Einfühlung을 통하여 타자의 마음을 간접적으로 알 수는 있으나 나와 타자의 마음은 결코 동일한 것일 수 없다. 우리는 언제나 신체와 함께 하나의 단일한 마음을 갖고 있으나 마음의 모든 심적 의식 하나하나는 일회적이다. 즉, 시간 형식 속에서 언제나 한번 생겨나서 사라지는 일과성을 지닌다. 이러한 일과성을 지닌 개별적인 심적 의식들의 전체를 가리켜 우리는 마음이라고 부른다.

후설은 신체와 하나를 이루는 것, 개별성, 신체에의 폐쇄성, 일과성을 지닌 마음의 주체를 '심적 자아seeliches Ich'라고 부르고 이것은 정신적 의식의 주체

[9] 《이념들 II》, 144쪽 참조. 이 이론에 관해서는 신체에 의한 마음의 구성에 대하여 논한 제2부 제3장(143쪽 이하) 참조.

인 정신적 자아와 구별한다. 자아의 구별은 물론 심적 의식과 정신적 의식의 구별에 근거하여 구별하는 것이다. 후설에 의하면 정신적 자아 또는 인격적 자아와 심적 자아는 근본적으로는 동일하다고 말하는 것이 보통이며 "심지어 동일한 자아라고 말하는 경향이 있다. 그러나 동일한 의식상태가 전적으로 다른 통각 아래에 있다"(《이념들 II》, 142쪽)고 설명한다. 여기서 우리는 후설의 선험 현상학이 지닌 기본 입장을 고려하지 않으면 안 된다. 즉, 처음에 언급한 주체의 태도, 의식 그리고 대상 영역의 근본 관계이다. 의식 작용의 분석을 통하여 드러나는 태도는 대상 영역을 결정하는 원리적 기능을 하고 있다. 이것은 현상 내의 모든 대상의 구성에서 그러하다. 우리에게 나타나는 존재, 우리에게 주어지는 존재만을 '존재하는 것'(존재자)이라고 생각하고 말할 수 있다면, 그러한 의미의 존재는 태도에서 결정된다. 후설이 말하는 '자연주의적 태도'에서 사고하면(지각, 상상, 회상, 예상, 인식 활동 등을 하면) 거기서 주어지는 모든 것은 자연물(물질적인 것, 심적인 것)이다. 거기서는 정신적인 것이란 전혀 주어지지 않는다. 즉, 존재하지 않는다. 모든 정신적인 것은 거기서 신체와 결부된 심적인 것 또는 뇌세포들의 물리적, 화학적 생리적 관계로 환원된다.[10] 그러나 우리가 언제나 그러한 태도에서 살아가는 태도는 자연주의적 태도가 아니라 '인격주의적 태도'이다. 인격주의적 태도에서 이루어지는 모든

10 '환원된다'고 표현하는 것은 우리의 일상적인 자연스러운natürlich 태도는 모든 것을 정신적으로, 즉 미적, 실용적, 윤리적으로 가치 평가를 하면서 사물 및 타인과 관계하는 태도이며, 후설이 말하듯이 자연주의적 태도는 자연스러운 태도가 아니라 의식 작용을 통하여 의도적으로 그런 태도로 변경함으로써 가능한 태도이기 때문이다. 다시 말하여, 모든 실천적 의미를 배제하여 순전히 이론적 의미만을 주목하고자 하는 데서 가능한 것이기 때문이다.

정신적인 것은 자연주의적 태로로 전환함으로써 사라지게 된다. 반면에 자연주의적 태도에서 인격주의적 태도로 변경하면 모든 자연물은 더 이상 자연이 아니라 정신적 의미를 지닌 정신적 객체가 된다. 자연주의적 태도에서 자연의 하나인 산山은 인격주의적 태도 또는 정신적 태도에서는 아름다운 산, 위험한 산, 등산을 하고 싶은 산 등 정신적 대상이 된다. 따라서 정신적 세계란 평가하고 원하며 계획하고 목적을 설정하는 등의 모든 실천적 의식 작용에 의하여 구성되는 대상 세계이다.[11] 우리말로 보통 '세상'이라고 부르는 것, 후설이 넓은 뜻으로 '생활세계Lebenswelt'라고 부르는 것은 바로 그러한 정신적 세계이다.

그러한 정신세계를 지배하는 보편법칙으로서 동기관계를 설명하는 데서 후설은 동기관계의 여러 가지 유형을 말하는데 크게는 능동적 동기관계와 수동적 동기관계로 나누고 있다. 이성 동기관계 또는 자유 동기관계라고 부르는 능동적 동기관계는 능동적으로 활동하는 의식 작용들 간의 관계를 말하는데 이것이 원래 의미하는 동기관계이다. 수동적 동기관계란 감각, 감각적 감정,[12]

---

11 근본적으로는 동일한 하나의 세계가 의식 주체의 태도에 따라서 두 가지 의미를 지니는 것이라고 보는 것은 현상학의 입장이 아니다. 그렇게 볼 경우 현상학은 물을 것이다 : 근본적으로 동일한 세계란 무엇을 말하는가? 그것은 하나의 추상이 아닌가? 아니라면 자연과학이 해석한 세계를 두고 하는 말인가? 자연과학자의 연구태도는 자연주의적 태도이다. 그렇다면 자연주의적 태도에서 의미를 부여한 세계가 근본적이라고 말할 수 있는 근거는 무엇인가? 그러한 근거는 전혀 없다.

12 (능동적) 의식 작용인 감정, 즉 감정 의식 작용Gefühlsakt과 단순히 감각적으로 자극받아 일어나는 수동적 감정을 후설은 구별하고 이 후자를 '감각적 감정sinnlches Gefühl'이라고 부른다. 의식 작용인 감정 작용은 능동적인 것으로 지향성을 지니나 감각적 감정은 감각들과 마찬가지로 의식 작용의 재료, 즉 후설이 감각적 질료sensuelle Hyle라고 부르는 것에 속한다. '감각적 감정들'이라는 표현은 《이념들 I》, 81, 209쪽, 《이념들 II》, 152쪽 외에도 여러 곳에 등장한다.

충동 등과 이성적 의식 작용이 수행된 후 수동성의 영역으로 가라앉은 이른바 감성의 영역에서 이루어지는 동기관계이다. 예를 들어, 유사한 것은 유사한 것을 연상시키는 연상 작용Assoziation도 그 중의 하나이다. 후설은 수동적 동기관계를 다시 연합 동기관계와 경험 동기관계로 나누고 모든 사물과 물질적 현상들의 시공간적 공존 관계, 인접 관계를 경험 동기관계의 일종으로 규정하여 우리의 의식체험의 삶 전체가 동기관계의 연쇄라고 말한다[13] 따라서 인격적 태도에서 이루어지는 정신에서는 "시간, 공간, 인과성 등과 함께 모든 자연이 내재적 동기관계의 조직 속에 뒤얽혀 있다".[14] 이와 같이 정신적 태도의 의식 작용들을 분석함으로써 드러나는 동기관계의 연관성은 자연의 인과관계와 대립되는 또 다른 한 종류의 원인과 결과의 관계가 아니라 자연의 인과성을 함께 포괄하는 관계이다.[15]

---

13 《이념들 II》, 224쪽 이하 참조. 여기서 후설은 "경험의 영역, 모든 외적 지각, 회상, 모든 상상에서도 〔…〕 포함되어 있는 동기관계들의 무한한 영역"은 숨겨진(수동적) 동기관계의 풍부한 예들을 제공한다고 말한다(224쪽 아래).

14 《이념들 II》, 226쪽. 이제 이로써 자연주의적 태도의 의식에 주어지는 모든 현상들(체험들)은 그것이 능동적, 즉 현재 활동하고 있는 것이든, 이미 수행되어 수동적으로 되어 현재적 의식의 지평을 이루는 것이든 간에 모두 정신적 동기관계의 연쇄 속에 있다. 따라서 이제 심적 의식은 없고 모든 의식은 정신적 의식이며 이 정신적 의식의 주체는 정신적 자아이다. 후설은 이 정신적 자아를 단순히 '정신Geist'이라고 부른다.

15 본 논문의 주제와 관련하여 중요한 것은 수동적 동기관계가 아니라 능동적 동기관계이다. 이 동기관계를 후설이 '자유 동기관계freie Motivation'라고 부르는데 그것은 이성적 자아의 자유에 의한 자발적 의식 작용의 수행에서 이루어지는 관계이기 때문이다. 동기관계를 자연의 인과법칙과 대비시키는 후설의 동기관계 이론은 전혀 다른 의도에서 제기하고 있는 칸트의 '제3안티노미'로부터 그 실마리를 얻은 것일는지도 모른다. 칸트는 《순수이성 비판》의 '선험 변증론' 중 사변적 우주론을 비판하는 '안티노미' 이론에서 '자유의 인과법칙'을 자연의 인과법칙과 대비시키고 있다.

2. 이론적 의식 작용과 정서적 의식 작용들 간의 토대 관계

현상학에서 구별하는 의식 작용의 유형은 크게 보아 이론 작용, 원망願望 작용, 평가 작용으로 나눌 수 있다. 그리고 후자의 두 의식 작용은 넓은 뜻의 실천적 의식 작용이다. 이론 작용은 단순히 표상하거나 지각하거나 더 나아가서 인식하는 활동이며, 단순한 표상 작용은 그 무엇을 단순히 대상으로 삼는 작용으로서 아직 인식을 목표로 한 의식 작용은 아니다. 그러나 이론 작용에서 주어지는 대상의 명증Evidenz의 정도의 차이에도 불구하고 거기에는 어떠한 평가(아름답다, 위험하다, 필요하다 등등)도, 원망도, 감정도 포함되어 있지 않다. 평가 작용, 원망 작용의 두 실천적 의식 작용은 어디까지나 이론 작용, 즉 이론적 의식 활동Noesis과 그 의식 내용Noema을 토대로 해서만 가능한 의식 작용이다.[16] 그 때문에 현상학에서는 실천적 의식 작용을 '토대를 지닌 의식 작용들 fundierte Akte'이라고 부른다.[17]

그 무엇을 아름답다, 필요하다, 위험하다 등으로 그 가치를 평가하는 평가

---

16 현상학의 전문용어인 'Noesis'와 'Noema'를 여기서는 간단히 다음과 같이 이해하자 : 엄밀한 뜻의 체험 또는 의식 작용의 활동적 측면과 이 활동의 산물 또는 내용적 측면으로 분석하여 표현하는 용어이며 의식 대상은 'Noema'에 포함되어 있는 그 핵심이다.

17 《이념들 I》, 82, 237, 284쪽 이하, 특히 《이념들 II》, 186쪽 이하 참조. 평가하고 원하며 계획하고, 수단과 목적을 고려하는 우리의 모든 실천적 사고는 이론적 사고를 토대로 하고 있다. 이것은 아리스토텔레스의 'theoria'와 'praxis'의 관계나 '알지 않고는 행할 수 없다'는 기본적 관계를 뜻하는 데 지나지 않는다. 일상생활에서 우리는 언제나 일차적으로는 실천적 의식 작용을 수행한다. 그러나 그 구조적 토대에는 어떤 경우에나 이론적 활동과 그 내용이 전제되어 있다. 물론 이것은 의식 작용을 분석함으로써 드러나는 것이다.

작용은 언제나 일정한 감정 또는 정서Emotion를 동반한다고 보는 것이 후설의 견해이다.[18] 그 때문에 후설은 평가 작용을 감정 의식 작용Gefühlsakt 또는 정서 의식 작용Gemütsakt이라고도 부른다.[19] 평가 작용에서 지향되는 대상은 가치를 지닌 사물이나 사태가 아니라, 이것들이 지닌 가치 그 자체이다. 가치는 물론 그 어떤 것의 가치로 우리에게 나타난다. 그러나 평가 작용의 '노에시스'적 지향은 이론 작용의 대상이 아니라 이 대상에 토대를 두고 현상하는 가치이다.[20] 장미의 아름다움을 '느끼는' 평가 작용은 장미라는 하나의 꽃식물이 지닌 아름다움을 지향하는 것이지 장미라는 하나의 식물을 지향하는 것이 아니다.[21] 아름다움이라는 '노에마'적 가치는 장미라는 식물을 토대로 삼아 우리에게 나타난다. 우리는 장미를 지각하지만 아름다움을 느끼지 않을 수도 있다. 즉, 평가 작용을 하지 않을 수도 있으며(단순히 이론 작용을 한다면), 평가 작용을 하더라도 아름답지 않고 평범하다거나 보기 흉하다고 부정적 가치를 부여

18 《이념들 I》, 293쪽, 《이념들 II》, 186쪽 이하, 특히 《윤리학과 가치론에 관한 강의록 *Vorlesungen über Ethik und Wertlehre 1908-1914*》, *Husserliana XXVIII*, Kluwer Academic Publischers, 1988, 249쪽 이하, 334쪽 이하, 407쪽, 411쪽 이하 참조(이하 《윤리학》으로 약함).

19 이 명칭은 위의 각주에서 지시한 곳 이외에도 많은 곳에서 표현되어 있다(이하 감정 작용, 또는 정서 작용으로 약함).

20 《이념들 I》, 82쪽, 237쪽 이하, 290쪽, 363쪽 이하, 특히, Alois Roth, 《후설의 윤리 연구》, 이길우 옮김, 학술진흥재단 번역총서 111권, 세화출판사, 1991, 제26절 121쪽 이하 참조.

21 평가 작용만을 고찰할 경우 그렇게 말할 수 있다. 그러나 실제로 하나의 장미를 아름답다고 평가할 때 거기에는 장미를 객관화하는 감각적 지각 작용(하나의 이론적 의식 작용)이 숨겨진 채 수행되고 있다고 보아야 할 것이다. 이에 관해서는 《이념들 I》, 237쪽 이하 참조.

할 수도 있다. 따라서 평가 작용에서 우리에게 주어지는 것은 가치있는 대상이 아니라 가치 자체이다.[22] 즉, 아름다운 장미가 아니라 장미가 지닌 아름다움이다. 장미에 대한 지각 작용은 이 토대를 지닌 평가 작용의 토대로 기능하나 주제는 어디까지나 장미의 평가 작용에서 주어지는 아름다움 그 자체이다. 이와 같이 이론 작용과 평가 작용의 토대 부여 관계는 의문의 여지가 없이 명확하나 현실적으로는, 우리의 실천적 삶에서는, 일반적으로 이론 작용은 평가 작용의 배후에 숨어 있으며, 다만 인위적으로 평가 작용을 중단하고 전적으로 이론적 태도에서 (마치 자연과학자처럼) 장미의 형태, 색채의 농도, 향기의 화학적 성분 등을 대상으로 이론적 의식 작용을 수행할 수 있다.

후설이 평가 작용을 감정 작용이라고 부르는 경우의 '감정Gefühl'이라는 표현은 우리가 언제나 그러한 상태에 있는 수동적 감정 상태, 즉 어떤 특정한 대상을 지향하고 있지 않은 감정이나 외부의 감각적 자극에 따라 느끼는 조건반사적 쾌, 불쾌를 두고 하는 말이 아니다. 감정 작용은 능동적으로 '어떤 것'을 기뻐함, 슬퍼함, 불쾌하게 여김, 화가 남 같은 것으로 의식 작용 일반이 갖는 특성, 즉 '그 무엇에 관한 의식'으로서 반드시 어떤 대상을 지향하는 지향성을 지닌 의식이다. 감정 작용이 감각적 감정과 구별된다 하더라도 양자가 전혀 관계없는 것은 아니다. 오히려 감성 영역 전체가 감정 작용의 하부 토대로서 기능한다고 보는 것이 타당할 것이다. 아름다운 음악에 대한 평가 작용이 그 음악의 음향이 청각을 통해 전달되고 그로부터 얻게 되는 감각적 쾌감없이는

22 여기서 평가된 것, 즉 가치가 긍정적인가 아니면, 부정적인가 하는 것은 중요하지 않다. 이에 관해서는 '정서적 습득성'을 논하는 데서 언급함.

불가능하다는 것은 말할 필요도 없을 것이다. 이러한 관계는 이론 작용에서도 마찬가지이다. 우리가 이론 작용의 대표적인 것으로 감각적 지각 작용을 말한다면, 지각 작용은 감관을 통한 여러 가지 감각(재료) 없이는 불가능하다. 지각 작용이 가능하기 위해서는 감각들이 토대를 제공하지 않으면 안 된다. 감정 작용도 그런 정도에서 수동적 감성의 영역을 토대로 하고 있는 것이다. 이러한 감정이 모든 평가 작용에 동반된다고 보는 후설의 견해는 정당한 것 같다.[23] 그는 칸트가 이론이성과 실천이성으로 나누는 것으로부터 한 걸음 더 나아가 실천이성을 다시 평가하는 이성과 원하는 이성으로 나누고, 이론이성theoretische Vernunft, 가치론 이성axiologische Vernunft, 실천이성praktische Vernunft이라고 부른다.[24] 이것은 후설이 의식 작용의 기본유형에 따라서 그러한 의식 작용을 수행할 수 있는 능력으로서 이성을 분류한 것이다.[25]

후설에 의하면, 이론이성이 이론적 진리(엄밀한 뜻의 진리)를 얻는 능력이라면, 가치론 이성은 가치의 진리(참된 가치)를 얻는 능력으로서 평가하는 의식 작용은 가치의 인식을 목표로 한 활동이다. 그 때문에 그는 직접적 평가 작용을 이론적 의식 작용의 감각적 지각과 대등한 자격을 갖는 가치 영역의

---

23 주로 심리학적 의미로만 이해되고 흔히 인식과는 관계없는, 오히려 인식을 방해하는 심적 성질로 보는 '감정'이라는 개념을 후설은 하나의 이성 능력으로 보고 감정능력Gemüt으로 규정하고 있다. 후설이 감정 작용을 D. 흄의 'taste'나 I. 칸트의 'Geschmack' 개념으로부터 영향 받은 것이 아닌지 비교 검토해 보는 것은 매우 의미있는 연구가 될 수 있을 것이다.

24 《이념들 II》, 358쪽 이하 ; 《윤리학》, 54, 56, 59쪽 이하. 원망 작용을 수행하는 능력으로서 실천이성을 말하는 대신 후설은 '의지 이성Willensvernunft'라고도 표현한다.

25 E. 후설은 "의식 작용의 기본유형만큼 많은 이성의 기본유형을 〔…〕 우리는 구별할 수 있다"고 말한다(《윤리학》, 68쪽).

인식 활동으로 보고 '가치 지각Wertnehmung'이라는 표현을 사용하며, 모든 종류의 평가 작용은 반드시 감정을 동반한다는 의미에서 평가 작용 일반을 총칭하여 '가치감Wertfühlen'이라고도 부른다.[26] 이러한 가치론 이성의 평가 작용과 그 '노에마'적 대상인 가치에 관한 연구를 일반적으로 가치론Axiologie이라고 부른다.

의식 작용의 세 번째 기본유형인 원망 작용, 즉 원하는 능력(의지 또는 실천 이성)의 의식 작용은 그것이 의식 작용인 이상 그 무엇을 지향하는 작용이다. 그 때문에 단순한 욕구 능력Begehrungsvermögen과 의지 능력Willensvermögen은 구별되어야 한다. 욕구 능력이 신체와 마음을 통한 외부자극에 의하여 야기될 수 있는 감각적, 본능적, 충동적 능력이라면, 의지 능력은 오히려 경우에 따라서는 그러한 자극에 대하여 거부할 수 있는 능력이다. 욕구 능력이 자연법칙에 순응할 수 있는 능력이라면 의지 능력은 그것을 거부할 수 있다는 데서 그 특성이 드러난다. 의지 능력은 자연법칙에 순종할 수도 있고 경우에 따라서는 그렇게 하지 않을 수도 있다. 그 때문에 의지는 자유의지이다.

원망 작용은 평가 작용에서 평가된 가치의 실현을 원하는 의식 작용이다. 원망 작용은 반드시 평가된 가치를 전제로 한다. 그것도 부정적으로 평가된 가치가 아니라 긍정적으로(참된 것, 올바른 것, 좋은 것 등) 평가된 가치의 실현

---

26 가치 지각이란 표현은 《이념들 II》, 9, 186쪽. '가치감'이란 표현은 《이념들 II》, 10쪽 참조. 그러한 물체나 물질적 사태와 같은 실재적 대상이 감각적 지각의 대상이라면 가치 지각의 대상은 가치이다(《이념들 I》, 238쪽 참조). 감각적 지각의 변양태로서 회상, 상상, 예상 등이 있는 것처럼 가치 지각과 관련해서도 가치회상, 가치상상, 가치예상 등의 변양태가 있을 수 있으므로 '가치감'이란 가치 영역을 대상으로 한 모든 가치 의식을 총칭하여 부르는 명칭이다.

을 원한다. 그 때문에 원하는 능력은 실천이성이다. 긍정적 가치를 원하는 것은 이성적 원함이며 부정적 가치를 원함은 비이성적 원함이다. 비록 평가 작용이 잘못되어 부정적 가치 또는 가치가 없는 것이 긍정적 가치로 나타난다 하더라도 그러한 원함은 이성적 원함이다.[27] 원망 작용은 원래 그 자체가 능동적 의식 작용인 이상 언제나 이성적이다. 즉, 모든 이론 작용이 참된 것, 현실적인 것을 지향하는 이상 이성적 의식 작용인 것과 마찬가지로 원망 작용도 주관적이든 객관적이든 참된 것, 올바른 것, 좋은 것 등을 지향하는 이상 이성적 의식 작용이다.[28] 원망 작용과는 달리 욕구는 부정적으로 평가된 것이라 하더라도 욕구한다.[29] 욕구는 원칙적으로 이성, 비이성과는 관계가 없다. 다만 욕구를 개별적으로 평가하여 그 욕구의 충족이 상황조건에 대한 인식에 비추어 이성적으로 원해도 되는 경우에 그 욕구를 이성적 욕구라고 표현할 수 있을 것이다.

평가 작용과 원망 작용의 토대 관계는 위에서 언급한 것으로부터 쉽게 이끌어낼 수 있을 것이다. 원망 작용이 평가 작용을 토대로 하고 있는 이상, 평가 작용없는 원망 작용은 있을 수 없다. 평가 작용에서 긍정적으로 평가된 가치가 원망 작용의 동기가 된다. 그 무엇이 좋게 여겨지므로 그리고 그 좋은 것이

---

27 잘못된 평가 작용이란 잘못된 인식에 토대를 둔 평가 작용을 의미한다.

28 후설은 의식 작용 자체를 '이성 의식 작용Vernunftakt'이라고 부른다. 이에 대해서는 《이념들 I》, 333쪽 이하, 그리고 필자의 《현상학적 정신이론》, 강원대출판부, 1986, 137쪽 이하 참조.

29 예를 들어, 흡연이 건강을 해친다는 인식 판단을 토대로 한 하나의 평가 작용이 흡연의 부정적 가치를 산출한다면 이 평가 작용을 토대로 흡연하지 않기를 원한다. 이 원함은 이성적 원함이다. 그러나 욕구는 그러한 가치 평가에 관계없이 여전히 흡연을 욕구한다.

나에게 없으므로 나는 그것을 원한다. 그러므로 원망 작용은 언제나 그 어떤 가치의 실현을 목표로 하며, 그 때문에 미래적인 것에 관계되어 있다.[30] 만일 사실에 대한 인식 판단이 그 좋은 것이 실현 불가능함을 인식하게 한다면, 나는 더 이상 그 좋은 것을 원하지 않고 그보다 덜 좋은, 그러나 실현가능한 것을 원하거나 저 가장 좋은 것을 포기하기를 원한다. 여기서 좋은 것의 실현 가능성 여부에 대한 '인식'은 역시 평가 작용의 결과이며 단순한 이론적 인식은 아니다. 왜냐하면 실현 가능성 여부가 사태의 인식에 직접 포함되어 있는 것이 아니라 사태 인식을 토대로 평가된 가치이기 때문이다. 따라서 원망 작용은 언제나 평가 작용을 토대로 수행되며 평가 작용은 이론 작용을 토대로 수행된다. 이 세 가지 의식 작용의 토대 관계는 언제나 이와 같다. 그 무엇을 좋다고 평가하기 때문에 원하며, 무엇이 어떠함을 인식하기 때문에 평가할 수 있는 것이다. 다시 말하여 알지 못하면 평가하지 못하며, 평가하지 못하면 원하지 못한다. 이론 작용과 실천 작용의 그러한 관계는 그 이념적 상관자인 이론적 진리와 실천적 진리의 관계에도 적용되는 말이다. 물론 여기서 말하는 실천적 진리가 곧 어떤 상황에서 어떤 행위를 지시해주는 진리이거나 실천하는 행위에서 그 진리성이 증명되는 그러한 것이 아니라 오직 실천에 관한 참된 인식, 즉 참된 원함과 그 내용(의지내용), 참된 평가와 그 내용(가치)을 의미한다.

그러나 후설에 의하면, 발생적 관점에서 볼 경우 실천 활동(평가 작용과 원망 작용)이 인식 활동에 앞선다고 한다. 이론 활동도 실천적 관심의 소산이다. 그런 의미에서 이론적 관심도 하나의 실천적 관심이다. 인식의지도 하나의

---

30 《윤리학》, 105-106쪽 참조.

실천의지이다. 모든 인식 활동의 궁극적 근저에는 '인식하기를 원함'이라는 실천의지의 작용이 있다. "인식하기를 원함은 모든 다른 원함에 전제되어 있다, 만일 그것이 최고의 가치형식을 지녀야 한다면."[31] 이와 같이 개별적 인식 활동, 실천 활동의 관계와 그 발생적 원천의 상황에서 두 활동이 처한 관계는 정 반대의 관계로 보인다. 그러나 이 관계가 역설적으로 보이는 것은 겉으로만 그렇게 보일 뿐이다. 그 어떠한 원함이든 그것이 인식을 전제로 하고 있다면 이 근원적인 상황에서도 적용되어야 할 것이다. 그렇다면 '인식하기를 원함'은 어떠한 인식을 전제로 한 것일까? 아마도 그것은 가장 원초적인 인식일 것이다. 그것은 바로 무지에 대한 인식이다. 즉, 인식의 완전한 궁핍에 대한 인식이다. 또는 후설이 말하는 바와 같이 "모든 소박한 인식노력의 불충분성에 대한 인식"이다.[32] 이 인식은 단순한 믿음이 아니라 명확히 통찰된 인식이어야 한다. 이것은 깊은 자기성찰에서 나온 인식이다. 이러한 인식은 더 이상 인식의 완전한 궁핍상태에 머물러 있게 하지 않는다. 이 상태를 더 이상 참을 수 없는 것으로 여기게 한다. 그와 동시에 인식함이 무조건 좋은 것이라는 평가 활동을 가능하게 한다. "진리는 사실 목표로 삼을 수 있는 하나의 선이라고 부를 수 있다"고 후설은 말한다.[33] 이로써 우리는 참된, 진정한 학문의 이념, 철학의 이념을 창시한 소크라테스로 되돌아가게 된다.

평가 작용과 원망 작용의 관계와 관련하여 한 가지 더 언급해야 할 것은 원망

---

[31] E. Husserl, 《제1철학 II *Erste Philosophie, Zweiter Teil*》, *Husserliana VIII*, Martinus Nijhoff, 1959, 201쪽(이하 《제1철학 II》로 약함).

[32] *Ibid.*, 302쪽.

[33] *Ibid.*, 9쪽.

작용 역시 감정 작용이 아닐까 하는 물음이다. 우리가 무엇을 원하는 경우 거기에 감정이 없을 수 있는가? 그 실현 가능성에 대하여 의문의 여지가 없는 단순한 원함이 있는가 하면, 원함의 대상을 실현할 수 있는 수단을 단계적으로 고려하고 그 실현 가능성에 대해서도 쉽사리 결정할 수 없는 복합적인 원함도 있을 수 있다. 그러나 모든 유형의 원망 작용에서 우리는 감정을 배제한 원함을 생각할 수 없을 것이다. 원하는 대상의 실현 불가능성을 인정하지 않을 수 없어 원함을 포기하는 경우에도 우리는 감정을 갖게 된다. 어떤 소망을 처음 가질 때도, 그것을 실현하려는 의지 행위의 과정에서도, 마침내 실현되었을 때도 우리는 기쁨을 가질 것이며, 실현되지 못하였을 때는 실망감이나 슬픈 감정을 느끼지 않을 수 없을 것이다. 그러나 원망 작용에서 우리가 갖게 되는 감정은 사실상 그것이 토대로 하고 있는 평가 작용이 바로 감정 작용이라는 데에 근거하거나 아니면, 원함의 대상에 대한 새로운 평가 작용에서 얻게 되는 감정임에 틀림없다. 그 무엇을 원하면서 우리는 기쁨을 느끼는 경우가 있다. 이 기쁨은 원함이 가져오는 감정이 아니라 원하는 대상에 대한 평가 작용이 가져오는 감정이다. 원하는 대상이 실현되었을 때 우리는 기뻐한다. 이 기쁨은 원망 작용에 있는 것이 아니라, 실현된 대상에 대한 평가 작용에서 나온 기쁨이다. 그 무엇을 원하지만 실현의 불확실성 때문에 우리는 불안감을 느끼는 경우가 있다. 이 불안감은 원망 작용이 동반하는 불안감이 아니라 실현의 불확실성에 대한 평가 작용이 가져오는 불안감이다. 따라서 원망 작용은 반드시 감정을 동반하나 이 감정은 원망 작용에 토대를 부여하고 있는 평가 작용에서 나온 감정이다.

3. 인격체의 정서적 동기관계

환경세계 내에서, 이 환경세계를 다른 자아alter ego들과 함께 구성하면서 살아가는 정신적 자아를 후설에 따라서 정신Geist 또는 인격체Person라고 부른다면, 그러한 세계는 곧 동기관계의 세계라고 부를 수 있다.[34] 왜냐하면, 동기관계는 정신적 자아인 나 자신뿐만 아니라, 나와 함께 환경세계 내의 타아들 및 사물들을 정신적 현상들의 전체로 묶고 있는 보편 법칙이기 때문이다. 우리가 서로 인사하고 손을 흔들며 말하고, 미워하고 사랑하며, 어떤 물건은 좋게 보고 소중히 여기며, 어떤 것은 싫다거나 나쁘게 여기며 살아가는 이상 우리는 동기관계의 연쇄 속에서 언제나 살아간다. 동기관계들로 뒤얽혀 있는 이 정신세계 내에는, 적어도 능동적인 모든 동기관계에서는 실천적 의식 작용들이 하나 이상의 관계항으로서 개입되어 있다.[35] 그 때문에 평가 작용, 원망 작용 등의 실천적 의식 작용들을 후설은 "인격적 의식 작용들personale Akte"이라고도 부른다.[36] 실천적, 또는 정서적 의식 작용들 없이는 정신세계, 정신적 주체, 정신

---

34 *Ibid.*, 제3부 참조.

35 동기관계에서는 사실 단순한 이론적 의식 작용마저도 실재적 인과관계에서의 감각적 자극 수용과 지각 판단과는 이미 매우 다른 특성을 보여준다. '이 조개껍질을 보니까 그해 여름이 생각 난다'와 같이 지각 작용과 회상 작용 간의 동기관계를 생각해 볼 때 지각 작용은 물론 하나의 이론 작용이며 회상 작용도 지각 작용의 한 변양태 Modifikation이다. 따라서 이 동기관계는 순전히 이론 작용들 간의 동기관계이다. 이 지각 작용은 자연과학자가 조개껍질을 관찰하는 지각 작용과 그 자체로서는 전혀 차이가 없다. 여기서 예로 든 경우에는 지각 작용이 어떤 특정한 회상을 야기하는 동인으로써 기능하며 이 회상은 일정한 감정을 동반한 평가 작용을 야기하기 때문에만 그 차이를 가져오는 것이며, 저 지각 작용이 또한 어떤 의식 작용으로부터 동기 유발되었는가에 따라서 그 차이를 확인할 수 있을 것이다.

36 《이념들 II》, 188쪽. 그리고 이러한 의식 작용들을 수행하는 태도를 인격주의적 태

적 객체, 이들의 정신적 공동체(공동 정신)의 구성이란 있을 수 없다.[37] 여기서는 모든 이론 작용들이 정서적 의식 작용들의 토대로서 이바지될 뿐, 자연주의적 태도에서 수행되는 이론 작용이 지닌 독자성을 갖지 못한다. 다시 말하여, 정신세계에서의 이론 작용은 정신과학적 이론 작용이 아닌 한, 실천 작용을 유발하는 동기를 부여하는 작용으로서만 의미를 지닐 뿐이다.[38] 그러므로 정신세계는 '실천적' 또는, '정서적 동기관계의 세계'라고 불러도 무방하다.

동기관계 일반이 그러하지만 정서적 동기관계에서도 동기 유발자(동기부여하는 것)와 동기 수용자(동기부여 받는 것)의 관계항들이 각기 어떠한 의식 작용인가에 따라 동기관계의 여러 가지 유형이 있을 수 있다. 물론 동기관계를 하나의 동기 유발자와 다른 하나의 동기 수용자로 단순화하여 그 관계를 고찰하는 것은 여러 가지 오류의 위험이 있다. 왜냐하면 동기관계에서도 직접, 간접의 차이는 있으나 다수의 동기 유발자와 다수의 동기 수용자가 있을 수 있기

도personalistische Einstellung라는 표현 대신에 '인격적personale' 태도, '동기관계 태도 Motivationseinstellung' 또는, '실천적 태도'라고도 부른다(《이념들 II》, 190쪽 참조).

37 실천적 의식 작용을 곧 정서적 의식 작용emotionaler Akt이라고 부를 수 있는 근거는 평가 작용도, 또 그것을 토대로 한 원망 작용도 감정을 반드시 동반한다는 점에 있다.

38 만일 정신세계에서 순수한 이론 작용을 수행한다면 두 가지 경우가 있을 수 있다. 첫째는, 자연과학자가 연구를 수행할 때 또는, 자연과학자처럼 일상생활에서 우리도 순수한 이론 작용을 수행하는 경우 이미 우리는 정신적(인격주의적) 태도에서 자연주의적 태도로 태도변경을 수행한 것이며, 따라서 정신세계를 잠시나마 떠난 것이다. 둘째는, 정신과학자(사회학자, 역사학자 등)처럼 정신세계 자체를, 즉 여러 가지 정신적 현상들을 대상으로 정신적 태도에서 이론 작용을 수행할 수 있다. 첫째 경우는 이미 자연주의적 태도로 바뀌어진 이론 작용이므로 문제되지 않는다. 그러나 둘째 경우는 정신세계에서 있을 수 있는 하나의 특수한 경우로서 정신과학적 이론 작용 자체가 반드시 어떤 다른 실천 작용을 유발하는 것이 아님은 명백하다.

때문이다.[39] 그것은 자연의 인과관계를 고찰함에 있어서 한 사태의 원인이 하나만 있다고 가정하는 것이 지나친 단순화인 것과 같다. 그러나 정서적 동기관계의 구조를 이해하기 위해서는 그러한 단순화가 일정한 한계 내에서 유용하게 사용될 수 있다.

그런 의도에서 우리가 동기관계의 관계항을 이루는 의식 작용의 유형에 따라 구별하자면 이론 작용, 평가 작용, 원망 작용의 세 유형의 가능한 조합을 순전히 논리적으로만 고려한다면, 모두 여덟 가지 경우가 있을 수 있다.[40] 그러나 평가 작용들 간의 동기관계나 원망 작용들 간의 동기관계는 있을 수 없다. 외견상 그렇게 보이는 것도 면밀히 관찰하면 그 사이에 다른 의식 작용들이 개입되어 있어서 그것이 직접 동기를 부여하고 있음을 알게 된다.[41] 왜냐하면 평가 작용과 원망 작용은 다른 의식 작용을 토대로 해서만 가능한 '토대가 있는 의식 작용들fundierte Akte'이기 때문이다. 따라서 제1의 평가 작용이 제2의 평가 작용을 동기 유발하는 것이 아니라, 제1의 평가 작용이 원망 작용을 유발하고,

---

39 동기관계도 일종의 원인과 결과의 관계로 볼 수 있다. 이 경우 물론 하나의 특수한, 즉 정신적 인과관계라고 말할 수 있을 것이다. 그 때문에 후설은 동기관계를 "정신의 인과관계die Kausalität des Geistes", "동기 인과관계Motivationskausalität" 또는 "이성의 인과관계die Kausalität der Vernunft"라고도 부른다(《이념들 II》, 382, 216, 224쪽). 이 표현들 중 '이성의 인과관계'는 능동적 동기관계만을 가리키는 말이다.

40 이론 작용들 간의 동기관계를 정서적 동기관계에서 제외한다면 이론 작용이 평가 작용 또는 원망 작용을, 평가 작용이 이론 작용 또는 원망 작용을, 원망 작용이 이론 작용 또는 평가 작용을 그리고, 평가 작용이 다른 평가 작용을, 원망 작용이 다른 원망 작용을 유발하는 등의 여덟 가지이다.

41 물론 우리는 필요하다면 중간에 개입되어 있는 일련의 동기관계를 무시하고, 주목하기를 원하는 두 의식 작용 간의 동기관계만을 생각해도 문제될 것은 없다.

이 원망 작용이 어떤 이론 작용을 유발함으로써 이 이론 작용이 다시 제2의 평가 작용을 유발하는 경우에 우리는 그 사이에 있는 다른 동기관계를 보지 못하고 제1의 평가 작용이 제2의 평가 작용을 유발하는 것으로 생각하기 쉽다. 원망 작용들 간의 동기관계도 평가 작용의 경우와 마찬가지로 있을 수 없다. 여기서도 동기 유발자인 원망 작용과 동기 수용자인 원망 작용 사이에는 이론 작용과 평가 작용이 개입되어 있으며 이것은 또 다른 동기관계의 연쇄인 것이다.[42]

평가 작용들 간의 동기관계나 원망 작용들 간의 동기관계가 있을 수 없다면 이제 남은 여섯 가지의 동기관계는 모두 가능한 것일까? 그러나 제외되어야 할 것은 또 있다. 평가 작용이 이론 작용을 직접 동기 유발하는 것이 가능한가를 생각해보자. 예를 들어, '음악을 듣는다'(청각적 지각 작용—하나의 이론 작용), '아름다운 곡이다'(평가 작용), '누구의 무슨 곡일까?'(추측 작용—하나의 이론 작용)라는 일련의 동기관계 연쇄에서 평가 작용이 추측 작용을 직접 동기 유발한 것이라고 본다면 그것은 단순한 생각이다. 여기서도 평가 작용은 '무슨 곡인가 알고 싶다'는 원망 작용을 동기 유발하고 이 원망 작용이 추측 작용을 유발하고 있는 것으로 보아야 마땅하다. 평가 작용이 관계항으로 들어 있는

42 예를 들어, '구두를 사고 싶다'는 하나의 원망 작용은 '돈을 갖기를 원한다'는 다른 하나의 원망 작용을 동기지운 것처럼 보인다. 크게 보면 그렇지 않다고 부정할 수는 없다. 그러나 우리가 동기관계의 구조를 분석할 의도로 보다 면밀히 고찰한다면 거기에는 돈이 무엇이라는 인식 작용, 돈이 지닌 유통가치에 대한 평가 작용이 숨겨진 채 개입되어 있어서 이것이 돈을 갖기를 원하는 원망 작용을 유발한 것이다. 물론 이 인식 작용, 평가 작용이 그때그때마다 새로이 수행되어야만 하는 것은 아니다. 이미 과거에 수행되었고, 거듭 재생적으로 되풀이 수행되었으며 이제는 그러한 인식 작용과 평가 작용의 '노에마'적 내용이 새로운 원망 작용(돈을 갖기를 원하는)의 동기 유발자로 기능하고 있는 것이다.

모든 동기관계에서는 다 그러하다면, 거기에는 명백한 이유가 있다. 그것은 평가 작용이 이론 작용을 토대로 해서만 가능하며 그 반대는 아니라는 점이다.

제외되어야 할 또 하나의 다른 (성립될 수 없는) 동기관계는 이론 작용이 직접 원망 작용을 유발한다는 가정이다. 원망 작용은 평가 작용만을 직접적 토대로 하고 있으므로 이론 작용이 직접 원망 작용을 동기 유발할 수는 없다. '보니까 먹고 싶다'는 예를 들어보자. 외견상 본다는 시각적 지각 작용이 곧바로 먹고 싶다는 원망 작용을 동기 유발한 것처럼 보인다. 그러나 사실은 그것을 먹으면 맛이 좋다든가, 식욕을 충족시켜줄 수 있는 것이라는 평가 작용이 개입되어 있는 것이다. 이와 같이 정서적 동기관계에서는 동기관계를 이루고 있는 관계항(의식 작용)들 간의 토대 관계에 따라서 직접적 동기관계가 나타나는가 아니면 성립 불가능한가 하는 것이 결정되는 것 같이 보인다. 그러나 사실은 토대 관계 자체가 동기관계라는 보편적 법칙에 근거하고 있는 것이다. 다시 말하여 토대 관계란 의식 작용 유형들 간의 동기관계를 의미층의 시각에서 본 (이론과 실천의 보편적 구조 관계에서 본) 표현에 지나지 않는다.

위에서 살펴본 대로 결국 우리는 남은 네 가지 유형의 정서적 동기관계만을 잠정적으로 가능한 것으로 보게 된다. 즉, 이론 작용이 평가 작용을, 평가 작용이 원망 작용을, 원망 작용이 이론 작용을 그리고 원망 작용이 평가 작용을 동기 유발하는 동기관계이다. 그러나 세 가지 의식 작용들 간의 토대 부여 관계가 동기관계의 성격을 그대로 말해주는 것이라면 원망 작용이 이론 작용이나 평가 작용을 동기 유발할 수 없을 것이다. 왜냐하면 원망 작용은 평가 작용을 토대로 해서만 가능하고, 평가 작용은 이론 작용을 토대로 해서만 가능하다면,

따라서 이론 작용이 가장 하부층의 의식 작용이라면, 가장 상층의 원망 작용이 어떻게 가장 하층의 이론 작용을 동기 유발할 수 있겠는가? 그러나 여러 가지 원망 작용들 중 이론 작용을 유발하는 것은 '알기를 원한다'는 원망 작용, 즉 이론 작용 자체를 원하는 원망 작용의 경우에는 그것이 가능하다. 예를 들어, '나는 그것을 갖기를 원하기 때문에 그것을 어떻게 얻을 수 있는지 알고 싶다'. 그리고 그것을 얻는 방법을 알려는 이론 활동을 수행한다. 원망 작용이 평가 작용을 유발하는 경우도 마찬가지로 평가 작용 자체를 원하는 원망 작용이 그러하다. 즉, '좋은지 나쁜지 알고 싶다' 또는, '어느 것이 좋은지 알고 싶다'와 같은 것이다. 이 원망 작용은 평가 작용을 직접 유발한다. 물론 여기서 동기 유발자로 기능하는 원망 작용이 이미 다른 평가 작용에 의해 유발되었으며 이 평가 작용은 또 다른 이론 작용에 의해 유발되었을 것이다. 그러나 그것은 별개의 동기관계들이다.

환경세계 내에서 살아가는 인격체의 의식 작용은 일차적으로는 정서적 의식 작용이다. 즉, 미적, 실용적, 윤리적으로 평가하고 원하며 또 이를 통해서 이 세계 내의 다른 사람들 및 사물들과 관계를 맺으며 살아간다. 이 정신세계 내에서 수행하는 이론 작용이란 하나의 추상 활동이며 인위적으로 모든 실천적, 정서적 의미를 배제함으로써 가능한 의식 작용이다. 자연과학자가 연구에서 수행하는 이론 작용도 마찬가지로 정신적 환경세계로부터의 추상 활동이다. 그러므로 자연과학의 이론도 정신세계의 산물이다. 동기관계의 보편적 법칙 아래에서는 자연과학의 이론마저도 정신세계의 실천과 대립되는 것이 아니라 그 실천의 한 산물로서 종속적인 것으로 이해된다. 그런 의미에서 우리는 "인식이성은 실천이성의 한 기능"이라는 후설의 견해를 지지할 수 있다.[43] 이런 관점에서 보면 모든 이론 작용은 원망 작용에 의해서만 유발되는 것처럼 보인다. 다시 말하여, 알기를 원하는 의식 없이는 이론 작용이 불가능한 것으로 보인다. 그러나 인식하기를 원함에 의하여 동기 지어진 이론 작용은 의도적 인식 작용, 즉 인식 목표를 명확히 가진 이론 작용을 의미한다. 여기서 우리는 이론 작용의 개념을 매우 엄밀하게 적용하고 있는 것이다. 이론 작용의 넓은 개념에는 단순히 "대상화하는objektivierend" 즉 후설이 "속견적-이론적doxisch-theoretisch" 의식 작용이라고 부르는 것도 포함된다.[44] 그 무엇을 대상화하지 않고 평가할 수 없으며, 원할 수 없다는 것은 명백하다. 평가 작용과 원망 작용에서 주제가 되는 것은 물론 평가되는 것과 원하여지는 것이나 그 주제가 되는 것을 대상으로 삼는 의식이 비록 배경에 머물러 있긴 하나 거기에 반드시 동반된다. 이 단순히 대상화하는 의식 작용 역시 하나의 이론 작용이라면 실천 작용에 대한 이론 작용의 논리적 선행성先行性을 우리는 인정하지 않을 수 없다.[45]

---

43 《제1철학 II》, 201쪽. 이 부분은 이 책의 125쪽 이하를 아울러 참조.

44 《이념들 II》, 2, 4, 16쪽 참조. 모든 의식 작용은 대상화하는 의식 작용이다(《이념들 I》, 290쪽 참조). 그러나 정서적 의식 작용들은 단순히 대상화하는 의식 작용이 토대로 되어 있기 때문에 그러하다.

45 이론과 실천의 논리적 선후관계와 관련하여 하르트만, 셸러, 하이데거 등과 후설의 견해가 다른 것은 바로 이론 작용의 개념을 얼마나 넓게 보는가의 차이에 기인한다. 하르트만, 셸러, 하이데거는 이론 작용을 엄밀한 뜻의 인식 작용으로만 이해하여 이론 작용은 실천 작용에 비하여 '추후적追後的', '이차적'인 것으로 본다. 결국 후설은 고대 그리스 말 'theoria'의 근원적 의미에 따라 이론 작용의 개념을 사용하고 있는 것이다.

4. 동기관계와 습득성의 일반적 관계

현상학의 습득성Habitualitäten 개념은 정신세계의 구성과 관련하여 매우 중요한 의미를 지닐 뿐만 아니라, 동기관계를 이해하는 데에도 불가결하다. 동기관계를 하나의 의식 작용이 다른 하나의 의식 작용을 유발하는 두 의식 작용들 간의 관계라고 풀이한다면 동기 유발자인 의식 작용은 어떻게 특정한 하나의 다른 의식 작용을 유발하는 '힘'을 갖는가 하는 의문을 갖지 않을 수 없다. 이 힘을 우리가 후설처럼 "동기력Motivationskraft"[46]이라고 부른다면, 동기 유발 기능을 하는 의식 작용은 동기력을 어떻게 가질 수 있는가 하는 물음이 습득성에 의하여 대답된다. 후설은 습득성의 개념을 《이념들 II》의 제2부에서 순수자아의 자기 지각에 관하여 논하는 데서 처음 도입하고 있다.[47] 그는 여기서 습득성을 대상극Gegenstandspol과 대립되는 자아극Ichpol에 형성되는 '타효성妥效性 Geltung'의 단일체로 규정하고 있다.[48] 그 때문에 그는 습득성을 경험적 습관과

46 《이념들 II》, 268쪽. 266쪽 이하와 다른 데서는 'die Kraft der Motive'(동기들의 힘) 또는 'Motivkraft'(동기력)이라고 표현하고 있음.

47 습득성의 이론은 같은 책 111쪽 이하부터 서술되고 있다. 그러나 여기서는 'Habitualitäten'이라는 용어는 등장하지 않고 20여 년 뒤에 나온 《데카르트적 성찰》에서 습득성 이론을 요약적으로 표현하는 데서 나온다(E. Husserl, *Cartesianische Meditationen und Pariser Vorträge*, *Husserliana I*, Martinus Nijhoff, 1973, 100쪽 이하 참조. 이하 《성찰》로 약함).

48 《이념들 II》, 11쪽 이하 참조. 독일어 'Geltung'을 '타효성'이라고 번역해 본다. 독일어에서도 'Geltung'을 'Gültigkeit'와 같은 뜻으로 쓰는 경우도 있으나 일반적으로 'Gültigkeit'(타당성)는 우리말의 타당성과 마찬가지로 객관적으로 참인 것, 올바른 것, 적합한 것을 의미한다. 그러나 습득성이 지닌 타당성은 일차적으로는 주관적 타당성, 적어도 나에게는 참인 것으로 여겨지는 것, 효력이 있는 것, 중요한 것, 의미 있는 것 등을 의미한다. 이것이 보다 큰 보편성을 지니면 상호주관적 타당성을 지니고 우리

는 엄연히 다른 하나의 선험 현상학적 개념으로 도입하고 있는 것이다. 후설이 '습관Gewohnheit'이라고 표현하는 것은 연합Assoziation의 일종, 즉 수동적 동기관계의 하나로서 후설이 연합 동기관계assoziative Motivation라고 부르는 것이다.[49] 습관과는 달리 습득성은 원래 경험적, 실재적 자아(심적, 정신적 자아)에 속하는 것이 아니라 순수자아에 속하는 것이다. 그러나 순수자아에 속함으로써 결국 정신적 자아의 핵심적 기능을 하게 된다. 왜냐하면 정신적 자아는 순수자아의 자기 구성에 의하여 구성된 자아이기 때문이며 정신적 자아는 순수자아를 그 "통각적 핵심 내용의 방식으로 포함하고 있기" 때문이다.[50]

의식 작용은 일정한 시간적 지속을 지니며, 수행되면 사라진다. 의식 작용인 지향적 체험은 다 그러하다. 그러나 흔적없이 사라지는 것이 아니라 일정하게 남겨놓는 것이 있는데 그것을 습득성이라고 부른다. 후설은 《이념들 II》에서 '잔존 사념殘存思念bleibende Meinung'이라고 부르는데 습득성의 개념은 일반적으로 타효성을 그것에 부여하는 모든 인식, 확신, 결심, 결정 등을 다 포함한다.

모두에게 참인 것, 중요한 것, 효력이 있는 것 등으로 그 타당성의 범위가 확대된다. 그러므로 여기서는 타당성과 구별하여 타당성과 효력성을 함께 의미하는 '타효성'으로 번역한다.

49 *Ibid.*, 111, 223쪽 이하 참조.

50 *Ibid.*, 110쪽. 순수자아, 심적 자아, 정신적 자아를 말하는 것이 물론 세 가지 자아가 있다는 뜻은 아니다. 현상학의 구성 이론에서는 자아도 다른 대상과 마찬가지로 구성되는 것으로 보는데 순수자아 (또는 개념적 의미는 다소 다르지만, 선험적 자아)는 구성하는 자아이며 심적 자아와 정신적 자아는 구성되는 자아이다. 태도에 따라서 주어지는 대상이 다른 것과 마찬가지로 자아 역시 선험 현상학적 태도, 자연주의적 태도, 인격주의적(정신적) 태도에 따라서 순수자아, 심적 자아, 정신적 자아로 구별되는 것이다.

내가 금연을 결심하는 하나의 의지 작용(원망 작용)을 수행하는 경우, 이 의식 작용은 일정한 동안 수행된 후 사라지지만, 금연의 결심은 그대로 의식 내에 머물러 있어서 일정한 타효성을 지니고 흡연과 관련된 나의 다른 의식 작용에 영향을 미친다. 이것이 습득성이라는 개념을 가장 쉽게 설명할 수 있는 본보기이다. 그러나 예로 든 결심뿐만 아니라 의식 주체가 가진 모든 지식, 경험, 결정 같은 것도 동일한 성격을 지닌다. 이 동일한 성격이란 타효성을 지니고 계속하여 동일한 주제의 다른 의식 작용을 규정하는 기능을 말한다.

습득성의 특성을 몇 가지로 요약하면, 첫째, 의식 작용에서 형성된다. 모든 의식 작용은 습득성을 처음 형성하든가 아니면, 이미 형성된 의식 작용의 반복이든가 둘 중의 하나이다.[51] 이것은 가장 일상적인 지각 작용에서도 그러하다. 둘째, 모든 습득성은 타효성을 지닌다. 어떤 일정한 습득성을 처음 형성하는 의식 작용뿐만 아니라, 동일한 주제를 반복하는 의식 작용들에서 계속하여 처음 형성된 습득성에 타효성을 부여한다. 셋째, 습득성도 형성되고 폐기된다. 한 의식 작용에서 형성된 습득성은 다른 의식 작용에서 그것과 모순되는 습득성의 형성과 동시에 폐기된다. 그러나 폐기된 습득성은 사라지는 것이 아니라 폐기된 습득성으로 남게 된다. 또 새로 습득성을 형성하는 의식 작용은 동시에 이전의 습득성을 폐기하는 의식 작용일 수 있다. 금연을 중단하기를

---

51 그 이유를 알 수 없는, 순간적으로 떠오르는 착상着想이나 회상, 상상 작용도 다른 의식 작용에서 이미 형성된 습득성이 의식의 수동적 영역에서, 수동적 동기관계의 영역에서 기능하고 있어서 언제라도 새로운 의식 작용을 유발할 수 있기 때문에 가능한 것이다. 갑작스러운 회상이나 상상이 어떠한 습득성의 동기력에 의한 것인가는 물론 심리학적 분석에 의해서만 밝혀질 수 있을 것이다.

원하는 의식 작용은 이전의 금연 결심의 습득성을 폐기하는 것이면서 동시에 금연 중단의 습득성을 새로 형성하는 의식 작용이기도 하다. 넷째, 습득성은 자아의 자기 구성에서 결정적으로 중요한 기능을 한다. 내가 금연을 결심하는 의식 작용을 수행함으로써 나는 금연 결심이라는 습득성을 형성하였으며 이로써 나는 나 자신을 '금연을 결심한 나'로서 자기 규정을 수행하는 셈이다. 다섯째, 습득성은 의식 작용들 간의 동기관계를 가능하게 하는 필수조건이다. 동기 유발자인 의식 작용은 그것이 형성하든가 또는 반복하는 습득성에 의해서만 다른 의식 작용을 유발할 수 있다.

위에서 언급한 습득성의 다섯째 특성은 습득성이 동기관계에서 어떠한 역할을 하는가를 시사하는 것이다. 한마디로 요약하면, 동기관계에서 의식 작용이 지닌 동기력은 바로 습득성이 지닌 타효성이다. 내가 어떤 하나의 의식 내용을 참인 것, 중요한 것, 올바른 것으로 여김으로써 그것이 동일한 주제의 다른 의식 작용을 유발할 수 있는 것이다. 습득성의 타효성을 고려 밖에 둘 경우, 어떻게 이미 사라지고 없는 하나의 의식 작용이 시간적으로 멀리 떨어진 다른 의식 작용에게 동기를 부여할 수 있는가를 이해할 수 없게 된다.[52] 예를 들어, 내가 그 무엇을 보니까 그것이 필요하다고 평가하는 경우, 이 평가 작용을 동기 유발하는 습득성은 어떤 것일까 하는 것을 생각해 보자. 본다는 지각 작용에서 나는 그것이 무엇인가를 안다. 이 지각 작용은 이미 그보다 앞서 처음 그것을

52 우리는 물론 과거의 의식 작용의 '노에마'적 내용을 회상할 수 있다. 그러나 회상이 곧 동기력을 갖는 것은 아니다. 이에 대해서 그리고, 회상 작용에서 재생되는 '노에마'와 습득성의 차이 및 동기관계에서 습득성이 수행하는 역할에 관한 보다 상세한 것은 이길우, 《현상학적 정신이론》, 강원대출판부, 1986, 155쪽 이하 참조.

본 지각 작용에서 형성되고 그 후 동일한 대상에 대한 지각에서 반복된 그리고, 반복되는 지각에서 다소 수정되었을지도 모르는 그 대상에 대한 앎(습득성)을 다시 반복하는 의식 작용이다. 나는 그것이 무엇이라는 것과 어떠한 유용성을 가진 것임을 안다. 즉, 나는 그 대상과 관련된 이론적 앎과 가치론적 앎을 지니고 있는데, 전자는 지각 작용에서, 후자는 평가 작용에서 형성된 습득성들이다. 이것이 현재 그것이 필요하다는 평가 작용을 유발하는 것이다. 따라서 엄밀하게 말하면, 현재 내가 그 어떤 것을 보는 오직 그 하나의 지각 작용이 바로 평가 작용을 유발한다고 볼 수는 없다. 그 지각 작용은 이전의 지각 작용에서 형성된 습득성을 반복하는 지각 작용으로서 현재의 평가 작용을 유발하도록 매개하는 중요한 역할을 하나, 그것이 유일한 동기 유발자는 아니다. 오히려 이 지각 작용에서 다시 활동적으로 된 습득성이 평가 작용을 가능하게 하는 결정적 요인이다. 이것은 평가 작용이 원망 작용을 또는, 원망 작용이 이론 작용을 유발하는 다른 동기관계에서도 마찬가지이다.

5. 인격체의 구성과 정서적 습득성

의식 작용의 유형을 그렇게 나누는 것과 같이 습득성도 이론 작용에서 형성된 것을 이론적 습득성, 평가 작용에서 형성된 것을 가치론적 습득성 그리고, 원망 작용에서 형성된 것을 실천적 습득성으로 불러도 무방할 것이다. 후자의 두 습득성은 정서적 의식 작용에서 형성된 것이므로 그것들을 함께 '정서적 습득성'이라고 부를 수 있을 것이다. 이 습득성들이 정신적 주체인 인격체의 구성에서 어떠한 역할을 하는가를 살펴보는 것은 매우 방대한 연구 과제가 될 것이나 여기서는 습득성의 원리적 측면에서 본질적인 것만을 다루도록 하자.

후설이 그냥 '정신'이라고 부르는 주관적 정신과 그의 의식과의 관계는 선험적 자아와 그의 의식과의 관계와 다르지 않다. 후설은 《성찰》에서 자아와 그의 의식은 불가분하며, 자아는 체험들의 동일극이라는 것, 습득성의 기체基體라는 것 그리고, 모든 대상과 자아 자체를 구성하는 완전히 구체적인 자아라는 것을 설명하고 있다.[53] 선험적 자아와 그의 의식의 관계에 대한 이 해명은 정신적 자아에도 그대로 적용된다. 정신적 자아인 인격체는 그의 구체적인 다양한 의식에서 살아가며 그러한 의식 없는 자아란 생각할 수 없다.[54] 그러나 자아는 흘러가는 의식체험과 함께 흘러가는 것이 아니라 다양한 체험의 동일극으로서 유지된다. 자아가 체험의 동일극으로서 유지될 수 있는 것은 자아가 바로 습득성의 기체로서 모든 구체적 습득성들이 거기서 형성되어 머물러 있을 수 있기 때문이다. 자아가 완전히 구체성을 지닌 자아일 수 있는 것도 흘러가는 다양한 의식 작용들에서 살아간다는 사실에만 근거한 것이 아니라, 바로 다양한 습득성을 지닌 자아로서, 새로운 습득성을 형성하는 자아로서 살아가기 때문이다.

실재적 자아reales Ich로서 일정한 시공간 내에서 살아가는 정신적 자아는 그의 신체와 마음에 의하여 일정한 성격, 기질, 능력을 지니고 있으며 살아가는 가운데 경험과 더불어 그러한 것들을 다소 변경한다. 이러한 것들은 모두 정신

53 《성찰》, 99-103쪽 참조.

54 현상학의 의식 개념에는 태도와 의식 작용(노에시스와 노에마), 습득성뿐만 아니라 모든 의식 작용의 지평을 이루는 수동성의 영역 전체, 따라서 우리에게 현상하는 세계 전체가 속한다.

적 자아인 인격체를 구성하는 중요한 토대이다. 그러나 인격체의 보다 본질적 구성 요인은 그러한 신체적, 심적 요인을 토대로 한, 바로 정신적 구성 요인이므로 그것이 무엇인가 하는 것이 인격체의 구성을 이해하는 핵심이 된다. 정신의 세계는 동기관계가 지배하는 세계임을 우리는 이미 보았다. 그리고 동기관계를 이루는 여러 가지 유형의 의식 작용들을 산출하는 동기력을 지닌 것은 동기관계의 관계항들인 의식 작용들이 아니라 바로 의식 작용에 의해 타효성을 지니고 남아 있는 습득성임을 알았다. 정신적 자아가 그의 지향적 체험, 즉 의식 작용에서만 살아가고 그것을 산출하는 힘을 지닌 것이 습득성이라면, 정신적 자아의 정신적 구성 요인은 습득성들임을 알게 된다. 인격체의 경험적 자기 구성은 개체가 지닌 신체적, 심적 토대 위에서 수많은 습득성을 자아 내에 형성함으로써만 가능하다. 인격체는 다양한 습득성의 동일한 자아로서 그 자신을 구성한다.[55] 내가 그 무엇을 인식하였으므로 나는 그러한 인식을 지닌 나로서, 내가 그 무엇을 결정하였으므로 그러한 결정을 한 나로서 나 자신을 구성한다.

인격적 자아의 자기 구성에서 중요한 역할을 하는 것은 기본적으로는 이론적, 가치론적, 실천적 습득성들이 다 마찬가지이다. 내가 이러이러한 경험적 또는, 고도의 이론적 지식들(이론적 습득성들)을 가지고 있으므로 나는 그러한 지식을 가진 인격적 존재이다. 마찬가지로 나는 이러이러한 실용적, 미적,

55 《성찰》, 101쪽 참조. 여기서 후설은 이렇게 말하고 있다: "자아는 그 자신의 능동적 발생으로부터 지속하여 잔존하는 자아-고유성들의 동일한 기체로서 그 자신을 구성함으로써 더 나아가서는 또한 고정되어 머물러 있는 인격적 자아를 구성한다." 이 설명에서 '지속하여 잔존하는 자아-고유성들'이란 습득성을 뜻한다.

윤리적 가치(가치론적 습득성)들을 지니고 그것들에 보다 큰 타효성을 부여함으로써 나는 바로 그러한 자아로 나 자신을 규정하고 있는 것이다. 내가 무엇을 아는가, 무엇을 높은 가치로 평가하는가, 무엇을 원하는가 하는 것이 나의 인격을 결정하는 것이 된다. 그리고 여기서 무엇을 계획하고 행하는가 하는 것은 무엇을 참인 것, 좋은 것, 올바른 것으로 평가하고 무엇을 원하는가에 달려 있다.

비록 세 가지 유형의 습득성들이 원칙적으로는 인격체의 구성에 동일한 기능을 한다고 보더라도 이론적 습득성이 인격체의 구성에 얼마나 기여하는가 하는 것은 생각해볼 필요가 있다. 정신적 자아는 원래 정서적 의식 작용들의 주체이며, 정서적 의식 작용들에 의하여 정신의 세계가 구성된다는 것은 이미 앞서 살펴보았다. 그 때문에 우리가 정서적 의식 작용이라고 부르는 것을 후설은 '인격적 의식 작용'이라고 표현하기도 하는 것이다.[56] 따라서 이론적 습득성보다 정서적 습득성(평가 작용과 원망 작용에서 형성된 습득성)이 인격체의 구성에 직접적으로 중요한 역할을 하고 있음을 짐작할 수 있을 것이다. 내가 보다 더 많은, 더 참된, 더 객관적인 지식(이론적 습득성)들을 가진 것이 나의 인격을 구성하는 일정한 요인이긴 하나 적어도 이것들이 나의 평가 작용을, 그리하여 원망 작용을 유발하는 동기력을 얼마나 지니고 있으며 나아가서, 거기서 정서적 습득성들을 형성하는 데에 얼마나 기여하는가 하는 한도 내에서만 그 중요성을 가늠할 수 있을 것이다.[57]

---

56 이 글의 주 36 참조.

57 여기서 고찰하고 있는 것이 마치 지식이 많고 적음이 한 인격의 가치를 결정짓는

습득성의 본질은 그것이 지닌 타효성에 있다는 것은 지금까지의 고찰에서 충분히 드러났다. 그리고 주로 직접적으로는 정서적 습득성들이 인격체의 구성에 중요한 역할을 한다는 것을 인정할 수 있다. 그러나 모든 정서적 습득성들이 차이 없는 동일한 타효성을 지니고 인격체의 구성에서 기능하는 것이 아님은 말할 필요도 없다. 습득성마다 그 타효성의 차이를 보여준다면 타효성이 큰 것이 인격성의 구성에 보다 더 중요한 기능을 할 것이다. 한 구체적 습득성의 타효성이 결국 무엇인가에 대하여 좀더 면밀하게 고찰하면 다음과 같은 몇 가지 사실을 알게 된다. 첫째, 한 구체적 습득성의 타효성이란 그 습득성이 동일한 주제의 의식 작용을 얼마나 많이, 얼마나 지속적으로 산출하는가를 뜻한다. 그러하다면, 쉽게 형성되었다가 쉽게 폐기되는 습득성이 있는가 하면, 한번 형성된 후에는 결코 폐기되지 않는 습득성이 있을 수 있으며, 이 후자의 습득성이 보다 큰 타효성을 지닌 것으로 인격체의 형성에 보다 큰, 지속적 기능을 수행할 것이다. 둘째, 한 습득성이 단순히 동일한 주제를 반복하는 의식 작용들만을 많이 그리고 지속적으로 산출할 뿐만 아니라, 역시 타효성이 큰 다른 습득성들을 산출하는 의식 작용을 유발하는 동기력을 지니고 있는 경우에 그 타효성이 크다고 보아야 할 것이다. 셋째, 한 습득성이 단순히 한 인격체의 주관적 습득성에 머물러 있어서 단순히 주관적 타효성만을 지니는 것이 아니라, 상호주관적 습득성, 나아가서 객관적 타당성으로 고양될 수 있을 때

요인이 아니라는 우리의 상식적 견해를 염두에 둔 것은 물론 아니다. 정신을 구성하는 것은 정서적 의식 작용들이므로 거기서 형성된 정서적 습득성들이 인격체의 구성에 보다 결정적 역할을 할 것이라는 점을 지적하는 것일 뿐이다.

그 습득성의 타효성은 가장 크다고 말할 수 있을 것이다.[58]

의식 작용들을 산출하며 인격체를 그 상층에서 구성하는 원리의 측면에서 습득성을 고찰하는 것이 아니라, 각기 다른 타효성을 지닌 개별적 습득성들을 구체적 시각에서 살펴보면, 인격체는 수많은 습득성들을 지니고 있으며 이 습득성들은 그 나름으로 일단의 체계를 이루고 있음에 틀림없다는 생각에 이르게 된다. 즉, 타효성이 가장 큰 습득성을 정점으로 하여 그 저변에 수많은, 그러나 타효성이 극히 작은 습득성들로 이루어진 피라미드 형태의 체계를 가정해 볼 수 있다. 예를 들어, 가장 확실한, 참된 지식으로 알고 있는 습득성으로부터 단편적인 경험적 앎에 이르기까지, 그리고 개인적인 사소한 일상적 규범들로부터 객관적 타당성을 지닌 도덕법칙으로 여기는 도덕규범에 이르기까지, 그 타효성을 부여하는 정도에 따라 한 인격체의 습득성들이 전체적으로 체계를 이루고 있다고 가정해볼 수 있다. 물론 이 체계는 내적으로 안정된 체계일 수는 없으며, 타효성의 체계 내에서 개별적 습득성들이 지니는 위상은 어느 정도는 끊임없이 변경될 것이다. 피라미드 체계의 상위에 있는 것일수록 별로 변경되지 않는 안정된 타효성을 지니고 있을 것이며 아래로 내려갈수록 타효성의 변경가능성이 높은 습득성들이 위치해 있어서 여기서는 지속적으로 형성되고 폐기되는 습득성들이 많을 것이다.

---

58 '상호주관적인 것Intersubjektives'도 여러 가지 정도의 차이가 있을 수 있다. 어떤 두 사람(부부, 두 친구 사이 등) 또는, 어떤 작은 그룹의 '우리 모두에게' 참된, 올바른, 좋은 것에서부터 '모든 가능한 인간 모두에게' 그러한 것에 이르기까지 우리는 '상호주관적' 타효성을 말할 수 있다. 현상학에서는 상호주관성의 의미를 최대한으로 확대하면 '객관성'의 개념과 일치한다고 본다.

우리가 습득성들의 그러한 체계를 가정할 수 있게 되면 한 걸음 더 나아가서, 습득성들의 타효성 체계를 전체적으로 보아 내적으로 안정되지 못한, 즉 습득성들의 타효성 위상이 비교적 상위에서도 자주 뒤바뀌는 인격체와 상위로 올라갈수록 별로 바뀌지 않는, 그 체계가 안정된 인격체가 구별된다는 것을 인정할 수 있게 된다. 여기서 우리가 정신적 존재인 한 인격체의 가치는 어떻게 결정될 수 있는가를 묻는다면 우선, 습득성의 체계가 내적으로 안정된 인격체가 보다 가치 있는 인격체의 기본조건일 것이다. 그러나 그보다 더 중요한 것은 어떤 습득성들이 가장 상위에 있는가, 즉 어떤 습득성들에게 가장 큰 타효성을 부여하고 있는가 하는 것이다. 가장 상위의 습득성들은 가장 큰 동기력을 가진 것이며 그것이 어떤 습득성인가에 따라 그리고, 이 습득성들이 얼마나 변함없는 타효성을 유지하고 있는가에 따라 그 인격체의 가치가 결정된다고 보는 것이 타당할 것이다. 후설도 《이념들 II》에서 이와 관련된 말을 하고 있다: "습득성적으로 진정한, 참된, 타당한, 자유로운 결정에 최고의 동기력을 부여하는 인격체가 최고의 가치를 나타낸다".[59] 여기서 우리가 유의해야 할 것은 엄밀한 객관적 타당성이 부여된 진리(이론적이든 실천적이든)를 어떤 한 인격체가 그 자신의 습득성으로 형성하였다 하더라도 그것이 곧 그 인격체의 습득성 체계에서 가장 큰 타효성을 지닌 최상위의 습득성이 되는 것은 아니라는 점이다. 습득성의 타효성은 어디까지나 주관적 타당성으로서 습득성의 주체가 어느 정도의 타효성을 부여하는가는 전적으로 그 주체의 의지에 속한다.

인격체는 정신적 자아로서 결코 고정된, 이미 그 구성이 완결된 존재가 아니

---

59 《이념들 II》, 268쪽.

라 환경세계 내에서 살아가는 그 자신에 대한 경험적 '자기 통각'과 함께 계속하여 구성해 나가는 자아이다.[60] 인격체의 이 지속적 구성에서 본질적 역할을 하는 것이 습득성이며 새로 형성되는 하나의 습득성이 얼마나 큰 타효성을 지니고 습득성의 체계에서 어떤 위상을 지니게 될 것인가 하는 것은 이미 이루어진 습득성의 체계에 의하여 결정된다는 점을 고려해야 할 것이다. 한 인격체의 개성은 습득성에 의하여 결정된다. 이 습득성들의 형성에는 물론 한 인격체의 하부 토대를 이루고 있는 신체적, 심적 요소들이 일정한 토대적 기능을 수행하고 있다. 인격체는 이러한 토대적 요소들을 바탕으로 그의 자유로운 이성적 의식 작용들을 통하여 습득성들을 형성하면서 경험적으로 변화하면서 발전해 나간다. 따라서 그 발전이 완전히 끝난, 그리고 이와 병행하여 그 구성이 완전히 종결된 인격체란 있을 수 없을 뿐만 아니라, 한 인격체의 고유성을 이루는 습득성 체계는 인격체마다 다를 수밖에 없다. 그리고 이 고유성을 이루는 핵심적인 것은 앞서 언급한 대로 이론적 습득성이 아니라 '인격적 의식 작용들'에서 형성되는 정서적 습득성들이다.

6. 상호주관적 습득성의 구성과 그 특성

지금까지 우리는 분석방법의 편의상, 인격체를 전반적으로 고립된 정신적 자아로서만 다루어 왔다. 그러나 의식 작용들의 동기관계나 습득성들을 고립된

---

60 경험적 '자기 통각Sebstapperzeption'이란 경험적 자아의 그 자신에 대한 앎이다. 이 앎은 자아 외의 다른 것에 대한 그리고, 다른 것과의 관계에 대한 앎을 매개로 한 앎이다. 이에 대한 후설의 설명은 *ibid.*, 251쪽 이하 참조.

하나의 주체와 그의 의식에서 전적으로 가능한 것처럼 다루는 것은 이론적 추상에 지나지 않는다. 왜냐하면 정신적 주체인 인격체는 고립된 자아로서는 결코 정신도 인격체도 아니기 때문이다. 모든 정신적인 것은 자아가 타자들과의 관계에서 형성되는 것이며 인격체란 나와 남과의 교섭에서 비로소 인격체일 수 있는 것이다. 후설은 《성찰》의 제5성찰에서 선험적 주관성은 이미 선험적 상호주관성임을 선험철학적으로 논증하고 있는데 선험적 주관성이 그러한 한, 그것의 실재화인 정신적 주관성 역시 정신적 상호주관성이라는 것은 의문의 여지가 없다.[61]

상호주관성의 이론은 선험 현상학적 정초를 반드시 필요로 한다 하더라도 정신적 주관성의 영역에서 더욱 직접적이며 구체적인 의미를 획득한다고 볼 수 있다. 왜냐하면 세계 속에서 구체적으로 살아가는 자아는 정신적 자아이기 때문이다. 이미 구성된 정신세계 내에서 그것을 함께 구성하면서 살아가는 인격체는 다른 인격체와의 끊임없는 교섭에서만 그렇게 할 수 있다. 모든 정신적 의식 작용들은 '노에시스'적 체험 그 자체로서는 정신적 자아 자체의 주관적 시간 형식을 지니고 고립적으로 진행된다.[62] 그러나 그 '노에마'적 내용은 일종의 '관념성Idealität'을 지니고 있어서 다른 시간에서 진행되는 나의 다른 의식 작용의 내용으로 될 수 있을 뿐만 아니라 여러 가지 방식의 표현을 통하여 타아

61 이에 대해서는 《성찰》의 제5성찰 전부(121-177쪽), 특히 130쪽 이하, 137쪽, 159쪽 이하, 그리고 필자의 〈공동주관성의 문제〉, 《후설》, 사상총서 7, 고려대학교출판부, 1990을 참조.

62 여기서 '정신적' 의식 작용이란 정신을 구성하는 이론 작용, 평가 작용, 원망 작용을 총칭하는 명칭으로 사용된다.

他我에게 전달되어 그의 의식 내용으로 될 수도 있다. 또는 거꾸로, 오히려 전자의 경우보다 압도적으로 많이, 타자가 이미 그의 의식 내용으로 삼았던 것을 나의 의식 내용으로 삼아 의식 작용을 수행한다. 우리의 모든 사고 내용을 검토할 때 전적으로 오직 나에게 고유한 것이라고 말할 수 있는 것이 과연 얼마나 될 것인가? 내가 지금 여기서 보는 이 꽃에 대한 나의 체험은 오직 나에게만 고유한 것이나 나의 체험 내용은 다른 사람이 다른 시간에 여기서 동일한 이 꽃을 보는 경우, (위치와 시간의 차이에 따라) 그의 체험 내용과 완전히 동일하다고는 말할 수 없다 하더라도 본질적으로는 차이가 없는 것이다. 사물을 보는 단순한 지각 판단에서도 나와 타자의 의식 내용의 차이를 발견하기 어렵다면, 이론적 '노에시스'와 그 '노에마'를 토대로 한 정서적 의식 작용에서도, 비록 그 체험의 흐름은 각자의 것이라 하더라도, 그 의식 내용의 공통성은 사실 모든 그러한 의식 작용의 본질임을 부정할 수 없다. 정신적 자아인 나는 다른 정신적 자아들에 의하여 이미 이루어져 있는 정신세계(환경세계) 내에 태어나서 이 세계로부터 모든 정신적인 것을 흡수하면서 살아간다. 따라서 오직 그 '노에마'적 측면에서만 본다면, 나의 정신적 의식 작용은 곧 '우리'의 의식 작용이다.[63] 바로 이 점을 하르트만은 적절히 지적하고 있다. 정신적 내용은 인격체의 의식 작용이 수행되는 동안은 그 활동의 내적 상관자로 있으나 의식 작용이 수행된 후에는 그로부터 풀려나abgelöst 객관화되는데, 이것이 정신적 삶의 기본 특성이라고 그는 말한다.[64] 그러므로 '노에마'적 측면에서 본 정신적 의식 작용은

63 '의식 작용Akt'이라는 개념이 어디까지나 의식 활동과 의식 내용을 함께 의미하는 것임을 다시 상기하여 의식 활동만을 의미하는 것으로 오해하지 않도록 해야 한다.

주관적이면서 동시에 우리 모두에게 공통된 '상호주관적 의식 작용'이다. 물론 이 말은 의식 작용의 '노에시스'적 측면을 전적으로 배제하고 그 내용적 성격만을 고려할 때 상호주관적이라는 뜻이며 의식 작용 그 자체가 그러하다는 것은 아니다.

정신적 의식 작용이 그러하다면 거기서 형성되는 습득성들 역시 그 내용적 성격만을 고려한다면 상호주관적이다. 내가 어떤 하나의 의식 작용에서 주관적으로 형성한 결심이나 결정의 내용은 다른 사람이 그의 의식 작용에서 형성한 결심이나 결정의 내용과 동일한 경우란 얼마든지 있을 수 있다. 그러나 습득성의 본질적 특성은 그것의 '노에마'적 내용이 아니라 그것이 지닌 타효성에 있다. 습득성의 타효성이란 그것을 형성한 주체마다 그의 습득성 체계와 관련하여 부여된 것이므로 주체마다 다를 수밖에 없다. 그런 의미에서 습득성은 일차적으로 주관적 습득성이다. 습득성이 지닌 주관적 성격은 또한 그것이 그 습득성의 자아를 규정하며 이 규정은 곧 자아의 자기 규정이라는 데에 있다. 그러므로 인격체가 지닌 유일성, 개별성은 정신의 하부 토대인 성격, 기질, 능력들, 그리고 그 자신의 삶에서 겪게 되는 흘러가는 다양한 체험들에만 근거하는 것이 아니라, 오히려 그 보다 더욱 본질적으로 자아가 그의 체험을 통하여 (그 체험 내에서 흘러가지 않는) 고유한 타효성의 체계로서 형성한 습득성의 체계에 근거하는 것이다.

습득성이 비록 일차적으로는 주관적 습득성이라 하더라도 한 인격체의 주관적 습득성이 동시에 상호주관적 습득성, 즉 다수의 인격체가 그것에 타당성

64 《정신적 존재의 문제》, 178쪽 이하 참조.

을 부여하는 습득성인 경우를 생각할 수 있다. 가장 쉬운 예를 든다면, 인격체들의 한 집단이 공동으로 결정 또는 결의하는 것과 같은 것이다. 그러한 결정의 의식 작용은 비록 그 집단의 구성원들이 각자 수행하고 거기서 각기 자신들의 주관적 습득성으로서 형성하였다 하더라도 그러한 습득성은 다수의 인격체가 동시에 타효성을 부여한 공동의 습득성, 즉 상호주관적 습득성인 것이다. 그리고 이러한 습득성을 형성한 의식 작용은 동일한 의미에서 '상호주관적 의식 작용'이라고 불러도 무방할 것이다.[65] 우리는 물론 이 경우에도 상호주관적 의식 작용을 각자의 주관적 의식 작용으로서 수행하지만 그러한 수행에서 각자는 공동으로 수행한다는 의식, 달리 말하면 어떤 형태의 공동체 의식을 지니고 수행한다는 점에서 주관적 의식 작용과는 다르다.

위에서 언급한 그러한 유형의 상호주관적 습득성은 이 개념을 쉽게 이해할 수 있는 전형적인 것에 지나지 않는다. 사실은 그보다 훨씬 많으며 순전히 주관적인 습득성들의 형성에도 전반적인 영향을 미치는 상호주관적 습득성이 인격체의 구성에 대해서는 훨씬 중요하다. 인격체는 많은 경우에 그의 생활세계(환경세계)에서 이미 형성되어 있는 상호주관적 습득성을 그 자신의 주관적 습득성으로서 형성한다. 이 경우는 그 인격체가 상호주관적 의식 작용에서 형성하는 것이 아니라 전적으로 주관적 의식 작용에서 기존의 상호주관적 습득성을 그대로 승인하여 인수하는 것이 된다. 한 인격체는 그가 태어난 생활세계에서 상호주관적 타효성을 지닌 기존의 언어, 관습, 생활양식, 법, 제도 등을

65 우리가 보통 '공동 의식'이라고 부르는 것은 바로 이 상호주관적 의식 작용이나 상호주관적 습득성을 두고 하는 말일 것이다.

그대로 자신의 습득성으로서 형성한다(받아들인다). 이 상호주관적 습득성도 과거에 일단의 인격체들의 상호주관적 의식 작용에서 형성되었음에 틀림없다.[66] 그러나 그 타효성은 거듭 반복되는 의식 작용에서 변경, 강화되고 확대되어 더 이상 어떤 한 개인의 주관적 의식 작용에서나, 일정한 인격체들의 집단이 수행하는 상호주관적 의식 작용에서 마음대로 폐기될 수 없는 습득성으로 된 것이 훨씬 많을 것이다. 우리가 '객관적 진리'로 간주하는 상호주관적 습득성이 그러한 습득성의 가장 명백한 예가 될 것이지만 법과 제도 같은 영역의 일정한 부분을 제외하면 개인이 인수한 거의 모든 상호주관적 습득성들이 다 그러하다.[67]

그러나 여기서 한 가지 중요한 것은 한 개인이 마음대로 변경할 수 없는 상호주관적 타효성을 지닌 상호주관적 습득성들이라 하여도 그것을 자신의 주관적 습득성으로 형성하는 경우 모든 인격체가 동일한 타효성을 그것에 부여하는 것은 아니라는 점이다. 인격체들은 각기 그 자신의 (어느 정도 성숙한 또는, 아직은 미숙한) 기존의 주관적 습득성 체계에 따라 그 상호주관적 습득성들에

66 언어나 관습, 도덕규범 같은 것이 어떤 구체적인 상호주관적 의식 작용에서 형성되었는가를 설명하기란 불가능하다. 그러한 것들이 다수의 인격체가 모여서 결정한 사항이 아님은 말할 것도 없으나 어떤 형태로든, 숨겨진 채, 각자의 주관적 의식 작용에서 형성된 습득성들이 의사소통의 어떤 방식에서 서로 일치함이 확인됨으로써 숨겨진 가운데 일종의 상호주관적 의식 작용이 수행되고, 거기서 처음에는 상호주관적 타효성이 별로 크지 않은 그러한 공동의 습득성으로서 형성되었을 것으로 충분히 짐작할 수 있다.

67 법이나 제도 같은 것들은 다수의 인격체가 집단적으로 상호주관적 의식 작용에서 형성한 습득성으로 볼 수 있으므로 역시 상호주관적 의식 작용에 의하여 변경 또는 폐기할 수 있다.

일정한 주관적 타효성을 부여하게 될 것이다. 심지어 경우에 따라서는 한 인격적 자아가 어떤 하나의 상호주관적 습득성의 타효성을 전적으로 거부하고 자신의 주관적 습득성으로 형성하지 않을 수도 있다. 물론 상호주관적 습득성의 타효성은 언제나 단순한 주관적 타효성을 능가하므로 비록 그러한 경우가 많지는 않다 하더라도 전혀 불가능한 것은 아니다. 예를 들어, 나는 우리 사회의 어떤 한 관습이나 도덕규범을 전적으로 무시할 수 있으며 그 때문에 내가 당하는 비난을 부당하다고 여길 수도 있다. 특히 그 도덕규범이 나의 비판적 사유의 결과, 보다 보편적 시각에서 보면 매우 불합리하다는 판정이 내릴 경우에 그러하다. 그러나 나는 다만 그 상호주관적 습득성을 나의 주관적 습득성으로 삼지 않을 뿐이며 내가 그 습득성의 상호주관적 타효성을 나 자신의 의식 작용만으로 무효화시킬 수는 없다. 나는 내가 불합리하다고 보는 관습이나 도덕규범을 적어도 나 자신에게 있어서는 폐기하고 그것에 대응할만한 새로운 관습적, 또는 윤리적 습득성을 형성하여 이것이 상호주관적 습득성이 될 것을 희망할 수는 있다. 또는 보다 적극적으로 타자들과의 의사소통Kommunikation을 통하여 타자들 자신의 주관적 습득성이 되도록 노력하여 마침내는 다소 간의 상호주관적 타효성을 지닌 습득성으로 형성할 수도 있을 것이다.

지금까지 우리는 상호주관적 습득성을 이론적 습득성과 정서적 습득성의 구별을 고려하지 않고 다루어 왔다. 그러나 인격체와 정신세계의 구성에서는 이론적 습득성보다도 정서적 습득성이 보다 지배적인 역할을 하므로 상호주관적 습득성과 관련해서도 정서적 습득성에 보다 더 주목해야 할 것이다. 사실 한 정신적 주체가 상호주관적 습득성을 변경 또는 폐기할 수 있는가 하는 문제와 관련해서도 이론적인 상호주관적 습득성의 경우에는 지금까지 진리로 여겨져 오던 것을 반증反證할 수 있게 되면 당장에 한 주체의 새로운 주관적 습득성에 의해 폐기할 수 있게 된다.[68] 그러나 정서적 의식 작용에서 형성된 정서적 습득성과 관련해서는 사정이 다르다. 앞서 언급한 관습이나 도덕규범 같은 것을 두고 생각해본다면, 비록 한 개인 또는, 몇몇 개인들이 어떤 하나의 관습이나 도덕규범의 불합리함을 인정하고 더 이상 그것에 주관적 타효성을 부여하지 않으며 폐기되어야 할 상호주관적 습득성으로 보고 또한, 폐기하는 노력을 한다 하더라도 그 상호주관적 타효성은 쉽게 무효화되지 않는다. 우리는 흔히 이성적으로 생각하면 그것이 불합리하고 어리석은 것임을 알면서도 그 어떤 사회적 관습을 (한 개인으로서도) 실제로 고치기는 매우 어려운 경우를 경험한다. 이것이 어려운 원인을 숙고하게 되면 우리는 다시금 정서적 의식 작용과 이론적 의식 작용 간의 토대 관계와 정서적 의식 작용의 특성인 감정의 문제에 부딪히게 된다. 이론 작용의 결과가 오류임이 나중에 드러난 경우, 그 이론 작용에 토대를 둔 감정 작용(정서적 의식 작용)에서 형성된 습득성은 곧 바로 새로운 평가 작용에 의하여 폐기되는 것이 당연한 것 같이 보인다. 그러나 주관적 습득성의 경우에도 반드시 그렇게 되지는 않는다. 더욱이 상호주관적 습득성의 경우에는 그렇게 되지 않는 경우가 흔히 있을 수 있다. 그 이유는 모든 정서적 습득성은 정서적 의식 작용에서 형성된 것이므로 역시 감정을 동반하고 있는 습득성이기 때문이다.[69] 그리고 감정은, 이론 작용이 지각의 감각재료

68 자연과학의 역사에서는 그러한 일이 흔히 일어난다는 것을 우리는 잘 알고 있다.

69 '감정을 동반하고 있는 습득성'이란 표현은 오해의 여지가 있다. 이 말의 뜻은 감정을

와 결부되어 있는 것보다도, 그 하부 토대인 감각과 감각적 감정, 본능 등과 훨씬 더 밀접하게 얽혀 있기 때문이다. 다시 말하여, 감정 작용은 그 하부 토대인 신체적, 심적인 것으로부터 보다 영향을 받기가 쉽기 때문이다. 후설이 구별하는 감정 작용과 감각적 감정을 일반적으로 구별하지 못하거나 그러한 구별이 너무 인위적이라고 여기는 이유도 거기에 있다.[70] 만일 그 어떤 상호주관적 습득성이 감성 영역의 영향을 보다 많이 받은 의식 작용에서 형성되었으며 반복되는 의식 작용에서 그 타효성이 강화되면서 역시 그러한 영향을 보다 많이 받았다면, 그 습득성은 소수의 인격체들이 수행하는 새로운 인식 판단에 의하여 그 불합리함이 드러나고 그것을 폐기하는 새로운 평가 작용을 수행한다 하더라도 쉽게 그 상호주관적 타효성이 소멸되지는 않을 것이다.[71] 그러므

동반하는 의식 작용을 유발하는 동기력을 지닌 습득성이란 의미이며 결코 습득성 자체가 감정을 동반하고 있다는 뜻은 아니다.

70 칸트 역시 쾌·불쾌의 감정을 인식 능력과 욕구 능력Begehrungsvermögen의 중간에 있는 것으로 규정함으로써 감각적 직관의 능력인 감성의 영역과 구별하나 그것이 욕구 능력과 필연적으로 결부되어 있다고 보았다. 이에 대해서는 《판단력 비판》, 아카데미판, V쪽 이하, XIV쪽 이하 참조.

71 이 문제를 보다 잘 이해하기 위해서는 N. 하르트만이 '계층구조의 범주적 법칙'과 관련하여 제시하는 '강력의 법칙Gesetz der Stärke'을 고려해볼만하다. 그는 낮은 범주적 계층일수록 높은 계층에 비해 더욱 강력하고 오래 견딘다고 설명한다. 예를 들어, 무기물의 계층을 지배하는 범주는 유기물 계층의 범주보다, 이것은 또한 심적 계층의 범주보다 더 강력하다는 것이다(이에 대한 상세한 것은 N. Hartmann, 《실재 세계의 구조*Der Aufbau der realen Welt*》, Berlin : Walter de Gruyter, 1964, 471쪽, 그리고 《정신적 존재의 문제》, 18쪽 참조). N. 하르트만은 이 법칙을 가치의 영역, 특히 윤리적 가치의 영역에도 적용하여 토대를 부여하는 가치(낮은 가치)는 토대를 지닌 가치(높은 가치)보다 더 강력하다고 말한다(N. Hartmann, 《윤리학*Ethik*》, Berlin : Walter de Gruyter, 1962, 600쪽 이하 참조).

로 우리가 그 형성에 직접 참여하지 않고 그대로 인수한 정서적인 상호주관적 습득성들은 대체로 한 개인이 그 상호주관적 타효성을 소멸시키기 어려울 뿐만 아니라 그것을 적극적으로 자신의 주관적 습득성으로 형성하여 유지하는 경우라면 그의 주관적 습득성 체계 내에서도 상당히 비교적 상위의 습득성으로서 기능할 것이 틀림없다.

상호주관적 습득성에 대한 위와 같은 고찰로부터 우리가 어렵지 않게 이끌어낼 수 있는 것은 한 인격체의 주관적 습득성들과 마찬가지로 한 공동체의 상호주관적 습득성들도 그 타효성의 체계를 지니고 있다는 것이다. 앞서 우리는 상호주관적 의식 작용과 공동체 의식을 말하였다. 그리고 상호주관적 습득성은 어떤 방식으로든 의사소통이 가능한 다수의 인격체들에 의하여 형성되어 그 타효성을 유지해온 것이다.[72] 공동체 의식과 함께 상호주관적 의식 작용과 상호주관적 습득성을 말할 수 있다면, 우리는 후설과 더불어 "공동 인격체 Gemeinscahftsperson"와 "공동체 주관성Gemeinschaftssubjektivität"을 말할 수 있다.[73] 그리고 공동 인격체를 말할 수 있다면 한 개별적 인격체의 경우와 마찬가지로 그것이 지닌 상호주관적 습득성의 체계에 관해서도 말할 수 있다.

---

72 어떤 한 구체적인 도덕규범이나 관습이 어떻게 처음에 다수의 인격체에 의하여 형성되었는가를 추적한다는 것은 불가능하다. 그러나 그 형성의 원칙은 다르지 않다고 볼 수 있다. 비록 동시에 수행되는 공동의 결정에 의한 것은 아니라 해도 숨겨진 채, 감정이입을 통해 묵시적으로 승인되고 서서히 그 상호주관적 타효성을 강화하면서 보편화되어가는 과정을 거친다 하더라도 다수의 인격체의 공동 의식에 바탕을 둔 정서적 의식 작용에서 형성된다는 것은 명백하다.

73 E. 후설, 《상호주관성 II *Zur Phänomenologie der Intersubjektivität, Zweiter Teil*》, *Husserliana XIV*, Den Haag : Martinus Nijhoff, 1973, 203, 207쪽.

공동 인격체의 상호주관적 습득성 체계란 사실 우리가 한 사회의 가치관을 말하는 데서 암시되어 있다고 볼 수 있다. 한 공동체의 가치관이란 그 공동체가 지닌 습득성 체계 중 보다 상위에 있는, 즉 그 타효성이 비교적 큰 기본적 습득성을 가리키는 말이 된다. 한 공동체의 습득성 체계 역시 개별적 인격체의 그것에 못지않게 하위에서는 타효성의 변경이 심할 것인데 이러한 체계의 내적 구조를 고찰하는 일은 사회학의 한 중요한 과제일 것이다. 이 상호주관적 습득성 체계에 따라서 한 공동 인격체의 특성을 고찰할 수 있을 뿐만 아니라, 평가할 수 있는 객관적 기준만 마련된다면 그 인격성이 지닌 가치를 평가하는 것이 원칙적으로는 가능하다. 공동 인격체의 가치를 평가하는 것이 당장에는 어렵다 하더라도 그 특성을 밝혀내는 일은 얼마든지 가능하다. 우리 한국 사회의 상호주관적 습득성 체계를 구조적으로 해명하는 일도 충분히 가능한 일이다. 부분적이며 단편적으로 지적하거나 어떤 한 영역, 예를 들어 문학이나 그 밖의 예술 영역에서 작품을 통한 분석은 흔히 있는 일이며 전통적 도덕규범이나 관습의 영역에서도 개별적인 연구는 적지 않다. 그러나 윤리학적 또는 사회철학적으로 아니면, 이러한 것들을 통틀어 가치론적으로 규명하려는 시도는 유감스럽게도 지금까지 없었다.

맺는말

현상학적 윤리학에서 후설이 암시한 것을 보다 전개하고 발전적으로 체계화하기 위한 기초가 될 수 있는 연구는 정서적 동기관계와 습득성의 분석만으로는 충분하지 않다. 이 분석은 실제로 가장 중요한 것이긴 하나 어디까지나 구성하는 측면에서 수행한 분석이므로 구성되는 측면의 분석 예를 들어, 윤리적 가치에 대한 현상학적 분석이 또한 필수적이다. 그러나 우리의 주제에 대한 분석만으로도 사실은 매우 방대한 작업을 요구한다. 그러므로 이 논문에서는 이 주제에 대한 전체 분석 작업 중 기본적인 것만을 요약적으로 서술하였다.

지금까지 우리는 정서적 동기관계를 분석하기 위하여 먼저 의식 작용과 동기관계 일반에 대한 고찰을 하지 않을 수 없었으며 상호주관적 습득성과 관련해서도 습득성이라는 현상학적 개념을 살펴보지 않으면 안 되었다. 그러나 이 기본적 고찰로부터 얻게 된 것은 인격체를 구성하는 동기관계와 습득성들의 내적 구조가 비록 매우 복잡하긴 하나 그 원리적 접근이 가능할 뿐만 아니라, 명확하게 통찰할 수 있다는 결론이다. 습득성의 타효성에 관한 것과 같이 단순히 심리학적 방법으로는 해명할 수 없는 문제도 현상학적 방법으로 그 원리를 밝혀낼 수 있다는 확신을 얻게 된다. 이러한 확신은 물론 아직 해명의 실마리를 얻었다는 확신 이상의 것은 아니지만 완전한 해명에 대한 전망은 충분히 가능해졌다고 본다.

생활세계를 구체적으로 살아가는 인격체의 정신적 의식 구조 전반에 대한 원리적 해명이 가능하게 되면, 윤리적 존재인 정신적 자아의 원함과 행함의 원리에 대한 해명도 가능하게 되며, 이와 상관적으로 원함과 행함의 목표인 가치 실현에 대한 원리적 해명도 가능하게 된다. 이러한 일련의 과정이 성취되면 우리는 그 해명의 성과를 우리의 정신적, 특히 윤리적 현상에 대한 원리적 해명을 위하여 응용할 수 있는 길이 열릴 것이다. 말하자면, 우리 한국 사회가 지닌 습득성 체계의 기본적 특성을 현상학적으로 분석함으로써 그 문제점을 조명하고 더 나아가서 그 개선 방향을 지시해줄 수 있을 것이다. 예를 들어, 우리 사회의 상호주관적 습득성의 체계는 매우 강한 정서를 동반하고 있는 습득성들의 체계라고 본다면, 그 이유가 어디에 있는가를 고찰해 볼 수 있다. 우리 사회에서 인식적 논리보다도 '감정의 논리'가 어디서나 더욱 우세한 것은 그것에 더 큰 타효성을 부여하기 때문인데, 어떠한 의식 작용에서 형성된 습득성이 감정의 부하負荷가 더 큰 것이며 그 이유는 또 어디에 있는가를 분석해내는 것은 매우 의미 있는 연구가 될 것이다. 이 부하가 더 큰 것은 의식 작용들의 하부 토대가 보다 큰 영향을 미치기 때문일는지도 모른다. 그 이유가 단지 의식 작용과 거기서 형성된 습득성들의 체계적 구조에만 있는 것이 아니라 그 하부 토대에도 있다고 추정된다면 이 문제에 대한 사회 심리학적, 인류학적 연구 또한 불가결할 것이다.

구성 이론과 존재론*

후설과 하르트만의 이론을 중심으로

1. 머리말

후설의 구성 이론과 하르트만의 존재론을 함께 논하는 일에는 상당한 어려움이 따른다. 왜냐하면 두 철학자는 출발점부터 근본적인 입장이 완전히 반대되며 또 그로 인하여 문제를 해결하는 방식이 전혀 다르기 때문이다. 후설의 선험 현상학은 철두철미하게 반성의 철학, 하르트만식으로 표현하면, '반절 지향反折志向intentio obliqua'의 철학이며, 하르트만의 철학은 '직접 지향intentio recta'의 철학이다.[1] 후설의 구성 이론은 '구성'이라는 명칭이 시사하는 바와 같이 결코 사고 내용에 대한 단순한 '노에마'론이 아니라 언제나 구성하는 주체의 수행인 '노에시스'의 구성적 계기를 상관관계적으로 고찰하는 이론이다. 구성 이론에서 등장하는 '존재'라는 표현도 그 존재를 구성하는 '노에시스'적 활동을 고려

---

* 《후설과 현대철학》, 철학과 현상학 연구 제4집, 한국현상학회 편, 1990.

1 이러한 개념들에 대해서는 N. 하르트만, *Zur Grundlegung der Ongologie*, Berlin, 1965, 46쪽 참조.

하지 않고는 무의미하다. 존재 일반의 본질과 원리를 연구하는 존재론은 근본적으로는 구성 이론과 다르지만 '노에마'와 함께 존재론적 주체를 구성 이론이 다루는 한 구성 이론 내에서 한 자리를 차지할 수 있다. 구성 이론이 인식론인 한, 후설의 선험 현상학에서는 존재론이 어디까지나 인식론 내에서 문제된다고 말할 수 있다.

후설과는 반대로 존재자에 직접 향하여 '직접 지향'의 입장에서 출발하는 하르트만은 인식론을 존재론의 한 분과로 파악한다. 하르트만에 의하면 인식이 인식 작용을 수행하는 주체와 인식의 대상이 되는 객체간의 관계인 '인식 관계'를 나타내는 것이라면 인식 관계는 주체와 객체라는 두 존재자들 간의 '존재 관계'이다.[2] 따라서 하나의 특수한 존재 관계를 다루는 인식론은 존재론에 포함된다.

후설과 하르트만의 이 상반되는 철학적 입장에서 나온 이론들이 어느 정도로 충분히 정초되어 있는가 하는 것을 우리는 구성 이론이 존재론에 의해서 정초되는가, 아니면 존재론이 구성 이론에 의한 정초를 필요로 하는가 하는 문제에 집중하여 고찰하고자 한다.[3]

후설에 의하면 존재론적 '아프리오리a priori'는 선험 현상학에 의한 정초와 비판을 필요로 한다.[4] 소박한 존재론적 인식은 그 자체로서는 결코 "궁극적

---

2 N. Hartmann, *Grundzüge einer Metaphysik der Erkenntnis*, Berlin, 1965, p. 182 이하 ; N. Hartmann, *Neue Wege der Ontologie*, Stuttgart, 1968, p. 108 참조.

3 여기서 정초Begründung라는 말은 주장의 근거를 의문의 여지없이 철학적으로 밝혀냄을 뜻한다.

4 여기서 명사적 표현으로 사용되는 '아프리오리'는 그것이 원리에 대한 인식이든 본

의미에서의 철학적 인식"은 아니다.[5] 선험 현상학이 어느 정도로 존재론을 정초할 수 있는가를 명백히 하기 위해서는 우선 이 선험 현상학이 무엇인가를 알아야 한다. 선험 현상학으로 들어가는 중요한 첫걸음이요 동시에 기본적인 방법은 선험 현상학적 환원이다. 이 첫걸음은 여러 가지 방식으로 수행될 수 있다.[6] 이 길 중의 하나가 《데카르트적 성찰》에서 잘 알려진 데카르트적 회의 방법이다. 그러나 이 방법은 존재론의 정초라는 문제에서 벗어나는 다른 복잡한 문제를 포함하고 있으므로 좀 더 쉬운 길, 즉 존재론을 통한 길을 택하는 것이 바람직하다.

존재론은 존재자의 본질, 더 정확히 말하여 존재자의 범주적 본질을 목표로 한다. 존재론의 인식은 개념, 판단, 그리고 판단 결합체(이론들)로 표현된다. 한마디로 말하여 존재자에 관한 '노에마'들로 표현된다. 존재론도 물론 타당하지 못한 것을 버리고 타당한 것을 명백히 하기 위하여 이 '노에마'들을 때로는 반성한다. 그러나 그것이 존재자에 대한 존재론의 기본적인 태도를 변경시키지는 않는다. 존재론의 목표는 '노에마'에 관한 인식이 아니라 어디까지나 존재자에 관한 인식이기 때문이다.[7] 존재론은 그 인식을 본질 직관의 명증으로부터 마련하며, 존재론의 '노에마'들은 그러한 한에서 명증적 노에마들로서 직접적

질에 대한 인식이든 경험과는 독립된 인식을 총칭하는 명칭이다.

5 《성찰》, 164쪽.

6 선험 현상학에 이르는 세 가지 길을 보려면 I. Kern, *Husserl and Kant*, Haag, 1964, p. 196 이하 참조. 케른은 선험 현상학적 환원의 길을 세 가지로 나누어 보는데, 그것은 (1) R. 데카르트적인 길, (2) 지향적 심리학을 통한 길, (3) 존재론을 통한 길이다.

7 《이념들 III》, 83쪽 이하 참조.

인 권리를 가지나, 이 권리는 다만 제한된 것일 뿐이다.[8] 왜냐하면 명증들은 불완전한 것일 수도 있고 존재론적인 "객관적 태도에서는 많은 것이 간과될 수 있으며, 전적으로 본질적인 많은 것이 중요하지 않은 것으로 여겨져" 버려질 수도 있기 때문이다.[9] 또는 인식들과 그 인식에서 문제로 되는 존재 원리들에 뒤바뀌어진 의미가 끼어들 수도 있다.[10] 그러므로 존재론적 '아프리오리'는 결국에 가서도 어쩔 수 없는 불명확성을 지니게 되는 것이다.

그러한 불명확성의 근원은 후설이 말하는 바와 같이, "모든 객관적 '아프리오리'의 주관성에 대한 관계를 은폐하고 있는 실증적인 존재론적 인식의 '추상적' 성격"이다.[11]

그에 비하여 '구체적인' '아프리오리'한 인식은 존재자의 원리에 소박하게 직접 향하는 것이 아니라, 이 원리의 인식에 향해 있는 이론이다. 이 원리의 인식은 단순히 존재자에 관한 '노에마'들을 산출할 뿐만 아니라, 이 '노에마'들(개념적 노에마들, 이들의 토대로 되어 있는 직관 노에마들)과 이들을 산출한 '노에시스'들, 그리고 산출하는 주관성 전체를 주제로 삼는다. 이 구성 이론은 추구된 '노에마'들이 바로 존재자에 관한 '노에마'인 이상 존재자와 존재자의 원리들을 그 주제 안에 함께 포함하고 있다. 그러나 이 구성 이론의 판단 방향은 존재자 그 자체(그리고 그 원리)를 향한 것이 아니라 존재자의 구성을 향하고 있다.

---

8 I. 케른, 앞의 책, 186쪽 ; 《심리학》, 265쪽 참조.

9 《이념들 III》, 129쪽 참조.

10 《논리학》, 184쪽 참조.

11 I. 케른, 앞의 책, 218쪽 이하 참조.

우리가 존재 인식으로부터 이 인식을 수행하는 주관성으로 소급하는 태도 변경을 후설은 선험 현상학적 환원이라고 부른다. 후설이 이 환원을 '선험 현상학적'이라고 부르는 이유는 이 환원이 선험적 주체를 발견하며, 그와 함께 모든 초월적 존재자를 구성하는 현상들을 발견하기 때문이라고 한다.[12] '선험적transzendental'과 '초월적transzendent'은 따라서 상관개념이다. 이제 이 환원에서 존재 인식의 가능성이 설명되므로 이 존재 인식은 환원 내에서 존재론의 대상이긴 하나, 존재론의 정립(주장, 판단 긍정들, 직관 긍정들)이 함께 수행되지는 않는다. 달리 말한다면 존재론적 판단들의 가능성을 설명하기 위하여 이 판단들을 이미 설명된 것으로서 전제하거나, 의문 없는, 명확히 타당한 것으로서 함께 이용해서는 안 된다. 존재자 자체에 관한 판단 중지, 즉 '에포케epoché'는 환원을 이루는 한 부분이다. 그렇지 않다면 우리는 존재론을 정초하는 대신에 다시금 단지 소박한 존재론을 수행하는 것이 될 것이다.[13]

선험 현상학은 따라서 선험적 주체와 그의 '노에시스', 그리고 거기에서 수행되는 '노에마'들에 관하여 판단한다. 초월적 존재자는 비록 저러한 '노에마'들에 의해 대표되기는 하나 "괄호 속에 넣어졌다". 존재자는 다만 의식에 따라서 사념된 존재자, 오직 사고된 것으로서 사고된 존재자, 직관된 것으로서 직관된 존재자로서만 타당하다.

그러나 이러한 연구 방향이 가져오는 결과는, 존재론이 비록 현상학에 의해서 정초된다고는 하나 이 정초를 위한 '선험적 실마리'를 줄 수 있는 것은 존재론

---

12 《성찰》, 65쪽 참조.

13 I. 케른, 앞의 책, 219쪽 이하 참조.

이라고 하는 것이다.[14] 왜냐하면 이미 규정된 존재론적 개념들이 현상학적 연구의 '실마리'를 제공하기 때문이다. 여기에 현상학의 구성 이론이 존재론으로 소급하여 그 토대를 마련하는 것이 아닌가 하는 존재론적 문제가 제기될 수 있는 여지를 남기게 된다. 이로써 우리는 현대 철학에서 후설의 선험 현상학으로 대표되는 선험적 관념론과 하르트만의 존재론적 실재론의 가장 날카로운 대치점에, 그리고 가장 건드리기 어려운 문제에 부딪친 셈이다. 이 논문에서는 물론 이 문제에 최종 판결을 시도할 수는 없으며, 다만 현상학의 구성 이론과 하르트만의 존재론적 해결 방식이 어느 정도로 철저하며, 따라서 어느 정도 철학적인가를 고찰하고자 한다. 이러한 목적을 위해서 우리는 먼저 후설과 하르트만이 각기 존재론을 어떻게 분류하는가를 살펴보고, 이어서 이들 존재론의 연구 대상이 무엇인가를 알아보기로 한다. 그 후에 하르트만의 존재론의 정초와 구성 이론에 의한 존재론의 정초 문제를 계속해서 분석함으로써 연구의 결과를 얻고자 한다.

2. 하르트만의 존재론과 그 대상

하르트만은《실재 세계의 구조》서문에서 존재론의 분류를 시도하였다.[15] 처음에는 "'존재자로서의 존재자'에 대하여 그 완전한 보편성에서 묻는 물음"을 제기하는 '존재론의 기초'가 놓여 있다. 이 물음은《존재론의 기초*Zur Grundle-*

14 《이념들 I》, 368쪽 이하 참조.

15 N. Hartmann, *Der Aufbau der realen Welt. Grundriß einer allgemeinen Kategorienlehre*, Berlin, 1940, p. 1.

gung der Ontologie》라는 저서의 차례가 보여주는 대로, '존재자의 개념'과 그 '아포리아'(풀 수 없는 문제)들에 대한 물음, '현존Dasein'과 '본존Sosein'이라는 존재 계기들, 그리고 존재자의 '소여성所與性'에 관한 물음들을 포함하고 있다. 즉 하르트만의 '존재론의 기초'는 존재론 그 자체 내의 가장 보편적이며 기본적인 문제들의 연구이지만 존재론의 정초는 아니다. 존재론 그 자체 밖에서 존재론의 그러한 정초가 가능한가 그리고 필요한가 어떤가 하는 문제는 나중에 우리가 살펴보아야 할 문제이다.

두 번째 문제 영역은 양태 분석Modalanalyse이다.[16] 여기서는 '존재 양태들' 그리고 특수한 일단의 '기초 범주들Fundamentalkategorien'뿐만 아니라, 존재 양태들과의 관계에 의하여 구별되는 실재성과 관념성이라는 두 '존재 방식Seinweise'도 연구된다.[17]

하르트만 존재론의 세 번째 문제 영역을 이루는 것은 범주 분석Kategorialanalyse이다. 여기서 우선 문제되는 것은 '내용적' 물음이며 "존재자의 구성적 기초에 관한 설명"이다.[18] 이 문제 그룹은 '일반 범주론'과 '특수 범주론'으로 나누어진다. 주제에 따라 하르트만의 모든 기초 범주들, 즉 존재자의 전체층과 전체 영역에 적용되는 범주들의 연구가 일반 범주론에 속한다.[19] 따라서 양태 범주들, '기본 요소적 대립 범주들' 그리고 '범주 법칙들'의 연구가 포함된다. 그러나

---

16 이에 관해서는 N. Hartmann, *Möglichkeit und Wirklichkeit*, Berlin, 1906 참조.

17 기초 범주란 실재 세계의 존재층을 전반적으로 지배하는 범주이다. 기초 범주에 관해서는 N. Hartmann, 앞의 책, p. 183 이하 참조.

18 *Ibid.*, 차례 참조.

19 *Ibid.*, 157쪽 이하 참조.

양태 분석은 존재 방식에 대한 '기초 존재론적' 중요성 때문에 독립적인 분과로 다루어진다.[20]

양의 범주, 시간 범주와 연관된 범주들이 실재 세계의 개별적인 층의 기초 범주와 특수 범주들 사이의 중간적 위치를 차지하고 있다. 양의 범주들은 오직 낮은 실재적 존재층에 적용되지만 관념적 구조의 범주들이기도 하다. 따라서 일반 범주론에서 다루어진다.[21] 시간 범주와 연관된 범주들은 다만 모든 실재적 계층에만 적용되며 다수의 또는 하나의 층에만 적용되는 범주들과 함께 '특수 범주론'에서 다루어진다.[22]

2.1. 존재자로서의 존재자

'존재론의 기초'는 '존재자로서의 존재자'를 대상으로 삼는다. 여기서 하르트만은 아리스토텔레서의 표현인 'on he on'(존재자로서의 존재자)에 의거하고 있다. 이 표현은 가령 '존재자'를 뜻하는 것이 아니라, 존재자에게 "단순히 존재적으로 이해된 보편적인 것"을 의미한다. 하르트만에 의하면 '존재'라는 용어에 비하여 '존재자로서의 존재자'라는 표현은 존재 개념을 둘러싼 여러 가지 오해들을 막아낼 수 있는 을 지니고 있다고 한다. 여기서 그에게 특히 중요한 것은 존재론이 마치 주체와 관련된 존재자, 즉 대상으로서의 존재자를 다루는 것이라는 사고방식을 막아내는 일이다.[23] 존재론은 '직접 지향', 즉 비반성적

---

20 *Ibid.*, 187쪽.

21 *Ibid.*, 191, 355쪽 이하 참조.

22 *Ibid.*, 190쪽 이하 ; N. Hartmann, *Philosophie der Natur. Abriß der speziellen Kategorienlehre*, Berlin, 1950, p. 136 이하 참조.

태도에서 수행하는 존재자에 관한 학문이어야 하며, 그래야만 "세계와는 거리가 먼 비판주의, 논리주의, 방법론주의, 혹은 심리학주의"의 근본적인 오류를 피할 수 있다고 한다.[24] 이러한 입장은 존재 물음의 현상학적 수정과 하이데거의 수정에 대한 그의 비판에서 잘 드러나고 있다. 현상학적 환원은 "존재자로부터 현상으로 태도를 되돌리는 것"이라고 한다.[25] 하이데거에 있어서 "존재 물음Seinsfrage을 의미의 물음Sinnfrage으로 전락시킴"은 필연적으로 세계를 "개별적인 인간에 상대적인(각기 나 자신의)" 세계로 만들어 버린다는 것이다.[26] 이 비판이 어느 정도로 적중한 것이든 간에 '존재의 의미'에 대한 하르트만의 분석에서는 철학사적인 논쟁을 극복하려는 그의 존재론 구상의 일단을 볼 수 있다. 하르트만에 의하면 의미 물음은, 첫째 존재의 숨겨진 내적 규정에 대한 형이상학적 물음이 될 수 있으며, 그렇다면 "존재론적으로 제기된 물음을 전적으로 포기하는 것"이 된다. 둘째는 존재의 의미에 대한 물음에서는 오직 '존재'란 말의 의미만이 목표로 될 수밖에 없다. 그렇게 될 경우 하나의 명목적 정의만을 줄 수 있으며 이것으로는 아무 것도 얻는 것이 없다. 또 그 물음이 존재란 개념의 논리적 의미를 목표로 한다면 그에 대한 대답은 본질 정의가 될 수밖에 없는데, 이것은 '존재'와 같이 최고의 보편성을 지닌 개념에서는 불가능한 것이다. 따라서 사실을 있는 그래도, "사태를 더욱이 그 특수성에서 단순히 연구하는 것이 그 자리를 차지한다. 우선 이 특수한 것들로부터 거꾸로 향하여 보편적

23 N. Hartmann, *Zur Grundlegung der Ontologie*, p. 41 이하 참조.

24 *Ibid.*, 50쪽 이하 참조.

25 *Ibid.*, 56쪽, 주 1 참조.

26 *Ibid.*, 46쪽 참조.

인 것을 밝힐 수 있다."[27] 그것이 어떠한 뜻을 지니든 간에 의미란 '우리에게 대하여' 존재하는 어떤 것이거나 또는 적어도 '요청된 논리적 주체'에 대한 것으로서, 이것을 하이데거에서는 앞서 언급한 바와 같이 개별적 인간의 상대성으로 귀결시킨다는 것이다.[28]

따라서 우리가 확정할 수 있는 것은 하르트만이 존재론을 위하여, 첫째는 주체에 대한 존재의 모든 관계를 부정한다는 것(하이데거를 어떻게 이해하든 '논리적 주체'에 대한 관계가 곧 개별적인 인간에 대한 관계라고는 말할 수 없지만), 그리고 둘째는 하르트만이 존재 개념의 논리적 규정에서 '본질 정의' 외의 어떠한 다른 가능성도 고려할 수 없다는 것이다.[29]

존재 개념을 주체에 관계시키는 것을 막기 위하여 존재론에서는 바로 '즉자 존재자'가 중요함을 하르트만은 강조한다. 그러나 동시에 '즉자 존재자'의 개념은 엄밀한 존재론적 개념이 아님을 인정하지 않으면 안 된다. '즉자 존재자'의 개념이 지닌 기능은 오히려 현상이나 대상에 대한 반대 개념으로서 오직 논리주의적 · 심리학주의적 이론이나 관념론적 이론들에 대하여 방어하는 데에 있다.[30] '즉자 존재자'의 개념은 존재자로서의 존재자라는 개념에 충분히 포함되어 있다. 다른 곳에서 하르트만은 저 '그노시스'론Gnoseologie적 즉자 개념에 존재론적 '즉자卽自Ansich'를 대립시킨다.[31] 이 존재론적 즉자 개념에서

---

27 *Ibid.*, 41쪽 참조.

28 *Ibid.*, 42쪽 참조.

29 *Ibid.*, 41쪽 참조. 여기서 의미하는 '본질 정의'란 바로 위의 유개념類概念과 종차種差에 의한 정의를 말한다.

30 *Ibid.*, 78쪽 참조.

는 인식론적 '즉자'와 '대자對自Fürmich'의 대립은 단적인 존재자의 개념에서 해소되어 버린다는 것이다. "주체의 쪽에서 보면 〔…〕 모든 즉자 존재자 Ansichseiendes는 대자 존재자Fümichseiendes에서 해소되어 버린다. '존재자로서의 존재자' 쪽에서 보면, 모든 즉자 존재자와 대자 존재자는 단적인 존재자 schlechterhin Seiendes에서 해소되어 버린다."[32]

이 모든 설명에도 불구하고 난점은 그대로 남는다. 존재자로서의 존재자는 주체와 관계없이도 있을 수 있을는지 모른다. 그러나 문제는 존재자의 개념도 주체와 관계없이 생각될 수 있는가 하는 것이다. 그리고 존재론의 의도는 존재자의 개념을 확보하는 것이지 존재자 그 자체를 확보하는 것은 아니다. 바꾸어 물어 본다면 이렇게 말할 수 있다. 근본적으로 보편적인 것인 존재에 관한 물음이 그에 토대를 둔 특수한 것의 연구를 통해서 과연 충분히 대답될 수 있는가? 가장 보편적인 것에 관한 이 물음이 사고에 관한 물음 없이 가능한가? 존재자는 물론 사고로부터 독립적이긴 하나 존재자에 관한 물음도, 또 이 물음에 대한

31 *Ibid.*, 139쪽 이하 참조. '그노시스'론Gnoseologie이란 그리스어 'gnosis'(인식)에 어원을 둔 것이므로 '인식론'이란 뜻이나 하르트만은 인식론의 문제에 포함된 형이상학적 부분을 두고 하는 말이다. 그는 인식 문제의 비형이상학적인 문제로서 심리학적인 것과 논리학적인 것을 말하고 세 번째로 형이상학적 문제를 지적한다. 그러나 인식 문제는 논리학적인 문제도 심리학적인 문제도 아니며, 근본적으로는 형이상학적 문제라고 한다. 형이상학적 문제란 결코 완전히 해결할 수 없는, 아무리 해도 해결되지 않는 여지를 남기는 문제로서, 인식이 바로 그러하다는 것이다(이에 대해서는 N. Hartmann, *Grundzüge einer Metaphysik der Erkenntnis*, pp. 3, 34 이하 참조). 그러한 의미에서 하르트만은 인식의 형이상학적 문제와 관련해서는 언제나 '그노시스'론이란 용어를 사용하므로 설명의 편의상 이 글에서는 인용의 경우에도 그냥 '인식론'으로 바꾸어 옮긴다.

32 *Ibid.*, 141쪽 참조.

대답도 결코 사고로부터 독립적일 수는 없다. 사고에 의해서만 물을 수 있고 대답할 수 있는 것이다. 그렇다면 하르트만이 주장하듯이 과연 존재론이 '직접 지향'에서 가능한가? 바로 이 물음은 존재론의 정초를 존재론 자체에서는 할 수 없고 존재론 아닌 다른 데서 해야 하지 않는가 하는 문제를 가리키고 있다.

2.2. 존재의 원리

존재자 그 자체의 연구에서 세부적으로 밝혀지는 것은 존재자의 구성적 기초 또는 '구성적 존재 원리'이다.[33] 그리고 이에 관한 연구가 바로 범주론이다. 즉 범주론은 존재자의 기초에 관한 연구이다. 그러나 하르트만은 원리가 곧 범주는 아니라고 하므로 원리와 범주의 관계를 이해하는 것이 범주 개념을 이해하는 첩경이다. 원리의 개념에 대해 범주의 개념이 지닌 관계에 대한 그의 설명은 이해하기가 쉽지 않다. 그러므로 우선 원리의 개념을 그와 상관개념인 구체자Concretum의 개념과 대비시켜 파악하는 데서부터 시작해 보기로 하자.

2.2.1. 원리와 구체자

원리의 개념은 그 상관개념인 구체자와의 관계로부터 규정될 수 있다. 하르트만은 이 기본적인 대립을 기초적인 존재 범주들 가운데서 채용한다.[34] 존재론적 기본 관계를 그는 이렇게 규정한다. "원리는 구체자 또는 그 일정한 측면이 근거하는 그러한 것이다. 칸트식으로 표현한다면, 그것(원리)은 그(구체자)

33 N. Hartmann, *Der Aufbau der realen Werlt. Grundriß einer allgemeinen Kategorienlehre*, 1, p. 38참조.

34 *Ibid.*, 201쪽 이하, 246쪽 이하 참조.

의 가능 조건이다."[35] 이것은 고대의 'arche'(원질) 개념으로 표현된 생각이다. 하르트만은 두 번째 규정으로서 원리의 한정 성격을 더욱 자세히 특징짓는다. 원리는 구체자의 조건으로서 "그 영역의 모든 특수한 것들, 즉 모든 경우에서 깨뜨릴 수 없는 타당성"을 갖는다.[36]

하르트만에 의하면 "이차적 · 인식론적 관계"는 존재론적 기본 관계에 근거하고 있다. 원리는 구체자가 또는 그 한 측면만이 그로부터 이해될 수 있는 그러한 것이다.[37] 왜냐하면 하나의 구체자에 많은 원리가 관계하고 있기 때문이다. 하르트만에 의하면 하나의 구체자가 하나의 원리에 근거하는 경우는 결코 없다고 한다.[38] 비록 존재론적이긴 하나 마찬가지로 이차적인 특성은 한정의 깨뜨릴 수 없음에 근거한다. 원리는 보편성의 한 유형이다. 이 보편성은 다만 깨뜨릴 수 없음의 사례이며, 이 깨뜨릴 수 없음은 마찬가지로 이차적이며 외적인 사례들의 측면에 관계되는 순전히 질적인 계기인 단순한 동류성으로부터 구별될 수 있다. 그리고 범주가 아닌, 즉 그 타당성의 범위가 개체의 한계 사례에서 접근 가능한 '매우 특수한 원리들'도 있다고 한다. 그러나 한정과 보편성이 지닌 깨뜨릴 수 없음의 다른 차이에 관해서는 해당하는 원리들에 대한 지시가 없어 이해할 수 없다.[39] 이 특수한 원리에 대한 설명은 칸트의 공간 논증을 생각하게 하나 하르트만은 공간 역시 하나의 범주라고 부른다.[40]

---

35 *Ibid.*, 247쪽 참조.

36 *Ibid.*

37 *Ibid.*

38 *Ibid.*

39 *Ibid.*

그에 비하여 구체자는, 하르트만에 의하면, 특정한 경우로서 "결코 개별적인 것이나 일회적인 것(그것은 단순히 보편자의 반대일 것이다)이 아니라, 무수한 계기를 포함하고 그 공존에서만 존재하는, 전면적으로 규정된 그 자체 복합적인 형성체이다."[41] 철학 용어상 보통 그러한 것과는 달리 하르트만의 경우 구체자는 결코 추상적인 것의 반대가 아니다. 하르트만은 추상적인 것을 비직관적인 것과 동일한 것으로 보는 것 같다. 원리들이 추상적인 것이 전혀 아니므로 비록 직관적인 구체자들이 있다 하더라도 구체자가 곧바로 직관적인 것은 아니다. 원리의 반대인 구체자는 오히려 모든 존재자를 포괄한다. 구체자는 "좁은 뜻에서는 존재자가 아닌 것, 이차적 영역의 비독립적인 존재자(사고, 표상, 견해 등)도" 포함한다.[42]

2.2.2. 원리와 범주

하르트만은 원리와 범주 사이의 관계를 매우 모호하게 규정하고 있다. 동일한 저서에서도 모순된 진술이 많다. 《인식 형이상학》에서 그는 "존재의 범주들은 이 말이 원래 의미하는 바와 같은 진술이나 가능한 판단의 술어들이 아니다. 범주들이란 대상의 규정 내용, 형식, 또는 법칙들이며, 존재자 그 자체에 특징적인 순수 객체 원리들이다."[43] 그러나 《실재 세계의 구조》 서문에서 하르트

40 여기서 말하는 특수한 원리들이란 결국 '특수 범주'들을 가리키는 것이 아닌지 의심스럽다. 만일 그렇다면 이 경우 범주와 원리는 같은 의미를 지닌다. '특수 범주'란 실재 세계의 몇 개의 범주적 존재층 또는 단 하나의 층에만 관계하는 범주를 말한다. 특수 범주에 관한 이론을 하르트만은 《자연 철학》에서 다루고 있다.

41 N. Hartmann, 앞의 책, 42쪽 참조.

42 *Ibid.*, 246쪽 참조.

만은, 엄밀히 말하여 존재자가 범주 하에 있는 것이 아니라, 존재자에 관한 앎, 존재론이 범주 하에 있다고 말한다. 그러나 그 차이는 "결코 내용적으로 직접 보이지는 않는다. 왜냐하면 의식은 다만 하나의 측면, 술어, 개념〔…〕만을 갖기 때문이다."[44]

그 반면에 '범주'는 원래의 말뜻에 따라 원리 개념을 뜻한다.[45] 물론 하르트만이 범주라는 전통적인 표현을 고수하는 것이 잘못일는지 모른다. '우리가 그때그때 원리로 여기는 것'과 '원리 그 자체' 그리고 이것과 '원리 개념'은 동일한 것이 아니다.[46] 그러나 이 장에서는 '우리가 원리로 여기는 것'과 '원리 개념' 그리고 '범주들'이 동일하다는 것인지, 또는 범주란 적어도 원리에 진정 적중한 개념이라는 것이지 완전히 분명하지가 않다.

그러나 적어도 원리를 진술하는 술어는 의미를 갖는다. 이로부터 하르트만은 이렇게 결론짓는다. 범주는 "술어이다. 그러나 동시에 술어 이상이다. 그리고 원리이다. 그러나 동시에 원리보다는 못한 것이다."[47] 이 말은 범주란 '단순한 개념'이 아니라, 우리가 거기에서 '원리를 파악할 수 있는' 것이라는 뜻에 지나지 않는다. 그러나 여기서부터 명확하지 못한 설명이 시작된다. 하르트만은 의식은 언제나 단지 하나의 측면, 술어들을 갖는다고 처음에 확정한 뒤, 이

---

43 N. Hartmann, *Grundzüge einer Metaphysik der Erkenntnis*, p. 259.

44 N. Hartmann, *Der Aufbau der realen Welt. Grundriß einer allgemeinen Kategorienlehre*, p. 13 이하 참조.

45 'Categoria'(범주)는 원래 '말의 방식'을 뜻하기 때문이다.

46 N. Hartmann, 앞의 책, 13쪽.

47 *Ibid.*

차이는 "사실상 무시해도 되며", 심지어 "범주에서 술어의 성격을 강조한다는 것은 어디에서나 과장이며 오도하는 〔…〕" 것이라고 결론내린다.[48]

그 결과 하르트만은 범주를 원리와 거의 같은 뜻으로 사용한다. 서문에서는 범주가 이른바 '사고 형식들'로부터 엄격히 구분된다. 범주는 역사적 정신에 의해 만들어질 수도 없어질 수도 없다.[49] 즉 개념은 계속 형성될 수 있으나 범주에 있어서는 형성이나 폐기란 있을 수 없다. 이 저서 《실재 세계의 구조》의 1장에서 하르트만은 원리와 술어간의 관계에 대한 물음을 범주 분석의 세 번째 과제라고 부름으로써 범주와 원리의 차이를 다시 한 번 강조하긴 한다. 그러나 이 차이가 서문 이후에는 직접 파악되지 않기 때문에 어떻게 이 문제를 다룰 수 있는지 알 수 없다. 하르트만은 《실재 세계의 구조》에서 "범주가 개념이라는 편견"을 비판한다.[50] 여기서 의미하는 바는 원리 자체가 개념이라는 선입견을 두고 하는 말이다.[51] 그리고 그 후에 가서 범주 개념과 범주 그 자체는 다른 것이며 범주는 대상의 원리로서 대상 자체 속에 포함되어 있어서 대상이 파악되는 데서 필연적으로 해당 범주 역시 인식 내용에 포함된다고 한다.[52]

2.2.3. 보편자와 범주의 구별

하르트만에 의하면 범주의 개념은 보편자의 개념과 구별되어야 한다. 보편자

48 *Ibid.*, 14쪽.

49 *Ibid.*, 20쪽 참조.

50 *Ibid.*, 99쪽.

51 *Ibid.*, 102쪽 참조.

52 *Ibid.*

에 관해서는 우리가 이미 구체자를 규정하는 원리와 관련하여 언급하였다. 개체의 구체적 경우에서만 접근할 수 있는 매우 특수한 범주에 관하여 말하고 있는 표현을 제외하고 하르트만은 '사소한' 보편자도 있기 때문에 비록 모든 보편자가 원리적인 것은 아니다. 그러나 모든 원리적인 것은 보편적이라고 강조한다.[53] 원리적인 보편자는 구체자의 가능 조건이라는 것과 깨뜨릴 수 없는 타당성이라는 두 규정 내용에 의하여 더 자세히 규정될 수 있다.

그러나 이러한 규정은 충분하지 못하다. 원리가 보편성의 일정한 정도를 갖는 것인지 그리고 갖는다면 어느 정도를 갖는지 또 구체자의 어느 범위까지 그 원리가 가능 조건인지 묻는다면, 그러한 규정만으로는 대답할 수 없다. 예를 들어 한 책상의 규정 내용은 명백히 원리는 아니다. 가능 조건Bedingung der Möglichkeit이라는 칸트의 용어를 이해한다 해도 여기서는 별로 도움이 되지 않는다. 하르트만은 칸트의 용어를 인계받은 것 같지는 않다. 왜냐하면 하르트만이 사용하는 가능 조건이란 말은 일상적인 의미에서, 그것이 하나의 책상인 한, 끊임없이 규정하는 한 책상의 가능 조건을 의미하고 있기 때문이다. 이 문제는 원리 인식의 방법 문제, 그리고 하르트만이 강조하는 원리와 본질의 차이의 문제를 지시하고 있다.

원리와 본질의 차이에 관한 문제는 우리가 후설의 현상학에서 잘 알고 있는 문제이다. 후설이 다양한 본질로부터 '범주적 본질'을 분리시키고 있음을 우리는 알고 있다.[54] 이 현상학적 단초를 하르트만은 명백한 설명도 없이 단호히

---

53 *Ibid.*, 248쪽 참조.

54 《이념들 I》, 26쪽 이하 참조.

거부한다.[55] 그는 "그 외에는 관념적 존재를 어떻게 이해하든, 또 그것에 어느 정도로 범주의 기능을 부여하든 상관없이" 승인하지 않으면 안 되는 것은 실재적 사례의 사실성과는 관계없이 독립적으로 존재하는 관념적 존재가 있다는 것이라고 본다.[56] 하르트만에 의하면 현상학자는 모든 실재적인 개별적 사례를 그 본존本存에 따라 본질에 향하게 함으로써 본질에 '원리 성격'을 부여한다. 그리고 오로지 여기에 본질 직관이라는 현상학적 방법이 근거하고 있다는 것이다.[57] 이러한 단초로부터는 다만 "구체자들의 유일한 영역, 실재적 존재자" 만이 존재하며 이를 두루 지배하는 원리들의 전체가 "관념적 존재의 한 영역" 을 형성한다는 식의 결론밖에 나오지 않는다는 것이다.[58] 사실 후설도 본질 일반과 관련하여 '원리적인 것'에 대하여 말하고 있다. 그러나 후설은 본질 일반으로부터 최상의 에이도스 또는 본질, 원리를 구별하고 있다.[59]

그러면 하르트만은 범주와 본질의 공통점과 차이점을 어떻게 설명하고 있는가? 공통점은, 첫째 양자가 다 보편자이며 다양한 사례에서 동일한 것을 의미한다. 둘째 개별적인 사례에 포함되어 있기 때문에 이로부터 분석될 수 있다. 셋째는 양자가 다같이 "초시간적이며, 개별자로부터 독립적이며 개별자 내의 초경험적인 것"이다.[60] 범주와 본질 사이의 차이점은 다음과 같다. 첫째

55 N. Hartmann, 앞의 책, 42, 47쪽 참조.

56 *Ibid.*, 43쪽 참조.

57 하르트만은 본질 직관을, 즉 형상적 환원을 '현상학적 환원', 심지어 '판단 중지'라고 잘못 말하고 있다. 같은 곳 참조.

58 *Ibid.*, 44쪽 참조.

59 《이념들 I》, 26쪽 이하 참조.

60 N. Hartmann, 앞의 책, 44쪽 참조.

관념적 존재자는 내용적으로 형식, 법칙, 관계에 근거하는 반면에, 범주는 그 기본 계기의 하나로서 형식을 포함하긴 하나 더 나아가서 "차원적次元的 계기와 기체적基體的 계기"를 포함한다.[61] 특히 실재적인 것이 범주 체계는 형식 체계에서 끝나지 않고 물질성의 원리를 함께 포함해야 한다.[62] 하르트만은 칸트의 실체성의 범주에서 실체의 계기를, 그리고 공간, 시간 같은 차원적 범주에서 차원적 계기를 발견한다.[63]

3. 후설의 존재론과 그 대상

후설은 존재론을 형식 존재론과 영역(또는 내용적) 존재론으로 나눈다. 형식 존재론은 형식논리학(특히 명제론)을 단순히 대상에 적용시킨 것이다. 형식적 명제 논리학에서 다루는 것이 일반적으로 개념, 판단, 따라서 의미들이라면 형식 존재론은 대상과 사태를 다룬다. 후설에 의하면 라이프니츠적인 의미의 전체적인 '보편 수학'(산술도 포함하여)이 형식 존재론에 속한다.[64] 형식 존재론은 대상 일반에 관한 '아프리오리'한 학문으로서 결코 현실적 대상을 다루는

---

61 *Ibid.*, 47쪽 참조. 이 개념에 대해 자세한 것은 47쪽 이하, 95쪽 이하 참조.

62 *Ibid.*, 47쪽 참조.

63 *Ibid.*, 48쪽 참조.

64 이에 관해서는 《논리학》 제1편 전체를 참조. 형식 존재론에 대한 구상을 E. 후설은 이미 《논리연구》에서 언급하고 있다. 이에 대해서는 《논리연구 I》, 제11장 "순수논리학의 이념", 특히 247쪽 이하 참조. 그러나 거기서는 'formale Ontologie'(형식 존재론)이라는 명칭을 직접 사용하지는 않고 있으며, 《이념들 I》에서, 그리고 이보다 앞서 1906-1907년의 강의에서 이 명칭을 사용하고 있다. 이에 대해서는 《이념들 I》, 27쪽 ; 《인식론》, 54쪽 이하 참조.

것이 아니라 대상의 순수한 가능성을 다룬다. 즉 "대상의 본질 일반에 속하는 모든 진리를 형식적 보편성에서 연구하는" 분과이다.[65]

영역 존재론은 무기적·유기적 자연 및 심적心的 자연, 정신 등 개별적인 영역을 지닌 실재 세계의 존재론이다. 영역의 개념은 내용적 본질 중 가장 보편적인 본질, 즉 내용적인 '최상의 본질류'이다. 이 영역에 대한 '아프리오리'한 본질학이 영역 존재론이다.[66]

후설은 이 형식 존재론과 영역 존재론을 넘어서 《형식논리학과 선험 논리학》에서는 하나의 '절대적 존재론'을 제창한다.[67] 절대적 존재론이란 보편적이면서도 내용적인 존재론으로서 "모든 현실적인 존재자, 가능한 존재자들의 전체 연관을 체계적으로 인식"하게 하는 존재론이며 이러한 존재론이 비로소 우리에게 존재 일반이 무엇인가를 가르쳐 준다고 한다.[68]

존재론의 대상은 보편적 본질 또는 '에이도스Eidos'이다. 내용적 본질은 한 개별적 존재자의 전체 내용 그것이다. 그 중에는 예를 들어 자동차의 본질, 돌의 본질, 어떤 한 색깔의 본질 따위가 있을 수 있다. 모든 '형상적形相的 단일체'들을 다 포괄하는 '에이도스'의 넓은 개념과 원래의 존재론적인 '에이도스' 개념은 구별되어야 한다. 전자의 넓은 개념은 플라톤까지 소급되어야 하며, 후자의 좁은 개념은 칸트의 범주 개념과 연관되어 있다. 존재론에서 의미하는 '에이도스'들은 존재자의 원리들을 가리킨다.

---

65 《인식론》, 55쪽.

66 《이념들 I》, 29쪽 이하 참조.

67 《논리학》, 183쪽 참조.

68 *Ibid.*, 177쪽 참조.

이 원리적 '에이도스'는 형식 존재론적 원리들도 포함한다. 실체 범주들과 그 '구문적構文的 변경태들'(즉 "승인하다, 거절하다, 관계하다, 연결하다, 수를 세다 등"과 같은 사고 기능들의 단순한 상관자들인 실체 범주들로부터 형성된 범주들), 따라서 "성질, 관계적 속성, 사태, 관계, 동일성, 합동, 다수多數, 서수序數, 전체와 부분, 유類와 종種 등", 이 단순한 형식적 본질들은 모든 내용적 보편성에 법칙을 부여한다.[69] 그리고 내용적 범주들은 영역에 따라 여러 가지로 다르다. 예를 들어 물질적 자연의 존재론은 실체 범주인 물체와 그 구문적 변경태들(물질적 성질, 인과성 등)을 그 자체 안에 포함한다.

후설은 '에이도스'라는 개념은 "우리가 철학적으로 인정하는 '아프리오리'라는 여러 가지 의미를 지닌 표현의 개념들 중 유일한 개념을 정의한다"고 말한다.[70] 여기서 '아프리오리'가 의미하는 바는 첫째는 형상적 본질 법칙성 그 자체이며, 둘째는 그러한 법칙성의 인식을 뜻한다.[71] 본질 법칙과 그에 대한 인식의 '아프리오리'란 무엇을 뜻하는 것인가? 우선 본질이란 개별적인 것의 '무엇Was'이다. 이 '무엇'은 "이념으로 정립될" 수 있으며, 즉 모든 개별적인 현실로부터 독립하여 정립될 수 있으며, 그런 경우 '아프리오리'한 법칙 하에 있으며 개별적인 현실에 의존되어 있지 않고 이 현실에 하나의 형식, 하나의 법칙을 부여하는 '순수' 본질 또는 '에이도스'이다.[72] 개별자와 마찬가지로 '에이도스'도 직관에 의해 파악된다. 이것을 본질 직관이라고 부르며, 본질 직관과 개별적인

69 《이념들 I》, 30쪽, 그리고 26쪽 이하도 참조.

70 《논리학》, 255쪽 각주 참조.

71 I. 케른, 앞의 책, 55쪽 이하 참조.

72 《이념들 I》, 13쪽.

직관은 개념적 사고를 통한 술어적 파악에 앞서 그 대상을 파악하는 점이 공통점이다.[73]

본질 직관은 언제나 '본보기적인 의식'을 전제로 한다. 즉, "비록 개별자의 파악, 현실 정립은 아니더라도 개별자의 나타남, 보여짐이 본질 직관의 토대로 되어 있다".[74] 그러므로 순수 본질로부터 "그에 상응하는 개별자의 시선 전환을 할 수 있는 자유로운 가능성"을 전제로 하며, "거꾸로 이념화 작용Ideation을 수행할 수 있다는 자유로운 가능성 없이는 개별적인 직관은 불가능하다".[75] 이로부터 결과하는 것은 다음과 같다. 첫째 본질 직관은 지각, 회상 등에 토대를 두고 있다. 여기에 바로 본질 직관의 '아프리오리'한 성격, 경험으로부터의 독립성이 근거하고 있다. 둘째 순수 직관은 어떠한 현존 정립을 전제하지도 그것을 포함하지도 않는다. 비록 비마飛馬가 경험에서 주어지지 않는다 해도 비마의 본질 또한 하나의 본질이다.

본질 직관을 사실의 세계에 적용하기 위해서는, 그리고 사실 세계의 존재론에 적용하기 위해서는 (발생론적으로 보아) 개별적인 지각이 '본질 인식의 원천'이다.[76] 여기서도 비록 본질 파악이 구체적으로는 개별적인 경험에 결부되어 있지 않으며, 그 본보기 또한 상상에 의해서도 주어질 수 있다 하더라도 개별적인 지각은 본질 인식의 원천이다. 셋째 본질 파악의 방법은 변경의 방법이다. 지각된 것이든 상상된 것이든 한 개별자의 본질은 일련의 변경하는 직관

73 *Ibid.*, 15쪽 참조.

74 *Ibid.*, 16쪽.

75 *Ibid.*

76 I. 케른, 앞의 책, 58쪽 참조.

에서 불변적 동일자同一者로 유지됨으로써 파악된다. 빨강(색)의 본질은 내가 빨강이 아닌 모든 것(빨강이 주어지는 이 장미꽃, 잎의 형태 등)을 임의로 변경함으로써(빨간 옷, 빨간 책 표지, 또는 다른 형태의 빨간색의 사물 등) 파악한다.

그러나 이 단일한 본질을 나는 변경할 수 있으며, 그렇게 하여 빨강 일반, 색채 일반, 감각적 성질 일반을 얻는다.[77] 본질들은 유類와 종種의 단계적 서열 관계를 지니며, 그 최고의 단계는 '최상의 본질류', 그리고 그 가장 낮은 단계, 즉 보편성이 가장 낮은 본질은 '형상적 단일체'이다.[78] 존재론에서는 처음부터 '최상의 본질류', 즉 최상의 보편성을 얻는 것이 목적이다.[79] 최상의 본질 보편성은 "더 이상 그 위에 상위의 보편성을 지니지 않으며, 변경 방법에 의해 더 상위의 다른 보편성으로 나아갈 수 없는" 것이며, "전체 변경에서 만들어진 모든 특수한 보편성에 관념적 공통성으로서 포함되어 있는" 것이다.[80]

최상의 본질류란 다름 아닌 영역적 범주들이다. 이러한 변경에서 요구되는 것은 다만 이 변경이 "하나의 지속적인 보편자를 지니고 지속적인 통일적 일치의 종합으로 결집되는 변경"이라는 것이다.[81]

변경의 방법에서는 경험 세계의 '아프리오리한 존재적 본질 구조들'이 획득된다는 것이며, 칸트가 "가능한 경험의 아프리오리한 조건을 확정하고자" 하

---

77 《경험과 판단》, 432쪽 이하 참조.

78 《이념들 I》, 31쪽 ; 《경험과 판단》, 432쪽 이하 참조.

79 《경험과 판단》, 433쪽 참조.

80 《이념들 I》, 33쪽 이하 ; 《경험과 판단》, 432쪽 이하 참조.

81 《경험과 판단》, 434쪽.

였다면, 바로 그가 추구한 것이 그와 같은 본질 구조들이라고 한다.[82]

변경 방법의 경계선들은 후설에 의하면, 첫째 "추상적인 것의 변경은 언제나 다만 추상적인 것으로 인도한다." 즉 변경은 언제나 다만 해당하는 범주로 이행할 뿐이며, 결코 영역 전체로 나아가지는 않는다. 범주들 상호간의 연관성은 변경 방법 자체에 의해서는 발견되지 않는다. 둘째 한 영역의 범주로부터 '그 무엇 일반'이라는 형식적 범주로 이행하는 일은 변경에 의해서가 아니라, 형식화Formalisierung에 의해서, 즉 모든 대상적 · 내용적 본질의 규정 내용을 '비워 버림'에 의해서 일어난다.[83]

본질 변경 방법의 수행 성과와 경계선들을 고찰하면 다음과 같은 물음이 나온다.

(1) 변경은 존재론의 본래적 대상인 범주적 본질의 파악뿐만 아니라 본질 파악의 보편적 방법이다. 그렇다면 결국 범주와 본질 일반을 어떻게 구별하는가? 그리고 그 이상의 어떠한 본질 변경도 가능하지 않다는 것을 어떻게 확정하는가? (더 이상 변경하지 못한다는 것은 상상력이 부족한 데에 그 원인이 있을 수도 있기 때문이다.)

(2) 모든 본질 직관, 모든 명증明證도 원칙적으로는 착오일 수도 있기 때문에 내가 변경으로부터 마련한 개념들의 타당성에 대한 기준이 있는가?

(3) 만일 변경이 언제나 다만 해당 범주로만 이행하고 범주 연합체로 이행하지 않는다면, 한 개별적인 영역의 완전한 범주적 구조를 어떻게 파악할 수 있는

82 I. 케른, 앞의 책, 162쪽에서 간접 인용한 E. 후설의 수고手稿 FI 32쪽의 구절.

83 《경험과 판단》, 435쪽 참조.

가? 어떻게 우리는 한 영역 일반의 형식을 파악할 수 있는가? 즉 어떻게 영역적 존재론으로부터 형식적 존재론에 이를 수 있는가? 그리고 변경과 형식화는 서로 어떤 관계에 있는가?

(4) 만일 변경이 개별적인 영역을 넘어가지 못하고 형식화가 모든 영역의 형식적으로 공통된 구조 이상 아무 것도 밝혀내지 못한다면, 어떻게 나는 영역들 전체를 서로 완전히 분리하여 파악할 수 있는가?

(5) 각 존재론의 대상은 무엇인가? 존재자 일반인가? 우리는 형식 존재론의 지식으로 만족해야 하는가? 형식적 명제 논리학의 단순한 대상적 적용으로 만족해야 하는가? 아니면 더 나아가 하나의 '보편적인 내용적 존재론'이 있는가? 이러한 문제를 해결하기 위해서 본질 직관의 방법이 충분할까? 또 그러한 '절대적 존재론'이 단순한 하나의 존재론일 수 있는가?

위와 같은 물음들은 존재론이 순전히 그 자체를 토대로 서 있을 수 없음을 추측하게 한다. 존재의 원리에 관한 물음은 필연적으로 그 원리 이해의 가능성에 관한 물음으로 된다. 우선 소박하게 직접적으로 제기된 물음(직접 지향에서)은 그 대답 가능성에 대한 반성적 태도로 바뀌게 된다. 이와 같이 존재론은 존재론의 정초를 요구하게 되는 것이다.

4. 하르트만 존재론의 정초

4.1. 인식론에 의한 존재론의 정초

《존재론의 기초》로부터 시작하여 하르트만의 수많은 논문에서 쉽게 알아볼 수 있는 것은 존재론이 하르트만에게는 제1철학, 즉 그 자체 정초되며 다른 어떠한 정초도 필요로 하지 않는 철학의 기초 분과라는 주장이다. 이것은 이미 《인식 형이상학》에서 읽어볼 수 있다. 이 책에서 하르트만이 그 후 30년대와는 전적으로 다른 입장을 취하고 있다고 본다면 그것은 착각이다. 《인식 형이상학》에서 파악할 수 있는 제1철학의 개념을 알지 못한다면 그 후의 저서에서는 매우 오해하기 쉽게 되어 있으나 그의 견해는 시종 일관 동일한 것이다. 그의 최초의 저서 《인식 형이상학》에서 그는 이미 '존재론이 인식론에 앞섬'에 관하여 말하고 있다.[84] 이 앞섬의 의미는 장차 우리가 분석해야겠으나 《인식 형이상학》에서는 그 후의 저작과 비교할 때 확실히 이 '앞섬'을 제한하고 있으며 인식론의 우위를 인정하고 있다. 철학 체계는 그것이 지향하는 존재 체계와는 다른 위계를 갖는다고 보는 하르트만은, 철학 체계는 인식의 체계로서 인식의 법칙을 따른다고 말한다.[85] 인식은 존재자 내의 많은 관계 중에서 다만 하나의 관계에 지나지 않으며 이 존재자에 모든 인식과 철학이 향해 있음에도 불구하고 "우리가 존재자에 대하여 아는 모든 것의 타당성은 유일하게 인식의 조건들로부터 이해될" 수 있다고 한다.[86] 그러나 하르트만은 말한다. "비록 존재가 인식 작용으로부터 독립적인 것이라 하더라도 그 때문에 존재 인식이 인식의 자기 인식으로부터 독립적인 것은 아니다. 따라서 존재론적 문제는 〔…〕 인식론적 문제로 소급하는 것이 불가피하며 〔…〕", 거기에서 그 해결을 구하게 된다.[87] 하르트만은 계속하여 이렇게 주장한다. "존재론을

84 N. Hartmann, *Grundzüge einer Metaphysik der Erkenntnis*, p. 182 참조.

85 *Ibid.*, 222쪽 참조.

86 *Ibid.*, 184쪽 참조.

87 *Ibid.*

일정한 인식론적 고려 위에 세우지 않고는 인식론을 존재론 위에 정초할 수 없다. 따라서 연구의 과정에서는 인식 문제가 존재 문제의 상위에 놓인다. 그리고 이러한 의미에서 존재론은 인식론에 의존되어 있다. 이것은 인식 근거의 의존성이다."[88]

하르트만은 위의 문제와 유사한 다른 맥락에서 철학 체계는 존재 체계에 비하여 거의 반대의 길을 취한다고 말한다. 철학의 체계에서는 하르트만이 객체 분과들Objektdisziplinen이라고 부르는 인식론, 논리학, 그리고 윤리학이 토대로서 가장 넓은 분야를 차지하고, 그 둘째 자리를 원래 주체 분과Subjektdisziplin인 심리학이 차지하며, 마지막 셋째 자리를 그 대상이 즉자적으로 첫째의 것인 존재론이 차지한다.[89] 존재론의 "약간 조심스러운 진행은 〔…〕 객체 분과들의 보장된 토대로부터 출발하여 그 위에 확고히 발을 붙이고 있다."[90]

비록 철학 체계의 이러한 구조를 그 후에는 하르트만의 저서에서 찾아보지 못하고 《존재론의 기초》 이래 존재론은 '제1철학'이라고 거듭 강조됨에도 불구하고 첫 번째 저작에서 인식 근거에 대한 이 기본적인 확정은 계속 문제로 남게 된다. 《존재론의 기초》에서 하르트만은 비록 나중에 《순수이성 비판*Kritik der reinen Vernunft*》의 존재론적 전제에 관하여 언급하고는 있으나, 칸트의 《순수이성 비판》은 "그것을 명백히 하는 것이 존재 문제를 위하여 불가결한 인식론적 조건이 있다는 것"을 보여주었다고 인정하고 있다.[91] 그는 제1철학인 존재

88 *Ibid.*

89 *Ibid.*, 226쪽 참조.

90 *Ibid.*

91 N. Hartmann, "Einleitung," *Zur Grundlegung der Ontologie*, p. xi 참조.

론은 한 체계의 첫 부분은 아니다, 존재론은 존재근거의 부분이기 때문에 인식에 따라서는 첫째의 것이 아니고 존재에 따라서 첫째의 것이라고 되풀이해서 강조한다.[92] 〈독일의 새로운 존재론〉에서 하르트만은, "그 어떤 출발점으로서 믿을 수 있는 최초의 소여所與가 어디에 있는가?"라고 묻는다면, 철학적 기초학에 대한 이 물음은 "인식 전제에 대한 방법적 물음"임을 인정하나 이것이 토대 분과를 찾는 가능한 유일한 길은 아니라고 한다.[93] 인식은 "맨 나중에야 비로소 그리고 모든 다른 인식 영역들과의 의존 관계에서만 그 자체를 대상으로 삼을" 수 있으며 인식 이론은 제1철학일 수 없다고 주장한다.[94] 이 외견상 모순되는 글에서도 방법적인 의존성이나 타당성에 따른 의존성과는 전혀 다른 의존성을 의미하는 글을 찾아볼 수 있다. 하르트만은 이렇게 말한다. "존재론의 조명하에서 비로소 그 대상, 즉 인식 자체가 세계에서 차지하는 참된 위치가 나타난다."[95]

4.2. 제1철학으로서의 존재론

하르트만은 존재론이 제1철학의 기능을 한다고 강조하고 있음은 이미 앞에서 지적한 바 있다. 이제 우리가 묻지 않을 수 없는 것은 제1철학이라는 이 명칭이 무엇을 뜻하는가 하는 것이다. 《인식 형이상학》에서는 이 표현이 오직 볼프

92 *Ibid.*, 32쪽 이하 참조.

93 N. Hartmann, "Neue Ontologie in Deutschland," *Kleinere Schriften I*, Berlin, 1955, p. 57 참조.

94 N. Hartmann, "Die Erkenntnis in Lichte der Ontologie," *Kleinere Schriften I*, p. 179 참조.

95 *Ibid.*

의 철학에서 의미하는 바와 같이 사용되었다. 볼프 철학에서는 그 성과가 최상의 존재론적 또는 논리적 원리들로부터 도출되는 '종합적' 분과라는 의미의 존재론에 대한 명칭으로 사용되었다. 만일 그러한 존재론이 가능하다면, "그 이념적 체계 전체는 객체 분과들과 심리학을 포함하여 '아프리오리'한 근거로부터 연역적으로 획득될 수 있을 것이다. 그러면 그 존재론에서 보편적 제1철학이라는 오래 된 요구가 성취될 것이다."[96] 그러나 존재론은 "객체 분과들"의 확고한 토대 위에 확립되어야 하며 분석적으로 현상으로부터 출발해야 하므로 그것은 다만 최후의 철학일 수밖에 없다.[97] 이러한 용어가 "인식론에 앞선 존재론의 자연스러운 앞섬"을 배제하는 것이 아님은 이미 언급한 바 있다.[98] 인식 근거가 아니라 존재근거에 따라서 새로운 '제1철학'의 이념에 관하여 용어상으로 처음 등장하는 것은 〈비판적 존재론은 어떻게 가능한가?〉라는 논문에서이다. 그러나 제1철학이 비록 근본 문제에 있어서는 어디서나 존재론적이며 그 출발점에서 존재론적인 방향을 취하고 있다 하더라도 단순히 존재론과 같은 것은 아니라고 한다.[99] 제1철학은 존재 원리들과 인식 원리들뿐만 아니라 가치론적 원리들, 그 이상의 다른 원리 영역들도 그 대상으로 삼는 하나의 보편적 원리론 또는 범주론이라고 한다. 그리고 이 원리 영역 상호간의 관계를 규정하는 것 역시 거기에 함께 포함된다.[100]

---

96 N. Hartmann, *Grundzüge einer Metaphysik der Erkenntnis*, p. 227.

97 *Ibid.*, 221, 227쪽 참조.

98 *Ibid.*, 183쪽 참조.

99 N. Hartmann, "Wie ist kritische Ontologie überhaupt möglich?," *Kleinere Schriften III*, Berlin, 1958, pp. 275, 279 참조.

그와는 반대로 《존재론의 기초》에서는 제1철학의 개념을 오로지 존재론에만 관련시키고 있다. 하르트만은 여기서 기초 철학의 개념을 다시 배우지 않으면 안 된다고 말한다. 연구 방식에 따라서 그것은 제1의 철학적 인식이 아니라 최후의 철학적 인식, 최후의 철학이며 다른 지식 영역의 모든 연구 성과를 전제한다는 것이다.[101] 이 새로운 제1철학이란 이념이 지닌 방법적 통일성은 모든 영역에 걸쳐 "존재에 따라서 원리적인 것과 근본적인 것"이 무엇인가를 묻는 데 있다.[102]

그러나 이 물음은 어떠한 기능을 하며 어느 정도로 근본 철학적 물음일 수 있는가? 최초의 존재근거에 대한 이 물음은 정당한 형이상학적 물음에 대답할 수 있는 길을 개방한다고 《존재론의 기초》에서 말하고 있다. '형이상학적'이란 하르트만에 의하면, 불가피하나 끝까지 해결할 수는 없는 모든 영역의 '배후 문제'를 뜻한다.[103] 존재 방식, 존재 구조, 양태적 구조, 범주적 구조에 대한 물음 등 형이상학적 근본 물음의 '존재론적 부분'은 이 문제들 중에서 가장 합리적이며 가장 비형이상학적 측면으로서 필연적으로 근본적인 분과인 존재론으로 소급하게 한다.[104] 이 형이상학적 문제들이 내용적으로 어떠한 것인가 하는 것은 《인식 형이상학》에서 읽어볼 수 있다. 여기서는 특히 인식 대상의 즉자 존재와 그 파악이 중심 문제이다.[105]

---

100 *Ibid.*, 276, 302쪽 참조.

101 N. Hartmann, *Zur Grundlegung der Ontologie*, p. 32 ; *Kleiners Schriften I*, p. 56.

102 N. Hartmann, *Zur Grundlegung der Ontologie*, p. 33 ; *Kleiners Schriften I*, p. 58 참조.

103 N. Hartmann, *Zur Grundlegung der Ontologie*, p. 26 이하 참조.

104 *Ibid.*, 28, 30쪽 참조.

이러한 방향에서 나타나는 또 다른 문제는 하르트만이 존재론의 제1철학적 기능과 관련하여 제시하는 많은 설명들이다. 더 나아가서 존재론의 이러한 평가는 충분히 논쟁의 대상이 될 수 있는 배경을 갖고 있다는 것이 드러난다. 하르트만에 있어서는 존재하는 대상에 대한 비반성적 태도(직접 지향)가 존재론의 우위와 가장 밀접하게 연관되어 있다. 인식론, 논리학, 심리학과 같이 반성적 태도(반절 지향)의 분과를 기초학으로 삼는 철학은 이 태도에 몰입되어 더 이상 그로부터 벗어나지 못하며, 그 결과는 세계와 거리가 먼 비판주의, 논리주의, 방법론주의, 또는 심리학주의라고 《존재론의 기초》에서 말하고 있다.[106] 하르트만은 반절 지향의 위험을 이렇게 지적한다. 그러한 태도에서는 대상의 존재 성격이 평가될 수 없다. 따라서 인식론이 그러한 태도에서 연구해야 함에도 불구하고 불가피하게 직접 지향으로 되돌아오며 따라서 필연적으로 존재론이 된다.[107] 직접 지향으로, 그와 동시에 존재론으로 복귀함으로써 대상의 초월성을 논리주의적으로 오인하는 신칸트학파의 오류를 피할 수 있다는 것이다.[108]

《인식 형이상학》에서 하르트만은 대상이 그 대상 존재에 근거하는 것이 아니며, 그것은 하나의 존재자이다, 그리고 주체 및 의식도 하나의 존재자로서 주체와 대상간의 인식 관계는 존재 관계에 뿌리박고 있으며, 그 자체가 하나의 존재 관계라고 말한다. 이것이 원래 "인식 문제에서 존재론적인 것이 지닌 의미"이

105 N. Hartmann, *Grundzüge einer Metaphysik der Erkenntnis*, p. 15 이하 참조.

106 N. Hartmann, *Zur Grundlegung der Ontologie*, p. 46 참조.

107 N. Hartmann, "Die Erkenntnis im Lichte der Ontologie," p. 137 참조.

108 *Ibid.*, 179쪽 참조.

다.[109] 〈존재론의 조명하의 인식론〉에서는 더욱 자세하게 밝히기를, "인식은 근본적으로 하나의 실재적 관계이며 정신의 기능으로서 실재 세계에 함께 속한다"고 한다.[110] 하르트만에게는 이러한 '인식 문제에서의 존재론적인 것'이 존재론의 인식론적 정초로부터 인식론의 존재론적 정초로 전환한 이유이다. "인식 문제가 일단 존재에 이르는 통로를 개방한다면, 이 도입은 알려지지 않은 것의 알려진 것에 대한 이차적 의존임이 드러난다. 그러나 이 의존은 인식하는 오성에게만 그러할 뿐 사실은 알려지지 않은 것이 상위의 것이며 알려진 것이 이에 의존적이다. 존재근거가 기초적인 근거로서 인식 근거에 대립하여 등장하는 것이다. 〔…〕 고찰의 이 단계에서 존재론은 인식 관계를 전체적으로 그 안에 포섭하고 인식 관계를 많은 존재 관계들 중의 한 관계로 인식함으로써 인식론의 상위에 놓인다. 존재론은 당연히 높은 관점을 지닌 고찰을 가능하게 한다. 존재론은 비로소 최선의 경우에 입장을 형성하는, 즉 체계를 형성하는 것이 될 수 있다. 인식 문제로부터의 그 발전을 그 자체 내에 수용하고 존재자의 한 발전으로 지양된다."[111] 이 말에 이어서 '입장을 형성하는' 그리고 '체계를 형성하는' 것이 무슨 뜻인가를 밝힌다. 이것이 의미하는 바는 하르트만에게는 가장 중요한, 체계를 결정하는 일인 존재 문제 및 즉자 존재 문제에 대한 태도를 결정하는 일이다. 이 태도는 "모든 주관주의적, 관념론적, 그리고 합리주의적 형이상학"에 대립해 있다.[112]

---

109 N. Hartmann, *Grundzüge einer Metaphysik der Erkenntnis*, p. 182, 그리고 p. 74 이하도 참조.

110 N. Hartmann, *Kleinere Schriften I*, p. 139 참조.

111 N. Hartmann, *Grundzüge einer Metaphysik der Erkenntnis*, p. 185.

다른 곳에서는 '체계'란 말이 더 일반적인 뜻으로 사용되고 있다. 〈독일의 새로운 존재론〉에서, 철학적 기초 분과를 찾는 여러 가지 물음에 관하여 말하는 곳에서 인식 전제들에 관하여 묻는 첫 번째 물음에 이어 하르트만은 이렇게 묻고 있다. "다양하고 주어진 것에서 우리는 어떻게 통일된 조망을 가질 수 있는가?" 이것은 "궁극적으로 철학 체계에 대해 매우 널리 내다보는, 그리고 요구가 큰 물음"이다. 그리고 결국에는 '세계상의 통일성'에 대한 물음과 같은 것이 된다. 그러나 이 통일성은 "함께 직관되는 다양성의 존재적 토대에" 의존되어 있으며 세 번째로 가능한 물음인 철학적 기초학에 관한 물음이 이 토대를 목표로 한다는 것이다.[113] 따라서 양자의 물음에 대해서는 오로지 존재론만이 대답할 수 있다. 그러나 존재론은 최초의 물음(인식 전제들에 관한 물음)의 가능성과 권리 때문에 "방법적으로 절대적인 우위의 유토피아적 요구"를 포기한다.[114]

하르트만의 '제1철학'의 개념 뒤에 숨어 있는 동기 중 추가로 언급해야 할 것은, 첫째, 그가 '존재론적 입장'이라고 부르는 것의 필연성이다. 충분히 설명된 인식 개념의 내포로서 대상의 즉자 존재를 인정하지 않을 수 없다는 것, 그리고 이로부터 결과하는 존재 개념의 설명의 필요성(인식론적 의도를 성취시키기 위한 전제인)이다. 둘째, 인식 관계를 존재 관계로 해석하는 것과 인식의 존재론적 전제를 밝혀내는 것은 확실히 하나의 특수한 존재론적 과제이다.

---

112 *Ibid.*

113 N. Hartmann, *Kleinere Schriften I*, p. 57.

114 *Ibid.*, 58쪽.

그러나 여기서 인식 관계 및 인식론에 대한 존재 개념 및 존재론의 우위가 결정되는 것이 아니라, 인식 작용 자체에 대한 존재 자체의 우위가 귀결된다. 그리고 인식 근거와 존재근거의 정반대되는 관계에 대한 말은 극히 정당하다. 그러나 철학의 체계와 철학적 분과의 우위가 문제되는 경우, 인식 근거가 문제되는 것이지, 하르트만이 《인식 형이상학》에서 확고하게 고수하듯이 존재근거가 문제되는 것은 아니다.[115]

5. 후설의 구성 이론에 의한 존재론의 정초

5.1. 영역 존재론의 구성 이론적 정초

현상학적 구성 이론이 어떻게 영역 존재론을 정초할 수 있는가를 묻는다면, 첫째로 선험적 환원은 영역이 여러 가지 경험 유형의 상관자임을 밝혀낸다. 존재론과 그 방법에 관한 후설의 서술과 관련하여 우리에게 남아 있는 의문 가운데 하나도 어떻게 우리가 영역의 개념을, 그리고 세부적으로는 한 영역의 해당 기체 범주基體範疇Substratkategorie를 확정할 수 있는가, 게다가 이것을 하위 영역적 종개념들에 대비시켜, 그리고 또한 동일한 보편성의 단계에 있는 다른 영역의 영역적 개념과 대비시켜 확정할 수 있는가 하는 것이다. 예를 들어 무엇이 광물의 보편 개념에 대하여 물체의 영역적 개념을 특징짓는가? 구성 이론은 물체의 본질에 있는 절대로 완전한 명증의 산출을 목표로 하는 것은 아니다. 그러나 이 명증의 본질 구조 및 이 명증을 이루는 종합의 본질 구조를 밝힘으로써 저러한 물음에 대답할 수 있게 한다.[116]

---

115 N. Hartmann, *Grundzüge einer Metaphysik der Erkenntnis*, p. 226 이하 참조.

"지각 및 경험의 한 기본 유형인 물체 지각의 본질은 영역적 본질인 물체의 이념을 예시한다."[117] 물체의 영역적 개념은 그 아래 포섭되는 가능한 모든 대상들에게 일정한 경험 유형을 지시함으로써 하나의 형식을 지정해 주며, '이 경험 체계 내에서' 그 무엇이 경험되었다면, "그와 함께 필연적으로 하나의 대상뿐만 아니라, 하나의 연장적 존재res extensa, 하나의 물체가 정립되어 있다." "광물의 이념도 경험의 과정에 하나의 규칙을 정해 주긴 하나", 경험의 고유한 기본 유형이 아니라 개념적 규정의 규칙을 정해 준다. 광물의 개념은 다만 '사고의 방식에서' 규칙을 정한다.[118]

둘째로 선험적 환원은 영역적 태도 변경으로 인도한다. 선험적 환원은 경험 유형의 상관자인 영역을 발견할 뿐만 아니라, 경험 유형과 영역 일반의 고유한 특성과 다양성에 주목하게 한다. 근본적인 선험적 태도 변경은 우리로 하여금 태도 변경 일반으로 인도한다. 선험적 태도 변경은 우리가 소박하게 일정한 영역적 태도 또는 경험 유형에서 살면서 존재자의 일정한 영역을 절대화하는 것을 막아 준다.

셋째로 선험적 환원은 경험의 영역적 토대 부여의 상관자인 영역의 필연적인 단계를 드러낸다. 우리가 그 어떤 영역의 구성, 예를 들어 물질적 자연의 구성을 고찰해 보면, 구성의 모든 지평을 드러나게 하는 데서 반드시 그 해당 영역을 넘어서 나아가게 된다는 것을 곧 알게 된다. 물론 우리는 언제라도 구성

---

116 《성찰》, 98쪽 참조.

117 《이념들 III》, 33쪽 참조.

118 *Ibid.*

된 대상으로부터 선험적 주체로 시선을 전환할 수 있다. 그러나 초월적 · 세계적인 존재자 쪽에도 어떤 경우에나 단순한 물질적인 구성 요소가 아닌, 넓은 뜻에서 주관적인 것이 나타난다. 물체의 경험은 자극을 수용하는 자연적 주관 신체主觀身體를 전제로 하며, 더 나아가서 이 신체의 '내적 측면'인 체험하는 마음을 전제로 한다. 그러나 경험이 단순한 체험이 아니라 객관적 인식이라고 한다면, 객관성을 지닐 수 있고 자연과의 존재 연관 속에 있으며 자연은 아니나 자연을 그 하부 토대로 지니는 하나의 존재자가 정립되어 있다. 그러한 것이 의미하는 바는 이것이다. 물체 구성의 해명은 세계적 존재의 모든 다른 영역의 구성을 요구한다는 것이다. 뒤집어 보면 현실의 모든 개개의 다른 영역의 구성은 물질적 자연의 구성을 전제하고 있는 것이다. 타자의 심적인 것에 관한 경험은 오직 간접 현시Appräsentation의 방식으로만 가능하다. 간접 현시는 지시하는 신체적 표현에 의존되어 있으며 신체는 물질성을 포함한다. 자신의 심적인 것, 마찬가지로 정신적 자아의 경험도 자신의 내재적인 것을 자연적 신체에 투사함이 없이 이루어질 수는 없는 일이다.

넷째로 경험의 '모나드'적인 단계적 구성이 영역의 전면적 구성을 위한 요소이다. 우리의 세계 경험이 단순히 하나의 독아론적獨我論的 경험이 아니라, 우리들 자신의 '원초적primordial' 경험에서 여러 가지 단계적 구조를 지닌 공동주관적共同主觀的 경험과 이와 상관적으로 공동주관적으로 타당한 세계가 구성된다는 것을 고려한다면, 바로 앞서 언급한 점(자기 구성에 포함되는 자연적 내포물들)이 명백해진다. 나는 다른 주체들을 나의 환경 세계의 일부로서 구성한다. 마찬가지로 다른 주체들도 그들의 환경 세계 내의 일부로서 나를 구성한다. 그러나 나는 타자를 (그리고 타자는 나를) 단순한 객체로서가 아니라 그 자신 대상들을 가지며, 인식하며, 그리고 그것들에게 대응하는 주체로서 구성한다. 우리는 서로 감정 이입하면서 서로 이해하면서 상호간에 공통된 하나의 공동 환경 세계를 구성하도록 동기 짓는다. 이 공동의 환경 세계에 비하여 우리의 개별 주관적 환경 세계는, 우리의 위치 교환에 의해 확정할 수 있는 바와 같이, 구성하는 다양성들이며, 이것은 우리의 개인적인 환경 세계에서 갖는 단일한 국면(관점)들이 거기에서 현상하는 동일한 물체의 다양성을 의미하는 것과 같다. 나는 '직접적인 고찰'에서 발견하는 나와 '타인이 나에 관하여 표상하는 나'를 동일화함으로써 공동주관적으로 경험될 수 있는, 상호 이해적인, 그리고, 신체적 · 정신적인 단일체로서 나를 이 의사소통적 환경 세계kommunikative Umwelt 내에 편입시킨다. 이것은 우리의 주제와 관련하여 매우 중요하다. 공동주관성은 이제 세계 경험의 단지 우연적인 사실이 아니라 객관적이며 보편타당한 경험이라는 의미를 요구하므로, 상호 감정 이입과 상호 이해의 가능성은 실재적 존재의 모든 영역의 구성뿐만 아니라 실재적인 세계 부분으로서의 자기 구성을 포함한다. 그러나 이것이 의미하는 바는, 세계 경험의 현상학적 가능 조건으로 현상학적 환원을 하는 것은 "주어진 객관적 세계의 사실적 보편 구조", 그 영역적 구조가 '본질 필연성'임을 드러내 보여주고 있다.[119]

우리는 앞에서 존재론의 구성 이론적 정초를 위해 특별히 드러나는 몇 가지 계기들, 그것도 각 영역 전체와 영역들 상호간의 연관성에 관련된 계기들만을 살펴보았다. 후설은 선험적 구상으로 환원하는 것이 형상적 연구와 특히 범주

119 《성찰》, 164쪽 참조.

적 개별 연구를 위해서도 중요한 일을 수행할 수 있다는 확신을 가지고 있다. 이 확신은 두 가지로 요약할 수 있다. 첫째로 만일 우리가 구성적인 현상학적 '본질 상관자들'도 거기에 속하는 "본질 가능성과 본질 필연성을 지닌 모든 것을 지배한다면", 즉 명확히 한다면 비로소 사태 자체의 본질이 모든 측면에 따라 명증을 지니고 나타날 것이다.[120] 예를 들어 만일 우리가 공간성이 공간적 물체 일반의 경험에 대하여 무엇을 의미하는가를 명확히 하는 경우에만, 또한 하나의 공간 물체는 그때그때의 방향에서만, 그때그때의 측면으로부터 음영陰影에서만 나타날 수 있다는 것을 명백히 한다면, 그리고 물체의 구성은 다양한 현상들을 무한히 동일화하는 종합으로서 수행된다는 것을 명백히 하는 경우에만 우리는 실재적 공간성의 본질을 완전히 파악할 수 있다.[121] 단순한 존재론의 정태적 시각에서는 대상이 구성적 의식 흐름의 종합적 단일체임을 발견하는 그러한 발생적 계기들은 전혀 고려되지 않는다.[122]

둘째로 현상학은 '노에시스'뿐만 아니라, 의식에 함께 속하는 '노에마'들도 연구하므로 존재론의 개념에 대하여 비판적 설명의 기능을 갖는다. 다시 말하면 현상학은 우선 이 개념들의 개념적 의미를 설명하고(정의 문제) 이 개념적 의미를 이 개념들의 토대로 되어 있는 직관 '노에마'에 따라 검토한다.[123] 따라서 현상학의 구성 이론이 존재론적 개념들을 연구의 '현상학적 실마리'로 삼는다는 말은 그것을 이미 설명되고 이해된 대로 무조건 채용하는 것이 아니라

120 《이념들 III》, 129쪽 ; 《제1철학 II》, 227쪽 참조.

121 《이념들 I》, 370쪽 참조.

122 《이념들 III》, 129쪽 참조.

123 이러한 설명의 방법적 절차에 관해서는 같은 책, 93쪽 이하 참조.

구성 이론의 상관관계적 검토의 단서로 삼는다는 뜻임을 알 수 있다. 그러나 이 문제는 나중에 좀 더 고찰해 보아야 할 것이다.[124]

5.2. 선험 현상학의 구성 이론에 의한 존재론 일반의 정초

앞서 제시한 영역적 존재론의 그러한 정초가 충분한가를 묻기 전에 선험 현상학이 존재론 일반을 정초할 수 있는가 그리고 정초할 수 있다면 어느 정도로 할 수 있는가를 살펴보아야 한다. 만일 이것을 할 수 있다면 선험 현상학은 후설이 《형식논리학과 선험 논리학》의 몇 군데에서 요구하고 있는 저 절대적 존재론일 것이다.[125] 이 절대적 존재론이야말로 후설에 의하면, 존재 일반이 무엇인가를 그리고 실재적 존재자들과 관념적 존재자들을 포괄하는 모든 존재자들의 전체 연관을 체계적으로 인식하게 하는 존재론이다.[126] 사실상 《데카르트적 성찰》에서 후설은 '체계적으로 완전히 발전된 선험 현상학'을 '참된 진정한 보편적 존재론'이라고 부르고 있다.[127] 이 절대적 존재론, 즉 현상학은 선험적 관념론이라고 부르는 데서 그 절정을 이룬다. 선험적 관념론은 무엇을 의미하는가? 우선 소극적으로 보면, 후설은 그의 선험적 관념론을 칸트의 그것으로부터 구별짓는다. 후설에게는 원칙적으로 인식될 수 없는 '물 자체'란 없다. '단순한' 현상과 의식이 상관자가 아니라 존재와 의식이 상관자이다. 현상하는 물체는 현상하는 물 자체이다. 현상하는 물체가 물 자체이며 초월자라는

---

124 이 문제에 대해서는 아래 6.2. '후설의 구성 이론에 대한 비판과 결론'을 참조.

125 《논리학》, 177, 183쪽 참조.

126 *Ibid.*, 177쪽 참조.

127 《성찰》, 181쪽.

사실은, 그러나 그 초월자가, 그리고 어떠한 초월자의 의미도 선험적 의식에서 구성된다는 설명에 모순되는 것이 전혀 아니다. 이 선험적 관념론은 "무의미한 감각 자료로부터 의미 있는 세계를 도출하는", 따라서 실재적 세계 부분으로부터 다른 나머지의 실재적 존재자를 설명하려 하는 심리학적 관념론은 물론 아니다.[128] 존재자의 '즉자의 의미'는 의식의 명증들을 지시하긴 하나, 체험 사실의 명증이 아니라 선험적 의식에 근거를 둔 '잠재성들'을 지시하고 있는 것이다.[129]

후설의 《이념들》 후기에 따르면, 이 선험적 관념론은 그 어떤 실재론과의 '변증법적 투쟁'에서 등장하는 것도 아니다.[130] "세계가 존재한다는 것은 전적으로 확실하다. 그러나 이 삶과 실증 과학을 유지시키는 확실성을 이해하는 것, 그리고 그 권리 근거를 밝히는 것은 전혀 다른 문제"라고 한다.[131] 오로지 존재자의 즉자성에 계속 의존하지 않고 이 존재자의 의미를 '우리에 대한 존재'로 이해하는 것이 바로 선험적 관념론의 과제이다.

즉자적 존재자들의 존재, 특히 세계의 존재가 이 존재자의 의미 또는 존재의 구성을 원래부터 결코 포함하지 않지만, 선험적 의식은 그 구성을 수행하는 성과에 의하여 존재자의 전체를 포괄하므로 후설은 이를 선험적 주관성이라고 부르며, 이것은 결국에는 선험적 공동주관성으로 밝혀진다. 따라서 선험적 주관성은 '최초의 즉자 존재', 즉 모든 세계적인 대상들의 구성을 위해서는

---

128 *Ibid.*, 118쪽.

129 *Ibid.*, 96쪽.

130 *Ibid.*, 118쪽.

131 《이념들 III》, 152쪽 이하.

그것의 구성이 이미 전제되어야 하는 존재이다.[132] 그러나 이 존재의 절대성은, 선험적 주체가 "존재하는 대상", 궁극적으로는 "존재하는 것으로 밝혀지는 세계 대상들과 관련해서만 원래의 존재"라는 주장과 모순되는 것은 아니다.[133]

6. 비판과 결론

이상의 논의에서 우리가 이미 이끌어 낸 결론은 존재론은 그 자체를 정초할 수 없을 뿐만 아니라, 인식론도 존재론에 의해서는 결코 그 궁극적인 정초를 받을 수 없다는 것, 그리고 존재론은 오히려 현상학의 구성 이론에 의해서만 정초될 수 있다는 것이다. 그러나 존재론을 완전히 정초할 수 있다는 구성 이론은 과연 어느 정도로 철저한가? 이 문제를 좀더 살펴보기 위해서는 우선 하르트만이 존재론은 그 자체를 정초할 수 있는 '제1철학'임을 주장하는 데서 보여주는 난점을 명확히 함으로써 존재론의 구성 이론적 정초가 갖는 철학적 철저성을 비교해 볼 수 있다.

6.1. 하르트만의 존재론에 대한 비판과 결론

제1철학으로서의 존재론에 대한 하르트만의 논증을 조망한다면 세 가지 밀접하게 연관된 의도를 밝혀낼 수 있다. 하르트만의 도전적 논의로부터 가장 쉽게 이해할 수 있는 것은 인식 대상의 즉자 존재를 확보하려는 그의 의도이다. 이것

132 《성찰》, 182쪽.

133 *Ibid.*, 99쪽.

이 그에게는 가장 일차적인 주장일 것이다. 이 주장에 이어서 주체의 존재 성격에 대한 주장, 그리고 인식 관계는 존재 관계라는 주장이 뒤따른다. 이 다소 특수한 주장에 하나의 보편적인 성격을 부여하려고 시도하는데, 그것이 세 번째 의도이다. 즉 존재자의 관점으로 보아 "철학적 연구의 전 대상 영역의 (존재적으로) 최초의 객관적인 토대"라는 개념에서, 그리고 이론의 관점으로 보아 '세계상의 통일성'에 관한 말에서 보편적인 성격을 부여하려고 시도한다. 그리고 이것을 할 수 있는 것은 오직 존재론뿐이라는 것이다.[134] 형이상학적 문제의 존재론적 부분에 관한 일반적인 주장은 이 세 가지 의도를 배경으로 하고 있다.

첫 번째 의도가 그 자체로 보아서는 전적으로 정당하고 하르트만의 철학적 상황으로 보아 매우 성과 있는 의도인 데 반하여 두 번째 의도와 관련해서는 여러 가지 물음이 제기되지 않을 수 없다. 첫째, 인식 관계는 하나의 존재 관계라고 말할 수도 있다. 그러나 그것이 전적으로 존재 관계인가, 더욱이 단지 많은 존재 관계 중의 하나의 존재 관계에 지나지 않는 것인가 하는 의문이 생긴다. 둘째, 과연 존재론은 인식 관계를 전체적으로 그 자체 안에 포섭할 수 있는가? 셋째, 인식 문제로부터의 존재론의 발전이 존재론 그 자체에서 뿐만 아니라 존재자의 발전으로 지양된다는 것은 무슨 뜻인가?[135] 넷째 존재론의 어떠한 우위가 이러한 주장을 모두 정당화할 수 있는가?

우선 우리는 첫 번째 물음을 좀더 자세히 고찰해 보아야 하겠다. 세 번째

---

134 N. Hartmann, *Kleinere Schriften I*, p. 57 이하 참조.

135 N. Hartmann, *Grundzüge einer Metaphysik der Erkenntnis*, p. 185에 있는 글을 말함.

주장이 이 물음과 관련되어 있다. 인식 관계를 존재 관계에 완전히 포섭시키는 일은 《인식 형이상학》 내에서 일관되지 않은 많은 서술과 분석 때문에 논쟁을 더욱 날카롭게 만든다. 하르트만은 이 포섭으로부터 매우 기묘한 결론을 이끌어 내고 있다. 〈존재론의 조명하의 인식론〉에 의하면 주체와 객체는 더 이상 상관적인 관계항들로 이해될 수 없다. 왜냐하면 존재자에게는 대상으로 되는 것이 이차적인 것이며 주체로서의 인간은 "이 세계의 뒤늦은 산물"이 되기 때문이다.[136] 이제 존재자가 그 자체로서는 대상이 아니며 주체로서의 인간은 하나의 매우 뒤늦은 산물이라면, 이 이해로부터 존재자의 대상 존재가 무엇이며 인식 관계가 무엇인지 그리고 인간을 주체로 만들어 주는 것은 무엇인가 하는 것이 이해될 수 있는가?

《존재론의 새로운 길*Neue Wege der Ontologie*》에서 하르트만은 주체 객체의 간격이 존재론에 의해서 어떻게 다리가 놓이는가를 암시하고 있다. 주체와 객체는 존재 형성체로서 다만 매우 다른 높이의 존재 단계를 지닌 것일 뿐이다. 새로운 존재론에서는 "영역의 절대적으로 여겨지는 대립에 대신하여 〔…〕 존재 계층들의 단계적 차이"가 등장한다.[137] 그리고 주체와 객체 사이의 간격은 높이가 다른 존재 계층 사이의 간격보다 더 크지는 않다고 한다. 따라서 인식 관계는 계층 관계로 된다. 다만 인식 관계는 '정신적 존재에의 귀속'으로서 인식이라는 최초의 기능 외에 인식의 '존재론적으로 중립적인 파악'이라고 부르는, '대상적 존재자에의 부속'이라는 기능으로서 등장한다.[138] 정신의 세계가 지각의

136 N. Hartmann, *Kleinere Schriften I*, p. 131 참조.

137 N. Hartmann, *Neue Wege der Ontologie*, p. 108.

인식과 개념적 인식이라는 단계적 구조로 나누어지는 것은 '부속의 근본적인 차이'에 기인하는 것이다. 지각은 일정한 신체적 감각에 부속되어 있고 개념적 파악은 존재자의 보편적인 것에 결부되어 있다. 그 때문에 후자의 부속은 결국 범주에 달려 있다고 하르트만은 설명한다.[139] 하르트만이 '직관 범주'라고 말함에도 불구하도 어떤 이유로 지각에는 동일한 것이 해당되지 않는지 분명하지 않다. 그러나 흥미 있는 것은 인식에서의 범주적 관계의 존재론적 해석이다. 사고는 인식 범주가 존재 범주와 일치하는 한에서만 존재자에 적중할 수 있다는 것이다. 그것은 존재론적으로는 낮은 층의 존재 범주가 인식하는 정신의 구조로 복귀하는 것을 의미한다.[140] 이렇게 계산하는 오성에서 양의 범주들이, 자연 인식에서 공간성, 시간성, 인과성 등의 범주가 복귀한다.[141] 인식 원리들은 '인식하는 정신의 존재 원리들'이다. 이 복귀는 다만 "높은 존재층으로 낮은 존재층이 관통하는 한 특수한 경우"이며 낮은 범주들은 다만 정신의 '내용 범주'로서 '인식 형성물의 구조적 계기'로 나타날 뿐이다.[142] 계층 법칙들이 요구하는 바와 같이 여기서도 복귀에서의 변경이 있어, 예를 들어 직관 공간은 실재 공간에 비하여 '원근법적 변형'을 보여준다.[143]

그러나 여기서 제기되는 근본적인 물음은 인식의 이 존재론적 '중화中和',

---

138 귀속歸屬Zugehörigkeit과 부속附屬Zuordnung은 하르트만이 사용하는 특수한 용어이다. 이에 대해서는 *ibid.*, 109쪽 이하 참조.

139 *Ibid.*, 110쪽 이하 참조.

140 복귀란 낮은 층의 범주가 높은 층에서 다시 나타나는 것을 말한다.

141 N. Hartmann, *Neue Wege der Ontologie*, p. 111 참조.

142 *Ibid.*, 111쪽 이하 참조.

143 *Ibid.*, 112쪽.

인식 원리들을 존재 원리로 편입시키는 이 편입으로 얻는 것이 무엇인가 하는 것이다. 여기서 중심되는 문제는 인식의 중화이지만 그것이 인식 자체의 특성을 파악하도록 해주지는 못한다는 것을 하르트만도 인정한다. 그러나 가장 뚜렷한 특성인 인식의 고유한 의미가 파악되지 않는다면 정신적 존재를 더 잘 이해한다는 것도 기대할 수 없다. 그렇다면 이 토대 위에서 인식 문제의 해결이 가능한가, 그리고 주체와 객체 간에 다리를 놓는다는 것은 무엇을 의미하는 것인가? 인식 원리와 존재 원리를 내용적으로 비교하는 일은 필요할는지도 모른다. 그러나 그것으로 인식 원리와 존재 원리의 본질이 전반적으로 파악된 것은 아니다. 인식과 관련해서도 낮은 층의 범주에 상응하는 것이 높은 층에 있는 경우 그것을 복귀라고 말할 수 있을지 모른다. 그러나 그것이 과연 존재론적 복귀와 동일한 경우를 나타내는 것일까? 문제의 핵심은 '부속'이라는 중립적인 표현과 오직 인식론적으로만 설명 가능한 '내용 범주'와 '인식 형성체'라는 표현에 숨어 있는 것이 아닐까?

그러나 이것은 존재론이 인식 관계를 전체적으로 그 자체 안에 포섭할 수 없음을 의미한다. 따라서 철학적 연구 대상 영역이 지닌 최초의 객관적 토대를 연구하고 철학 체계와 세계상의 통일성을 보증한다는 하르트만 존재론의 요구는 의문스럽게 된다. 존재론이 연구하는 최초의 존재근거들은 어떤 관점에서는 모든 대상 영역의 필요조건일는지 모르나 모든 대상 영역들을 연구하고 규정하는 충분조건은 결코 아니다.

끝으로, 모든 다른 주장이 그것으로 소급하는 확고한 주장인 존재 성격에 대한 주장, 대상의 즉자 존재성에 대한 주장이 남아 있다. 그것이 정당화될 수 있는가, 그리고 어느 정도로 그것이 존재론의 우위를 정당화할 수 있는가?

《존재론의 새로운 길》에서 하르트만은 인식론적 반성은 "대상으로서, 그리고 또한 반성의 토대로서 근원적이며 자연적인 인식을 전제"하며, 따라서 인식론적 반성은 "존재론적 태도를 이미 전제하고 있다. 왜냐하면 후자는 자연적인 태도와 같이 비반성적이며 그 직선적인 지속을 나타내고 있기 때문이다."[144] 여기서 만일 '자연적' 태도와 '존재론적' 태도가 단순히 동일시될 수 없다면, 이 주장은 증명할 수 없는 한 가지를 전제하고 있다. 즉 '근원적인, 그리고 자연적인 인식'으로부터 인식론적 반성으로 나아가는 길은 반드시 존재론으로 넘어간다는 것이다. 반성이 하나의 비반성적 대상 관계를 사실상 전제하고 있다는 것은 이미 반성의 개념으로부터 밝혀진다. 그리고 자연적인 인식이 대상을 즉자적으로 존재하는 것으로 고려한다는 것은 전혀 놀라운 일이 아니다. 그것은 오히려 그 자체 내에 이미 이론적으로 근본적인 의미를 지니고 있다. 그러나 이 자연적인 인식 태도는 비록 존재론이 마찬가지로 직접 지향에서 연구한다고는 하지만, 결코 원리 인식을 목표로 하는 하나의 철학적 태도는 아니다.

핵심적인 물음은 이것이다. 어떻게 그리고 어떤 분과에서 대상의 저 존재성격을 보증할 수 있는가? 하르트만은 《인식 형이상학》에서 이 목적을 위하여 "존재론적 기초"라는 부제 아래 별도로 논의하고 있다. 그러나 큰 제목은 "인식의 대상"이라고 되어 있다.[145] 대상에 관한 이론은 존재론이 아니라는 것은 하르트만이 대상의 존재를 존재자의 존재에 비하여 이차적인 것으로 그

144 *Ibid.*, 107쪽.

145 N. Hartmann, *Grundzüge einer Metaphysik der Erkenntnis*, p. 182 참조.

자격을 부여하는 데서 드러난다. 그러나 만일 《인식 형이상학》의 "존재론적 부분"(제3부)이 인식 대상의 문제로부터 출발해야 한다면, 존재 문제에 이르는 자연스러운 통로가 대상 문제에 있다면, 그리고 만일 대상 문제가 인식 문제에서 표본이라고 불리어진다면, 대상 문제는 명백히 인식 문제의 한 부분이며, 따라서 인식론적 해명이 존재론적 문제에 이르는 통로이며 그 전제일 것이다. 그렇다면 앞서 주장된 바와 같이, 이 저서의 존재론적 부분은 인식론적 문제의 기초는 아니다.[146] 이 제3부의 부제 "존재론적 기초"는 그 큰 제목인 "인식의 대상"과도 모순된다. 사실 이 제3부는 내용적으로도 인식론의 존재론적 정초라기보다는 오히려 존재론의 인식론적 정초이다.[147] "우리가 존재자에 관하여 아는 모든 것의 타당성은 오로지 인식의 조건으로부터 이해될 수" 있다는 것, 존재론적 문제는 '그 결정과 해답'을 인식론적 문제에서 찾는다는 것은 바로 즉자 존재의 문제에도 해당되는 말이다.[148] 그 이유는, 인식 작용의 개념으로부터 존재(즉자 존재) 개념이 필연적으로 산출되는 반면에 존재 개념의 어떠한 내용으로부터도 인식 작용의 개념은 산출되지 않기 때문이다.

6.2. 후설의 구성 이론에 대한 비판과 결론

선험 현상학에 의한 존재론의 정초가 필연적임은, 의식에 대해서는 모든 존재가 상대적이라는 것, 그리고 존재는 존재 인식 자체의 가능성이 이해될 때만 인식될 수 있다는 사실에 근거한다. 그러한 정초가 충분한지 어떤지를 검토해

146 *Ibid.*, 183쪽 이하 참조.

147 *Ibid.*, 182쪽 이하 참조.

148 *Ibid.*, 184쪽.

보자. 존재론의 서술 후에 우리가 제기한 물음에 대하여 구성 이론으로부터 이끌어 낼 수 있는 대답을 요약해 보면 다음과 같다.[149]

(1) 경험 방식으로 소급함으로써 개별적인 영역들을 파악하고 본질 개념(범주)들을 그들 아래에 놓여 있는 것으로부터 구별할 수 있다.

(2) 구성의 필연적인 단계적 구조는 영역들 간의 필연적인 전면적 연관성을 보여준다.

(3) 후설의 선험적 관념론은 존재란 무엇인가 하는 물음에 대하여 결정적인 대답을 시도한다. 존재는 그것이 '즉자적'임에도 불구하고 선험적 의식의 상관자이다.

그러나 우리의 물음 중 적어도 두 가지에 대해서는 대답을 얻지 못하였다. 즉 존재론적 개념들의 타당성 기준에 대한 물음과 변경과 형식화, 즉 이것을 통하여 우리가 영역 존재론에서 형식 존재론에 도달하는 형식화 사이의 관계에 대한 물음이 그것이다. 이 물음에 대한 대답에 접근하기 위하여 지금까지 서술한 존재론의 선험 현상학적 정초의 의미를 되돌아보도록 하자.

후설은 현상학의 존재론적 개념들은 연구의 실마리가 된다고 말한다. 《이념들 III》에서는 심지어 이렇게 말한다. "존재론적 공리들은 현상학에서의 개념의 정당한 사용에 대한 기준일 수 있다. 비록 환원의 그러한 월경越境은 오직 현상학만이 할 수 있다 하더라도."[150] 여기서 제기되는 물음은 이것이다. 존재

---

149 앞서 제기한 물음이란 앞의 3. '후설의 존재론과 그 대상' 끝 부분에서 제기한 다섯 가지 물음을 말함.

150 《이념들 III》, 89쪽.

론이 실마리를 제공하는 구성 이론적 정초란 어떤 종류의 것인가? 어떠한 관점에서 존재론적 공리들은 현상학적 연구를 위한 기준일 수 있는가? 이 기준으로서의 기능에 대한 선험 현상학적 정초는 구성 이론과 같은 의미의 정초인가? 존재론적 공리가 구성 이론적 진술에 대한 기준일 수 있다고 한다면, 그것은 어떤 경우에나 이 진술에 앞서 그리고 이 진술과는 독립적으로 이미 그 어떤 하나의 권리를 갖지 않으면 안 된다. 후설에 의하면 존재론적 원리와 마찬가지로 본질 직관의 직접적 명증으로부터 마련된 원리들도 하나의 직접적 권리를 지닌다. 나중에 오는 새로운 명증은 앞서 지나간 것이 착각임을 밝혀낼 수 있다. 그러나 그것(새로운 명증) 역시 다시금 하나의 명증일 뿐이다. 따라서 명증의 구성 이론에서 후설에게 중요한 것은 기준과는 다른 어떤 것을 대립시키는 것이 아니라 명증을 완전하게 하는 것, 확대하는 것, 명증들을 체계화하는 것, 하나의 대상을 전면적(구체적)으로 파악하는 것이다. 후설에 의하면 소박한 명증의 불명확성은 세계의 즉자 존재를 절대화하고 존재의 의미가 선험적 공동주관성에서는 다만 상대적인 것으로 파악될 수 있음을 보지 못함으로써 "즉자 존재 및 그것을 설명하는 존재론적 원리들에 잘못된 의미를 부여하는 결과를 가져온다."[151]

따라서 구성 이론은 원래 "그것이 타당한지 어떤지"를 묻는 것이 아니라, "그러한 타당성이 어떠한 의미를, 그리고 어떤 효력 범위를 가질 수 있는가를" 묻는다.[152] '아프리오리'한 학문들의 현상학적 정초는 원래 권리 부여가 아니

151 I. 케른, 앞의 책, 186쪽.

152 《심리학》, 265쪽.

라 존재론적 인식이 지닌 권리의 설명, 구체적인 규정, 추상적 명증을 그것을 수행하는 근거로 소급함으로써 그 권리를 완전히 하는 것이다.[153]

그러나 그것으로 충분한가? 존재론적 기본 개념과 기본 명제의 '의미와 효력 범위'에 대한 물음이 아무리 근본적이라 하더라도 그 타당성에 대해서도 물어야 할 것이다. 그리고 이 물음은 후설의 명증론으로는 아직 대답되었다고 할 수 없다. 명증은 그 본질상 '노에마'적 영역의 기준들, 근거들을 이미 전제하기 때문이다. 이제 문제는 그러한 기준, 근거들의 노에마적 타당성이 어떻게 정초될 수 있는가 하는 것이다. 그리고 이 '노에마'적 타당성의 정초는 존재론의 형식적 '아프리오리'의 타당성을 정초하는 일과 내용적 '아프리오리'의 타당성을 정초하는 두 가지 방향에서 이루어져야 한다.

후설 자신 이미 본질 변경의 방법은 형식적 '아프리오리'에까지 이르게 하지 못한다는 것을 알았다. 왜냐하면 거기에는 어떤 내용적 불변체도 직관에게 남아 있지 않기 때문이다. 이제 만일 형식 존재론적 원리들이 형식적 명제 논리학과 일관된 상관관계에 있는, "가능한 존재 세계 일반의 형식 이념의 형식적 제한들"이라면, 내용적 영역의 본질 변경은 처음부터 형식논리학과 존재론의 법칙 하에 있으며, 따라서 그 '노에마'의 변경은 그 타당성의 형식적 기준들을 지닌다는 것을 의미한다.[154] 그러므로 후설은 '인식의 원천'으로 소급하는 일을 두 단계로 나누고 있다. 첫째는, '논리적 원천들', '논리적 시초와 원리들', 둘째는, '이 원리들에서 진술된 객관적인 것의 구성에 대한 선험 현상학적 연

---

153 I. 케른, 앞의 책, 186쪽.

154 《성찰》, 180쪽.

구'로 소급하는 것이다.[155]

내용적 '아프리오리'의 형식화란 모든 내용적 인식을 그 형식적인 가능 조건으로 소급하는 것 이외에 다른 것이 아니다. 다시 말하여 내용적 존재론의 '노에마'들의 형식적 조건들이 형식 존재론과 형식논리학에서 발견된다는 것이다.

다른 한편 내용적 '아프리오리'도 내용적인 것으로서 '노에마'적 정초를 요구하게 된다. 우리는 그러한 정초의 시도를 칸트의 《순수이성 비판》으로부터 잘 알고 있다. 후설도 이러한 칸트적 방법을 그의 수고手稿에서 자주 정당한 방법이라고 서술하고 있다. 이 방법의 토대로 되어 있는 '독창적인 소급적 문제 제기'를 후설은 이렇게 표현한다. "가능한 경험의 종합에서 모든 인식하는 자에게 하나의 동일한 것으로 인식될 수 있어야 할 하나의 객관적 세계(하나의 자연) 일반은 어떠한 개념 형식들Begriffsformen과 법칙 형식들Gesetzesformen 하에 있어야 하는가…?"[156] 따라서 이것은 경험의 '노에마'적 가능 조건에 관한 물음이다. 이 물음을 존재론적으로 의미 깊게 해주는 것은 경험의 가능 조건 일반은 동시에 경험 대상의 가능 조건이 된다는 칸트의 "모든 '아프리오리'한 종합 판단들의 최상의 기본 명제"이다.[157]

그러나 이제 이러한 유형의 정초가 한편으로 후설 자신의 존재론의 이념과 어떤 관계에 있으며, 다른 한편으로 그의 선험 현상학의 이념과 어떤 관계에 있는가? 이에 대해서는 세 가지 가능성을 생각해 볼 수 있다.

---

155 《제1철학 I》, 382쪽.

156 *Ibid.*, 280쪽 이하.

157 I. 케른, 앞의 책, 164쪽 이하.

(1) 칸트의 '소급적 문제 제기'(선험 논리학적 문제 제기)는 원래 형상적 변경 방법에 함께 속한다. 이러한 추측에 대해서는 케른이 말하고 있으며, 후설 자신의 저서로부터는 정확히 찾아낼 수 없다.[158]

(2) 선험 논리학은 순수 선험 '노에시스'론이 되는 선험 현상학적 정초 외에도 그 자체의 존재론을 정초하는 분과이다. 그러나 이러한 자체의 분과에 관해 후설은 어디서도 말하지 않는다.

(3) 선험 논리학적 물음은 본질적으로 선험 현상학에 속한다. 사실상 후설은 그의 수고에서 진정한 선험적 감성론과 분석론의 문제를 선험 현상학적 물음이라고 부르고 있다.[159] 후설의 선험적 '노에시스'론이 칸트의 선험 논리학과 마찬가지로 '최상의 기본 명제' 위에 기초하고 있다는 것은 도외시하고라도 존재론의 '궁극적' 정초라는 선험 현상학의 요구는 선험 논리학적 문제를 포함하지 않을 수 없다.

그러나 후설이 선험 현상학을 서술한다면, 왜 선험 논리적 정초에 관해서는 말하지 않는가 하는 의문이 생긴다. 후설은 "궁극 학문적이지 못한 정초의 징표로 간주될 수 있는 칸트의 이론이 지닌 심각한 불명확성"의 이유를 이렇게 본다. "칸트는 볼프의 존재론으로부터 출발하여 선험적 태도에서도 존재론적 관심에만 머물러 있었다"는 것이다.[160] 다시 말하여 칸트는 오로지 '노에마'적인 관심에만 머물러 있었다는 것이다. 후설은 말하기를, "선험 논리학은 오직

---

158 *Ibid.*, 174쪽 참조.

159 《제1철학 I》, 388쪽.

160 *Ibid.*, 281쪽.

선험적 '노에시스'론에서만 가능하다." 그리고 칸트는 선험적 '노에시스'론(《순수이성 비판》 제1판의 선험적 영역)이 원래의 이성 비판에서는 없어도 되는 것으로 여겼다고 비난한다.[161] 그러나 선험적 '노에시스'론 역시 상관적으로 선험 논리학 없이는 불가능한 것이 아닐까? 이 문제는 더 깊이 있는 연구가 필요할 것이다.

161 *Ibid.*

II. 윤리와 사회

현상학적 윤리학*

후설의 순수 윤리학의 이념을 중심으로

序論

에드문트 후설E. Husserl에게도 윤리학이 있는가? 만일 후설을 한 사람의 윤리학자라고 부른다면, 우선은 걸맞지 않은 인상을 줄 것이다. 그의 선험 현상학의 기본목표는 철학을 진정한 보편학으로서 수립하는 것이었으며, 이를 위한 구체적인 주제들은 주로 인식론적인 문제들이었다. 후설만큼 자신의 철학적 생애 전체를 인식의 보편적 원리와 진리 문제에 바친 철학자도 드물 것이다. 칸트I. Kant와 비교해 보면, 후설은 근본적으로는 칸트의 《순수이성 비판》에서 제기되는 문제들에만 몰두하였다고 보는 것이 일반적인 통념이다. 즉, 후설은 어디까지나 인식론자였다는 것이 상식이다.

후설의 선험 현상학을 연구하는 사람이 내심 아쉽게 여기는 것은 칸트와 1세기를 격한 시대의 철학자인 후설이 이론철학의 문제에 있어서는 칸트로부

---

* 《현상학의 전개》, 철학과 현상학 연구 제3집, 한국현상학회 편, 1988.

터 훨씬 더 나아가고 있음에도 불구하고 칸트의 《실천이성 비판》이나 《도덕 형이상학》과 같이 실천철학적 문제를 체계적으로 연구한 저서가 한 권도 없다는 점이다. 후설이 그의 스승 브렌타노F. Brentano로부터 인식론적인 문제와 함께 윤리학적 사상을 또한 영향 받았을 것임이 틀림없음에도 불구하고, 그리고 후설로부터 많은 영향을 받은 셸러Max Scheler가 1913년 《윤리학에서의 형식주의와 실질적 가치윤리학》을, 그 후 1925년 역시 현상학의 영향을 크게 받은 하르트만N. Hartmann이 또한 《윤리학》을 출판하였음에도 불구하고, 후설자신은 그의 생애 중 단 한편의 윤리학 논문도 발표한 적이 없는 것 같다.[1]

이러한 상황에 비추어 보아 후설의 윤리학적 이론에 관한 연구가 오늘날까지 두 편의 논문도 되지 않음은 놀랄 것이 못 된다. 필자는 로트A. Roth의 〈에드문트 후설의 윤리 연구〉가 이 방면의 유일한 연구논문인 것으로 알고 있다.[2] 로트의 이 논문은 후설이 유고로 남긴 강의록 중 윤리학에 의한 강의록을 자료로 후설의 윤리학적 연구를 체계적으로 재구성해 보려고 시도한 것이다.[3]

---

1 M. Scheler, *Der Formalismus in der Ethik und die materiale Wertethik*, 1913(이하 《가치윤리학》으로 약함) ; N. Hartmann, *Ethik*, 1925 ; F. Brentano는 1889년 《도덕적 인식의 원천에 관하여*Von Ursprung sittlicher Erkenntnis*》를 출판하였으며, 그의 윤리학 강의록은 1952년 《윤리학의 정초定礎와 구조*Grundlegung und Aufbau der Ethik*》라는 제목으로 브렌타노 사후 출판되었음.

2 A. Roth의 논문 "Edmund Husserls ethische Untersuchungen"은 원래 박사학위논문Dissertation으로서 1960년 Martinus Nijhoff 출판사에 의해 *Phaenomenologica* 제7권으로 출판되었음. 이 논문 외에 출판되지 않은 학위논문 중 같은 주제를 다룬 것이 있을는지는 모르나 아직까지 알려진 것은 없는 것으로 보인다.

3 윤리학에 관한 후설의 강의록은 후설문고의 분류번호 FI의 11, 14, 20, 21, 23, 24, 그리고 28에 있는 것으로서 현재 루뱅대학교 후설문고의 연구원 Ulrich Melle 박사가 《후설전집*Husserliana*》의 한 권으로 출판하기 위해 정리작업 중이다. 이 책이 나오면 아마

후설문고에 보관되어 있는 자료에 의하면, 후설이 할레Halle대학에서 강사로서 강의할 당시 그리고, 《산술철학*Philosophie der Arithmetik*》을 출판할 당시인 1889년부터 이미 윤리학을 강의하고 있었으며, 그 후 1924년(정년퇴직 5년 전)에 이르기까지 윤리학 일반에 관하여 그리고 특히, 칸트의 윤리학을 많이 다루고 있음을 볼 수 있다.[4]

후설의 수고를 타자한 것으로도 수천 장에 이르는 이 방대한 강의록이, 후설전집이 간행되기 시작한 지 36년이 지난 오늘날까지도 아직 햇빛을 보지 못하고 있는 것은 그 이유가 어디에 있는가? 우선 말할 수 있는 것은 이 강의록이 칸트나 그 밖의 다른 철학자가 제시한 윤리학설을 단순히 소개하는 것으로서 전혀 후설자신의 독창적인 이론이 없기 때문에 그런 것은 아니라는 점이다. 이것은 로트의 논문이 후설의 독창적인 윤리학적 이론을 잘 소개해 주고 있으므로 충분히 증명되고 있다. 후설문고의 현실적인 여건과 관련한 이유를 고려 밖에 둔다면, 결정적인 이유의 하나로 들 수 있는 것은 후설자신이 강의록에서 전혀 체계적으로 서술하고 있지 않은 탓으로 한 권의 책으로 정리하기가 어떤 다른 강의록보다도 어렵다는 점이다.[5] 단순히 강의를 위하여 쓰여진 산만한 내용으로 하여 많은 후설 연구가들은 그의 윤리학 강의에 큰 관심을 가질 수 없었고, 로트의 연구가 후설의 윤리학 이론을 대체로 다 다루었다고 생각하고

도 후설의 윤리학적 연구에 관한 관심이 커질 것이라고 기대해 본다.

4 A. Roth의 논문(이하 Phaeno. 7로 약함), X쪽 참조.

5 현재 U. Melle의 준비작업에 있어서도 수천 장에 이르는 강의록을 다 출판하는 것은 의미가 없으므로 일정한 원칙 아래 취사선택하는 것이 윤리학 강의록에서는 더욱 어렵다고 한다.

더 이상 거들떠보려 하지 않았다고 보아도 무방할 것이다.

후설이 다루는 윤리학적 문제들은 선험 현상학의 핵심으로부터 멀리 떨어져 있음은 분명하다. 왜냐하면, 현상학에서 다루는 모든 파생적 영역과 마찬가지로 윤리학적 문제들도 결국 선험적 영역으로 소급되어서만 그 궁극적인 정초定礎가 가능하다 하더라도, 윤리학적 문제는 우선 인격체Person로서 살아가는 실재적 정신realer Geist과 관련된 문제이기 때문이다. 후설의 선험 현상학으로부터 등을 돌리고 존재론적 또는 사회 철학적 시각에서 현상학을 연구하는 철학자들도 후설의 윤리학 연구에는 별로 관심이 없었다. 그것은 아마도 셸러의 《가치윤리학》이 후설의 윤리학과 유사한 것을 모두 다 흡수하여 체계적으로 탁월한 윤리학 이론을 제시하였으므로 후설의 윤리학은 셸러의 것 이상 아무 것도 없을 것이라고 단정해 버린 탓일는지도 모른다. 셸러의 《가치윤리학》은 확실히 그 내용의 풍부함과 독창성에 있어서 아리스토텔레스, 칸트의 윤리학과 함께 비교될 만큼 많은 사람의 관심을 끌어 왔다. 그러나 셸러 윤리학의 토대를 형성하고 있는 많은 것을 칸트 윤리학에 대한 비판적 대립을 통하여 마련하고 있으나, 많은 문제에서 셸러가 칸트의 윤리학을 잘못 해석하고 있다면, 셸러의 윤리학적 성과란 보기보다는 그리 대단한 것이 못 된다.[6]

셸러의 《가치윤리학》이 그 이론전개에 있어서 매우 난해하고 전체적으로 일관성이 결여되어 있으며 칸트 윤리학의 해석에 있어서 많은 과오를 범하였

---

6 후설의 제자 중 한 사람인 알페우스Karl Alphéus(1895-1976)가 쓴 《칸트와 셸러*Kant und Scheler*》(Bouvier Verlag, 1981)는 알페우스의 사후에 출판된 것으로서, 이 책은 셸러에 반대하여 칸트를 옹호하는 입장에서 쓴 것인데, 셸러가 칸트를 얼마나 잘못 이해하였는가를 철저히 가려내어 보여 주고 있다.

다 하더라도 가치와 감정Gefühl에 관한 그의 이론은 칸트의 형식적 규범윤리학에서 소홀히 취급된 문제에 새로운 빛을 던져 주었다. 그러나 이 이론의 핵심적인 내용은 이미 후설에게서, 그리고 더 거슬러 올라가면 브렌타노에게서 발견된다.[7]

경험론자인 브렌타노가 윤리학적 문제에서 후설에게 미친 영향과 후설을 통하여 셸러에게 미친 영향을 비교하면, 공통점도 많으나 차이점 또한 적지 않게 발견된다. 쉽게 확인되는 공통점이란 가치Wert의 객관성과 감정의 '아프리오리Apriori'를 주장하는 점이다.[8] 그리고 우선 눈에 띄는 차이점이란 후설은 브렌타노와 같이 칸트 윤리학의 형식주의적인 측면을 비판하면서도 기본적

---

7 로트는 1920년 프라이부르크 여름학기의 강의와 관련하여 후설에게 미친 셸러의 영향을 말하고 있으나(Phaeno. 7, p.166), 그것은 셸러가 후설을 통하여 브렌타노의 윤리학에 관심을 기울였고 후설이 충분히 고려하지 않은 문제를 브렌타노로부터 셸러 자신이 채용하여 확대, 전개시킨 문제이다. 예를 들어 사랑Liebe의 윤리학적 개념과 같은 것이 그중의 하나인 것으로 보인다. 그리고, 브렌타노의 《도덕적 인식의 원천에 관하여》는 셸러에게 큰 영향을 주었으며, 후설 자신은 물론 이 책뿐만 아니라, 브렌타노의 강의로부터 직접 많은 것을 배웠다. 특히 형식적 가치론formale Axiologie에서 후설은 브렌타노의 강의에 크게 의존하고 있음을 볼 수 있다.

8 후설은 하나의 이성적 의식 작용으로서 감정 작용Gefühlsakt을 말하며, 이것이 이성의 지배 아래에 있는 한, '아프리오리'한 법칙들에 따른다고 볼 뿐만 아니라, 더 나아가서 모든 감성Sinnlichkeit에 대하여서도 '아프리오리'한 법칙이 있다고 말한다. 이에 대해서는 E. Husserl, *Ideen zu einer reinen Phänomenologie und phänomenologischen Philosophie II*, *Husserliana IV*, 1950, pp. 332-335(《이념들 II》로 약함) ; Iso Kern, *Husserl und Kant*(*Phaenomenologica*, Bd. 16), p.64 ; A. Roth, *Phaeno.* 7, pp. 6, 52 이하 참조 바람.

셸러에 있어서도 능동적인 의식 작용으로서 '지향적 감정 작용intentionales Fühlen'을 말하며, 이것을 단순한 감각적 감정sinnliches Gefühl 또는 감정 상태Gefühlszustände와 구별하여 전자의 '아프리오리'한 성격과 '아프리오리'한 가치의 인식 기능을 가진 것으로 설명한다(《가치윤리학》, 260쪽 이하, 340쪽 이하 참조).

으로는 칸트에 가까이 서 있으나, 셸러는 극단적으로 칸트에 반대하는 입장에 있다. 또 다른 하나의 차이점을 든다면, 후설은 브렌타노와 마찬가지로 논리적인 것과 윤리적인 것의 유사성에 특별히 주목하는 반면에, 셸러는 이것을 전적으로 부정하고 있다. 후설의 순수 윤리학reine Ethik은 바로 논리적인 것과 윤리적인 것의 유비적 파악에서 나타나게 된 것이다.

선험 현상학적 관점에서 보면, 모든 윤리적 현상은 윤리적으로 평가하는 의식 작용ethisch wertender Akt과 그 '노에마'적 상관자인 가치로서 이루어져 있으므로 참된 윤리적 가치와 그 실천 규범의 원리에 관한 이론인 윤리학은 일단 가치론의 하나로서 나타난다. 그런데 평가 작용 또한 인식 작용Erkennen과 마찬가지로 이성의 지배 아래 수행되는 것인 한, 후설은 논리 인식적 진리에 관하여 말할 수 있는 바와 마찬가지로 가치의 진리Wertwahrheiten 또한 주장될 수 있다고 본다. 우리는 이 유사성의 근거를 후설이 어떻게 제시하며 그리하여 이른바 순수 윤리학의 이념을 어떻게 형성하는가를 그의 순수 논리학과 관련하여 살펴보고자 한다. 이를 위하여 우리는 우선 여러 가지 대상 영역이 그에 따라 구별되어 주어지는 의식 작용Akt의 유형들과 그 상호 관계 그리고, 가치의 존재에 관하여 고찰해 볼 것이다.

1. 의식 작용의 유형과 상호 관계

아리스토텔레스가 인간에게 고유한 활동을 이론 활동theoria, 실천 활동praxis, 그리고 창작 활동poiesis으로 나눈 것이나, 칸트가 심리학자 테텐스Nikolas Tetens(1736-1807)의 구별에 따라 인간의 세 가지 정신 능력Seelenvermögen의 기능을 사고 작용Denken, 원망 작용Wollen, 감정 작용Fühlen으로 구별하는 데에는 매우 중요한 의미가 있음을 우리는 알고 있다. 그리스 말의 theorein(보다)이나 칸트에 있어서 인식 능력Erkenntnisvermögen 또는 오성Verstand의 능동적 기능인 사고 작용은 대상을 그 형식과 내용에 따라서 있는 그대로 알고자하는 활동이다. 이 활동에는 단순히 대상을 객관화하는objekvivierend 활동으로부터 경험과학적 이론 활동, 더 나아가서 수학, 논리학 등 형식학적 순수 이론, 궁극적으로는 절대적 원리의 직관에 이르기까지 여러 가지 유형의 이론적 활동이 다 포함된다.

실천 활동praxis은 원래 행위, 엄밀한 의미로서는 윤리적 행위를 가리킨다.[9] 즉, 행위 그 자체에 가치를 부여하는 그러한 활동이다. 이것은 의도적이며 능동적 활동이므로 언제나 원망 작용이 전제되어 있다. 다시 말하여 의지 작용Willensakt이 이미 수행되고 있다고 보아야 한다. 원망 작용이 언제나 의지Wille의 능동적인 의식 작용으로 이해되는 한, 그것이 감각적 충동에 의해 동기지어진 것이든, 이성적인 심사숙고에 의한 것이든 간에 윤리적 평가의 대상이 된다. 그러나, 자연적인 충동이 단순히 표출된 것, 단순한 조건반사적인, 본능적 행동bloßes Verhalten은 전혀 의지 작용이 결여되어 있는 한, 그것은 엄밀한 뜻의 행위Handeln에는 속하지 않는다.

기술적 생산활동과 예술적 창작 활동으로 나누어 볼 수 있는 창작 활동poiesis은 물론 넓은 뜻의 실천 활동에 포함되는 것으로 볼 수 있으나, 이것은 활동

---

9 여기서 의미하는 윤리적 행위란 윤리적으로 좋은 또는 나쁜 행위, 즉 윤리적인 문제가 되는 행위를 가리킨다.

그 자체가 목적이 아니라, 활동의 결과에 그 목적을 두고 있다(생산물, 예술작품 등). 이 창작 활동의 전제가 되는 의식 작용으로서는 원망 작용과 감정 작용Fühlen, Gefühlsakt이 함께 기능함을 알 수 있다. 쾌, 불쾌의 감정은 "대상에 관하여 만드는 단순한 표상과 이미 결부되어"[10] 있어서 원망 작용에 앞선다.

아리스토텔레스 및 칸트의 구별에 일치되는 후설의 의식 작용 유형들의 명칭을 찾아 보면, 속견적 의식 작용doxischer Akt, 의지 작용Willensakt 그리고 정동 작용Gemütsakt 또는 감정 작용Gefühlsakt의 구별이 발견된다.[11] 이러한 명칭과는 달리 《이념들 II》에서는 이론적 의식 작용theoretischer Akt, 실천적 의식 작용praktischer Akt 그리고 가치론적 의식 작용axiologischer Akt이라고 불리어지고 있다.[12] 속견적 의식 작용을 단순히 객관화하는 의식 작용objektivierender Akt, 즉 단순히 '존재를 정립하는' 의식 작용seinssetzender Akt이라고 한다면, 이론적 의식 작용은 단순히 객관화하는 의식 작용 이상으로서 예컨대 단순히 지각하는 것이 아니라, 명백한 인식 목표에 따라 '특별히 능동적으로' 수행하는 이론 활동이다(일상적이든, 학문적이든). 후설에 의하면, 이론적 태도theoretische Einstellung라는 특정한 태도에서 수행되는 속견적 의식 작용이 곧 이론적 의식 작용이다(《이념들 II》, 3쪽 이하 참조).

---

10 I. Kant, *Metaphysik der Sitten*, *Philosophische Bibliothek*, Bd. 42, Felik Meiner, p. 11.

11 E. Husserl, *Ideen zu einer reinen Phänomenologie und phänomenologischen Philosophie I*, 1913, *Husserliana III*, 1950, p. 256 이하, p. 287 이하 참조(이하 《이념들 I》로 약함). 의식Bewußtsein 및 의식 작용Akt의 현상학적 개념은 필자의 《현상학적 정신이론》, 강원대학교출판부, 1986, 71쪽 이하 참조 바람.

12 E. Husserl, 《이념들 II》, 3-13쪽 참조.

의식 작용의 이러한 명칭들을 보다 일반적으로 인식 작용Erkennen, Erfahren, 원망 작용Wollen, 평가 작용Werten이라고 부른다면, 이 평가 작용은 감정의 영역에서 수행된다고 후설은 보고 있다(《이념들 II》, 9쪽 참조). 이 평가 작용을 속견적 영역에서의 지각Wahrnehmung에 매우 유사한 것으로 보고 가치를 지각한다는 의미에서 "가치 지각Wertnehmung"이라고 부르며, 가치 의식의 보다 일반적인 명칭으로서는 "가치감Wertfühlen"이라고 표현한다(《이념들 II》, 9-10, 186쪽).[13]

이 세 가지 의식 작용들이 비록 단순히 물적인 것이 거기에서 주어지는 "믿음 의식Glaubensbewußtsein"과 이론적 의식에 속하는가 하면, 의지 의식Willensbewußtsein과 감정 의식Gefühlsbewußtsein에 각기 속하는 것으로 설명된다 하더라도 상호 간에는 매우 밀접한 관계가 있다(《이념들 I》, 260쪽). 후설에 의하면, 원망 작용과 평가 작용은 언제나 속견적 의식 작용을 토대로 하고 있으므로 보다 높은 단계의 의식 작용에 속한다. 의식 주체가 특별히 우선적으로 감정 작용Gefühlsatt에서 사는 경우, 그 토대로 되어 있는 속견적인 또는 이론적인 의식 작용은 배경에 놓여 있다. 후설이 예를 드는 바와 같이, 만일 우리가 어떤

---

13 느끼는 의식 작용Fühlen 없는 평가 작용이 있을 수 없다면, 평가 작용이란 곧 감정 작용Gefühlsakt이다. 그러나 이 감정 작용이 어디까지나 일정한 대상에 특별히 주목하여 능동적으로 지향하는 체험인 한(후설이 의미하는 의식 작용의 개념에 따라서), 단순한 "감각적 감정sinnliche Gefühle"과는 다른 것이다(《이념들 I》, 209쪽 ; 《이념들 II》, 152, 334쪽). 감각적 감정은 어떠한 지향성도 포함하지 않으며 다른 감각 자료Empfindungsdaten와 마찬가지의 성격을 지닌다. 즉, 그것은 "원감성原感性Ursinnlichkeit"에 속한다(《이념들 I》, 209쪽 이하 ; 《이념들 II》, 334쪽 참조). 이러한 구별은 셸러에 있어서도 마찬가지이다(《가치윤리학》, 262쪽 이하 참조).

하나의 기쁜 소식을 듣고 기뻐한다면, 그 소식이 거기에서 인식적으로 구성되는 이론적 의식 작용은 지금 우리가 기뻐하는 감정 작용의 토대로서 이바지되고 있을 뿐이다(《이념들 II》, 12쪽 참조). 그러나 저 인식 작용은 기뻐하는 감정 작용의 필수적인 조건이다. 모든 원망 작용과 평가 작용이 언제나 속견적 또는 이론적 의식 작용을 토대로 하고 있다는 의미에서 후설은 "토대를 지닌 의식 작용fundierte Akte"이라고 부른다(《이념들 II》, 188쪽).[14] 앞에서 보기로 든 바와 같이 평가 작용이 속견적 의식 작용을 토대로 하고 있다면, 원망 작용 역시 마찬가지이다. 무엇을 원하는 의지 작용은 반드시 평가 작용을 전제로 함을 알 수 있다. 그 어떤 것이 좋으므로, 또는 필요하므로 나는 원한다. 즉, '나'는 평가 작용에서 그 어떤 가치를 인식하였으므로 원한다. 이 경우 평가 작용에서 구성된 '노에마'적 의미로서의 한 가치가 나로 하여금 그것을 원하도록 동기부여한다. 그러나 물론 이론적 의식 작용에서 그 가치의 실현이 불가능하다는 인식을 얻게 되면, 그리하여 '할 수 있다'는 의식Könnensbewußtsein을 갖지 못한다면, 원하는 의식 작용은 수행되지 않는다. 따라서 세 가지 의식 작용은 개별적인 경우에 따라서 다양한 상호 관계, 정확히 말하여 토대 부여 관계Fundierungsverhältnis를 보여 준다.

---

14 바로 이 점에서 M. 셸러, N. 하르트만 등은 E. 후설과 입장을 달리하고 있다. 이들은 정동적情動的 의식 작용emotionaler Akt 또는 체험이 가장 원초적, 일차적, 직접적인 것이라고 보고, 인식적인 것은 이차적, 추후적인 것, 즉 나중에 추가적으로 수행되는 것이라고 규정한다. 이것은 물적 인식과 가치 인식의 관계에서도 마찬가지이다. 이에 관하여는 M. 셸러, 《가치윤리학》, 262쪽 이하 ; N. Hartmann, *Das Problem des geistigen Seins*, Berlin, 1932, 제3판 1964, p. 136 ; *Zur Grundlegung der Ontologie*, Berlin, 1934, 제4판 1965, p. 163 참조 바람.

원망 작용의 전제로서 반드시 평가 작용을 말해야 한다면, 윤리학의 주제는 평가 작용과 원망 작용 그리고, 거기에서 구성되는 대상들의 영역에 있음에 틀림없다. 그런데 후설에 의하면, 평가 작용과 원망 작용은 구체적으로는 이른바, 인격주의적 태도personalistische Einstellung에서 수행되는 것으로서 실재적인 정신적 주체reales geistiges Subjekt의 의식 작용이다.[15] 평가 작용과 원망 작용을 수행하는 정신적 주체는 인격적 존재Person로서 후설에 있어서도 윤리학적 문제는 그러한 의식 작용에서 구성되는 윤리적 가치와 이 가치를 인식하고 실현하고자 하는 인격적 존재와 관련된 문제이다.

2. 실재적 존재와 가치의 존재

가치는 미적인 것이든 도덕적인 것이든 또는 유용성이든 간에 어디까지나 평가 작용의 지향적 대상들이다. 즉, 평가 작용도 하나의 '그 무엇에 관한 의식Bewuβtsein von etwas'이며, 이 '그 무엇'은 가치를 지닌 실재적 존재자가 아니라, 가치 그 자체이다(《이념들 I》, 182쪽 참조).

예컨대, 화폐의 유통가치는 화폐의 물질적 존재가 지닌 성질이 아니라, 보편성을 지닌 일정한 가치가 물질적 존재를 토대로 구체화된 것이라고 볼 수 있다. 가치를 후설은 일종의 관념적 대상idealer Gegenstand으로 본다. 감각적 지각의 상관자인 실재적 대상realer Gegenstand과 마찬가지로 후설은 이른바 '범주적 직관kategoriale Anschauung' 또는 범주적 지각의 대상이 되는 관념적 대상에 관하

15 《이념들 II》, 139쪽 이하, 181-184쪽, 186-190쪽 참조. '태도'의 개념에 관해서는 이길우, 《현상학적 정신이론》, 42-50쪽 참조 바람.

여 말한다.[16] 이것은 하르트만이 존재의 존재 방식Seinsweise을 실재적 존재reales Sein와 관념적 존재ideales Sein로 나누는 것과 같다. 수학적, 논리학적 개념들이 지시하는 것, 내용적인 보편적 본질Eidos, 가치 같은 것은 모두 관념적 대상에 속한다. 관념적 대상의 존재 방식은 실재적 대상을 토대로 하여 존재하므로 '토대를 지닌 대상fundierter Gegenstand'이다. 토대를 지닌 대상이란 그러나, 그것에 토대를 부여하는 대상fundierender Gegenstand에 존재근거를 갖고 있는 것은 아니다. '토대를 부여하다fundieren'라는 표현은 다만 그 아래에서 받쳐 주고 있다 또는, 그 아래에 놓여 있다unterliegen는 의미이다.[17] 관념적 대상이 토대를 지닌 대상임은 그것을 지향하는 관념적 또는 범주적 의식 작용이 직접 또는 간접으로 감각적 지각 작용을 토대로 하는, 토대를 지닌 의식 작용fundieter Akt인 것과 마찬가지이다. 즉, 관념적 대상은 "오직 토대를 지닌 의식 작용에서만 '그 자체로' 나타날 수 있는" 토대를 지닌 대상이다(《논리연구 II/2》, 146쪽). 토대를 지닌 대상은 그러나 결코, 연장성延長性 없이는 생각할 수 없는 색채와 같은 '비독립적 대상unselbständiger Gegenstand'은 아니다.[18] 가치도 다른 대상에 토대를 지닌 존재로서 독립적인 관념적 존재이다.[19] 하르트만은 이 점을 후설

16 범주적 직관의 개념에 관해서는 E. Husserl, *Logische Untersuchungen II/2*, Max Niemeyer, 1901, 제4판 1968, §40-§52 참조 바람(이하 《논리연구 II/2》로 약함).

17 하나의 낱말이 지시하는 개념은 그것이 표현되어 있는 문자에 토대를 지니고 있으며, 인간의 정신은 신체를 토대로서 지니고 있는 거와 같다. 감각적 지각의 대상인 단순한 사물이나 사태는 일반적으로 토대를 부여하는 존재이며, 인간의 정신이나 그 밖의 정신적 존재(정신적 산물, 공동 정신) 그리고 관념적 대상들은 토대를 지닌 대상이다.

18 비독립적 대상에 관해서는 E. Husserl, *Logische Untersuchungen II/1*, Max Niemeyer,1901, 제5판 1968, p. 228 이하 참조 바람.

보다 더 강조하여 가치를 "관념적 즉자존재자ideales Ansichseiendes"라고 표현한다.[20]

가치를 지닌 실재적 대상과 가치 그 자체라는 대상의 구별에 관하여 후설은 이렇게 말한다.

> 〔…〕 그에 따라서 우리는 구별하지 않으면 안 된다 : 한편으로는, 평가 작용에서 가치있는 것으로서 여겨지는 대상들, 물체, 성질 및 그에 상응하는, 가치 의식에 토대를 부여하는 표상, 판단 등의 노에마Noema들이 있으며, 다른 한편, 가치 대상들 그 자체Wertgegenstände selbst, 가치사태價値事態들 자체Wertverhalte selbst 및 이것들에 상응하는 '노에마'적 변양태들 〔…〕

이 있다(《이념들 I》, 237쪽). 따라서 후설은 가치 있는 대상wertender Gegentand과 가치 대상Wertgegenstand, 즉 "가치 객체Wertobjektität"를 구별한다(《이념들 I》, 238쪽).[21]

---

19 현상학에서 '관념적 존재ideales Sein'라고 말한다면, 그것은 어디까지나 '관념성Idealität을 갖고 의식에 주어진 존재'라는 뜻이다.

20 N. Hartmann, *Zur Grundlegung der Ontologie*, p. 223.

21 후설은 감각적 지각의 객체Objekt를 총칭하여 'Objektität'라고 부르듯이 평가 작용의 대상이 되는 객체를 총칭하여 'Wertobjektität'라고 부른다. 이것은 오직 후설의 현상학에서만 사용되는 용어이다. 후설은 《논리연구》에서는 같은 뜻으로 'Objektivität'라는 표현을 사용하였으나(《논리연구 II/2》, 146, 162쪽 참조) 이것은 '객관성'이라는 의미와 혼동되기 때문에 새로운 용어를 만들어 낸 것이다. 감각적 지각의 객체란 곧 실재적인 물체(무기적, 유기적인 시공간적 단일체)를 뜻하며, 가치 객체란 이 감각적 지각의 객체를 토대로 하여 인식되는 가치들 자체를 말한다. 객체Objekt라는 표현과는 달리 대상Gegenstand이라고 말할 경우에는 객체뿐만 아니라, 사태Sachverhalt, 관계Relation 등까지도 포함하는 말이다. 대상의 개념에 관하여는 E. Husserl, *Logische Un-*

다른 한편, 가치는 다른 관념적 대상들과는 구별되는 특성을 갖는다. 왜냐하면, 가치는 실재적 대상만을 토대로 하는 것이 아니라, 다른 관념적 대상을 토대로 하여 주어지기도 하기 때문이다. 시공간성을 갖는 실재Realität를 토대로 하는 가치도 있으나, 비실재적irreal인 관념적 대상을 토대로 할 수도 있다. 즉, 예컨대, 자동차의 유용한 가치를 말할 수도 있고, 수학적 개념의 유용성에 관하여 말할 수도 있다. 여기서 토대가 되는 대상은 전적으로 이론적(논리 인식적) '노에마'들을 지닌 대상으로서 가치를 구성하는 요건에 지나지 않는다. 모든 실재적인 존재자들은 긍정적인 가치, 부정적인 가치Unwert를 지니고 또는, 가치와는 관계없이wertfrei, 즉 가치 중립적으로 있을 수 있다. 그럼에도 불구하고 가치는 그 나름의 독립적인 대상 영역에 속하여 있으며, 관념성Idealität을 지닌 관념적 대상이다. 왜냐하면, 가치는 그것의 토대가 되어 있는 개별적인 실재적 대상과 함께 생겨나고 사라지는 것이 아니며, 그것이 결코 실현되지 않더라도 (실재를 토대로 하여 나타나지 않더라도) 여전히 우리는 그것에 관하여 생각할 수 있고, 말할 수 있기 때문이다. 이것은 마치 수학, 기하학적인 것, 논리학적인 것에 관하여, 비록 그에 일치하는 것이 현실적으로 발견되지 않더라도 사고의 대상으로서 언표言表할 수 있고 연구할 수 있으며, 또한 단 하나의 실례만으로도 충분히 그러한 것들의 본질과 관념적 법칙들에 관하여 말할 수 있는 거와 같다. 비록 참으로 정의로운 행위, 정의로운 인격을 현실적으로 경험하지 못한다 하더라도 우리는 하나의 긍정적 가치로서 정의에 관하여 말할 수 있는 것이다. 그렇다고 하여 가치란 것이 플라톤Platon의 이데아idea와 유사한 것은 아니다.

---

tersuchungen I, Max Niemeyer, 1900, 제5판 1968, p.229 참조 바람.

수학적, 논리학적인 것과 마찬가지로 가치의 객관성을 말한다 해도 거기에는 분명히 일정한 제한이 있다. 후설은 말한다. "〔…〕 논리적 개념들이 심리학적 원천을 갖고 있다는 사실을 우리는 자명한 것으로 승인한다"(《논리연구 I》, 172쪽). 그리고 이와 상관적으로 "〔…〕 범주적 직관은 토대를 부여하는 감성 없이는 무의미하다"(《논리연구 II/2》, 183쪽). 그러나, "비록 우리가 수를 세는 의식 작용Zählen 없이는 어떠한 수도, 합산 작용 없이는 어떠한 합계도, 곱하는 작용 없이는 어떠한 곱한 수도 갖지 못한다 하여도"(《논리연구 I》, 170쪽) 어느 누가 3이라는 수를, 2×2=4라는 수학적 명제를 심적心的 사실로 여기는가? 그것은 객관적인 관념적 존재인 것이다. 가치도 역시 그와 같다. 가치들 역시 일종의 객관적인 관념적 대상이라면, 거기에도 일정한 관념적 법칙들ideale Gesetze이 있을 것이며, 일정한 가치의 진리들Wertwahrheiten이 있을 것임을 후설은 확신하였다. 이러한 확신은 물론 충분히 그 타당성이 논증되어야 한다. 그리고 가치의 진리들과 법칙들이 있다는 확신의 근거는 칸트와 마찬가지로 후설에 있어서도 논리적 인식을 수행하는 동일한 이성이 평가하고 원하는 의식 작용을 수행한다는 데에 있다. 후설에 있어서는 속견적-이론적 의식 작용뿐만 아니라, 평가 작용, 원망 작용도 그것이 능동적인 의식 작용인 한, 모두가 다 이성 의식 작용Vernunftakt이다.[22] 눈 앞에 현실적으로 명증하게 주어지는 것을 지향하는 지각 작용은 '이성적으로 동기지어진 의식 작용vernünftig motivierter Akt'이며, 이렇게 속견적-이론적 의식 작용은 "원본적 소여originäre Gegebenheit"에서

22 이성 의식 작용의 개념에 관해서는 필자의 《현상학적 정신이론》(강원대학교출판부, 1986), 112쪽의 주 59와 137쪽 이하 참조 바람.

그 "근원적 권리 근거ursprünglicher Rechtsgrund"를 갖는다(《이념들 I》, 335쪽). 후설에 의하면, 이것은 감정 영역과 의지 영역에도 마찬가지로 해당된다.

> '이론적 또는 속견론적 진리doxologische Wahrheit 및 명증'은 그것에 유사한 것을 '가치론적 그리고 실천적 진리 및 명증'에서 가지고 있다〔…〕(《이념들 I》, 343쪽).

위에서 인용한 곳 외에도 《이념들 I》의 여러 곳(특히 §147, §148)에서 후설은 이미 논리적 진리와 가치론적 진리의 유사성, 그리고 이것들을 상관자로 갖는 논리적 이성 의식logisches Vernunftbewußtsein과 가치론적 이성 의식이 동일한 이성의 지배 아래에 있으며, 이것에 상응하여 형식논리학과 "형식 가치론formale Axiologie" 그리고, 윤리적 가치의 당위성을 행위 주체의 원함과 행위에 관련시켜 고찰하는 "실천론Praktik"이 필수적 분과로 나타남을 지적하고 있다(《이념들 I》, 359쪽). 이러한 문제들은 1913년에 출판된 《이념들 I》에서는 극히 단편적으로 암시만 되어 있어서 구체적인 설명이 결여되어 있으나, 그 이전 예컨대, 이미 1908년부터 '윤리학의 기본문제들'이란 제목 아래 시작된 후설의 윤리학 강의록에는 보다 상세한 서술이 발견된다.[23]

---

23 후설이 강의록 중 기호 F 아래 분류된 것 가운데 FI 11, 14, 23, 24, 28이 윤리적 문제를 다루고 있음. 이것은 수고의 강의록을 루뱅의 후설연구소에서 다시 타자로 찍었는데 타자지로 2천 장 이상에 달함.

3. 순수 이론과 공학

아리스토텔레스 이래 전통적으로 윤리학은 논리학, 미학과 마찬가지로 일종의 규범학normative Wissenschaft으로서 인정되어 왔다. 논리학이 진리를 얻기 위한 형식적인 규칙들을 제시하는 이론으로만 고려되어 왔다면, 윤리학은 행복eudaimonia이든, 쾌락hedoné이든 공리共利utilitas이든 삶의 목적에 잘 도달하기 위한 규칙 또는 규범을 제시하는 이론으로만 알려져 왔다. 《논리연구 I》에서 후설은 전통적인 논리학에서는 오직 논리학의 규범적 측면만이 강조되어 온 점을 지적하면서 그것이 바로 규범논리학의 이론적 토대를 심리학에서 찾는 논리적 심리학주의Logischer Psychologismus의 한 원인이 되어 있다고 보았다(《논리연구 I》, 50쪽 이하 참조).

규범Norm이란 사고나 행위를 수행하는 주체와 관련되어 있다. 만일 논리학이 오직 규범학에 지나지 않는다면, 논리 법칙이라고 부르는 것들은 올바른 사고의 규칙을 지시하는 규범들에 지나지 않는다. 만일 그 어떤 규범학이 목적과 수단의 관계를 지시하는, 즉 목적에 대한 수단으로서 그 무엇을 어떻게 해야 한다고 지시하는 명제들의 체계라면, 그것은 하나의 응용과학, 즉 공학工學Kunstlehre이다. 논리학을 일종의 공학으로 본다면, 그것은 판단하고 추리하는 등의 사고의 공학, 즉 "올바른 판단의 공학Kunstlehre vom richtigen Urteil"이다(《논리연구 I》, 28쪽). 그러나 모든 공학은 일정한 이론적인 분과를 토대로 하고 있다. 통계학은 수학을, 측량공학은 기하학, 물리학을, 화공학은 순수화학을 토대로 하고 있는 바와 마찬가지로 논리학도 하나의 공학이라면, 확실히 그 이론적인 토대를 어디에 갖고 있음에 틀림없다. 심리학주의는 논리학의 그러한 이론적 토대가 되는 분과를 바로 심리학이라고 주장하는 것이다.

모든 규범학이 순수 이론적인 분과를 토대로 하고 있음은 모든 이론명제 또는 존재명제Sein-Satz는 언제라도 규범명제 또는 당위명제Sollen-Satz로 바꾸어 표현할 수 있다는 것으로 보아도 명백하다. 수학, 논리학적 명제들은 그 자체로는 아무런 규범적인 성격을 갖지 않는다. '구리는 섭씨 1083도에서 녹는다'라는 하나의 이론명제는 결코 아무런 규범적인 지시의 성격을 갖고 있지 않으나, 언제라도 '구리를 녹이려면 섭씨 1083도 이상의 열을 가하여라'라는 규범명제로 바꿔 사용할 수 있다. 그렇다고 하여 앞의 이론명제가 바로 하나의 규범은 아닌 것이다(《논리연구 I》, 155쪽 참조). 후설이 예를 드는 바와 같이, 수학에 있어서도 $(a+b)(a-b)=a^2-b^2$이라는 하나의 수학적인 이론명제에 규범적인 사고를 도입함으로써 "두 수 a와 b의 합과 차이를 곱한 값을 얻으려면, a^2과 b^2의 차이를 계산하여라"라는 규범명제로 바꾸어 사용할 수 있음은 명백하다. 그렇다고 어느 누가 수학을 단순히 규범학으로 보는가? 논리학도 마찬가지라고 보는 후설은 따라서, 논리 법칙의 객관성은, 사고하는 주체가 그것을 규범적으로 고려하든 않든, 그 자체로서는 사고 작용의 규칙을 부여하는 성격을 가진 것이 아님을 확실히 하였다(《논리연구 I》, 157쪽 이하 참조).

후설은 모든 경험에 앞서서a priori 필연성을 지닌 논리 법칙들이 결코 개연성만을 지닌 일종의 경험 법칙인 심리 법칙일 수 없음을 명확히 논증함으로써 규범학으로서의 논리학은 심리학을 토대로 하고 있는 것이 아니라, 바로 논리적인 것을 순수 이론적으로 연구하는 분과, 즉 논리적 진리들 자체를 있는 그대로 밝혀내는 "순수 논리학reine Logik"을 토대로 하고 있음을 밝혀내었다(《논리

연구 I》, 60쪽). 이러한 진리들은 "우리가 그것을 통찰할 수 있기 때문에 타당한 것이 아니라, 그것이 타당한 한에서만 우리가 그것을 통찰할 수 있으므로 그것은 그 인식의 객관적 또는 관념적 가능 조건으로서 고려되지 않으면 안 된다" (《논리연구 I》, 238쪽). 우리는 이러한 논리적 진리들, 법칙들을 사고하는 주체에 대한 모든 관계로부터 분리하여 고찰하고 연구할 수 있는 반면에, 그러한 것들을 경험의 개별적인 경우에 적용시킬 수도 있다. 후설이 예를 드는 바와 같이, 그것은 마치 3 〉 2라는 순전히 수학적인 명제를 사실에 적용하여 "책상 위에 있는 세 권의 책은 책장 속에 있는 두 권의 책보다 많다"는 사실명제로 나타낼 수 있다(《논리연구 I》, 74쪽).

윤리학도 논리학과 마찬가지로 전통적으로 규범학으로서만 이해되어 왔다면, 즉 도덕적으로 올바른 원함Wollen과 행함Handeln의 규칙을 제시하는 이론으로만 여겨져 왔다면, 모든 다른 공학과 마찬가지로 어떤 일정한 순수 이론을 토대로 하고 있음에 틀림없다. 논리학에서는 이미 논리학의 순수 이론적 측면과 규범적 또는 응용적 측면을 구별하려는 시도가 있어 왔으며, 칸트에 이르러서는 더욱 체계적으로 연구되었다. 칸트는 '순수 논리학'과 "응용 논리학angewandte Logik"을 구별하고 전자는 모든 경험적인 조건으로부터 벗어나 '아프리오리'한a priori 오성의 규칙에 관계한다면, 후자는 주체의 우연적인 경험적 조건 아래 사용되는 오성의 규칙에 관계하는 것으로 파악하고 있다.[24] 윤리학에서는 그러한 구별이 전혀 명확하지 못하다가 이것 역시 칸트가 비로소 명확히 구별하려고 시도하였다. 칸트는 모든 도덕규범과 행위의 토대가

---

24 I. Kant, *Kritik der reinen Vernunft*, Felix Meiner, 1956, B. p. 77 이하 참조 바람.

되는 원리를 탐구하는 윤리학인 "도덕 형이상학Metaphysik der Sitten"에 대하여 원리들이 수행되는 주관적 조건을 다루는 "도덕적 인간학moralische Anthropologie"을 구별하고 있다.[25] 칸트에 의하면, 순수 논리학이 응용 논리학으로부구 구별되는 바와 마찬가지로 순수 윤리학인 도덕 형이상학 또는 "순수 도덕reine Moral"은 "경험적인 그리고 심리학적인 원리들을 필요로 하는" "재래의 도덕론"과 구별된다(《순수이성 비판》, A. 55쪽).

윤리학을 단순히 규범학으로서만 이해한다면, 그것은 윤리학을 '행위의 공학'으로 보는 것에 지나지 않는다. 이러한 입장에서는 이 윤리학이라는 공학의 이론적 토대는 윤리학 밖의 어떤 다른 이론적 분과에서 찾을 수밖에 없다. 즉, 주관적, 심리학적 경험 법칙에 관한 이론에서 윤리학의 토대를 찾는 방향으로 나아갈 수밖에 없다. 모든 이러한 시도는 전통적으로 행복론Eudämonismus, 쾌락주의Hedonismus 그리고 이 전통과 맥락을 같이하는 오늘날의 공리주의적 사회윤리학적 이론에 이르기까지 순수 윤리학의 적이 되고 있다.

4. 윤리적 심리학주의에 대한 후설의 비판

후설이 《논리연구 I》에서 "논리적 공학logische Kunstlehre"에 대하여 고찰한 것과 전통적인 논리학의 심리학주의 및 인식론적 심리학주의에 대항하여 싸운 논거는 마찬가지로 실천이성과 윤리적 의식의 이론에서 "윤리적 심리학주의"에 대항하여 싸우는 데서도 해당된다.[26] 후설은 《논리연구 I》에서 논리적 심

---

25 I. Kant, *Metaphysik der Sitten*, Felix Meiner, 1966, p.18 참조.

26 E. Husserl, 《미발간 강의록》, FI 28, 21쪽(phaeno. 7, p.5 주 1) 참조.

리학주의를 크게 세 가지 항목으로 나누어 비판하고 있다. 즉, 첫째는, 심리학주의를 고수할 경우 어떠한 경험론적 결론에 이르는가를 보여 주는 것이며(§21-§24), 둘째는, 심리학주의는 회의론적 상대주의에 빠지게 된다는 것을 지적하고(§32-§40), 셋째는, 심리학주의가 가진 여러 가지 편견을 밝혀내는 것(§41-§51)으로 이루어져 있다. 세 번째 항목과 관련되어 있는 것은 이미 앞의 3. '순수 이론과 공학'에서 다루었으므로 여기서는 앞의 두 항목과 관련해서만 논하고자 한다.

첫 번째 항목에 속하는 후설의 비판 요지는 이렇다 : 논리학의 학문적 타당 근거가 심리학에 있으며, 결국 논리학은 심리학의 한 분과라는 논리적 심리학주의의 입장은 논리 법칙의 '아프리오리'한 필연성을 부정하게 되고 만다. 그 이유는 심리학이 경험 법칙을 추구하는 경험 법칙이기 때문이다. 경험 법칙, 즉 경험으로부터 귀납적으로 확정한 자연법칙의 일반적인 특성은 언제나, 엄밀히 말하여, '대체로 그렇다'는 개연성Wahrscheinlichkeit이다. 자연법칙이라고 부를 수 있는 어떠한 것이든 그것을 정당화할 수 있는 유일한 길은 개별적인 경험 사실로부터 귀납적으로 추리하는 방법이므로 결코 그러한 것은 경험에 앞서는a priori 법칙이 아니다(《논리연구 I》, 61쪽 이하 참조). 심리 법칙도 자연적인 인간의 심적 사실의 법칙이므로 자연법칙이다. 그런데, 논리 법칙은 경험으로부터 귀납적으로 확정한 것이 아니라, '아프리오리'하게 타당한 것이요, 어떠한 예외도 허용하지 않는 법칙이다. 즉, 논리 법칙은 "필증적 명증apodiktische Evidenz"에 의해 정초되고 정당화 된다.[27] 그리고, 심리학주의의 주장대로,

---

27 《논리연구 I》, 62쪽. '필증적 명증'이란 의심할 수 있는 가능성을 처음부터 배제하는

논리 법칙이 심적 사실의 법칙이라면 심적인 것의 존재를 전제하여여만 한다. 그러나 "어떠한 논리 법칙도 사실을 내포하고 있지는 않다"(《논리연구 I》, 69쪽). 왜냐하면, 논리학은 어떠한 내용적 사실에도 관계하지 않는 또는, 임의의 내용에도 타당할 수 있는 보편적인 형식적 법칙이기 때문이다.

논리적 심리학주의의 위와 같은 비판이 바로 그대로 이른바 윤리적 심리학주의에도 적용될 수 있는가 하는 것은 당장에는 어렵게 보인다. 후설은 윤리적 심리학주의의 대표적인 학설로서 전통적으로 잘 알려진 행복론과 쾌락주의 그리고 이러한 특징을 지는 모든 유형의 경험론적 윤리학설을 지지한다. 그리고 이러한 윤리학설들의 기본 입장은 어떠한 '아프리오리'한 도덕법칙도 없다는 것이며, 어떠한 법칙적인 것이 있다 하더라도 그것은 인간 일반의 공통된 본성에 근거하는 보편적으로 적용되는 규칙일 뿐이다. 예컨대, 쾌락주의는 인간의 행위 원칙은 쾌락원칙Lustprinzip이라는 것이다. 즉, 인간은 누구나 궁극적으로는 쾌락을 얻고자 노력하며, 모든 행위의 궁극동기는 쾌락이라는 것이다. 따라서 인간 누구에게나 쾌락을 증가시켜 주는 것은 선이며, 반대로 쾌락을 감소시키는 것, 불쾌를 가져오는 것은 악이 된다. 쾌락의 개념이 윤리학적으로 아무리 폭 넓게 파악된다 하더라도 어떤 것이 쾌락이며 불쾌인가를 귀납적으로 확정할 수밖에 없는 한, 이 인간 일반에게 타당한 원칙은 "단순한 일반적 타당성generalitas"일 뿐, "원리의 보편성universalitas"은 아니다.[28] 쾌락원칙이 단

절대로 확실한 직접적 확실성을 가리키는 말이다. 물질이든 심적心的이든 감각적 명증은 어떠한 경우에도 필증적必證的일 수는 없다. 왜냐하면, 그러한 명증의 대상들은 그 존재, 성질 및 상태와 관련하여 언제라도 의심할 수 있는 가능성을 배제하지 못하기 때문이다.

순한 일반적 타당성을 지니는 한, 그것은 "가정된 그리고 상대적인 보편성"이지 결코 "어떠한 예외도 가능한 것으로 허용하지 않는" "엄밀한 보편성strenge Allgemeinheit"은 아니다(《순수이성 비판》, 서문, B. 3쪽). 쾌락주의가 만일, 인간은 어떠한 경우에도 예외 없이 쾌락을 추구하며, 불쾌를 피하려 한다는 쾌락원칙을 보편적 원리로 간주한다면, 보편성의 두 가지 구별을 모르기 때문이며, 대체로 그렇다는 개연성을 갖는 행위 규칙으로 본다면, 인간은 쾌락원칙에만 따르는 것은 아니라는 것을 인정하게 되고 결국 상대주의에 이르지 않을 수 없다.

쾌락주의에 대하여 할 수 있는 말은 행복론이나, 이와 같은 맥락에 있는 공리주의, 더 나아가서 마찬가지로 '최대 다수의 최대 행복'이라는 공리주의적 원칙에서 벗어나지 않는 오늘날의 사회윤리학 이론에도 해당된다. 이 모든 윤리학적 입장들이 윤리적 심리학주의라는 이름으로 불리어질 수 있는 것은 이들 모두가 윤리학을 '행위의 공학'으로만 본다는 데에 있다. 개인적, 사회적 행복의 증대, 쾌락의 증대라는 목적에 가장 잘 이바지하는 행위의 기준을 마련하는 일이 이들 윤리학의 주요 관심사이며, 그 방법은 역시 경험적인 귀납추리이다. 여기서 관찰의 대상이 되는 것은 어디까지나 개별적인 원함Wollen과 행함Handeln이요, 이러한 것들은 심적 사실이다. 인간의 행복과 쾌락을 증진하는 원함과 행함은 선이요, 행복과 쾌락을 최대로 증진하는 것이 최고선이다. 그러나 행복과 쾌락을 추구하는 것이 인간의 본성에, 즉 자연적인 심리 법칙에 근거하는 보편적인 것이라면, 원래의 뜻의 당위Sollen에 관하여는 말할 수 없게 된

28 I. Kant, *Grundlegung zur Metaphysik der Sitten*, Felix Meiner, 1965, p. 47.

다. 왜냐하면, '해야 한다'는 당위란, 인간은 달리 할 수도 있다는 것, 즉 자연법칙에 따르기를 거부할 수도 있음을 전제로 하기 때문이다. 그리고 비록 공리주의 윤리학 같은 데서 의무나 당위에 관하여 말한다 하더라도 그것은 다만 수단으로서의 당위요, 그러한 당위를 표현하는 명제는 하나의 '가언명법假言命法 hypothetischer Imperativ'으로서 기술적인 지시의 성격을 가질 뿐이요, 결코 '무조건적 당위unbedingtes Sollen'일 수 없다.[29] 공리주의에서 말하는 의무적인 것이 갖는 당위성은 '이러이러한 것을 원한다면' 또는 '이러이러하기 때문에 그렇게 해야 한다'는 조건적 당위이다. 그리고 이 조건은 경험 사실에 근거하고 있으며 따라서 변경될 수도 있는 조건이다. 그 때문에 경험에 근거하여 설명하려는 모든 이론과 마찬가지로 회의론적 상대주의에 빠질 위험이 있다. 후설에 의하면, 모든 형태의 윤리적 심리학주의가 회의론적 상대주의에 빠지게 되는 것은 공동주관적으로intersubjektiv 가치 있는 것, 좋은 것으로 여겨지는 것을 곧 객관적으로 가치있는 것, 선한 것과 동일시하기 때문이다. 이것은 마치 참된 것으로 여기는 것과 객관적 진리를 동일시하는 거와 다르지 않다. 후설은 말한다 : "좋다고 여기는 것과 참으로 좋은 것은 같은 것이 아니다. 참된 의미에서 올바른 것, 추구할만한 좋은 것은 그 자체 평가되는 것과 추구되는 것에 고유한 본질내용으로부터 인식될 수 있어야 한다. 그것은 참된 것이, 이성적인 통찰에서, 판단에 고유한 의미내용으로부터 밝혀내어줘야만 하는 것과 꼭 마찬가지이다"(FI 28, p.59, Phaeno. 7, p.11 주 3).

후설의 이 말로 미루어 보아도 알 수 있는 것은 객관적으로 선한 것, 올바른

[29] *Ibid.*, 34쪽 이하 참조.

것, 즉 객관적인 윤리적 가치가 있다는 후설의 입장이다. 만일 그렇지 않다면 논리적 심리학주의를 비판하는 첫 번째 항목과 유사한 어떠한 비판도 이른바, 윤리적 심리학주의에 대하여 가할 수는 없다. 후설이 지적하는 바와 같이, 논리적 심리학주의가 범한 근본적인 오류 중의 하나는 사고 작용Denken과 사고 내용Denkinhalt의 구별, 이를테면, 판단 작용Urteilen과 판단Urteil의 구별을 모르고 논리 법칙을 곧 심적 과정인 사고 작용을 지배하는 법칙으로 본 것이다(《논리연구 I》, §44-§48 참조). 그런데 논리학은 사고 작용에 관계하는 것이 아니라, 사고 내용의 형식적이며 보편적인 관념적 단일체들(개념, 판단 등)과 그 관계들을 지배하는 법칙을 문제 삼는다. 이러한 것들을 사고하는 주체의 사고 작용으로부터 독립시켜 규범적인 측면을 배제하고 객관적으로 연구하는 것이 순수 논리학이라면, 윤리학에서는 사정이 다르다. 윤리학에서는 윤리적 가치들과 그 관계를 지배하는 관념적 본질 법칙들ideale Wesensgesetze을, 평가하고 원하는 주체의 가치론적 실천적 의식 작용과 관계없이 (규범적 측면을 배제하고) 연구하는 순수 가치론만으로는 부족하다. 원하는 의식 작용의 상관자인 가치는 실현되어야 할 목적으로서 있어야 할 것Seinsollendes이지 있는 것Seiendes은 아니다. 이것은 단순한 인식적 존재와는 다른, 가치가 지는 요구성격에 근거한 차이이다. 즉, 가치를 인식하고 원하는 주체는 반드시 그것을 실현되어야 할 것으로 느낀다. 이 당위적 요구의 성격은 특히 윤리적 가치의 경우에 그러하다. 미적 가치는 실현된다면 물론 실현된 가치로서 "현존가치Daseinswert"가 추가되는 것이나 반드시 실현되어야 한다는 당위적 성격은 갖지 않는다(Phaeno. 7, p. 121). 그에 반하여 윤리적 가치는 무조건적 당위의 성격을 지닌다. 이 당위 성격으로 인하여 윤리적 가치는 가치를 인식하는 주체의 실천 행위와 필연적으로 관계하게 된다. 왜냐하면 가치의 실현은 실현하는 주체 없이는 생각할 수 없기 때문이다. 윤리적 가치의 요구성격은 주체의 편에서 보면 규범으로서 나타난다. 객관적 가치의 영역을 지배하는 법칙들은 올바른 평가 작용의 규범으로 전용될 수 있으며, 이 규범들은 올바른 실천의 규범을 위한 토대가 될 수 있다. 이 실천의 규범과 관련된 문제를 다루는 일이 후설의 순수 윤리학에서 '순수 실천론reine Praktik'이라고 부르는 다른 한 중요한 부분을 차지하게 된다.[30] 순수 가치론은 법칙에 관한 이론이나, 순수 실천론은 규범에 관한 이론이므로 순수 가치론이 순수 실천론의 토대가 된다.

결국 문제의 핵심은 후설이 객관적인 윤리적 가치와 그 '아프리오리'한 본질

---

30 후설의 윤리학은 따라서, 순수 가치론과 순수 실천론의 두 부분으로 나누어지고 각기 형식적인 측면과 내용적인 측면으로 나누어진다. '순수reine'라는 표현이 순수 논리학에서는 일차적으로는 형식적인 것을 뜻함과 동시에, 규범적인(또는 응용적인) 측면을 고려하지 않고 객관적인 논리적 존재를 있는 그대로 연구함을 의미한다면, 객관적인 윤리적 가치와 그 본질 법칙을 연구하는 윤리적 순수 가치론은 그에 합당한 명칭으로 보인다. 그러나 실천 규범에 관계하는 실천론을 '순수 실천론'이라고 부른다면 적절하지 못한 것 같다. 왜냐하면, "올바른 원함과 행함의 형식적 가능 조건인 규범들을 제시"하는 형식적 실천론만이 순수 실천론이 아니라, 거기에는 "가치를 인식하고 실현하는 주체에 대한 규범들의 관계"를 대상으로 하는 실질적 실천론materiale Praktik도 포함되어 있으므로 형식적이라는 의미의 '순수'라는 말은 할 수 없기 때문이다(Phaeno. 7, p.124). 그리고 순수 실천론 자체가 규범적인 측면을 고찰하므로 두 번째 의미의 '순수'라는 말도 아니다. 후설은 《이념들 I》의 여러 곳(288, 359, 363쪽)에서 '형식적 실천론formale Praktik'이란 말을 사용하고는 있으나 '순수 실천론'이란 표현은 발견되지 않는다.

이상과 같은 이유에도 불구하고 순수 실천론이라는 말을 할 수 있다면, 순수 윤리학이 전체적으로 '아프리오리'한 윤리적 본질 법칙에 관한 연구이며 순수 실천론이 중요한 한 부분을 차지한다는 데에 근거한다.

법칙을 어떻게 밝혀내며 이에 관한 이론을 어떻게 정초하느냐 하는 것이다. 그러한 해명과 정초가 가능하다면, 후설이 논리적 심리학주의에 대한 공격의 두 번째 항목에 해당하는 것, 즉 논리적 심리학주의는 회의론적 상대주의라는 비판이 윤리적 심리학주의에도 그대로 들어맞는 것이 될 것이다. 그러나 여기서도 문제는 그렇게 단순하지가 않다. 특히 "인간학주의Anthropologismus"라고 부르는 "종적 상대주의spezifischer Relativismus"라는 비판이 윤리적 심리학주의에 대해서도 그대로 적용될 수 있는가 하는 문제는 당장에는 명백하지가 않다.

논리적 심리학주의는 '인간학주의'라는 후설의 비판은 그 핵심 내용만을 요약하면 이렇다 : 논리 법칙은 일종의 심적 법칙이므로 전적으로 인간에게만 적용된다는 주장을 심리학주의의 이론은 내포하고 있다. 따라서 인간이 아닌 다른 종류의 사고하는 주체가 있다면, 이들에게는 '인간의 논리 법칙'과는 다른 사고법칙이 적용될 가능성은 얼마든지 생각할 수 있다는 것이다. 그러나 이러한 생각은 처음부터 '난센스Widersinn'이다. 그 이유는 모순율과 배중률排中律 같은 것이 인간과는 다른 존재에게는 타당하지 않은 경우를 생각할 수 있는가를 고찰하면 명백히 드러난다. 어떤 하나의 판단 내용이 인간에게는 참인 것이 그 다른 존재에게는 거짓일 수 있다. 그러나 동일한 판단 내용이 그 다른 존재에게 동시에 참과 거짓일 수는 없다. 만일 모순율이 적용되지 않는다면, 그 다른 존재에게는 '나는 존재하며 그리고 존재하지 않는다'고 하는 것이 참이라고 해야 한다. 또 이 명제 자체가 참이라는 판단도 참이며 동시에 거짓이라는 것이 참이라는 식으로 된다. 이것은 명백히 불합리하다. 존재하는 것과 존재하지 않는 것이 동시에 참인 그러한 명제는 있을 수 없으며 그것은 아무 것도 아니다.[31] 동일한 판단 내용이 동시에 참과 거짓일 수 없음은 '참', '거짓'이라는 말의 의미 자체에 이미 근거하고 있는 것이다(《논리연구 I》, 117쪽 참조). 참이라는 것은 거짓이 아니라는 뜻이며, 거짓이라는 말은 참이 아니라는 뜻이다. "참Wahr인 것은 절대적이며 '그 자체로' 참이다 : 진리는 인간이나 인간 아닌 것Unmenschen 또는 천사나 신들이 판단하면서 파악하든 간에 동일한 하나의 것이다"(《논리연구 I》, 117쪽). 그리고 바로 이런 경우에만 논리적인 것의 객관성은 이 말의 완전한 의미에 합치된다.[32]

논리적 심리학주의를 인간학주의라고 칭하는 후설의 비판을 윤리적 심리학주의와 관련시켜 보면, 도덕법칙을 심리학적 사실법칙으로 간주하는, 경험심리학적 토대 위에 서 있는 윤리적 심리학주의에서도 쾌락원칙이나 최대 다수의 최대 행복이라는 일반원칙은 그 보편성을 최대한으로 확대시킨다 해도 인간이라는 하나의 유적類的 존재에만 적용되는 것이다. 도덕법칙이 인간에게만 국한되어 적용되는 것이라면, 그것은 주관적인 성격을 벗어나지 않으며, 기껏해야 공동주관적일 뿐 객관성을 지니지는 못한다. 과거, 현재, 미래의 모

31 이러한 비판에 대하여 만일 다시금 반론을 제기하여, 이 비판적 사고 자체가 인간에게만 해당되는 논리 법칙 아래에 있기 때문에 모순율이 적용되지 않는 경우를 생각한다는 것이 불합리한 것으로 보일 뿐이라고 주장한다면, 논리 법칙은 사고 작용의 법칙이 아니라, 사고 내용의 형식적 법칙이라는 것, 여기서 가정한 그 다른 존재도 바로 사고하는 존재라는 것, 그리고 그러한 반론도, 그러한 상상도 역시 논리 법칙 아래 행하고 있음을 지적하는 것으로 충분하다.

32 인간학주의와 관련한 그 이상의 비판점들은 모두 여기서 요약한 비판으로부터 파생되는 문제점들을 지적한 것이므로 여기서는 더 이상 언급할 필요가 없다.

든 인간에게 타당한 것이라 하여도(공동주관성의 의미를 아무리 확대하여도) 진정한 의미의 객관성에는 이르지 못한다. 그 때문에 칸트도 '아프리오리'한 도덕법칙의 객관성을 보다 정확히 표현하기 위하여 언제나 '모든 이성적인 존재일반alle vernünftigen Wesen überhaupt'이라는 표현을 사용한다.[33] 단순히 인간에게만 국한되는 것이 아니라, 설령 인간 아닌 다른 이성적인 존재가 있다 하더라도 그런 존재에게도 타당한 것일 때만 객관적이요, 무조건적이라고 말할 수 있다. 후설에 있어서도 윤리적 가치들의 본질 법칙은 그러한 성격을 지닌 법칙들이다. 인간이라는 하나의 유적 존재와 그 구조는 하나의 사실Tatsache이다. 객관적 진리는 그 어떤 유형의 것이든 결코 사실에 근거할 수는 없다. 왜냐하면, 사실은 개별적이며 우연적이요, 시간적으로 일정한 것이다. 후설에 의하면, 인간학주의는 인간이 없다면 어떠한 진리도 없다는 주장을 내포하고 있다. 그러나 '어떠한 진리도 없다'는 주장은 '어떠한 진리도 없다'는 것이 진리라는 주장과 같으므로 이것은 불합리하다(《논리연구 I》, 119쪽 참조). 이렇게 진리를 상대화할 수 없다면 진리의 대상 역시 상대적인 존재로 만들어 버릴 수 없다. 이것은 논리적 진리에 대해서나 가치의 진리에 대해서나 마찬가지이다.[34]

현실적으로 인식하는 이성 의식 작용에서는 대상이 원본적으로originäre 있는 그대로 명증하게 주어진다. 이 경우 후설은 이중적 연관에 관하여 말한다.

---

33 그러한 표현을 칸트는 수많은 곳에서 사용하고 있는데 그중 하나만 지적한다면, 주 28의 책, 27쪽을 참조 바람.

34 사실적 진리Tatsachenwahrheit는 여기서 말하는 진리가 개별적인 사실에 관계하는 경우를 뜻하므로 여기서는 제외된다.

즉, "물적 단일체가 거기에서 있는 그대로 객관적인 타당성에 이르는 진리들의 연관"이 그 하나요, 다른 하나는 의식 작용이 "지향적으로 관계하는 사물들의 연관"이다(《논리연구 I》, 228쪽). 이 진리의 연관과 사물의 연관은 필연적인 상관관계에 있다. 이 필연적인 연관은 논리적 인식영역에만 해당되는 것이 아니라, 동일한 이성 의식 작용인 평가 작용, 원망 작용에서도 마찬가지이다. 윤리적 가치를 포함하여 가치의 영역에서는 이 작용들의 상관자가 관념적 대상이라는 것만이 다르다. 여기서도 관념적 대상인 가치들 그 자체의 연관과 가치 진리들의 연관, 즉 가치가 거기에서 객관적 타당성에 이르는 가치진리들의 연관이 구별되어야 하며 두 연관 사이의 '아프리오리'한 필연적 상관관계가 주목되어야 한다(Phaeno. 7, p. 62 참조). 전자의 논리적인 '아프리오리'한 연관은 형식논리학의 존재론의 대상이라면, 가치론은 가치의 '아프리오리'한 연관을 연구 대상으로 한다. 후설의 순수 윤리학도 우선 가치론에서 그 토대를 마련하는 이상 윤리적 가치론으로서 나타난다. 그리고 가치론은 형식논리학에 유비시켜 형식 가치론formale Axiologie, 즉 가치의 본질에 근거하는 형식적 법칙들을 제시하는 작업으로부터 시작된다.[35] 이 가치의 형식적 법칙들이 객관적으로 타당함이 입증된다면, 가치는 결코 단순한 주관적인 산물이 아니라, 객관적인 관념적 대상임이 밝혀지는 셈이다.

---

35 이에 관한 것은 주로 후설의 미발간 강의록 FI 24에서 찾아 볼 수 있다. 예컨대, 후설은 논리 법칙인 동일률, 모순율, 배중률에 유사한 가치의 형식적 법칙들을 위시하여 가치 영역에서만 발견되는 형식적 가치 법칙을 제시한다.

맺는말

지금까지 우리가 살펴본 것은 후설의 순수 윤리학을 하나의 일정한 관점에서 부분적으로 고찰한 것에 지나지 않는다. 형식논리학과의 유사성에 주목하여 후설의 순수 윤리학이 시작되는 출발점만을 살펴보는 데서는 이 윤리학적 이론이 지닌 내용을 구체적으로 알아보는 것은 부득이 제외되어야만 하였다. 그리고 논리학과 유비類比시키는 것으로만 후설이 순수 윤리학의 이념을 완전히 형성하였다고 말할 수도 없다. 왜냐하면, 그가 비록 윤리적 심리학주의에 반대함으로써 순수 윤리학의 동기를 마련하고 있다고 하더라도, 그것뿐이라면 칸트의 이론으로 충분할 것이다. 후설의 순수 윤리학의 이념을 형성하고 있는 또 하나의 다른 중요한 계기는 칸트의 이른바, 형식주의적 윤리학을 비판함으로써 마련하고 있는데 그에 관하여는 언급하지 못하였다. 이 논문의 방법적 의도는 부제가 암시하는 바와 같이, 후설의 《논리연구》 제I권(부제—'순수 논리학 서설')과 대비시켜 순수 윤리학의 형식적 계기만을 문제 삼았던 것이다.

후설은 한편으로는, 모든 형태의 경험론적 윤리학설에 반대함으로써 윤리적 "가치 논리학Axiologik"을 구상하였으며, 다른 한편으로는, 영국 캠브리지 학파에서 볼 수 있는 윤리적 합리주의와 칸트의 형식주의 윤리학에 반대함으로써 내용적 "감정 논리학Gefühlslogik"을 구상하였다.[36] 형식적 계기와 내용적 계기인 이 두 윤리학적 계기가 서로 상충됨이 없이 순수 윤리학의 이념을 형성하고 있다. 전자에 있어서는 칸트의 윤리학과 브렌타노로부터 많은 도움을 받아 흄Davie Hume의 이른바 감정 도덕Gufühlsmoral을 비판하면서도 후자에

---

36 Phaeno. 7, p. 123, FI 20, p. 250(Phaeno. 7, p. 51).

있어서는 오히려 흄의 윤리학으로부터 많은 영향을 받아 칸트의 윤리학이 형식주의임을 비판하고, 윤리적 판단에서 기능하는 감정의 역할을 강조함으로써 실질적인(내용적인) 윤리학으로 만들고자 하였다. 후설은 실천적 도덕법칙이 순전히 형식적인 것이라면 결코 의지를 동기지울 수 없으며, 내용만이 의지를 동기지울 수 있고 이렇게 하는 능력이 곧 감정이라고 보았다. 그는 만일 모든 감정을 우리의 가슴으로부터 지워 버린다면, 모든 윤리적 개념들(목적, 수단, 좋은, 나쁜, 덕, 의무 등)은 그 의미를 상실하게 될 것이라고 말한다(FI 28, p. 200 ; Phaeno. 7, p. 43 참조). 후설의 이러한 입장은 이미 의식 작용의 유형과 관련하여 앞에서 살펴 본대로, 의지 작용(원하는 의식 작용)이 평가 작용을 반드시 전제하고 있으며, 평가 작용은 곧 감정 작용Gefühlsakt이라고 규정하는 데서 이미 드러나 있다. 후설에 있어서는 윤리적 가치가 거기에서 주어지는 평가 작용을 수행하는 것은 바로 감정이다. 그러나 이 감정은 흄에 있어서처럼 단순한 심적 사실로서의 감정이 아니라, 넓은 뜻의 이성의 한 기능이다. 즉, 평가하는 이성wertende Vernunft이다. 그리고 이것은 의지를 동기지우는 내용Materie에 관계한다. 따라서 느끼는 의식 작용은 후설에 있어서는, 이성이나 오성에 대립되는 개념이 아니다. 칸트는 오성과 감성을 지나치게 엄밀히 구별하였다고 비난하는 후설은 오성(또는 이성)과 감성은 언제나 뒤섞여 있음을 주장한다.[37]

순수 윤리학의 이 내용적 계기와 관련한 문제는 후설이 흄과 칸트를 어떻게

---

37 《이념들 II》, 332-335쪽 ; Iso Kern, *Husserl und Kant*(*Phaenomenologica*, Bd. 16), p. 62 이하 참조 바람.

해석, 평가하는가를 그의 미발간 강의록을 통하여 보다 깊이 연구함으로써 그 전체적인 윤곽이 드러날 것이다.

현상학의 감정 윤리학*

감정 작용의 분석을 중심으로

1. 들어가는 말

서양 윤리학의 역사에서 감정Gefühl이 윤리적 판단과 행위의 근거라든가 아니면, 적어도 중요한 역할을 한다고 보는 이론들은 매우 많다. 이른바 쾌락원칙을 윤리적 선, 악 판단의 기준으로 보는 쾌락주의를 비롯하여 로크J. Locke, 특히 흄D. Hume에 이르기까지 경험론적 윤리학에서 흔히 볼 수 있는 주장들이 감정을 윤리적 판단과 행위의 원리로서 인정하는 것이다. 귀납적 보편화를 통한 경험적 원리를 윤리적 원리로 주장함으로써 어쩔 수 없이 빠지게 될 상대주의를 피하고 경험 독립적 원리를 확보하려는 칸트I. Kant도 도덕법칙에 대한 '존경심'이라는 하나의 특정한 감정만은 인정하지 않을 수 없었다.

브렌타노F. Brentano는 그러한 '감정 도덕'의 대표자인 흄을 비판의 대상으로 삼아 윤리적 원리는 일종의 인식인데, 흄은 감정을 윤리적 원리로 봄으로써

---

* 《현상학의 근원과 유역》, 철학과 현상학 연구 제8집, 한국현상학회 편, 1996.

감정과 "감정의 인식"을 구별하지 못하는 잘못을 범하였다고 비판한다.[1] 감정의 인식이란 우리가 심리학처럼 감정을 반성의 한 대상으로 삼아서 고찰할 때 생겨나는 인식이든가, 다른 사람의 감정을 내가 알아봄으로써 얻게 되는 인식이다. 브렌타노에 의하면, 만일 감정이 윤리적 원리라면 우리는 윤리적 문제에 관하여 논쟁할 수 없을 것이다. 왜냐하면, 감정은 주관적인 것이며 인식이 아니기 때문이다. 오직 인식에서만 참, 거짓의 구별이 있으며 여기서만 논쟁이 가능한 것이다.[2]

브렌타노는 윤리적 원리들은 일종의 인식이기 때문에 그 무엇이 선인가, 악인가의 논의가 가능한 것이며, 흄처럼 이성과 대립시키는 감정을 윤리적 원리로 보게 되면 결국 상대주의에 빠지게 되며 윤리적 원리를 탐구하는 윤리학은 불가능하게 된다고 보는 것이다. 브렌타노에 의하면, 감정과 감정의 인식은 구별되어야 한다.[3] 흄은 감정을 윤리적 원리라고 봄으로써 그것을 일종의 인식으로 보는 결과가 되었다고 비판한다. 흄에 대하여 이러한 비판을 하는 브렌타노도 감정은 아니지만 감정의 인식이 윤리적 판단과 행위에서 전제되어 있다는 입장을 나타내고 있다.[4]

---

1 F. 브렌타노, 《윤리학의 기초와 구조*Grundlegung und Aufbau der Ethik*》, Felix Meiner, 1978, 55쪽, 이에 관한 전반적인 것은 이 책, 제3장 〈윤리학의 원리들은 인식인가, 감정인가?〉, 42쪽 이하 참조. 브렌타노의 이 책은 그의 강의록을 사후에 출판한 것임.

2 *Ibid.*, 43쪽 참조. 흄은 물론 개인적으로 차이를 갖는 감정의 내용을 말하는 것이 아니라, 느끼는 방식의 보편성을 의미하는 것이지만 그렇다 하더라도 이 보편성은 경험적 보편성이므로 개연성만을 지닐 뿐이다.

3 *Ibid.*, 55쪽 참조.

4 *Ibid.*, 56쪽 참조.

후설Edmund Husserl이 감정의 개념을 그의 윤리학에 도입하게 된 것은 브렌타노의 영향임에 틀림없다. 브렌타노는 감정이 인식의 조건일 수 있는 방식은 다만 인식의 대상으로서 그러하다고 말하면서 감정이 윤리적 원리의 전제조건이라고 주장한다.[5] 이 말이 의미하는 것은 감정 자체가 윤리적 원리일 수는 없지만 감정을 그 대상으로 삼는 인식 활동과 거기서 획득되는 감정의 인식이 윤리적 원리의 전제 조건이라는 뜻이다. 브렌타노가 감정의 인식이라고 말함으로써 인식 능력인 이성을 흄처럼 감정과 대립시키는 것과는 다른 방식으로 윤리적 원리의 조건으로서 감정을 도입하고 있는 것이다.

브렌타노는 또한 감정의 인식이 감정에 추가되는 제2의 의식 작용이 아니라, 그것들이 함께 하나의 동일한 의식 작용을 형성하는 것이라고 말한다.[6] 감정의 인식을 의식 작용이라고 말하는 브렌타노의 이 말로부터 우리는 후설이 감정 작용Gefühlsakt이라고 부르는 것을 연상하게 된다. 그러나 브렌타노는 가치의 인식과 그것을 지배하는 법칙들에 관한 매우 정교한 이론을 전개하였음에도 불구하고 감정 작용에 대해서나, 이것과 원하는 의식 작용인 의지 작용과의 관계에 대한 생각을 더욱 심화시키지 않은 것 같다. 후설의 감정 작용은 확실히 브렌타노가 말하는 감정의 인식과 같은 개념이 아니다. 후설이 의미하는 감정 작용을 수행하는 주체는 반드시 감정을 지니고 있으며 그 때문에 인식 작용은 아닌 반면에, 브렌타노가 말하는 감정의 인식은 이 인식 작용을 수행하는 주체가 감정을 그 자신의 것으로 지니고 있지는 않다. 그럼에도 불구하고

---

5 *Ibid.*

6 *Ibid.*

후설이 브렌타노의 윤리학 이론으로부터 중요한 암시를 받았음에 틀림없다고 보는 근거는 감정을 감성의 영역에 전적으로 포함되는 것으로 보지 않고 감정 작용을 이성의 한 중요한 활동으로서 규정하기 때문이다. 그렇게 함으로써 후설은 감정을 윤리적 판단과 행위에서 중요한 역할을 한다고 보면서도 경험론적 상대주의에 빠지지 않고, '아프리오리'한 도덕법칙을 밝혀내는 순수 윤리학을 그의 선험 현상학 체계 내에서 전개할 수 있었던 것이다.

이 논문에서는 후설의 윤리학에서 가장 중요한 개념들 중의 하나이며, 이 개념이 또한 후설의 윤리학을 특징짓고 있는 감정 작용의 개념을 분석적으로 검토함으로써 그의 윤리학을 비판적으로 검토하는 토대를 마련하고자 한다.

2. 감정 작용과 감각 및 감각적 감정

후설은 "감정을 배제한다면 '선'과 '악'에 관하여 말할 수 없다는 것은 자명하다"고 말할 정도로 감정의 문제를 배제하고는 도덕문제를 논할 수 없다는 입장이므로 감정의 현상학적 개념을 살펴보는 것이 그의 윤리학을 이해하는 데에 필수적이다.[7]

후설의 현상학에서 '감정 작용'이라고 부르는 개념은 일반적으로 의미하는 감정의 좁은 개념으로 이해해야 한다. 왜냐하면, 감정의 일반적 개념은 후설이 감정 작용과 구별하여 감각적 감정sinnliches Gefühl이라고 부르는 것도 포함하기 때문이다. 후설이 감정 작용과 감각적 감정을 구별하는 것은 칸트I. Kant가

---

[7] E. 후설, 《윤리학과 가치론 강의*Vorlesungen über Ethik und Wertlehre*》, *Husserliana XXVIII*, 396쪽(이하 《윤리학》이라 약함).

감정과 감각Empfindung을 구별하는 것과 비슷하다. 《순수이성 비판》에서 칸트는 감각을, 사물이 감관을 자극함으로써 얻게 되는 '직관의 재료Materie der Anschauung'라고 보는데 후설도 이와 유사하게 감각을 의식의 한 질료적 재료hyletische Daten로 보고 감각적 감정을 이 감각들 중의 한 종류로 규정하고 있다.[8] 이 감각적 감정이 질료적 재료인 이상 현상학적 의미의 체험에 속하긴 하나 지향적 체험은 아니고 다만 '노에시스'의 한 내실적reell 구성계기이다.[9] 통감, 쾌감과 같은 감각적 감정들이 어떻게 신체와 결부되어 있는가를 후설은 정위 감각定位感覺Empfindis이라는 개념을 사용하여 명확히 설명하고 있다.[10]

이 감각적 감정으로부터 후설은 하나의 이성적 의식 작용vernünftiger Akt인 감정 작용을 구별한다.[11] 감정 작용이 '이성적'이라는 것은 모든 능동적 의식 작용은 이성적이며 감정 작용은 평가하는 이성의 활동이기 때문이다.[12] 감각

---

8 I. 칸트, 《순수이성 비판》, B. 34쪽 ; E. 후설, 《순수 현상학과 현상학적 철학의 이념들 I *Idenn zu einer reinen Phänomenologie und phänomenologischen Philosophie I*》, Martinus Nijhoff, 1950, 65, 85, 207쪽 이하 참조(《이념들 I》로 약함).

9 감각적 감정도 포함되는 질료적 재료 또는 감각재료Empfindungsdaten를 '노에마'에 속하는 것으로 오해하는 경우가 많으므로 후설, 《이념들 I》, 412쪽 ; "질료적 재료들 자체는 결코 노에마의 내용에 속하지 않는다" 그리고, 411쪽, "노에시스의 감각재료(질료적 재료)의 '노에마'적 상관자"는 '대상이 나타나는 방식'이라는 표현을 찾아보면 분명해진다.

10 정위 감각이란 신체에 직접, 간접으로 자리잡는 감각을 말하며 이것은 모든 감각이 신체와 불가분의 관계에 있음을 뜻한다. 이에 대해서는 《이념들 II》, 38, 39쪽 , 특히 152쪽 이하 참조.

11 《이념들 I》, 287, 290, 293쪽 참조.

12 이에 대해서는 필자의 논문 〈현상학적 윤리학, 후설의 순수 윤리학의 이념을 중심으로〉, 《현상학의 전개》, 현상학 연구 제3집, 1988, 338쪽 주 8을 참조.

적 감정이 의식, 더 구체적으로는 '노에시스'의 한 비지향적 계기인 반면에 감정 작용은 일종의 의식 작용을 가리키는 명칭이다. 그러므로 감각적 감정들이 질료적 구성계기로서 하나의 감정 작용에 포함되어 있는 경우란 얼마든지 있을 수 있는 일이다. 예를 들어, 내가 배에 통증을 느낀다는 것 자체는 하나의 단순한 감각이다. 그런데 이 통증과 함께 나는 불쾌한 감정을 갖는다. 이 감각적 감정은 단순한 감각보다 복잡한 것이긴 하나 어디까지나 외적 자극의 단순한 수용의 결과이다. 그런데 이 통증은 어떤 심각한 병의 증세라고 생각함으로써 나는 불안감을 느낀다. 이것은 감정 작용이다. 감각적 감정은 외적 자극의 단순한 수용인 반면에 감정 작용은 하나의 능동적 의식 작용으로서 감각적 감정이나 또는 다른 감각들을 어떤 방식으로든 질료적 구성 계기로서 포함하고 있다. 이 점에서는 지각 작용과 같은 이론적 의식 작용과 다르지 않다.

이 감정 작용을 후설은 '가치 지각Wertnehmung' 또는 '가치감Wertfühlen' 이라고도 표현하며 이것은 평가 작용wertender Akt의 다른 명칭에 지나지 않는다.[13] 즉, 가치를 대상으로 삼는 의식 작용은 모두 감정 작용이라는 것이 후설의 해석이다. 후설의 감정 작용 또는 평가 작용에 들어맞는 개념을 칸트의 철학에서는 찾을 수 없다. 외견상 칸트의 '미적 판단력'에 유사한 것으로 보이나 이것은 오직 미적 가치 판단과 관련된 것이며 윤리적 가치와는 관계가 없다. 그리고 윤리적인 것과 관련된 판단력이 칸트의 경우 실천적 판단력이 있으나 이것은 감각세계에서 가능한 한 행위의 준칙이 보편적 실천 법칙 아래 들어갈 수 있는가를 판정하는 능력이다.[14] 그리고 칸트의 경우 판단력 자체가 일종의 인식

13 《이념들 II》, 9, 10, 186쪽 참조.

능력Erkenntnisvermögen이며 넓은 뜻의 오성의 한 기능이므로 결코 후설의 평가 작용처럼 감정 능력의 기능은 아니다. 칸트가 비록 하나의 특수한 감정으로서 '도덕적 감정'을 말한다 해도 이것은 능력이나 의식 작용이 아니라 도덕법칙에 대한 표상의 결과이다.[15]

칸트는 미적 판단력과 관련해서는 쾌, 불쾌의 감정을 말하지만 윤리적 가치와 관련해서는 도덕법칙에 대한 '존경심'을 제외하고는 전적으로 감정을 배제한다. 이에 반하여 후설은 윤리적 평가 작용을 포함하여 모든 평가 작용에는 쾌, 불쾌 등의 감정이 어떤 방식으로든 개입되어 있으므로 곧 감정 작용이라고 보는데 과연 그러한가를 검토해 보고자 한다.

여기서 우리는 후설이 '평가 작용Werten'이라고 부르는 것을 좀더 정확히 이해해야 할 필요가 있다. 예를 들어서 우리가 실용 가치나 유통 가치와 관련하여 값을 매기는 것이나 미술 평론가가 회화나 조각품을 두고 작품을 비판하는 것은 후설이 의미하는 평가 작용이 아니라 일종의 이론 작용이다. 후설에 의하면, 평가 작용이란 "우리가 거기서 살고 있는", "느끼면서 (평가 작용의 대상과) 함께 있는" 그러한 의식 작용이다.[16] 아름다운 음악을 들을 때 우리가 그것을 즐기면서 빠져 있는 의식이 평가 작용이라면, 음악 평론가는 음악에 빠져 있는 상태에서 한 걸음 물러나 그 음악과 거리를 두고 '객관적으로' 평가한다. 후자의 이 평가는 후설이 의미하는 평가 작용이 아니라, 이론적 태도에서 수행되는

---

14 I. 칸트, 《실천이성 비판*Kritik der praktischen Vernunft*》, Felix Meiner, 1929, 79쪽(A.A. 68쪽 이하) 참조.

15 《실천이성 비판》, 89쪽(A.A. 134쪽) 이하 참조.

16 《이념들 II》, 8, 9쪽.

이론적 의식 작용이다. 물론 이 이론 작용은 음악에 대한 평가 작용의 토대로도 되어 있는 단순한 청각적 표상 작용, 멜로디의 지각 작용인 이론 작용과는 다른, 보다 높은 단계의 이론 작용이다. '우리가 그 안에서 살고 있는', '느끼면서 그 대상과 함께 있는' 그러한 평가 작용은 하나의 '실천적 의식 작용'이며, 예술 평론가의 평가는 이론적 관심에서 나온 '이론적 의식 작용'이다.

원래 가치는 평가 작용, 즉 후설이 표현하기 좋아하는 '가치 지각'에서 직관적으로 직접 주어진다. 이 평가 작용이 토대를 지닌 의식 작용으로서 단순한 감각적 표상을 토대로 하고 있다 하더라도 그러하다. 후설이 예를 드는 것처럼 "내가 바이올린의 소리를 듣는다면, 이 소리가 나의 감정 능력Gemüt을 근원적으로 생생하게 움직인다면, 호감好感Gefälligkeit이 가는 것, 아름다움이 원본적으로originär 주어진다".[17] 평가 작용의 대상은 바이올린의 아름다운 소리가 아니라, 소리의 아름다움 자체이다. 즉, 평가 작용이 지향하는 것은 소리가 아니라 소리를 매개로 한 청각적 아름다움이다. 이 아름다움은 단순한 감각적 표상의 대상인 소리에 '토대를 지닌 대상'이다. 우리가 피상적으로 생각하면 먼저 아름다운 대상이 주어지고 이 대상의 아름다움은 이 대상을 매개로 하여 간접적으로 주어지는 것처럼 생각하기 쉽다. 그러나 아름다움은 우리가 직접 느끼는 것이지 감각적 표상 내용으로부터 논리적으로 추상하여 얻는 것은 아니므로 직접적이다. 즉, 모든 평가 작용에서는 그 대상인 가치가 직접 '직관적으로' 주어진다. 그러므로 후설은 감각적 지각과 유사하게 '가치 지각'이라고 부르며, "가치를 직관하는 의식"이라고도 표현한다.[18]

---

17 *Ibid.*, 186쪽.

여기서 우리는 또 하나의 의문을 갖게 된다. 우리가 평가 작용을 수행하면서도 전혀 감정을 갖지 않는 경우가 과연 없을까? 그 어떤 것이 좋은 것, 아름다운 것임을 알면서도 그것에 대해 아무런 감정을 갖지 않을 수도 있지 않을까? 후설은 "감정 능력이 '근원적으로' 생생하게 야기되지 않는, 원본적이지 않은" 평가 작용의 양태도 있음을 인정한다.[19]

후설은 "나의 감정이 어떤 식으로든 '원래' 야기됨이 없이도 나는 바이올린을 아름답게 여기면서 볼 수 있다"고 말한다.[20] 그럼에도 불구하고 후설에 의하면, 이것도 하나의 평가 작용, 즉 감정 작용이다. 아름다운 풍경이나 예술 작품을 자세히 감상하지 않고 그냥 간단히 일별하면서 그것을 아름답다고 느낀다면, 아름다움이 거기서는 "불완전한" 것으로 주어지는데 이것은 마치 이론적 의식 작용에서 감각적으로 불명확하게dunkel 표상하는 것과 유사한 것이다.[21] 그저 스쳐 지나가는 가치 지각에서는 아름다움이 "불충전하게" 주어지므로 "감정의 공허한 선취적先取的vorgreifend 지평"만을 지닌다.[22] 이와 같이 "표상 작용이 공허하거나 충실된 것일 수 있는 것처럼 평가 작용도 그러하다"고 후설은 말한다.[23] 이러한 설명으로 미루어 외견상 감정이 관여하지 않은 것 같이 보이는 평가 작용에서도 감정이 '근원적으로' '본래적으로' 야기되지 않았을

---

18 *Ibid.*, 10쪽.

19 *Ibid.*, 187쪽.

20 *Ibid.*

21 *Ibid.*

22 *Ibid.*, 10쪽.

23 《윤리학》, 323쪽.

뿐, 어떤 식으로든 감정이 평가 작용의 구성 요소로서 들어 있다고 보는 것이 후설의 견해임이 확실하다.

3. 감정 작용과 범주적 직관

우리는 감정 작용과 다른 의식 작용 간의 차이와 관계를 고찰하기 위하여 의식 활동적 측면, 즉 '노에시스'적 측면에서 바라보는 시선을 '노에마'적으로 바꿔서 이론 작용의 대상인 장미와 감정 작용의 대상인 아름다움의 관계에서 고찰하는 것도 하나의 방법일 것이다. 이 경우 장미는 하나의 실재적 대상이며 아름다움은 일종의 관념적 대상으로 보인다.[24] 아름다움과 같은 가치가 하나의 관념적 대상임은 그것이 평가 작용이라는 하나의 실천적인 이성적 의식 작용의 대상이면서 오직 실재적 대상을 토대로 삼아서만 구체적으로 주어질 수 있기 때문이다.[25]

만일 가치가 수학적인 것이나 논리학적인 것과 같이 관념적 대상이라면 범주적 직관의 대상일 것이며 감정 작용은 일종의 범주적 직관으로 이해할 수 있을 것이다.[26] 그러나 우리가 수학적, 논리적 법칙의 유용성(가치)에 관해서

24 가치가 관념적ideal 대상이라는 단정적 표현은 출판된 후설의 저서에서는 발견할 수 없다. 다만 A. 로트가 후설의 유고 MS. F I 21, 30쪽과 MS. F I 23, 32쪽을 참조하여 그렇게 표현하고 있을 뿐이다(《후설의 윤리 연구》, 123쪽, 주 10 참조).

25 아름다움 자체는 물론 미학 이론에서 다루는 것처럼 이론 작용의 대상이 될 수도 있다. 그러나 우리가 문제 삼는 것은 감정 작용의 대상이 되는 아름다움이다.

26 범주적 직관의 넓은 의미에는 내용적 본질을 직관하는 본질 직관도 포함되지만 이 개념을 처음 도입하고 있는 《논리연구》에서는 형식적 본질을 직관하는 범주적 직관에 관하여 설명하고 있다. 이에 대해서는 후설의 《논리연구 II/2 *Logische Untersuchungen II/2*》, Max Niemeyer, 1901, 40쪽 이하 참조.

도 말할 수 있으므로 가치란 적어도 이 점에서는 다른 관념적 대상과 동일한 유형의 것은 아니다. 상관관계적으로 말하면, 감정 작용은 감각적 직관을 토대로 삼는 것과 마찬가지로 범주적 직관을 토대로 하여 수행될 수도 있다. 따라서 감정 작용은 하나의 독특한 범주적 직관이든가 아니면, 범주적 직관과 유사하긴 하지만 본질적으로는 다른 직관일 것이다. 사실 후설은 논리 법칙에 유사한 가치의 법칙을 다루는 '형식적 가치론'인 "감정 논리학"에 대하여 논하고 있다.[27] 그러나 이것은 어디까지나 이론 작용과 감정 작용의 유사성에 근거한 것이지 범주적 대상과 가치의 유사성에 근거한 것은 아니다.

범주적 직관도 어떤 점에서는 하나의 이론 작용이며 역시 대상화 작용이지만 그 대상이 개별적인 구체적 대상이 아니라, 본질이라는 점에서 감각적 지각 작용과 같은 이론 작용과는 다르다. 감정 작용은 이론 작용은 아니지만 일종의 대상화 작용이다. 대상을 지향하는 체험은 그 어떤 것이든 대상화 작용이므로 감정 작용도 일종의 대상화 작용이다.[28] 다만 감정 작용은 토대를 지닌 의식 작용이므로 토대의 역할을 하는 이론 작용의 대상화를 매개로 (토대를 지닌 대상인) 가치를 대상화하는 의식 작용이다. 범주적 직관도 일종의 토대를 지닌 직관이며 범주적 대상도 토대를 지닌 대상이다. 예를 들어, 하나의 당구를 보면서 기하학적 대상인 원圓이나 구球를 범주적으로 직관한다면, 이 특정한 재료로 만들어진 당구에 대한 감각적 지각이 토대로서 기능한다. 그와는 달리, 하나의 '가치론적 태도'에서, 당구 놀이에서는 당구가 꼭 필요하다는 유용성이나,

27 《윤리학》, 70쪽 이하 ; 《후설의 윤리 연구》, 92, 127쪽 이하 참조.
28 《윤리학》, 333쪽 참조.

당구가 있어서 당구를 칠 수 있으니 기쁘다는 감정 작용을 수행할 경우에는 저 범주적 직관이 지향하는 '원'이나 '구'와는 전혀 다른 대상을 지향한다. 그러나 이 경우에도 범주적 직관에서나 마찬가지로 동일한 감각적 지각이 토대로서 기능하고 있다. 이 점에서 감정 작용은 범주적 직관과 매우 유사하다.

지금까지 감정 작용과 대비시킨 범주적 직관은 형식적 본질을 대상으로 삼는 직관이지만 후설의 현상학에서는 내용적 본질을 대상으로 삼는 범주적 직관도 있다. 이것을 그는 특별히 '본질 직관Wesensanschauung'이라고 부른다.[29] 가치는 논리적 기초개념들이나 수학적, 기하학적 개념들과 같이 형식적인 것이 아니라, 내용적인 것이므로 가치를 대상화하는 감정 작용이 만일 일종의 범주적 직관이라면 본질 직관에 가까운 것이 아닐까 하는 생각을 가질 수 있다. 그러나 본질 직관은 후설이 비록 직관이라는 명칭을 붙이고 있긴 하나 매우 복잡한 절차를 거치는 사유 작용인 반면에 감정 작용은 직관이라는 표현에 걸맞을 만큼 직접적이며 단순하다. 기쁜 소식을 듣고 기뻐하는 감정 작용은 본질 직관에서 그렇게 하는 것처럼 본질적인 것과 비본질적인 것을 구별하는 절차가 필요하지 않다. 기쁜 소식의 내용에 대한 표상에 토대를 둔 기쁨은 그 표상과 함께 직접 주어진다. 이 점에서 가치가 내용적이지만 이 가치를 지각하는 감정 작용은 내용적 본질을 직관하는 본질 직관과는 다르다는 것을 우리는 알 수 있다.

이제 우리가 지각 또는 직관과 관련하여 확정할 수 있는 것은 후설의 현상학에서는 지금까지 잘 알려진 대로 감각적 지각, 내재적 지각(반성), 범주적 지각

---

29 본질과 본질 직관의 개념에 대해서는 《이념들 I》, 1-8쪽 참조.

그리고, 가치 지각(감정 작용)의 네 가지로 구별할 수 있다. 다시 말하여, 감정 작용은 범주적 지각 또는 직관과 유사하긴 하나 뚜렷이 구별되는 점도 있으므로 이것을 직관의 네 번째 유형으로 보아도 무방할 것이다.

4. 감정 작용과 이론 작용의 관계

우리가 화가가 그린 하나의 그림을 보고 아름답다고 느끼거나 음악을 들으면서 갖게 되는 즐거운 감정은 외적 자극의 단순한 수용이 아니라 그림이나 음악이 지닌 아름다움을 능동적으로 지향하는 체험이다. 이 경우 그림의 색채와 형태 등 그림의 내용에 대한 지각이 그러한 감정 작용의 토대로서 기능한다는 것은 의문의 여지가 없다. 그러나 보통의 경우 먼저 지각 작용을 수행하고 그 다음 감정 작용을 수행하는 것과 같이 두개의 의식 작용을 연속적으로 수행하는 것은 아니다. 수행하는 것은 감정 작용이며 거기서 주어지는 대상은 그림이 지닌 아름다움이지 인식 작용의 대상인 그림이라는 하나의 물체는 아니다. 그럼에도 불구하고 그림을 지각하지 않고 그림을 아름답다고 느낄 수는 없다. 그림에 대한 감정 작용의 경우 이 그림을 단순히 잠재적으로 대상화하는 작용potentiell objektivierender Akt이 바탕Unterlage에 깔려 있음에 틀림없다.[30] 그 때문에 감정 작용은 후설이 말하는 것처럼 하나의 '토대를 지닌 의식 작용fundierter Akt'이다.[31] 토대로 되어 있는 저 '속견적, 이론적 의식 작용doxisch-theoretischer

---

30 *Ibid.*, 288, 290쪽 참조.

31 《이념들 I》, 285쪽 ; 《이념들 II》, 188쪽 참조 ; 《윤리학》, 252쪽(후설은 여기에 각주를 붙여 '토대를 지닌'이란 두 가지 의미, 즉 '어떤 것 위에 세워지다'와 '어떤 것을 필연적으로 전제하다'라는 뜻을 지니고 있다고 설명한다).

Akt'은 활동적으로 수행되는 것이 아니라, '중화中化Neutralisierung'되어 있으며 주제로 되어 있는 감정 작용의 수동적 배경을 이루고 있다.[32]

이제 문제는 감정 능력과 단순히 "대상화하는 능력"인 오성[33]이 감정 작용의 대상인 가치를 구성하는 데서 어떤 역할을 하는가, 그리고 이 문제를 해결하기 위해서 단순히 감정 작용과 이론 작용의 관계를 고찰하는 것만으로 충분한가 하는 것이다. 후설이 이 문제를 집중적으로 다루고 있는 것은 1908/09년의 윤리학 강의록(《윤리학》 C. 〈윤리학의 근본문제에 관한 강의〉)이다. 그는 이 문제가 얼마나 해결되기 어려운가를 18세기 영국의 합리주의 윤리학과 흄 등의 정서주의 윤리학의 대립을 하나의 본보기로 제시하면서 보여주는데, 이 대립을 그는 "오성 도덕Verstandesmoral"과 "감정 도덕Gefühlsmoral"의 대립이라고 표현한다.[34] 윤리적 결정에 있어서 오성 도덕은 오성이 본질적 기능을 수행한다고 보고 감정 도덕은 감정이 그러하다고 보는 것은 오성이나 감정 능력 중 어느 하나의 역할을 지나치게 강조한 결과이다. 후설에 의하면, 이러한 대립은 감정 작용에서 함께 수행하는 오성과 감정 능력의 기능에 대한 명확한 규정이 어려운 탓으로, 사실상 이 두 기능은 감정 작용에서 뒤섞여 있는데 이것

---

32 《이념들 I》, 266쪽 이하 참조.

33 《윤리학》, 252-253쪽. 여기서 후설이 말하는 오성이란 칸트의 '이론이성'과 같은 뜻이다. 후설은 '논리적 이성', 또는 '지성'이라고도 표현한다. 《윤리학》, 251쪽에서는 칸트의 '이론이성'과 '실천이성'의 구별에 상응하여 '지성Intellekt'과 '감정 능력Gemüt'이라고 표현하고 있다.

34 *Ibid.*, 251쪽. 영국의 합리주의 윤리학이란 케임브리지 학파의 대표자인 R. 커드워스(1617-1688)로부터 시작되어 S. 클라크(1675-1729)에 와서 발전된 형태를 취한 윤리학으로서 도덕법칙과 수학적 법칙을 동일한 성격의 법칙으로 본다.

은 감정 기능의 본질에 근거한다고 본다.[35]

이 두 기능의 '뒤섞여 있음'이 어떤 방식인가 하는 것은 하나는 토대를 부여하는 기능이며 다른 하나는 그 토대 위에서 보다 상층의 대상을 구성하는 기능이다. 감정 작용에 토대를 부여하는 이론 작용은 그 자체로는 어떠한 가치도, 감정도 포함하고 있지 않다. 그 반면에 감정 작용에서는 이론 작용이 필수적인 토대로서 기능한다. 그 때문에 감정이나 가치를 인식 대상에 단순히 주관적으로 덧붙인 의미에 지나지 않는 것으로 보기가 쉬우며 이로부터 후설이 '윤리적 심리학주의'라고 부르는 모든 유형의 윤리학적 상대주의가 나타나게 되는 것이다. 이것은 근본적으로 그 무엇을 좋게 여기는 평가 활동과 좋은 것 자체를 동일시하는 오류에 기인한다는 것을 후설은 지적하고 있다.[36]

이론 작용 또는 인식 작용과 감정 작용은 전혀 다른 두 태도에서 나온 다른 두 가지의 의식 작용이다. 하나는 단순한 대상적 인식을 목표로 한 것이며 다른 하나는 가능한 인식의 대상이 지닌 가치를 지향하는 의식 작용이다. 현상학적으로는 태도가 다르면 의식 작용도 다르며 거기에서 주어지는 의식 대상도

---

35 *Ibid.*, 252쪽.

36 A. 로트 지음, 《후설의 윤리 연구》, 이길우 옮김, 도서출판 세화, 44쪽. 여기서 인용되어 있는 후설의 글들은 미발간 유고 분류 번호 MS. F I 28(1928년 강의록)에 있는 것으로 《후설전집》 28권의 《윤리학》의 강의록 MS. F I 20과 24 등보다 더 관심을 끈다. 왜냐하면, MS. F I 28은 《윤리학》에 수록된 가장 나중의 것(MS. F I24)보다 훨씬 뒤인 1920년대의 강의들이며 위의 로트에 인용되어 있는 많은 부분들로 미루어 매우 중요한 것이 들어 있음을 짐작할 수 있기 때문이다. 그러나 유감스럽게도 필자가 알고 있는 한, 이 강의록은 아직 출판되지 않았다. 다만 《윤리학》의 편집자 서문에 이 강의록의 편집이 준비 중에 있다는 언급을 볼 수 있다(《윤리학》, '편집자 서문', XLV쪽 주 4 참조).

다르므로 감정 작용의 대상인 가치가 단순히 인식 대상에 추가된 주관적 의미로 해석될 수는 없다. 그러나 가치는 감정 작용에서 가치 그 자체로 나타날 수 없고 '아름다운 장미'나 '기쁜 소식' 등 언제나 그 무엇의 가치로만 구체적으로 나타날 수 있다. 그 때문에 장미나 소식에 대한 이론적 표상이 감정 작용에서 수행하는 기능에 대한 물음이 제기되는 것이다.

일상생활에서 우리는 갓 피어난 싱싱한 한 송이의 장미를 보고 그냥 직접 아름답다고 느낀다. 이 느끼는 의식 작용에서는 장미의 형태라든가, 붉은 색채의 농도와 향기의 강도 등의 측정치에 대해서는 전혀 생각도 하지 않는다. 그러므로 실천 영역에서는 감정 작용이 자연스러운 일차적 의식이다. 그러나 그러한 감정 작용이 일어날 수 있는 조건에 대하여 이론적으로 고찰해보면 거기에는 장미를 대상화하는 단순한 표상 작용이 장미의 아름다움을 느끼는 감정 작용을 가능하게 하는 필수적 요소임을 알게 된다. 꽃잎이 지닌 색채의 일정한 농도와 밝기, 싱싱한 정도, 형태의 기하학적 모양, 향기의 강도가 아름다움을 느끼는 감정 작용을 유발함에 틀림없다. 감각적 지각의 대상이 지닌 일정한 구성이 아름다움을 가져온다는 것은 수많은 경우에서 쉽게 확인할 수 있는 일이다. 여기서 우리는 자연의 목적과 이 목적을 실현하는 데에 이바지되는 의식의 관계를 가정하는 목적론적 관점을 그럴듯하게 보기 쉽다. 즉, 자연은 완전성을 향한 목적을 지니고 있고, 인간이 자연으로부터 받은 능력인 이성 역시 이 완전성을 목적으로 하고 있으며 이것을 실현하는 데 이바지하는 것은 자연스러운 일이므로 보다 완전한 것에 대해서는 아름다움을 느낀다는 해석이다. 왜냐하면, 아름답다, 좋다는 가치를 느낄 때만 그것을 실현하기를 원할 것이기 때문이다. 이러한 생각은 아리스토텔레스에서 칸트 이전까지 내용적으로는 큰 차이를 보여주지만 근본적으로는 목적론적 사고의 틀에서 벗어나지 않는 사상이다. 이것은 인식의 진리나 가치의 객관성을 정초하는 데서는 상당히 편리한 사고방식이 될 수 있으나 사변적 형이상학의 길로 빠지기가 쉬운 것도 사실이다.[37]

궁정적 가치나 부정적 가치를 '지각'하는 감정 작용은 객관적 사태에 대한 이론적 표상을 토대로 하는 이상, 이 표상의 명증 정도에 따라서 감정 작용과 거기서 주어지는 대상의 명증도 달라진다는 것을 우리는 쉽게 가정할 수 있다. 사물에 대한 지각 경험이 극히 적은 어린아이도 화려하게 핀 장미를 보고 아름답다고 느끼긴 할 것이다. 그러나 장미에 대한 인식적 표상을 명확하게 갖지 못하는 어린아이는 그것을 아름답게 느끼는 것도 매우 명확하지 못할 것이다. 이것을 우리는 미적 가치에 있어서 자연미에서는 큰 차이를 확정하기 어렵지만 예술 같은 인공미에서는 어렵지 않게 확인할 수 있으며 더욱이 실용 가치에 대한 감정 작용에서는 인식적 표상이 결정적으로 중요한 기능을 지닌다는 것을 알 수 있다. 실용 가치와 관련하여 하나의 예를 생각해본다면, 돈이 무엇인지 모르는 어린아이는 지폐의 색채와 쓰여진 숫자에 대한 지각을 하더라도 그것이 사실상 지닌 가치에 대한 감정 작용을 행하지는 못할 것이다. 따라서 감정 작용의 명증은 단순한 표상의 명증에 상당한 정도로 의존되어 있으며 명확한 인식은 명확한 감정 작용을 수행하는 데에 이바지될 수 있다는 것을 알 수 있다.

---

37 N. 하르트만, 《윤리학*Ethik*》, Walter de Gruyter, 1962, 200쪽 이하 참조.

그러나 이론 작용이 감정 작용의 유일한 토대로서 기능하는가 하는 문제는 아직 확정되지 않았다. 만일 이론 작용이 감정 작용의 유일한 토대라면 동일한 명증성을 지닌 인식 작용은 동일한 감정 작용을 유발시킬 것임에 틀림없다. 그렇다면 인식적 진리의 객관성만큼 가치의 객관성을 확정할 수 있을 것이다. 그러나 사실은 그렇지 않고 오히려 인식의 객관성을 인정하는 것보다 비교가 되지 않을 만큼 적게 가치의 객관성을 인정한다는 것을 우리는 잘 알고 있다.

5. 감정 작용과 정서적 습득성

단순한 표상 작용 또는 이론 작용이 감정 작용의 토대가 된다는 것이 곧 감정 작용의 유일한 가능 조건이라는 뜻은 아니다. 예를 들어, 종이에 인쇄된 활자와 이에 대한 지각 작용이 곧 책에 기록된 사상 내용에 대한 이해의 유일한 가능 조건이 아닌 것과 마찬가지이다. 감정 작용과 거기서 구성되는 대상(가치)의 한 가지 가능 조건으로서 이론 작용을 말한다 하더라도 우리가 주의해야 할 것이 있다. 감정 작용의 토대가 되는 것은, 보다 정확히 말하여, 이론 작용이나 그 대상 자체라기보다 대상에 대한 우리의 표상이다. 이것은 현실적인 지각이 아닌 경우, 즉 상상이나 예상 또는 회상을 토대로 해서도 슬픈 감정, 기쁜 감정을 가질 수 있다는 것으로 분명해진다. '만일 그렇게 된다면' 하고 상상, 또는 예상하거나, 과거에 있었던 사실에 대한 회상에서 갖는 기쁨이나 슬픔이 현재의 지각을 토대로 한 감정과 비록 차이를 갖는다 하더라도 근본적으로는 유사한 감정 작용이다. 칸트의 용어를 차용하여 말한다면, 감각적 표상뿐만 아니라, 개념적 표상도 감정 작용의 토대가 된다는 것이다.

또 한 가지 주목해야 할 것은 단순한 표상을 포함하여 이론적 표상을 갖는 데서 기능하는 이론적 습득성Habitualitäten이다.[38] 장미에 대한 지각 표상은 장미가 꽃의 한 종류이며 어떠한 꽃이라는 경험 인식적 습득성을 내가 갖고 있기 때문에 가능한 것이다. 지금 여기 피어있는 장미에 대한 나의 지각 작용은 과거에 장미에 대한 지각 작용에서 형성된 습득성의 반복을 의미한다. 따라서 이 장미가 아름답다는 감정 작용의 토대가 되어 있는 것은 지금 이 장미를 표상하는 표상 작용뿐만 아니라, 장미에 대한 이론적 습득성이다. 이제 습득성의 기능에 대한 생각에 이르면 감정 작용의 가능 조건은 지금까지 언급한 토대부여 기능을 하는 이론 작용과 그 습득성만이 아님을 알게 된다.

후설에 의하면, 모든 의식 작용은 이미 형성된 습득성의 되풀이거나 아니면, 새로운 습득성을 형성한다.[39] 감정 작용도 하나의 의식 작용이므로 역시 새로운 습득성을 형성하거나 이미 형성된 습득성의 반복이다. 그러나 감정 작용은 어디까지나 토대를 지닌 작용이므로 이론 작용 및 그 습득성을 토대로 해서만 새로운 습득성의 형성이나 반복의 기능을 수행할 것이다. 우리가 감정 작용에서 형성되는 습득성을 '정서적 습득성'이라고 부른다면, 습득성의 일반적 기능이 그러하듯이 그것이 감정 작용을 유발하는 동기를 부여할 것이다. 다시 말하여, 정서적 습득성이 감정 작용의 가능 조건으로서 중요한 의미를 지닌다고

---

38 습득성이란 의식 작용에서 형성되어 의식 작용이 지나간 뒤에도 참되다, 올바르다, 좋다 등의 주관적 타당성을 지니고 남겨진 것으로 이론적 습득성으로서는 모든 경험적, 경험 독립적 지시, 실천적 습득성으로서는 결심, 결정, 가치관, 도덕, 법 규범 같은 것들이다. 이에 대해서는 《이념들 II》, 111쪽 이하 참조.

39 《이념들 II》, 112쪽 이하 참조.

보는 것이 타당하다. 후설이 "나는 증오심을 품는다. 여러 가지 다른 시간에 나는 여러 가지 다른 증오의 체험을 갖게 된다. 그러나 '이' 증오심은 되풀이 나타난다. 이것은 지속적으로 머물러 있는 증오심이다"라고 예를 들어 말하는 것은 바로 정서적 습득성의 한 종류이다.[40] 이 경우 감정 작용은 그때그때마다 다른 의식 작용이지만 증오심은 동일한 것이다. 정서적 습득성은 이 경우 단순히 토대로서 기능하는 것이 아니라, 계속하여 동일한 주제의 감정 작용을 유발하는 힘을 갖는다. 그러므로 정서적 습득성은 감정 작용의 가능 조건으로서 이론 작용보다도 더 중요한 기능을 갖는다고 볼 수 있다.

다만 문제는 이 정서적 습득성을 최초로 형성한 의식 작용도 역시 감정 작용이므로 이 최초의 감정 작용이 어떤 동기에서 생겨났는가 하는 점이다. 그것은 전적으로 감정 작용의 경우에 따라서 여러 가지로 다를 수 있다. 그러나 어떤 하나의 정서적 습득성을 최초로 형성하는 감정 작용과 관련된 문제는 그렇게 간단하지 않다. 이 감정 작용은 다른 감정 작용과 그 습득성에 의해 유발된 것일 수 있다는 것은 짐작이 간다. 예를 들어, 우리는 어떤 하나의 고전 음악을 들었을 때 그것이 마음에 든다, 참으로 좋다는 느낌을 가졌기 때문에 그 후에 그와 비슷한 다른 고전 음악을 들으면 역시 그 음악도 마음에 들고 좋다고 느낄 수 있다. 이것은 첫 번째의 고전 음악을 들으면서 내가 수행한 감정 작용에서 형성된 정서적 습득성(미적 가치)이 첫 번째와 비슷한 두 번째의 음악을 들을 때 동일한 또는 유사한 미적 가치를 느끼는 감정 작용을 유발시킨 것이라고 볼 수 있다. 그러나 이것은 긍정적 가치의 경우이지만 부정적 가치, 후설이

---

[40] *Ibid.*, 112쪽.

예를 드는 대로 증오심 또는, 습득성의 하나로서 말하는 경우 더 적합한 표현인 '원한怨恨'과 같은 것도 습득성이라고 말할 수 있는가라는 의문이 생긴다. 원래 습득성이란 일반적으로 언제나 의식 주체가 그의 의식 작용에서 타당한 것, 즉 참된 것, 올바른 것, 좋은 것으로 여기는 것이 지속적인 주관적 타당성을 지니고 자아 내에 머물러 있으면서 동일한 주제의 다른 의식 작용을 유발하는 것을 의미하기 때문이다. 적어도 분명히 말할 수 있는 것은 '원한'도 이것을 지닌 주체가 정당한 원한, 이유 있는 원한으로 여기고 있다는 것이다. 따라서 주관적으로 타당한 원한인 것이다. 만일 그 원한이 근거 없는, 구체적으로 말하면, 원한을 갖게 된 원인이라고 볼 수 있는 사실에 대한 인식이 착오라는 것이 밝혀지면 그 원한은 근거를 상실한 원한이므로 더 이상 습득성이 아니다. 이 경우 사실에 대한 올바른 인식이라는 새로운 이론적 습득성을 토대로 과거의 체험에 대한 새로운 평가(감정 작용)에 의해 원한이라는 정서적 습득성은 폐기될 수 있다.

앞에서 말한 것으로부터 분명해지는 것은 어떤 하나의 정서적 습득성을 최초로 형성한 감정 작용은 다른 감정 작용과 거기서 이미 형성된 정서적 습득성에 의하여 유발될 뿐만 아니라, 이론 작용과 거기서 형성된 습득성에 의해서도 유발된다는 것이다. 새로운 인식에 의한 새로운 평가 작용이 그것이다. 이제 우리는 이론 작용과 그 습득성 그리고, 다른 감정 작용과 그 습득성들이 감정 작용의 가능 조건이라고 말할 수 있을 것이다. 그러나 이것이 감정 작용을 가능하게 하는 조건의 전부인가 하는 것은 아직 결정되지 않았다. 왜냐하면, 실천적 의식 작용으로서 이성의 또 다른 하나의 기능인 의지 작용과 감정 작용의 관계를 고찰하는 일이 남아 있기 때문이다.

6. 감정 작용과 의지 작용

후설이 그의 윤리학 체계를 가치론과 실천론으로 나누는 것은 가치론이 다루는 감정 작용과 그 대상인 가치 그리고, 실천론이 다루는 의지 작용과 그 대상이 서로 밀접한 관계에 있으면서도 완전히 동일한 법칙이 아니라, 서로 구별되는 법칙 아래에 있기 때문이다.[41] 후설이 부르는 대로 감정 작용을 수행하는 능력인 "가치론적 이성axiologische Vernunft"과 원하는 능력을 가리키는 "의지의 이성Willensvernunft" 또는 "실천이성"은 "논리적 이성"(이론이성)의 특수한 적용 영역에 지나지 않으며 근본적으로는 하나의 이성이 있을 뿐이다.[42] 그리고 이 적용 영역이 다르기 때문에 매우 큰 유사성에도 불구하고 각 영역을 지배하는 법칙은 상당한 차이를 보여주고 있는 것이다.

원하는 의식 작용인 의지 작용은 그 어떤 것의 실현을 지향하고 있다는 점, 그리고 과거나 현재의 것이 아니라 언제나 미래의 것을 지향하고 있다는 점에서 단순히 평가하는 감정 작용과는 다르다.[43] 후설이 의미하는 이 '원한다wollen'는 개념은, 칸트의 윤리학에서도 그러하지만, 행위에 의한 실천을 목표로 하고 있는 만큼 '나는 할 수 있다'는 의식과 원해지는 것이 행위에 의해 '실현되어야 한다'는 의식이 배경에 놓여 있다. 현실적으로 그 실현이 불가능하다는

---

41 《윤리학》, 36, 48쪽 이하 참조.

42 *Ibid.*, 54, 56쪽 참조.

43 *Ibid.*, 105쪽 참조. 현재 있는 것을 원하는 경우에도 그것이 계속 있을 것을 원하는 것이므로 미래지향적인 것이다.

것을 내가 안다면 나는 그것을 욕구하거나 소망할지언정 원하지는 않는다. 그러므로 원한다는 것은 이성적 의식 작용이며 이 능력이 실천이성이다.[44]

이 의지 작용은 감정 작용처럼 이론 작용과 그 습득성을 토대로 하고 있을 뿐만 아니라, 감정 작용과 그 정서적 습득성을 토대로 하고 있으므로 더욱 복잡한 양상을 띠고 있다.[45] 그 어떤 대상을 보자 곧바로 그것을 원하는 의지 작용을 하는 것 같은 경우에도, 이전에 그와 동일한 대상에 대한 평가 작용에서 형성된 습득성이 기능하기 때문에 원하는 작용이 가능하다는 것은 쉽게 알 수 있다. 어떤 경우에도 긍정적 가치로서 평가하기 때문에 원하는 것이다.[46] 그 무엇을 부정적으로 평가한다면 나는 그것을 원하지 않거나, 실현하지 않기를, 그만두기를 또는, 피하기를 원할 것이다. 평가 작용이 반드시 감정을 포함하고 있다면 그것을 토대로 하고 있는 의지 작용도 그 때문에 반드시 감정을 동반하지 않을 수 없다.

그런데 의지 작용도 하나의 의식 작용이므로 감정 작용의 그것과는 다르다 하더라도 역시 일종의 정서적 습득성을 형성한다고 보는 것이 타당하다. 의지

---

44 칸트의 윤리학에서는 실천이성이 자연법칙을 벗어나서도 원할 수 있는 능력, 법칙의 표상에 따라서 원할 수 있는 능력이라고 좀더 구체적으로 규정된다(《도덕 형이상학 기초*Grundlegung zur Metaphysik der Sitten*》, A.A, 412쪽 참조).

45 《윤리학》, 127쪽 참조.

46 감정 작용과 의지 작용의 토대 관계에 대해서는 필자의 논문, 〈정서적 동기관계와 상호주관적 습득 — E. 후설의 현상학적 윤리학을 중심으로〉, 《현상학과 실천철학》, 철학과 현상학 연구 제7집, 한국 현상학회 편, 철학과 현실사, 1993, 335쪽 이하 참조. 이 논문에서 필자는 의지 작용을 '원망願望 작용'이라고 표현하였으나 이 표현은 단순한 '소망'도 포함되는 것으로 오해할 우려가 있으므로 의지 작용이라고 고쳐서 표현한다.

작용에서 형성된 습득성이란 구체적으로 어떤 것일까? 내가 그 어떤 것을 좋다고 평가하고 그것을 원하여 실현하였다면, 나의 원함은 타당한 원함이었다는 의식, 원하는 대로 그것을 실현하였다는 의식이 그런 습득성일 것이다. 이 의식은 나의 자아에 남아 있어서 동일한 주제의 의지 작용을 유발할 것이다. 말하자면, 나는 그것을 언젠가 원하여서 실현하였으므로 이번에도 그것을 원하고 실현할 수 있다는 의식을 갖게 할 것이다. 단순하게 보면 이 말이 틀린 말은 아니다. 그러나 이 경우 간과하기 쉬운 것은 원하여서 실현한 것에 대한 새로운 평가 작용, 즉 감정 작용이 수행되었으며 거기서 새로운 습득성이 형성되었다는 것이다. 그러므로 직접적으로는 이 감정 작용과 그 습득성이 그 후 동일한 주제의 의지 작용을 유발한다고 보아야 한다. 나의 원함은 정당하였으며 그 실현은 성취되었다는 가치 의식이 그것이다. 그리고 여기에는 일정한 감정이 동반된다.

따라서 원하는 의식 작용은 그 어떤 것이든 이 감정 작용과 그 습득성을 토대로 하고 있는 이상 의지 작용에서 형성된 습득성과 이들에 대한 평가 작용이 함께 작용함으로써 새로운 의지 작용이 가능하게 된다. 그러나 물론 새로운 의지 작용만을 가능하게 하는 것은 아니고 자아의 태도에 따라서는 새로운 이론 작용이나 감정 작용을 유발할 수도 있을 것이다.[47] 그러므로 의지 작용에서 형성된 정서적 습득성이 다른 이론 작용과 함께 새로운 감정 작용을 유발할 수도 있다고 보는 것이 타당하다.

---

47 이 경우의 이론 작용은 단순한 표상 작용은 아니고 현재의 사실을 과거의 것과 비교하여 확인하는 것과 같은 이론 작용이다.

이제 우리가 특별히 주목해야 할 것은 의지 작용의 감정은 그것이 토대로 하고 있는 감정 작용의 감정에 지나지 않는가 하는 것이다. 다시 말하여, 의지 작용도 정서적 의식 작용에 속한다면 그것은 오직 감정 작용을 토대로 하고 있는 이유 때문에 그러한가 하는 것이다. 이 문제와 관련하여 먼저 고려해보아야 할 것은 의지에 의한 원함이 아니라 의지의 작용없이 단순히 욕구하는begehren하는 데서도 감정은 있을 수 있다는 점이다. 이 경우의 감정은 물론 후설이 감정 작용과 구별하는 감각적 감정, 여기서는 특히 충동적 감정일 것이다. 칸트식으로 표현하면, 자연의 경향성Neigung에 자극을 받은 감정일 것이다. 그렇다면 토대인 감정 작용을 배제한 의지 작용 그 자체는 욕구의 경우와는 달리 감정을 전혀 갖지 않은 것일까 하는 의문이 생긴다. 적어도 후설은 그렇다고 보는 것 같다. 왜냐하면, 그는 평가하는 감정 작용 없는 원함이란 불가능하다는 것을 감정 작용과 의지 작용의 토대부여 관계로써 설명하기 때문이다. 그에 의하면, 이것은 두 의식 작용의 토대부여 관계를 지배하는 본질적 법칙이다.[48] 그 때문에 후설의 윤리학에서는 가치론과 실천론이 불가분한 관계, 즉 가치론 없는 실천론이란 있을 수 없는 관계에 있는 것이다. 올바른 원함은 언제나 올바른 평가를 전제하고 있으며 오직 명확한 긍정적 평가가 명확한 원함을 가능하게 한다. 최고로 선한 것으로 평가된 것을 원함은 최고로 선한 원함이다. 그리고 이 평가 작용에는 감정이 필연적으로 동반되므로 이것을 원함에 있어서도 감정은 반드시 동반된다고 후설은 보는 것이다. 그것은 실용적 가치나 미적 가치의 평가에서도 그러하지만 윤리적 가치의 평가에서도 마찬가지이다.

48 《윤리학》, 126쪽 참조.

7. 맺는말

우리는 지금까지 후설이 의미하는 하나의 실천적인 이성적 의식 작용인 감정 작용을 다른 것과 비교하여 분석적으로 고찰하였다. 이 감정 작용이 지금까지의 분석에서는 그 대상적 구별인 실용적 가치, 미적 가치 그리고, 윤리적 가치의 구별이 없이 전체적으로 다루어졌다. 그러나 윤리적 가치는 그 실현의 요구 성격이 그 어떤 다른 가치보다도 강하다는 점에서 윤리적 가치에 대한 감정 작용이 지닌 감정과 다른 가치에 대한 감정 작용이 지닌 감정에 어떤 질적 차이를 말할 수 있을지 모른다.[49] 이 감정의 질적 차이에 관한 문제는 후설의 형식적 가치론에서는 다룰 수 없다. 왜냐하면, 이 문제는 감정 작용의 대상인 가치의 내용과 관련된 것이며, 형식적 가치론은 가치 일반을 지배하는 형식적 법칙만을 다루는 이론이기 때문이다. 그러나 후설은 내용적 가치론에 속하는 문제를 체계적으로 다루고 있지 않았으며 그것은 그의 중요한 윤리학적 관심사 밖의 문제였던 것 같다.[50]

또 한 가지 다루기 어려운 문제는 감각과 감각적 감정이 감정 작용의 토대로서 기능한다면 그 토대부여 관계를 지배하는 어떤 '아프리오리'한 법칙이 있는 것일까 아니면, 단순히 사실의 법칙인 심리 법칙의 문제일까 하는 물음이다.

---

49 윤리적 가치가 다른 가치보다도 그 실현에 대한 요구가 강하다는 점에 의문을 갖는다면, 윤리적 가치를 명확하게 느끼는 주체(인격체)가 그것을 실현하지 않았을 때 얻게 되는 양심의 가책이나 자기 존재의 무가치를 느끼는 등 부정적 감정을 생각하면 쉽게 이해된다. 미적 가치나 실용적 가치를 실현하지 않았을 때는 그와 같은 정도의 부정적 감정을 갖지는 않는다.

50 A. 로트, 《후설의 윤리 연구》, 이길우 옮김, 도서출판 세화, 1991, 172쪽 이하 참조.

물론 표상 작용(이론 작용)이 감정 작용의 토대로 되어 있는 정도로 감각과 감각적 감정도 감정 작용의 토대로 기능할 것이다. 왜냐하면, 모든 표상 작용에는 원본적 방식이든, 변경된 방식이든 간에 감각과 감각적 감정이 '노에시스'의 내실적 계기로서 포함되어 있을 것이기 때문이다. 이 기본적인 사실을 고려하더라도 여기서 우리의 생각을 끝내어도 좋을 것인가 의문스럽다. 감정 작용의 이성적 성격을 위태롭게 할 정도로, 그리하여 올바른 의지 작용을 불가능하게 할 정도로 강력한 영향력을 갖는 그러한 감각과 감각적 감정의 토대를 생각할 수는 없는 것일까? 만일 그러한 토대를 지닌 감정 작용을 생각할 수 있다면 마찬가지로 그러한 감정 작용에서 형성된 정서적 습득성도 얼마든지 있을 수 있으며, 그렇게 형성된 도덕규범과 같은 '상호주관적 습득성'도 충분히 생각할 수 있다.[51] 그리고 이 상호주관적 습득성에 의해 유발되는 감정 작용과 또 이것을 토대로 한 의지 작용을 또 다시 생각할 수 있다. 이로부터 우리는 한 사회와 다른 한 사회에서 통용되는 도덕규범의 차이가 (단순한 사실 인식의 차이에 근거하는 것이 아니라면) 어디에 근거하는가를 해명할 수 있을 것이다.

이 감각이나 감각적 감정과 같은 토대는 후설에 의하면, 원래 심적 자연seelische Natur에 속하는 것으로서, 실천 작용인 감정 작용도 함께 속하는 정신적 존재의 하부 토대이다. 여기서 우리는 앞서 말한 토대부여 관계의 문제가 윤리적 주체인 인격체에 있어서의 정신과 자연의 관계라는 보다 포괄적인 문제에 함께 포함되어 있음을 알게 된다. 그러나 이 문제에 대한 해명은 《이념들 II》에

51 상호주관적 습득성은 다수의 주체의 의식 작용에서 동일하게 형성된 습득성을 가리킨다. 이에 대해서는 이 논문 주 46에서 언급한 필자의 논문, 353쪽 이하 참조.

서 후설이 '정신적 세계의 구성'과 관련하여 분석하고 있는 것 이상의 것을 후설의 윤리학 강의들(《후설전집》 28권)에서 발견할 수는 없다.

현상학적 관점에서 본 칸트의 윤리학*

들어가는 말

현상학의 관점에서 칸트I. Kant의 철학을 비판하는 몇 사람의 철학자들이 있다. 이들 중 특히 주목을 끄는 사람은 후설E. Husserl, 셸러M. Scheler, 하르트만N. Hartmann 같은 20세기 전반기의 현대 철학자들이다. 이들은 모두 신칸트학파의 전통으로부터 커다란 영향을 받긴 하였으나 이로부터 벗어나 각기 독자적인 철학의 길을 걸었던 사람들이다. 이들 중에는 칸트와 마찬가지로 선험적 관념론을 끝까지 고수한 후설과 같은 사람이 있는 반면에, 셸러나 하르트만 같이 선험적 관념론에 반대하여 존재론이라는 보다 쉽고 안전한 길을 선택한 철학자도 있다[1].

---

* 《문화와 생활세계》, 철학과 현상학 연구 제13집, 한국현상학회 편, 1999.

1 존재론이 '쉽고 안전한 길'이라고 말하는 것은 그 이론의 논거가 소박한 상식에 가까워서 선험적 관념론에 비해 논증하기가 쉽기 때문이다. 그러나 비판에 견디는 힘이

이들 세 철학자들은 이론철학에서보다도 실천철학에서 칸트의 철학에 더욱 분명하게 반대하는 입장을 취한다. 칸트의 실천철학에 대한 이들의 공통된 비판 근거는 이른바 '내용적 경험 독립성materiales Apriori'[2]이다. 이들 현상학자(넓은 의미에서)들은 칸트가 수학적 개념이나 명제와 같이 경험 독립적인 것만이 엄밀한 의미의 보편성universalitas을 갖는다는 점에는 동의하나, 경험 독립적인 것이 오직 형식적인 것이라는 데에는 반대한다. 경험 독립적인 것에는 형식적인 것뿐만 아니라, 내용적인 것도 있다는 것이 이들의 입장이다. 만일 도덕법칙을 나타내는 명제가, 칸트가 생각한 것처럼, 형식적인 것에 지나지 않는다면, 의지와 행위의 당위적 규범을 나타내는 명제일 수 없다는 것이다.

칸트의 실천철학에 대한 현상학자들의 비판을 살펴볼 때 한 가지 주목해야 할 것은 이들이 비판의 대상으로 삼는 칸트의 이론 가운데 등장하는 용어들, 예를 들어, '형식적formal', '내용적material'이라든가, '경험 독립적a priori'이라는 표현들이 칸트의 철학과 현상학에서 같은 의미로 사용되고 있는가 하는 점이다. '경험 독립적 직관'이라는 표현을 하나의 예로서 살펴본다면, 칸트 철학에서는 주로 '순수직관'이라고 불리는 것인데, 오직 시간표상과 공간표상만이 순수직관, 즉 경험 독립적 직관이다. 그 반면에 현상학에서는 수학, 기하학에

어떨지는 미지수이다.

2 이 논문에서는 독일의 철학자들이 명사형으로 사용하는 'Apriori'를 우리말로는 '경험 독립성' 또는 경우에 따라서는 '경험 독립적인 것'이라고 부르고, 형용사, 또는 부사형 'a priori'를 '경험 독립적' 또는 '경험 독립적으로'라고 부를 것이다. 그리고 독일어의 형용사 'material'을 우리말로 '실질적'이라고 하지 않고 '내용적'이라고 번역하는 것은 보다 쉬운 표현을 선택하려는 의도에서 그렇게 한 것이다.

서 행하는 형식적 본질을 직관하는 '범주적 직관'(좁은 뜻의) 뿐만 아니라, 내용적 본질을 직관하는 '본질직관' 또는 셸러가 말하듯이, "현상학적 직관"[3]도 경험 독립적 직관이다. 칸트의 관점에서는, 직관이란 어디까지나 감성의 기능이므로 현상학에서 '본질직관'이라 부르는 것은 오성에 의한 사유활동이다. 이와 같이 표현은 동일하지만 그 개념적 의미를 달리 규정하고 있다면, 그러한 차이 나는 규정에 근거한 비판이 정당한 비판일 수 있는가 하는 문제를 고려하지 않을 수 없다. 그리고 개념의 규정 자체를 비판한다 하더라도 그것 역시 정당한 근거가 있는가를 검토해야 할 것이다. 그러한 검토가 끝나면 칸트의 이론에 대한 현상학의 비판이 칸트를 어느 정도로 정당하게 다루고 있는가를 확인할 수 있을 것이다.

〈현상학적 관점에서 본 칸트의 윤리학〉이란 제목의 이 논문은 칸트의 윤리학을 현상학의 시각에서 분석하고 비판하는 것이 아니라, 칸트의 윤리학에 대한 현상학의 비판적 시각이 어느 정도로 정당한가를 검토하려는 것이다. 이러한 검토를 통하여 현상학의 윤리학이 지닌 철학적 토대가 확고한가를 확인하고자 한다. 현상학의 윤리학, 특히 셸러의 윤리학은 주로 칸트의 비판을 통하여 형성되었기 때문에 만일 칸트에 대한 현상학의 비판적 시각이 정당한가 하는 문제는 현상학의 윤리학이 지닌 토대가 확고한가 하는 문제이기도 하다.

이들 현상학적 윤리학자들은 다 같이 그들의 윤리학적 이론의 형성에서 역시 칸트를 비판하는 브렌타노F. Brentano로부터 큰 영향을 받고 있다. 그러므

---

3 M. 셸러, 《형식주의 윤리학과 내용적 가치윤리학*Der Formalismus in der Ethik und die materiale Wertethik*》, 6판, 전집 제2권, 68쪽.

로 브렌타노 윤리학의 기본적인 특징을 먼저 살펴보는 것은 칸트의 윤리학에 대한 이들의 비판적 입장을 이해하는 데에 불가결하다. 특히 도덕원리의 형성에 감정이 반드시 개입되어 있다는 주장과 그 근거의 제시는 브렌타노의 영향이 결정적이었던 것 같다. 그러나 이들은 브렌타노의 경험주의적 사유방식을 따르지는 않고, 말하자면 일종의 경험 독립적 도덕원리의 윤리학적 이론을 전개시키고 있다는 점에서 '윤리적 경험 독립주의ethischer Apriorismus'라고 부를 수 있을 것이다.

이 논문에서는 현상학적 윤리학에 결정적 영향을 끼친 브렌타노 윤리학의 기본 특징을 먼저 살펴보고, 이어서 현상학적 윤리학의 기본 특징을 고찰함으로써 브렌타노가 현상학의 실천철학에 끼친 영향을 확인할 수 있으며, 그 다음에 칸트의 윤리학에 대한 현상학의 비판점을 두 가지 기본적인 문제점에 집중하여 고찰하고자 한다. 두 가지 기본적인 문제점이란 칸트가 윤리학에서 감정을 배제하고 있다는 것과 순전히 형식적인 이론이라는 점이다. 이 두 가지 문제점에 대해서는 후설과 셸러가 다 같이 다루고 있다. 그러나 감정을 배제하고 있다는 점과 관련해서는 칸트의 이론에 대한 후설의 비판이, 형식주의와 관련해서는 셸러의 비판이 보다 체계적이며 구체적이므로 후설과 셸러의 비판으로 각각 나누어서 분석적으로 고찰하는 것이 더 효과적일 것으로 판단된다. 두 가지 문제점 외에 다른 여러 가지 문제에 대해서도 후설과 셸러가 비판하고 있으나, 이 감정의 배제와 형식주의라는 두 가지 문제점을 통해서 우리는 칸트의 윤리학에 대한 현상학의 시각을 충분히 알 수 있을 것으로 본다.

1. 브렌타노F. Brentano 윤리학의 기본 특징

브렌타노는 후설, 셸러, 하르트만 등에게 다 같이 영향을 주었으며, 또 칸트의 윤리학에 대한 이들의 비판적 시각을 갖는 데에 직접적인 실마리를 제공하였다. 이들은 다 같이 무엇보다도 감정이 도덕원리의 형성에서 일정한 역할을 한다고 보는 점에서, 그리고 윤리적 가치를 지배하는 경험 독립적a priori 법칙을 제시하고 있다는 점에서 브렌타노의 영향을 확인할 수 있다.

브렌타노는 윤리학을 "최고의 목적과 이와 관련한 수단의 선택을 가르쳐주는" 실천철학이라고 규정함으로써 처음부터 목적론적 윤리학의 성격을 분명히 하고 있다.[4] 이 최고의 목적이란 그 자체로 추구될 가치가 있는 것이며, 어떤 다른 것 때문에 추구되는 것이 아니다. 그러나 그는 윤리학의 과제를 "어떠한 목적이 마땅히 최고의 목적으로서 추구되는가를 규정해야 한다"고 말하는데 이어서 윤리학은 "무엇이 올바른 목적이며, 무엇이 아닌지를 말하고자" 하며, '올바른' 목적의 개념에 대한 설명으로 시작해야 한다고 말함으로써 최고의 목적과 올바른 목적을 동일시한다.[5] 그리고 올바른 목적이란 "도달될 수 있는 것 중 최선의 것das Beste"이라는 형식적 규정에 동의하고 있다.[6] 그리하여 올바른 궁극 목적이란 모든 다른 것을 능가하는 것, 따라서 도달될 수 있는 것 중 최선의 것이다. 이렇게 함으로써 브렌타노는 최고의 목적을 제시하는 학문이

---

4 브렌타노, 《윤리학의 기초와 구조*Grundlegung und Aufbau der Ethik*》, Felix Meiner, 1978, 6쪽 이하. 이 책은 비록 그의 사후에 출판한 강의록이긴 하지만 그의 윤리학을 보다 체계적으로 상세하게 서술하고 있다.

5 *Ibid.*, 88쪽.

6 *Ibid.*, 134쪽 참조.

라는 윤리학의 개념 규정에서 시작하여 '선한 것' 또는 '좋은 것das Gute'의 개념에 도달한다.

하나의 가치 개념인 선의 개념이 생겨나는 근원에 관한 물음에 대하여 브렌타노는 '내적 직관' 또는 '내적 지각'이라고 말한다.[7] 내적 지각이란 사물에 대한 외적 지각과 구별하여 심적 주체 자신의 심적 과정, 또는 의식을 대상으로 삼는 지각을 말한다. 진리의 개념도 내적 지각에 유래한다고 보는 그는 진리의 개념에 유비시켜 선의 개념을 설명한다. 진리를 판단 작용의 명증에 근거지어 설명하는 그는 외적 지각의 판단에 비하여 내적 지각의 판단은 명증성, 즉 직접적 확실성을 지니고 있다고 말한다.[8] 진리의 개념이 근거하는 원천은 바로 이 내적 지각의 명증성이며, 명증적이지 않은 내적 지각의 판단들도 궁극적으로 명증적 판단에 논리적 일관성을 갖고 소급될 수 있다면 진리일 수 있다는 것이다.

브렌타노는 진리 개념의 원천에 대한 이러한 심리학적 설명에 유비시켜

7 *Ibid.*, 136쪽 참조.

8 *Ibid.*, 140쪽 이하 참조. 이러한 구별이 얼마나 의미가 있는지는 의문스럽다. 그는 "파란 어떤 것, 소리 나는 어떤 것을 인지하는 외적 지각과 우리가 파란 어떤 것을 보는, 어떤 소리를 듣는 우리 자신을 인지하는 내적 지각을 비교한다면" 후자는 명증적이며 통찰적인 반면에 전자는 그렇지 못하다고 말한다(141쪽). 그가 여기서 말하고자 하는 것은 지각 대상의 명증성은 말할 수 없지만 지각 작용의 명증성은 의문의 여지가 없으며, 이것은 어떠한 논증도 필요 없는 직접적 확실성을 지닌다고 보는 것이다. 이로써 그는 진리의 근거를 심적 확실성에 두고 있음이 명백하다. 바로 앞에서 인용한 부분의 글이 있는 같은 문단 몇 문장 아래에서 그는 이렇게 말하고 있다; "우리 자신의 심적 활동의 인지인 내적 지각, 우리 자신의 의식 작용들의 판단들을 제외하고는 직접적 명증을 지닌 어떠한 긍정 판단도 없다"(141쪽). 그러나 우리가 명증적으로 인지하는 것이면 곧 참된 것이 되는가? 대상을 지각하는 내적 지각의 판단 작용의 명증이 곧 판단 내용의 진리를 보증해주는가 하는 물음이 나온다. 이 물음은 윤리적 가치의 지각과 가치 그 자체의 관계와 관련해서도 중요한 물음이 된다.

선의 개념도 마찬가지로 내적 지각의 명증에 근거하여 설명하려고 시도한다. 그 때문에 그는 어떤 대상을 선하다(좋다)고 말하고 어떤 다른 것을 악하다(나쁘다)고 말하는 경우, 그것은 어떤 대상을 좋아하고, 어떤 다른 대상을 싫어하는 사람은 올바르게 태도를 취하는 것이라고 말하는 것에 지나지 않는다고 본다. 그리고 내적 지각에서만 우리는 그 어떤 것을 좋아하는 것으로 또는 싫어하는 것으로 파악하기 때문에 내적 지각이 선악 개념의 원천이라는 것이다.[9] 그는 불명확한 판단에서는 진리와 허위를 결정할 수 없지만 명증적 판단에서는 그러한 결정이 필요하지 않을 만큼 그 자체로 올바른 판단으로 특징지어진다는 설명과 유사하게 본능적인, 또는 습관에서 나온 충동은 개인마다 다를 수 있지만 보다 높은 감정 능력의 활동에서는 좋아하고 싫어하는 것이 보편적으로 올바른 것으로 특징지어진다고 본다.[10] 우리는 확실히 좋다고 여기는 것을 좋아하며 나쁘다고 여기는 것을 싫어한다. 이것은 취미의 문제가 아니다. 그 어떤 동일한 것을 한 사람은 좋아하고 다른 사람은 싫어할 수 있다. 그러나 좋다고 판단하는 것을 싫어하고 나쁘다고 판단하는 것을 좋아할 수는 없다. 그 때문에 브렌타노는 "그 어떤 것을 향해 좋아함이 올바른 것으로 특징지어지는 것을 고려하여 그것을 좋다(선하다)고 부른다. 그것은 우리가 어떤 한 대상을 향한 인지가 직접적으로 또는 간접적으로 명증적이라면, 그것을 존재한다고 부르는 것과 유사하다"고 말한다.[11]

---

9 *Ibid.*, 144쪽. 이로써 그는 선악의 개념과 호오好惡의 개념을 동일시하고 있다.

10 *Ibid.*, 146쪽 참조.

11 *Ibid.*, 146쪽.

이 좋고 나쁜 것에는 물론 윤리적 개념인 선악의 개념도 포함되므로 브렌타노는 도덕원리들은 "감정의 인식들"임이 드러났다는 것이다.[12] 그는 우선 모든 윤리적 결정에는 감정과 이성이 함께 작용하고 있다는 흄D. Hume의 주장에 동의한다. 브렌타노에 의하면, 이성만으로는 미의 개념을 얻을 수 없으며, 아름다움이란 감정에 대한 지각적 표상의 관계로서 아름답다는 것은 표상이 특이한 방식으로 호감을 일깨우는 것을 뜻한다.[13] 미의 개념과 마찬가지로 선의 개념도 승인의 감정이 야기될 때 비로소 생겨난다. 즉, 선의 개념은 승인의 감정에 대한 관계를 뜻하므로 감정이 미의 인식 조건인 것과 같이 윤리적 인식의 조건이기도 하다고 말한다.[14] 감정이 어떤 방식으로 도덕적 인식의 조건인가 하는 것에 대하여 그는 인식의 대상으로 된다는 점에서, 즉 우리는 다른 사람의 감정을 함께 갖지 않고도 그 감정을 인식할 수 있다는 점에서 그러하다는 것이다.

감정 자체를 감정의 인식과 구별할 수 있다면, 나 자신의 감정과 이 감정에 대하여 갖는 나의 내적 지각을 개념적으로 구별할 수 있다. 이 경우, 개념적 구별은 가능하지만 실제로 나의 감정과 이에 대한 내적 지각인 감정의 인식은 분리할 수 없는 하나의 동일한 의식 작용Akt이라는 브렌타노의 설명은 현상학의 내적 지각의 지향성에 관한 이론에서도 마찬가지로 인정되고 있다. 내적

12 *Ibid.*, 149쪽. 일반적으로 '도덕원리', 또는 '윤리적 원리'라고 표현하는 것을 브렌타노는 처음부터 '윤리학의 원리들die Prinzipien der Ethik'이라고 말한다. 우리의 논의에서는 이 표현을 '도덕원리'로 바꾸어 표현하기로 한다.

13 *Ibid.*, 54쪽 이하 참조.

14 *Ibid.*, 55쪽 참조.

지각에서 감정 자체와 감정의 인식이 분리할 수 없는 하나의 의식이라는 이유 때문에 흄은 이 양자를 분명하게 구별하지 않았을 것이다.[15] 내적 지각에서는 감정이 인식의 대상이 될 수 있으며, 이 내적 지각이 명증적이면 거기서 형성되는 인식 역시 참된 것, 올바른 것이라는 브렌타노의 설명은 위에서 살펴본 바와 같다.

승인의 감정, 또는 좋아함의 감정에 대한 인식을 토대로 선의 개념 및 도덕원리가 형성된다면, 윤리적 인식이란 '감정의 인식'이라는 브렌타노의 주장은 그 근거를 얻게 된다. 그러나 이 경우 인식이란 어떤 종류의 인식인가 하는 것을 분명히 할 필요가 있다. 앞서 살펴본 대로 그는 선한 것에 대한 인식을 참된 것에 대한 인식과 유비시켜 설명하면서 양자가 다 내적 지각에서 획득된다고 주장한다. 전자는 외적 지각을 대상으로 삼고, 후자는 감정을 대상으로 삼는다. 감정이 인식의 대상이 되는 경우의 인식이란 미적 인식이나 윤리적 인식과 같은 실천적 인식일 것이다. 만일 브렌타노의 심리학적 방식으로 설명한다면, 참된 것에 대한 인식이나 아름다운 것, 좋은 것에 대한 인식은 근본적으로는 차이가 없는 인식이다. 차이가 있다면 전자에서는 외적 지각의 표상만 대상이 되는 반면에, 후자들에 있어서는 그 표상을 토대로 한 감정이 대상이 된다는 점일 것이다. 후자는 결국 가치의 인식을 의미하며, 전자는 존재의 인식이라고 말할 수 있다. 이 두 종류의 인식이 브렌타노의 경험주의적, 심리학적 설명에서는 마찬가지로 인식이라고 불리므로 그의 인식 개념은 상당히 넓은

15 브렌타노는 흄이 이 양자를 구별하지 못한 이유를 몇 가지 들고 있다(*Ibid.*, 57쪽 이하 참조).

의미를 지닌다는 것을 알게 된다. 이 점에서는 후설의 현상학에서도 마찬가지이며, 칸트 역시 실천적 인식이라는 표현을 그의 《실천이성 비판》에서 사용하고 있으므로 브렌타노에게만 특유한 것은 아니지만, 선험철학적 맥락에서 말하는 것과는 그 차원이 상당히 다르다는 점에서 우리의 주목을 끌게 된다. 그것은 인식이란 말이 인식의 보편타당성과 관련하여 과연 동일한 의미를 지닐지 의문스럽기 때문이다.

감정이 윤리적 인식의 조건으로서 이 인식에 관여하고 있다면 어떻게 그러한 인식이 보편타당한 인식일 수 있는가 하는 물음을 브렌타노는 이미 흄의 감정윤리학에 관한 고찰에서 묻고 있다.[16] 그러나 브렌타노는, 도덕원리의 보편타당성을 주장하기 위하여 감정의 개입을 배제하는 많은 철학자들의 견해를 비판적으로 검토한 뒤, 그리고 감정이 도덕원리의 형성에서 구성적 기능을 한다는 자신의 견해를, 감정을 대상으로 하는 내재적 지각을 통해 설명하고 나서 비로소 감정의 인식인 도덕원리의 보편타당성에 관한 문제를 다룬다. 그는 이론적 인식의 진리와 관련하여 명증적 판단과 모호한 판단의 구별을 아는 경우에 진리의 보편타당성은 자명한 것과 마찬가지로 명증적인 실천적 인식, 다시 말하여 올바른 것으로 특징지어지는 명증적 감정의 인식도 그 자체로 보편타당성을 지닌다고 본다.[17] 그에 의하면, 한 사람이 명증적으로 판단하는 것을 다른 한 사람은 모호하게 판단할 수는 있지만, 전자의 판단과 모순되는 것을 '명증적으로' 인식할 수는 없는 것과 같이, 한 사람이 어떤 것에 대한 그의

---

16 *Ibid.*, 60쪽 참조.

17 *Ibid.*, 149쪽

좋아함을 명증적으로 올바른 것이라고 인식하는 한, 다른 한 사람이 그것에 대해 싫어함을 역시 명증적으로 올바른 것이라고 인식할 수는 없다는 것이다.[18] 두 모순되는 내적 지각에서는 하나만이 올바른 것일 수 있기 때문이다. 그러나 이것은 형식논리의 모순율을 인식 작용인 내적 지각에 적용한 것에 지나지 않는다. 그리고 브렌타노에 있어서는 진위眞僞의 판단이든, 선악의 판단이든 모두가 경험으로부터 나왔으므로 그가 말하는 보편성이란 경험적 보편성으로서 개연적 보편성, 또는 칸트의 표현을 빌려 말한다면, 상대적 보편성 generalitas에 지나지 않는다. 브렌타노가 비록 경험 독립적 인식 판단에 관하여 말하지만 그것은 경험에서 나온 개념들의 분석에서 자명하게 드러나는 판단을 뜻하므로 그에게는 어떠한 인식도 엄밀한 보편성, 또는 칸트가 말하는 필증적 보편성universalitas을 지닐 수 없다. 그럼에도 불구하고 브렌타노 자신이 말하는 보편타당성이 '모든 이성적 존재'에게 타당하기를 요구한다면 그는 경험적 인식이 명증적이면 곧 필증적이라고 믿고 있는 것으로밖에는 볼 수 없다.[19]

2. 현상학적 윤리학의 기본 특징

칸트가 하나의 특수한 도덕적 감정으로 규정하는 존경심Actung을 제외하고는 어떠한 감정도 도덕판단과 원리에서 배제한 반면에 후설과 셸러, 하르트만

---

18 *Ibid.*, 149쪽 참조.

19 *Ibid.*, 149쪽 참조. '모든 이성적 존재'라는 표현은 원래 칸트의 《도덕 형이상학 기초》와 《실천이성 비판》에서 자주 표현되는 말이지만 이 말은 모든 인간이라는 뜻이 아니라, 인간 이외에도 있을 수 있는 다른 이성적 존재까지도 포함해서 하는 말이다. 이런 경우에만 엄밀한 의미의 보편성을 말할 수 있기 때문이다.

등의 현상학적 윤리학에서는 감정이 윤리적 결정과 행위에서 어떤 방식으로든 기능을 한다고 봄으로써 브렌타노의 견해를 따르고 있다.[20] 전통적으로 윤리학에서 감정의 기능을 중요시하는 입장을 경험주의적 윤리학으로 본다면 현상학적 윤리학의 입장은 좀 다르다. 왜냐하면 이들은 감정의 개념과 그 기능을 지배하는 법칙에 경험과는 독립된 요소가 있다고 보기 때문이다. 후설은 감정을 단순히 외적 자극에 의해 야기되는 '감각적 감정'과는 구별하여 하나의 이성적 의식 작용으로 보며, 지각 작용이 경험 독립적인 오성적, 또는 논리적 요소를 갖는 것과 마찬가지로 감정 작용도 경험 독립적 법칙성의 요소를 지닌다고 본다.[21] 셀러도 후설과 마찬가지로 감각적 감정과 감정 작용을 구별하고 이것을 평가 작용이라고도 부른다.[22] 감정 작용에서 주어지는 대상은 가치있는 대상이 아니라, 윤리적 가치를 포함하여 가치 그 자체이다. 이 점에서 후설과 셸러는 브렌타노의 경험주의적 입장과 거리를 두고 있다. 셸러는 "가치들은 우리에게 우선 감정 작용에서 주어져 있다"고 말한다.[23] 가치 있는 대상은 지각

20 이 세 철학자들의 윤리학을 동일한 현상학적 윤리학에 속하는 것으로 볼 수 있으나, 실재론적 입장의 셸러나 하르트만은 거의 유사한 견해를 갖고 있는 반면에, 선험적 관념론의 입장에 서 있는 후설과는 상당한 차이를 보여주고 있다. 따라서 이들을 다 포함하는 현상학적 윤리학의 기본 특징을 말하기는 어렵다.

21 E. 후설, 《순수현상학과 현상학적 철학의 이념들 I *Idenn zu einer reinen Phänomenologie und phänomenologischen Philosophie, Erstes Buch I*》, Martinus Nijhoff, 1950, 65쪽 이하, 207쪽 이하 참조(《이념들 I》로 약함).

22 M. 셸러, 《형식주의 윤리학과 내용적 가치윤리학*Der Formalismus in der Ethik und die materiale Wertetihk*》, Gesammelte Werke, Band II, Francke Verlag, 1980, 259, 331쪽 이하 참조(《가치윤리학》으로 약함)

23 *Ibid.*, 56쪽.

작용에 주어지지만 지각되는 대상이 지닌 가치는 지각 작용에서 주어지는 것이 아니라, 지각 작용을 토대로 한 감정 작용에서 주어진다. 이 감정 작용을 브렌타노는 내적 지각이라고 봄으로써 일차적 지각 작용을 다시 지각하는 것, 다시 말하여 반성적, 또는 내재적 의식 작용으로 보는 반면에, 후설과 셸러는 가치를 실재적 대상이 아닌 일종의 관념적ideal 대상으로 보아 이것을 대상으로 삼는 의식 작용을 후설과 같이 단순히 가치 지각Wertnehmung[24]이라고 표현하든가, 셸러처럼 가치감Wertfühlen이라고 부른다. 이것은 우리가 건축재료인 벽돌에서 직육면체를 보는 것과 유사하다. 이 경우에 후설은 '범주적 직관'이라고 부르지만, 장미라는 꽃에서 아름다움을 보는 것은 '가치 지각'이라고 부른다. 그리고 이 아름다움에 대한 의식 작용을 그는 감정 작용이라고 말하는 것이다. 이 경우의 감정이란 앞서 말한 대로 인식 작용과 마찬가지로 하나의 이성적 의식 작용이므로 이성의 경험 독립적 법칙성에 따라서 수행되는 능동적 의식 작용이며, 따라서 가치를 지각하는 감정은 경험 독립적 요소가 있다는 것이다.[25]

그러나 이러한 설명으로 감정의 경험 독립성Apriori을 말할 수 있는 근거가 충분히 제시되었다고 할 수는 없다. 후설은 묻는다 : 도덕이 감정에 토대를 두고 있다고 주장한다면 반드시 경험주의적 귀결에 도달하는가? 그리고 도덕 규범의 엄밀한 보편타당성은 당연히 포기되어야 하는가?[26] 이 물음에 대한 긍정적인 대답은 흄의 윤리학과 같은 감정 도덕이나 후설이 '오성 도덕'이라고

---

24 《이념들 II》, 9쪽 참조.

25 E. Husserl, 《윤리학과 가치론 강의 *Vorlesungen über Ethik und Wertlehre*》, *Husserliana XXVIII*, Kluwer Academic Publishers, 1988, 393쪽 참조 (이하 《윤리학》으로 약함).

26 *Ibid.*, 390쪽 참조.

부르는 영국 합리주의 윤리학으로부터 얻을 수 있을 것이다. 그 이유는 감정 도덕이나 오성 도덕은 다 같이 감정을 이성과 대립되는 개념으로 보기 때문이다. 흄은 《도덕원리론*Enquiry concerning the Principles of Morals*》에서 '도덕이 이성으로부터 도출될 수 있는가 아니면, 감정으로부터 도출될 수 있는가, 그리고 우리가 일련의 논증에 의하여 아니면, 귀납법에 의하여, 혹은 직접적 감정에 의하여 도덕적 인식에 도달하는가'에 대해서 묻고 있는데 후설은 감정과 이성의 양자택일적 물음 자체가 잘못되었다고 본다.[27] 또한 흄의 이 물음은 마치 도덕적 인식이 감정으로부터 도출될 수 있거나 감정에 토대를 둘 수 있는 것처럼 말하고 있다. 인식은 그 어떤 종류의 것이든 이성적 사유에 의한 판단의 형식을 지닌다. 그러므로 감정에 토대를 둔 인식이란 있을 수 없다. 후설이 말하듯이, 감정은 판단이 아니다.[28] 인식의 원리도 명제로 표현되는 하나의 인식이며, 도덕원리도 같은 의미에서 인식인 이상, 감정은 도덕원리가 될 수 없다는 것이다. 그러나 후설은 윤리적으로 좋은 것, 나쁜 것에 관한 특정한 윤리적 개념들이 감정에 대한 반성에서 생겨난 것인가, 아닌가에 대해서는 물을 수 있다고 본다. 그리고 이 반성은 오성적 활동이며, 거기서 생겨날 수 있는 인식은 물론 감정을 토대로 한 인식은 아니다. 후설의 이러한 설명은 이미 브렌타노의 윤리학에서 찾아볼 수 있었다.[29]

---

27 D. Hume, *Enquiry concerning the Principles of Morals*, with introduction by L. A. Selby-Bigge, Oxford University Press, 1922, 2쪽(이하 《도덕원리론》으로 약함) ; E. 후설, 《윤리학》, 392쪽 참조.

28 E. 후설, 《윤리학》, 392쪽 참조.

29 F. 브렌타노, 앞의 책, 56쪽 이하 참조.

흄의 윤리학적 입장을 비판하는 자리에서 후설은 윤리적 판단과 개념이 감정의 결과인가 아니면, 오성의 결과인가를 묻는 것은 물음 자체가 잘못된 것이라고 본다. 왜냐하면, 어떠한 개념과 판단도 오성에 의해서만 형성되므로 윤리적 판단과 개념도 오성에 의해 산출된다는 것은 자명하기 때문이다.[30] 그러나 윤리적 판단과 개념의 원천에 관하여 묻는다면 개별적 표상을 얻게 된 직관으로 소급하여 그 타당성 여부를 물을 수 있다. 그러한 개별적 직관이 외적 직관인가 아니면, 감정적 체험인가 또는, 그러한 체험에 대한 반성인 내재적 직관인가를 물을 수 있다. 따라서 후설도 브렌타노와 마찬가지로 윤리적 인식이나 그 원리가 감정을 직접 토대로 하고 있지는 않으나 어떤 방식으로든 관여하고 있는 것으로 본다는 점에서 일치하고 있다. 그러나 브렌타노는 선악과 같은 윤리적 개념들이 결국 경험에 토대를 두고 있다는 경험주의적 결론에 도달하는 데 반하여 후설은 경험 독립적 법칙성을 강조하는 방향으로 나아간다. 후설은 감정 능력을 이성의 능력으로 보기 때문에 이론적 영역에서 경험 독립적 법칙과 인식을 말할 수 있는 것과 마찬가지로 실천적 영역에서도 감정 또는 평가 작용의 경험 독립적 법칙과 인식을 말할 수 있다고 본다.[31] 이 점에서는 셸러와 하르트만도 마찬가지이다. 셸러는 윤리학에서 칸트와 같은 형식주의를 부정하는 것이 곧 경험 독립성을 부정하는 것은 아니며, 내용적 경험 독립성 특히, 정서적 경험 독립성을 말하는 것이 곧 경험주의를 의미하는 것은 아님을 강조한다.[32] 하르트만도 셸러의 입장을 옹호하면서 이론적 경험 독립성과

---

30 E. 후설, 《윤리학》, 393쪽 참조.

31 *Ibid.*, 36쪽 이하 참조.

는 별도로 근원적인 정서적 경험 독립성이 있다고 말한다.[33] 셸러와 하르트만은 브렌타노와 후설의 영향을 받고 감정의 윤리학을 가치의 존재론적 방향으로 더욱 전개시켰다.

3. 칸트의 윤리학에 대한 후설과 셸러의 비판

1) 도덕원리에서 감정을 배제하는 칸트에 대한 후설의 비판

감정의 경험 독립적 요소를 주장하는 현상학자들은 흄에 대한 비판에서는 감정 자체가 윤리적 인식의 원리는 아니라는 입장에 서 있지만 칸트에 대한 비판에서는 감정을 윤리적 판단에서 전적으로 배제하는 것에 반대하는 입장이다. 후설은 칸트가 도덕적 의지 작용과 행위에서 오직 도덕법칙에 대한 존경심이라는 하나의 특수한 감정을 제외하고는 다른 모든 감정을 배제하는 데에 대하여 비판한다.

칸트는 《도덕 형이상학 기초》와 《실천이성 비판》의 여러 곳에서 감정이란 언제나 쾌, 불쾌와 관련된 경험적인 것이므로 이것이 의지의 규정 근거가 되면 그러한 의지와 행위는 상대적으로만 선할 수 있기 때문에 도덕성을 가질 수 없다고 본다. 후설은 감정이 무조건 쾌, 불쾌와 관련된 경험적인 것은 아니며, 감정을 지배하는 경험 독립적 법칙을 칸트는 알지 못하였다고 비판한다. 그는 칸트가 한 대상이 쾌·불쾌를 가져올지 않을지는 경험 독립적으로는 인식할 수 없으며 따라서 어떠한 경험 독립적 감정 법칙도 욕구 법칙도 없다는

32 M. 셸러, 《가치윤리학》, 67쪽 이하 참조.

33 N. 하르트만, 《윤리학*Ethik*》, Walter de Gruyter, 1962, 116쪽 이하 참조.

선입견에서 출발하고 있다고 비난한다.[34] 칸트의 이 선입견은 그가 미각味覺 sinnlicher Geschmack의 영역에 주목하기 때문이라고 후설은 지적한다. 이 점에서는 인간이 도덕감을 지니고 있다고 주장하는 도덕론자들도 마찬가지이다. 감정 도덕론자들도 감정이 인간의 특수한 구조에 달려 있다고 본다. 즉, 쾌에서는 호감(좋은 감정)이, 불쾌에서는 반감(나쁜 감정)이 반드시 따른다고 본다. 그러나 후설에 의하면, 모든 쾌에서 반드시 호감Gefallen을 갖는 것은 아니다. 혐오스러운 쾌감도 있으며, 불쾌와 고통에 대한 호의적 감정도 있을 수 있다. 예를 들어, 병의 치료가 가져올 건강에 대한 기대가 치료에서 갖게 될 고통을 긍정적인 것으로 받아들일 수 있는 것처럼 고통에 대한 호의적 감정도 있다. 쾌, 불쾌는 감각적 감정이며, 이에 대한 호감과 반감은 감정 작용이다. 그리고 이 호감과 반감을 지배하는 법칙은 감각적 감정처럼 단순히 경험 법칙이 아니라, 경험 독립적 법칙이라는 점을 칸트는 간과하고 있다고 후설은 지적한다.[35] 후설은 말한다 : "우리가 순수한 쾌감을 느낀다면 이것에 하나의 호감이 결부된다. 그러나 모든 쾌감에 호감이 결부되는 것은 아니다. 즉, 순수한 쾌감과 결부된 것이 아니라 불쾌의 직관과 결부된 것, 천한 것, 미운 것, 끔찍한 것에 대한 쾌감도 있다. 단순하고 순수한 쾌감의 직관을 토대로 한 호감은 하나의 필연적 호감, 〔…〕 모든 감정을 지닌 존재 일반에게 필연적인 호감이 아닐까?"[36] 후설은 쾌감과 호감의 객관적 관계를 보여줌으로써 감정의 객관적 법칙성을

34 E. 후설, 《윤리학》, 407쪽 참조.

35 *Ibid.*, 407쪽 이하 참조.

36 *Ibid.*, 407-408 쪽.

주장하고자 한다.

사실 칸트는 존경심을 도덕법칙에 의해 의지가 직접 규정된다는 의식이라고 정의하면서 그것이 하나의 감정이긴 하나 어떤 영향으로 받아들인 감정이 아니라 이성 개념에 의해 만들어진 감정이며, 이것만이 유일한 도덕적 감정이라고 부른다.[37] 존경심이 하나의 감정이며 "하나의 가치에 대한 표상"[38]이라면 가치에 대한 표상 또는 의식에서 일어나는 감정이 어떻게 그것 하나뿐일 것인가 하는 의문을 가질 수 있다. 칸트는 물론 가치에 대한 모든 표상이 감정을 동반한다는 것을 부정하지는 않는다. 다만 도덕적 감정은 도덕법칙에 대한 존경심이 유일한 것이라고 주장하는 것이다. 그리고 다른 모든 감정은 쾌, 불쾌의 감정으로서 그것을 가져올 욕구의 내용 또는 대상이 의지를 규정하는 경우의 모든 실천 원리들은 경험적이며 따라서 도덕법칙이 될 수 없다는 것이다.[39] 그러나 후설이 비판하는 것은 윤리적 판단에서 의지의 규정 근거가 순수이성이 아니라 감정이라면 쾌락주의나 이기주의로 된다고 보는 칸트의 입장이다. 칸트는 《실천이성 비판》의 정리定理Lehrsatz II에서 "모든 내용적 실천 원리들은 그 자체 전체적으로 동일한 종류의 것이며, 자애自愛 또는 자신의 행복의 보편적 원리에 속한다"고 말한다.[40] 후설에 의하면, 칸트는 보다 높은 정신적

---

37 I. 칸트, 《도덕 형이상학 기초*Grundlegung zur Metaphysik der Sitten*》, Felix Meiner, 1965, 19쪽, 주 2 ; 《실천이성 비판*Kritik der praktischen Vernunft*》, Felix Meiner, 1974, 46, 88쪽 이하 참조.

38 I. 칸트, 《도덕 형이상학 기초》, 19쪽, 주 2.

39 I. 칸트, 《실천이성 비판》, 23쪽, §2 이하 참조.

40 *Ibid.*, 24쪽, §3.

기쁨을 신체적 쾌락과 구별하지 않고 모든 종류의 쾌, 모든 종류의 감정을 질적으로 동일한 것으로 보는 점에서 쾌락주의와 의견을 같이 하고 있다는 것이다.[41] "그는(칸트는) 고상한 감정과 천한 감정의 구별에 의하여 도덕적 동기와 천한 동기를 올바르게 다루고자 하는 모든 시도를 조롱한다."[42] 후설은 칸트가 감정의 질적 차이를 고려하지 않은 채 오직 양적 차이만을 염두에 두고 감정에 의지의 규정 근거를 갖는 모든 실천 원리는 동일한 종류의 것으로 본다고 비판한다. 그는 고상한 감정과 천한 감정의 질적 차이가 곧 도덕적 감정과 비도덕적 감정의 차이를 결정하는 것은 아니지만 적어도 이러한 구별이 의지의 규정에서 그 어떤 역할을 하고 있음에 틀림없다고 본다. 그는 말한다 : "모든 고상한 감정 작용이 도덕적 감정 작용은 아니지만", (고상한 미적 감정 작용이나 종교적 감정 작용도 있으므로) "모든 긍정적인 도덕적 감정 작용은 고상하고 아름다운 것이다".[43] 그러나 칸트는 '금이 산에서 난 것이든, 강에서 난 것이든 그것이 동일한 가치를 갖는다면 마찬가지이다. 얼마나 많은 그리고, 얼마나 큰 만족을 가져오는가 하는 것만이 욕구하는 자의 관심사'라고 말한다.[44] 그럼에도 불구하고 칸트는 존경심이라는 하나의 특별히 고상한 감정을 (그가 '감각적 감정'이라고 부르는) 그 밖의 모든 다른 감정으로부터 질적으로 구별하고 있다. 그는 행위를 통하여 실현될 대상이 가져올 쾌, 불쾌의 감정이 의지를 규정하는 실천 원리는 결국 이기적 '자애의 원리'이며, 그것은 준칙일 수는 있으나

41 E. 후설, 《윤리학》, 412쪽 참조.

42 *Ibid.*, 412-413쪽.

43 *Ibid.*, 414쪽.

44 I. 칸트, 《실천이성 비판》, 26쪽 참조.

보편적 도덕법칙일 수 없는 반면에, 오직 순수이성 자체가 의지에 미치는 영향으로서 나타나는 감정만이 도덕적 감정이라고 부를 수 있다고 본다.[45]

이러한 칸트의 입장에 대하여 후설은 쾌의 감정이 단순히 욕구하는 자의 감정이라는 이유 때문에 곧 쾌의 감정이 의지의 동기이며, 그러한 의지 작용이 곧 이기적이라는 것은 쾌락주의나 이기주의 윤리학과 마찬가지로 잘못 생각하고 있다고 비판한다.[46] 그리고 후설은 칸트가 비록 부정하긴 하지만, 존경심이 일종의 쾌의 감정이 아닐까 의심한다.[47] 사실 칸트는 존경심과 같은 것으로 보는 도덕적 감정을 "행위와 의무 법칙과의 일치와 모순에 대한 의식에서 나온 쾌, 불쾌의 감수성"이라고 정의한다.[48] 다만 다른 모든 '감각 수용적pathologisch 감정'이 법칙의 표상에 선행하는 반면에, 도덕적 감정은 그러한 표상의 결과라는 점이 다르다.[49] 그렇다면 칸트는 존경심도 쾌, 불쾌의 감정에 포함시키고 있는 셈이며, 긍정적 감정과 부정적 감정, 고상한 감정과 천한 감정을 구별하고 있으며, 이것은 모든 감정을 양적 차이로만 규정하고 그것이 모두 '자애의 원리'의 토대로 되어 있다고 보는 《실천이성 비판》 정리 II 이하의 설명과 모순되지 않을 수 없다고 후설은 비판한다.

그러나 여기서 우리가 주목해야 할 것은 칸트가 말하는 존경심은 의지를

---

45 I. 칸트, 《도덕 형이상학 기초》, 19쪽 주석 ; 《실천이성 비판》, 25, 85, 89쪽 이하 참조.

46 E. 후설, 《윤리학》, 412쪽 참조.

47 *Ibid.*, 417쪽 참조.

48 I. 칸트, 《도덕 형이상학*Metaphysik der Sitten*》, Felix Meiner, 1966, 241쪽.

49 *Ibid.* 참조. 칸트가 의미하는 'pathologisch'란 '병리(학)적'이란 뜻과는 관계없는 '감각적으로 조건지어진', '단순히 감각 수용적인'이라는 의미로 사용되며, '실천적praktisch'이라는 표현과 반대되는 개념이다.

규정하는 규정 근거가 아니라, 도덕법칙에 의해 규정된 의지의 수행에서 야기되는 감정이라는 점이다. 따라서 감정은 그 어떤 것이든, 비록 존경심이라 하더라도 의무에서 나온 행위를 원하는 의지의 규정 근거는 아니다. 그러나 후설은 칸트가 마치 존경심을 의지의 동기로서 말하는 것으로 잘못 이해하고 있다.[50]

2) 칸트의 형식주의 윤리학에 대한 셸러의 비판

셸러는 그의 주저인 《형식주의 윤리학과 내용적 가치윤리학*Der Formalismus in der Ethik und die materiale Wertethik*》의 제1판에서 칸트의 윤리학에 대한 비판을 그의 연구의 부수적 목적이라고 말하고, 본문이 시작되기 전 제목이 쓰여진 쪽에서는 '칸트의 윤리학을 특별히 고려하면서'라는 부제를 붙일 만큼 중요하게 다루고 있다.[51] 셸러는 그 자신의 '내용적 가치윤리학'을 정당화하기 위한 하나의 방법으로서 칸트의 윤리학에 대한 비판을 수행하고 있다.

셸러는 칸트의 윤리학이 토대로 삼고 있는 전제를 지적하면서, "모든 내용적 윤리학은 경험적, 귀납적 타당성만을 지니며, 형식적 윤리학만이 경험 독립적이며 확실히 귀납적 경험으로부터 독립적"이라고 칸트가 생각하였다고 말한다.[52] 셸러가 말하는 '형식적', '내용적'이란 표현의 의미를 간단히 일반적으로 규정하기는 어렵다. 그러나 적어도 그가 칸트의 윤리학적 이론을 '형식주의'라고 부르는 이유는 칸트가 '선'과 '악' 같은 윤리적 가치를 전적으로 도덕법칙에 대한 의지의 일치여부에 따라 규정한다는 것이며, 칸트 자신이 경험 독립적인

50 E. 후설, 《윤리학》, 416쪽 이하 참조.

51 M. 셸러, 《가치윤리학》, 9, 27쪽 참조.

52 *Ibid.*, 30쪽.

것은 곧 형식적이며, 모든 내용적 가치는 경험적인 것이라고 단정한다는 것이다. 사실 칸트는 의지를 규정하는 도덕법칙의 보편성을 주장하려면 의지의 규정 근거가 결코 내용적인 것일 수 없다고 본다. 이 경우 내용적인 것이란 대상Objekt을 의미한다. 칸트는 "욕구 능력의 한 대상(내용)을 의지의 규정 근거로서 전제하는 모든 실천적 원리들은 모두 경험적이며, 어떠한 실천 법칙도 제시할 수 없다"[53]고 말하고, 이어서 욕구 능력의 내용Materie을 '그 실현이 욕구되는 대상'으로 규정한다. 그 반면에 이성적 존재가 그의 주관적 원칙인 준칙Maxime을 실천적인 보편적 법칙으로 생각할 수 있으려면, '단순히 형식에 따라서만' 의지의 규정 근거를 포함하는 원리로서 준칙을 생각할 수 있어야 한다. 이것이 정리 III에서 말하고 있는 것이며, 이에 대한 설명으로서 칸트는 "이제 하나의 법칙으로부터 의지의 (규정 근거로서) 모든 내용, 즉 대상을 배제하면, 보편적 입법의 단순한 형식 밖에 아무 것도 남지 않는다"고 말한다.[54] 따라서 준칙의 어떤 내용이 보편적 실천 법칙으로 될 수 있는가 하는 것이 아니라, 준칙의 보편화 가능성에 대해서만 묻는 것이다. 이것은 나의 준칙이 언제, 어디서나, 어떠한 이성적 존재에 있어서도 의지의 규정 근거가 되어도 좋은가를 묻는 것일 뿐이므로 형식적이다.

여기서 우리는 문제를 압축해서 고찰할 필요가 있다. 즉 의지의 규정 근거 또는 동기가 대상(내용)인가, 아니면 보편화가 가능한 준칙인가 하는 문제로

---

53 I. 칸트, 《실천이성 비판*Kritik der praktischen Vernunft*》, Felix Meiner, 1974, 23쪽, 정리 I. 이하.

54 *Ibid.*, 31쪽.

압축해 볼 수 있다. 대상이 의지를 규정한다는 것은 엄밀히 말해 대상에 대한 표상이 의지를 규정한다는 뜻이다. 칸트는 이 경우 의지의 규칙, 즉 준칙은 경험적 조건 아래에 있으며, 경험적 조건이란 '의지를 규정하는 표상의 쾌감, 불쾌감에 대한 관계'라고 설명한다.[55] 셸러는 내용이 의지를 규정한다는 말은 사실은 대상 자체가 아니라, 대상의 가치가 의지를 규정한다는 뜻으로 보아야 한다고 해석한다. 그리고 모든 가치는 반드시 내용적 성질을 지니지만, 감정 상태와는 구별되는 대상이라고 주장한다.[56] 그런데 칸트는 가치 있는 대상과 가치 자체를 구별하지 못하고 단순히 대상 또는 내용이라고 표현하며, 이러한 오해 때문에 내용적 윤리학을, 가치 있는 대상의 효과적인 실천 규칙을 도덕원리로 보는 목적론적 윤리학으로 단정해 버렸다고 비판한다.[57] 그러나 칸트가 '의지를 규정할 수 있는 대상, 또는 내용'이란 공간 내의 고정된 단일체를 형성하는 객체Objekt를 의미하며, 단순히 형식의 상관개념인 내용을 의미하는 것은 아니다. 그에게 있어서 원함(의지 작용Wollen)의 내용이란 단순히 원함의 대상이다. 그가 의미하는 "욕구 능력의 내용Materie des Begehrungsvermögens"이란 "그 실현이 욕구되는 대상"이다.[58] 그리고 이 원함의 대상이 없다는 희귀한 주장을 하는 것이 아님은 물론이다. 칸트는 말한다 : "모든 원함은 또한 하나의 대상, 즉 내용을 가져야 한다는 것은 물론 부정할 수 없다. 그러나 이 내용이 그 때문에 준칙의 규정 근거와 조건은 아니다".[59] 이 경우의 원함이란 이성적으

55 *Ibid.*, 31쪽 참조.

56 M. 셸러, 《가치윤리학》, 39, 41쪽 참조.

57 *Ibid.*, 34쪽 이하 참조.

58 I. 칸트, 《실천이성 비판》, 23쪽.

로 욕구하는 것을 말한다. 그리고 의지란 이성적으로 욕구할 수 있는 능력을 말한다. 따라서 칸트에게는 이 원함의 이성적 성격이 중요하지 그 대상이 아니다. 이 원함의 대상이 의지를 규정한다면 그 규정 근거는 언제나 경험적이며, 대상이 가져올 쾌고快苦에 따라서 결정된다는 것이다. 내용이 아니라 (법칙의) 형식에 의해 규정되는 원함이란 단순히 이성 그 자체에 의해서, 또는 순수이성에 의해서 규정되는 의지의 원함이다. 이것이 법칙의 표상에 따라서 원하는 의지이며, 따라서 순수 실천이성이다.[60] 의지의 규정 근거로서의 내용과 형식이 이러한 의미라면 셸러는 내용이란 말의 의미를 형식의 상관개념으로만 이해하고 있다. 이 점에서는 하르트만도 마찬가지이다.[61] 셸러는 칸트가 내용적 성격의 모든 가치를 다 거부하고 있다고 비난한다.[62] 그러나 칸트는 "행위의 도덕적 가치"를 말하며, "인격체의 가치"에 관하여 《도덕 형이상학 기초》와 《실천이성 비판》에서 언급한다.[63] 이것으로 보아 칸트가 가치 있는 것과 가치 자체를

59 *Ibid.*, 40쪽.

60 *Ibid.*, 36, 39쪽 참조.

61 N. 하르트만, 《윤리학*Ethik*》, Walter de Gruyter, 1962, 107쪽 이하 참조. 여기서 하르트만은 'Materie'(내용, 재료, 또는 질료를 뜻하는 독일어)와 'Inhalt'(담겨진 내용, 또는 내용물이란 뜻의 독일어)란 두 낱말을 동의어로 사용하면서 칸트를 비판하고 있다. 윤리학적 입장에서나, 칸트에 대한 비판에서나 하르트만의 견해는 셸러와 별로 차이를 보여주지 않으므로 우리의 논의에서는 하르트만의 칸트 비판에 관해서는 더 이상 언급하지 않을 것이다.

62 M. 셸러, 《가치윤리학》, 34쪽 참조.

63 칸트, 《도덕 형이상학 기초*Grundlegung zur Metaphysik der Sitten*》, Felix Meiner, 1965, 58, 75, 81쪽 ; 《실천이성 비판》, 169쪽. 특히 《도덕 형이상학 기초》 58쪽에서 칸트는 가치를 가격Preis과 존엄성Würde으로 나누면서 전자를 시장가격Marktpreis과 정서情緒가격으로 구별하여 이 가치들을 상대적 가치라고 규정하고, 존엄성을 내적 가치라

구별하지 못하고 있는 것은 아니다. 다만 가치를 셸러처럼 하나의 존재나 객체로 보고 있지 않을 뿐이다. 셸러는 "가치 있는 사물das Gute에서 가치는 객관적이며, 현실적"이라고 말한다.[64] 여기서부터 그는 객관적 가치들에 관한 가치 존재론적 연구를 시작하고 있다.

가치들 중에서 윤리학과 관련된 가장 중요한 가치 개념은 선과 악의 개념일 것이다. 이 선악善惡의 개념과 관련해서도 셸러는 칸트가 선악이 내용적 가치임을 부정하고 순전히 형식적으로만 이해하고 있다고 비난한다. 칸트의 선악 개념에 대한 셸러의 비판은 다음과 같이 요약할 수 있다.[65]

1) 칸트는 선과 악의 개념이 지닌 의미를 당위의 내용으로 소급하려도 시도하며, 당위Sollen 없이는 선과 악도 없다는 것을 보여주려고 시도하는데 이러한 시도는 잘못된 것이다. 선악의 가치를 '법칙에 맞는 것'과 '법칙에 반하는 것'으로 대치하려는 칸트의 시도는 부당하다.

2) 선악이 내용적 가치라는 것을 부정하는 것은 칸트의 과오이다. 그는 선악의 가치가 선하거나 악한 사물과 전혀 다른 것이라는 데서 선악은 내용적 가치가 아님이 증명되는 것으로 본다. 선악의 가치는 그 가치를 실현하는 의식 작용에서 나타난다. 보다 좋은, 보다 나쁜 가치는 보다 높은, 보다 낮은 가치의 실현을 지향하는 의식 작용에서 주어진다. 가치를 실현하는 의식 작용이 그의 지향된 가치 내용에 따라서 선호되는 가치와 일치하면 그 의식 작용은 도덕적으로

고 부른다.

64 M. 셸러, 《가치윤리학》, 43쪽.

65 *Ibid.*, 45-51쪽 참조.

선하며, 그것과 모순되면 악하다. 이것은 또 긍정적 가치와 부정적 가치라고 말할 수 있으며, 이것은 가치 내용이 지닌 차이이다.

3) 선하거나 악한 것이 근원적으로 오직 의지 작용에 달려 있다는 칸트의 주장은 단호히 거부되어야 한다. 오히려 모든 개별적인 의식 작용 이전에, 이와 독립하여 선하거나 악한 내용적 가치를 지니는 것은 "인격체Person"이며, 인격체 자체의 존재이다. 선악은 인격 가치들Personwerte이다. 칸트가 의지 작용을 선악의 근원적 담지자擔持者로 본다면, 그것은 그가 선악을 내용적 가치로 여기지 않을 뿐만 아니라, 이 가치를 법칙에 대한 의지 작용의 일치, 불일치로 소급하려는 데에 연유한다. 칸트에게는 인격체의 가치가 그 의지의 가치에 따라서 결정되며, 의지의 가치가 인격체의 가치에 따라서 결정되는 것이 아니다.

4) 선악의 담지자는 인격체의 의식 작용들이다. 이 의식 작용에는 여러 가지가 있다. 그런데 칸트는 오직 의지 작용만을 말한다. 의지 작용이 아닌 다른 의식 작용도 마찬가지로 도덕적 가치의 담지자이다. 예를 들어, 용서하는 것, 명령하는 것, 순종하는 것, 약속하는 것 등 수없이 많다.

1)과 관련해서 언급되어야 할 것은 "모든 당위는 가치에 토대를 두고 있다"는 셸러의 기본적인 견해이다.[66] 윤리적 당위, 또는 의무도 마땅히 선악의 가치에 토대를 두고 있다고 보는 것이다. 그에 의하면, 가치들은 "독립적 현상들"로서 모든 가치 담지자(가치를 지닌 사물과 사태)와 독립해 있는 것과 마찬가지로 그 가치를 의식하고 실현하려는 의지 작용과 그 주체와도 독립해 있다. 그러나

66 *Ibid.*, 193쪽.

칸트는 선악과 같은 가치 개념이 의지의 욕구 능력과 관계없이 규정된다면, 그 어떤 것의 현존이 쾌를 가져오는 것을 선하다고 하고, 불쾌를 가져오는 것은 악하다는 식으로 선악의 기준을 쾌·불쾌의 감정에 두게 된다는 것은 필연적이며, 그렇게 될 경우 선악의 개념은 상대적이며 주관적인 것이 된다고 본다.[67] 선악은 호오好惡의 감정과는 다르다. 그 때문에 그는 선악이란 이성의 법칙에 의해 규정되는 의지와의 관계를 의미하며,[68] 도덕법칙이 선의 개념을 규정하는 것이지 선의 개념이 도덕법칙을 규정하는 것이 아니라고 말하는 것이다.[69] 여기서 우리가 확인할 수 있는 것은 가치 존재론적 입장에서 논하는 셸러의 주장과 도덕법칙의 입법자인 순수 실천이성의 대상으로서 선악을 규정하는 칸트의 입장이 결코 일치할 수 없음을 보게 된다.

이러한 입장의 차이는 2)에 요약된 셸러의 비판에서도 마찬가지로 나타나 있다. 여기서 그는 가치가 그 실현을 지향하는 의식 작용, 즉 의지 작용에서 주어진다고는 말하지만 후설처럼 의식 작용에서 '구성된다'고 말하지는 않는다. 객관적인 긍정적 가치를 지향하는 의지는 선하고 부정적 가치를 지향하는 의지는 악하다는 것이다. 그리고 이런 경우에만 선악의 가치는 내용적 가치일 수 있다고 한다. 그러나 셸러가 지적하는 것처럼, 칸트가 과연 선악의 가치를 내용적 가치로 보지 않고 있는가 하는 점은 의문스럽다. 선악을 실천이성의 유일한 대상이라고 말하는 칸트는 도덕법칙에 의해 직접 규정되는 의지는 "모

67 I. 칸트, 《실천이성 비판》, 69쪽 참조.

68 *Ibid.*, 71쪽 참조.

69 *Ibid.*, 75쪽 참조.

든 선의 최상의 조건"이라고 말하며,[70] "순수 실천이성의 대상의 무조건적 총체"를 "최고선höchstes Gut"이라고 말한다.[71] 만일 그가 내용 없는 형식적 의미의 선을 말한다면, 여러 가지의 선을 말할 수 없을 것이다. 그러나 그는 행위의 도덕적 가치, 인격체의 가치를 말함으로써 여러 가지 선의 내용적 가치에 대하여 언급하고 있는 것이다.[72]

3)과 관련해서 살펴보면, 칸트가 선악의 근원적 담지자를 의지 작용에 있다고 본다는 셸러의 해석은 정확하지 못하다. 엄밀히 말하면, 칸트는 선악의 근원적 담지자를 의지 작용이 아니라, 의지의 준칙에 있다고 본다. 그리고 의지의 준칙은 단순히 개별적인 행위 규칙이 아니라, 하나의 인격체에게 있어서는 보다 상위의 신조信條Gesinnung 같은 것이다. 이것은 인격체의 가치를 결정해 주는 본질적인 것이다. 즉 한 인간이 어떠한 윤리적 신조를 갖고 있는가 하는 것이 그 인격체의 윤리적 가치를 결정해 주는 것이므로 칸트가 선악이 '인격가치'라고 말하는 셸러와 다른 견해를 가진 것은 아니다. 다만 칸트는 한 인격체의 가치는 그의 준칙이 어떠한 경험적 조건에 관계없이 순전히 도덕법칙에 의해 규정되는가 아닌가에 따라 선악이 결정된다고 보는 것이다.

4)에서 셸러는 선악이라는 가치의 담지자는 의지 작용 외에도 여러 가지 의식 작용이 있다고 말한다.[73] 그러나 그가 말하는 용서, 순종, 명령, 약속 같은 것들이 의지 작용 없이 이루어지는가 의문스럽다. 이러한 의식 작용의 선악은

---

70 *Ibid.*, 73쪽.

71 *Ibid.*, 125쪽.

72 *Ibid.*, 169쪽 참조.

73 M. 셸러, 《가치윤리학》, 50쪽 참조.

그 토대로 되어 있는 의지 작용으로 소급하여 결정될 수 있는 것이 아닌가? 내가 어떤 다른 사람의 과오를 용서하는 것은 내가 용서하기를 '원하기' 때문에 용서하는 것이다. 여기서 내가 용서하기를 원하는 의지를 규정하는 동기가 선할 때만 그 용서는 선의 가치를 지닌다.

칸트의 윤리학을 형식주의라고 비난하는 셸러의 비판은 형식과 내용이란 개념의 해석상의 차이에만 기인하는 것은 아니다. 오히려 보다 근본적인 차이는 경험의 개념에 대한 이해의 차이이며, 이로부터 '경험 독립적인 것'에 대한 이해의 차이도 생겨난다. 셸러는 경험의 개념을 독자적으로 확대하고 있다. 그는 칸트가 경험의 개념을 너무 협소하게 보아 오직 귀납적 경험으로만 이해하고 있다고 비판한다.[74] 귀납적 경험이란 물론 전통적인 경험의 개념이다. 경험이란 감각기관을 직접, 또는 간접으로 사용하고, 귀납추론을 통한 활동이며 그 내용이다. 그러나 셸러는 그 자신이 표현하는 "현상학적 경험"을 경험의 개념에 포함시키고 있다.[75] 현상학적 경험이란 일종의 직관을 말하지만 감각적 직관이 아니라, "본질직관" 또는 "현상학적 직관"이라고 셸러가 부르는 것이다.[76] 그에 의하면, 이러한 직관에서 직관된 것은 보편적인 것도, 개별적인 것도 아니다. 이 직관된 것은 본질이며, 가치도 이에 속하는 것으로서 그는 이것들이 '경험 독립적으로a priori' 주어진다고 말한다.[77] 그는 현상학적 경험을 두

74 *Ibid.*, 65쪽 참조.

75 *Ibid.*, 66, 68쪽.

76 *Ibid.*, 68쪽.

77 *Ibid.*, 68쪽.

가지 특징에 의해 다른 경험과 구별하고 있다.[78] 첫째, 현상학적 경험은 어떠한 상징이나 기호를 매개로 하지 않고 사실을 그 자체로 직접 준다. 다른 모든 경험은 원칙적으로 그 어떤 상징을 매개로 한 간접적 경험이지만 현상학적 경험만이 원칙적으로 비상징적asymbolisch이며, 그 때문에 모든 상징을 (직관으로) 충실시킬 수 있다. 둘째, 현상학적 경험은 순수한 내재적immanent 경험이다. 오직 경험에서 직관적인 것만 이 경험에 속하고 직관된 내용을 넘어서 사념하는 어떠한 것도 여기에는 포함되지 않는다. 비현상학적 경험 예를 들어, 사물의 지각에서는 주어지는 것을 넘어서, 주어지지 않은 것을 사념思念한다. 그러나 현상학적 경험에서는 사념되는 것과 주어지는 것이 일치한다.

여기서 우리는 셸러의 경험 개념과 관련해서는 'a priori'를 '경험 독립적'이라고 말해서는 안 된다는 점을 인정해야 한다.[79] 그에게 있어서 'a priori'란 '귀납적 경험으로부터 독립된'이라는 의미가 된다. 그는 모든 유형의 정립을 배제하고 "직접적 직관〔본질직관〕의 내용에 의해 자체로 주어지는 모든 관념적인 의미단일체들과 명제들을 'Apriori'라고 부른다".[80] 따라서 그에게는 '아프리오리'한 경험이란 말도 성립된다. 그렇다면, 이제 그의 '내용적 아프리오리materiales Apriori'라는 표현도 이해할 수 있게 되었으며, 칸트는 '아프리오리'한 것과 '형식적'인 것을 등가等價적인 것으로 보았다고 그가 비판하는 이유도 알게 되었다. 이로써 셸러의 다음과 같은 주장도 이해할 수 있게 된다[81] : '아프리오리'한

78 *Ibid.*, 69쪽 이하 참조.

79 이하, 셸러의 이론과 관련해서는 'a priori'를 '경험 독립적'이라고 번역하지 않고 원어에 따라 '아프리오리'라고 부를 것임.

80 M. 셸러, 《가치윤리학》, 67쪽.

것과 형식적인 것은 전혀 관계가 없으며, 또 '아프리오리'한 것과 경험적인 것의 대립은 형식적인 것과 내용적인 것의 대립과 아무런 관계도 없다. '아프리오리'한 인식의 전 영역 내에서도 형식적인 것과 내용적인 것의 구별은 있다. "'아프리오리'한 것과 형식적인 것을 동일시하는 것은 칸트 이론의 근본적인 오류Grundirrtum이다."[82] 물론 '근본적인 오류'가 아니라, 경험과 경험 독립적인 것에 대한 개념적 이해의 차이에 기인하는 견해의 차이이다.

셸러가 의미하는 경험과 '아프리오리'한 것의 개념에 근거해서 보면, 이제 또한 칸트의 윤리학을 '형식주의'라고 부르고, 셸러 자신의 윤리학을 '내용적 가치윤리학'이라고 부르는 연유도 알 수 있게 되었다.

맺는말

칸트의 윤리학에 대한 현상학의 비판을 위에서 우리가 다 다룬 것은 물론 아니다. 여기서 다루지 못한 그 밖의 다른 쟁점은 대체로 위에서 다룬 문제점으로부터 파생된 문제들이거나, 아니면 칸트 철학과 현상학의 인식론적 입장의 차이로 소급하여 다루어야 할 문제이므로 우리의 논의에서는 제외되었다. 예를 들어, 칸트의 '경험 독립적인 실천적 종합명제'(정언명법으로 표현되는)에 대한 브렌타노와 후설의 비판을 보면, 브렌타노는 이론적이든, 실천적이든 경험 독립적 종합명제 자체가 있을 수 없다고 주장한다. 그리고 후설은 순전히 형식적인 도덕적 명제인 정언명법은 너무나 공허하여 '최선을 다하라'는 명령 이상

81 *Ibid.*, 72쪽 이하 참조.

82 *Ibid.*, 73쪽.

의 것이 될 수 없다고 비난한다. 후설의 이 비판은 칸트의 형식주의에 대한 브렌타노와 셸러의 비판과 같은 맥락에서 이해할 수 있다. 그 밖의 다른 문제들은 결국 칸트는 도덕원리의 형성에서 감정을 배제한다는 것과 오직 형식만을 고려한다는 두 가지 근본적인 비판점에 직접, 간접으로 관계되어 있다.

우리가 살펴보았듯이 칸트는 결코 감정을 배제하지 않았으며, 다만 도덕성과 결부된 감정은 도덕법칙에 대한 존경심이라는 감정뿐이라고 말한다. 존경심은 물론 하나의 쾌감일수도 있고, 행복감일 수도 있다. 그러나 쉽게 말하여, 감정이 윤리적 결정의 동기는 아니다. 다만 칸트는 후설이 중요하게 여기는 '감정의 아프리오리', 즉 가치를 인식하는 이성적 평가 작용이나 이것의 대상인 가치를 지배하는 경험 독립적 법칙성에 대해서 주목하지 않은 것 같다.

칸트의 윤리학이 형식주의라는 비판과 관련해서는 경험 개념이나 경험 독립성, 내용 등의 개념에 대한 이해의 차이가 두드러지게 눈에 띄었다. 그러한 개념들에 대한 규정의 차이에 근거한 비판은 차이나는 규정의 근거에 대한 정당성이 문제되지만 사실상 우리는 그러한 정당성을 찾기 어려웠다. 셸러가 말하는 '경험 독립적 본질직관'도 경험의 개념에 포함시킨다면, 경험에 포함되지 않는 인식 활동이 없을 것이며, 경험적 인식이 아닌 것이 없을 것이다. 그는 칸트가 경험의 개념을 귀납적 경험에 국한시키는 것이 왜 잘못된 것인지 충분한 근거를 제시하지 않는다. 논리적 기본명제의 인식과 같이 경험 독립적 직관도 있다는 것을 후설도 인정한다. 후설은 그러한 직관을 '범주적 직관'이라고 부른다. 그러나 그는 그것을 경험이라고 말하지는 않는다. 셸러는 물론 '현상학적 경험'을 귀납적 경험과 명확하게 구별하긴 하지만 넓은 의미의 경험에 포함시키고, 또 그 때문에 칸트의 경험 개념이 지나치게 협소하다고 비판한다. 그리고 이 '현상학적 경험'을 경험 독립적a priori이라고 규정함으로써 '경험 독립적'이란 개념의 의미에 있어서도 칸트의 규정과 상당한 거리가 있게 된다. 그러나 이와 같은 개념들에 대한 셸러의 규정이 어디에 근거해서 정당하고, 칸트의 규정이 어디에 근거해서 정당하지 못하다고 하는가를 (적어도 실천철학의 영역에서는) 이해할 수 없기 때문에 칸트에 대한 그의 비판은 설득력을 얻지 못한다. 경험의 개념이나 경험 독립성의 개념도 단순히 실천철학의 영역에서 논의될 것이 아니라, 이론철학으로 소급하여 칸트의 경험 개념과 '경험 독립적'이라는 개념의 올바른 규정에 관하여 논의해야 할 것이다. 셸러의 실천철학적 이론도 물론 그의 이론철학을 토대로 하고 있다. 그의 이론철학적 사유도 실천철학과 마찬가지로 곧장 칸트의 철학 방법에 대한 비판에서 시작되고 있다.[83] 여기에는 칸트의 '경험 독립적'이라는 개념이나 경험 독립적 종합판단에 대해서도 비판하고 있다. 그러나 이러한 이론철학적 영역에서 칸트를 비판하는 셸러의 이론이 얼마나 정당한 근거를 갖고 있는가 하는 것은 별도의 연구가 필요할 것이다.

83 셸러는 일찍이 교수자격 취득논문Habilitationsschrift 〈선험적 방법과 심리학적 방법Die trans zendentale und die psychologische Methode〉, Durr'schen Buchhandlung, 1900에서 칸트의 인식론을 비판하고 있다.

도덕원리의 형성에서 기능하는 감정의 법칙*

현상학적 윤리학을 중심으로

1. 들어가는 말

후설E. Husserl은 윤리적 결정과 행위에서 감정이 어떤 방식으로든 역할을 한다고 보는 점에서 칸트I. Kant에 반대하고 흄D. Hume의 견해에 접근하고 있다. 그러나 후설은 감정의 개념을 흄이 의미하는 것과는 전혀 다르게 이해하고 있다. 윤리학에서 감정의 기능을 중요시하는 입장을 경험주의적 윤리학으로 보는 것이 일반적이었으나 현상학적 윤리학이 나타난 이후 반드시 그렇지는 않다는 것이 알려진 것은 이미 오래 되었다. 윤리적 판단과 원리에 대한 감정의 관여를 인정하는 경우에도 감정의 개념과 그 기능을 지배하는 법칙에 경험 독립적a priori 요소가 있다고 보는가, 아니면 전적으로 경험적이며, 귀납적이라고 보는가의 여부로 나누어지며, 감정의 관여를 부정하는 경우에도 도덕법칙들이 단순히 개념으로부터 '아프리오리'하게 생겨나는가, 아니면 경험과

---

* 《인문논집》, 제41집, 고려대학교 문과대학, 1996.

귀납으로부터 생겨나는가의 여부로 나누어진다.[1] 흄은 감정의 역할을 인정하지만 감정의 개념을 전적으로 경험적 개념으로 이해함으로써 결국 경험과 귀납으로부터 생겨난다는 결론에 이르게 되었으며, 칸트는 감정의 역할을 전적으로 부정하면서 이성 자체로부터 경험 독립적으로 생겨난다고 보는 입장일 것이다. 후설에 의하면, 가치가 경험 독립적 법칙 하에 있으므로 가치를 대상으로 삼는 감정 작용(평가 작용) 또한 동일한 법칙 하에 있다. 이것은 모든 인식이 형식논리적 법칙 하에 있으므로 인식을 수행하는 의식 작용 역시 경험 독립적 형식논리의 법칙에 지배되는 것과 같다. 그 때문에 후설은 감정이 경험 독립적 법칙 하에 있다고 보고 감정의 '아프리오리'를 인정하는 입장에 서게 된다.

이로써 그는 도덕법칙 또는 칸트가 말하는 실천적 인식에 감정이 관여한다고 보면서도 흄처럼 경험적, 귀납적으로 확정할 수 있는 인간의 경험적 보편성인 감정 능력taste에 동의하지 않고 다른 한편으로는, 감정의 역할을 전적으로 부정하는 칸트의 입장에도 동의하지 않는 제3의 입장을 취하게 된 것이다. 도덕법칙의 경험 독립적 성격을 인정하면 감정을 부정하는 입장이며, 감정을 인정하면 경험주의적 윤리학의 입장이 된다는 식으로 이해하는 것은 아마도 흄과 칸트의 영향일 것이다. 흄과 칸트의 영향을 다 같이 받은 후설의 윤리학적 입장은 감정을 인정하면서도 흄과 같은 정서주의emotivism가 아니며, 메타 윤리학적 분류에 따라서 본다면 일종의 인식주의cognitivism에 속한다고 볼 수 있으나 자연주의도 직관주의도 아니다.

---

1 E. Husserl, 《윤리학과 가치론 강의*Vorlesungen über Ethik und Wertlehre*》, *Husserliana, XXVIII*, Kluwer Academic Publishers 1988, 393쪽 참조(이하 《윤리학》으로 약함).

그러한 입장은 셸러M. Scheler도 마찬가지이다. 그도 후설과 유사하게 감각적 감정 및 감정 상태와 감정 작용Fühlen을 구별하며,[2] 평가 작용을 감정 작용이라고 본다.[3] 다만 셸러의 경우 감정을 감각적 감정, 신체감, 생명감, 순수 심적 감정, 정신적 감정 등 다섯 가지의 계층으로 나누고, 이 중 감각적 감정과 신체 감정은 신체에 자리잡으며 지향성을 갖지 않지만 '생기가 남', '무기력함' 등의 생명 감정Lebensgefühl부터 그 이상의 보다 높은 계층의 감정은 이미 '그 무엇'에 대하여 지향적이라고 봄으로써 후설의 의미에서 의식 작용Akt으로 보고 있다.[4] 그러나 후설의 경우에는 그러한 것들도 어떤 방식으로든 신체에 자리잡는 감각적 감정으로 보고 의식 작용으로는 고려하지 않는다.[5] 생명 감정에 이미 가치의 내용이 포함되어 있다고 보는 셸러는 그 때문에 평가 작용의 개념을 매우 폭넓게 파악하고 있는 셈이다. 그는 "가치들은 우리에게 우선 감정 작용에서 주어져 있다"고 말하며,[6] "그 무엇에 대한 모든 원함은 이미 언제나 이 '무엇'에 대한 (긍정적 또는 부정적) 가치의 감정을 전제하고 있다"고 말한다.[7] 셸러는 그러나 전반적으로 가치 일반 및 윤리적 가치에 대하여 연구함으로

2 M. Scheler, 《윤리학의 형식주의와 내용적 가치윤리학*Der Formalismus in der Ethik und die materiale Wertethik*》, *Gesammelte Werke II*, Francke Verlag, 1980, 259, 331쪽 이하 참조 (이하 《가치윤리학》으로 약함).

3 *Ibid.*, 148쪽 이하 참조.

4 *Ibid.*, 342쪽 참조.

5 E. Husserl, 《순수현상학과 현상학적 철학의 이념들 II *Ideen zu einer reinen Phänomenologie und phänomenologischen Philosophie II*》, Martinus Nijhoff, 1952, 152쪽 이하 참조(《이념들 II》라 약함).

6 M. 셸러, 《가치윤리학》, 56쪽.

7 *Ibid.*, 148쪽.

써 감정 작용의 내용에 대한 분석 작업을 하는 반면에 후설은 윤리적 가치를 구성하는 감정 작용 자체에 대한 분석, 다시 말하여 '노에시스'적 분석에 보다 중점을 둔다.

우리는 먼저 후설이 흄의 감정 윤리학을 어떻게 비판하면서 자신의 감정 개념을 설명하며, 칸트가 윤리적 판단과 원리에서 감정을 전적으로 배제하는 것을 어떻게 비판함으로써 자신의 현상학적 감정 윤리학을 정립하고자 하는가를 살펴보고자 한다. 그 다음에 후설의 감정 개념을 분석함으로써 감정이 어떤 방식으로 윤리적 판단과 원리에서 중요한 역할을 하는 것인가를 고찰하고자 한다. 이러한 고찰을 통하여 우리는 가치를 즉자적인 관념적 존재로 보고 전적으로 존재론적 가치론을 전개하는 셸러나 하르트만과는 달리 하나의 '노에시스론'으로서 윤리적 가치론과 실천론을 다루는 후설의 현상학적 윤리학을 칸트 윤리학의 현대적 발전 형태로 자리 매김하고자 한다.

2. 흄의 감정 도덕에 대한 후설의 비판

후설은 1902년 여름 학기에 행한 '윤리학의 근본 문제'라는 제목의 강의에서 흄의 윤리학에 대한 비판을 구체적으로 수행하고 있다.[8] 여기서 그는 마치 칸트의 윤리학적 입장을 적극적으로 옹호하는 것처럼 흄을 비판하고 있다. 예를 들어 그는 이렇게 반문한다 : "만일 윤리적 판단이 감정에 근거한다면 '도덕적으로 선한', '도덕적으로 악한', 올바른 것과 올바르지 못한 것에 관하여 어떻게 논증할 수 있는가? 〔…〕 진리와 허위에 관해서는 논쟁할 수 있으나

[8] E. 후설, 《윤리학》, 384쪽 이하 참조.

감정과 취미에 관해서는 논쟁할 수 없다".[9] 그러나 윤리적인 것에 관하여 토론을 한다는 것, 토론이 가능하다고 보는 것은 객관적으로 참된 것, 올바른 것이 있음을 전제하고 있다. 그리고 객관적으로 참된 것, 올바른 것의 본질은 단순한 개연적인 경험적 보편타당성이 아니라 필연적 보편타당성, 즉 모든 이성적 존재에게 구속적인 규범적 보편타당성이다. 그 때문에 후설은 도덕적으로 올바른 것이 객관적으로 타당해야 한다면 도덕의 토대는 이성에 의해 정초될 때만 가능하다고 본다. 반면에 흄이 비록 개인마다 차이가 나는 감정을 말하는 것은 아니고 인간이라면 누구나 지닌, 느끼고 욕구하며, 원하는 방식의 보편성을 말한다 하더라도 감정에서는 객관성을 말할 수 없으며 그것은 윤리적 원리의 토대로 될 수 없다고 본다. 후설은 윤리적 판단의 기준으로서 흄이 의미하는 감정 능력이 이성의 고유한 능력이 아니라 단순한 경험적 보편성을 지닌 것이라는 점에 대하여 이렇게 비판한다 : 만일 도덕적 판단의 보편타당성이 느끼는 방식의 보편타당성으로부터 나온다면 그리고 이 후자의 보편타당성이 귀납추리에 의한 경험적 보편타당성이라면, 우리는 당위에 관하여 말할 수 없다.[10] 왜냐하면, 경험적 보편타당성은 단순히 사실에 관하여 말하는 것이므로 누구나 다 동일한 상황에서는 동일하게 느낀다는 경험적 사실에 대해서는 '해야 한다'는 당위성에 관해서는 말할 수 없기 때문이다. 그 어떤 사람이 그렇게 원해야 한다, 행위해야 한다는 것은 다르게 느끼고 원하고 행위할 수 있을 때만 의미가 있는 것이지 누구나 그렇게 느끼고 원하며 행위한다면, 도덕에 관한

---

9 *Ibid.*, 384-385쪽.

10 *Ibid.*, 388쪽 참조.

논쟁은 무의미한 것이며 사실에 대한 정확한 판단만이 필요할 뿐이다. 윤리적 판단의 보편적 토대로서 흄이 감정을 말하는 것에 대하여 후설이 비판적인 이유는 윤리적 판단에서 감정의 역할을 전적으로 부정하려는 것이 아님은 물론이다. 흄은 감정을 전적으로 이성과 대립되는 경험적 개념으로만 이해하며 그 때문에 윤리학에서 경험 독립적 법칙을 말할 수 없다는 것, 그리고 경험주의적 감정 도덕만이 유일하게 가능한 윤리학일 수 있다는 입장에 대해서 후설은 비판하는 것이다. 후설이 보기에는 흄이 느끼는 방식의 보편성을 말한다면 그것은 어디까지나 귀납추리의 결과일 것이며, 결국 상대주의로부터 벗어날 수 없다는 것이다.[11]

후설은 묻는다 : 도덕이 감정에 토대를 두고 있다고 주장한다면 반드시 경험주의적 귀결에 도달하는가? 그리고 도덕규범의 엄밀한 보편타당성은 당연히 포기되어야 하는가?[12] 이 물음에 대하여 그렇다고 대답하는 것은 흄의 윤리학과 같은 감정 도덕이나 후설이 '오성 도덕'이라고 부르는 영국 합리주의 윤리학도 마찬가지이다. 감정 도덕이나 오성 도덕이 다 그렇게 보는 이유는 양쪽이 다 감정을 이성과 대립되는 개념으로 보기 때문이다. 흄은 《도덕원리론 *Enquiry concerning the Principles of Morals*》에서 '도덕이 이성으로부터 도출될 수 있는가, 아니면 감정으로부터 도출될 수 있는가, 그리고 우리가 일련의 논증에 의하여, 아니면 귀납법에 의하여, 혹은 직접적 감정에 의하여 도덕적 인식에 도달하는가?'에 대해서 묻고 있는데 후설은 감정과 이성의 양자택일적 물음 자체가

11 *Ibid.*, 386쪽 이하 참조.

12 *Ibid.*, 390쪽 참조.

잘못되었다고 본다.[13] 또한 흄의 이 물음은 마치 도덕적 인식이 감정으로부터 도출될 수 있는 것처럼, 또는 감정에 토대를 둘 수 있는 것처럼 말하고 있다. 그 어떤 인식이든 인식이란 이성적 사유에 의한 판단의 형식을 지닌다. 그러므로 감정에 토대를 둔 인식이란 있을 수 없다. 후설이 말하듯이, 감정은 판단이 아니다.[14] 후설이 이 말로서 말하고자 하는 것은 인식의 원리도 명제로 표현되는 하나의 인식이며, 도덕원리도 같은 의미에서 인식인 이상 감정은 도덕원리가 될 수 없다는 것이다. 그러나 후설은 윤리적으로 좋은 것, 나쁜 것에 관한 특정한 윤리적 개념들이 감정에 대한 반성에서 생겨난 것인가, 아닌가에 대해서는 물을 수 있다고 본다. 그리고 이 반성은 오성적 활동이며 거기서 생겨날 수 있는 인식은 물론 감정을 토대로 한 인식은 아니다.

후설의 그러한 설명은 이미 브렌타노F. Brentano의 윤리학에서 발견된다: "모든 다른 학문들에서와 같이 윤리학의 원리들은 인식이며 감정은 그런 것일 수 없다. 감정이 관여하고 있다면 오직 인식의 대상으로서 그러하다".[15] 브렌타노는 감정과 (인식 활동으로서의) 지각의 내적인 결합이 양자의 구별을 어렵게 하는 탓으로 흄은 감정과 인식의 구별을 분명히 하지 못하였다고 본다. 즉, 흄은 감정과 감정의 인식을 동일시하는 오류를 범하였다고 지적한다.[16] 브렌

---

13 D. Hume, 《도덕원리론*Enquiry concerning the Principles of Morals*》, with introduction by L. A. Selby-Bigge, Oxford University Press, 1922, 2쪽(이하 《도덕원리론》이라 약함); E. 후설, 《윤리학》, 392쪽 참조.

14 E. 후설, 《윤리학》, 392쪽 참조.

15 브렌타노, 《윤리학의 정초와 구조*Grundlegung und Aufbau der Ethik*》, Hamburg: Felix Meiner, 1978, 56쪽.

16 *Ibid.*, 57쪽 이하 참조.

타노는 감정이 윤리적 판단 또는 인식의 원리라는 흄의 감정 도덕에 반대하는 논거를 세 가지로 요약한다 : 첫째, 감정 그 자체는 인식이 아니므로 인식의 원리가 될 수 없으며 윤리적 인식의 원리도 될 수 없다. 둘째, 윤리적 인식의 원리는 그 자체가 또한 인식이므로 논쟁의 대상이 되지만 감정이나 취미는 논쟁의 대상이 될 수 없다. 셋째, 윤리적 인식의 원리는 그것이 인식인 한 모든 이성적 존재에게 타당하지 않으면 안 되며 따라서 엄밀한 보편성을 지녀야 한다. 그러나 감정은 인간이라는 특수한 종種의 구조에 달려 있으므로 엄밀한 보편성을 지니지 못한다.[17] 그러나 브렌타노 역시 윤리적 인식의 원리에서 감정이 어떤 방식으로든 관여하고 있다는 것은 부정하지 않는다. 그는 감정이 거기에 관여하고 있으나 다만 윤리적 인식의 대상으로서 관여하고 있다고 말한다.[18]

흄의 이론에 반대하는 브렌타노의 이러한 논증을 보면 후설이 얼마나 많이 브렌타노의 영향을 받고 있는가를 알 수 있다. 후설은 흄에 대한 비판에서 윤리적 판단과 개념이 감정의 결과인가 아니면, 오성의 결과인가 묻는다는 것은 물음 자체가 잘못된 것이라고 본다. 왜냐하면, 오성이 모든 판단과 개념을 형성하는 기능을 하기 때문에 윤리적 판단과 개념도 오성에 의해 산출된다는 것은 자명하기 때문이다.[19] 다만 윤리적 판단과 개념의 원천에 관하여 묻는다면 개별적 표상을 얻게 된 직관으로 소급하여 그 타당성 여부를 물을 수 있다.

---

17 *Ibid.*, 59쪽 이하 참조.

18 *Ibid.*, 56쪽 참조. 더 나아가서 그는 윤리학의 원리들이 감정의 인식이라고 말한다. 이에 대해서는 149쪽 참조.

19 E. 후설, 《윤리학》, 393쪽 참조.

그러한 개별적 직관이 감정적 체험인가, 아니면 외적 직관인가, 또는 그러한 체험에 대한 반성인 내재적 직관인가를 물을 수 있다. 따라서 후설도 브렌타노와 마찬가지로 윤리적 인식이나 그 원리가 감정을 직접 토대로 하고 있지는 않으나 어떤 방식으로 관여하고 있는 것으로 본다는 점에서 일치하고 있다. 그러나 브렌타노는 선, 악과 같은 윤리적 개념들이 결국 경험에 토대를 두고 있다는 경험주의적 결론에 도달하는 데 반하여 후설은 경험 독립적 법칙성을 강조하는 방향으로 나아간다. 후설은 감정 능력을, 흄이 감정의 대립 개념으로 보는, 이성의 능력으로 보기 때문에 이론적 영역에서 경험 독립적 법칙과 인식을 말할 수 있는 것과 마찬가지로 실천적 영역에서도 감정 또는 평가 작용의 경험 독립적 법칙과 인식을 말할 수 있다고 본다.[20] 이 점에서는 셸러와 하르트만도 마찬가지이다. 셸러는 윤리학에서 칸트와 같은 형식주의를 부정하는 것이 곧 '아프리오리'를 부정하는 것은 아니며, 내용적 '아프리오리', 특히 정서적 '아프리오리'를 말하는 것이 곧 경험론을 의미하는 것은 아님을 강조한다.[21] 하르트만N. Hartmann도 셸러의 입장을 옹호하면서 이론적 '아프리오리'와는 독립적이며 근원적인 정서적 '아프리오리'가 있다고 말한다.[22] 셸러와 하르트만은 브렌타노와 후설의 영향을 받고 감정의 윤리학을 가치의 존재론적 방향으로 더욱 전개시켰으므로 감정을 전적으로 경험심리학적 개념으로 이해하는 흄에 대한 비판에서도 비슷한 입장을 취하고 있다.

---

20 *Ibid.*, 36쪽 이하 참조.

21 M. 셸러, 《가치윤리학》, 67쪽 이하 참조.

22 N. Hartmann, 《윤리학*Ethik*》, Walter de Gruyter, 1962, 116쪽 이하 참조.

3. 칸트의 윤리학에 대한 후설의 비판

후설은 비록 경험론적 결론에 대하여 비판적이긴 하나 흄의 감정 윤리학과 브렌타노로부터 많은 영향을 받아 윤리적 판단과 행위에서 감정이 지닌 역할을 강조한다. 그 때문에 후설은 칸트가 도덕적 의지 작용과 행위에서 오직 도덕 법칙에 대한 존경심이라는 하나의 특수한 감정을 제외하고는 다른 모든 감정을 배제하는 데에 대하여 비판한다. 우리는 칸트에 대한 후설의 다른 비판은 제외하고 감정과 관련된 비판에만 주목하기로 한다.

칸트는 《도덕 형이상학 기초》와 《실천이성 비판》의 여러 곳에서 감정이란 언제나 쾌, 불쾌와 관련된 경험적인 것이므로 이것이 의지의 규정 근거가 되면 그러한 의지와 행위는 상대적으로만 선할 수 있기 때문에 도덕성을 가질 수 없다고 본다. 후설은 감정이 무조건 쾌, 불쾌와 관련된 경험적인 것은 아니며 감정을 지배하는 경험 독립적 법칙을 칸트는 알지 못하였다고 비판한다. 그는 칸트가 한 대상이 쾌, 불쾌를 가져올지 않을지는 경험 독립적으로는 인식할 수 없으며 따라서 어떠한 경험 독립적 감정 법칙도 욕구 법칙도 없다는 선입견에서 출발하고 있다고 비난한다.[23] 칸트의 이 선입견은 그가 미각味覺sinnlicher Geschmack의 영역에 주목하기 때문이라고 후설은 지적한다. 이 점에서는 감정 도덕론자들도 마찬가지이다. 감정 도덕론자들도 감정이 인간의 특수한 구조에 달려있다고 본다. 즉, 쾌에서는 호감(좋은 감정)이, 불쾌에서는 반감(나쁜 감정)이 반드시 따른다고 본다. 그러나 후설에 의하면, 모든 쾌에서 반드시 호감을 갖는 것은 아니다. 혐오스러운 쾌감도 있으며, 불쾌와 고통에 대한

---

23 E. 후설, 《윤리학》, 407쪽 참조.

호의적 감정도 있을 수 있다. 예를 들어, 병의 치료가 가져올 건강에 대한 기대가 치료에서 갖게 될 고통을 긍정적인 것으로 받아들일 수 있는 것처럼 고통에 대한 호의적 감정도 있다. 쾌, 불쾌는 감각적 감정이며 이에 대한 호감과 반감은 감정 작용이다. 그리고 이 호감과 반감을 지배하는 법칙은 감각적 감정처럼 단순히 경험 법칙이 아니라, 경험 독립적 법칙이다. 이것을 칸트는 간과하고 있다고 후설은 지적한다.[24] 후설은 말한다 : "우리가 순수한 쾌감을 느낀다면 이것에 하나의 호감Gefallen이 결부된다. 그러나 모든 쾌감에 호감이 결부되는 것은 아니다. 즉, 순수한 쾌감과 결부된 것이 아니라 불쾌의 직관과 결부된 것, 천한 것, 미운 것, 끔찍한 것에 대한 쾌감도 있다. 단순하고 순수한 쾌감의 직관을 토대로 한 호감은 하나의 필연적 호감, 〔…〕 모든 감정을 지닌 존재 일반에게 필연적인 호감이 아닐까?"[25] 후설은 쾌감과 호감의 객관적 관계를 보여줌으로써 감정의 객관적 법칙성을 주장하고자 한다.

사실 칸트는 존경심을 도덕법칙에 의해 의지가 직접 규정된다는 의식이라고 정의하면서 그것이 하나의 감정이긴 하나 어떤 영향으로 받아들인 감정이 아니라 이성 개념에 의해 만들어진 감정이며, 이것만이 유일한 도덕적 감정이라고 부른다.[26] 존경심이 하나의 감정이며 "하나의 가치에 대한 표상"[27]이라면

---

24 *Ibid.*, 407쪽 이하 참조.

25 *Ibid.*, 407-408쪽.

26 I. Kant, 《도덕 형이상학 기초*Grundlegung zur Metaphysik der Sitten*》, Felix Meiner, 1965, 19쪽, 주 2(이하 《도덕 형이상학 기초》로 약함) ; 《실천이성 비판*Kritik der praktischen Vernunft*》, Felix Meiner, 1974, 46, 88쪽 이하 참조(이하 《실천이성 비판》이라 약함).

27 I. 칸트, 《도덕 형이상학 기초》, 19쪽 주 2.

가치에 대한 표상 또는 의식에서 일어나는 감정이 어떻게 그것 하나뿐일 것인가 하는 의문을 가질 수 있다. 칸트는 물론 가치에 대한 모든 표상이 감정을 동반한다는 것을 부정하지는 않는다. 다만 도덕적 감정은 도덕법칙에 대한 존경심이 유일한 것이라고 주장하는 것이다. 그리고 다른 모든 감정은 쾌, 불쾌의 감정으로서 그것을 가져올 욕구의 내용 또는 대상이 의지를 규정하는 모든 실천 원리들은 경험적이며 따라서 도덕법칙이 될 수 없다는 것이다.[28] 그러나 후설이 비판하는 것은 순수이성이 의지의 규정 근거가 아니고 감정에 규정 근거가 있다면 쾌락주의나 이기주의로 된다고 보는 칸트의 입장이다. 칸트는 《실천이성 비판》의 정리定理, Lehrsatz II에서 "모든 내용적 실천 원리들은 그 자체 전체적으로 동일한 종류의 것이며, 자애自愛 또는 자신의 행복의 보편적 원리에 속한다"고 말한다.[29] 후설에 의하면, 칸트는 신체적 쾌락과 보다 높은 정신적 기쁨을 구별하지 않고 모든 종류의 쾌, 모든 종류의 감정을 질적으로 동일한 것으로 보는 점에서 쾌락주의와 의견을 같이 하고 있다.[30] "그〔칸트는〕는 고상한 감정과 천한 감정의 구별에 의하여 도덕적 동기와 천한 동기를 올바르게 다루고자 하는 모든 시도를 조롱한다."[31] 후설은 칸트가 감정의 질적 차이를 고려하지 않은 채 오직 양적 차이만을 염두에 두고 감정에 의지의 규정 근거를 갖는 모든 실천 원리는 동일한 종류의 것으로 본다고 비판한다. 그는 고상한 감정과 천한 감정의 질적 차이가 곧 도덕적 감정과 비도덕적 감정의

28 I. 칸트, 《실천이성 비판》, 23쪽 §2 이하 참조.

29 *Ibid.*, 24쪽 §3.

30 E. 후설, 《윤리학》, 412쪽 참조.

31 *Ibid.*, 412-413쪽.

차이를 결정하는 것은 아니지만 적어도 이러한 구별이 의지의 규정에서 그 어떤 역할을 하고 있음에 틀림없다고 본다. 그는 말한다 : "모든 고상한 감정 작용이 도덕적 감정 작용은 아니지만", (고상한 미적 감정 작용이나 종교적 감정 작용도 있으므로) "모든 긍정적인 도덕적 감정 작용은 고상하고 아름다운 것이다".[32] 그러나 칸트는 '금이 산에서 난 것이든, 강에서 난 것이든 그것이 동일한 가치를 갖는다면 마찬가지이다. 얼마나 많은, 그리고 얼마나 큰 만족을 가져오는가하는 것만이 욕구하는 자의 관심사'라고 말한다.[33] 그럼에도 불구하고 칸트는 존경심이라는 하나의 특별히 고상한 감정을 (그가 '감각적 감정'이라고 부르는) 그 밖의 모든 다른 감정으로부터 질적으로 구별하고 있다. 그는 행위를 통하여 실현될 대상이 가져올 쾌, 불쾌의 감정이 의지를 규정하는 실천 원리는 결국 이기적 '자애의 원리'이며 그것은 준칙일 수는 있으나 보편적 도덕법칙일 수 없는 반면에, 오직 순수이성 자체가 의지에 미치는 영향으로서 나타나는 감정만이 도덕적 감정이라고 부를 수 있다고 본다.[34]

이러한 칸트의 입장에 대하여 후설은 쾌의 감정이 단순히 욕구하는 자의 감정이라는 이유 때문에 곧 쾌의 감정이 의지의 동기이며 그러한 의지 작용이 곧 이기적이라는 것은 이미 버틀러J. Butler가 지적한대로 쾌락주의와 이기주의 윤리학과 마찬가지로 잘못 생각하고 있다고 비판한다.[35] 이것은 아마도 인간의 일차적 욕구 중에는 남을 위하는 이타적 욕구도 있으며 이것을 충족하는

---

32 *Ibid.*, 414쪽.

33 I. 칸트, 《실천이성 비판》, 26쪽 참조.

34 I. 칸트, 《도덕 형이상학 기초》, 19쪽 주석 ; 《실천이성 비판》, 25, 85, 89쪽 이하 참조.

35 E. 후설, 《윤리학》, 412쪽 참조.

데서 쾌의 감정을 얻게 된다는 것과 그리고, 이 경우 우리가 예상하는 만족 때문에 이타적 행위를 하는 것이 아니라, 그것을 하기를 원하기 때문에 그것을 하면 만족이 생기는 것이라는 버틀러의 견해를 두고 하는 말일 것이다.[36] 그리고 후설은 칸트가 비록 부정하긴 하지만, 존경심이 일종의 쾌의 감정이 아닐까 의심한다.[37] 사실 칸트는 존경심과 같은 것으로 보는 도덕적 감정을 "행위와 의무 법칙과의 일치와 모순에 대한 의식에서 나온 쾌, 불쾌의 감수성"이라고 정의한다.[38] 다만 다른 모든 '감각 수용적pathologisch 감정'이 법칙의 표상에 선행하는 반면에, 도덕적 감정은 그러한 표상의 결과라는 점이 다르다.[39] 그렇다면 칸트는 존경심도 쾌, 불쾌의 감정에 포함시키고 있는 셈이며, 긍정적 감정과 부정적 감정, 고상한 감정과 천한 감정을 구별하고 있으며, 이것은 모든 감정을 양적 차이로만 규정하고 그것이 모두 '자애의 원리'의 토대로 되어 있다고 보는 《실천이성 비판》 정리 II 이하의 설명과 모순되지 않을 수 없다. 따라서 후설은 모든 윤리적 판단과 원리에는 어떤 방식으로든 감정이, 그것도 경험 독립적 이성의 법칙 아래에 있는 감정의 경험 독립적 법칙이 관여하고 있다고 보는 것이다.

---

36 J. Butler, 《설교집》 참조.

37 E. 후설, 《윤리학》, 417쪽 참조.

38 I. 칸트, 《도덕 형이상학*Metaphysik der Sitten*》, Felix Meiner, 1966, 241쪽.

39 *Ibid.* 참조. 칸트가 의미하는 'pathologisch'란 '병리(학)적'이란 뜻과는 관계없는 '감각적으로 조건 지어진', '단순히 감각 수용적인'이라는 의미로 사용되며, '실천적praktisch'이라는 표현과 반대되는 개념이다.

4. 윤리학과 감정 작용

후설이 윤리학적 문제와 관련하여 감정이라고 말할 경우에는 감정 작용 Gefühlsakt을 의미한다. 그리고 감정 작용이 하나의 의식 작용인 한, 그것은 이성의 작용이다. 왜냐하면, 모든 의식 작용은 이성의 능동적 활동이기 때문이다. 후설이 이성적 의식 작용의 유형을 이론 작용(인식 작용), 평가 작용, 의지 작용으로 나누고 평가 작용을 감정 작용이라고 부름으로써 모든 평가에는 감정이 깃들어 있음을 강조하고 있다. 그는 이 감정 작용을 한편으로는, 감관을 통한 외적 자극으로 일어나는 단순한 감각적 감정과 구별하며, 다른 한편으로는 일종의 인식 작용인 예술 평론가의 작품 평가와 구별한다. 감정 작용은 "우리가 그 안에서 사는",[40] 그리고 "대상 자체에 느끼면서 함께 있는"[41] 그러한 의식 작용이다. 후설은 이 '감정을 배제하면, 선, 악에 관해서 말할 수 없다는 것은 자명하다'고 말한다.[42] 이 감정 작용은 물론 윤리적 영역에만 국한된 것이 아니라, 모든 평가 작용의 대상 영역에 다 해당된다. 후설은 《이념들 II》에서 환경 세계에서 인격체가 수행하는, 하나의 실천적 의식 작용인 평가 작용에 대하여 요약하여 설명하고 있다.[43] 우리가 그 어떤 대상을 좋다, 나쁘다, 필요하다, 위험하다, 아름답다, 보기 흉하다 등으로 평가할 때는 언제나 거기에 일정한 감정이 동반된다는 후설의 기본적 주장을 우리는 어렵지 않게 받아들

40 E. 후설, 《이념들 II》, 8쪽.

41 *Ibid.*, 9쪽.

42 E. 후설, 《윤리학》, 394쪽 참조.

43 E. 후설, 《이념들 II》, 186쪽 이하 참조.

일 수 있다. 왜냐하면, 후설이 다른 문맥에서 표현하는 것에 따라서 말하면, 감정 없는 평가 작용을 말할 수 없는 것은 연장성 없는 색채나 시간적 지속 없는 소리를 말할 수 없는 것과 같기 때문이다.

따라서 후설에 의하면, 모든 평가 작용은 감정 능력Gemüt을 어떤 방식으로든 생생하게 움직일 때 가능하다. 그리고 거기에서 주어지는 것이 긍정적, 또는 부정적 가치이며 긍정적 가치인 경우 우리는 그것의 실현을 원하는 의지 작용을 수행할 수도 있다. 평가 작용이란 다른 말로 표현하여 가치를 느끼는 의식 작용이다. 물론 후설은 인식 작용인 지각 작용에 비유하여 가치 지각Wertnehmung이란 표현을 쓰기도 하지만 그것은 이 의식 작용에서 구성되는 대상이 객관적인 관념적 대상임을 강조하는 표현이라고 볼 수 있다.[44] 모든 평가 작용이 감정을 동반한다면 이 가치 지각이란 표현보다는 가치를 느끼는 의식 작용이란 말이 더 어울릴는지 모른다. 후설 자신도 '가치를 느낀다wertfühlen'는 표현이 가치 의식에 대한 보다 일반적인 표현이라고 말하고 있다.[45] 그러나 가치는 인식하는 대상이라기보다 느끼는 대상이라고 본다 하여 가치의 주관성, 상대성을 의미하는 것은 아니다. 왜냐하면, 후설에 있어서는 이 감정 작용이 이성의 한 기능이며, 따라서 거기서 구성되는 가치는 의식의 '노에마Noema'적 상관자로서 일정한 경험 독립적 법칙 하에 있다고 보기 때문이다. 이 가치의 경험 독립적 법칙을 다루는 분과를 후설은 형식적 가치론formale Axiologie라고 부른다.[46]

---

44 *Ibid.*, 186쪽 참조.

45 *Ibid.*, 10쪽 참조.

46 이에 대해서는 E. 후설, 《윤리학》, 70쪽 이하 참조.

윤리적 결정과 행위에서 감정이 관여하는가, 않는가 하는 문제를 후설은 오성과 감정 능력 사이의 관계의 문제로 보고 있다.[47] 다시 말하면, 윤리적 결정과 행위에서 오성과 감정 중 어느 것이 결정적 역할을 하는가의 문제이다. 그는 이 문제를 둘러싼 18세기 영국의 이른바 '오성 도덕Verstandesmoral'과 '감정 도덕Gefühlsmoral'의 논쟁에 주목하고 있다. 오성 도덕이란 영국 케임브리지 학파의 커드워스R. Cudworth를 중심으로 한 합리주의 윤리학파의 이론을 가리키며, 감정 도덕이란 허치슨F. Hutcheson이나 흄의 윤리학을 가리킨다. 오성 도덕은 윤리적 판단이나 법칙 명제를 수학적 명제와 마찬가지로 경험 독립적으로 보편타당하다고 보고, 감정 도덕은 윤리적 결정이나 행위에서 감정의 역할이 결정적인 것으로 본다. 감정 도덕에서는 오성의 역할이 다만 객관적 사태를 인식하는 데에 기여할 뿐이다.

후설은 감정을 전적으로 배제하고 윤리적 명제를 수학적 명제와 동일한 유형의 것으로 보는 오성 도덕론자들의 이론을 난센스로 본다. 왜냐하면, 윤리적 판단을 수학적 판단과 동일시한다면 당위의 문제는 말할 수 없기 때문이다. 수학적으로 오류를 범하는 것과 윤리적으로 악한 행위를 하는 것은 결코 같은 성질의 것일 수 없다. 하나는 형식적 존재에 관한 법칙을 어긴 것이며 다른 하나는 의지에 관련된 문제이다. 그러나 그는 다른 한편, 감정 도덕론자들이 감정과 오성(또는 이성)의 관계를 너무 피상적으로 보고 그것을 충분히 논구하지 못하였음을 지적한다.[48]

---

47 *Ibid.*, 251쪽 이하 참조.

48 *Ibid.*, 256쪽 참조.

사실 감정 작용이나 의지 작용이 이론 작용을 토대로 한, '토대로 지닌fundiert' 의식 작용들이라는 것은 후설의 현상학에서는 기초적인 이해에 속한다. 이론 작용 또는 인식 작용은 평가 작용이나 의지 작용 없이 전적으로 독립적일 수 있으나, 앞의 두 의식 작용은 이론 작용의 토대 없이는 불가능하다. 이와 상관적으로 평가된 것, 즉 가치나 원하여진 것은 인식된 것을 토대로 하고 있다. 아름다움이란 가치는 물론 아름다운 객체나 사태를 토대로 주어진다. 이 아름다운 대상이 주어지는 경우 평가 작용 또는 감정 작용이 지향하는 대상은 이론 작용의 대상인 객체나 사태가 아니라 아름다움 자체이다. 윤리적 가치에 대한 판단 작용도 마찬가지이다. 후설에 의하면, 그것은 하나의 감정 작용이며 객관적 사태에 대한 단순한 인식 작용은 아니다. 우리는 물론 윤리적 가치를 '인식한다'는 표현을 쓸 수도 있다. 그러나 가치에 대한 인식은 실천적 인식으로서 이론적 인식과는 다르다. 실천적 인식에서는 긍정적 가치를 인식하는 주체가 그것의 실현을 소망한다. 더 나아가서 그 실현 가능성을 확실하게 내다보는 경우에는 그 실현을 원한다. 인식한, 또는 느낀 가치의 실현이 가능한가, 그리고 어떻게 가능한가하는 것은 물론 일정한 인식 작용을 필요로 한다. 이론 작용과 실천 작용의 이러한 토대 부여 관계는 매우 복합적이긴 하나, 여기에는 일정한 경험 독립적 법칙성이 있음은 의문의 여지가 없다. 이것은 브렌타노나 후설, 셸러 등 현상학적 가치윤리학의 입장에 서 있는 철학자들이 대체로 유사하게 말하는 바와 같이, 가치를 지배하는 형식적 법칙들에 대한 연구에서 확인할 수 있다. 후설은 논리학과 윤리학의 유사성에 대한 보다 깊은 연구를 통하여 논리 법칙에 유사한, 가치의 형식적 법칙을 밝혀내고 있다.[49] 이와 관련하여,

가치의 실현을 원하는 의지 작용은 평가 작용과의 관계에 의하여 가치의 형식적 법칙에 상응하는 그 자체의 형식적 법칙의 지배하에 있다. 이 의지 작용의 경험 독립적인 형식적 법칙을 다루는 연구를 후설은 '형식적 실천론'이라고 부른다.[50]

가치의 경험 독립적인 형식적 법칙들의 보편타당성이 확실하게 밝혀진다면, 이 법칙들은 가치를 구성하는 의식 작용의, 역시 경험 독립적 형식적 법칙으로서 기능하며 모든 감정 작용은 이 법칙의 지배 아래에 있다고 말할 수 있게 된다. 그러나 문제는 가치의 형식적 법칙이 논리 법칙과 얼마나 다른가 하는 것이다. 가치론적 법칙이 논리 법칙에 매우 유사하다는 것은 후설도 인정한다.[51] 그러나 가치론적 법칙의 보편타당성이 논리 법칙의 보편타당성에 그 근거를 두고 있다고는 말하지 않는다. 다만 두 유형의 법칙들은 동일한 이성의 법칙성에 그 궁극적 근거를 두고 있다는 것만을 말할 뿐이다. "우리는 의식 작용의 기본 유형만큼 많은 이성의 기본 유형을 구별할 수"[52] 있기 때문에 논리 법칙은 이론이성의 법칙이며 가치의 법칙은 "가치론적 이성axiologische Vernunft"[53]의 법칙으로 구별할 수 있다.

우리가 후설의 이러한 구별로부터 이끌어낼 수 있는 것은 평가 작용이 이론

49 *Ibid.*, 80쪽 이하 참조.

50 *Ibid.*, 126쪽 이하 참조.

51 *Ibid.*, 70쪽 이하 참조 ; A. Roth, 《후설의 윤리 연구》, 이길우 옮김, 세화출판사, 1991, 129쪽 이하 참조.

52 E. 후설, 《윤리학》, 68쪽.

53 *Ibid.*, 56, 63, 68쪽 참조.

작용을 토대로 한 의식 작용인 한, 평가 작용을 수행하는 능력인 가치론적 이성은 이론이성에 토대를 두고 있다는 것이다. 이론이성에 토대를 둔 가치론적 이성의 기능은 단순한 인식 작용이 아니라 그 이상의 활동이다. 여기서 구성되는 것이 실천적 의미, 즉 가치이다. 그리고 의지 작용은 다시금 평가 작용을 토대로 한 의식 작용이므로 가치에 대한 인식을 토대로 그 무엇을 원하는 의식 작용을 수행한다. 따라서 평가 작용과 함께 유발된 감정은 평가 작용에서 구성된 가치가 긍정적일 경우 이 가치의 실현 가능성에 대한 의식과 함께 원하는 의식 작용에서도 동일한 감정 또는 더욱 강화된 감정이 동반된다는 것은 충분히 생각할 수 있는 일이다.

의지 작용에 동기를 부여하는 평가 작용에서 구성된 가치란 물론 아직 실현되지 않은 것이지만 평가 작용은 이미 현재 주어진 것이 지닌 가치, 즉 실현 가치에 대해서도 수행된다. 전자의 평가 작용을 동반하는 감정은 실현될 가치에 대한 표상에서 생겨나는 것이며 후자의 경우는 실현된 가치에 대한 인식에서 생겨하는 감정이다. 이 평가 작용과 의지 작용이 일상생활의 우리에게 자연스러운 의식 작용이다. 비록 이 의식 작용들의 토대에 단순한 지각 작용과 같은 이론적 의식 작용과 그 내용이 토대로 되어 있다 하더라도 다만 잠재적으로 기능하고 있을 뿐이다. 하르트만이 의식초월적 대상을 지향하는 초월적 의식 작용 중에서 인식 작용인 이론적인 초월적 의식 작용과 정서적인 초월적 의식 작용emotional-transzendenter Akt으로 나누는 것도 같은 생각에서 나온 구별이다.[54] 그가 말하는 '생활 관계'란 바로 이러한 정서적 의식 작용에서 이루어지는

54 하르트만은 그러나 후설이 말하는 평가 작용과 의지 작용에 해당하는 정서적인 초

주체와 대상 간의 관계이다.[55]

5. 맺음말—감정의 경험 독립적 법칙

후설은 윤리적 판단과 원리에 관여하는 감정 작용이 이성적 의식 작용이므로 이를 지배하는 이성의 법칙이 있고, 또 이것은 경험 독립적 법칙이라는 관점에서 '감정의 아프리오리Apriori'에 대해 논한다. 감정 작용 또는 평가 작용의 형식적 법칙으로서 후설이 제시하는 것을 보면, 이론 작용과 이론적 인식의 형식적 법칙인 논리 법칙에 매우 유사한 것임을 알 수 있다. 그는 자신의 윤리학 강의에서 이 감정의 형식적 법칙에 대하여 '형식적 가치론'이라는 명칭 아래 논하고 있다. 후설은 비록 가치론적 이성은 "논리적 이성의 한 특수한 적용 영역"이라고 말하면서도 논리 법칙과는 유사하긴 하나 같은 것으로는 볼 수 없는 가치론적 법칙에 대하여 말한다.[56] 물론 가치론적 법칙이 윤리적 가치뿐만 아니라 가치 일반을 지배하는 법칙이긴 하나, 그 가치를 구성하는 의식 작용인 평가 작용에 적용되는 법칙이므로 이를 토대로 한 의지 작용에도 관계되는 법칙이다. 후설은 형식적 가치론에서 다루는 가치론적 (형식적) 법칙과 형식적 실천

월적 의식 작용이 이론적 의식 작용을 토대로 하고 있다고 말하지는 않는다. 이 두 의식 작용이 그에게 있어서는 토대 부여 관계에 있지 않다. N. Hartmann, 《정신적 존재의 문제*Das Problem des geistigen Seins*》, Walter de Gruyter, 1962, 136쪽 이하 참조.

55 다만 이론적 의식 작용과 정서적 의식 작용의 토대 관계에 대해서는 후설과 하르트만이 근본적으로 입장을 달리 하고 있다. 한마디로 말하여, 하르트만은 후설과는 반대로 정서적 의식 작용이 모든 이론적 의식 작용의 토대로 되어 있으며 일차적인 것으로 본다.

56 E. 후설, 《윤리학》, 56쪽.

론에서 다루는 형식적 실천 법칙을 이론이성의 이론 작용을 지배하는 형식적 법칙인 논리 법칙의 각기 다른 두 유사한 법칙으로 본다. 유사하긴 하나 같은 것으로 볼 수 없다는 이 법칙들이 얼마나 다른가 하는 것은 검토해 볼 필요가 있다. 예를 들어, 후설은 가치를 지배하는 형식적 법칙의 하나로서 "S는 P라는 것이 가치가 있는 것이 (긍정적 가치)라면, S는 P가 아님은 비가치(부정적 가치)이다"[57]라는 명제를 제시하고 있다. 이 법칙 명제와 의지 작용을 지배하는 실천적인 형식적 법칙의 하나로서 "긍정적 원함이 올바르다면, 그에 상응하는 부정적 원함(원하지 않음)은 올바르지 못하다"[58]라는 명제를 비교한다면, 이 두 명제가 얼마나 다른지 의문스럽다. 이 두 명제는 결국 'A가 언제나 참이라면, non-A는 언제나 참이 아니다'라는 논리 법칙을 가치와 의지의 영역에 적용한 것에 지나지 않는 것이 아닐까? 그러나 논리 법칙과 가치의 형식적 법칙을 비교하면 상당히 다른 것도 있다는 것을 알게 된다. 예를 들어, 기본적 논리 법칙의 하나로서 배중률이 의미하는 것은 제3의 것을 배제하는 법칙이다. 이것은 논리 법칙이 형식적 참, 거짓에만 관계하는 법칙이기 때문에 'X는 a이거나 non-a이다(그리고 제3의 것은 없다)'로 표현되지만 가치의 영역에서는 가치(긍정적 가치), 비가치(부정적 가치), 무가치(가치 중립적인 것)의 세 가지 가치 유형이 있으므로 '제4배제의 법칙'으로 된다. 따라서 '그 어떤 것이 가치이거나, 비가치, 또는 무가치이다(그리고 제4의 것이란 없다)'로 표현되지 않으면 안 된다.[59] 이것은 물론 동일율과 모순율에 유사한 가치의 형식적 기본 법칙들

---

57 *Ibid.*, 78쪽.

58 *Ibid.*, 126쪽.

도 있다는 것을 의미한다.

후설이 그의 윤리학 강의에서 감정 작용과 의지 작용의 경험 독립적인 형식적 법칙을 논하고 있는 것이 그가 주장하는 '감정의 아프리오리Apriori'의 전부는 아니다. 만일 그가 감정을 윤리학에서 전적으로 배제하는 칸트를 비판하면서 감정의 경험 독립적 법칙을 단순히 형식적 법칙으로서만 제시한다면 감정 작용의 그러한 형식적 법칙은 논리 법칙의 지배하에 있는 이론 작용을 토대로 하고 있는 토대 관계에 기인한 것이며 따라서, 단순히 논리 법칙의 한 변용變用 이상의 것이라고 할 수 없을는지 모른다. 후설은 말한다 : "어떠한 내용적 '아프리오리'도 없다면, 〔…〕 객관적 가치의 개념도 아무런 의미를 지니지 못하며 〔…〕, 가치 대상과 의지 대상에 내용적 특수성을 고려하지 않는다면, 평가 작용과 의지 작용에 형식적 규칙을 부여하는 것은 불합리하다"[60] 내용적 '아프리오리'란 감정 작용과 가치를 지배하는 '경험 독립적인' 내용적 법칙을 의미할 것이다. 그러나 이 법칙이 과연 '경험 독립적' 법칙인가 하는 것은 의문의 여지가 있다. 후설은 비록 체계적이지는 못하나 강의록의 여러 곳에서 '사물 가치', '인격 가치', '문화 가치', 또는 감성적 가치와 정신적 가치의 구별 등에 관하여 언급하고 있다는 것을 알 수 있다.[61] 감정 작용의 상관자인 가치를 후설은 본질 Eidos과 마찬가지로 하나의 '관념적ideal 대상'으로 보고 있다. 모든 관념적 대상은 실재적 대상을 매개로 하여 주어진다. 가치는 가치를 지닌 대상의 가치이

59 *Ibid.*, 83, 87쪽 이하 참조.

60 E. 후설, 수고手稿, MS F I 24, 323쪽(A. 로트, 《후설의 윤리 연구》, 이길우 옮김, 173쪽에서 간접 인용함).

61 *Ibid.*, 174쪽 이하 참조.

다. 장미의 '아름다움'이라는 미적 가치는 실재적(현실적) 장미를 토대로 하여 주어진다. 이것은 평가 작용(감정 작용)과 이론 작용(인식 작용)의 토대 부여 관계에 대응하는 '노에마'적 표현에 지나지 않는다. 현상학에서는 인식 작용의 상관자인 대상 영역에서 여러 가지 영역적 존재론을 말하는 것과 마찬가지로 가치의 영역을 다루는 가치의 존재론을 말할 수 있다. 이 가치의 존재론은 가치의 형식적 법칙뿐만 아니라 내용적 법칙도 다루는 분과가 되어야 할 것이다. 후설은 다른 영역적 존재론과 마찬가지로 가치의 영역적 존재론도 현상학이 다루어야 할 본질적 과제에서 다소 거리가 있는 것으로 보고 구체적으로 다루지 않은 것 같다. 이러한 문제는 후설보다도 셸러나 하르트만이 구체적으로 다루고 있으나 후설이 원래 기대한 방향으로부터 존재론적으로 편향된 방향으로 나아갔다.

윤리적 관점에서 본 인간 복제*

인간 복제의 문제를 생각하면서 우리가 먼저 염두에 두어야 할 것은 그것을 무조건 반윤리적이라고 매도하거나, 아니면 인류 역사상 최대의 과학적 성과라고 무조건 경탄해서도 안 된다는 것이다. 자연과학자들의 과학적 실현의 욕구는 아무리 반대의 목소리가 높다 하더라도 이대로 자제하고 중단하지 않을 것이다. 그 때문에 이론적 가능성을 인정하는 정도에서 끝내고 더 이상 그러한 연구를 못하도록 법적으로 제재함으로써 이 문제를 그냥 덮어버릴 수도 없는 문제이다. 그렇다면 우리는 인간 복제를 시도하려는 과학자들의 도덕적 양심에 호소하는 도리밖에 없는 것일까? 현재로서는 인간 복제가 인류에게 어떤 이익을 가져올 것인가, 아니면 커다란 해악을 가져올 것인가를 가늠하기 어려운 형편이다. 이미 시도되고 있는 것처럼 생명의 복제가 인류의 식량자원이 될 동식물의 우량종 생산에 이용된다면 인류의 식량 문제의 해결에 큰 도움

---

* 《의료와 법률》, 제4호.

이 될 것이다. 그러나 인간의 복제는 전혀 다른 문제이다. 왜냐하면 그것은 복제를 창안한 인간 자신의 문제이기 때문이다. 인간 복제의 위험성을 경고하는 반대자들의 중요한 논거가 인간의 문제 중 특히 윤리적인 문제에 있으므로 우리는 우선 인간 복제가 극단적인 경우 어떠한 해악을 가져올 것인가 하는 것을 윤리적인 측면에서 고찰해보는 것이 중요하다.

인간 복제가 실현될 경우 야기될 수 있는 윤리적 문제들 중 맨 먼저 논의되는 문제는 인간의 존엄성이 상실될 것이라는 점인 것 같다. 그러나 이 문제와 관련하여 우선 생각해볼 문제는 오늘날 과연 인간의 존엄성이 얼마나 남아 있는가 하는 것이다. 오늘날 인간의 존엄성에 관하여 많이 말하지만 우리는 오래 전부터 인간의 존엄성이 상실되어 왔다는 것을 인정하지 않으면 안 된다.

인간의 존엄성이란 무엇인가? 그것은 인간을 단순히 자연의 사물처럼 대하는 것이 아니라 정신적 존재, 인격적 존재로서 다룰 때 인간이 갖는 높은 가치를 뜻한다고 말할 수 있다. 인간을 이른바 만물의 영장으로서 모든 가치의 최상위에 둘 때, 칸트가 말하는 것처럼 '인간을 단순히 수단으로서만 다루지 말고, 동시에 목적으로서 다룰' 때 인간만이 가질 수 있는 고유한 가치가 인간의 존엄성일 것이다. 그러나 이러한 존엄성이 우리 인간에게 아직도 남아 있는 것일까? 과학주의적 사고방식의 전횡과 자본주의 시장경제 체제가 가져온 경쟁의식의 날카로운 대립, 종족주의적 적대의식에서 나온 온갖 분쟁과 내란 등등 이루 다 헤아릴 수 없는 수많은 요인들이 인간의 존엄성을 끊임없이 파괴해 왔다. 인간 스스로 인간 자신의 존엄성을, 다른 어떤 것과도 바꿀 수 없는 가치를 손상시켜 온 상황에서 인간의 존엄성이 아직도 남아 있는 것일까?

만일 인간의 존엄성이 별로 남아있지 않다면, 인간 복제가 가져올지도 모를 더 이상의 인간 존엄성의 파괴도 있을 수 없다는 결론이 나오게 된다. 그러나 아직도 그러한 존엄성을 강조하는 목소리들이 남아 있다는 것은 그것이 깡그리 파괴되지는 않았다는 증좌일는지 모른다. 어쩌면 인간 복제의 현실이 가져올 문제는 아직도 남아 있을지도 모를 마지막 존엄성의 파괴에 그치지 않고 그보다 훨씬 심각한 현실적 문제, 즉 우리가 지금까지 의미하는 그러한 인간으로서 살아남을 수 있는가 하는 생존의 문제가 될지 모른다.

우리는 인간 복제란 꼭 같은 인간을 재생산하는 것이라는 정도로 알고, 그렇게 되면 인간이 그야말로 공장에서 만들어내는 생산품과 같은 것이 될 것이라고 두려워하면서 그런 일은 있어서는 안 되는 일이라고 무조건 부정적인 태도를 취하게 된다. 그러나 이 문제는 좀 더 면밀하게 생각해봐야 할 일이다. 인간 복제의 이론적 가능성은 이미 충분히 입증되었지만 적어도 알려진 한도에서는 아직 단 한 번도 시험되지는 않았다고 보아야 한다. 미국 상원의회의 청문회에서 이 문제가 논의될 때 한 의원이 말하기를, '언젠가는 그 누구에 의해 시도될 것이 틀림없고 그것을 막을 수도 없다'는 것이었다. 사실 실현 가능한 과학적 이론을 단 한 번도 시험하지 않고 영원히 덮어버린 적은 인류의 과학 사상 한 번도 없었다. 어쩌면 벌써 어느 누군가에 의해 인간 복제가 시도되었을지도 모를 일이다. 그러나 적어도 알려진 한에서는 양이나 침팬지가 아닌, 인간의 복제는 아직 시행되지 않았다.

그렇다면 인간의 경우 도대체 어디까지 복제가 가능하다는 것인가? 적어도 유전자의 정보를 완전히 갖고 있는 세포의 증식을 통해 꼭 같은 신체 골격과

얼굴 모습을 가진 또 하나의 인간을 만들어낼 수 있다는 것은 확실하다. 물론 그 성장 과정에서 환경의 영향을 받아 차이를 갖게 되는 요인을 고려해야겠으나 그 차이가 미미하다면 외견상 똑 같은 성인成人이 될 것이다. 우선 여기서 문제되는 것은 과학적 이론의 입증을 위해 인간을 실험도구로 사용해도 되는가 하는 것이다. 인간을 실험도구로 삼는 것은 인간성을 파괴하는 행위이며, 인간을 위해 인간을 파괴한다는 것은 자기모순이다. 더구나 '인간을 위한' 실험이 아니라, 단순한 지적 호기심에서, 또는 과학적 성취욕을 만족시키기 위해 인간 복제가 시도된다면 인격체로서의 인간의 의미는 더 이상 남지 않게 될 것이다. 복제 인간도 원본 인간과 꼭 같은 이상 원본과 조금도 다름없는 인간으로서의 권리와 자유를 갖는다는 것은 말할 필요도 없다. 일란성 쌍둥이 형제가 각각의 인격을 가진 독립된 개체인 것과 마찬가지로 복제 인간도 동일한 인격을 지닌 인간으로서 그 고유한 존엄성을 지녀야 마땅할 것이다. 그러나 인간 복제가 허용되고 어렵지 않게 시도될 수 있게 된다면 복제 인간에 대한 우리의 인식이 원본의 인간에 대한 것과는 달라질 것이 틀림없다. 복제 인간을 열등한 인간으로 본다든가, 또는 마치 하나의 로봇을 보듯이 생각할지도 모른다. 그리고 원본 인간은 그의 복제 인간을 자신의 단순한 소유물로 여기게 될 가능성도 있다. 필요하면 얼마든지 만들 수 있다는 생각은 복제 인간을 자신과 동등한 인격의 소유자로 볼 수 없게 만들 것이 틀림없다. 물론 그 자신과 같은 인간이 되기에는 충분한 성장 기간이 필요하다. 그러나 과학의 힘은 이 성장 기간도 단축시킬 수 있게 될지 모른다. 이렇게 소유물로 되어버린 복제 인간의 인권과 존엄성이 위험에 처하게 되면 이 위험은 원본 인간에게도 확산될 수밖에 없다.

왜냐하면 원본과 복제는 기본적으로 동일한 이상 구별이 되지 않을 것이기 때문이다. 복제 인간도 개별적 인격성을 갖고 심지어 그 자신은 복제가 아니라 원본이라고 여길 것이다. 이런 방향으로 생각을 계속해 나가면 우리는 끔찍한 느낌을 금할 수 없다. 만일 불편하다는 생각에서 자식을 낳지 않고 복제 인간만을 만들어 낸다면 마침내는 온 거리가 복제 인간으로 가득찰 것이 아닌가? 또 복제 인간 자신이 그로부터 또 다른 제2, 제3의 복제 인간을 만들어낼 수도 있을 것이다. 이쯤 되면 부모 자식이나 부부의 인륜적 관계는 완전히 사라지게 될 것이다. 이것이 인간의 삶을 전반적으로 토대에서 받쳐주고, 우리가 그래도 '인간적'이라고 부를 수 있는 정서적 삶의 뿌리를 완전히 뒤흔들어버리는 결과를 가져올 것이 틀림없다. 이렇게 되면 인간의 사회라기보다 로봇의 사회와 다름없게 된다. 인간의 가족 의식과 사회 의식을 완전히 변질시켜 완전히 새로운 세계관, 인생관을 가진 인간들이 등장할 것이다. 인간은 누구나 남자와 여자의 사랑의 결과로 탄생되는 것이라는 우리의 생각을 이제는 완전히 바꾸어야 할지 모른다. 이미 오래 전에 정자은행이 있고, 인공수정이 행해졌지만 극히 제한된 정도에서 이루어져 왔다. 이 제한된 정도에서도 물론 윤리적 문제가 없는 것이 아니었다. 그러나 인간 복제는 아무리 그것이 소수의 과학자들에 한정해서 이루어진다 하더라도 인공수정의 경우보다 훨씬 심각한 문제를 야기할 것이다.

한 5년 전에 나온 영화로 《복제 인간*Duplicates*》이라는 것이 있었다. 교통사고로 죽어가는 사람의 모든 기억을 컴퓨터에 입력했다가 신체가 건강한 사람의 기억을 빼내고 대신 교통사고자의 기억을 집어넣어 새로운 신체를 갖고 계속 살아갈 수 있게 하는 실험을 하였지만 결국 실패한다는 내용의 영화였다. 이 영화의 메시지는 단순한 기억의 총합이 인간의 전부가 아니라, 살아가는 동안에 경험하여 축적된 감정을 제외하면 온전한 인간일 수 없다는 것이었다. 인격체로서의 인간을 이루는 것은 신체와 감정과 의지 그리고, 기억의 조화로운 구성일 것이다. 복제 인간이 이러한 구성 요소를 다 갖추고 있다고 하더라도 원본 인간이 그로부터 나온 복제 인간을, 그리고 복제 인간이 다른 복제 인간을 그러한 인격체로 보지 않을 가능성이 더 크다. 그리고 원본 인간이 남자일 경우 복제 인간에게는 더 이상 어머니가 존재하지 않는다. 단순히 유전자 세포가 증식할 수 있는 자궁을 빌린 여자는 어머니라고 할 수 없기 때문이다. 그리고 과학이 좀 더 발달하면 그러한 자궁도 필요 없이 인큐베이터와 비슷한 장치에서도 가능하게 될 것이다. 그리고 원본 여자로부터 복제된 복제 여자는 더 이상 아버지가 존재하지 않는다. 이러한 상황이 인간의 정신적, 정서적 삶에 미칠 가공할 영향을 우리는 상상하기 어렵지 않다.

인간 복제의 가능성을 구체적으로 잘 모르는 상황에서 나오는 추측이지만, 원본의 인간이 갖고 있는 모든 기억도 복제가 되는가 하는 것이다. 그리고 그 기억과 함께 과거의 감정까지도 복제된다면 원본과 복제는 구별할 수 없게 되고 그야말로 완전히 꼭 같은 인간이 그 신체가 차지하고 있는 위치만 다른 둘 내지 여러 명의 인간이 될 것이다. 이것은 악몽과 같은 상황이 현실로 되는 셈이다. 이런 상황에서 윤리 도덕이 문제될 것인가? 복제가 여러 명일 경우 하나쯤 없애버린다고 해서 문제될 것도 없을 것이다. 인간의 존엄성이 아직 그래도 남아 있을 수 있는 것은 지구상의 인간이 아무리 많아도 결코 둘이 아닌 유일성 때문일 것이다. 그런데 이제 그 유일성이 없어진다면, 둘이라도 셋이라도 무방하고, 한둘쯤 없애버려도 상관없게 된다면, 우리가 적어도 아직은 지니고 있는 인간이라는 존재 의미는 더 이상 유지될 수 없을 것이다. 인간 복제가 화제에 오르는 자리에서 사람들은 흔히 말한다. 인간의 기억마저도 뇌의 복제와 함께 복제된다면 인간은 이제 죽음의 문제를 해결한 셈이라고. 어떤 한 사람이 그가 죽기 전에 세포를 떼 내어 복제를 하고 죽으면 그는 복제된 인간으로 다시 태어나고 다시 반복해서 그의 삶을 살아갈 수 있다. 또는 과거 첫 번째 삶에서 이루지 못한 것, 실패한 것을 수정할 수도 있다.

그러나 그와 같은 일은 기대할 수도 없고 두려워할 필요도 없다. 적어도 현재까지의 유전공학적 수준은 인간의 복제에서 기억까지도 복제 가능한 수준에 이르지는 않았다. 대중 매체의 왜곡 과장된 선정주의가 인간 복제의 문제를 지나치게 걱정하고 두려워하게 만들고 있다. 인간 복제란 물론 정자와 난자의 자연스러운 결합이나 인공수정과는 근본적으로 차이가 있긴 하다. 인간 복제란 인간의 피부나 심지어 머리카락의 세포로부터 유전자의 정보를 가진 핵核을 떼 내어, 그 핵을 제거한 난자에 집어넣는 방법이라고 한다. 이것은 기본적으로는 하나의 난자에 두 개의 정자를 집어넣어 쌍둥이를 태어나게 하는 것과 방법적으로는 크게 다르지만 결과적으로는 별로 다를 것이 없다. 쌍둥이와 마찬가지로 그렇게 태어난 복제 인간은 한 사람의 독립된 인간으로 살아갈 수 있을 것이다. 문제는 인식의 전환이 반드시 필요하다는 점이다. 정자와 난자의 결합에서만 인간이 태어나는 것이 불변적인 자연의 법칙이자 신의 법칙이라는 지금까지의 생각을 바꾸지 않으면 안 된다. 인간 복제의 경우 남자 없이도 인간이 태어날 수 있을 것이다. 과학이 발달하면 여자 없이 인큐베이터에서도 인간을 탄생시킬 수 있게 될 것이다. 그렇게 되면 남자와 여자의 성적 구별 의식도, 결혼의 의미도 아주 달라질 것이다.

인간 복제가 무제한으로 행해지는 상황은 생각하기 어렵지만 소수의 과학자들은 반드시 시도할 것이다. 그러나 인공수정이 처음 실현되었을 때 온갖 논란이 있었던 것을 생각하면, 인간 복제의 경우도 극히 제한된 한도에서 특별한 경우에만 허용하는 엄격한 법적 규정이 적용된다면, 우리가 지금 우려하는 문제는 일어나지 않을 수도 있다. 예를 들어, 지금까지 가능한 어떤 방법으로도 아이를 낳을 수 없는 부부의 경우에만 복제의 방법을 허용하는 것도 생각해볼 수 있다. 최근 보건복지부가 발표한 '유전자 재조합 실험지침'은 있을 수 있는 무제한의 유전자 조작 실험을 통제하는 하나의 방법이다. 역사상 과학의 진보를 인위적으로 막을 수 있었던 적은 한 번도 없었다는 사실을 감안한다면 인간 복제에 대한 무조건 반대하는 입장을 다시 한 번 검토해 볼 필요가 있다. 이미 인간의 과학적 호기심은 정자를 둘로 쪼개어 일란성 쌍생아를 탄생시키는 소위 '클론clone법'을 시행해 본 지 오래되었다. 그렇다면 인간 복제가 이것과 얼마나 근본적으로 다른지 의문스럽다. 따라서 우리는 인간 복제로 인간의 존엄성이 하루아침에 파괴되거나, 인륜도덕이 완전히 사라진 사회가 될 것이라고 부정적으로만 생각하기보다는 의식의 전환을 통하여 변화하는 현실에 지혜롭게 대처하는 방법을 모색하는 것이 현명할 것으로 본다.

알프레드 쉬츠의 현상학적 사회철학*

1. 쉬츠의 생애

알프레드 쉬츠A. Schütz는 1899년 빈에서 태어나 1959년 미국 뉴욕에서 60세의 나이로 세상을 떠났다. 그는 빈에서 자라 그곳에서 공부하였다. 대학에서는 법학과 사회학을 공부하였는데 그의 스승 중에는 나중에 미국으로 망명한 법학자요 철학자인 한스 켈젠H. Kelsen 같은 사람이 유명하다. 쉬츠가 비록 법학과 사회학을 전공하고 은행의 법률고문으로서 사회에 첫발을 내디뎠다 하더라도, 그는 법학자나 법률가라기보다도 사회학자요, 무엇보다도 철학자였다. 그가 철학자로서 더 알려지게 된 것은 대학시절과 졸업 후 직장시절에 걸친 끊임없는 철학적 연구작업의 결과로 하여 그러하다. 대학시절에도 쉬츠는 철학적인 문제에 많은 관심을 가졌을 뿐만 아니라, 은행에서 일하던 직장생활의 시기에도 밤에는 언제나 철학적 연구작업에 몰두하였다. 밤 시간을 이용하

* 《현대사회사상연구》, 이길우 외, 학술총서 1, 강원대출판부, 1986.

여 많은 철학저서를 읽고, 쓰고, 토론하는 일이 수년에 걸쳐 계속되었다. 왜 그는 빈에서 계속 연구에만 전념하여 대학에서 교직을 얻는 길을 택하지 않고 은행에서 법률고문으로 일하지 않으면 안 되었는가는 가정을 꾸려나가야 하는 전적으로 개인적인 사정으로 짐작된다. 낮에는 은행에서 일해야 했음에도 불구하고 그는 학문적인 열정을 버리지 않고 매우 한정된 학구적인 시간을 이용하여 막스 베버M. Weber(1864-1920)와 에드문트 후설E. Husserl(1859-1938) 등의 저작을 집중적으로 연구하였다. 쉬츠에게는 다른 학자들과 토론하는 것이 특히 중요하였는데, 이 시절 그의 가장 중요한 토론 상대자는 후에 미국에서 '뉴 스쿨'의 동료 교수였던 철학자 펠릭스 카우프만F. Kaufmann이었다. 쉬츠는 카우프만과 함께 후설의 여러 저작을 읽고 토론하는 일을 오랫동안 계속하였다. 낮에는 일하고 밤에는 연구하는 방식의 생활은 빈에서만이 아니라, 그 후 파리와 미국에서 망명생활을 할 때도 얼마 동안 계속 되었다. 쉬츠는 대학졸업 후 빈에서 우선 막스 베버와 후설의 사상을 깊이 연구한 12년 만에 그의 대표작이라고 할 수 있는 《사회세계의 의미적 구성*Der sinnhafte Aufbau der sozialen Welt*》을 1932년 출판하였다. 쉬츠는 그 자신이 아직 개인적으로는 알지 못하는 후설에게 출판한 이 책 한 권을 헌정하였는데, 이것을 읽고 난 후설은 매우 깊은 인상을 받고 쉬츠에게 보낸 편지에서 다음과 같이 썼다.

> 그토록 진지하고 철저한 한 사람의 현상학자를, 나의 필생의 연구가 지닌 유감스럽게도 접근하기 어려운 가장 깊은 의미에 도달하였으며, 나의 연구의 희망찬 후계자로서, 진정한 영원의 철학philosophia perennis의, 유일하게 미래를 내다보는 철학의 대표자로 여겨도 좋을 극소수 중의 한 사람을 알게 되기를 간절

히 원하는 바입니다.[1]

후설의 초대로 쉬츠는 프라이부르크로 가서 일단의 후설 제자들과 함께 공동연구에 참여하였는데, 후설은 쉬츠의 연구를 매우 높이 평가하여 그에게 조교 자리를 제공하였다. 그러나 쉬츠는 여러 가지 개인적인 형편상 후설의 제의에 응할 수 없었다. 그 대신 그는 계속하여 자주 프라이부르크로 후설을 방문하여 후설의 현상학과 관련된 여러 가지 문제들을 놓고 토론하였고, 후설이 살아있는 동안 자주 서로 서신왕래도 하였다. 1938년 후설이 79세로 사망한 뒤, 쉬츠는 그의 직장인 은행의 일로 파리에 갔다가 히틀러의 나치스 정권이 오스트리아를 합병하자 그곳에 그대로 남아서 그의 가족을 오게 하고 책과 가구를 보내게 하여 파리에서 집 하나를 얻어 살게 되었다. 그리고 그가 나가던 은행의 파리지부에 일자리를 얻으려고 하였다. 1년이 좀 넘게 파리에서 망명생활을 하던 쉬츠는 부인의 강경한 주장으로 마음 내키기 않는 미국 망명의 길에 나서게 되었다. 파리의 학문적, 사상적 분위기에 매우 깊은 인상을 받은 쉬츠는 그 곳이 마음에 들었을 뿐만 아니라, 자신의 아이들이 어느 다른 곳보다도 안전하게 보호되리라고 믿었다. 그러나 이것은 물론 그 후에 일어난 사태로 미루어 보아 잘못된 판단이었고 미국으로 망명한 것이 오히려 다행스러운 일이었다. 그러나 쉬츠는 미국에 온 이후에도 파리로 돌아갈 희망을 버리지 않고 파리의 집을 그대로 두고 뉴욕에서는 2년 가까이나 호텔에서 가족과 함께 기거하다가 1941년에 와서야 비로소 일반 주택으로 이사하였다. 뉴욕에 처음 온

1 쉬츠의 《논문집 I》(*Gesammelte Aufsätze I*, Martinus Nijhoff, 1971)의 〈서문〉 VII쪽으로부터 인용.

쉬츠는 우선 파리에서처럼 은행에서 일자리를 얻어야 했다. 얼마 후 그는 미국의 현상학자 마르빈 파버M. Farber의 주선으로 국제현상학회의 공동 설립자가 되고 이 학회의 회지인 《철학과 현상학 연구*Philosophical and Phenomenological Research*》의 공동 발행인이 되었다. 그리고 이어서 이미 1919년에 설립된 '사회연구를 위한 새 학교New school for social research'의 정치학과 사회학의 대학원에서 우선 무보수로 강의하는 강사 자리를 얻게 되었다. 무보수로 강의를 맡게 된 중요한 동기는 물론, 낮에는 일하고 밤에는 학문적인 연구를 하는 그의 학문에 대한 열정이라고 하겠으나, 외적인 동기로는 '뉴 스쿨'에서는 철학과 사회학의 강의가 주로 저녁에 행해지므로 쉬츠에게는 매우 유리하였다는 점이다. 게다가 강의 주제를 강사가 자유롭게 선택할 수 있었다는 점, 그리고 과거의 후설 제자였던 친구들이 또한 적극적으로 권유하였으므로 쉬츠는 장차 평생 동안 관계하게 될 '뉴 스쿨'의 대학원과 인연을 맺게 된 것이다. 뉴 스쿨은 원래 제1차 세계대전 직후 컬럼비아 대학의 퇴직 교수들과 사회학자, 언론인들에 의해 세워진 일종의 성인 교육기관으로서 대학의 형식을 지니긴 했으나 학위는 수여하지 않았다. 이 학교의 학생들은 이미 대부분 정규대학을 졸업하였거나 직장생활을 하고 있는 일반 지식인들이었다. 이 학교의 설립취지는 제1차 세계대전 후의 변화하는 사회 속에서 "진지하게 관심을 갖는 성인 남녀들로 하여금 그들의 시대를 파악할 수 있는 가능성을 제공하는" 것이었다.[2] 따라서 뉴

---

2 '뉴 스쿨'의 설립자이며 총장이었던 알빈 존슨A. Johnson이 1961-1963 동안 뉴 스쿨의 총장을 지낸 헨리 데이비드H. David에게 보낸 편지 중의 한 구절. 루크만B. Luckmann의 논문, 〈뉴 스쿨의 알프레드 쉬츠와 아론 구르비치〉(그라트호프R. Grathoff와 발덴펠스B. Waldenfels가 펴낸 *Sozialität und Intersubjektivität,* Müchen : Wilhelm Fink, 1983,

스쿨은 정치적으로는 매우 진보적이었고 학문적으로는 실험적이었다고 한다. 그러나 뉴 스쿨의 대학원은 1933년에 비로소 설치되었으며 1943년 이래 국제적인 대학 수준을 지닌 유럽 대학의 아카데믹한 성격을 지니게 되었을 뿐만 아니라, 고도의 학문적인 기준에 따라 운영되었으며, 일련의 저명한 학자들이 교수로서 일하게 되었다고 한다. 바로 이 1943년부터 쉬츠는 뉴 스쿨의 대학원에서 저녁에 한해서 강의를 맡고 낮에는 월 스트리트에 있는 은행에 다녔다. 뉴 스쿨에 관계함으로써 쉬츠는 많은 미국의 철학자, 사회학자들을 알게 되었고, 그들과 토론할 기회를 자주 갖게 되었다. 그뿐만 아니라, 강의 준비를 위해서도 미국 학자들의 저작을 많이 읽어야 했으며, 그러는 동안에 점차로 학문적인 영어 구사능력을 얻게 되어 세미나에서 논문을 발표하거나 잡지나 논문집에 글을 싣는 등 매우 활발한 연구 활동을 계속하였다.

1939년 이미 40세의 나이로 미국이라는 새로운 사회에 망명자로서 오게 된 쉬츠에게는 모든 일이 순조롭게 진행된 것은 아니었다. 그는 뉴 스쿨의 교수로서 한창 활동하던 시기에 60세의 나이로 일찍 세상을 떠나기까지 언제나 그곳에서는 이방인에 지나지 않았다. 유럽의 학문적 전통 속에서 이미 사상의 기초를 다진 쉬츠는 유럽에서 온 망명자로서 미국의 학계에서 쉽게 받아들여지지 않았을 것이라는 점은 충분히 짐작할 수 있는 일이다. 그러나 뉴 스쿨의 대학원은 매우 독특한 성격을 가진 곳이어서 그 교수진의 많은 사람들이 쉬츠와 마찬가지로 미국에서 망명해 온 유럽인들이었다. 그중에는 쿠아레, 레비스

---

pp. 315-337)로부터 간접 인용. 알프레드 쉬츠의 생애에 관해서는 주로 이 논문을 토대로 하였음.

트로스, 카우프만이 있었으며 그리고 나중에는 카를 뢰비트도 미국으로 망명해 왔다. 당시 뉴 스쿨의 총장 알빈 존슨은 뉴 스쿨의 대학원에 일반 세미나general seminar를 개설하고 미국의 학자들에게 유럽의 망명학자들을 소개할 수 있는 기회를 제공하였다. 이러한 유리한 기회가 주어지긴 하였으나, 독일계 망명학자에 대하여 적성국에서 온 외국인이라는 미국인 대중의 백안시는 눈에 보이지 않는 압력이 되었다. 그 한 가지 예로서, 일반 세미나에서 쉬츠에게도 그의 연구를 소개할 기회가 주어졌는데, 한 번은 쉬츠의 논문 〈이방인The stranger〉이 세미나에 발표되자 매우 격렬한 논쟁이 벌어졌다. 뉴 스쿨의 일반 세미나에 참석하는 사람들은 대개 그 대학원의 교수들이거나 대학 졸업자들 또는, 뉴욕의 다른 대학의 교수들이었다. 이 격렬한 논쟁에서 쉬츠가 얻은 체험은 단순한 학문적인 논쟁과는 너무나 다른 매우 낯설고 냉랭한 적의 같은 것이었다. 그 때문에 쉬츠는 〈이방인〉이라는 논문을 그 대학원의 전문지인 《사회 연구*Social Research*》에는 싣지 않았으며, 처음에는 일체 아무데도 싣지 않기로 생각하였으나, 1년 후 1944년에야 비로소 《미국 사회학지*American Journal of Sociology*》에 발표하였다.

쉬츠는 1953년에야 비로소 뉴 스쿨 대학원의 정교수가 되었다. 이것은 미국에 온 지 14년, 뉴 스쿨에 관계한 지 10년 되는 해이며, 제2차 세계대전이 끝난 지 8년이 되는 해이다. 그동안 쉬츠는 학문연구만이 아니라, 뉴 스쿨의 운영면에서도 많은 기여를 하였다. 뉴 스쿨이 재정난으로 위기에 처했을 때, 그는 뉴 스쿨을 구제하는 일에 헌신적으로 노력하였으며, 한때는 그 학교에 철학과를 신설하려고 시도하였으나 성공하지는 못하였다. 쉬츠는 정교수가 된 6년 후 1959년에 갑자기 세상을 떠나게 되어 미국에서 발표한 논문들은 사후에 *Collected Paper*라는 책명으로 3권의 논문집이 출판되었다.

60세로 사망한 쉬츠의 생애는 대학 졸업 후 약 20년간을 유럽에서, 그리고 다른 20년을 미국에서 보내었다. 따라서 시기적으로 구분한다면, 유럽에서의 20년을 쉬츠의 전기로 보고, 미국에서의 망명 생활을 후기로 분류하여 고찰하여도 무방하리라고 본다. 전기와 후기의 사상이 각기 크게 다른 특징을 보여주는 것은 아니므로, 그의 사회철학적 사상내용 면에서는 그러한 구별이 큰 의미를 지니는 것은 아니고 이는 다만 그의 사상을 조망하기 위한 방편에 지나지 않는다.

2. 쉬츠의 전기 사상(유럽 시절)

1) 후설의 영향

쉬츠를 현상학적 사회철학자 또는 응용현상학자로 볼 수 있는 것은 그가 후설의 현상학으로부터 큰 영향을 받았기 때문이다. 쉬츠가 어느 정도로 후설의 영향을 받았는가를 알아보기 위하여 우선 먼저 쉬츠 자신이 회고하는 바를 들어보자.

> 내가 그 위대한 사상가〔후설〕를 처음 만난 것은 1932년이었다. 그 당시 그는 이미 오래 전에 더 이상 강의를 하지 않고 있었고, 나는 빈에서 학업을 마친 12년 후였다. 후설 자신이 언젠가 말한 것처럼 후설의 철학에 이른 나의 길은 지극히 이상한 것이었다. 처음 연구를 시작한 이래 나의 관심은 주로 사회과학들, 특히 사회학의 철학적 토대에 대한 것이었다. 그 당시에도 나는 아직 전적으

> 로 막스 베버에 사로잡혀 있었고, 특히 그의 방법론적 논문들에 매혹되어 있었다. 그러나 내가 곧 알게 된 것은 막스 베버가 그의 구체적인 연구에 필요한 도구를 만들어 내긴 하였으나 그의 중심 문제, 즉 사회적 행위가 행위자 자신에 대하여 갖는 주관적 의미의 이해라는 문제는 아직 철학적 근거제시가 필요하다는 점이었다. 후설 철학과의 만남은 한편으로는 내가 사회과학 영역에서 교육을 받았다는 사실로 하여, 다른 한편으로는 현상학에 이른 나의 비정통적인 길 때문에 이루어진 것이다. 처음부터 나에게는 후설이 후에 《이념들》의 후기에서 '자연적 태도'라고 부른 것이 선험 현상학의 문제들보다 더 큰 관심을 끌었다.[3]

쉬츠가 후설의 현상학에 접근하게 된 것은 대학에서 법학과 사회학을 공부한 훨씬 뒤, 막스 베버의 사회학 이론을 면밀히 연구한 후에 그의 친구 카우프만을 통해서였다. 따라서 쉬츠는 사회학 이론들에 관한 자신의 철학적 입장이 어느 정도까지는 형성된 후에야 현상학에 접하게 되었다고 생각해도 좋을 것이다. 그것은 이미 그 당시 막스 베버의 이론에 대한 비판적 안목을 쉬츠 자신이 이미 갖고 있었다는 점으로 보아서도 그러하다. 따라서 그는 처음부터 후설의 선험철학에 대해서 관심을 가졌다 하더라도 자신이 가진 사회학적 문제와 관련해서 현상학을 고찰하였다고 할 수 있다. 우선 그는 후설의 《이념들》 1

---

[3] 《이념들》 후기란 후설이 1930년 《철학과 현상학 연보*Jahrbuch für Phiolosophie und phänomenologische Forschung*》 제11권에 그의 《이념들》 제1권에 대한 후기로서 실은 글을 말함. 이 후기는 《이념들》 제3권(후설전집 제5권)에도 부록으로 실려 있음. 인용한 쉬츠의 말은 1959년 사망하기 얼마 전 녹음한 것을 *Collected Paper* III에 실은 것으로부터 인용한 것임(*Collected Paper* III의 독일어판 *Gesammelte Aufsätze* III, 1973. p. 9 이하).

권, 《논리연구》 1권 · 2권, 《형식논리학과 선험 논리학》, 그리고 《현상학의 이념》, 《내적 시간의식의 현상학》, 그 밖에 《이념들》 후기 등을 읽을 수 있었으리라고 본다. 이러한 후설의 저작들이 쉬츠의 처녀작이며 대표작인 《사회세계의 의미적 구성*Der sinnhafte Aufbau der sozialen Welt*》에서 인용되고 있는 것으로 보아 우리는 이 저작들을 쉬츠가 친구 카우프만과 함께 몇 년 동안 읽고 토론하였다고 짐작할 수 있다.

처음부터 쉬츠의 관심을 크게 끌었다고 하는 《이념들》 후기의 '자연적 태도'라는 것은 이미 《이념들》 1권 27장 이하에 나오는 것으로 우리의 일상적인 생활태도를 가리키는 말이다. 《이념들》 1권에서 후설이 '자연적 태도의 세계'라고 부르는 것은 따라서 우리가 일상생활 가운데서 언제나 그 안에 있는 세계, 우리의 일상경험에서 주어지는 이 세계 바로 그것이다. 우리는 이 세계 안에서 자연의 사물, 인공물, 생활도구, 가치 있는 사물, 다른 사람들을 만나며 경험한다. 전체로서의 세계는 물론 우리의 일상경험에서 직접 주어지는 것은 아니다. 그러나 우리는 일상경험 가운데서 시공간적으로 무한히 뻗어 있는 이 세계를 생각할 수 있다. 우리는 이 세계 속에서 살면서 다른 사람들과 관계하며 우리의 목적을 추구하며, 공동체를 이루고 규칙을 정하며, 개인적인, 또는 집단적인 활동을 한다. 이러한 세계는 우리에게는 너무나 익숙하며 자명하다. 이것은 후설이 나중에 그의 마지막 저작 《유럽 학문의 위기와 선험 현상학*Die Krisis der europäischen Wissenschaften und die transzendentale Phänomenologie*》에서 생활세계Lebenswelt라고 부르는 바로 그것이다. 일상생활에서 익숙해진 이 세계가 갖는 친숙성, 자명성은 학문적 지식에서 나온 친숙성은 아니다. 오히려 이 친숙성을 지닌 일상세계가 과학적으로 해석된 세계에 앞서 이미 우리에게 주어져 있다 하겠다. 갈릴레이G. Galilei(1564-1642) 이래 발전된 근대의 물리학적 자연과학에 의해 구성되고 해석된 세계는 우리의 일상경험의 세계, 즉 생활세계와는 매우 다른 것이다. 후설은 우리의 일상경험 세계를 현대의 물리학적으로 해석된 세계에 대립시켰다. 생활세계 속에서 살면서 우리는 이 세계의 존재 자체를 결코 부정하거나 의문시하지는 않는다. 물론 우리는 때때로 이러저러한 것, 어떤 일정한 현상에 대하여 의문을 갖기도 하고, 흔히 그 의문을 해결하기도 하고, 그냥 의문스러운 채로 덮어두고 일상생활에 몰두하여 살아간다. 사물들이 한때는 이렇게 보이고 다른 때는 저렇게 보이므로 원래의 것과는 다르게 보이기도 한다는 것을 우리는 안다. 그러나 우리의 의심, 부정은 이 세계 내의 어떤 일정한 대상, 몇 가지 현상에 관계된 것이지 결코 세계 전체를 의심하거나 세계 내의 모든 대상을 한꺼번에 부정하지는 않는다. 따라서 우리는 이 세계에 대한 일반적인 믿음을 갖고 있으며, 이 믿음은 우리의 모든 일상적인 활동의 전제이다. 이러한 믿음을 쉬츠는 후설의 용어를 빌려 '자연적 태도의 일반정립Generalthesis der natürlichen Einstellung'이라 부른다. 개별적인 대상에 대한 의심도 이러한 일반적인 믿음이라는 대전제를 토대로 하여 일어난다. 이러한 믿음을 전제로 하여 우리는 행동하며 다른 사람과 관계한다. 모든 사회적인 행위, 활동 역시 이러한 믿음을 전제로 행하여지며, 이 전제 자체에 대하여 명백히 의식하고 있는 것도 아니다. 철학이 자연과학에 의해 해석된 세계와 자연과학적 사고방식에 의해서 구성된 수학적 구성물을 출발점으로 삼아 해나갈 수 없으며, 그렇게 해서도 안 된다는 것은 철학이 하나의 독립적이요, 엄밀학die strenge Wissenschaft이고자 한다면 당연한 일이다. 철학은 역시 바로 우리의 직접적인 생활세계로부터 출발하지 않으면 안 된다. 이 점에서는 쉬츠도 후설과 전혀 의견을 달리하지 않는다. 다만 쉬츠는 이 '자연적 태도의 세계'의 궁극적인 타당근거를 찾기 위하여 후설이 취한 선험적 주관성die transzendentale Subjektivität으로 소급해 나아가는 길을 따라가지 않는다. 쉬츠에게는 모든 정신적 활동, 특히 인간의 사회적 활동의 전제가 되고 있는 이 자명한 세계 자체와 거기에 살고 있는 인간이 문제이다. 이 생활세계는 쉬츠가 보기에는 처음부터 사회적 세계이다. 이 세계를 우리는 언제나 '우리'의 세계로서 경험하며 결코 나에게만 속한 세계일 수는 없다. 이 점은 후설도 이미 《이념들》, 《데카르트적 성찰*Cartesianische Meditationen und Pariser Vorträge*》, 《유럽 학문의 위기와 선험 현상학》 등의 저서에서 수 없이 강조하는 바이다. 이 세계는 즉 공동주관적 세계intersubjektive Welt이다. 그러나 후설은 이 세계의 공동주관성Intersubjektivität을 그의 선험적 현상학 내에서 선험적 주관성의 의미확대로서 이해하며 거기에서만 모든 공동주관적인 것의 궁극근거를 밝혀 낼 수 있는 것으로 본다.[4] 이에 대하여 쉬츠는 처음부터 후설의 선험적 자아에는 관심이 없고 실재적인 주체

---

4 선험적 주관성이라든가 선험적 공동주관성이라는 개념은 여기서 간단히 정의하기는 어렵다. 다만 일반적으로 말하여 선험적transzendental이란 말은 칸트 이래 경험의 비경험적(경험에 앞선) 가능 조건에 관련된 모든 것의 성격을 가리키는 것이며, 이 가능 조건이 경험에 앞서서a priori, 인식하는 주체의 경험원리로서, 따라서 존재의 타당성을 그로부터 마련할 수 있는 궁극근거로서 인식주체에 내재한다고 보고, 이 주체의 원리영역 전체를 가리켜 선험적 주관성이라고 말한다. 이것은 물론 이른 바 '선험적 관념론'의 기본 입장이라고 하겠다. 이에 관해서는 후설의 《이념들 I》이나 《데카르트적 성찰》을 참조하기 바람. 공동주관성의 이론을 후설은 이 저서의 제5성찰에서 체계적으로 다루고 있다.

das reale Subjekt로서의 인간에 시선을 돌리고 이 인간은 처음부터 공동주관적 존재라는 주장에서부터 출발한다. 쉬츠가 후설이 말하는 '자연적 태도의 세계'에 관심을 갖고 이 세계의 구조와 이 세계 속에서 사는 인간의 사회적 관계에 시선을 집중시키고 있음은 이미 처음부터 확실하나, 어느 정도 분명히 후설의 선험 현상학으로부터 등을 돌리고 있는가는 그의 후기사상에서 명백해진다.

쉬츠가 후설의 현상학으로부터 받아들인 긍정적인 영향은 기본적으로는 후설이 선험철학의 영역에서 문제들은 분석한 결과를 자연적 태도의 세계를 이해하는 데에도 적용할 수 있음을 간파하였다는 점이다. 그 때문에 쉬츠는 사회학의 모든 연구 대상을 의식에 기본적으로 주어진 것에 소급시켜 연구함으로써 막스 베버의 이해사회학과 후설의 선험 현상학 사이에 다리를 놓으려고 노력하였다. 이러한 노력의 결정이 바로 '사회세계의 의미적 구성'이다. 쉬츠 자신이 이 저서의 서론에서 말하고 있는 바와 같이, 이 저서는 막스 베버의 문제를 출발점으로 하여 후설과 베르그송H. Bergson(1859-1941)의 이론과 연결되는 점을 찾아내어 현상학의 구성적 분석을 수단으로 사회적 의미현상을 정밀하게 규정하려는 것이다(쉬츠의 《사회세계의 의미적 구성》, 1쪽. 이하 책 이름 생략).[5] 쉬츠의 목적은 처음부터 사회학에 현상학적 토대를 마련해

[5] 구성적 분석konstitutive Analyse이란 말에서 구성Konstitution이란 현상학에서, 인식이 이루어지는 데 있어서 인식하는 주체가 수행하는 능동적인 주관적 기능을 강조하는 뜻에서 사용하는 용어이다. 대상의 인식이 외적 자극을 단순히 받아들임으로써 가능한 것이 아니라, 인식된 대상은 어디까지나 주체에 의해서 '인식된' 대상인 한, 거기에는 반드시 주관적 인식조건들이, 즉 대상을 대상으로 '만드는' 또는 '구성하는' 조건이 포함되어 있다는 의미에서 구성이란 말을 사용한다. 구성적 분석이란 그러한 구성이라는 의미 아래 어떠한 대상의 연구에서나 항상 구성하는 주관적 계기와

주고자 하는 것이지만, 후설의 선험 현상학적 분석의 길을 취하지 않고 세속적 사회성의 의미현상Die Sinnphänomene in der mundanen Sozialität을 분석하는 일에 몰두하고 있다(56쪽).[6] 그러나 적어도 여기서는 쉬츠 자신이 언급하는 바와 같이, 내적 시간현상을 정확하게 통찰하는 데에 필요한 정도로나마 현상학적 환원phänomenologische Reduktion 내에서 분석을 해 나갈 것이라고 서론의 마지막에서 분명히 하고 있다(56쪽).

체험 흐름의 내적 시간에 관한 분석은 자연적 태도가 갖는 모든 존재믿음을 단순히 받아들이지 않고 배제함으로써 나의 순수의식 영역으로 소급하는 현상학적 환원의 방법적 과정을 거치지 않고서는 불가능하다는 이유 때문에 쉬츠도 필요한 정도만큼은 그러한 길을 밟지 않을 수 없다. 그러나 세속적(비선험적) 사회성의 문제를 직접 다룸에 있어서는 내적 시간의식의 분석 결과를 그대로 적용하면 된다고 믿고, 더 이상 '환원된' 영역에서 분석을 계속할 필요는 없다고 본 것이다. 그 때문에 쉬츠는 그 이후에는 의도적으로 선험 현상학의 영역에서 환원적 방법을 통해서만 명백히 되는 문제들은 다루지 않는다. 그리하여 그는 스스로 "자연적 태도의 구성적 현상학"을 수행해 나가고자 한다(56쪽).

구성되는 대상적 계기의 상관관계에서 대상을 파악하고 그 구조를 살펴보는 방식이다. 즉 인식대상의 파악에서는 인식이 완결된 결과로서의 인식대상을 인식하는 과정과의 상관관계의 시각에서 파악하는 것이다. 쉬츠의 저서 《사회세계의 의미적 구성》에서 구성Aufbau이란 단순히 일반적인 의미에서 형성形成이란 말과 같은 뜻으로 이해해도 될 것이다. 독일어 Aufbau를 여기서 '구조'라고 번역해서는 안 될 것이 쉬츠는 이 저서에서 사회세계의 이루어진 의미상의 구조를 논한다기보다 의미적으로 형성되는 과정을 논하기 때문이다.

6 '세속적mundan'이란 자연적 태도의, 비선험적, 또는 넓은 뜻의 '실재적real'이란 말과 같은 뜻이다.

쉬츠가 후설의 현상학으로부터 얼마나 큰 영향을 받았는가는 유럽 시절의 가장 중요한 한 저서인 《사회세계의 의미적 구성》과 그 밖에 1939년 파리에서 쓰고 1940년 미국에서 발표한 논문 〈현상학과 사회과학〉에서 확인할 수 있다. 쉬츠가 1920년 무렵부터 12년간의 개인적인 연구 결과 《사회세계의 의미적 구성》을 발표하였다면, 이 시기 동안 그는 주로 막스 베버, 짐멜G. Simmel (1858-1918), 그리고 그 외에 다른 독일 사회학자들의 이론을 연구하였을 뿐만 아니라, 후설, 베르그송, 셸러M. Scheler(1874-1928)의 저작 역시 대부분 이해하고 있음을 알 수 있다. 그러나 위의 저작을 1932년 발표한 뒤, 1939년 미국으로 망명하기 전까지 쉬츠는 이렇다 할 연구성과를 남겨놓은 것이 없다. 다만 특기할 만한 것으로 1939년 후설이 세상을 떠나기 전까지 쉬츠는 그와 매우 친밀한 교분을 가졌으며 현상학에 더욱 가까이 접근하였다는 사실이다. 그리고 1939년에 쓴 〈현상학과 사회과학〉 외에도 1940년 미국에서 쓴 논문의 일부인 〈사회세계와 사회적 행위의 이론〉 역시 이 기간 동안의 연구 결과로 보아야 할 것이다. 그리고, 1942년 《철학과 현상학 연구*Philosophy and phenomenological Research*》지에 발표한 〈공동주관성에 관한 셸러의 이론과 타아他我의 일반정립一般定立Schelers' theory of intersubjectivity and the general thesis of the alter ego〉 또한 이미 유럽에서 연구한 결과를 발표한 것이라고 보아도 무장할 것이다. 그러나 쉬츠의 대표작 《사회세계의 의미적 구성》 이외의 다른 두세 편의 논문들에서는 이 저서의 기본사상을 되풀이 확인할 수 있을 뿐 별다른 차이를 발견할 수 없으므로 우리는 이 대표작에만 관심을 집중하여 살펴볼 예정이다.

2) 사회적 의미현상에 관한 연구

(1) 연구계획과 출발점

《사회세계의 의미적 구성》이 가진 기본적인 주제는 한마디로, 인간의 사회적 행위양식이 갖는 의미와 그 이해라고 할 수 있다. 쉬츠는 현실적으로 주어진 이 생활세계(이것은 곧 사회세계인데)를 어떠한 선입견도 없이 있는 그대로 파악하고 논리적 개념작업을 통하여 기술記述, 정밀한 분석을 수단으로 그 본질을 밝혀내는 것이 학문으로서의 자격을 갖는 사회학의 과제라고 보았다(12쪽). 따라서 그는 짐멜이 사회학의 그러한 과제를 올바르게 통찰하고 모든 사회현상을 '개인의 행동양식으로 소급시켜' 그러한 행동양식의 사회적 형식을 있는 그대로 파악, 기술하려 한 점을 높이 평가한다. 그러나 짐멜의 방법적 태도는 혼란되고 비체계적이었으며, 사용한 기본개념들 역시 비판적 분석을 견디어 낼 수 없는 것들이라고 비판한다. 사회의 모든 현상을 개인의 사회적 행위 및 태도로 소급시켜 파악하려는 것은 막스 베버에 있어서도 마찬가지이나, 베버는 이 원칙을 지금까지의 어느 누구보다도 철저히 수행하여 사회적 행동양식의 '주관적 의미'를 해석하는 것을 중심테마로 삼는 '이해사회학verstehende Soziologie'을 이룩하였다는 점에서 그는 베버를 높이 평가하고 있다(14쪽). 이러한 중심 테마가 제기하는 문제들을 해결하기 위해서는 단순히 경험적으로 관찰하고 자료를 수집하는 것만으로는 충분하지 못하고, 문제에 관련된 자료를 선택하는 방법이 중요하며, 자료의 선택은 특수한 개념들을 수단으로 하여 수행되어야 하는데 이러한 작업방식을 막스 베버의 이해사회학은 매우 잘 구사하고 있다고 쉬츠는 보았다.

그러나 쉬츠는 막스 베버가 사회학의 이론적인 토대를 마련하려는 노력보다도 사회학적 전문영역의 구체적인 문제들을 해결하는 일에 더 몰두함으로써 그가 제기한 기본 개념들을 남김없이 밝혀내지 못하였을 뿐만 아니라, 보다 철저히 분석되어야만 사회학적 작업의 확실한 토대가 될 수 있는 몇 가지 전제들은 무비판적으로 채용하고 있다고 비판한다. 쉬츠는 구체적인 개념 설명을 뒤로 미루고 서론의 역할을 하는 제1장에서 막스 베버의 이론이 지닌 몇 가지 부족한 점을 지적한다.

쉬츠에 의하면, 막스 베버는 과정으로서의 행위함Handeln과 수행된 결과로서의 행위Handlung를 구별하지 않았으며, 한 개인 자신의 행위 및 체험이 지닌 의미와 타인의 행위 및 체험이 지닌 의미 사이를, 그리고 자기이해와 타자이해 사이를 구별하지 않았다고 한다. 베버는 또한 행위자에 대한 의미의 특수한 구성양식, 그리고 이 의미가 사회세계 내의 상대자에게, 또는 객관적인 제삼자인 관찰자에게 있어서 겪게 되는 의미변화를 문제 삼지 않았으며, 더구나 '타자이해'라고 현상을 파악하기 위해서는 반드시 해명되어야 할, 자기 심적心的인 것과 타자 심적他者心的인 것 간의 독특한 토대연관에 대해서도 묻지 않았음을 쉬츠는 지적한다(15쪽).

사회세계는 행위자와 그 상대자, 그리고 객관적으로 관찰하는 제삼자에게 개별적인 행위만이 아니라, 사회세계 전체가 다른 의미를 지닌 것으로서 주어지며, 자신의 체험을 자아 자신이 해석하는 것과 타자가 해석하는 것 사이에는 본질적인 차이가 있다. 개인은 언제나 사회세계가 그에게 나타나는 원근법적으로 축소된 조망을 하고, 이것을 자신의 의미부여와 의미해석을 위해 참조하므로 이 개인의 원근법적 축소의 문제 또한 사회학의 대상이 되어야 한다. 쉬츠에 의하면, 막스 베버가 그러한 모든 문제를 알긴 하였으나, 베버 자신의 목적에 꼭 필요한 정도로만 분석하고 그 이상의 것은 그냥 소박하게 이미 주어진 것으로 전제하고 있다는 것이다. 철학적 관점에서 보면, 모든 개별과학들이 사실은 다 마찬가지로 여러 가지 전제를 비판 없이 그대로 받아들이고 있음을 보게 되는데 쉬츠도 마찬가지로 막스 베버의 이해사회학에서 그러한 전제들을 발견한다. 자연의 세계에 대한 일상인들의 견해와 마찬가지로 사회세계의 모든 의미현상들에 대해서도 막스 베버는 한 주체가 이해하는 것이나 다른 주체가 이해하는 것이나 거기에는 아무런 차이가 없으며, 공동주관적으로 일치하는 intersubjektiv konform 것으로 소박하게 전제하고 있기 때문에 쉬츠는 그러한 전제에서 출발하는 개념적 연구작업은 사회학의 기초개념들에 있어서 많은 불명확함이 개입될 위험이 크다고 본다.

우리가 일상생활에서 다른 사람들과 함께 이루어 나가는 사회세계는 곧 '의미의 구성체Sinngefüge'로서 이 의미를 연구하는 모든 사회과학은 사회세계 내의 개별적인 주체들의 의미적 의식 작용들sinnhafte Akte로 소급함으로써 그 의미의 내적 구조를 밝힐 수 있다는 점을 막스 베버도 알고 있긴 하였으나, 그는 가장 밑바닥까지 이 문제를 추구하지 않고 도중에 그만두어 버렸다고 할 수 있다. 사회세계 내의 행위자가 그 자신의 행위에 부여하는 의미를 이해하기 위해서는 그 의미가 구성되는 행위자 자신의 의식 진행과정을 분석함으로써 비로소 가능하다고 보는 쉬츠는 종래의 어떤 사회학자도 이 문제를 이러한 방향으로 분석해 나가지 않았다고 본다. 그러나 이러한 문제는 전통적인 입장에서 보면, 사회학 원래의 과제는 아니다. 이것은 사회학적 연구 대상의 철학적 정초문제定礎問題로서 모든 사회학자들은 이러한 문제에 몰두하는 것은 철학자의 할 일이라고 보았던 것이다. 그러나 쉬츠가 보기에는 사회적 현상들의 의미가 원래 처음 구성되는 과정에 대한 충분한 해명 없이는 사회학의 학문성은 문제시 될 수밖에 없다. 그러므로 사회현상의 의미구조를 이해하기 위해서는 의미 일반의 원천적 해명이 우선적으로 요구된다고 보고, 의미의 문제를 쉬츠는 서론에서 이미 '시간문제Zeitproblem'라고 규정한다(20쪽). 왜냐하면 체험자(또는 행위자)는 시간적 지속 가운데서 그의 체험의 의미를 구성하기 때문이다. 여기에서 말하는 시간이란 나눌 수 있고 측정할 수 있는 물리적 시간이 아니라, 후설이 말하는 이른바 '내적 시간의식das innere Zeitbewußtsein'의 시간이다. 쉬츠는 의미라는 현상 그리고 타자의 행위가 갖는 의미의 '이해'라는 현상은 그 궁극적인 원천을 이 시간의식에서 갖는다고 보고, 여기에서만 그러한 현상의 구조가 밝혀질 수 있다는 것이다. 사회학의 기본개념들을 그 원천에서 해명하기 위해서는 그러한 의미현상이 원래 처음 구성되는 장소로 소급하지 않으면 안 된다고 쉬츠는 주장한다(20쪽). 따라서 사회세계의 의미연관을 파악하기 위해서도 '의식삶의 보편적 본질 법칙들'로부터 그것이 산출되어 나왔음을 분명히 밝혀내지 않으면 안 된다고 보는 것이다. 그리고 쉬츠에 의하면, 이러한 원천에 이르는 길을 발견한 철학자가 후설과 베르그송이라고 한다.

의미부여현상Sinnsetzungsphänomene(자신의 행위에 의미를 부여하는 현상)과 의미해석현상Sinndeutungaphänomene(타자의 행위가 지닌 의미를 해석하는 현상)들은 사회세계의 의미현상들로서, 이것이 지닌 문제점을 밝혀내기 위하여 쉬츠는 우선 막스 베버가 사용하는 여러 가지 기본개념들을 분석하는 데서 부터 출발하여 개별적 주체의 체험 내에서 의미가 구성되는 과정에 시선을 돌려 의미의 원천적인 개념을 밝혀내려고 시도한다. 이러한 시도가 오직 유아론적唯我論的으로solipsistisch 이해된 자아의 영역에 집중된 후에 자기이해로부터 타자이해로 넘어감으로써 이제 공동주관적 영역, 즉 사회적 영역에서 제기되는 문제들을 분석해 나간다. 예컨대 사회적 상대인 '너Du'에 관한 나의 체험을 '너'의 체험을 대상으로 삼는 나의 이해작용으로부터 구별시키고(의미부여와 의미해석 간의 구별 중의 하나), 양자 간의 토대연관을 밝혀내는 문제 같은 것이 그것이다. 이 문제들의 분석에 이어서 쉬츠는 사회학 원래의 주제라고 할 수 있는 사회세계의 구조를 해명하며, 다시금 막스 베버가 사용한 사회적 행위, 사회관계 등의 개념들을 더욱 철저히 분석함과 아울러 사회과학 특히, 이해사회학의 방법 문제를 다룬다.

(2) 막스 베버가 사용한 기초개념들의 분석과 비판

가) 행위의 개념

쉬츠가 분석의 출발점으로 삼는 것은 막스 베버가 그의 대표작 《경제와 사회 *Wirtschaft und Gesellschaft*》에서 정의한 행위Handeln의 개념이다.[7] 베버는 경제와 사회에서 이해사회학의 과제는 사회적 행위를 해석하여 이해하는 것이라고 보고 사회적 행위soziles Handeln를 정의하기를, "행위자가 뜻하는 의미에 따라 다른 사람의 행위 및 태도에 관계되며, 행위진행에서 그것(행위 및 태도)으로

7 막스 베버의 사후에 출판한 대표작. 제1판은 1922년에 출간되었고, 인용은 제5판 (Tübingen : J. C. B. Mohr, 1980)을 사용하였음.

지향orientieren되어 있는 행위"라고 한다(《경제와 사회》, 1쪽). 다시금 행위란 행동 및 태도를 통틀어 외적으로 나타난 것이든, 내적인 것이어서 밖으로 나타나지 않는 것, 즉 참는 것, 하지 않는 것을 다 포함하는 것인데 행위자가 그것에 주관적 의미를 결부시키는 한에서만 그것을 행위라고 규정한다.

막스 베버의 이 행위개념에 대한 쉬츠의 비판을 살펴보기 전에 먼저 개념적으로 분명히 해야 할 것은 막스 베버가 사용하는 행위Handeln와 행동(태도를 포함하여, Verhalten)이라는 두 개념이다. 행위(영어로는 action)는 행위자가 그것에 의미를 부여하는 행동만이 행위이며, 따라서 행동(영어로는 behaviour)은 개념의 외연이 행위보다 훨씬 크다는 것을 알 수 있다. 사회적 행위는 의미있는 행동, 즉 행위로서 그것이 다른 사람에 관계되어 있을 때만 사회적 행위라고 말할 수 있다. 그러나 타인에 단순히 관계되어 있는 경우(예컨대, 단순히 어깨를 스치는 경우)는 사회적 행위일 수 없고 베버에 의하면, "다른 사람의 행동에 의미적으로 지향된 행동"만이 사회적 행위이다(《경제와 사회》, 11쪽). '다른 사람의 행동에 의미적으로 지향'되는 것은 물론 반드시 직접적일 필요는 없고 간접적인 경우도 얼마든지 있을 수 있다.[8] 여기서는 또한 타인의 직접적인 행동뿐만 아니라, 간접적으로 지향된 행동도 이해될 수 있다는 사실이 전제되지 않으면 안 된다. 이와 같은 관점에서 보면, 하나의 사회적 행위는 매우 여러 층의 의미구조를 지니고 있음을 알 수 있다. 그리고 사회적 행위자는 이미 이러

---

8 여기서 사용되는 '지향되어 있음Orientiertsein'이란 개념을 쉬츠는 제2장에 가서 막스 베버의 동기Motiv 개념과 연관시켜 '때문에' 동기Weil-Motiv와 '위하여' 동기Um-zu-Motiv의 구별과 분석을 시도하는 자리에서 구체적으로 설명하고 있다. 《사회세계의 의미적 구성》, 115쪽 이하 참조 바람.

한 의미구조를 알고 있다고 할 수 있는 것이, 그것을 알고 있을 경우에만 행위자는 그의 행위를 타인의 행동에 의미적으로 관련시킬 수 있기 때문이다. 그러나 이러한 의미층들을 행위자가 사회적 행위를 하는 과정에서 언제나 명백히 의식하는 것은 아니며, 흔히는 반성에서 비로소 명백히 의식할 수 있다. 다만 확실히 말할 수 있는 것은 그 의미구조가 숨겨져 있든, 드러나 있든 간에, 모든 사회적 행위는 타인의 행동에 지향되어 있으며, 타인이란 한 사람일 수도, 다수일 수도, 알려진 다수일 수도, 또는 알지 못하는 다수일 수도 있다.

그런데 막스 베버는 의미 있는 행동이 무엇인가 하는 것과 이것을 무의미한 행동sinnloses Verhalten과 구별하는 데서 행위에 결부된 의미와 행위의 동기를 혼동하고 있다고 쉬츠는 지적한다(27쪽).[9] 이러한 혼동의 일차적 원인은 막스 베버가 '의미 있는 행위'라는 개념을 충분히 선명하게 정의하고 있지 못한 데에 있다. 베버는 외적 자극에 대한 단순한 수용적受容的, 반사적反射的 행동, 개인적 습관이나 관습에 따라 별 생각 없이 행동하는 것들은 모두 '무의미한 행동'으로 규정한다(《경제와 사회》, 12쪽). 즉 행위자가 의식적으로 의미를 부여하지 않는 행동은 무의미한 행동으로 간주하는 것 같다. 물론 베버가 뜻하는 무의미한 행동이란 행위자가 의미를 부여하지 않는 행동이란 뜻으로 일상적인 뜻의 무의미한 행동, 즉 목적 없는, 또는 이유 없는 행동의 뜻과는 다르다. 그러나 우리는 쉬츠와 함께 하나의 행동에 대하여 반성을 해봄으로써 그 행동이 지닌 의미를 인식할 수 있다면, 그러한 행동 또한 의미 있는 행동이라고 보아야 할 것이다. 그렇게 본다면, 관습적인 행동이나 반사적인 행동은 결코 베버적인

9 동기와 의미가 어떻게 다른가 하는 것은 쉬츠의 이 저서 37쪽 이하에 설명되어 있음.

뜻에서 의미가 없는 행동이 아님을 인정하지 않으면 안 된다. 따라서 쉬츠도 마찬가지로 행위와 단순한 행동을 구별시키는 것은 의미가 있는가 없는가 하는 것이 아니라, 양자는 서로 다른 특수한 의미를 갖는다고 보는 것이 타당하다고 생각한다. 앞서 언급한 의미와 동기가 어떻게 다른가 그리고 단순한 행동과 행위가 각기 어떤 특수한 의미를 지니는가를 쉬츠는 뒤에 가서 상세히 다룬다(《사회세계의 의미적 구성》 4절과 6절).

나) 이해와 동기의 개념

막스 베버는 이해Verstehen라는 개념을 두 가지로, 즉 행위가 뜻하는 의미를 현실적으로 이해하는 것aktuelles Verstehen과 설명적 이해erklärendes Verstehen 또는 동기관계적 이해motivationsmäßiges Verstehen로 구별한다(《경제와 사회》, 3쪽). 쉬츠는 이 구별을 소개하면서 이 두 종류의 이해에 대한 막스 베버의 규정이 매우 명확하지 못함을 지적한다. 현실적 이해란 베버에 의하면, 타인의 신체적 움직임(표정, 거동 등)이나 언어적 표현(말, 글 등)에서 그 의미를 올바로 이해하는 것을 의미한다. 이에 대하여 설명적 또는, 동기적 이해한 행위자가 자신의 행동에 어떠한 의미를 부여하고 있는가를 이해하는 것이다. 이것을 막스 베버는 동기관계의 이해라든가, 의미연관의 이해라고 표현한다(《경제와 사회》, 4쪽). 그리고 설명함이란 곧 '의미연관의 파악'과 같은 뜻이라고 한다. 쉬츠는 우선 '현실적 이해'와 관련하여 막스 베버를 비판하기를, 이 이해에서는 행위의 주관적 의미(행위자가 그의 행동에 부여하는 특수한 의미)를 전혀 파악할 수 없다고 본다. 즉 행위의 외적인 경과를 관찰함으로써 얻게 되는 현실적 이해에서는 행위자가 진정 어떠한 의미를 그 행위에 부여하는지를 알 수 없다는 것이다. 따라서 쉬츠는 현실적 이해에서 파악하는, 즉 행위자의 외적 행위과정에서 파악하는 의미연관을 '주관적 의미연관'에 대립시켜 '객관적 의미연관'이라고 부른다(36쪽).

그 다음, '설명적 또는 동기관계적 이해'와 관련해서 우선 언급되어야 할 것은, 이 이해란 곧 현실적으로 이해될 수 있는 행위도 함께 속하는 의미연관의 파악이다. 쉬츠는 이러한 이해에는 이미 행위자의 과거와 미래에 관한 지식이 전제되어 있다고 본다. 그리고 이 전제 없이는 한 행위의 동기관계적 이해는 불가능하다고 본다. 즉 과거에 이러이러하였으므로 그리고 장차 이러이러한 것을 기대(예상)하므로 그것이 실현될 수 있기 위하여 어떤 한 행위를 한다고 이해하는 것이다. 그리고 이러한 두 가지 전제에 의해서만 베버가 말하는 의미연관의 이해, 즉 동기관계적 이해가 가능하다. 이것은 과거에 관한 것이든, 미래에 관한 것이든 어느 것이나 한 행위의 동기들에 관한 물음이다. 막스 베버는 동기Motiv를 "행위자나 관찰자에게 한 행동의 의미있는 근거로서 나타나는 의미연관"이라고 말한다(《경제와 사회》, 5쪽). 쉬츠는 베버의 이러한 규정에는 다시금 두 가지 관점이 포함되어 있다고 본다. 즉 하나는 나의 행동의 의미있는 근거로서 나타나는 것은 장차 일어날 것에 대한 일련의 기대이고, 다른 하나는 나로 하여금 이러한 행동을 하게 한 일련의 과거의 체험들이다. 베버는 이 두 가지 측면을 전혀 구별하지 않았을 뿐만 아니라, 더 나아가서 한 행동의 의미 있는 근거와 행위자가 그의 행동에 부여하는 의미가 같은지 어떤지를 명확히 하지 않음으로써 일상적인 소박한 견해에 머물러 있다고 쉬츠는 지적한다. 그리고 동기가 밝혀진다고 하여 결코 행위자가 그의 행위에서 뜻하는 의미의 구조가 드러나는 것은 아님을 확실히 한다(39쪽). 오히려 동기는 이미 행위에 주어져 있는 주관적 의미를 통하여 밝혀진다.

막스 베버가 '동기관계적 이해'라고 부른 것도 단순히 동기를 밝혀내는 것으로서, 이것 또한 행위자 자신이 자명하게 부여한 주관적 의미로부터 밝혀지거나, 아니면 관찰자가 행위자의 행위동기를 찾는다면, 그것은 관찰자에게 주어진 객관적인 의미로부터 밝혀질 수 있다. 따라서 여기서도 행위자가 자신의 행동에 부여하는 주관적 의미는 들어나지 않는다. 쉬츠가 보기에는, 베버가 구별하는 이 두 종류의 이해는 오직 의미를 객관적으로만 해석하며, 따라서 이 구별은 구별 근거가 명확하지 못하다. 왜냐하면 베버가 목표로 하는 것이 주관적 의미의 해명이라면, 그러한 구별은 이 목적에 전혀 기여하지 못하지 때문이다. 객관적 의미란 것은 신체적 또는 언어적 표현 등에 의해서 산출되는 그것을 산출한 주체의 의식과정으로부터 독립된 관념적ideal이요 동일한 의미 내용을 가리킨다. 그리고 사회세계 내에서의 주관적 의미에 관한 물음은 결국 객관적 의미까지도 궁극적으로 그것이 산출된 의미 구성 과정으로 소급해서만 그 최종적인 대답을 얻어 낼 수 있다고 쉬츠는 주장한다(48쪽).

(3) 행위 개념의 심층적 분석

행위의 개념을 보다 면밀히 고찰한다면, 거기에는 이중의 뜻이 포함되어 있음을 알 수 있다. 이것은 인식Erkenntnis이라는 개념이 인식하는 활동Erkennen을 가리킬 때가 있는가 하면, 인식된 결과 또는 인식내용, 즉 인식된 것Erkanntes을 가리키는 경우가 있는 점과 마찬가지이다. 쉬츠는 행하는 활동 또는 과정으로서의 행위actio와 완결된 단위로서의 행위actum의 이중적 의미가 행위하는 개념 속에는 포함되어 있음을 지적한다. 그러므로 만일 행위actum에 관해서 말한다면, 그에 앞서 주어진, 앞의 행위를 구성시키는 과정actio은 전혀 고려되어 있지 않다. 쉬츠에 의하면, 모든 행위과정은 '내적 시간의식'(후설의 표현대로) 또는 시간적 지속durée(베르그송의 표현대로)에서 수행된다. 쉬츠는 이제 막스 베버가 '행위자는 그의 행위에 하나의 의미를 결부시킨다'라고 말한다면, 행위자가 의미를 결부시키는 것이 완결된 행위(행위자에 의해서 산출된 것)일까 아니면, 내적 시간의식에서 구성되는 행위과정일까 하고 묻는다(51쪽).

행위자가 의미를 부여하는 행위는 적어도 신체의 동작과 같은 물리적인 과정을 두고 하는 말이 아님은 막스 베버에 있어서도 확실하다. 왜냐하면 하지 않음(그만 둠), 참는 것도 행위자가 그것에 의미를 부여하는 한, 행위의 개념에 포함된다고 규정하기 때문이다(앞서 인용한 베버의 행위 개념의 정의에 따라). 그리고 쉬츠는 또한 이미 행위자가 자신의 행동을 명백히 의식하고 있는가 아닌가에 따라 행위와 단순한 행동을 구별하는 것은 불합리함을 지적하였다(27쪽 이하). 쉬츠는 체험의 구성에 관한 후설의 이론을 옹호하여 모든 행동과 태도가 자아의 능동적 의식 활동으로부터 나오는 한, 거기에서 이미 의미를 지니고 이루어진 것이며, 심지어 단순히 수동적인 체험도 이미 의미 있는 것이라는 입장을 취한다. 따라서 행위를 모든 다른 행동으로부터 구별시켜 주는 것, 즉 막스 베버가 '주관적 의미를 그것에 결부시킨다'는 행위란 단순한 행동과는 다른 어떤 특정한 의미를 지니고 있다고 보는 것이 타당하다.

행위만이 아니라 행동도 확실히 의미 있는 것이라면, 양자의 구별은 결국 그것들이 처음 구성된 의식의 영역으로 소급하여 분석함으로써만 가능하다고 본 쉬츠는 우선 행동 및 태도가 모든 다른 의식체험으로부터 구별되는 것은 행동이나 태도는 의식의 능동적 활동에 근거하고 있음에 주목한다. 능동적 의식 활동으로부터 나오지 않은 체험도 의미가 없는 것은 아니나, 자아가 한 체험의 의미를 의식한다는 것은 특별히 그 체험에 주의를 기울이고 그 체험을 다른 체험으로부터 구별 짓는다는 것이다. 쉬츠의 의하면, 한 체험에 의미를 결부시킨다는 것은 바로 그러한 뜻이라고 한다. 그러나 이 말은 이미 있는 어떤 체험에 새로운 의미를 덧붙인다는 뜻이 아니라, "의미란 〔…〕 자신의 한 체험에 일정한 시선을 향함을 칭하는 것이다〔…〕"(54쪽). 행위란 하나의 특수한 행동이라면, 행동에 관한 말은 행위에도 적용된다. 그리고 의미란 것을 앞서 인용한 그런 뜻으로 이해한다면, 행위와 단순한 행동의 차이란 결국 행동이나 행위가 처음 구성되는 체험에 대한 시향視向Zuwendung(시선을 향함, 주의를 기울임)의 방식에 있다고 볼 수 있다. 이렇게 의미있는 행위의 문제를 쉬츠는 내적 시간의식에서 한 체험의 의미가 어떻게 구성되는가 하는 문제로 소급하여 해명하고자 한다.

내적 시간의식에서 체험이 구성되는 것을 고찰하는 구성적 분석의 결과 쉬츠가 얻은 첫 성과는 주의를 기울이는 시향視向은 오직 반성하는 의식 작용에서 가능하며, 이미 지나간, 수행된 의식 작용(체험)에 대해서만 가능하다는 것이다(68-69쪽). 따라서 '의미있는'이라는 술어가 붙을 수 있는 체험이란 현재 진행되고 있는 것이 아니라, 오직 완료된 체험에만 해당된다고 할 수 있다. 쉬츠는 행동 및 태도Verhalten에 대한 현상학적 분석을 시도하여 우선 이것을 후설의 용어를 빌려 '자발적인 능동적 활동에 의하여 의미부여하는sinngebendes 의식체험'이라고 정의한다(73쪽). 여기서 특히 주목해야 할 것은 '자발적인 능동적 활동에 의하여'라는 말이다. 현재 진행되고 있는 체험에 대해서도 우리는 명백하지는 않으나 단순히 동반된 반성적 의식이 있음을 안다. 이것은 그러나, 능동적 활동에서 의미부여하는 것과는 다르다. 그리고 쉬츠가 뜻하는 의미부여하는 체험이란 앞서 언급한 대로 이미 의미 있는 체험에 반성적 시선을 돌리는 것을 말하며, 결코 새로운 의미를 비로소 추가하는 것은 아니라는 점을 또한 주목해야 하겠다. 따라서 '체험에 시선이 행해져 있다'는 말과 '한 체험이 의미 있다'라는 말은 같은 뜻이다(75쪽). 결국 행동이란 반성적 시선이 행해진 체험으로서, 그렇지 않은 다른 체험으로부터 구별된다.

행동의 개념이 우선 그렇게 결정되었다면, 이제 문제는 행위의 개념이다. 쉬츠는 행위란 "미래를 지향하는 자발적 활동"이라고 말한다(75쪽). 그러나 이 미래는 의식의 한순간 앞을 가리키는 것이 아니라, 예견하는 기대Vorerinnerung을 뜻한다. 이 경우 기대되는 것은 '단계적으로 완성되는 행위함'(행위과정)이 아니라, 완결된 행위Handlung, 또는 행위함에 의하여 실현되어야 할 목적이다(78쪽). 따라서 행위를 단순한 행동으로부터 구별시키는 것은 결과를 미리 예견하여 행위에 의하여 실현되어야 할 목적을 미리 설정하는 것, 즉 행위가 기획된 것das Entworfensein der Handlung이다(79쪽). 행위란 말하자면, '기획된 행동das entworfene Verhalten'이다(81쪽). 그리고 행위함Handeln의 의미란 행위함에 의하여 실현되어야 할, 성취된 것으로서의 행위Handlung이다. 그러나 시간적 지속 가운데서 이미 수행이 완료된 행위를 뜻하는 것이 아니라, 아직 행위진행이 시작되기 전 미리 미래를 내다보며 기획하는 데서 '수행된 것으로 상상된 행위'이다. 실제로 이미 수행되어 완결된 행위와 수행되기 전 기획에서 상상적으로 수행된 것으로서의 행위는 그 구조에 있어서 같은 것일 수 없다. 우선 시간관계에서도 하나는 미래의 것인데 반하여 다른 하나는 과거의 것이다. 쉬츠가 보기에는 막스 베버가 단순히 의식된 행동을 행위하고 규정한다면, 그 점에서 전혀 명확하지가 못하다고 지적한다(83쪽 이하).

위와 같이 밝혀진 행위의 내적 구조를 앞서 규정한 의미 있는 체험의 규정과 관련시켜 고찰함으로써 쉬츠는 다음과 같은 사실을 확정한다. 즉 반성적 시선이 어떤 한 체험을 다른 체험들로부터 부각시킴으로써 그 체험이 의미 있는 것으로 구성된다면, 행동 또한 마찬가지로 반성적 시선이 가능해짐으로써 의미 있는 행동이 될 수 있다. 더 나아가서 반성적 시선이 미래에 이루어질 행동을 이미 이루어진 것으로서 상상하는 체험, 즉 기획하는 체험에 행해짐으로써 이제 의미 있는 행위가 가능하게 된다(95쪽). 따라서 의미 있는 행동이나 의미 있는 행위에 대한 반성적 시선은 의미 있는 체험에 대한 반성적 시선을 토대로 하고 있음이 드러난다. 이로부터 귀결지울 수 있는 것은 행동(및 태도)이나 행위는 반성적 시선이 이중으로 향해지는, 체험들의 다중적 종합으로서 구성된다는 것이다(95쪽).

(4) 행위의 '위하여' 동기와 '때문에' 동기

쉬츠는 앞서 말한 바와 같이, 모든 체험이 다 의미 있는 것이라는 후설의 견해를 지지하고, 후설이 《이념들》 1권에서 체험구성의 내적 구조분석에서 전개한 이론에 따라 경험연관은 곧 의미연관임을 결론짓는다. 개별적인 체험들이 의미있다는 것은 그것들이 속한 체험의 보다 높은 단계의 종합적인 체험연관 내에서 일정한 위치를 갖기 때문이다. 이 연관 내에서는 어떠한 체험도 그 자체 고립되어 구성될 수는 없다는 것이 의식의 한 기본적인 특성이다. 소위, 의미있는 체험으로서 규정되는 행동 또는 태도란 의미연관으로서의 경험연관 내에서 반성적 시선의 초점에 놓인 체험이라고 말할 수 있다. 따라서 행위가 앞서 쉬츠가 설명한 대로 체험들이 다중적으로 종합된 것이라고 한다면, 행위란 곧 의미연관이라고 말할 수 있다(102쪽). 더 나아가서 경험의 전체 연관이란 '반성적 시선이 향해질 수 있는 구성된 체험의 전체'라고 규정할 수 있다. 왜냐하면 어떠한 개별적 경험도 반성적 시선의 대상이 될 수 있으며, 개별적인 경험들은 보다 큰 단일체를 형성함으로써 하나의 경험연관에 속하게 되고, 이 경험연관은 다시 다른 경험연관들과 반드시 일정한 관계 아래 있게 됨으로써 보다 큰 경험연관을 이루는 식으로 되어 어떤 한 주체의 경험연관 전체를 형성하게 되며, 경험연관 자체에 대해서도 또한 반성적 시선이 가능하기 때문이다. 이런 방식으로 이해하게 될 때, 한 체험이 그 나름으로 갖는 의미란 경험이 연관 내에서 이 체험이 어떤 방식으로 속하는가, 즉 의미연관으로서의 경험연관 내에서 어떠한 위치를 갖고 있는가를 뜻한다. 따라서 행위자가 그의 행위에 의미를 결부시키는 '사념思念된 의미gemeinter Sinn'라고 막스 베버의 표현은 자아에 의한 체험의 자기해석Selbstauslegung을 뜻하는 것에 지나지 않는다(104쪽).

경험연관을 의미연관으로 이해하고, 사념된 의미를 이 의미연관 내에서 한 체험이 갖는 위치를 정함, 또는 한 체험의 자기해석이라고 밝힌 쉬츠는 이 분석 결과를 막스 베버의 동기Motiv 개념에 관계시켜 고찰한다. 왜냐하면 막스 베버가 동기를 바로 행위자 및 제3의 관찰자에게 그 행위의 근거로서 나타나는 의미연관이라고 설명하였으며, 이 경우 막스 베버에 있어서는 동기라는 용어가 미래적인 것에 대한 행위의 지향을 가리키는 때도 있고 과거의 체험을 가리키는 때도 있으나 이 양자를 구별 없이 사용하고 있음을 쉬츠는 다시 한 번 지적하고 있다(116쪽).

베르그송의 지속durée 개념과 후설의 내적 시간의식의 분석으로부터 도움받아 쉬츠가 분석한 행위의 내적 구조로 보아 의미 있는 행위란 곧 기획 속에서 상상된, 미래에 완결될 행위내용에 지향되어 있는 행위임을 알았다. 그렇다면, 한 행위의 동기란 곧 장차 이루어질 행위결과에 대한 현재의 예상적 체험이라고 할 수 있다. 이것을 쉬츠는 '위하여' 동기Um-zu-Motiv라고 부르며, 행위의 사념된 의미란 곧 '위하여' 동기라고 보았다(117쪽). 이에 대하여 '때문에' 동기Weil-Motiv는 항상 과거의 체험에 진행되어 있음을 알 수 있다. 하나의 경험연관 내에서 '위하여' 동기와 '때문에' 동기의 구별되는 특성을 명확히 함으로써 쉬츠는 행위의 의미 내지 동기와 행위 자체가 갖는 내적 관계를 밝혀내고 있다. 그는 "비가 오기 때문에 나는 우산을 쓴다"라는 하나의 명제를 놓고 여기서 '때문에' 동기와 '위하여' 동기를 구별한다(123쪽). '위하여' 동기는 예컨대, "비에 젖지 않기 위하여 나는 우산을 쓴다"라는 명제에서 표현된다. 여기서 행위의 기획에 속하는 것은 우산을 씀으로써 내가 비에 젖지 않는 상황에 대한 상상체험이다. 이 미래지향적 기획이 나로 하여금 우산을 쓰도록 직접적으로 동기부여하고 있다. 그러나 그러한 상상체험에 의한 기획을 동기부여하고 있는 것은 과거의 경험연관이라고 말할 수 있다. 바로 가까운 과거체험으로서는 비가 오는 것에 대한 지각知覺이요, 그리고 내리는 비에 노출되면 옷이 젖는다는 것, 젖으면 기분이 나쁘다는 것 등등 과거의 경험과 지식이 상상에 의한 기획을 하도록 만든 동기이다. 그러나 쉬츠에 의하면, 우산을 쓰는 행위를 유발시킨 직접적인 동기가 곧 비가 온다는 사실에 대한 지각은 아니라는 것이다. 물론 일상적인 언어표현에서나 소박한 생각에는 이 차이가 전혀 고려되지 않는다. 보다 정확히 말하여, '위하여' 동기관계에서는 상상체험에 의한 기획이 '우산을 쓰는' 행위를 유발시킨 것이며, '때문에' 동기관계에서는 과거의 체험이 상상에 의한 기획을 유발시킨 것이다(124쪽). 따라서 이 '때문에' 동기관계에서는 '우산을 쓰는' 행위가 관계항關係項으로서 등장하지 않는다. 하나의 동기관계를 이루는 두 관계항을 거꾸로 살펴보면, 두 가지 동기관계의 차이는 더욱 명확해진다. '우산을 쓰는' 행위는 행위결과를 예상하는 행위자의 기획을 소급 지시한다. 그러나 '우산을 쓰는' 행위를 미리 예상하여 기획함이 반드시 비가 오는 것에 대한 지각을 소급 지시하고 있다고 단정할 수는 없다. 즉 비가 오는 것에 대한 지각이 반드시 그러한 기획을 유발하는 것은 아니다(이를테면, 방안에서 창밖을 내다보고 비가 오는 것을 지각하는 경우).

이러한 관찰의 결과 결론짓게 되는 것은, '위하여' 동기관계에서는 동기부여 받은 행위가 동기부여하는 기획체험에서 예상되어 있다는 것이 특징이라면, 즉 동기부여하는 것은 미래의 시간성격을 지닌다고 본다면, '때문에' 동기관계에서는 항상 동기부여하는 것이나 동기부여 받는 것이나 간에 두 관계항이 모두 과거의 시간성격을 갖는다는 것이다(125쪽). 앞서 살펴본 보기에서 비가 오는 것에 대한 지각도, 우산을 쓰는 것도 과거형 내지 과거완료형이다(비록 과거에 시작되어 현재도 진행 중이라 하더라도). 만일 어떤 사람이 "왜 우산을 쓰느냐?"하고 '때문에' 동기를 묻는다면, 우산을 쓰는 것에 대한 지각도, 그것의 '때문에' 동기인 '비가 오기 때문에' 또는 '비가 오는 걸 알기 때문에'라는 것도 이미 수행한 체험이다. 따라서 '때문에' 동기와 그 행위가 관계되어 있는 의미연관은 과거의 체험을 되돌아보는 데서만 구성된다는 것을 알 수 있다(126쪽). 이와는 달리 '위하여' 동기를 묻는 데서는 언제나 행위와 그 기획 사이의 관계만이 고려된다. 그리고 행위자가 그의 행위 시에 행위에 부여하는 의미란 곧 '위하여' 동기이며, 이것은 행위 이전에 미래지향적 상상체험에서 수행된 것으로 예료豫料된antizipierte 행위를 가리키는 것이다(127쪽).

이상으로 쉬츠는 행위의 의미 및 의미연관에 관하여 하나의 개별적 주체에 국한시켜 분석하는 일을 끝내고 원래의 중심테마인 사회적 의미에 관련된 문제로 넘어간다.

(5) 타자 이해

쉬츠가 사회세계 내의 타자를 이해하는 문제에 접근하는 데 있어서 우선적으로 전제하고 있는 것은 우리의 일상생활의 세계, 이 속에서 한 인간이 태어나서 성장하고 살아가는 세계는 이미 사회세계라는 것이다. 사회세계란 곧 다수의 다른 사람과 관계함으로써 이루어지는 공동세계로서 여기에서는 타자가 '나'와 같은 하나의 주체임을 의문 없이 받아들이고 있는 세계이다. 타자도 나와 같은 방식으로 체험하며, 행위하며, 자신의 행위에 의미를 부여하며, 그리고 나와 같은 방식으로 나와 다른 타자를 이해한다는 것을 자명하게 전제하고 있다. 따라서 쉬츠에게는 현상학에 고유한 선험적 문제, 즉 타자가 어떻게 나의 자아自我Ego 안에서 구성되는가, 그리고 이를 바탕으로 어떻게 객관적 세계가 구성되는가 하는 것은 문제영역 밖이다. 그에게는 오직 일상세계인 사회세계 내에서 만나는 인간과 그의 체험에 대한 이해가 문제의 중심이다. 사회세계가 타자의 이해에서 비로소 그 구성이 가능하다면, 타자 이해는 이미 이루어졌으며, 계속하여 이루어진다는 가능성이 주어져 있다고 보아야 한다. 그렇다면, 이것이 어떻게 가능한가 하는 물음과 관련해서 우선 요구되는 것은 타자의 체험을 해석하는 일이 타자가 자기 자신의 체험을 해석하는 것과 동일한 방식으로 수행될 수 있어야 한다는 것이다(139쪽). 그러나 타자와 '내'가 동일한 주체가 아닌 이상 타자가 자신의 체험을 반성에서 관찰하는 것과 내가 타자의 외적 표현(행동, 말, 몸짓 등)을 통하여 관찰하는 데서 갖는 것이 동일한 것일 수는 없다. 이것은 후설이 《이념들 I》에서 자아 자신의 체험과 외적 물체가 주어지는 방식의 차이와 관련해서 말하는 바와 같이, 자아 자신의 체험은 반성하는 의식에서 내재적內在的으로immanent 주어지나, 물체는 언제나 체험하는 의식에 초월적으로transzendent 주어지는 것과 마찬가지로, 타자의 체험은 언제나 나의 의식에 초월적으로 주어지며, 게다가 결코 직접적으로 주어지지 않고 외적 표현을 통하여 간접적으로만 주어진다. 쉬츠는 이러한 관계를 달리 표현하여 타자의 체험도 연속적인 것이나, 타자로부터 나는 다만 비연속적인 체험조각들만을 파악한다고 말한다(146쪽). 이러한 상황에서 타자 이해가 어떻게 가능하며, 그 이해의 내적 구조가 어떠한가를 분석하기 위하여 쉬츠는 먼저 '타자 이해Fremdverstehen'라는 개념을 분석하는 데서부터 시작한다.

먼저 이해라는 개념을 가장 넓은 뜻으로 파악할 때, 의미에 대한 이해라고 말할 수 있다. 왜냐하면 "모든 이해는 의미있는 것에 지향되어 있으며, 이해된 것만이 의미가 있기" 때문이다(149쪽). 이해의 이러한 개념에는 자아의 체험에 대한 자기해석이 포함되며, 타자 이해란 타자에 대한 자아의 체험을 자기해석하는 것을 우선적으로 뜻한다고 할 수 있다(149쪽). 타자도 역시 하나의 주체로서 나와 마찬가지로 의식을 지니고 있으며, 내가 타자를 경험하는 것과 같이 타자 또한 '나'를 하나의 타자로서 경험한다는 것을 나는 자신의 체험을 자기 해석함으로써 알게 된다. 따라서 일차적인 의미에서의 타자이해는 어디까지나 자아 자신이 지닌 체험의 자기 해석에 그 토대를 두고 있다고 말할 수 있다.

타자 이해라는 개념의 기본적인 것을 확정한 뒤, 쉬츠는 문제를 타자의 행위 및 행동에 대한 이해에 집중시켜 이것을, 상호의견 전달의 의도가 없는 타자 행위의 이해와 의견 전달의 행위에 대한 이해로 구별하여 고찰한다. 이것을 구별시켜 다루어야 할 이유는 의사소통Kommunikation 행위가 가능한 데서는 이미 대화 상대자가 나와 더불어 사회적 관계에 있어야 하며, 이 관계란 다시금 타자의 체험과정을 내가 이미 이해하고 있다는 바탕 위에서만 가능하므로 의사소통 행위에 대한 이해는 타자 행위의 단순한 관찰적 이해보다 훨씬 높은 단계의 이해이기 때문이다(158쪽).

가) 전달의도 없는 타자 행위의 이해

타자의 의식 내의 체험진행을 알기 위하여 이를테면, 관찰자인 나는 타자의 행동(행위, 태도까지 다 포함하는 넓은 뜻의)을 외적으로 지각하고 그것을 해석한다. 관찰자는 관찰되는 피관찰자의 행동으로부터 그의 일련의 체험을 상상 속에서 뒤따라 수행한다. 즉 지각하고 해석한 행위를 관찰자 자신의 행위 목적으로서 예상하여 기획하고, 이 기획을 지향하는 행위과정을 상상한다. 이렇게 함으로써 관찰자는 피관찰자의 자리에 자신을 놓고 그러한 행위를 하는 것은 어떠한 행위목적이 있는가를 관찰자 자신의 경험연관을 토대로 이해하고자 한다. 따라서 여기에는 자신의 체험과 타자의 체험을 관찰된 행위와 관련하게 동일화同一化한다고 볼 수 있다.

타자 행위의 이해란 타자 행위의 의미를 이해하는 것이며, 그것은 곧 타자가 그의 행위에 부여하는 의미, 다시 말하여 행위의 '위하여' 동기를 이해하는 것이다. 그리고 이 의미란 타자의 주관적 의미이다. 그러므로 관찰자인 나의 체험을 타자의 체험과 동일화함으로써 타자 행위의 '위하여' 동기를 알리는 데에는 일정한 난점과 오해의 위험이 따르지 않을 수 없다. 관찰자가 명확히 알 수 있는 것은 지각될 수 있는 행위의 외적 과정밖에는 없다. 그리고 이것을 재료로 하여 관찰자인 나는 나의 모든 체험에서 형성된 일정한 전형典型Typik에 따라 그 행위를 나의 행위로 생각할 때, 그것의 '위하여' 동기가 무엇임을 나의 경험연관과 관련시켜서만 알 뿐이다. 이것은 타자이해에 있어서 극복할 수 없는 하나의 난점이자 동시에 타자 행위의 이해에 관한 이론에 있어서 중대한 의미를 갖는다(162쪽).

나) 의사전달행위의 이해

의사전달행위는 물론 일종의 표현행동이지만, 표현하는 자의 표현의도가 없는 단순한 표정이나 태도는 여기서 제외된다. 즉 표현하는 자가 자신의 표현행동에 분명히 어떤 의미를 부여하는 것, 일차적으로는 그 표현행동을 듣거나 보는 사람이 그 표현자의 의식을 이해할 것을 목표로 하는 행동이다. 그러므로 이것을 쉬츠는 표현행위Ausdruckshandlung라고 부르며, 이것만이 타자 행위의 이해문제에서 분석의 대상이 된다(163쪽).

모든 표현행위가 상징象徵Symbol 또는 기호Zeichen(문자, 표의標議 등)의 표시라면, 신체의 움직임(손짓, 몸짓 등)이든, 인공적인 기호나 사물이든 간에 기호의 기능에 대한 분석적 이해가 표현행위를 이해할 수 있는 전제조건이므로, 쉬츠는 후설이 《논리연구 I》에서 연구한 결과에 의거하여 기호 및 상징의 '의미기능'과 '표현기능'을 구별한다. 기호는 그 기호가 지시하는 의미의 기호일 뿐만 아니라(의미기능), 그 기호를 정립한 사람(이를테면, 말하는 사람)의 의식체험에 대한 기호이기도 하다(표현기능)(167쪽). 이렇게 이중적 기능을 가진 기호를 이해한다는 것이 무슨 뜻인가를 생각해 본다면, 기호를 해석하는 사람은 기호가 기호체계Zeichensystem 내에서 갖는 관계를 해석하고 그 기호에서 표시된 뜻이 의미체계 내에서 갖는 관계를 파악, 양자 간의 의미연관을 아는 것으로 충분하다. 기호체계란 기호들 간의 연관을 뜻하고, 의미체계란 이 경우 쉬츠가 경험의 해석도식Deutungsschema이라고 부르는 것이다(111쪽 이하, 168쪽). 기호체계도 물론 하나의 해석도식이다. 왜냐하면 기호가 표시하는 내용의 해석도식을 일정한 기호에 적용할 수 있음이 이미 경험되어 있어야 하며, 이 경험자체가 또한 해석도식으로서 기능하기 때문이다. 그러므로 쉬츠에 의하면, 기호체계란 사용자와 해석자에 대하여 그 기호가 차지하는 해석도식들 간의 의미연관이라고 한다(168쪽). 정확히 말하여, 의미연관이란 기호들 사이에 있는 것이 아니라, 기호가 뜻하는 것들 사이에 있는 것이나, 이 뜻하는 것은 기호에 의해서만 파악되므로 기호들 사이에도 하나의 연관이 있는 것이다. 이것을 쉬츠는 '기호체계'라고 부른다(168쪽).

하나의 경험이 해석도식으로서의 일정한 경험체계에 속하기 때문에 우리가 그 경험을 해석하고 이해할 수 있는 거와 마찬가지로 한 기호의 이해란 일정한 기호체계로부터 해석이 가능함을 뜻하며, 이것은 우리가 일정한 의식 내용의 표현으로서 이 기호사용에 관한 과거의 체험을 지시한다(직접 사용하였든, 다른 사람이 사용하는 것을 경험하였든 간에)(170쪽). 이와 관련하여 쉬츠는 모든 기호체계는 '표현도식Ausdrucksschema'이자 해석도식Deutungsschema이라고 말한다(170쪽). 즉 모든 기호는 그것이 뜻하는 것에 대한 표현으로서 사용되었으며, 그러한 뜻의 기호로서 해석된 것이다. 그리고 기호의 객관적인 의미는 해석자의 해석과정에서 파악되며 기호가 기호사용자의 의식체험을 표현한다는 데서 기호의 표현기능을 말할 수 있다. 기호의 표현기능과 의미기능의 이중적 기능으로부터 알 수 있는 것은 기호가 나타내는 모든 표현은 객관적인 의미(사전에 나와 있는 낱말의 뜻과 같은 것)와 함께 주관적 의미와 임기적臨機的(우연적okkasionell)의미를 지니고 있다는 것이다(173쪽 이하). 표현의 주관적 의미란 표현하는 주체가 특별히 부여하는 의미로서, 표현하는 사람에 따라서, 또는 크고 작은 일정한 공동체에 따라서 다를 수 있다. 물론 거기에서도 표현의 객관적 의미는 그대로 유지된다. 임기적 의미는 하나의 기호가 사용되는(표현하는) 연관에 따라(언어의 경우, 문맥에 따라)그 기호에 추가되는 의미이다(174쪽).

따라서 의사전달행위의 이해에서 그 해석자는 기호의 객관적 의미만을 아는 것으로는 충분히 이해하였다고 말할 수 없으며, 그 임기적 의미와 주관적 의미까지 파악할 때만 충분한 이해에 도달할 수 있다. 임기적 의미는 기호사용자의 표현을 처음부터 끝까지 그 객관적 의미를 해석함으로써 파악할 수 있다 해도, 주관적 의미는 바로, 전달의도 없는 타자 행위의 이해와 같은 방식으로 파악할 수 있다. 즉 의사전달자의 표현행위를 시각적 또는 청각적 지각에 의하여 그 객관적 의미를 파악하고, 그러한 표현행위를 하는 사람의 의식체험을 상상 속에서 자기 자신의 것으로 삼아 그러한 표현행위의 '위하여' 동기를 찾고, 이 동기를 가져온 의식체험을 상상적 추후체험追後體驗에서 파악함으로써 이해할 수 있게 된다(177쪽). 그러나 해석자가 파악한 주관적 의미란 표현자가 뜻하는 주관적 의미와 완전히 같을 수는 없다. 이것은 다른 행위의 의미를 이해하는 데서 나타나는 난점과 마찬가지이다. 이러한 상황은 거꾸로 의사전달자의 경우에도 마찬가지이다. 기호로서 자신의 의식체험을 표현하려는 자는 해석자의 의미해석 행위를 미래적 행위로서 예상한다. 그러나 의사전달자와 해석자의 해석도식(경험도식)들이 같을 수 없기 때문에 해석자의 해석도식에 관한 표현자의 지식은 언제나 완전하지 못하다. 따라서 정확히 말한다면, 타자의 표현행위가 지닌 의미를 이해하는 것은 언제나 근사치에 머무를 수밖에 없다(181쪽).

다) 주관적 의미와 객관적 의미

표현의 객관적 의미와 주관적 의미를 구별한 쉬츠는 이 구별을 모든 사회현상의 의미를 이해하는 데에도 적용한다. 이 영역에서 구별되는 두 개념을 설명하기 위하여 쉬츠는 또한 '소산所産Erzeugnis'과 '증거Zeugnis'라는 두 개념을 설명도구로서 사용한다. 해석자는 타자이해를 이 타자의 의식체험이 거기에서 알려지는 객관적 형성물(말, 글, 몸짓, 손짓, 그 밖의 인공물)을 통하여 수행한다. 이 객관적 형성물은 행위자의 소산임과 동시에 행위에서 그것을 산출한 행위자의 의식에 대한 증거이다(186쪽). 이런 뜻에서는 모든 기호는 증거 또는 증거물이다. 그러나 모든 증거물이 다 기호는 아니다. 하나의 연장(이를테면, 망치)은 하나의 소산이며, 그것을 만든 사람의 의식과정에 대한 증거물이다. 그러나 기호는 아니다. 어떤 객관적 형성물이 산출자와는 관계없이 단순히 소산 자체로서 해석되는 경우도 있을 수 있는 반면에, 그것을 산출한 자의 의식과정에 대한 증거로서 해석될 수도 있다. 단순히 소산 자체로서 해석되는 경우는 그 소산의 객관적 의미만을 고려하는 것이고, 소산물을 산출한 자의 체험과 소산물 간의 의미연관을 고찰하는 경우에는 그 소산의 주관적 의미에 시선을 돌린 것이라 할 수 있다. 따라서 쉬츠는, 객관적 의미는 오직 해석자와 의미연관을 갖고 있는 것이며, 주관적 의미는 그것을 넘어 산출자(이를테면, 말하는 자)의 의식에 대한 의미연관을 지시한다고 말한다(188쪽). 어떠한 소산물의 객관적 의미는 그것을 산출한 어떤 일정한 주체의 특수한 체험의 증거물로 해석되는 것이 아니라, 이미 그 구성이 완결된 것으로서 일반성을 지닌 의미로 해석된다. 반면에 주관적 의미는 산출자의 어떤 특수한 체험을 지시하므로 이 의미를 파악하기 위해서는 그 산출자에게 고유한 특수성에 관한 예비지식 없이는 불가능하다(189쪽).

(6) 사회세계의 구조 분석

가) 사회세계의 여러 가지 영역적 구별

타자이해의 기본 특징을 밝혀내는 데서 알 수 있는 바와 같이 타자이해의 문제는 이미 사회영역의 한 문제이다. 그러나 다수의 타자와 내가 함께 형성하는 이 사회세계는 다수의 주체로부터, 그리고 이들의 상호 관계로부터 산출되는 많은 객관적 형성물(제도, 언어, 관습, 기타 많은 문화적 대상들)과 더불어 결코 단순한 구조로 이루어져 있지 않음은 일상생활을 통해서도 이미 우리가 알고 있는 바이다. 이 외견상으로도 복잡한 구조를 가진 사회세계의 구조에 따라 타자이해의 방식도 앞서 살펴본 것처럼 그렇게 단순하지가 않음이 쉽게 짐작된다. '나'는 나와 같은 많은 다른 사람과 함께 하나의 공동세계에서 살고 있다. 타자를 '너'라는 명칭으로 대신하여 부를 때, 나와 네가 하나의 공동세계 내에 살고 있다 함은 나를 둘러싸고 있는 현재의 이 세계와 '너'를 둘러싸고 있는 너의 현재의 이 세계는 동일한 세계이며, 네 자신과 너의 의식 내용 역시 나의 세계에 속하며, 이 세계에 관한 나의 의식과 나 자신 역시 너의 세계에 속함을 뜻한다(202쪽). 나와 너의 이 동공세계를 쉬츠는 '사회적 환경세계soziale Umwelt'라고 부르는데, 이 환경세계는 내가 직접 경험하는 세계로서 넓은 뜻의 사회세계의 일부분에 지나지 않는다.

쉬츠는 환경세계의 본질적인 특징으로서 '시공간적 직접성'을 말한다(228쪽). 나와 너는 시간적으로 공존하며, 즉 같은 시간에 살면서 나는 너의 의식과정에 시선을 향할 수 있으며, 공간적으로 공존한다. 즉 너의 신체는 나의 신체와 함께 공동의 공간 내에 존재하여 너의 신체는 너의 의식의 표현영역으로서 나에게 직접적으로 생생하게 주어지며, 나의 신체 역시 그렇게 너에게 주어진다. 이 환경세계에 대하여 경험하지는 않았으나 경험가능한, 또는 과거에는 나의 환경세계에 속하여서 내가 경험하였으나 지금은 경험하지 않는 세계를 쉬츠는 '사회적 공존세계soziale Mitwelt'라고 부른다. 공존세계는 시공간적으로 공존하나 내가 현재 직접 체험하지는 않는 세계이다. 환경세계와 공존세계의 경계선은 언제나 명확한 것은 아니다. 이 차이란 상황Situation의 차이라고 볼 수 있다. 내가 어떤 한 친구와 대화를 나누고 있는 경우에는 우리 두 사람은 같은 '환경세계'에 속한다. 헤어져서 그 친구가 나의 시야에서 사라져 보이지 않으면, 그는 나의 '공존세계'에 속하긴 하나 환경세계에는 속하지 않는다. 즉 우리는 일시적으로나마 다른 환경세계에 속한다(202, 246쪽). 따라서 환경세계는, 편지나 전화를 통한 대화의 경우는 예외에 속하는 것으로 본다면, 매우 좁은 공간적 한계 내의 세계를 뜻한다고 볼 수 있다. 쉬츠는 환경세계에 함께 속하는 타자를 '동인同人Mitmenschen', 공존세계에 속하는 타자를 '근인近人Nebenmenschen'이라고 부르고, '나'는 동인과 그의 체험을 체험하나, 근인과는 시간적으로는 함께 살지만, 그의 체험을 직접 파악하지는 않는다고 설명한다(203쪽).

환경세계와 공존세계 외에도 쉬츠는 '전세계前世界Vorwelt'와 '후세계後世界Folgewelt'를 말한다. 전세계는 시간적으로 나의 공존세계에 앞서 있었던 세계로 이미 '역사의 세계'이다. 이 세계는 내가 더 이상 영향을 줄 수 없는 세계이며, 완료된, '어떠한 미래의 지평도 지시하지 않는' 과거의 세계이다(292쪽). 이 전세계의 타자인 '선인先人Vorfahren'은 이미 더 이상 살고 있지 않으며, 내가 결코 영향을 줄 수 없는 타자이다. 후세계는 아직 오지 않은, 나의 상상적 체험에서만 접근이 가능한 세계이다. 나의 현재의 환경세계 및 공존세계는 전세계의 후세계이나, 나의 후세계는 내가 거기에 더 이상 살지 않는 세계이므로 나의 사회세계에 후세계가 속한다면 어떤 의미를 지니고 속하는가에 관하여 쉬츠는 언급하지 않고 있다. 그는 다만 간단히 후세계는 완전히 규정되어 있지 않으며 규정될 수 없다고 말하고, 나의 환경세계와 공존세계가('내'가 죽은 뒤에는) 후세계로 될 수 있다는 점에서만 나의 환경세계, 공존세계에 적용되는 해석원칙들이 후세계에도 적용될 것으로 볼 수 있다고 주장한다(301쪽).

나) 사회적 행위와 타자작용他者作用Fremdwirken

막스 베버의 '사회적 행위'라는 개념을 비판하는 데서부터 출발하여 사회적 행위 및 사회적 행동soziales Verhalten 그리고 사회적 관계 등의 개념을 면밀히 분석한 뒤, 앞서 언급한 환경세계, 공존세계에서의 사회적 행위, 사회관계 들을 분석적으로 해명해 나가고자 하는 것이 쉬츠의 의도이다.

쉬츠는 막스 베버가 사회적 행위soziales Handeln의 개념을 "행위자가 뜻하는 의미에 따라 타자의 행동에 지향된 행위"라고 규정하면서 타자의 행동Verhalten을 명확히 규정하지 않고 있음을 지적한다. 막스 베버의 '사회적 행위'의 의미에는 타자에 지향적으로 관계된 모든 능동적, 수동적 의식이 다 속한다고 볼 수 있다. 다만 적어도 행위자가 그의 행동에 의미를 부여하는 한 그러하다(쉬츠의 의미에서 행위가 미리 기획되었건 아니건 간에). 쉬츠는 막스 베버의 모호한 행위개념을 일단 묵살하고, "타자에 지향적으로 관계된 체험"이라는 것을 출발점으로 삼아 의식 내에서 능동적 활동으로 이러한 체험이 나타나는 경우에 이것을 '사회적 행동soziales Verhalten'이라고 부른다(205쪽). 그러나 이 경우 외적 세계의 한 물체로서 타자의 신체에 지향되어 있는 체험은 여기서 제외된다. 이 사회적 행동에 미리 기획된 것이라면 그것은 사회적 행위soziales Handeln가 된다. 따라서 사회적 행위이든 사회적 행동이든 타자에 지향적으로 관계된 이상 타자지향적 체험이며, 이 경우 타자는 단순한 신체가 아니라, 나와 마찬가지로 의식체험과 체험의 지속을 갖는 주체로서의 타자에 지향되어 있음을 뜻한다. 막스 베버에 있어서는 이양자가 다 사회적 행위에 속하는 것으로 규정되어 있다. 그에게 있어서는 타자의 행동에 대한 단순한 지각도 이미 사회적 행위에 속하는 것으로 된다.

쉬츠는 이제 타자에 지향적으로 관계된 모든 의식체험은 마찬가지로 의식체험을 가진 타자에 대한 나의 태도를 그 특징으로 하고 있다고 보고, 모든 타자지향적 체험에 속하는 이 태도를 '대타적 태도Fremdeinstellung'라고 부른다(207쪽).[10] 사회적 행위는 다른 사람의 어떤 일정한 의식체험을 야기하려는 동기에서 행하여질 수가 있는데, 이러한 사회적 행위를 쉬츠는 '타자작용Fremdwirken'(타자에게 영향을 줌)이라고 부르고, 이는 사회적 행위에 의해서만 가능하지만, 모든 사회적 행위가 다 타자작용을 가져오는 것은 아니라고 한다. 그리고 단순한 사회적 행동은 '위하여' 동기가 결여되어 있으므로 이것은 어떠한 경우에도 타자작용은 아니라고 쉬츠는 설명한다(209쪽). 따라서 비록

---

10 쉬츠가 여기서 말하는 '태도'란 의식 작용Akt으로서 후설의 '태도' 개념과는 다르다. 쉬츠에 의하면, 대타적 태도는 원칙적으로 타자에 지향되어 있는 모든 능동적 의식작용을 다 포함하며, 타자가 나에게 대하여 어떠한 대타적 태도를 취하든 않든 관계없이 수행된다고 한다(《사회세계의 의미적 구성》, 207쪽 참조 바람).

나의 행위가 타자에게 새로운 체험이나 새로운 사회적 행동 및 사회적 행위를 야기시키는 경우가 있다 하더라도, 만일 나의 행위가 미리 기획된 사회적 행위로서 타자의 그러한 작용결과를 미리 의도한 것이 아니라면, 그것은 쉬츠가 말하는 타자작용의 개념에 들어가지 않는다. 타자의(또는 나의) 영향 받은 사회적 행위를 쉬츠는 '타자반작용 행위fremdbewirktes Handeln'라고 칭하고 이것은 타자의 과거의 의식체험에 시선을 돌림으로써 나의 '때문에' 동기에 의해 야기된 행위를 뜻한다고 풀이한다(210쪽).

모든 사회적 행동, 사회적 행위는 대타적 태도라고 할 수 있으나, 사회적 행위가 타자의 체험이나 행동, 행위를 야기시키는 것을 행위목적으로 하고 있을 때, 그것은 '타자영향'이다. 쉬츠는 대타적 태도와 타자영향의 두 개념을 대비시키고, 이것을 '소산Erzeugnis'과 '증거Zeugnis'의 두 개념에 관련시켜 설명하기를, 내가 어떤 소산물(예컨대, 책, 도구)을 타자의 의식에 대한 증거로서 해석함으로써 나는 대타적 태도에서 그 소산물에 지향하나, 이것은 타자영향은 아니다. 그러나 내가 타자를 염두에 두고 어떤 물건을 만드는 행위를 할 때, 이것을 나는 대타적 태도에서 물론 행하지만, 동시에 본질적으로 '타자영향'이라고 한다(212쪽). 이런 의미에서 모든 의사전달 행위는 '타자영향' 이다. 왜냐하면 의사전달의 '위하여' 동기는 적어도 타자가 이것을 이해하는 것이므로, 그리고 이해하는 의식과정은 분명히 타자의 의식체험이므로 그러하다. 그러나 쉬츠에 의하면, 타자영향 역시 타자가 실제로 영향을 받든 받지 않든 관계없이 다만 그것을 목적으로 한 사회적 행위를 가리키는 명칭이다(213쪽).

다) 사회적 관계(태도관계와 작용관계)

두 사람 이상의 다수가 그 행위의 진행에서 상호 간에 지향되어 있는 것을 '사회적 관계soziale Beziehung'라고 규정하고, 이것은 오직 '의미적으로 알려질 수 있는 방식으로 사회적으로 행위되는 기회'에서 이루어진다고 하는 막스 베버의 설명에 대한 비판에서부터 출발하여 쉬츠는 사회적 관계가 이루어지는 '주관적 기회subjektive Chance'와 '객관적 기회objektive Chance'를 명확히 구별하려고 시도한다(214쪽 이하). 이 구별은 막스 베버의 이론에서 이미 발견되는 것이지만, 베버는 이것을 명확히 분리하여 설명하지 못한 점을 쉬츠는 지적한다. 사회적 행위가 알려지는 기회란 사회세계 내에서 행위하는 당사자들에게 알려지는 것과 제3의 관찰자(말하자면, 사회과학자)에게 알려지는 것은 전혀 다른 문제라고 할 수 있다. 주관적 기회란 적어도 두 사람의 행위자가 서로 상대방의 기대된(예상된) 태도에 그들의 행위가 지향되어 있음을 의식하는 체험이다. 객관적 기회란 두 사람 이상의 행위자가 상호 간에 그들의 의식체험이 관계되어 있다는 징표가 제3의 관찰자에게 주어지는 것을 뜻한다. 따라서 객관적 기회란 관찰자의 해석의 기회라고 할 수 있다. 관찰자에게는 행위자들의 행위진행이 그들의 의식진행의 징표徵表Anzeichen에 지나지 않으며, 이 징표를 해석함으로써 행위자들의 의식체험이 그들에게 의미하는 의미연관을 파악하는 것이다. 사회적 관계에 대한 해석은, 행위자들로부터 인식하는 징표들의 일치가 곧 행위자들의 체험이 서로 관계되어 있음을 말해주는 객관적인 기회일 수는 없다는 점에서 매우 까다로운 문제를 포함하고 있다. 객관적인 기회의 확정가능성은 관찰자가 피관찰자(사회적 행위자들)에게 물을 수 있다는 것,

피관찰자들은 그들의 의식체험과 체험들의 일치, 불일치에 관하여 알려 줄 수 있다는 점에 있다(218쪽).

사회적 관계가 이루어지는 주관적 기회는 상대방이 나에게 타자영향을 가하고 내가 그것에 시선을 돌림으로써 가능하든가, 아니면 내가 단순히 상대방을 향할 때, 그가 나에게 일정한 대타적 태도를 취함을 보고 나도 그에게 태도를 취함으로써 가능하다. 이 두 가지 경우는 나와 상대방의 입장을 바꾸어 놓았을 때도 역시 가능함은 두말할 것도 없다(218쪽). 나는 그러한 생동적인 사회적 관계에서 계속 살아갈 수도 있고, 그러한 관계에서 떠나 제 삼자의 관찰자가 될 수도 있다. 우리가 거기에서 살아가는 '생동적 사회적 관계'를 쉬츠는 '순수한 우리들 관계reine Wirbeziehung'라고 부른다(219쪽). 사회적 환경세계에 속하지 않는 모든 대타적 태도, 주관적 의미의 모든 해석방식, 공존세계와 전세계에 대한 고찰가능성이 이 '우리들 관계'에 근거하는 것으로 보는 쉬츠는 이러한 그의 주장을 존중하기 위하여 우선 새로운 두 가지 개념, '작용관계Wirkenbeziehung'와 '태도관계Einstellungsbeziehung'를 도입한다. 그는 타자영향이 이루어지는 사회적 관계를 '작용관계'라 하고, 대타적 태도만이 기능하는 사회적 관계를 '태도관계'라고 부른다(217쪽). 이 태도관계에서도 대타적 태도는 일방적인 것으로 머무를 수 있다. 즉 태도관계에서는 내가 상대방에게 일정한 대타적 태도를 취하는 데서, 상대방도 역시 나에게 대한 대타적 태도를 취하는가 않는가를 알 필요는 없다. 반면에 작용관계에서는 내가 타자작용을 행하고, 적어도 타자는 나에게 대타적 태도를 취하여야(이를테면, 나를 쳐다보아야) 성립된다. 그러나 반드시 상대방이 나에게 대하여 타자작용을 행할 필요는 없다. 다시 말하여, 작용관계가 반드시 상호작용일 필요는 없다(222쪽). 작용관계가 이루어지기 위해서는 그러나, 적어도 반드시 타자의 대타적 태도가 나의 타자작용의 동기이어야 한다. 바로 이 점에서 쉬츠는 사회적 작용관계를 '동기연관Motivationszusammenhang'이라고 말한다(223쪽). 사회적 관계에서는, 무엇보다도 환경세계에서의 사회적 관계에서는 이 작용관계가 보다 중요한 의미를 지닌다는 것은 이미 충분히 짐작할 수 있다.

라) 환경세계 내의 사회적 관계

쉬츠가 환경세계의 특성을 "시공간적 직접성"이라고 말함은 나와 상대방이 동시에 같은 공동된 장소에서 외적 표현을 통하여 상호 간에 의식체험을 파악할 수 있는 가능성이 주어진 사회세계를 뜻한다(228쪽). 이 환경세계의 대타적 태도를 쉬츠는 '너에 대한 태도Dueinstellung'라고 부른다(228쪽). 이 '너에 대한 태도'는 일방적일 수도 있고 쌍방적일 수도 있다. 이 너에 대한 태도로부터 환경세계적 사회관계가 이루어지기 위해서는 쌍방이 다 상대방에 태도를 취함을 각기 동시에 체험해야 한다. 이것을 '순수한 우리들 관계'라고 부름은 이미 언급한 바 있다. 그러나 쉬츠에 의하면, '우리'의 기본관계는 사회적 환경세계 내에 내가 태어남으로써 이미 나에게 주어져 있으며, '너'에 관한 나의 경험은 이 '우리'에 뿌리박고 있다고 한다(230쪽). 왜냐하면 우리가 도대체 태도를 가질 수 있다는 것은 타자가 의식체험을 지니고 있음을 안다는 데서 가능하며, 이것은 다시금 실제적이든, 잠재적이든 간에 이미 일정한 '우리들 관계'로부터만 가능하기 때문이다. 그리고 너의 존재란 이 순수한 '우리들 관계' 내에서만 어떤 특별한 순간 하나의 '너'로서 체험될 수 있기 때문이다(231

쪽). 쉬츠가 여기서 말하는 '우리'란 마치 인식에 있어서 개별적인 대상을 파악하기 전에 대상 세계가 나의 인식가능한 세계로서 이미 주어져 있는 거와 마찬가지이다. 그리고 이미 주어진 이 대상 세계에서 나의 인식적 시선집중에 따라 일정한 대상이 파악되는 거와 마찬가지로 '너'에 관한 나의 경험은 '우리'에 뿌리박고 있다는 것이다.

이 환경세계의 '우리들 관계'가 모든 다른 사회적 관계와 어떻게 다른가를 쉬츠는 설명하기를, 이 순수한 우리들 관계는 환경세계의 모든 태도관계, 작용관계에 앞서 주어져 있다는 것, 이것을 구성하고 있는 것은 타자가 환경세계 내에서 그냥 단순히 하나의 자기Selbst로서 파악되는 '쌍방 간의 너에 대한 태도' 이외에 아무것도 아닌 반면에, 사회적 관계는 어떤 일정한 시간에 타자의 어떤 특수한 의식체험에 관한 앎이 있어야 비로소 이루어진다고 한다(233쪽). 환경세계 내의 사회적 관계는 나와 네가 다 같이 주관적 의미연관에 있는 것을 특징으로 한다. 나는 너의 의식을 체험하고, 너는 나의 의식을 체험한다. 그리고 네가 '나에 관한 너의 체험'을 '너에 관한 나의 체험'에 다시금 관계시킨다는 것을 아는 것 자체 또한 너에 대한 나의 경험의 주관적 의미연관에 함께 속한다(236쪽).

쉬츠는 환경세계의 상황이 지닌 본질적인 특징으로서 나는 타자의 기획과 행위의 수행을 함께 체험하며, 행위에 의한 기획(의도)의 충실充實, 불충실不充實을 함께 경험한다는 것을 말한다. 왜냐하면 여기서는 나를 둘러싼 환경과 너를 둘러싼 환경은 하나의 통일적인 공동의 환경, 우리의 환경임을 알고 있으며, 따라서 나와 너는 서로 상대방의 체험에 관하여 물을 수 있기 때문이다.

다른 한편, 쉬츠는(지금까지 우리는 이 점을 분명히 지적하지는 않았지만) 언제나 그렇듯이, 사회적 관계 내의 나와 타자의 관계를 분석하는 일과 병행하여 제삼의 관찰자의 상황이 갖는 특성을 밝혀내고자 한다. 환경세계적 사회관계와 관련해서도 관찰자의 상황은 매우 독특하다. 관찰자의 '너에 대한 태도 Dueinstellung'는 공존세계와 전세계에 대한 관찰과는 달리 언제라도 직접 환경세계적 '우리들 관계'에 들어갈 수 있으며, 언제라도 피관찰자에게 그의 체험에 관하여 물을 수 있다. 그러나 그렇게 되면, 관찰자는 이미 관찰자의 위치를 버리는 셈이 된다. 따라서 원칙적으로는 환경세계 내의 '너'는 관찰자가 물을 수 없는 관계에 있다. 관찰자가 환경세계에서 갖는 '너에 대한 태도'는 일방적인 것이 될 수밖에 없다. 그러므로 이 관계에서는 관찰자의 체험이 피관찰자에게 대하여 지니게 되는 의미연관과, 피관찰자의 체험이 관찰자에게 대하여 지니는 의미연관, 이 양자는 결코 일치할 수 없다(242쪽). 왜냐하면 주의를 기울이는 동기가 서로 전혀 다른 동기연관 속에 있기 때문이다.

마) 공존세계 내의 사회적 관계

쉬츠에 의하면, 공존세계Mitwelt의 타자는 결코 시공간적 직접성에서 주어지지 않고, '나'는 다만 간접적으로 공존세계의 타자와 공존하고 있으며, 그의 체험은 나의 체험과 동시적으로 경과함을 알 뿐이라고 한다(252쪽). 그러므로 공존세계의 타자는 동인同人이 아니라, 근인近人Nebenmenschen으로 표현되며, 나는 타자의 체험을 '너'의 직접성에서가 아니라, 다만 '전형화典型化하는 이해typisierende Erfassung'에서만 파악한다. 공존세계가 나에게 구성되는 방식은 이미 과거에 직접 경험한 환경세계에 대한 나의 지식으로부터 유추類推되는 방식이거나, 아니면 과거의 환경세계가 변경되는 방식이다. 즉 과거에는 나의 환경세계였던 사회세계가 이제는 더 이상 직접 경험할 수 없는 공존세계로 되었다는 식이다(253쪽). 공존세계에서의 대타적 태도란 언제나 간접적으로 수행되므로 쉬츠는 환경세계의 '너에 대한 태도'와 대비시켜 '너희들 태도 Ihreinstellung'라고 부르고, 이 태도에서 내가 공존세계에 관하여 판단하고 추리하여 아는 모든 것은 나에게 대하여 일차적으로는 객관적 의미연관에 있으며 결코 주관적 의미연관에는 있지 않다(256쪽). 왜냐하면 공존세계에서 내가 경험하는 타자의 체험이란 그것이 원래 구성된 주관적 의미연관으로부터 탈락하여 '전형적인' 타자의식으로서 파악되고 원칙적으로 객관성을 지니게 되기 때문이다. 그러므로 공존세계의 타자체험이란 다소간의 '익명성Anonymität'을 지닌다고 쉬츠는 말한다(256쪽). 이것은 공존세계의 타자체험이 결코 구체적이지 못하며, 개별적이지도 못함을 가리키는 말이다. 왜냐하면 여기서는 하나의 주체로서 구성되는 타자가 그 자신의 체험의 지속에서 구성되는 것이 아니라, 내가 타자에 관하여 해석하는 체험의 종합에서 구성되어 결코 구체적인 개인으로서가 아니라, '이념형Idealtypus'으로 되기 때문이다(257쪽). 쉬츠가 예를 드는 바와 같이, 우체통에 편지를 집어넣는 나의 행동은 우체부가 이 편지를 정해진 방식대로 처리하여 수취인에게 전달해 줄 것에 지향되어 있다. 이 경우, 나는 나의 편지를 가져갈 우체부를 개인적으로 알지 못하며, 공존세계의 이 '근인'(우체부)은 그냥 일정한 기능을 하는 '우체부'로서 하나의 '이념형'으로서 나의 '너희들 태도'에 주어져 있다(257쪽 이하). 막스 베버의 '이념형 Idealtypus'의 개념에 근거하는 쉬츠의 이러한 이론은 좀더 세분화되어 타자행동의 '이념형'을 두 가지 형태로 나눈다. 그 하나는 '인격적 이념형personaler Idealtypus'인데, 일정한 소산을 산출하는(표현하고, 행위하는 등) 타자의 전형이며, 다른 하나는 '내용적 이념형materialer Idealtypus'으로서 소산의 산출과정 자체의 전형이다(262쪽). 양자는 물론 내적인 연관성을 갖는다. '우체부'라는 전형에는 우체부의 일정한 행동의 전형이 전제되어 있다. 이 이념형들은 어느 것이나 나의 경험과정으로부터 생겨난 것이며 앞서 말한 익명성을 지니고 있다. 그러나 이념형들이 갖는 익명성에는 언제나 정도의 차이가 있으며, 그 익명성이 적으면 적을수록 환경세계에 가까이 접근하게 된다(276쪽).

우리는 앞의 (6)의 가) '사회세계의 여러 가지 영역적 구별'에서 사회세계의 여러 가지 영역의 구별과 관련하여 환경세계로부터 공존세계로 이행하는 상황에 관하여 말한 바 있다. 이 경우 예를 들어, 조금 전에 헤어진 친구 '김군'을 지금 내가 생각한다면 쉬츠의 표현대로 나는 '너희들 태도'에서 한 사람의 '근인近人Nebenmenschen'이 된 '김군'을 생각하는 셈이다. 나는 이 경우 분명히 개인적이고 구체적인 김군을 아는데, 여기서 '김군'을 '인격적 이념형'이라고 말하고, 그의 체험, 행위를 '내용적 이념형'이라고 말할 수 있는가? 쉬츠에 의하면, 나는 친구 김군에 대한 나의 환경세계적 경험으로부터 친구 '김군' 일반이라는 이념형을, 그리고 그의 체험이라는 내용적 이념형을 형성한다고 한다. 즉 '김군'과 같은 사람, '그러한 사람의 생각'이라는 식으로 일반화 시킨다는 것이다. 그러나 친구 '김군 일반'이라는 이념형은 매우 높은 정도로 내용이 채워진, 즉 익명이 극히 적은 것으로서 구성된다고 쉬츠는 설명한다(275쪽). 그러나 나의 글을 읽을 공존세계의 어떤 '근인'과 그의 체험이라는 이념형은 나에게 대하여 그 익명성이 매우 크다고 말할 수 있다. 이러한 익명성은 전세계의 '선인先人'에게도 마찬가지로 적용되는 말로서 쉬츠에 의하면, 공존세계나 후세계는 오직 이념형의 방식으로만 파악될 수 있다(320쪽).

3. 쉬츠의 후기 사상(미국 시절)

이미 앞서 언급한 바와 같이, 쉬츠의 미국시절에 나온 논문들로부터 전기 사상(유럽 시절)과 크게 다른 사상을 찾아 볼 수는 없다. 전기와 후기라는 단순한 시간적 구분에 내용적인 구별로서 첨가할 수 있는 것은 첫째로, 후기에서는 전기(오직 대표작, 《사회세계의 의미적 구성》)의 기본적인 사회철학적 이론을 개별적인 문제로 세분화시켜 다루고 있으며, 전기의 기본 사상을 현실적인 문제에 응용한 논문들이 많이 나왔다는 것, 둘째는, 전기에서는 후설의 선험 현상학을 '자연적 태도의 생활세계'에서 살아가는 인간과 그 사회의 문제에 적용한 것이긴 하나, 후설의 현상학을 전적으로 지지하고 이에 의존하여 쉬츠 자신의 이론을 전개하고 있는 데 반하여, 후기에서는 후설의 선험 현상학으로부터 매우 큰 거리를 두게 되고, 특히 후설의 공동주관성의 이론에 대하여 상당히 비판적인 입장을 갖게 됨을 볼 수 있다. 이것은 특히 1957년에 나온 쉬츠의 논문 〈후설에 있어서의 선험적 공동주관성의 문제〉(《철학 계간지*Philosophische Rundschau*》 5, 1957년)에서 찾아 볼 수 있다. 그러나 쉬츠는 처음부터 후설이 선험철학적 입장에서 문제를 다루는 데 대해서는 큰 관심이 없었다는 점을 고려한다면, 후기의 비판적 견해를 전혀 새로운 입장으로 볼 수는 없다. 다만 후기에 와서는 후설의 영향으로부터 점점 벗어나 자신의 독자적인 이론을 더욱 확고히 하였다는 사실이 드러날 뿐이다. 후기의 이러한 특징은 퇴근에 공개된 쉬츠와 구르빗츠A. Gurwitsch(1901-1973)의 서신에서 잘 확인되고 있다.[11] 그중의 일부를 살펴보면 다음과 같은 구절이 발견된다.

> 후설의 현상학은 공동주관성의 문제, 특히 선험적 공동주관성의 문제를 해결할 수 없으며 실패하였다는 나의 확신은 더욱 크네〔…〕 (1954년 8월 쉬츠가 후설의 《유럽 학문의 위기와 선험적 현상학》(전집 VI)을 읽고 난 후 구르빗츠에게 보낸 편지).[12]

> 후설의 현상학을 포함하여 종래의 현상학은 이런 의미에서 나이브하다. 즉 현상학은 기본도식으로서 지각知覺을 분석하면서, 지각이 생활세계적 현상이라는 것, 따라서 생활세계의 구성을 가능케 하는 간접현시적 구조들die appresentativen Strukturen을 함축적으로 전제하고 있다는 것을 전혀 설명하지 않는다〔…〕(1954년 10월의 편지).

여기서 쉬츠가 말하는 '간접현시적 구조'란 모든 외적 지각에서 기능하는 이른바, '간접현시Appräsentation' 또는 '유비적 통각類比的統覺analogisierende Apperzeption'을 뜻하는 것으로서 대상의 지각에서 현재 보이는 측면과 더불어

11 독일의 콘스탄츠에 있는 사회과학 연구소에서 빌레펠트 대학 교수 그라트호프R. Grathoff에 의해 정리되고 있는 쉬츠의 편지를 말함.

12 이 인용문 및 다음의 편지인용은 스루바I. Sruber의 논문 〈선험 현상학으로부터의 전향Abkehr von der transzendentalen Phänomenologie〉으로부터 간접 인용한 것임. 스루바의 논문은 〈사회성과 공동주관성Sozialität und Intersubjektivität〉, München : Wilhelm Fink, 1983, 68-84쪽에 실려 있음.

보이지 않는 측면도 일정한 방식으로 함께 주어지는 것을 뜻한다. 물론 이와 함께 주어짐의 성격은 직접적인 주어짐이 아니라, 보이는 측면과 지금까지의 다른 경험이 유사한 것으로 보는 데서 가능하다. 이 이론은 후설이 특히 타자경험Fremderfahrung과 관련하여 타자의 신체적인 것(직접 지각할 수 있는 것)과 더불어 그의 의식내적인 것도 간접현시된다고 하는, 타자의 구성 문제에서 중요하게 논의되는 것이다. 쉬츠가 편지에서 표현하고 있는 현상학에 대한 자신의 비판은 개별적인 지각이 생활세계 내에서 이루어지는 자연적인 태도에서 이미 수행되고 있는 한, 그리고 이 생활세계는 처음부터 하나의 인식주체에게는 이미 공동주관적으로 구성되어 주어져 있는 한, 단순한 지각 역시 공동주관성을 전제로 하고 있다는 입장에서 나온 것이다.[13]

위에서 인용한 편지의 구절에 이어서 쉬츠는 후설의 '선험적 환원'이 생활세계의 자연적 태도를 이해하는 방법으로서 별로 유용하지 못할뿐더러 오히려 현실적인 사태를 가려버리는 것이 아닐까 의심한다. 후설이 이른바 '자연적 태도의 존재정립'이 갖는, 검토 없이 자명한 것으로 받아들이는 나이브한 존재믿음(외적 사물들이 우리가 지각하는 대로 우리의 의식과는 독립적으로 존재한다고 믿는 것)을 버리고 오직 우리의 의식에 주어진 것만을 고려함으로써 모든 경험의 가능근거를 밝히고, 거기에서 모든 존재하는 것의 본질적인 의미를 획득하려는 선험적 환원이 많은 문제를 해결하였음을 쉬츠도 인정하지 않는 것은 아니다. 이것은 후설의 현상학에 관한 그의 여러 편의 논문들, 〈현상학

13 타자경험에서의 간접현시에 관해서는 후설의 《데카르트적 성찰》 138쪽 이하 참조 바람.

과 사회과학〉(1941), 〈현상학의 몇 가지 기초 개념들〉(1945) 등 심지어 쉬츠가 세상을 떠나기 몇 달 전에 발표한 〈사회과학에 대한 후설의 의의〉(1959)에서도 분명히 밝히고 있다. 쉬츠가 선험 현상학의 의의라든가, 그 탁월한 성과를 전체적으로 부정하려는 것은 아니며, 다만 사회적 현상, 더구나 그 토대가 되어 있는 공동주관적 현상을 선험적 방법에 의해 밝히려는 후설의 시도는 실패하였다고 보는 것이 쉬츠의 확신이다. 따라서 쉬츠는 사회세계의 본질적인 의미구조를 밝히는 일은 선험 현상학이 아니라, 오직 '자연적 태도의 구성적 현상학 die konstitutive Phänomenologie der natürlichen Einstellung'에서 가능하다고 보는 것이다.[14] 이러한 쉬츠의 확신은 후기에 점점 더 확고해졌으며, 마침내 그의 마지막 논문 중의 하나인 〈후설에 있어서의 선험적 공동주관성의 문제〉에서 결정적으로 요약시켜 놓았다고 하겠다. 사회과학의 철학적 정초定礎라는 주제와 관련하여 공동주관성의 구성 문제는 가장 핵심적인 문제이므로 쉬츠가 이 문제를 두고 후설을 어떻게 비판하고 있는가를 살펴봄으로써 후기의 쉬츠의 기본적인 사회철학적 입장을 볼 수 있다. 그러나 후설의 선험적 공동주관성 문제를 비판하는 쉬츠의 이 논문에서는 후설의 선험 현상학 내에서 논의되는 많은 문제들이 언급되므로 우리는 가능한 한, 선험 현상학의 전문영역에 속하는 문제와 용어들을 피하거나 적게 언급하면서 쉬츠의 기본 입장만을 뽑아서 정리하고자 한다.

14 A. 쉬츠, 〈사회과학에 대한 후설의 의의Die Bedeutung Husserls für die Sozialwissenschaften〉. 이 논문은 쉬츠의 논문집 독일어판 제1권(*Gesammelte Aufsätze* I, Haag : Martinus Nijhoff, 1971)에 들어 있음. 인용은 172쪽에서.

후기 쉬츠의 사회철학적 입장을 살펴 볼 수 있는 또 하나의 대표적인 논문으로서는 1953년에 발표한 것으로서 그의 논문집 제1권에 첫 논문으로 들어 있는 〈인간행위의 일상적 이해와 학문적 해석Commonsense and scientific interpretation of human action〉이다.[15] 이 논문에서 다루어지고 있는 기본적인 주제는 21년 전에 출판된 《사회세계의 의미적 구성》과 동일하나, 그보다 한결음 더 발전된 사상을 발견할 수 있으므로 비교할 수 있는 자료로서 중요한 의미를 지닌다. 따라서 우리는 이 논문을 또한 쉬츠의 후기사상을 살펴보는 자료로서 포함시키고자 한다.

1) 공동주관성의 문제

(1) 타자 신체의 구성 문제

타자의 신체가 나의 의식 내에서 어떻게 바로 다른 한 주체Subjekt의 신체로서 인식적으로 구성되는가 하는 문제는 타자의 신체의 구성이 타자라는 한 주체가 구성되는 기초가 되므로 매우 중요하다. 그리고 어떻게 타자가 하나의 주체로서 구성되는가 하는 문제는 또한 타자의 구성이 가능함으로써 비로소 다수의 타자와 나의 주관성(자아와 그의 체험을 포함하는 주관적 영역 전체)의 통일된 영역으로서의 공동주관성Intersubjektivität의 구성이 가능하므로 중요하다. 공동주관적 영역의 가장 근저에서 구성되는 것은 공동주관적 자연이며, 그 위에 다른 모든 정신세계, 문화세계가 구성되는 것으로 보는 것이 현상학의 공동주관성 이론의 기본이 되는 것으로서, 후설에 있어서는, 모든 존재의 궁극

15 *Philosophy and Phenomenological research* 14, 1953, pp. 1-37.

적 의미근거로서 선험적주관성을 말하고, 이의 필연적인 확대로서 선험적 공동주관성을 말한다(《데카르트적 성찰》의 제5성찰 참조).

(가) 타아anderses Ich의 구성에서는 타자신체의 구성이 토대가 되므로 타자신체의 구성을 충분히 해명하기 위하여 후설은 유비적 통각 또는 간접현시라는 개념을 이용한다. 즉 나는 나의 신체와의 유사성에 근거하여 계속적인 경험에서 그것을 단순한 하나의 물체가 아니라, 바로 나의 신체와 같은 종류의 신체임을 안다고 한다(《데카르트적 성찰》, 138쪽 이하).[16] 이것은 곧 타자가 지닌 신체라는 물체에 나의 신체라는 의미를 "의미이행意味移行Sinnesüberschiebung"을 시킴으로써 이루어진다(A. 쉬츠, 〈후설에 있어서의 선험적 공동주관성의 문제〉, 89쪽. 이하 쪽수만 적음). 후설의 선험적 해명에서는 '나'의 신체가 모든 다른 신체의 구성을 위한 원본Original이다. 즉 타자의 신체가 나에게 구성되기 위해서는 나 자신의 신체가 이미 구성되어 있지 않으면 안 된다. 그러나 쉬츠에 의하면, 타자의 신체는 시각적으로 그리고 여러 측면에서 지각될 수 있게 주어지나, 나의 신체는 다만 부분적으로 그리고, 경우에 따라서는 예외적으로(간접적으로) 지각될 수 있다. 나의 신체와 타자의 신체가 주어지는 방식이 다르다는 것을 후설도 인정하면서 어떻게 유비적 파악이 가능한가 쉬츠는 의심한다. 앞질러 말하면, 쉬츠의 견해는 타자의 신체가 오히려, 나 자신의 신체가 나에게 구성되는 것 보다 원칙적으로 앞서지 않는가 하는 것이다.[17]

---

16 나의 '고유한primordial' 체험영역이란 타자를 통하여 또는 타자와 함께 규정된 모든 의미를 배제한, 전적으로 나에게만 속하는 경험영역을 말한다. 이 영역으로 환원함을 현상학에서는 순수영역으로 환원하는 제1의 에포케epoché에 대하여 '제2의 에포케'라 부른다. 이에 관해서는 《데카르트적 성찰》, 124쪽 이하 참조 바람.

(나) 나의 고유한 체험영역에서 나타난 타자의 신체가 단순한 간접현시에 의하여 당장 타아의 신체로서 구성될 수는 없다. 타자의 신체는 계속하여 일치되는 거동Gebaren에 의해서만 비로소 타아의 신체로서 구성된다. 즉 처음에 나의 신체와 유사하다는 것으로 하여 우선 나의 신체와 같은 종류의 것임을 안다 하더라도 최초의 유사성이 경험의 진행에서 계속 보증되지 않으면 결코 타아의 신체로서 구성될 수 없다는 것이 후설의 설명이다(《데카르트적 성찰》, 144쪽 참조). 이에 대하여 쉬츠는, '나'의 고유한 체험영역에서 타자의 신체로서 경험되는 물체의 거동이 일치하는지 않는지 내가 어떻게 아는가 하고 묻는다(191쪽). 쉬츠에 의하면, 이 문제의 해결은 나의 고유한 체험영역에도 타자에 대한 경험이 포함되어 있어서 이것이 거동의 그러한 일치, 불일치를 결정해 주는 기준이 될 경우에만 가능하다. 그리고 이 기준이 되는 경험이란 '모든 각자Jedermann'라는 의미가 이미 주어져 있는 가장 낮은 층의 '먼저 구성된' 영역에서 이루어진 타자경험 바로 그것이라고 한다. 쉬츠의 견해는, 자연적 태도에서 경험되는 바와 같이 이미 완전히 구성된 공동주관성의 세계 내에서 타자 이해라는 문제를 다룬다면 전혀 어려움이 없을 터인데, 후설이 하는 것처럼 고유한 나의 선험적 의식영역에서 타아의 신체가 어떻게 구성되는가를 다룸으로써 사태를 어렵게 만들고 있다는 것이다.

(다) 타자신체의 거동의 일치란 이미 정상적인 거동의 정형Typen을 전제하고 있다고 쉬츠는 말한다(92쪽). 그리고 이 거동의 정상성正常性이란 오직 타아주관성의 일정한 기능관계에 그 근거를 갖고 있다. 따라서 쉬츠에 의하면, 후설

17 후설의 이론에 대한 쉬츠의 비판을 다시금 검토 비판하는 일은 여기서 할 수 없다.

이 말하는, 타자에 의하여 규정된 모든 의미를 배제하고 나의 근원적인 고유한 체험영역으로 환원하는 이른 바 제2의 '에포케epoché'는 그 타당성을 상실한다는 것이다(92쪽).

(2) 타아체험의 구성 문제

후설은 유비적 통각에 의해 타자의 신체가 나의 신체와 유사한 하나의 신체로서 구성되고, 신체와 불가분의 관계에 있는 타자의 심적인 것도 신체와 함께 간접현시되어 타아는 우선 하나의 신체를 가진 심적 존재로서 구성되며, 더 나아가서 보다 높은 단계의 유비적 통각에서 타자는 나에게 바로 완전히 구체적인 자아로서 구성된다고 한다. 다만 타아는, 내가 '여기'라는 양태Modus에서 구성되어 있는 데 반해 '거기Dort'라는 양태를 지니고 구성되며, 거기에서 그 자신의 고유한 체험영역을 가진 하나의 자아Ego로서 구성된다고 한다.[18] 쉬츠는 타자의 신체가 구성됨으로써 타자의 심적인 것도 간접현시되어 심적 존재로서 타자가 구성된다 하더라도(고등동물도 그러한 존재로서 구성되는데) 그로부터 과연 어떻게 타아의 체험전체가 타아 자신의 고유영역으로서 '나'에게 구성되는가를 후설은 충분히 설명하지 못하고 있다고 본다(94쪽). 왜냐하면 첫째는, 타자의 체험전체에는 '할 수 있다'는 의식Könnensbewußtsein도 속하는데, 이것은 자아와 타아가 지닌 '여기'와 '거기'의 양태가 갖는 특성으로 하여 간접현시적 파악으로는 타아의 '할 수 있다'는 의식체험을 경험할 수 없다고 쉬츠는 지적한다(94쪽). '너'의 고유한 체험영역에 속하는 '너는 할 수 있다'는 모든 가능성을 단순히 '나는 할 수 있다'는 의미를 '너'에게 전이轉移함으로써는

18 이에 관한 후설의 구체적인 설명은 《데카르트적 성찰》, 149쪽 이하 참조 바람.

불가능한데, 그 이유는 나의 '여기'와 너의 '거기'는 '나는 여기서 할 수 있으나, 너는 거기서 할 수 없다'는 의미를 포함하기 때문이다. 그렇지 않다면, '여기'와 '거기'는 동일한 것으로 된다. 둘째는, 타자에 내재적인 시간성immanente Zeitlichkeit은 궁극적으로는 결코 나에게 밝혀지지 않기 때문이다. 물론 타아의 심적인 것과 나의 구체적인 자아의 공존이 간접현시적으로 경험되고 하나의 공통된 시간 형식(객관적 시간 형식)이 이루어진다 하더라도 타아의 체험흐름에 내재하는 절대적인 주관적 시간성에는 내가 접근할 수 없으므로, 완전히 구체적인 하나의 '자아Ego' 로서 타아가 나에게 구성된다는 것은 불가능하다고 쉬츠는 말한다(94쪽).

(3) 공동주관적 세계의 구성 문제

가) 공동주관적 세계의 구성과 의사소통Kommunikation

공동주관적 세계(모든 주체들의 공통된 세계, '우리'의 세계)는 우선 그 밑바닥에 공동주관적 자연이 구성되어야만 가능하다. 그리고 이 공동주관적 자연은, 나의 고유한 체험영역에서 구성되는 자연적 대상들과 타아의 고유한 체험영역에서 구성되는 자연적 대상들이, 타아로부터 나에게 간접현시된 것을 동일화시키는 종합작용으로 구성된다고 후설은 설명한다(《이념들 II》, 201쪽 이하 참조 바람). 이 동일화하는 종합작용identifizierende Synthesis이 가능한 것은, 대상이 현상하는 양식Erscheinungsweise이 '여기'의 나Ich와 '거기'의 타자에게 각기 다르기 때문에 위치교환에 의해서 현상양식의 교환이 가능하기 때문이다. 즉 내가 '여기서' 보는 대상과 타자가 '거기서' 보는 대상은, 내가 타자의 위치에, 타자가 나의 위치에 섬으로써, 그리고 설 수 있음으로써 동일화하는 종합작용이 가능하다. 그러나 여기에는 각기 자신이 가진 대상의 현상양식을 기술記述하고 이 기술을 교환할 수 있다는 가능성, 한마디로 말하여, 의사소통Kommunikative의 가능성이 필수조건이다. 의사소통의 가능성에 의하여 객관적 자연의 세계인 공동주관적 자연이 그리고 더 나아가서, 너와 내가 함께 속하는 공동의 환경세계가 구성되며 이것을 후설은 의사소통적 환경세계kommunikative Umwelt라고 부른다(《이념들 II》, 193쪽).

후설의 설명에 대하여 쉬츠는 의사소통에 의해서 비로소 공동의 환경세계가 구성되는 것이 아니라, 의사소통이 가능하기 위해서는 공동주관적 세계인 공동적 환경세계가 이미 구성되어 있지 않으면 안 된다고 비판한다. 쉬츠에 의하면, 의사소통 행위에 있어서 기호를 통하여 표현하는 나는 그 기호를 나의 의사소통 행위의 징표로 해석해야 할 타자에 대하여 태도를 취하며, 타자 또한 나와 나의 의사소통 행위에 대하여 일정한 태도를 취한다는 가정이 전제되어 있다. 그리고 이 상호간의 태도는 이미 사회관계의 기본형식이다. 쉬츠는 이 의사소통의 가능 조건이 의사소통에 의해서 비로소 구성된다고 말할 수는 없으므로 후설의 설명은 거꾸로 되어 있다고 본다(97-98쪽).

나) 선험적 우리-공동체의 구성 Die Konstitution der transzendentalen Wir-Gemeinschaft

후설에 의하면, 서로 의사소통을 하는 주체들은 보다 고차적인 인격체인 인격적 공동체personale Gemeinschaft를 이룬다고 한다(《이념들 II》, 193쪽 이하). 그리고 이 공동체는 결국 선험적 자아와 타아의 공동체화Vergemeinschaftung에 근거를 갖고 있다고 한다(《데카르트적 성찰》, 156쪽 이하 참조 바람). 선험적 자아들(자아와 타아들)이 어떻게 공동체를 이룰 수 있는가 하는 문제와 관련한 쉬츠의 비판으로부터 우리는, 그가 왜 후설의 선험 현상학을 사회세계의 의미구조를 밝혀내는 데에는 유용하지 못하다고 하는지를 알게 될 것이다. 앞서 살펴본 바와 같이, 자아와 타아가 공동체를 이루는 첫 단계는 공동주관적 자연이다. 이로부터 다른 공동체의 구성은 "비교적 어려움이 적다"고 후설은 말한다(《데카르트적 성찰》, 175쪽).

쉬츠가 우선 의문시하는 것은, 선험적 자아에게는 타아가 다른 모든 존재와 마찬가지로 하나의 현상Phänomen이며, '나' 역시 하나의 선험적 자아인 타아에게는 하나의 현상이다. 내가 나의 고유한 체험영역에서 타아를 하나의 선험적 자아로서 구성하고, 타아 역시 그의 고유영역에서 나를 하나의 선험적 자아로서 구성한다고 말한다면, 주체들은 각기 자아 자신에 대하여 타아를 구성한 것이요, 결코 모든 다른 선험적 자아인 타아들에 대하여 구성한 것은 아니므로 어떻게 선험적 '우리-공동체Wir-Gemeinschaft'가 구성된 것이라고 말할 수 있는가 하고 쉬츠는 묻는다(100쪽). 쉬츠는 후설의 이론을 아무리 지지한다 해도 공동체란 선험적 자아인 나 안에서의 다수의 다른 선험적 자아들의 구성 이상은 아니라고 보고, 다수의 주체들이 진정한 공동체를 이룰 수 있는 것은 자연적 태도에서, 그리고 다수의 주체들의 의사소통 행위에서 가능하며, 거기에서 의사소통적 공동주관성이 이루어진다고 말한다(101쪽).

선험적 자아들의 공동체를 말함이 불가능하다면, 마찬가지로 실재적인(비선험적인) 의미에서의 보다 고차적인 인격체를 말함도 무의미하다. 후설은 이것을 사회적 주관성soziale Subjektivität이라고 말하는데(《이념들 II》, 193, 195쪽), '인격성Personalität'이라든가, '주관성Subjektivität'이란 개념은 어디까지나 개별적인 주체에게만 들어맞는 말로서 개별적인 주체의 어떠한 특징도 공동체에서는 발견될 수 없다고 쉬츠는 비판한다(104쪽). 쉬츠에 의하면, 결국 선험적 공동주관성의 구성을 선험적 자아의 의식수행으로부터 논증하려는 후설의 시도는 실패하였으며, 공동주관성의 문제는 선험적 영역에서 해결될 수 있는 문제가 아니라, 생활세계의 문제로서 이해되어야 한다고 주장한다(105쪽). 쉬츠는 그의 비판의 마지막 부분에서, 공동주관성이란 '세계 내의 인간존재의 존재론적 기본범주ontologische Grundkategorie'이며, 자기반성의 가능성, 모든 에포케epoché의 수행능력, 모든 의사소통의 가능성도 '우리들 관계Wirbeziehung'의 근원적 경험에 토대를 두고 있다고 주장하면서, 선험적 현상학의 과제란 모든 '철학함' 이전에 우리 모두에게 대하여 이 세계가 갖는 의미를 밝혀내는 것이지만, 공동주관성의 문제는 일차적으로는 경험세계인 '생활세계의 존재론'의 테마이며, 선험적 영역에서는 공동주관성의 본질을 완전히 밝혀낼 수 없음을 강조한다(105-106쪽).

2) 인간행위의 일상적 이해와 학문적 해석(1953년 논문)

쉬츠는 일상생활에서 지각하는 대상도 고도로 복합적인 자연의 한 구성물Konstruktion이라는 화이트헤드A. N. Whitehead(1861-1947)의 견해를 옹호하면서, 일상적 사고思考에서나 학문적 사고에서나 세계에 관한 우리의 지식은 구성물들, 즉 여러가지의 추상화象推化, 일반화一般化Generalisierung, 형식화Formalisierung, 관념화Idealisierung로 이루어져 있으며, 모든 사실들은 언제나 이미 해석된 사실이라고 한다(쉬츠의 논문집1권, 5쪽, 이하 페이지 수만 알림). 자연과학자는 물론 사실의 이 미리 해석된 것을 배제하고, 연구 대상을 있는 그대로 직접 해석해야 한다. 그리고 자연과학의 연구 대상은 자연의 사물로서 대상 자체가 스스로 그것이 처해 있는 상황 또는 환경을 해석하지는 않는다. 반면에 사회과학(쉬츠는 인간에 관한 학문은 무엇이나 다 여기에 포함시키고 있는데)의 대상은 행위자로서 이 대상 자체가 그 나름의 관심과 목적, 동기, 지식을 갖고 있다. 즉 사회 과학의 대상은 그 자체가 세계를 해석하며, 행위자의 이 해석이 또한 사회과학의 주제에 속한다. 사회과학자도 자연과학자와 마찬가지로 구성물을 만들어낸다. 그러나 자연과학의 구성물과 사회과학의 그것은 다르다. 연구 대상의 그러한 차이에 근거하여 쉬츠는 자연과학의 대상을 '제1단계의 구성물', 사회과학의 대상을 '제2단계의 구성물'이라고 칭한다(7쪽).

사회과학의 대상인 '제2단계의 구성물'을 설명하기 위해서는 이 구성물의 토대가 되어 있는 일상생활의 구성물, 즉 행위자가 일상생활 내에서 만든 구성물의 특성을 고찰해야 한다고 보고, 쉬츠는 먼저 일상생활의 구성물을 분석하고, 이어서 사회과학의 구성물이 가진 특성을 고찰하는 순서를 취한다. 쉬츠는 또한 사회의 본질 구조를 밝히지 못하는 사회과학자들이 빠진 난관은 사회세계와 자연은 그 구조에 있어서 전혀 다르다고 보든가, 아니면 자연과학의 방법을 사회과학에서도 그대로 인간의 연구에 적용할 수 있다고 보는 데에 기인하므로, 이 난관의 극복을 위해서는 합리적인 행위모델의 구성Konstruktion이 요구된다고 주장한다(7쪽). 그 때문에 그의 논문에서는 사회과학의 구성물이 지닌 특성 고찰에 이어서 행위의 학문적 모델 구성에 관하여 논하고 있다. 쉬츠가 논하는 순서에 따라 우리도 (1) 일상생활적 사고 대상의 구성물, (2) 일상경험 내의 합리적 행위, (3) 사회과학적 사고 대상의 구성물, (4) 합리적 행위모델의 학문적 구성의 네 부분으로 나누어 살펴보고자 한다.

(1) 일상생활적 사고대상의 구성물

일상적인 생활세계에서의 인간이 대상을 경험하는 방식의 한 특성으로서 쉬츠는 '전형화Typisierung'에 관하여 말한다(9쪽). 세계 내의 대상들은 그 어떤 것이나 완전히 고립되어 주어지는 것도 아니며, 다른 대상과 어떠한 유사성도 갖지 않은 완전히 미지未知의 것으로 주어지는 것도 아니다. 이 세계의 모든 개별적인 대상은 언제나 어느 정도의 친숙성과 기지성旣知性의 배경에서 부각되어 우리의 지각 대상으로 주어진다. 이미 '나'는 의심 없이 받아들인 이전의 경험으로부터 일정한 '전형Typik'을 형성하고 있어서 새로운 경험대상에 적용시킨다. 예컨대, 나는 이전의 경험에서 '개犬'라는 전형을 형성해 놓고 있어서 이제 전혀 새로운 종류의 개를 처음 보는 경우에도 당장에 한 마리의 개라는 것을 안다. 그 한 마리의 개가 개별적으로는 비록 그 자체의 특수한 특징을 갖고 있다 하더라도, 이 특징들 자체가 또한 '형식적 전형formale Typik'을 지니고 있어서 그에 따라서 경험된다(예컨대, 다리의 모양, 털의 색깔 등). 일반적으로 말한다면, 모든 대상은 각기 언제나 전형적으로 경험된다. 한 마리의 개를 나는 우선 '개'라는 전형이 포함하고 있는 특징에 따라서 관찰하는 반면에, 어떤 특별한 동기가 있을 경우에는 하나의 포유동물로서, 또는 생물로서 관찰한다. 이것은 현재의 상황에서 '내'가 어디에 관심이 있는가, 어떤 것이 더 중요한가에 따라 좌우된다. 이 관심과 중요성을 결정해 주는 것은 쉬츠가 "이용가능한 목적들"이라고 부르는 "장차의 실천적 또는 이론적 활동의 가능성들"이다(11

쪽). 그리고 이 가능성들을 개시開示해 주는 것이 한 개인의 모든 과거의 경험으로부터 형성된 '개인사적으로 규정된 상황biographisch bestimmte Situation'이다(11쪽). 이용가능한 목적은 다시금 상황의 다양한 여건으로부터 그 목적에 중요한 요건들을 결정해 준다. 이 일단의 요소들을 쉬츠는 '중점체계Relevanz-system'라고 부른다(11쪽). 목적이 변경되면 중점체계도 변경되며, 따라서 대상이 나에게 관심있게 나타나는 연관도 달라진다.

이상에서 말한 것이 일생생활에서 한 개체가 형성하는 구성물이다. 그러나 이 세계는 나의 사적私的인 세계가 아니라 공동주관적 세계이다. 처음부터 나는 많은 다른 사람들과 함께 살고 있다. 일생생활의 세계는 한 개인에게는 처음부터 문화세계로서의 의미는 세계이다. 우리가 이 세계에서 잘 해나가기 위해서는 이 세계가 지닌 의미연관을 해석하지 않으면 안 된다. 쉬츠에 의하면, 세계가 지닌 이 의미연관은 결국 근원적으로는 개인의 행위를 소급지시하고 있다고 본다(12쪽). 어떤 문화적 산물도 그것을 만든 목적을 알지 못한다면, 우리는 그것을 이해할 수 없다. 이 문화적 산물은 결국 말하자면, 주관적 의미가 객관화된 것이다. 일상적인 생활세계에서 내가 획득하는 모든 지식은 처음부터 그런 식으로 객관화된, 즉 공동주관적 지식이다. 이것을 쉬츠는 '지식의 사회화die Sozialisierung des Wissens'라고 부르고 이 사회화를 3가지 측면에서 고찰한다.

첫째는, 쉬츠가 '시각視角의 상호성die Reziprozität der Perspektiven'이라고 부르는 것인데, 동일한 대상이 각자에게 다소 다르게 의미되는 것을 뜻하는 것으로 관념화Idealisierung시킴으로써 극복될 수 있는 것이다(13쪽). 개인적인 시각의 차이가 생기는 근거는, 한편으로는 대상을 중심으로 한(시공간적) 위치의 차이에, 다른 한편으로는 개인사적으로 규정된 상황의 차이에 기인하는 중점체계의 차이에 있다. 위치의 차이에 기인하는 시각의 차이를 극복하는 것은 위치의 교환 가능성에 의해 극복된다. 중점체계의 차이에 기인하는 차이는 전적으로 상충되는 일이 나타나지 않는 이상 별로 큰 문제가 되지 않는다. 왜냐하면 개인적인 시각의 차이란 개인사적 상황에서 나온 것이며, 우리들 각자가 지닌 현재의 목적에 중요하지 않음을 우리는 안다. 그리고 목적에 따라 결정되는 중점체계를 일치시킨다. 그 결과 내가 자명한 것으로 받아들인 것은 다른 사람에게도 자명한 것이라고 가정할 수 있다. 이 지식은 '객관적'이며 '익명적anonym'이다. 다시 말하여, 어떤 개인의 상황에 관계없이, 어떤 소수의 목적에 관계없이 누구에게나 타당한 것으로 받아들여지는 것이다. 그러나 물론 엄밀한 뜻의 객관성 타당성은 아니고 공동주관적 구성물이다(14쪽). 즉 같은 그룹에 속한in-group 소속인들이 당연한, 좋은, 올바른 것으로 여기는 지식이다.

둘째는, 지식의 사회적 원천이다. 세계에 관한 나의 지식의 대부분은 앞서 살았던, 또는 이미 앞서 살고 있던 사람들로부터 물려받은 것이다. 이 물려받은 지식은 이미 전형화, 일반화 된 구성물이다. 인계받은 중점체계에 어긋나지 않게 새로운 전형적 구성물을 형성하는 방식도 나는 인계 받는다. 이러한 인계에서 중요한 역할을 하는 것이 일상언어이며, 이것 자체가 하나의 전형화된 구성무리다.

셋째는, 지식의 사회적 분배이다. 비록 지식의 공동주관성이 의심할 여지가 없다 하더라도 실제적인 '지식재고Wissensvorrat'는 그 명확성과 친숙성에 있어서 정도의 차이를 지닌다. 또한 개인에 있어서도 삶의 시기에 따라 차이가 있음도 부인할 수 없다. 각 개인의 지식재고는 이러한 차이에 따라 일정한 구조를 지니게 된다. 그리고 이 구조는 개인의 중점체계에 따라 형성된다고 쉬츠는 말한다(16쪽).

일상생활에서의 또 다른 구성물은 타인에 관련된 구성물이다. 쉬츠는 환경세계 내의 타자, 즉 동인同人Mitmenschen과 관련해서 인격적 전형personaler Typ 또는 주관적 전형과 행위과정의 전형, 즉 객관적 전형을 구별하고 있다(19-20쪽). 쉬츠에 의하면, 나의 관찰가능한 영역 밖의 타자(예컨대 헤어진 친구)에 대한 파악은 전형적인 행동양식의 토대가 되어 있는 동기의 전형적 모델의 구성에서 가능하다. 타자의 자아는 순수한 '우리들의 관계'에서는 유일한 개체로서 파악되나, 그 밖의 다른 사회적 관계에서는 '김군과 같은 사람'이라는 식으로 하나의 인격적 전형으로 파악된다.[19] 이 인격적 전형과 행위과정의 전형이 토대로 하고 있는 것은 사회적 행위와 사회적 작용soziales Wirken의 모델이다(22쪽). 이미 아는 바와 같이 쉬츠의 행위개념은 기획된 행위entworfenes Handeln로서 이 기획에는 미래지향적 상상에서 수행된 행위가 포함되어 있다. 그리고 이 기획은 나의 사용가능한 지금까지의 지식에 근거하여 이루어진다. 그러므로 '나는 이전에 이와 유사한 경우에서 이런 식으로 행위할 수 있었으므로 지금도 다시 할 수 있다'는 일종의 구성물이 어떠한 기획이든 거기에는 포함되어

19 '우리들의 관계'에 관해서는 앞서(387쪽) '다) 사회적 관계(태도관계와 작용관계)'에서 이미 다루었다. 인격적 전형과 행위과정의 전형이라는 구별은 이미 《사회세계의 의미적 구성》에서 취급한 내용을 쉬츠는 이 논문에서 다소 다르게 표현하고 있을 뿐이다. 이에 관해서는 391쪽 '마) 공존세계 내의 사회적 관계'를 참조 바람.

있다고 본다(23쪽). 이것은 곧 행위의 전형화를 가능케 한다. 이러한 상황에서는 이런 식으로 행위하는 것이 가장 적합하다는 식으로.

작용관계Wirkenbeziehung에서 전제되어 있는 구성물로서 쉬츠는 동기의 상호성의 관념화die Idealisierung der Reziprozität der Motive에 관하여 말한다(26쪽). 한 행위자의 '위하여'동기가 상대자의 '때문에'동기로 되는 데서 형성되는 구성물이 그것이다. 즉 나의 이용가능한 지식재고에 비추어 보아, 나는 상대자도 동일한 동기의 전형에 따라 행위할 것이라고 가정할 수 있다. 이 동기의 전형이란 이전에 나와 다른 많은 사람들을 그렇게 행위하도록 하였던 것이므로, 예를 들어, 묻고 대답하는 경우처럼, 어떤 '위하여' 동기에서 나온 나의 묻는 행위에 대하여 상대자는 반드시 어떤 식으로 대답하리라는 것을 나는 이미 안다(26쪽). 이로부터 생겨나는 행위모델은 '위하여'동기와 '때문에'동기의 구성물로서 사회적으로 형식화되고 표준화되면 될수록 사회적 관습이나 도덕, 법률과 같이 사회적으로 인정된 방식으로 전형화 된다고 쉬츠는 설명한다(29쪽).

(2) 일상경험 내의 합리적 행위rationales Handeln

쉬츠는 먼저 두 가지의 '합리적 행동양식rationales Verhaltensweise', 즉 오성적verständige 행동양식과 이성적vernünftige 행동양식을 구별한다(31쪽). 오성적 행동양식이란 사회적으로 인정되는 규칙과 구정에 맞는 행동을 말하며, 이것은 비슷한 경우라면 누구라도 그렇게 할 것으로 여겨지는 행동양식을 가리킨다. 이 행동양식에는 따라서 강한 감정적 반응도 속할 수 있다. 이에 반하여 이성적 행동양식은 이해 될 수 있을 뿐 아니라, 여러 가지 가능한 행동 중에서 지혜로운 선택을 한 경우를 의미한다. 여기에는 감정적 반응은 포함되지 않으나, 습관적

이거나 전통적인 행위모델에 따르는 행동양식도 이성적인 행동양식일 수가 있다. 이 두 가지 행동양식과는 달리 행위자가 행위의 목적, 수단 그리고, 부수적인 결과까지도 충분히 명석 판명하게 통찰한 행동 양식을 쉬츠는 '합리적 행위rationales Handeln'라고 부른다(31-32쪽).[20] 이 행위의 개념에는 감정적 행동도, 습관적 행동도 포함되지 않는다.

합리적 행위의 위와 같은 정의에서 보면, 행위는 공동체 내에서 자명하게 받아들인 지식재고와 행위 수행시의 행위자 자신의 이용 가능한 지식재고를 지시하므로, 한 행위자에게는 완전히 합리적으로 보이는 행위도 상대자나 제3의 관찰자에게는 비합리적으로 보이는 경우가 있을 수 있다. 이러한 일은 개인이 가진 지식재고의 차이, 중점체계 및 개인사적 상황의 차이에 기인하는 것이라고 할 수 있다(33쪽). 이것이 일상생활에서 합리적인 행위 모델을 구성하는 하나의 난점이라면, 또 다른 하나의 난점은 합리적 행위의 기획에서 필수적인 지식의 획득이다. 쉬츠는 이 지식이 세 가지 관점에서 명확해야 한다고 본다. 첫째는, 기획하는 행위가 수행되어야 할 상황에 대한 지식이요, 둘째는, 기획하는 행위에 의해서 생겨나는 결과, 즉 행위의 목적에 대한 지식이다. 이 행위의 목적은 이미 수행한 행위의 결과들, 다른 행위의 목적들과의 연관 아래 파악해야 한다. 셋째는, 목적달성에 필요한 수단에 대한 지식이다(34-35쪽). 이 세 가지 관점에서 명확한 지식의 획득이 어렵다면 결코 합리적인 행위모델을 구성할 수 없다.

---

20 합리적 행위란 용어는 막스 베버의 '합목적적 행위合目的的行爲zweckrationales Handeln'의 개념과 같은 의미로 사용되고 있다. M. 베버, 《경제와 사회》,18쪽 참조 바람.

위와 같은 난점 외에도 특별히 문제되는 난점은 행위자의 합리적인 행위기획이 다른 사람의 합리적인 행위나 반작용에 관계되는 경우이다. 이 행위기획이 충분히 합리적일 수 있기 위해서는 여러 가지 조건을 갖추어야 함을 알 수 있다. 우선 무엇보다도 나의 상황과, 나의 행위가 관계할 타자의 상황에 대하여 충분히 알아야 한다는 점, 타자가 나에게 응수하여 나의 행위를 그가 반응하기에 충분히 중요하다고 보아야 하며, 나의 행위를 합리적 행위로 해석하여야 한다. 쉬츠는 이러한 경우에만 합리적 작용관계rationale Wirkenbeziehung가 생긴다고 말한다(35쪽).

나의 행위를 타자가 합리적으로 해석한다고 함은 나의 기획, 이 기획과 관련된 중점체계에 관한 충분한 지식을 갖고 있음을 뜻한다. 그뿐만 아니라, 합리적 작용관계에서는 그의 지식재고와 나의 지식재고가 적어도 중요한 부분에서 유사하며, 더 나아가서 양자의 중점체계가 일치해야 할 것이 요구된다. 쉬츠에 의하면, 이러한 쌍방 간의 지식이 일치되지 않고는 타자와 관련한 나의 행위를 합리적으로 기획할 수 없으므로 그러한 것들을 합리적 작용관계의 조건이라고 한다(36쪽).

이상의 여러 가지 난점을 고려한다면, 환경세계 내에서의 합리적인 사회적 행위가 수행될 수 있을지 의심스러움에도 불구하고 실제로는 일상생활에서 우리는 얼마든지 합리적인 행위를 하고 있다. 이에 대하여 쉬츠는 두 가지 가능한 대답을 제시하고 있다. 그 하나는, 순수한 '우리들 관계'에서이긴 하나 타자의 삶과 그의 미래지향적 기대에 서로 밀접히 관계하고 있는 것이 앞서 언급한 조건들을 충족시켜 주기 때문이라고 볼 수 있다. 또 다른 하나의 대답으로서 쉬츠는, 작용관계에 있는 행위자들은 그들의 행위를 그들이 속한 공동체의 행동규칙으로서 승인되어 있는 척도에 따라서 기획하고 행위하며, 이 척도들이란, 합리적으로 이해한 것은 아니지만, 전통과 관습대로 자명하게 합리적인 것이라고 받아들인 것이기 때문에 일상생활에서는 실제로 많은 합리적인 행위들이 있다고 한다(37쪽). 그러나 이 대답은 쉬츠가 앞서 합리적인 행위를 규정하면서 '전통적으로' 행위하는 것은 합리적인 행위의 개념에 포함시키지 않은 것과 모순되는 대답으로 보인다(32쪽과 비교 바람). 이 두 가지 대답을 고려할 때, 일상적인 영역에서는 합리적 행위란 것이 앞서 언급한 여러 가지 조건들을 잘 갖춘 엄밀한 뜻의 합리적 행위는 아님을 알 수 있다. 여기서 말하는 합리적 행위란 부분적으로 합리적이며, 따라서 합리성의 여러 가지 정도가 있음을 알 수 있다. 일상생활에서 우리가 갖는 행위의 합리적 요소에 관한 지식도 다만 주관적 개연성을 지닌 확실성에 지나지 않는다(38쪽).

(3) 사회과학에 의한 사고대상의 구성물

사회과학이 일상경험에서의 인간행위와 그 해석에 관계하는 학문이라면, 행위와 행위가 일어나는 상황을 행위자 자신이 파악하는 대로 해석할 것이 요구된다 하겠다. 쉬츠가 보기에는 바로 이 점이 자연과학적 방법을 사회과학적 연구에 적용할 수 없는 이유이다. 즉 사회과학은 행위자의 기획, 동기, 구성물 등의 체계를 행위자 자신의 시각에서 분석하지 않으면 안 된다. '주관적 해석'이라는 이 선행요건은 일상경험의 행위전형을 구성하는 원리라고 쉬츠는 말한다(39쪽). 쉬츠는 경제학의 예를 들면서, 경제학자는 '자본', '임금', '수요와 공급' 등 여러 가지 경제문제를 다루면서 이 경제현상들을 경제활동을 하는 주체들로부터 완전히 분리시킴으로써 이 경제활동이 경제주체들에 대하여 지닌 의미연관을 도외시한 결과, 현대의 경제학은 거기에서 만든 추상적인 개념도식으로는 해결할 수 없는 많은 문제 앞에 직면하였다고 지적한다(40쪽).

그러나 사회과학에서의 주관적 해석이란 사회세계 내의 개인들의 활동과 행위자에 의한 그 해석을 지시한다고 볼 때, 주관적 의미를 학문적으로 파악한다는 것이 가능한가 하는 문제와 검증가능한 객관적 지식체계 내에서 주관적 '의미구조'를 파악하는 것이 어떻게 가능한가 하는 문제가 제기된다.

주관적 의미를 학문적으로 파악하기 위해서 사회과학은 일상적 사고의 구성물을 특별한 방법적 도구로 사용한다. 즉 "사회과학자가 연구하는 문제에 중요한, 전형화된 사건들이 오직 거기에서만 나타나는, 사회세계의 한 영역의 모델을 구성한다"(41쪽). 그리고 그 밖의 것은 별로 중요하지 않은 우연적인 자료로서 고려 밖에 놓인다. 이 모델은 어떤 유일한 개인의 유일한 행위를 지시하는 것이 아니라, 행위자의 인격적 전형에 대하여 가질 수 있는 의미에 따라서 결정된다. 예컨대 그러한 행위를 하는, 그러한 유형의 행위자가 그 행위에 부여하는 의미는 이러이러한 것이라는 식이다.

쉬츠는 그러한 모델의 구성에 대한 고찰은 뒤로 미루고 우선 두 번째 문제, 즉 주관적 의미구조를 객관적 지식체계에서 파악하는 것이 어떻게 가능한가 하는 문제를 해결하기 위해서 먼저 사회세계에 대한 사회과학자의 독특한 태도, 그리고 행위모델의 일상적 구성과 학문적 구성의 차이를 살펴본다.

사회세계를 관찰하는 입장에서 사회과학자가 갖는 태도의 첫 번째 특징은 상황에 실제로 개입하지 않고 오직 인식적으로만 관심이 있다는 점이다. 물론 사회과학자의 연구활동도 사회세계 내의 많은 다른 활동 중의 한 가지 활동이다. 그러나 거기에서 그 자신도 속하는 사회세계 자체를 대상으로 삼는 사회과학자의 태도는 단순히 이론적인 태도로서 사회세계 내의 다른 태도와는 완전히 구별된다. 이 태도에서 사회과학자는 사회세계 내에서 그가 갖는 개인사적 상황으로부터 벗어나, 지금까지 그러한 상황에서 자명한 것으로 여겼던 것을 문제삼게 된다. 둘째는, 연구 대상에 대한 순수한 이론적 추구는 지금까지 형성된 지식의 한 영역에 관계되며, 이것을 사회과학자는 타당한 지식으로 받아들이든가, 충분한 근거를 제시하여 거부하든가 해야 한다. 이제 사회과학자는 그의 순수한 이론적 태도에 의하여 새로운 상황에 직면한다. 즉 쉬츠가 "학문적 상황에 있음In-einer-wissenshaftichen-Situation-Sein"이라고 말하는 것이다(43쪽). 이 상황에서 사회과학자가 선택한 문제 자체가 문제의 해결에 필요하며 허용되는 구성물을 결정해 준다.

행위모델의 일상적 구성물과 비교하여 학문적 구성물이 어떻게 다른가를 쉬츠는 다음과 같이 설명한다(44쪽 이하).

이미 살펴본 바와 같이 일상적 사고의 구성물은 사회적 작용관계에 관계되어 있는 사람들(행위자와 그 상대자)에게나, 제3의 단순한 관찰자에게나 그들의 개인사적 상황에 관계되어 있다. 일상적 사고의 구성물은 세계 내의 '여기'라는 입장에 의해 형성된다. 또 이것에 의해 시각의 상호성도 결정된다. 이에 대하여 사회과학자에 의하여 형성된 구성물은 전혀 다르다. 사회과학자는 사회세계 내에서 쉬츠의 표현대로 어떠한 '여기'도 지니고 있지 않다(45쪽). 사회세계 내에서 사회과학자가 이용할 수 있는 지식재고란 다른 학자들에 의하여 타당한 것으로 인정되었으며, 그 자신 또한 타당한 것으로 받아들인 지식이다. 쉬츠는 사회과학자의 이 지식재고는 일상생활에서 이용 가능한 지식재고와는 그 형성구조에 있어서 전혀 다르다고 본다. 왜냐하면 사회과학자의 지식재고는 해결된 문제들에 관한 지식에 따라 형성되며 이것은 일상세계의 그 어떤 그룹에 의해 확보된 지식과는 전혀 관계없이 형성되기 때문이다(45쪽). 사회과학자의 학문적 구성물을 만드는 방법 또한 이 지식재고에 속하는 것이라고 볼 때, 이로 인하여 그 구성물은 또한 일상적 구성물과는 다를 수밖에 없다. 지식재고의 형성구조가 다름에 따라 사회과학자의 중점체계도 물론 다르다.

앞서 간단히 언급한, 행위모델의 학문적 구성물이 일상적 구성물과 구별되는 차이는 학문적으로 구성한 행위모델의 특성을 보다 자세히 분석함으로써 더욱 뚜렷이 드러난다. 사회과학자는 우선 관찰된 사건에 일치하는 행위모델을 구성하고, 그러한 행위를 하는 행위자의 모델인 인격적 전형을 구성한다. 이 구성된 인격적 전형은 물론 의식을 가진 인간으로서, 즉 일련의 '위하여' 동기와 '때문에' 동기를 가진 인간으로서 가정된다. 그러나 이 모델은 일상적 사회세계 내의 개인사적 상황에서 살아가고 있는 현실적인 존재인 인간이 아니다. 이 모델의 상황은 전적으로 학자에 의해 만들어진 것이다. 그것은 말하자면, 사회과학자가 만든 '로봇Homunculus'이다(47쪽). 이 인공적인 인간은 사회세계 내에서 태어나고 성장한 인간이 아니다. 이 인간이 갖는 중점체계란 사회과학자의 학문적인 문제로부터 생겨난 것이며, 그 밖에 다른 모든 것도 사회세계 내에서 현실적인 개인이 갖는 것과는 다르다. 쉬츠는 이러한 행위모델의 학문적 구성을 지배하는 원리를 세 가지로 구별하여 밝혀내고 있다(49쪽). 이 원리들이란 사회현실을 명확히 설명하기 위하여 사회과학적 구성이 지켜야 할 조건이라고 할 수 있다.

첫째는, 논리적인 모순이 없어야 한다. 즉 형식논리학의 법칙들과 완전히 일치해야 한다. 이 요건이 충실될 때만 그 구성물은 객관적 타당성이 보증될 수 있다. 이것은 곧 일상적 구성물로부터 학문적 구성물을 구별시켜 주는 특징이기도 하다.

둘째는, 이미 처음에 언급한 주관적 해석이라는 요건이다. 인간의 행위방식을 행위자가 그의 행위에 부여하는 주관적 의미로 소급하여 고찰함으로써만 개인들의 활동결과인 관찰된 사건을 이해될 수 있도록 설명할 수 있다.

셋째는, 쉬츠가 '적합성의 요건das Postulat der Adäquanz'이라고 부르는 것이다(50쪽). 즉 사회과학자의 구성물이 일상적인 사회현실에서 형성된 구성물과 일치해야 하는데, 그러기 위해서는 사회과학자의 행위모델과 일치하는 어떤 개인의 행위가 생활세계 내에서 예외없이 발견되고, 그것이 행위자 자신에게나 다른 사람에게 이해될 수 있는 것이어야 한다.

(4) 합리적 행위모델의 사회과학적 구성

사회과학의 행위모델의 구성은 앞서 말한 세 가지 조건에 맞는 한, 합리적 구성이다. 그러나 구성물 자체가 합리적인가 아닌가 하는 것은 별개의 문제이다. 왜냐하면 비합리적인 행위모델의 합리적인 학문적 구성도 얼마든지 가능하기 때문이다. 따라서 여기서 문제되는 것은 어디까지가 합리적 행위모델의 합리적 구성이다. 학문적 구성물이 지닌 합리성의 요건을 쉬츠는 이렇게 표현한

다 : 한 행위자가, 사회과학자에 의해서 중요하다고 전제된 모든 요소에 관한 정확한 지식을 갖는 경우에는, 그리고 행위의 목적에 도달할 수 있는 가장 적합한 수단을 사용할 의욕을 계속 지니는 경우에는 그 행위모델을 생활세계에서 틀림없이 수행할(그에 따라서 행위할) 그러한 행위모델이 구성되어야 한다(51쪽).

합리적 행위모델이 그렇게 적용됨으로써 사회과학에 가져오는 이점利點을 쉬츠는 세 가지로 요약한다. 첫째는, 사회적 작용관계의 모델을 구성할 수 있는 가능성을 제공한다는 것이다. 여기에서는 사회과학자에 의해 결정된 조건, 수단, 목적, 동기 내에서의 모든 작용관계의 관계자들은 합리적으로 행위한다고 가정해도 좋으며, 이 조건, 수단 등이 그들 모두에게 잘 알려져 있다고 보아도 된다. 둘째는, 합리적 행위모델은 적어도 구성에서 전형화된 요소들의 한계 내에서 예측될 수 있다. 그리고 이 모델의 기준으로부터 빗나간 행동이 무엇인지 알 수 있고, 이것을 전형화되지 않은 요소와 관련된 것이라고 판단할 수 있다. 셋째는, 그러한 전형화된 요소들의 몇 가지를 변경시켜서 동일한 문제를 해결할 수 있는 여러 가지 다른 합리적 행위의 모델을 구성할 수 있다. 이것이 중요한 것은 조건을 변경시킴으로써 최초에 제기한 문제의 내적 지평內的 地平을 드러나게 할 수 있다는 것이다(52쪽).

이상과 같이 쉬츠는 일상적 사고의 구성물과 학문적 구성물을 살펴봄으로써 행위의 일상적 이해와 학문적 해석의 내적 구조를 드러내 보여 주었다. 여기서 일상세계의 합리적 행위의 본질이 파악되고, 합리적 행위의 학문적 모델은 결국 행위의 주관적 의미를 객관적으로 파악하기 위하여 사회과학자가 만든 인공물이다. 이 합리적 행위모델 그리고 이와 함께 합리적 인격적 전형은 결코 사회세계 내에서 살고 있는 행위자 및 그의 행위와 동일한 것일 수는 없다. 다시 말하여, 로봇이 인간을 대신할 수는 없다. 그렇다고 하여 이러한 사실이 쉬츠가 행위의 주관적 의미를 그러한 인공물을 수단으로는 객관적으로 파악할 수 없다는 사회과학의 학문적 불가능성을 말하는 것이 아니라, 일상적 이해와 학문적 이해의 차이를 분명히 인식하고자 하는 것이요, 학문적 구성물을 일상적 구성물과 혼동하지 않아야 한다는 것을 강조하고자 하는 것이다.

현상학적 마르크스주의의 사회철학*

원래 마르크스Karl Marx(1818-1883)의 철학 자체가 사회철학이라고 해도 될 정도로 그의 철학은 인간의 사회적 존재를 중심으로 하고 있음은 이미 잘 알려져 있는 바이다. 따라서 현상학적 마르크스주의의 사회철학이란 제목은 현상학의 영향을 받은 마르크스주의라는 말과 같은 뜻이 된다. 소련과 동유럽 여러 나라들의 현상학을 수용하는 입장은 처음부터 사회철학적 시각에서 현상학의 방법에 대해 관심을 가진 것이 특징이다. 이러한 경향은 1970년대 후반에 들어와서부터 시작된 것이므로 아직 마르크스주의의 사회철학 내에서도 실험단계를 넘어서지 못하고 있다. 다만 최근의 젊은 학자들에 의해서 동유럽에서 마르크스주의의 내면적 퇴조와 더불어, 즉 마르크스 철학의 역사적 유물론의 기본적인 토대를 대전제로 인정하면서도 개별적인 문제의 설명에서는 한계를 자각하기 시작한 데서 비롯된 것이라고 할 수 있다. 그러나 주목해야 할

* 《현대사회사상연구》, 이길우 외, 학술총서 1, 강원대출판부, 1986.

것은 마르크스주의의 현상학 수용이 우선은 마르크스주의의 입장에서 현상학을 비판하는 데서 출발하고 있다는 점이다.

현상학의 영향을 받고 있는 마르크스주의의 사회철학에 관한 연구자료가 현재 매우 제한되어 있는 것은 이 방면의 자료가 원래 적을 뿐만 아니라, 접근하기 어려운 여러 가지 현실적인 여건 때문이기도 하다. 이제 현상학적 사회철학의 제2부에서 소개되는 것들은 주로 현재 독일의 현상학자 내지 현상학적 사회철학자들과 어느 정도 연계가 있는 동구권 학자들이 소개하는 내용의 글이나 그들의 논문을 토대로 한 것이다.[1] 소련과 폴란드의 현상학적 사회철학은 현재의 상황에 관한 일반적인 소개를 하고, 헝가리와 체코슬로바키아의 경우는 각각 대표적인 논문을 한 편씩 골라 그 내용을 소개하고자 한다.

1. 소련의 현상학적 사회철학

소련의 사회학 발전을 위한 기본 토대는 그 이론에 있어서나 방법에 있어서나 역사적 유물론의 철학임은 두말할 여지도 없다. 이 역사적 유물론의 토대 위에서 소련의 사회학자 또는 사회철학자들은 그들의 여러 가지 사회이론적 문제들을 다룬다. 현재 소련의 젊은 사회학자 이오닌Leonid Grigoriewitsch Ionin에 의하면, 역사적 유물론이 사회적 삶을 물질적인, 특히 경제 과정에 환원시킨다

---

1 이용한 주요 자료로서는 독일의 그라트호프Richard Grathoff와 발덴펠스Bernhard Waldenfels에 의해 편집된 논문집 《사회성과 공동주관성*Sozialität und Intersubjektivität*》, Wilhelm Fink, 1983과, 역시 발덴펠스, 루뱅대학의 브뢱크만Jan M. Broekmann 그리고 유고슬라비아의 빠자닌Ante Pazanin이 편집한 《현상학적 마르크스주의*Phänomenologie und Marxismus*》, Suhrkamp, 1977-79의 4권이다.

고 보는 것은 널리 퍼진 편견에 지나지 않으며, 사실은 그렇지 않다고 한다.[2] 이오닌에 의하면, 역사적 유물론은 사회생활과 역사에서 인간의 의식이 지닌 의미를 (개별적이든 집합적이든 간에) 부정하지 않았으며, 다만 사회발전과 사회적 의식의 객관적인 물질적 원인을 밝히려고 노력하였다고 한다. 사회생활에서는 정신적인 것(의식에 속하는 것)이 물질적인 것으로 환원되는 것이 아니며, 다만 이것에 의해 규정된다고 보는 것이다. 물질이 정신을 규정하는 이 규정은, 단순히 개인의 의식만을 규정하는 것이 아니라, 사회의 모든 그룹, 모든 계층에 집합적으로도 규정한다고 봄으로써 사회적 생활은 물질적 생활이라는 특성을 지니지 않을 수 없다는 것이다. 그리고 물질적 생활의 개별적인 특수성들이 공동체의 의식 내에 일정한 목표를 결정짓고, 그것은 개인의 의식과 활동에서도 나타난다고 본다. 이 물질적 생활이 집단의 의식 내에 규정하는 목표가 어떻게 형성, 변경되며, 어떠한 상황에서 표출되는가 등등, 이러한 문제들을 사회과학의 여러 분과에서는 사실의 연구를 통하여 해결하고자 한다. 그리고 이러한 연구영역 내에서 흔히 현상학적 사회학의 연구 대상이 되는 문제들이 제기되므로, 오늘날 소련의 현상학적 사회철학은 어떤 일단의 통일된 연구집단 또는 연구영역을 형성하고 있는 것이 아니라, 개별적인 문제와 관련해서 현상학과 관계되어 있다고 봄이 타당하다.

---

2 이오닌은 소련의 과학 아카데미 사회학연구소 연구원으로서 모스크바에서 철학과 사회학을 연구하였으며, 이해사회학에 관한 저서, 짐멜에 관한 저서가 있다. 소련의 현상학적 사회철학을 다룬 이 부분은 앞의 주 1에서 언급한 《사회성과 공동주관성》에 실린 이오닌의 글을 토대로 하였음.

1) 현상학과 현상학적 사회철학 일반에 관한 연구

현상학 자체에 대한 비판적 분석은 소련에서 이미 오래된 역사를 지니고 있다. 소련의, 그러니까 러시아의 철학자들은 어느 나라에서보다도 먼저 후설의 현상학에 관심을 갖고 이에 몰두하였다. 이것은 후설의 《논리연구 I》과 《엄밀학으로서의 철학》이 이미 1913년에 모스크바에서 번역 출판된 것을 보아도 알 수 있다. 그리고, 1914년에 처음으로 후설 현상학의 해설서(B. Jakowenko)와 현상학에 관한 연구 저서 《현상과 의미》(G. G. Ŝpet)가 나왔다. 이 《현상과 의미》가 특별한 의의를 지니는 것은 사회적 존재의 현상학적 연구가 필요함을 명백히 제시해 주고 있다는 점이다. 더구나 바로 이 점을 후설이 암시하는 데에 그치고 그의 주제 밖으로 밀어내었기 때문에 그 필요성이 오히려 눈에 띄게 늘어났다고 볼 수 있다. 물론 후설 전집이 계속 출판됨으로써 후설 자신이 초기의 저작에서 암시에 그친 문제들 중에는 계속 추구한 것도 상당히 많다는 것이 밝혀진 것은 극히 최근의 일이다.

소련에서도 다른 여러 나라와 마찬가지로 1960년대에 와서야 좀더 깊이 있는 연구성과가 나왔다. 그러나 물론 현상학을 서방의 여러 나라에서와는 달리 마르크스-레닌주의 철학의 시각에서 분석하는 논문, 저서들이다. 카카바체S. M. Kakabadse가 쓴 《유럽 학문의 위기와 후설의 선험적 현상학》(1965년)에서 저자는 후설이 《유럽 학문의 위기와 선험적 현상학》에서 오늘날의 인식론의 특징이 되고 있는 객관주의와 자연주의를 비판하는 것을 높이 평가하면서, 다른 한편으로 유럽 학문의 위기 현상의 근원을 후설이 보는 것과는 다르게 마르크스주의에 근거하여 보고 있다. 모토로쉴로바N. W. Motoroschilowa의 《현상학적 철학의 원리와 모순》(1968년)은 현상학적 철학 일반에 관한 것과 방법에 관하여 연구한 것이며, 바부슈킨W. U. Babuschkin은 《현상학적 학문철학*Die phanomenologische Philosohie der Wissenschaft*》에서 학문적 지식의 발생과정을 일종의 공동주관성으로 고려하여 기술하는 한편, 후설이 인식의 사실적인 물질적 기반을 배제하는 점을 비판하고 있다.

지금까지 언급한 저작들은 현상학의 인식론적, 방법적 문제들에 관한 것이나, 70년대 후반에서 최근에 이르기까지는 현상학적 사회철학의 문제 영역에 대한 연구가 특히 활발하게 진행되고 있음을 볼 수 있다. 키르싸노브W. A. Kirssanow는 《알프레드 쉬츠의 사회존재론》(1978년)에서 쉬츠의 사회철학을 다루고 있으며, 이오닌L. G. Ionin은 현상학적 사회학의 발전과정을 그의 《이해사회학》에서 체계적으로 분석하고 있다. 필머P. Filmer 등에 의해 편집된 《사회학 이론의 새로운 경향》이 1978년 러시아어로 번역 출판됨으로써 소련의 사회학 내에 방법적 반성을 하게 하는 데에 중요한 역할을 하였다. 이 책의 러시아 번역판을 내면서 역자인 이오닌과 오씨포브G. W. Ossipow는 그 서문에서 현상학적 사회학의 방법이 중요함을 강조하고, 이것을 소련의 사회학 이론에 응용할 수 있음을 시사하였다. 그리고, 사회세계의 일상적 사고의 발생과 기능의 공동주관적 과정을 분석하는 데에는 현상학적 방법이 훌륭한 도구가 될 수 있음을 보여주고, 이 방법이 우선적으로 기술할 수 있는 사회생활의 측면은 세계의 관념적 반영물의 발생과 기능, 도덕규범에 대한 개인의 인식과 실현, 인간의 상호 이해와 사회생활의 사실에 대한 이해라고 설명하고 있다. 더 나아가서 사회생활의 이러한 측면에 대한 현상학적 시각과 마르크스주의적 시각의 관계를 밝혀내고자 하였다.

2) 의사소통에 관한 연구

오늘날 서방 여러 나라에서나 마찬가지로 소련에서도 의사소통Kommunikation의 문제는 사회학의 중심 문제 중의 하나이다. 소련에서는 특히 이 문제가 사회심리학과 사회언어학의 중심 문제로 연구되어 왔다. 의사소통의 연구는 대체로 소련에서는 네 가지 측면에서 연구되어 왔는데, 첫째는, 의사소통을 개인 간의 상호작용으로 보고 연구하는 것이다. 즉, 상호 관계의 형성과정으로서, 그리고 사회적 존재들의 발생과 객관화의 과정으로서 의사소통을 이해하려는 것이다. 이러한 관점에서 보면, 상호 영향을 주는 개인들의 공동체는 곧, 의사소통의 공동체라고 규정할 수 있다. 이러한 측면에서 연구한 논문으로서는 로모브B. F. Lomow의 〈의사소통과 개인적 행동의 사회적 조정〉이 있다. 두 번째 측면은 의사소통을 사회적 현상으로 보는 관점인데, 이것은 의사소통을 개인들 상호간의 작용으로 보는 것이 아니라, 집합적 현상으로 파악하는 것이다. 이것은 물론 첫 번째 관점과 전혀 대립되는 것은 아니며, 어떤 점에서는 서로 보완하는 것으로 볼 수도 있고 첫 번째 관점을 확대한 것이라고 해도 될 것이다. 그러나 간과할 수 없는 차이는 레오체브A. A. Leonjew가 〈심리학적 연구 대상으로서의 의사소통〉이란 논문에서 말하듯이, 의사소통은 그 대상이 고립된 것이 아니라, 사회적 그룹이나 공동체 전체이기 때문에 개인 상호간의 현상이 아니라, 사회현상이라고 보는 점이다. 세 번째 측면은 의사소통을 개인 상호간의 심리학적 현상으로 보는 관점이다. 이것은 물론 첫 번째 측면과 매우 밀접한 관계가 있으나, 상호작용관계에 있는 개인의 심적 과정과 기능에 중점을 두는 점에서 다르다. 이 연구가 특별히 중요한 의의를 지니는 것은 실험상황을 만드는 데 있어서 실험과 실험결과의 객관성을 높이기 위한 방법적 토대를 제공해 줄 수 있다는 가능성 때문이다. 네 번째 측면은 의사소통을 단순히 정보전달 과정으로 보는 관점이다. 이 측면은 의사소통의 연구에서 이와 관련된 분야 예컨대, 사이버네틱스, 기호론 등의 연구결과를 이용할 수 있는 가능성을 제공한다는 점에서 이점이 있다고 하겠다.

이상의 네 가지 측면 중에서 특히 처음의 두 가지 측면이 현상학적 사회철학의 문제와 공통된 점이 많은 것은 개인의 상호작용을 해명하고, 사회적 산물의 생성에 특별히 관심을 집중한다는 점이다. 그리고 여기서 특별히 강조되고 있는 것은 사회생활에서 개인의 의식 활동, 상호 관계가 의미를 산출하는 측면이다. 그러나 서구의 현상학적 사회철학의 의사소통이론과 소련의 이론들 간의 근본적인 차이란 서구의 의사소통이론은 쉬츠의 이론에서 보았듯이 의사소통을 사회적 관계의 구성물로 보는데 반하여, 의사소통에 관한 소련의 사회학적 이론은 의사소통 그 자체를 역사의 객관적 발전과정의 의식화와 이해를 토대로 하여 사회생활을 창조적으로 조직하는 과정으로 해석한다는 점이다.

지금까지 소개한 현상학과 현상학적 사회철학의 일반에 관한 연구, 의사소통에 관한 연구 이외에도 언어심리학적 연구, 규범적 환경의 조직에 관한 연구가 이오닌의 논문에서 소개되고 있으나, 이 분야의 연구들은 현상학적 사회철학과는 직접적인 관계가 없으므로 여기서는 제외하고, 끝으로 소련에서 독특하게 연구되고 있는 인식의 사회적 형성이라는 주제에 관하여 언급하고자 한다. 이오닌에 의하면, 이 문제의 연구는 소련에서 처음으로 개척된 연구작업이라고 한다(《사회성과 공동주관성》, 376쪽). 소련에서는 소수의 마르크스주의적 학자들이 현상학적 사회학을 단적으로 지식사회학으로 간주하고 있다고 한다. 지식사회학은 한마디로 인식 형성과정을 주도하고 인식내용의 구조에 영향을 주는 사회현상을 연구하는 것이지만, 특히 소련에서는 지식의 사회적 기능에 중점을 둔 연구들이 많다. 메그렐리체K. R. Megrelidse의 《사고思考 사회학의 근본문제》(1965), 《인식의 사회적 본질》(1976), 쉬브코비치L. Schiwkowitsch의 《사회적 반영의 이론》(1969), 《정신적 산물, 정신활동 문제의 사회철학적 국면》(1981) 등이 그 대표적인 연구들이다.

2. 폴란드의 현상학적 사회철학

1) 폴란드의 현상학 연구

폴란드의 학계는 동구권의 어느 나라보다도 현상학적 사회철학만이 아니라, 현상학에 있어서도 탁월한 위치를 차지하고 있다. 현상학이 폴란드의 사회학에 영향을 주게 된 것은 1970년대에 들어와서야 비로소 눈에 띄게 나타났으나, 후설의 현상학 자체는 후설의 시대와 거의 시기를 같이하고 있다. 우선 폴란드 분석철학의 학파를 기초한 트바르돕스키K. Twardowski(1866-1938)는 후설과 마찬가지로 브렌타노F. Brentano(1838-1917)의 제자이었으며, 그의 《표상의 내용과 대상에 관한 이론》(1984)으로 현상학의 발전에 한 몫을 하였다. 그러나 폴란드에 현상학을 도입한 사람은 잉가르덴Roman Ingarden(1983-1970)이다.

그는 후설로부터 직접 배웠으며 후설이 세상을 떠나기까지 20년 이상이나 교분을 가졌고, 폴란드에서 계속하여 대학에서 현상학을 강의하였다. 그러나 트바르돕스키의 분석철학이 폴란드 학계를 지배하고 있었기 때문에 제2차 세계대전이 일어나기 전까지는 잉가르덴의 현상학이 큰 반응을 얻지 못한 것이 사실이다.

제2차 세계대전 후 폴란드의 상황은 현상학의 발전에 매우 불리하게 전개되었다. 즉, 이른바 '부르주아 철학'에 대한 정치적, 이데올로기적 공격이 시작되었기 때문이다. 전쟁전의 교수들이 많이 대학을 물러나야 하였으며, 잉가르덴도 면직당하여 1956년까지 대학에 돌아가지 못하였다. 이 시기에 나온 폴란드의 철학사전에는 후설의 현상학을 "제국주의의 부르주아 철학에서 전파된 〔…〕 비진보적, 주관적인 관념론적 이론" 이라고 규정하고 있다.[3] 이 사전에는 계속해서 "현상학은 부르주아 이데올로기의 기형畸形과 부패의 전형적인 산물이며, 철학을 학문과 삶으로부터 완전히 분리시키고, 공허한 스콜라적 사변思辨으로 변질시키고 있다"고 비판하고 있다(《철학사전》, 160쪽). 이보다 더 심한 혹평과 왜곡도 없을 것이다. 잉가르덴이 대학에 되돌아갈 수 없었던 당시의 상황을 이 사전이 잘 말해주고 있는 셈이다. 그 후 1956년이 되어서야 잉가르덴은 다시 대학에 돌아가 학생들을 가르칠 수 있었는데, 이 학생들이 오늘날 폴란드 철학계에서 중요한 역할을 하고 있다.

---

3 크란스노뎁스키Zdzislaw Kransnodebski의 〈폴란드의 현상학과 사회학〉, 《사회학과 공동주관성》, 361쪽. 이하 논문제목 생략, 쪽수만 알림.

2) 현상학적 사회학 및 사회철학

1956년 이래 현상학이 폴란드에서 자유롭게 연구되기 시작하였으나, 사회학에는 별로 영향을 주지 못하였다. 그 이유는 잉가르덴이 주로 미학에만 관심이 있었기 때문이기도 하거니와 무엇보다도 폴란드의 특수한 상황에 기인하는 것으로 보인다. 제2차 세계대전 이전의 폴란드 사회학은 주로 즈나니에츠키Florian Znaniecki(폴란드 사회학연구소 설립자)와 그밖에 좌파적 경향의 사회학자들의 영향 아래에 있다가 전쟁 후에는 현상학이 겪은 바와 같은 운명에 처하게 되었다. 사회학도 마찬가지로 부르주아 학문으로 판결받고 사회학연구소가 폐쇄되고, 사회학 잡지도 폐간되었으며, 변증법적 유물론이 공인된 유일한 사회이론으로 되었다. 1956년에 와서야 비로소 사회학도 대학에서 연구되고, 사회학 저서들도 출판되기 시작하였다. 그럼에도 불구하고, 현상학은 그 후에도 10년 이상이나 사회학에 별로 영향을 주지 못하였다. 그 중요한 원인으로는 그동안 여러 해에 걸쳐 변증법적 유물론에 의하여 사회학이 이데올로기적으로 오용당한 뒤, 학문적 인식의 진리를 다른 무엇보다도 정밀한 경험과학적 방법을 통하여 보증받으려 하였기 때문이다. 그러나, 사회과학의 통계적 방법과 신실증주의적 모델이 한계를 드러내기 시작한 1970년대에 와서야 현상학에 대한 관심이 사회과학 내에서, 특히 사회과학자들에 의해 나타나기 시작하였다. 이러한 움직임은 1975년 봄에 유고슬라비아의 두브로브니크Dubrovnik에서 시작한 세미나 '현상학과 마르크스주의'가 여러 해 동안 계속된 것에 큰 영향을 받았다. 그 후 폴란드에는 이제 현상학적 사회학연구의 중심지가 폴란드 제2의 도시 롯츠Lodz, 폴란드 서부의 문화중심지 포즈난Poznan,

크라카우Kraków에서도 여러 연구그룹들이 활발한 활동을 하고 있다.

롯츠에서는 수년 이래 특히 사회언어학과, 일상생활에서의 의사소통적 상호 관계에 관한 연구에 집중하고 있는 사람들이 있는데, 이들은 특히 쉬츠 등의 영향을 많이 받은 것으로 알려져 있는 학자들로서 보크치챤스키Z. Bokczanski, 퍄트로브스키A. Piotrowski 그리고 치체브스키M. Czyzewski 등이 그들이다.

포츠난에서는 지올코브스키M. Ziolkowski가 1980년 교수자격 취득논문으로 《의미, 대화적 상호 관계, 이해》를 출판하였는데, 이 논문에서 그는 대화적 상호 관계 이론을 현상학적 사회학과 대립시키고, 이어서 실증주의적 사회학에 대립시켜 인본주의적 사회학의 방법적 특성을 규정하려고 시도하고 있다(363쪽).

잉가르덴이 오랫동안 강의한 크라카우에서는 특히 티쉬너Jozef Tischner의 영향이 매우 크다. 티쉬너가 1982년에 출판한 논문집 《가치지향적 사고》에서는 현상학의 입장에서 사회윤리학을 연구하는 논문들이 중심이 되어 있다. 이 논문집에서 사회학에 특히 중요한 것으로 보이는 것은 '현상학과 사회학'이란 논문으로서 이것은 사회학에 중요한 연구계기가 될 수 있는 현상학의 문제들을 다루고 있다.

폴란드의 학문과 연구의 중심지 바르샤바에서는 사회철학으로서의 현상학 및 사회과학의 현상학적 문제를 연구하는 사람들이 많이 있는 것으로 알려져 있다. 이 중에는 현상학적 마르크스주의자들이 있는데, 이들은 마르크스주의적 입장에서 현상학을 비판하는 데에 더 큰 비중을 두고 있다고 한다. 이들 중에서 시메크M. J. Siemek, 마르키에빗츠B. Markiewicz등의 이름을 들 수 있고,

소수의 다른 학자들은 마르크스, 셸러, 쉬츠의 영향을 받은 사회과학자들이다. 그 밖에 프랑스 현상학자들의 저서가 많이 번역되어 영향을 주고 있으며, 폴란드의 하이데거M. Heidegger(1889-1976) 해석자이며 현상학자인 미칼스키K. Michalski의 주변에 모여드는 일단의 젊은 철학자들이 있는데 이들은 사회과학을 현상학적으로 정초하는 일, 현상학적 사회철학 및 현상학적 사회학에 주로 관심을 기울이고 있다. 그 밖에도 후설, 쉬츠의 저작들을 번역, 해설하는 일이 활발히 진행되고 있으므로 장차 연구성과가 클 것으로 기대하고 있다고 한다. 동유럽의 다른 나라와 마찬가지로 오늘날 폴란드에서 현상학적 사회철학이 보다 큰 의미를 지니게 된 이유는 무엇보다도 경험적 방법과 지금까지의 이론으로는 사회현상을 올바르게 파악, 기술하고 설명할 수 없다는 것, 그리고 다른 한편, 일상생활과 이데올로기 사이의 간격, 마르크스주의에 대한 실망 등에 기인한다고 볼 수 있을 것이다.

3. 마르크스의 사회적 생활세계의 구성(체코슬로바키아 편)

위의 제목은 체코슬로바키아의 현상학적 사회학자 스루바Ilja Srubar의 논문제목이다. 스루바는 체코에서 코지크K. Kosik와 파토치카J. Patočka에 의해 다시 활기를 띄게 된 현상학에 관심을 갖고 프라하와 프랑크푸르트에서 철학과 사회학을 공부하였다. 현재 서독의 콘스탄츠 대학에 재직 중인 그는 특히 쉬츠의 현상학적 사회철학에 관심을 갖고 연구하고 있으며, 쉬츠를 통하여 후설의 현상학에까지 관심을 확대하는 한편, 사회의 역사적 발전모델을 제시하는 마르크스와 막스 베버의 이론을 연구 과제로 삼고 있다.

우리는 스루바의 논문에서 현상학이 어떤 측면에서 마르크스주의 사회철학의 문제와 연결될 수 있는가를 확인할 수 있으며, 동시에 현상학과 마르크스주의가 어떤 점에서 날카롭게 대립되어 있는가를 알아볼 수 있다. 쉬츠의 이론에서 이미 언급한 바와 같이, 후설의 생활세계 및 공동주관성의 이론을 선험적으로 정초하는 데는 많은 난점이 있음을 쉬츠는 지적하였다.[4] 쉬츠는 그 때문에 자연적 태도의 생활세계를 중심테마로 삼는 자신의 현상학적 사회철학을 발전시켰다. 쉬츠가 이해하는 이 자연적 태도의 생활세계는 곧 구체적이며 역사적인 사회세계이다.[5] 이 생활세계의 구성에 관한 쉬츠의 이론에서 출발하여 스루바는 마르크스의 철학에서도 어떤 공통된 실마리를 찾을 수 있지 않을까 생각한 것이다. 여기에서 그는 무엇보다도 마르크스가 사회발전 과정의 결과를 나타내는 구체적인 사회현실을 재구성하는 방식과, 현상학에서 생활세계의 구조를 분석하는 방식을 비교 검토함으로써, 한편으로는 현상학과 마르크스주의가 어디에서 만날 수 있으며, 그 만남이 어느 정도의 의의를 지니는가를 밝혀내고자 하는 것이요, 다른 한편으로는, 쉬츠에 의해서 착수된 생활세계의 구조분석의 결과를 마르크스의 사회철학 이론에 적용함으로써 마르크스의 이론을 보완하고자 하는 것이다. 이와 같은 의도에서 스루바는 우선 마르크스의 이론에서 현상학의 생활세계와 같은 사상이 있는가를 찾아보고자 한다.

4 후설의 선험적 공동주관성의 이론에 대한 쉬츠의 비판 참조 바람.

5 쉬츠는 역사적인 측면을 별로 강조하지 않았다.

1) 마르크스의 생활세계 개념

후설의 생활세계라는 개념은 모든 일상적인 의식 활동(이론적, 실천적 활동을 다 포함하여)과 그 대상을 다 포괄한다. 그에게 있어 생활세계란 모든 학문적 이론들이 비판적으로 소급하여 관계하는 의미토대Sinnbasis이며, 모든 학문들 자체가 생활세계로부터 발생한 것이며 동시에, 그것에 속하고 있다. 직접적 지각의 대상이 되는 자연의 사물들만이 아니라, 모든 문화적, 정신적 산물도 그것에 함께 속한다.[6] 후설이 객관적인 학문과 생활세계의 관계를 설명하는 것으로부터 스루바는 토대Basis와 상부구조Überbau의 관계에 대한 마르크스의 설명을 연상하고 있다. 물질적 생산관계가 이루는 토대와, 그 토대의 반영물을 의미하는 상부구조의 대조는 외견상 후설의 생활세계와 이것에 토대를 두고 있는 학문의 관계에 비교할 만하다. 그러나 후설에 있어서는 학문 그 자체도 생활세계의 지평地平 전체에 속하므로 생활세계와 물질적 토대가 결코 같은 구조도 내용도 지니고 있지 않음을 알게 된다. 스루바에 의하면, 후설의 생활세계라는 개념 역시 마르크스가 '이데올로기'라고 부르는 것, 즉 상부구조에 속하는 것이다. 더구나 후설에 있어서는 생활세계의 구성이란 선험적 환원에 의해서 그 구조가 드러나는 것이요, 선험적 의식의 상관자相關者Korrelat이며, 이 문제는 어디까지나 선험적 영역에서 다루어지는 문제이다. 따라서 스루바는 현상학의 생활세계의 개념을 마르크스의 이론에서 찾기 위해서 우선 후설이 공동주관성의 선험적 구성 때문에 부딪힌 난점을 피하기 위해 선험적 방식을

6 이에 관해서는 후설의 《유럽 학문의 위기와 선험 현상학》, 《후설전집》, 제6권 제34장 중 특히 d), e) 참조 바람.

버리고, 쉬츠가 이해하는 자연적 태도의 생활세계라는 개념에서 출발, 이 개념을 역사적 생활세계의 사회구조로 확대시키고자 한다. 쉬츠의 생활세계라는 개념도 우리가 이미 살펴본 것으로부터 결론지을 수 있는 바와 같이, 마르크스주의의 입장에서 보면, 상부구조의 한 요소이며, 이른바 '허위의식das falsche Bewußtsein'이다(《현상학과 마르크스주의》, 3권, 173쪽. 이하 책명 생략).

그러나 생활세계를 전체적으로 간단히 상부구조로, 즉 마르크스가 말하듯이 부르주아의 이데올로기로 간주해도 될 것인가 하는 의문이 생긴다. 왜냐하면 소위 '토대'라는 개념의 모든 규정내용 역시 현상학적 관점에서 보면, 생활세계의 개념에 포함되는 것 같이 보이기 때문이다. 마르크스에 있어서 '토대'란 생산력과 생산관계를 뜻한다. 학문이 토대에 속하는 경우가 있다면, 그것이 직접적인 생산력으로 기능하는 경우, 즉 기술과학일 때만 그러하다.

이러한 상황에서 스루바는 생활세계의 개념을 마르크스의 이론에 연결시킬 수 있는 접합점을 찾기 위해서 토대와 상부구조라는 외견상 비교하기에 알맞은 듯이 보이는 두 개념을 사용하는 것이 별로 유용하지 못함을 알았다. 흔히 생활세계를 토대와 유사한 것으로 보고 대비시키는 이유는 학문비판의 문제와 관련하여 후설과 마르크스가 유사한 설명을 하고 있기 때문이다. 즉, 학문의 이론적 진술은 그것이 토대로 하고 있는 생활세계의 영역으로 소급해서만 그 타당성을 마련할 수 있다고 보는 후설의 견해와 마찬가지로 마르크스도 부르주아 학문은 그것이 발생되어 나온 물질적 조건에 관련시켜 고찰할 때만 그 현실적인 의미가 명백해진다고 본다. 그러나 후설이 모든 학문의 의미토대라고 보는 이 생활세계는 앞서 언급한 바와 같이, 선험적 의식의 상관자로서 결코 존재론적 의미의 존재가 아니다. 그런데, 스루바는 후설의 생활세계의 개념이 존재론적 의미변경을 받을 때만 마르크스의 이론과 연결될 수 있으며, 존재론적 의미변경은 곧 생활세계를 사회적 존재영역으로 파악함으로써 가능하다고 본다(176쪽). 따라서 '생활세계'를 '토대'와 단순히 병렬시키거나, 학문비판의 공통점에서 후설과 마르크스의 이론이 만나는 지점을 찾으려 한다면 실패할 수밖에 없다는 것이다.

이제 스루바는 마르크스의 총체성Totalität 개념에서 실마리를 찾으려 한다(177쪽). 왜냐하면, 마르크스의 총체성은 한 주체가 지닌 '세계의 소박한 존재의미'에 토대를 부여하는 모든 요소를 다 포함하고 있기 때문이다. 후설에 있어서는 이 소박한 존재 의미의 토대인 생활세계는 궁극적으로 선험적 주관성에 그 존재가능 근거를 지니고 있다면, 마르크스에 있어서는 이른바, 모든 사회적 활동의 조건 그 자체가 또한 인간 활동의 산물이므로, 생활세계란 곧, 인간에 의해서 생산된 구체적, 역사적 삶의 세계이다. 따라서 후설의 생활세계를 자연적 태도에서 존재적ontisch 차원의 것으로 파악하고 그 사회성과 관련해서 고찰한다면, 마르크스의 총체성 개념에 접근하는 것으로 볼 수 있다는 것이 스루바의 견해이다(178쪽).

그러면, 마르크스는 총체성이란 개념을 어떻게 규정하고 있는가? 스루바가 인용하고 있는 대로 마르크스의 《독일 이데올로기*Deutsche Ideologie*》(《마르크스-엥겔스 전집》, 제3권, 37-38쪽)에 나오는 설명을 요약하면 다음과 같다.

직접적 삶의 물질적 생산에 근거하여 현실적인 생산과정을 발전시키는 것,

생산방식과 연관된, 그리고 그로부터 산출된 교환형식을, 따라서 여러 단계의 시민사회를 역사 전체의 기반으로서 파악하는 것, 그러한 것들의 능동적 활동에서는 국가로서 나타나고, 여러 가지 이론적 산물, 의식의 형식들, 종교, 철학, 도덕 등을 그로부터 설명하며, 이것들의 발생과정을 그로부터 추구하는 것에 사회의 역사적 이해가 근거한다. 그리고 거기에서만 모든 사실이 그 총체성에서 표현될 수 있다. 생산력, 자본 그리고 사회적 교환관계의 전체가 바로 철학자들이 인간의 실체와 본질로서 생각한 것의 실재적 근거이다.

이 내용으로 보아 과연 총체성의 개념에는 생산과정에서 나온 사회적 관계, 제도, 지식체계가 다 포함되므로 후설의 생활세계 개념을 존재적으로 파악하는 경우 두 개념이 매우 유사하다. 그러나, 다만 여기서 간과할 수 없는 것은 생활세계의 개념에는 직접적으로 지각할 수 있는 원초적인 경험대상들이 속해 있는데, 마르크스의 총체성 개념에는 직접적으로 주어진 사회적 현실이 속해 있긴 하나, 그 배후에 있는 일차적 경험영역에 관해서는 전혀 언급이 없다는 점이다. 이 점을 지적하면서 스루바는 총체성 개념을 더 이상 분석하지 않고 그것이 내포하고 있는 의미의 하나를 보다 구체적으로 살펴보는 데서 실마리를 찾으려 한다(179쪽). 마르크스나 엥겔스Friedrich Engels(1820-1895)가 말하는 사회적 현실은 생산력, 자본 그리고 사회적 관계를 합한 것으로서 개인에게는 이미 앞서 주어져 있는 것이다. 이것이 그들에게는 모든 연구의 출발점이다. 스루바에 의하면, 그것을 주제로 삼는 데서 사회전체의 생산활동Produzieren을 전면에 두느냐 아니면, 재생산Reproduktion을 전면에 두느냐 하는 두 가지 시각에서 고려할 수가 있다(180쪽 ; 《독일 이데올로기》, 29, 38쪽).

사회 전체를 생산된 것으로서 고찰한다면, 생산활동을 결정하는 요소들은 자연의 소유방식, 즉 그 나름의 전형적인 구조를 지닌 물질적으로 존재하는 공동체의 산물들이 지니고 있는 요소들이다. 다시 말하여, 생산력(사회적으로 인정된 형식을 지닌 기술적 지식과 그 이용방식), 사회적 교환형식(생산력과 그 위에 구축된 사회적 관계의 조직) 그리고 사회적 의식(사회적으로 인정된 형식의 해석도식)이다.

동일한 과정을 재생산의 시각에서 고찰한다면, 사태는 달라진다. 재생산이란 위의 세 가지를 바탕으로 한, 사회적으로 인정된 행위방식의 재생산이다. 이것은 바로 주어진 사회적 현실의 이해를 지향하는 것이며, 곧 직접적으로 주어진 경험에 근거하는 존재 의미의 구성을 뜻한다. 주어진 사회현실과 그 재생산의 이 차원에서 스루바는 생활세계에 일치되는 사회적 일상세계를 발견한다(181쪽).

총체적 개념의 규정내용에 들어 있는 이 요소 때문에 이 개념은 비로소 생활세계의 개념에 일치하는 것으로 드러난다. 따라서 스루바는 마르크스가 재생산의 연관과 이것의 근저에 놓인 사회적 현실을 주체로 삼는 곳을 찾아 생활세계의 문제에 접근하고자 한다(182쪽). 스루바는 마르크스의 여러 논문과 수고手稿에서 그러한 주제와 관련된 것들을 모아 보고 세 가지 주제 영역, 즉 ㄱ) 감성感性의 사회적 규정, ㄴ) 인물가면Charaktermaske의 발생, ㄷ) 구조에 따른 중점전이Relevanzverschiebung로 나누었다.

2) 역사적, 구체적 생활세계의 구성을 위한 실마리

(1) 감성의 사회적 규정

감성Sinnlichkeit에 관한 마르크스의 저술은 주로 그의 《정치경제학의 수고》(《마르크스-엥겔스 전집》, 제1권)에서 발견되는데, 이 문제를 다루고 있는 여러 학자들의 논문도 대부분 이 초기의 사상을 취급하고 있으나, 후기의 마르크스 논문들, 예컨대 《독일 이데올로기》에도 많이 다루어져 있다.

마르크스는 헤겔G. W. F. Hegel(1770-1831)의 자기의식Selbstbewußtsein과 감성적 존재로서의 인간을 포이에르바하L. Feuerbach(1804-1872)가 대립시키는 것을 자신의 유물론적 문제에 그대로 채용하고, 감성의 개념에 환경에 대한 개체의 직접적인 관계를 추가시키고 노동Arbeit을 감성의 구성적 계기로 보았다. 마르크스에 의하면, 인간의 감성은 바로 인간의 자연성自然性Naturcharakter으로부터 생겨났으며, 인간은 직접적인 자연적 존재Naturwesen이다(《전집》, 1권, 578쪽). 즉, 인간은 그의 욕구를 만족시켜 주는 대상에 의존되어 있는 존재이다. 인간의 이러한 특성으로부터 마르크스가 귀결시키는 것은 대상에 대한 필연적이며 실제적 관계가 감성에는 내포되어 있다는 것이다. 마르크스에 의하면, 인간은 현실적인 감각적 대상들을 그의 본질의 표현, 삶의 표현의 대상으로 삼으며, 현실적인 감각적 대상에서만 그의 삶을 표현할 수 있다고 한다(《전집》, 1권, 578쪽). 그리고 이 삶의 표현은 노동을 통한 자연의 소유, 따라서 생활세계의 산출이다. 마르크스는 노동과 자연의 관계를 이렇게 표현하고 있다. "노동자는 자연 없이는, 감각적 외부세계 없이는 아무것도 만들어 낼 수 없다. 자연은 그의 노동이 거기에서 실현되는 자료이다[…]"(《전집》, 1권,

512쪽). 여기에서 감성은 개체가 세계와 관계할 수 있는 보편적 토대이다. 그러나 이 관계란 마르크스에 있어서는 어디까지나 실체적인 것이다. 즉, 이 관계를 가능케 하는 조건이 노동을 통하여 생산, 재생산되며, 노동은 지금까지의 형식에 따라 이미 하나의 분업적 노동이다. 따라서 인간의 세계에 대한 관계의 토대가 되는 감성은 마르크스에 있어서는 언제나 사회적으로 규정되어 있으며, 역사적으로 변경될 수 있는 것으로 파악되어 있다. 포크와 나이프로 고기를 먹음으로써 만족시키는 배고픔과 손, 손톱, 이빨로 생고기를 먹음으로써 만족시키는 배고픔은 전혀 다르다고 마르크스는 말한다.[7] 즉, 인간의 노동은 소비의 대상을 생산할 뿐 아니라, 소비의 방식도 생산하므로 감성(배고픔의 경우처럼)은 사회적으로 규정되며, 역사적으로 변경된다는 것이다. 그리고, 이 사회적 규정은 다분히 주관적인 측면이 있음을 부정할 수 없다. 사회적으로 조건지어진 감성의 변화는 단순히 욕구충족의 양적, 질적 변화만을 가져오는 것이 아니라, 지각기능에까지 그 변화가 미치며, 인간의 주관적 감성 영역 전체가 변경된다. 예컨대, 인간의 미적 감각, 즉 음악을 듣는 청각적 감각, 형태의 미에 대한 시각적 감각도 "부분적으로는 발전적으로 형성되고, 부분적으로는 새로이 산출된다. 〔…〕 다섯 감각의 형성은 지금까지의 전체역사의 한 노작勞作이다〔…〕"(《전집》, 1권, 542쪽).

지금까지의 고찰은 감성의 한 측면, 즉 주관적 측면만을 대상으로 삼고 있다. 이것은 생활세계 구성의 가장 낮은 층, 즉 감각신체에 의해서 주어지는 세계체험의 방식에 관한 설명이다. 스루바는 이제 감각대상 영역의 역사적,

---

7 《정치경제학 비판 개요*Grundrisse der Kirtik der poiltischen Ökonomie*》, 13쪽.

사회적 규정이라는 다른 측면을 고찰하고자 한다(186쪽). 이 측면에 대한 고찰이 중요한 것은 감성의 사회적 규정은 어떤 일정한 감각대상의 영역에 대한 감각적 체험과 더불어 나타나는 것이지, 결코 대상 영역 전반에 걸쳐 일시에 이루어지는 것은 아니기 때문이다. 즉, "대상에 대한 실제적 관계, 말하자면, 역사적 조직형태를 지닌 노동이 개체를 사회적 현실의 어느 한 영역에 귀속시키고, 그 영역에 감성을 확고히 연결시켜 주어진 현실의 그리고, 감각신체적 관계의 특정한 양식을 산출시킨다"(186쪽). 결과적인 관점에서 보면, 감각적 대상 영역은 사회적 지위에 따라 다르게 되며, 사회적 지위는 노동분배의 과정에서 개체에게 주어지는 것으로 이해할 수 있다. 이러한 관계를 마르크스는 그의 《자본론》 1권에서 영국의 인쇄소를 예로 들고 있다.

수공업 시스템에서 인쇄공들은 책을 읽고 쓰는 능력이 요구되었으나, 인쇄기의 발명으로 그들은 다만 기계감독자와 단순노동자로 나뉘어지고, 기계에 종이를 집어넣고, 인쇄된 종이를 끄집어내는 일을 하는 단순노동자들은 대부분 읽지도 쓰지도 못하는 11살에서 17살까지의 아이들로서, 17살이 지나면 인쇄소에서 쫓겨나게 되는데, 이들은 어떠한 지식도 능력도 없으므로 다른 일에도 종사하지 못한다(《전집》, 23권, 509쪽).

마르크스가 든 이 인쇄소의 예는 스루바에 의하면, 필요노동시간 단축에 의한 상대적 잉여가치의 생산이라는 '자본주의적 생산의 논리'에 의한 변화를 설명해 주고 있는 한편, 노동조건의 변경으로 인하여 감각적 대상의 일정한 영역과 주어진 현실(생활세계)에 대한 관계가 변화됨을 보여주고 있다(188쪽). 이렇게 하여 마르크스에 있어서는 감성의 이론에 의해, 주어진 역사적,

구체적 생활세계와 이에 대한 개체의 감각신체적 관계의 연관성이 파악될 수 있음을 우리는 알게 된다.

(2) 인물가면 Charaktermaske

인물가면人物假面이란 자본주의적 생산논리가 자본가에게 강요하는 행위방식을 가리킨다. 마르크스가 그의 《자본론》에서 설명하고 있는 바에 의하면, 자본주의 사회에서의 교환과정에서는 개인들이 서로 간에 다만 상품의 대표자 따라서, 상품소유자로서 존재하며, 인격적 개인의 경제적 인물가면(마스크)은 다만 경제관계의 의인화로서, 개인은 이 경제관계의 한 대표자로서 등장한다는 것이다(《전집》, 23권, 99-100쪽).

우선 스루바가 여기서 확정짓고 있는 것은 인물가면이 주어진 사회적 현실, 즉 생활세계에 관계되어 있으며, 물질적 삶의 세계를 만들어 낸 과정의 결과가 인물가면의 개념에 포함되어 있다는 것이다(189쪽). 그리고 이 결과와 산출과정의 연관성은 이론가에게는 밝혀지나 행위자 자신에게는 명확히 알려져 있지 않다는 점에서 생활세계에 대한 관계가 지닌 특성을 잘 보여주고 있는 셈이다.

이 인물가면을 규정하면서 마르크스는 오직 경제관계 특히 자본주의 사회의 상품소유에 관련시켜서 말하고 있는 것 같이 보이는데, 스루바에 의하면 《자본론》 전체에 걸쳐서 고찰할 경우, 마르크스는 인물가면을 일정한 계급에만 적용하는 것이 아니라, 그 개념을 일반화시켜 사회구조의 현상 전체에 대한 설명에 사용하고 있음을 보게 된다고 한다(190쪽). 이러한 주장을 스루바는 다음과 같이 논증한다.

인물가면은 우선 한 개인을 주관적 소망을 지닌 개인과 상품소유자의 역할을 하는 개인으로 분리시킴을 함축하고 있다. 이것은 이미 마르크스가 《독일 이데올로기》에서 인격적인 개인과 계급적 개인의 분리를 말하는 데서도 암시되어있다(《전집》, 3권, 75-76쪽 참조). 이 분리는 노동분배에 의한 사회관계의 형성과 더불어 등장한다. 즉, 개인을 하나의 사회체제에 종속시키는 것, 다시 말하여, 주관외적主觀外的 행위강제(상품소유자의 역할)의 지배 하에 두게 되는 것이며, 이로부터 결과하는 인물가면은 결국 노동분배의 과정에 그 근거를 두고 있다. 그런 의미에서 노동분배는 사회체제의 분화로 간주될 수 있다. 마르크스에 있어서 노동분배의 과정은 바로 사회의식, 생산력, 사회적 상태의 분화를 의미하므로 인물가면은 더 이상 경제관계에만 국한되지 않는다. 따라서 마르크스는 사회구조의 역사적 움직임을 개인의 행위라는 차원에서 해석하는 수단으로 인물가면의 개념을 사용하고 있는 것이다(192쪽).

스루바는 이제 역사적, 구체적 생활세계의 구성을 설명하는 인물가면이라는 개념을 처음에 논한 감성의 주제와 관련시켜 고찰하고자 한다. 이 고찰의 결론만을 말하면, 인물가면이 지시하는 상황은 언제나 감성대상 영역의 새로운 형성과 이로부터 결과하는 감성의 변경을 포함한다는 것이다. 따라서 감각신체적 개인과 그의 인물가면은 분리될 수 없는 하나의 통일체를 나타내고 있다는 것이다(193쪽).

(3) 구조에 기인한 중점전이重點轉移Relevanzverschiebung

'중점Relevanz'이란 개념은 쉬츠가 사용한 것으로 스루바에 의하면, 마르크스 저작의 어디에서도 이러한 주제가 다루어진 곳이 없으며, 이에 관하여 취급한 논문도 거의 없다고 한다(194쪽). 그러나 쉬츠의 '부과된 중점auferlegte Relevanz'이라는 개념은 상황과 사건에 관계된 개념으로 이 중점은 자유로운 행위로부터 생겨난 것도 아니고, 능동적 활동으로 변경될 수도 없는 것으로 규정되어 있다.[8] 이 '부과된 중점'이란 개념에 유사한 표현은 스루바에 의하면, 마르크스의 상황서술에서도 많이 발견된다고 한다. 그리고, 마르크스에 있어서는 이것이 감각적 대상 영역의 기술記述에서뿐만 아니라, 행위상황으로서 개인에게 이미 앞서 주어진 사회적 강제의 복합체를 표현하는 데서도 나타난다고 한다. 이 중점의 전이轉移는 사회구조의 변경에 의하여 이 복합체에서 나타나며, 그것이 또한 행위의 사회적 강제물을 또한 변경시킨다고 한다(194쪽). 스루바는 이 중점전이에 관한 마르크스의 기술을 네 가지로 나누어 고찰하고자 한다.

(가) 사회구조의 전이 : 사회적 행위의 대부분이 가족의 영역으로부터 사회화된 관계의 영역으로 옮겨가는것

(나) 생산영역에서의 사회적 관계의 전이: 직장에서의 사회적 관계의 서열화

(다) 지식체계의 전이 : 시민적 도덕규범의 실천적 의무의식의 약화

(라) 경제활동의 물질적 지향의 전이 : 생산을 다른 산물의 생산으로 바꿈

스루바에 의하면, (가), (나), (다) 세 개의 전이는 마르크스에 있어서는 자본

8 쉬츠는 중점체제를 '본질적인 중점체제wesentliche Relevanzsystem'와 '부과된 중점체제auferlegte Relevanzsystem'로 나누고, '본질적인 중점체제'는 주체가 선택한 관심의 결과로 이루어진 것이나, '부과된 중점체제'는 주체의 관심과는 관계없이 주체가 처한 상황에 의해서 부과된(떠맡겨진) 중점체제라고 설명한다. 이에 관해서는 쉬츠의 《논문집》, 제2편, 92-93쪽 참조 바람.

주의적 노동조직의 동일한 발전과정에서 생겨난 결과로서 개인의 주요활동이 가족으로부터 공장으로 이동함으로써, 그리고 기계화로 인한 노동의 단순화, 이로 인한 아동노동의 허용 등으로 하여 발생하는 전이이다. 그러나 네 번째의 (라)는 자본의 순환과정의 논리, 즉 자본의 회전시간의 결과이다. 이에 대한 예로서 마르크스는 가축사육과 우유생산을 비교하여 말한다. 식육생산을 목적으로 한 가축의 사육에 투자된 자본은 우유생산에 투자된 것보다 훨씬 자본회전이 늦으므로 자본의 부족으로 인하여, 가축사육을 우유생산이나 다른 것으로 바꾸지 않을 수 없게 된다. 이로 인하여 전체 농촌의 성격이 변경된다(《자본론》, 2권, 《마르크스-엥겔스 전집》, 24권, 제12장).

이상의 네 가지 전이는 확실히 사회의 구조에 근거하는 전반적인 움직임이 구체적인 행위상황의 조건을 변경시킨다는 것을 보여주나, 이것만으로는 아직 행위조건의 변경이 행위강제로 되는, 즉 '부과된 중점'이 되는 방식이 드러나지 않고 있다. 이를 밝혀내기 위하여 스루바는 네 번째의 (라)에서 표현된 전이에 특별히 주의를 기울인다. 왜냐하면, 여기에서는 중점전이의 방향이 가장 명확히 보이기 때문이다(196쪽). 투입된 자본이 가장 빠르게 회전되는 것이 생산되어야 한다면, 여기에서 생기는 중점전이는 분명히 일정한 욕구 Bedürfnisse에 따라서 성취되고 있음을 알 수 있다. 스루바는 이 욕구라는 개념에 시선을 모으고, 마르크스가 《철학의 빈곤》(《전집》, 4권)에서 서술하고 있는 욕구의 체계와 관련한 부분에서 중요한 하나의 열쇠를 발견한다. 마르크스는 이렇게 말하고 있다.

> 소비자가 생산자보다 더 자유로운 것은 아니다. 그(소비자)의 견해는 그가 가진 수단과 욕구에 달리 있다. 양자(수단과 욕구)는 그의 사회적 지위에 의해서 결정되며, 이 사회적 지위는 다시금 일반적인 사회조직에 달려 있다(《전집》, 4권, 75쪽).

이러한 마르크스의 설명에 따라 스루바는 욕구가 노동분배와 사회조직에 근거하며, 그로부터 결과하는 사회적 지위에 따라 차이가 생긴다면, 그것은 중점체계의 핵심으로 이해하여도 될 것으로 본다(197쪽).

다른 한편, 스루바는 《정치경제학 비판 개요*Grundrissen der Kritik der politischen Ökonomie*》에서 욕구가 쉬츠의 의미에서 '부과된 중점체계'를 나타내고 있는 마르크스의 기술記述을 발견한다. 마르크스는 욕구가 매개체의 역할을 하는 소비와 생산의 내재적 관계를 설명하는 자리에서 이렇게 말하고 있다.

> 생산이 소비의 대상을 외적外的으로 제공함이 분명하다면, 마찬가지로 분명한 것은, 소비는 생산의 대상을 이념적으로, 즉 내적 상像으로서, 욕구로서, 충동, 목적으로서 설정한다는 것이다. 소비는 생산의 대상을 주관적 형식에서 창출한다. 욕구 없이는 어떠한 생산도 없다. 그러나 소비는 욕구를 다시 산출한다. 〔…〕 생산은 욕구에 재료만을 제공하는 것이 아니라, 재료가 또한 욕구를 제공한다〔…〕.[9]

이 구절을 스루바는 해석하기를, 사회구조의 변경에 의해 야기된 행위조건의 변경은 욕구체계의 전이로서 나타난다는 것이다. 따라서 욕구는 그 물질적,

9 마르크스, 《정치경제학 비판 개요》, 13-14쪽(스루바의 논문 197쪽으로부터 간접 인용).

대상적 충족가능성이 개체의 영향권 밖에 있으므로, 그리고 비록 내재적 상像으로서 내재화되었다 하더라도 사회구조 변경에 따라 외부로부터 개체에 부과된 것이므로 하나의 '부과된 중점체계'임을 보여주고 있다는 것이다(198쪽).

욕구나 욕구체계에 관하여 말하는 데서 우리가 짐작하게 되는 것은 (1)에서 말한 감성의 사회적 규정과 욕구체계 사이에 있는 일정한 관계이다. 인쇄소의 예에서 살펴 본 바와 같이 마르크스의 이론에서는 생산력과 생산방식의 변경은 노동분배의 변경을 가져오고, 노동분배는 사회적 지위를(따라서 사회구조의 전반적인 변경을), 이것은 다시금 감각대상의 영역을 결정하며, 나아가서 생활세계에 대한 감각신체적 관계의 변경을 가져옴을 보았다. 그리고, 이 변경은 곧 욕구의 변경으로 나타난다는 것은 어렵지 않게 인정할 수 있다. 결국 사회 구조의 움직임(변경)은 개체에게 부과되는 중점체계의 전이를 가져온다. 다른 한편, 노동분배과정의 결과로 나타나는 인물가면은 개체로 하여금 주관 외적主觀外的 행위로 강제한다는 것, 그리고 인물가면과 감성이라는 두 계기는 분리될 수 없음을 스루바는 이미 언급하였다(192-193쪽). 이렇게 살펴본다면, 욕구체계, 인물가면, 감성은 생활세계의 구성계기들로서 서로 불가분의 관계에 있음을 알 수 있다.

인물가면이 '부과된 중점체계'의 전이에 어느 정도 개입되는가에 관하여 좀더 명확히 하기 위하여 스루바는 《정치경제학 비판 개요》에서 마르크스가 욕구와 소비의 관계에 대하여 말하는 것을 실마리로 삼는다. 마르크스에 의하면, 소비는 주관적 시각과 객관적 시각에서 고찰될 수 있다고 한다. 즉, 소비는 감성에 의해 개체의 것으로 된 욕구의 만족으로서, 또는 부과된, 그리하여 행위강제로 나타나는 욕구의 만족으로서 고려될 수 있다는 것이다(《정치경제학 비판 개요》, 12쪽).[10] 객관적 시각에서 본 욕구는 행위강제로서 인물가면에서 의인화되는 욕구임을 알 수 있다. 그리고, 이러한 욕구들의 체계가 마르크스에 있어서는 바로 '부과된 중점체계'이다.

마르크스의 역사적, 구체적 현실(생활세계)에 대한 분석은, 부과된 중점체계가 주는 행위강제와 내재화된 욕구 사이의 모순, 그것은 자본주의적 생산의 구조적 모순으로서 결국 인간의 소외疎外, 인간세계의 황폐로 몰고 갈 수 있음을 보여주려는 데에 목적이 있다. 스루바는 그러나, 목적이 다르고, 시각이 다르다 해도 생활세계의 구성에 대한 마르크스의 기술記述은 현상학과 마르크스주의 사회철학의 의미 있는 연계를 가능케 하는 중요한 출발점이 된다고 본다(201쪽).

4. 현상학과 시민사회(헝가리 편)

〈현상학과 시민사회Phänomenologie und bürgerliche Gesellschaft〉란 논문을 《현상학과 마르크스주의》 제3권에 기고한 바즈다Mihály Vajla는 헝가리의 현상학적 마르크스주의자로서 수도 부다페스트에서 철학을 공부하고, 1958년 박사학위를 획득한 뒤, 루카치Georg Lukács(1885-1971)와 밀접한 친분을 갖게 된 이래 소위 부다페스트 학파에 속하게 되었다. 바즈다의 주된 관심은 현상학을 위시하여 마르크스 철학 그리고 실천철학적 시각에서 보는 사회이론 등이다. 여기에 소개하는 그의 논문은 그 자신이 말하듯이 현상학적 마르크스주의 입

10 《정치경제학 비판 개요》, 12쪽(스루바의 논문 199쪽으로부터 간접 인용).

장에서 셸러Max Scheler(1874-1928)의 저서 《형식주의 윤리학과 내용적 가치 윤리학》에서 발견되는 시민사회의 기본사상을 분석하고자 한다.[11]

바즈다는 마르크스의 사회에 대한 비판은 반드시 그 사회의 인간상에 대한 비판이기도 하며, 소위 부르주아 사회의 인간상에 대한 비판은 그 사회에 속하는 시민의 인식적 견해에 대한 비판도 포함해야 한다는 주장에서 출발한다. 그런 뜻에서 바로 후설의 현상학은 자연적 태도에 대한 비판, 즉 부르주아 시민사회의 철학비판으로서 인식비판이라는 것, 다시 말하여, 그것은 부르주아적 인식론의 전개에 대한 비판이기도 하다고 바즈다는 확언한다(118쪽). 그는 후설 현상학의 기본 입장을 서술한 뒤, 후설의 인식론적 노력은 마르크스가 인간이란 무엇인가라는 물음을 제기하고, 그에 대답한 기본사상과 다르지 않다고 주장한다. 그리고 마르크스가 현상학자가 아니라면 '인간의 본질'이라는 개념을 근본적으로 다르게 해석할 수 없었을 것이며, 마찬가지로 현상학적 방법을 수행하지 않았더라면, 생산관계가 인간 상호간의 관계에 의해서 결정된다는 것을 발견해 낼 수 없었을 것이라고 한다(122쪽).

그렇다면, 어떤 의미에서 마르크스가 현상학자이며 또, 현상학적 방법을 사용한다는 것일까? 그가 현상학적 방법을 사용한다면, 현상학의 분석결과를 다른 영역에 응용하는 경우와 마찬가지로 현상학자라고 불러도 무방할 것이다. 그렇다면 마르크스는 어떤 형태로 현상학적 방법을 사용한다는 것일까?

---

11 시민사회에 대한 셸러의 사상을 현상학적 마르크스주의의 입장에서 분석함에 있어서 바즈다는 자주 후설의 철학으로 소급하여 설명하는 부분이 많이 보이며, 더구나 후설의 《현상학의 이념*Die Idee der Phänomenologie*》을 길게 인용하는데, 후설의 현상학에 관한 부분은 논문의 핵심적인 줄거리에 관계되지 않는 한 생략하기로 한다.

우선 마르크스가 구체적인 현실이 사고思考의 실제적인 출발점이라는 것, "현상의 형식과 사물의 본질이 직접적으로 일치한다면 모든 학문은 불필요한 것"이라는 언급에서 바즈다는 일종의 '에포케epoché', 즉 세계에 대한 추상적, 사변적 태도를 배제하고 '사태 자체로Zu Sachen selbst' 향하는 마르크스의 현상학적 방식을 발견한다(《자본론》, 3권, 《마르크스-엥겔스 전집》, 25권, 825쪽). 바즈다에 의하면, 마르크스에 있어서는 '에포케'가 인식론적으로 고려된 것이 아니라, 시민사회의 인간상과 관련하여 실천영역에서 나타나지만, 마르크스의 방식이 지닌 현상학적 성격은 명백하다는 것이다(123쪽).

인식론과 시민사회의 인간상을 직접 결부시킨 현상학자로서 바즈다는 셸러를 말한다. 셸러는 말한다. "인식의 구성요소는 감각내용이거나 사고 내용이라는 전제에서 출발하는 이론만큼 인식론을 오랫동안 방해한 이론도 없다"(《형식주의 윤리학과 내용적 가치윤리학》, 81쪽).

셸러의 이 구절을 인용하면서 바즈다는 이 근본적으로 잘못된 이원론은 인식론과 관련하여 이성Vernunft과 감성Sinnlichkeit을 분리시켰으며, 이것이 전체 부르주아적 인간상을 특징짓고 있다고 언명한다(124쪽). 이러한 이원론이 잘못된 이유는 무반성적이며, 감각적 쾌락을 추구하는 존재로서의 인간들은 이성의 보편적 지배 아래 다수의 개체들끼리 계약을 맺음으로써 사회적 통일형식의 사회를 형성할 수 있다는 식의 해석을 가능케 하였다는 것, 그리고 이러한 방향으로 나아가는 사회성의 경향은 보편적인 사회를 실현할 수 있다는 불가능한 결론에 도달한다는 데에 있다는 것이다. 그러나, 바즈다가 보기에는 사회적 통일형식으로서의 사회성이란 결코 보편적으로 될 수 없다. 왜냐하면, 인간은 그 본질상 공동체적 존재gemeinschaftliches Wesen이기 때문이다. 즉, 인간은 목적과 이해관계에 따라서 결합하는 사회적 존재gesellschaftliches Wesen이기에 앞서 그 본질에 있어서는 혈연적, 종속적, 숙명적인 관계에서 결합된, 또는 이미 그러한 결합관계 속에 있는 공동체적 존재이다.

바즈다는 사회적 통일형식이라는 부르주아 철학의 기본경향의 보편화가 터무니없는 것임을 증명한 것은 셸러의 큰 업적이라고 평가하는 한편, 낭만주의 철학에서 시도되고 있는 해결에 대해서는 신랄하게 비판한다. 낭만주의 철학의 최초의 대표자 피히테Johann Gottlieb Fichte(1762-1814)는 자아Ich가 비자아Nicht-Ich를 정립함으로써 자아의 세계는 본질적인 인간의 세계로 된다고 하며, 그러면서도 자아 자체는 아무런 구조상의 변경도 당하지 않는다고 한다. 바즈다는 피히테의 이와 관련한 이론을 마술이라고 부르면서 이 마술의 결과로 세계는 더 인간적으로 되는 것이 아니라, 비인간적으로 된다고 본다(126쪽). 낭만주의 철학의 마지막 대표자인 키에르케고르Søren Kierkegaard(1813-1855)나 현대의 실존철학에서는 피히테와는 반대로, 인간개체는 공동체상실의 세계에서 인간이란 존재를 인식할 수도 실현할 수도 없다는 인식에 도달한다.

헤겔G. W. F. Hegel(1770-1831)은 시민사회와 그 철학을 받아들이면서 인간개체의 자리에 인류를 가져다 놓는다. 헤겔은, 정신적, 물질적 객관화에 의하여 개체의 소외Entfremdung를 결과하였으나 세계의 사물들은 사실은 인간 자신에게 속한다는 인식으로 하여 유적 존재類的存在의 위치로, 즉 절대정신absoluter Geist에 도달한다고 본다. 헤겔에 있어서는 순수한 이론에서 소외가 해소되고 개체와 유적 존재가 하나를 이루게 된다. 키에르케고르도 그렇지만 마르크스도 헤겔의 이러한 해결, 즉 소외의 순수인식적 지양止揚을 용납하지 않는다. 그에게는 개체와 유적 존재와 통일이란 오직 실천적 통일만이 참된 통일이다. 그에게는 인간의 소유물이 인간에게 대립해 있는 상태의 지양만이 소외의 참된 지양, 현실적인 지양이다(128쪽).

헤겔은 의식의 내용을 계속 외화外化, 대상화함으로써 외화된, 소외된 형식에서 인간은 외적 자산Reichtum을 무한히 자기 밖에 쌓아갈 수 있다. 자산의 축적과정에서 개체는 점점 더 빈곤해지고 내용이 비게 되어 급기야는 더 이상 인간개체일 수 없을 정도가 되지만, 이 가치의 상실은 무한히 축적한 유적 가치類的價値에 의해 보상이 된다고 본다. 이에 대하여 바즈다는 모든 가치가 다 소외된, 외화된 형식을 지니고 존재할 수는 없다고 비판하는 한편, 결코 단순히 객관화될 수 없는 유적 존재도 있으며 정동성Emotionalität이나 도덕의 대상영역이 그러한 것이라고 말한다(128쪽). 그리고, 개체가 객관적으로 대상화된 형식으로 존재하는 자산이 그 자신의 자산임을 설령 안다 하더라도, 그러한 형식의 자산이 어떻게 실제적으로 다시 그의 것으로 획득될 수 있는가를 알지 못한다. 더구나 인간이란 존재에게는 소외된 형식으로는 존재할 수 없는 요소가 있는 한, 소외된 형식으로 존재하는 유적 가치를 다시 찾는다 하여도 그것은 참된 개체일 수 없다. 외화될 수 없는, 객관화될 수 없는 그러한 요소 중 가장 중요한 것으로 바즈다는 정동성을 말한다(129쪽). 셸러와 함께 바즈다는 정동성이 없이는 도덕도 없다는 입장이다.[12] 도덕이 행위 규칙을 의미하는 한, 그리

---

12 정동성精動性이란 인간의 감정, 정서에 관계된 요소이다. 셸러의 입장은 후설과 마찬가지로 정동성 없는 순전한 형식주의 윤리학(칸트의 윤리학과 같은)을 비판하며,

고 행위 규칙의 합리적 원리를 제시할 수 있는 한, 소외된, 객관적 형식으로 존재할 수 있으나, 그러한 형식의 도덕이란 직접적인 것이 아니라, 외적 규칙에 의해 매개된 추상적 관계이며, 일종의 계약관계일 뿐이라고 한다. 그렇다면, 도덕적 가치는 객관적 형식으로는 축적될 수 없으며, 시민사회가 모든 가치를 다 외화된 형식으로 축적할 수 없음도 명백하다.

지금까지 우리는 낭만주의가 이상사회로서 설정한 완전히 발전된 시민사회가 실현 불가능하다는 것, 그러한 설정 자체가 잘못된 토대에 근거한 환상이라는 바즈다의 주장을 살펴보았다. 그의 주장의 배경에는 완전한 시민사회의 실현을 믿는 사람들은 근본적으로 인간의 본질에 대한 이해가 잘못되어 있는 데에 기인한다는 생각이 들어 있다. 즉, 인간은 단순히 생물학적 존재가 아니며, "공동체적, 타인에 관련된 존재"이다(134쪽). 그리고 이러한 특성은 발전해 나가는 시민사회 속에서도 결코 사라지지 않는다. 공동체Gemeinschaft에 뿌리박고 있지 않은 사회Gesellschaft란 있을 수 없다는 셸러의 주장과 견해를 같이 하면서 바즈다는 시민사회의 구조 속에서 그와 같은 통찰이 가능하기까지는 수 세기가 걸렸음을 지적한다(134쪽). 셸러에 앞서 마르크스도 그의 이론에서 계속 견지하지는 못하였으나, 인간의 공동체적 성격은 인간의 본질에 속함을 통찰하였다. 바즈다에 의하면, 자본주의에 어떠한 가치도 부여하지 않는 당시의 사회주의자들과는 달리 마르크스는 자본주의의 유산을 완전히 파괴하는 것을 원치 않고 다만 보다 인간적인 사회로 만들기를 원하였으며, 자본주의의 역사적 과업을 믿고 있었다고 한다. 그러나 마르크스는 자본주의

윤리의식과 정동Emotion은 불가분의 관계에 있다고 본다.

가 역사적 과업을 수행할 수 있기 위해서는 공동체적 관계를 남김없이 없애버려서는 안 된다는 것, 모든 관계를 단순한 화폐관계(경제관계)로 환원시켜서는 안 된다는 것을 알지 못한다고 바즈다는 지적한다(135쪽).

사회성Gesellschaftlichkeit이 언제나 공동체에 토대를 두고 있으므로 시민사회는 인간의 공동체적 성격을 없앨 수 없는 반면에, 공동체적 요소는 시민사회의 기본적인 경향에 대립됨을 간과할 수 없다. 여기에서 일종의 갈등이 생겨난다. 시민사회 속에서 표현되는 공동체적 요소 중 기본적인 것으로는 셸러의 용어대로, '유대성Solidarität', 즉 인간의 본성에 내재하는 , 타인에 관계된 '공감Sympathiegefühl'의 능동적 실현이다. 그러나 공동체적 요소의 이 표현은 시민개인의 이기적 행동에 의한 '만인의 만인에 대한 투쟁'의 상태를 조정하는 단순한 합리성 또는 시민사회의 자기조정 등과 혼합되는 경우에는 시민사회의 실현을 추구하는 경향들이 스스로 공동체적 경향과 밀접히 결합되어 있는 것으로 믿게 됨과 동시에 이 서로 다른 경향들이 함께 실현될 수 있다고 믿게 된다. 그러나 이것은, 시민사회에서는 공동체적 성격이 전적으로 이질적이며 없어져야 할 것으로 보는 견해와 마찬가지로 잘못된 견해이다. 두 견해 중 어느 쪽이나 시민사회의 완전한 실현을 믿으며, 시민사회의 초월(극복)은 곧 그것의 파멸, 역사의 파멸로 본다. 바즈다에 의하면, 그러나 시민사회의 초월Transzendierung은 그 기본경향을 없애는 것이 아니라, 엄격한 제한이며, 이 제한은 시민사회 내에서도 현존하는 공동체적 요소들을 전개시킴으로써 가능해진다고 본다(137쪽).

셸러가 구상한 사회구조를 살펴보기 전에 바즈다는 가치와 역사의 관계에 관한 문제를 다룬다. 그는 셸러가 흔히 가치와 역사를 분리하여 고찰하며, 역사에 대한 셸러의 견해가 매우 편파적임을 비판한다. 셸러가 헤겔에 관해서는 가끔 언급할 뿐 높이 평가하지 않은 것도 같은 이유인데, 셸러는 헤겔을, 도덕적 가치를 역사의 산물로 보는 윤리학의 대표자로, 따라서 윤리학을 포기하는 자로 본다. 바즈다에 의하면, 셸러가 사회적 현실과 사회적인 이념적 당위(실현되어야 할 것으로 보는 이념) 간의 대립을 다루는 경우에 그에게 있어서는 분명히 소외의 문제가 핵심적인 역할을 하지만 , 그는 헤겔의 이론 없이도 그 문제를 해결할 수 있으므로 헤겔을 높이 평가하지 않았다고 한다(139쪽). 셸러가 헤겔 없이도 소외의 문제를 해결할 수 있는 것은 시민사회에도 공동체적 요소가 현존함을 인정하기 때문이다. 셸러가 역사에 큰 의미를 부여하지 않는 이유는 역사 속에서 인류가 산출한 모든 구체적인 가치들을 기본적인, 초역사적인 가치들의 실현으로 간주하기 때문이다. 물론 셸러도 이 역사와는 관계없이 주어지는 가치들이 인간의 역사 밖에 존재한다고 보지는 않으나, 인간의 본질로부터 나온 기본가치의 실현 가능성을 보려 하고 역사와의 관계에서, 역사 속에서 산출되는 가치를 인정하지는 않는다. 셸러의 기본가치는 어떠한 역사도 갖지 않는다. 그러나 바즈다는 주장한다 : 셸러의 이론에도 역사가 있다. 즉, 셸러의 사상을 역사적으로 풀이할 수 있다(141쪽). 셸러에 있어서는 어느 한 시대의 특정한 윤리가 어떻든 간에 아름다운 것은 가치 있는 것이요, 추한 것은 가치가 없다. 그러나 기본가치들 간에는 일종의 위계位階가 있다. 이 위계는 그러나, 어떤 한 시대에 일정한 가치들이 갖는 위계와는 전혀 관계가 없다. 그럼에도 불구하고, 셸러에 있어서도 역사가 인정됨을 바즈다는 사회단위의 유형에서 찾아낸다. 셸러는 네 개의 사회유형을 나누는데, (1) 동물적, 반동물적 군집Herde, (2) 생존공동체, 즉 유기체적 사회organische Gesellschaft, (3) 사회, 즉 시민사회bürgerliche Gesellschaft, (4) 독립된 정신적 개인들이 하나의 독립된 정신적 전체적인 인격존재Gesamtperson로 통일된 사회가 그것이다(《형식주의 윤리학과 내용적 가치윤리학》, 522쪽). 이 네 번째 사회를 바즈다는 '사회주의 사회'라고 덧붙인다(142쪽).

셸러가 말하는 사회의 네 가지 유형은 어떤 역사적인 발전순서에서 반드시 단계적으로 나타나는 사회를 가리키는 것이 아니라, 인간의 '현상학적 본질구조'로부터 나오는 것으로 파악되어 있다. 그러나 이 네 가지 사회유형들 간의 관계를 살펴본다면, (2)의 생존공동체는 (3)의 시민사회 없이도 존재할 수 있으나, 시민사회는 (2)의 공동체 없이는 존재할 수 없으며 다른 한편, (4)의 통일된 정신적 인격체로서의 사회는 (2)와 (3)의 존재를 전제하지 않고는 생각할 수 없다고 본다면, 여기에는 분명히 역사가 개입되어 있다는 것이 바즈다의 주장이다. 그렇다 하여도 이 네 가지 유형은 헤겔에 있어서처럼 어떤 역사적인 필연성을 갖는 것은 아니다. 바즈다는 사회가 그 위에 형성되지 않는 공동체도 있으며, (4)의 통일된 인격적 공동체적 사회가 영원히 실현되지 않을 수도 있으나, 이것의 실현은 셸러에 있어서는 이념적인 요구이며, 그의 윤리학이 지닌 가치도 여기에 있다고 본다. 그러한 사회가 인간의 본질에 가장 적합한 사회이다. 이것이 셸러의 요구라면, 그에게도 역사는 있으며, 이 "역사는 인간의 본질에 일치하여 하나의 '공동체적 사회gemeinschaftliche Gesellschaft'를 향하여 나아가지 않으면 안 된다"(143쪽).

III. 철학적 사유의 길

선험 현상학의 관점에서 본 형식논리학*

에드문트 후설의 《형식논리학과 선험 논리학》에 관한 연구 I

序論

후설이 1900년과 1901년 그의 최초의 논리학 저서인 《논리연구》 1권과 2권을 출판한 뒤 18년이 지난 1929년에 출판한 두 번째 논리학 저서가 《형식논리학과 선험 논리학*formale und transzendentale Logik*》이다. 그는 이 책에 상당히 중요한 의미를 두었음에도 불구하고 그가 후기에 쓴 3대 저서 중 가장 주목을 적게 받는 책이 이 책이다.[1] 이 책을 직접 다루고 있는 논문이 독일에서도 그리 많지 않고 우리나라에서도 매우 드문 편이다. 그러나 후설의 선험 현상학 체계를 전체적으로 보면, 감각적 지각의 대상인 실재적real 대상과 마찬가지로 범주적 지각 또는 직관의 대상인 관념적ideal 대상, 즉 수학적, 논리학적 대상, 본질, 가치 등의 대상과 관련된 문제도 선험 현상학의 중심 문제이다. 후설은 《형식

---

* 《논리와 진리》, 여훈근 편, 철학과 현실사, 1996.

1 후기의 3대 저서는 보통 《데카르트적 성찰》, 《유럽 학문의 위기와 선험 현상학》, 그리고 《형식논리학과 선험 논리학》이다.

논리학과 선험 논리학》[2]에서 아리스토텔레스 이래 발전되어온 형식논리학은 오직 명제apophansis 논리학으로서 그 궁극적 정초를 아직 얻지 못하였음을 지적하고 있다(17쪽 이하 참조). 마치 실증과학들이 객관적 학문으로서 그 궁극적 정초에는 관심을 두지 않은 채 실재적 대상들을 즉자적으로 존재하는 것으로 보고 이들을 지배하는 인과법칙만을 문제 삼는 것과 같이 전통적인 형식논리학도 "그의 소박한 실증성"에서 올바른 사유의 형식적 법칙만을 찾아내는 일에 몰두해온 것이다(17쪽). '정초Begründung'란 결국 더 이상 물을 수 없는 근거에서 정당성을 마련하는 일이라면 전통적인 형식논리학은 그러한 일을 하지 못하였으며, 이것을 후설은 "근본적인 결함"으로 본다(18쪽).

후설에 의하면, 형식논리학의 그러한 궁극적 정초는 현상학적 관점에서 그것을 분석적으로 연구함으로써 그 길이 열리는 것이며 결국, 객관적 형식논리학은 객관적 시각에 머물러서는 안 되고 반드시 주관적 방향으로 방향전환을 하지 않으면 안 된다. 그러나 여기서 의미하는 주관적 방향전환이란 형식논리학의 대상들이 세계 내에 존재하는 심적 주체의 사유와 관련된 것으로 보는 것이 아니라, 모든 구성되는 세계와 함께 모든 대상의 타당근거인 선험적 주관성으로 소급한다는 뜻이다. 선험적 주관성으로 소급함으로써 가능한 형식논리학의 선험적 정초가 비록 《선험 논리학》의 제2부에 가서야 본격적으로 시도되고 있으나 이미 제1부에서도 형식논리학의 문제가 《논리연구》에서와 같이 단순히 '기술적 현상학deskriptive Phänomenologie'의 관점에서만 다루어지고 있는 것이 아니라, 제2부의 선험적 정초를 예비하는 예비적 정초의 성격을

2 이하 《선험 논리학》으로 약함. 출전 표시는 본문 중에 쪽 번호를 명기함.

지니고 있다.

이 논문은 《선험 논리학》의 제1부에서 형식논리학의 분과들이 후설에 의하여 어떤 방식으로 그 정초가 시도되고 있으며 어느 정도의 성과를 가져왔는가를 살펴보고 거기서 제기되는 문제점이 무엇인가를 밝힘으로써 후설의 논증 전체를 평가하려는 것이 목적이다.

후설은 제1부에서 "우리가 판단의 형식론, 정합론, 진리론으로 구별하는"[3] 세 계층으로 이루어진 형식논리학의 계층을 정초하기 위하여 첫째, 판단의 세 가지 다른 개념들을 고찰하고, 둘째, 판단 개념에 상응하는 명증의 유형을 제시하고, 셋째, 형식논리학의 분과들과 판단개념들의 관계, 넷째, 형식논리학의 분과들과 명증들 간의 관계, 그리고 다섯째, 판단 작용에서 기능하는 태도의 문제를 고찰하고 있다. 그러나 이러한 분석적 고찰들은 일목요연하게 순서대로 진행되는 것은 아니고 다른 저서에서 그러하듯이 반복하는 형식을 지닌 전개 방식과 상관관계적 고찰 방식으로 진행된다. 이 논문은 위에서 나열한 문제들이 서로 어떤 관계에 있는가를 확정하는 일도 아울러 목적으로 삼을 것이다.

1. 형식논리학의 세 가지 계층적 분과

첫 번째 형식논리학적 분과를 후설은 "의미의 순수 형식론 및 논리적 문법론"(《논리연구》)[4] 또는 "판단의 순수형식론"(§13, 54쪽 이하)이라고 부르고 §13

---

3 《형식 논리학》, §70A, 186쪽.

4 이에 관해서는 《논리연구 II/1》, 제4연구 특히 §14를 참조.

에서 그는 이 형식론에 대하여 설명한다. 형식론은 한편으로는, 오직 형식의 관점 아래 판단의 등급들을 구별하여 기술하는 이론적 분과이며 다른 한편으로는, 순전히 형식적으로 어떠한 판단이 형식논리학에서 허용되는가를 법칙에 따라 판별하는 규범적 분과이기도 하다.

형식론은 "판단들이 참인가 허위인가 또는, 단순히 판단으로서 적합한가 아니면 모순적인가를 묻지 않고 판단들 자체의 단순한 가능성"에만 관계한다(§13 a, 55쪽). 우리는 모든 판단을 단순히 그 형식에 따라 단순판단과 복합판단으로 나누고, 단순판단을 전칭, 특칭, 단일판단 등으로, 복합판단을 가언, 선언, 관계판단 등의 등급으로 나누어 고찰하고 이를 지배하는 형식적 법칙들을 연구할 수 있다. 이것을 후설은 《논리연구 II/1》에서 '의미의 순수 형식론' 또는 '순수 논리적 문법론'이라고 불렀던 것이며 《선험 논리학》에서는 '판단의 순수형식론'이라고 부르고 있다.

후설은 형식론의 규범적 성격을 《선험 논리학》보다도 《논리연구》에서 더 강조하고 있는데 《논리연구 I》에서는 순수 논리학의 정초문제와 관련하여 전통적으로 논리학의 규범적 성격만이 주목되어 왔음을 비판하고 있다. 《선험 논리학》에서는 §7에서 논리학의 규범적이며 실천적인 기능에 대하여 언급하고 있다. 모든 경험과학이나 수학, 기하학과 같은 형식학이 순수 이론적 영역과 아울러 하나의 규범적 영역, 즉 공학적 영역을 갖는 것과 마찬가지로 형식논리학도 순수 이론 영역과 함께 실천에 응용되는 규범적 영역을 갖는다. 형식논리학의 순전히 객관적인 논리 법칙은 한 판단 주체의 판단 행위에서 이루어지는 판단의 내용적 진리의 기본적 필요조건이 된다. 즉, 사유의 내용적 진리를

'규정하는normieren'하는 규범이 된다.

형식논리학의 두 번째 계층를 후설은 "정합 논리학Konsequenzlogik 또는 무모순성의 논리학Logik der Widerspruchslosigkeit"(§14, 59쪽) 그리고 "참된 판단들의 가능한 형식들에 관한 학문"이라고 부른다(§14, 58쪽). 이 계층은 형식을 근거로 판단들의 단순한 무모순성을 규정하는 논리 법칙들을 포함하는데 여기서는 적어도 판단이 유의미한가 무의미한가(첫째 계층에서처럼)를 묻지 않으며, 진리인가 허위인가(세 번째 계층에서처럼)를 묻지도 않는다(§14, 59쪽). '정합 논리학'은 하나의 단순한 판단 또는 복합판단에서 그 판단을 이루고 있는 판단요소들이 예를 들어, 주어개념과 술어개념 간에, 또는 두 판단, 즉 전제와 결론 간에 서로 일치하는가 모순되는가를 규정하는 논리 법칙들을 문제 삼는 것이다. 정합 논리학은 물론 더 나아가서 삼단논법이나 그 보다 더 복합적인 추리형식에서도 전제와 결론 사이의 일치 또는 일관성을 문제 삼을 수 있다.[5] 후설은 말한다. "판단의 진리에 관하여 말하는 것이 아니라, 단순히, 단순판단이든, 복합 판단이든, 판단 전체의 단위 내에 포함되어 있는 판단 구성요소들이 서로 일치하는가, 모순되는가에 관하여 말하는 것이다"(59쪽). 후설은 형식논리학의 세 번째 계층, 즉 '진리 논리학Wahrheitslogik'을 §15에서 설명하기 시작한다. 그러나 여기서는 두 번째 계층와 세 번째 계층, 즉 정합 논리학과 진리 논리학이 다르다는 것만을 언급할 뿐, 이 두 계층 간의 차이가 어디에 근거하는가에 대해서는 전혀 언급하고 있지 않다. 여기서는 이 세 번째 계층에

---

5 독일어 'Konsequenzlogik'은 위와 같은 의미에서 '추리 논리학'이라든가, '귀결 논리학'이라는 번역은 적절하지 못하다.

대한 설명을 갑자기 중단하고, 형식논리학의 세 계층에 대한 근거를 해명하려고 시도한다. 따라서 세 번째 계층에 대한 설명이나 두 번째 계층과 세 번째 계층 간의 차이에 관한 설명을 충분히 하지 않고 §19에 와서 비로소 계속하여 다루어지는데 여기서는 판단에서의 태도들의 차이가 또한 소개되고 있다.

후설이 § 19에서 짤막하게 설명하고 있는 '진리 논리학'은 " 〔…〕판단으로 파악된 대상에 대하여 사태 자체와 그것의 충전성充全性Adäquation에 관한 물음"을 제기한다(§19, 70쪽). 여기서는 판단이 단순한 무모순성의 관점에서 문제되는 것이 아니라, "인식노력에 의해 두루 지배되는 판단"으로서 고려된다(§19, 70쪽). 그러나 판단 구성요소들 간의 일치, 전제와 결론 간의 일치, 전제 판단과 결론 판단 간의 일치에 관한 형식적 법칙은 진리확정의 필수적 기초가 되므로 정합 논리학의 진리 논리학의 기초로서 기능한다(71쪽 참조).

2. 세 가지 판단과 명증의 유형 그리고 지향과 충실

후설의 논증을 보다 잘 추적하기 위하여 주관성의 문제에 속하는 판단 작용의 태도에 관한 문제, 즉 (2) 판단에서의 태도를 뒤로 미루고 이 논문의 서론에서 언급한 둘째, 셋째, 넷째의 차이를 먼저 살펴보자.

후설은 판단을 모호한 판단, 판명한 판단 그리고, 명확한 판단으로 나누고 이들 세 가지 판단에 상응하는 명증의 유형을 모호성Verworenheit, 판명성Deutlichkeit, 명확성Klarheit으로 나눈다(61쪽 이하 참조). 그러나 후설은 이 세 가지 명증 외에 또 다른 하나의 명증에 대하여 말한다. 모호한 판단에서 판명한 판단으로 이행하는 과정에서, 즉 하나의 동일한 판단이 처음에는 모호한 판단이던 것이 그 판단을 능동적 자발성에서 수행함으로써 원래의 뜻의 판단인 판명한 판단으로 이행하는 데서 얻게 되는 명증에 대하여 말한다(§21, 73쪽 이하 참조). 그리고 이러한 명증과 관련하여 가장 넓은 의미의 판단에 대하여 말한다. 이 가장 넓은 의미의 판단에서 나타나는 명증을 후설이 판명성과 명확성의 명증에 이어 '세 번째 명증'이라고 말함으로써 우리를 혼란스럽게 만든다. 모호한 판단과 판명한 판단의 "동일화에서 세 번째 판단 개념이 그것에 의해 존재 의미를 지니는 세 번째 명증이 숨겨져 있음이 명백하다"(73쪽)라고 후설은 말한다.

이 명증과 함께 가장 넓은 의미의 판단 개념이 형식론의 세 계층적 분과 중 '판단의 순수 형식론'에 속하는가 아니면, 판명한 판단과 함께 '정합 논리학'에 속하는가 하는 문제는 일단 뒤로 미루자.[6] 그리고 여기서 우리가 다루고 있는 명증이란 어디까지나 술어판단의 명증이며 이것은 감각적 지각의 경험에서 일어나는 선술어적先述語的vorprädikativ 명증과 함께 의식의 지향성 전체에 속한다는 점에 주목할 필요가 있다. 후설은 명증이란 "의식삶 전체에 관계된, 지향성의 보편적 방식"이라고 말한다(168쪽). 그리고 명증 개념 자체가 의식 활동적 측면에서 의미하는, 즉 '노에시스noesis'적 개념을 뜻할 수도 있고, 그와 상관적으로 의식 내용적 측면의 의미로, 즉 '노에마noema'적 개념을 뜻할 수도 있는데 여기서는(적어도 《선험 논리학》의 제1부에서는) '노에마'적 개념으로 이해해야 한다.

후설에 의하면, 하나의 판단은 "완전히 모호한 착상이나 또는, 읽혀진, 이해된 그리고 믿으면서 받아들인 진술명제의 완전히 모호한 의미"로 나타날 수

6 이에 대해서는 이 글 '3. 형식논리학의 분과들과 판단 개념들 간의 관계' 참조.

있다(§16 a, 61쪽). "이 경우, 판단하는 자발성의 명시적explizite 수행으로부터, 명시적 주어 정립으로부터 술어로서 추가하는 것, 하나의 다른, 그 자체로 정립된 대상으로 이행하는 것 등이 행해질 필요는 전혀 없다"(§16 a, 61쪽). 이 모호한 혼란된 판단 작용vages, verworrenes Urteilen에서 구성되는 판단은 모호한, 혼란된 판단이다(§73, 192쪽).[7]

이 모호한 판단 작용에 이어서 명시적 판단 작용의 과정이 일어난다면, 이제부터 나타나는 충실시키는 동일화의 종합작용을 근거로, 모호한 판단이 "판명하게 된다", 이제 비로소 "본래적으로 판단된다" 그리고, 앞서 단지 사념思念Vermeinung되었을 뿐인 판단이 본래적으로, 그 자체로 주어졌다고 말할 수 있다(61쪽). 이 명시적이며 판명한deutlich 판단 작용에서 구성되는 판단을 후설은 '판명한 판단'이라고 부른다(64쪽). 글을 읽거나 말을 듣거나 갑자기 떠오른 어떤 생각의 경우 우리는 단순히 그 의미를 사념할 뿐이다. 이러한 판단은 판단

---

7 후설이 비록 'verworren'(혼란된)이란 표현을 사용하고는 있으나 우리말의 '혼란된'이란 말은 이러한 종류의 판단 작용과 판단에는 들어맞는 표현이 아니다. 그 때문에 앞으로 이 형용사는 사용하지 않을 것이다. 원래 독일 합리주의 전통에서 사용되는 판단의 유형은 불명확한dunkel 판단과 명확한klar 판단으로 나누고 이 명확한 판단을 다시 앞서 '혼란된'이라고 표현한 '모호한verworren' 판단과 판명한deutlich 판단으로 나누는데 이 경우 '모호한verworren'이란 형용사는 판명하지는 않으나 '명확한klar' 판단을 뜻하므로 R. 데카르트의 'clarus et distinctus'(명석판명한)에서 'clarus'에 해당된다. E. 후설의 《선험 논리학》에서도 독일어의 이 'verworren'이란 형용사가 '판명하지는 않으나 명확한'이란 뜻을 지니고 있음을 알 수 있다. 따라서 우리는 후설이 표현하는 '모호한 명증verworrene Evidenz'이란 말도 이해할 수 있게 된다. 그러나 뒤에 가서 보면 알 수 있는 바와 같이 후설은 또한 '판명한deutlich' 판단과 구별하여 '명확한klar' 판단을 말하므로 이것과 모호한verworren 판단의 구별에 또한 주의하지 않으면 안 된다.

주체의 능동적 판단 작용에서 그 원래의 뜻으로 판단이라고 말할 수 있는 것으로 바뀔 수 있다. 이 후자의 명백한 판단 작용에서 이루어진 판단이 '판명한 판단'이다. 그러나 이 판명한 판단에서는 판단이 지시하는 대상이나 사태와의 일치, 불일치는 전혀 문제로 삼지 않는다. 다만 하나의 판단이 그 자체로서 판명한가 아닌가, 즉 능동적 자발성에서 수행된 판단인가 아닌가 하는 것만이 중요하다.

후설은 또한 판단들 자체뿐만 아니라, 판단의 표현들이 지닌 모호성과 판명성을 면밀하게 구별한다. 그리고 모호성 그 자체 내에서의 차이를 지적한다. 즉, 판단하는 사념작용의 판명성은 결여되어 있는 반면에 표현들은 명확하고 판명할 수 있다는 것을 지적한다(62-64쪽 참조). 이 차이가 분석에서 어떤 중요한 역할을 하는지 당장에는 알기 어렵다. 후설은 말한다: "언어적 기호의 감각적 분절分節을 수단으로 삼는 모호한 판단들의 일정한 분절 없이는 형식론과 논리학은 있을 수 없으며, 마찬가지로 자명하게 어떠한 학문도 없다"(75-76쪽).

후설은 《논리연구 II》와 《이념들 I》에서 수행한 명증에 관한 설명, 그리고 이에 속하는 단순한 지향(공허)과 충실의 관계에 관한 설명에 독자들이 충분히 주목하지 않았음을 유감스럽게 여기면서 명증의 문제에 대한 통찰에 의해서만 이성비판인 선험철학이 가능하다고 강조하고 있다(170쪽). 따라서 우리는 §70에서 상이한 태도와 관련하여 명증의 세 가지 유형, 예비지향(공허)과 충실의 세 가지 방식 그리고, 세 가지 판단개념의 구별에 대하여 언급하고(186쪽 참조) §16에서도 마찬가지로 중요하게 다루어지고 있는 공허로부터 충실로의 이행, 즉 모호한 판단과 모호한 명증으로부터 판명한deutlich 판단과 판명한 명증으로의 이행에 주목하지 않으면 안 된다.

모호한 판단은 한편으로는 표현과, 다른 한편으로는 판명한 판단과 구별된다. 판명한 판단은 또한 한편으로는 모호한 판단과 구별되고 다른 한편으로는, 명확한Klar 판단과 구별된다. 명확한 판단에서는 판단된 것과 사태와의 관계가 드러난다. 다시 말하여, 명확한 판단이란 "사태의 명확성"을 지닌 판단이며, 이 명확성의 충실Fülle을 지닌 판단만이 현실적 인식일 수 있다(65, 66쪽 참조). 그 반면에, 판명한 판단에 대한 모호한 판단방식의 구별에서 처음부터 분명한 것은 판단들이 그 사태와 관련하여 명확성(직관성)을 갖는가 어떤가는 문제되지 않는다는 것이다(64쪽). 판명한 판단과 명확한 판단방식의 구별에서는 두 가지 명증으로 나뉘어진다. 그 하나는, 판단 그 자체가 자체소여로 주어지는 명증이다. 이 판단은 또한 현실적이며 원래의 판단수행으로부터 이끌어내어진 그러한 명증이다. 다른 하나는, 판단하는 자가 인식하기를 원하는 자로서, 그의 판단을 '통하여' 목표로 하는 것(사물 또는 사태 그 자체)이 그 자체로 주어지는 그러한 명증이다(65쪽 참조). 판명성의 명증이 단순히 판단 자체가 명증적으로 주어지는 것이라면, 명확성의 명증은 인식을 추구하는 판단 작용이 목표로 하는 사물과 사태 자체가 거기서 주어지는 명증이다(66쪽 참조). 사태 자체가 직관에서 주어지는 자체 소여에서 그 사태 자체에 관하여 판단되는 그러한 판단을 후설은 "명확한 판단das klare Urteil"이라고 부른다(65쪽).

§16b에서는 공허로부터 충실로의 이행, 즉 판명성의 명증으로부터 명확성으로의 이행이 주제로 되고 있다. 보다 정확히 말하여, 판명하지만 직관적으로 공허한 판단으로부터 판명하면서 직관적으로 충실된 명증으로의 이행이 여

기서 문제되고 있다. 판명성으로부터 명확성으로 이행된 후에 하나의 판단은 명확성의 여러 가지 양태로 주어질 수 있다. 명확성 내에서도 후설은 자체소유의 명확성과 예료豫料의 명확성을 구별한다. '명확성'은 사념된 사태 자체를 부여하는 판단 작용의 명증이라고 부를 수 있는데 이것은 일반적 의미의 명증적 판단 작용이다. 그러나 다른 한편, 사념하는 사태를 '미리 직관화하는' 판단 작용의 양태를 지닌 판단 작용을 의미할 수도 있다(66쪽 참조). 첫째 경우에는 우리가 판단 작용에서 인식하고자 하는 사태자체를 준 것이며, 둘째 경우에서는, 바로 일종의 '미리 그려봄Vor-verbildlichen', 즉 자체소유에서 확증되어야 할 직관적 예료를 갖게 된다. 더 나아가서 이 두 가지 양태의 명확성은 각기 완전성과 불완전성의 정도를 지니게 된다. 그와 동시에 공허로부터 충실로 이행하는 또 다른 하나의 이행, 즉 명확성의 한 양태 내에서, 불완전한 명확성으로부터 보다 완전한 명확성으로 이행하는 것이 가능함을 알게 된다. 이로써 우리는 공허로부터 충실로 이행하는 세 가지 다른 이행이 가능함을 알게 된다. 첫째는, 판명성으로부터 명확성으로의 이행이며, 둘째는 직관적 예료의 명확성으로부터 자체소유의 명확성으로 이행하는 것이며, 셋째는 하나의 동일한 양태의 명확성 내에서, 불완전한 명확성으로부터 보다 완전한 명확성으로 이행하는 것이다(66쪽 참조).

이제 §16을 분석한 결과를 요약하면 이렇다 : 첫째, §70에서 언급한 세 가지 다른 명증들이 있다. 그것은 모호성, 판명성 그리고 명확성인데 명확성은 다시 두 가지 자체 소여의 명확성과 예료의 명확성이 있다. 둘째, 세 가지 다른 명증들에 상응하여 세 가지 다른 공허와 충실의 방식은 모호성으로부터 판명성으로의 이동, 판명성으로부터 명확성으로의 이동 그리고, 하나의 명증으로부터 다른 명증으로의 이행(및 동일한 명증 내에서 한 단계로부터 다른 한 단계로의 이행)이 있다. 셋째, 세 가지 판단 개념들은 모호한 판단, 판명한 판단 그리고, 명확한 판단이다.

3. 형식논리학의 분과들과 판단개념들 간의 관계

후설이 §17에서 서술하고 있는 바에 의하면, 판명한 판단은 형식논리학의 두 번째 계층의 판단이다. 여기서는 "설명되어진 것이든 설명되어야 할 것이든, 인식으로 이행될 수 있든 없든, 실제로 판명성의 명증에서 마련된 그리고, 마련될 수 있는 동일한 판단이 주제이다"(67쪽). 그 반면에 만일 모호한 판단이 형식논리학의 첫 번째 계층의 판단이기를 기대한다면 실망하게 된다. §22에 의하면, "가장 넓은 의미의 판단"(75쪽) 또는 "가장 넓은 의미의 판단개념"(73쪽)은 이 첫 번째 계층에 관계되어 있다고 한다. 이 판단개념은 모호한 판단과 판명한 판단을 동일화하는 명증(73쪽)에서 나온 것이다("그 존재 의미를 그로부터 얻게 된다"). 그리고 모호성, 판명성, 명확성의 구별에 대해서는 전혀 관계하지 않는다(74쪽). 따라서 판단의 넓은 개념이 모호한 판단의 개념과 동일시되어서는 안 된다. §21에서 후설은 세 번째의 판단개념으로서 가장 넓은 판단개념을 지적하고 있다(73쪽 참조). 따라서 첫 번째와 두 번째 판단개념은 모호한 판단과 판명한 판단이다. 그렇다면 명확한 판단은 어떻게 된 것인가? 그것은 형식논리학에서 전혀 자리를 차지하지 못한다는 것인가? §17에서 후설은 판명한 판단을 형식논리학의 두 번째 계층에 결부시키고, §22에서는 가장 넓은 의미의 판단을 (이 판단의 발생에 대하여 §21에서 설명된 후) 형식논리학의 첫 번째 계층에 결부시키고 있다. 그러나 (자체소유 또는 예료의 의미에서) 명확한 판단은 어디서도 형식논리학의 세 번째 계층과 결부시키고 있지 않다. 이로써 후설은 명확한 판단과 형식논리학 사이의 결합이 어떻게 가능한가 하는 문제, 정확히 말하여, 명확한 판단이 형식논리학의 한 계층의 영역 개념일 수 있는가라는 어려운 문제를 정면으로 다루지 않고 있다. 만일 우리가 명확한 판단을 수행한다면, 우리가 그것에 관하여 판단하는 사태 자체를 부여한 것이며 판단만을 부여한 것은 아니다. 그 사실적 핵심이 규정되어 있지 않으면서 어떻게 사태 자체가 직관적으로 주어질 수 있는가? 이것은 형식 존재론의 태도이며 이에 관해서는 제1부 A에서는 논의되지 않는다.

제1부 A에서 확정할 수 있는 것은 한편, 모호한 판단, 판명한 판단, 명확한 판단과 다른 한편, 형식론, 정합 논리학, 진리 논리학 사이의 3중적 일치가 발견되지 않는다는 것이다. 물론 형식논리학의 계층들과 판단 개념들의 일치를 다음과 같은 식으로 시도해볼 수는 있을 것이다. 넓은 의미의 판단과 모호한 판단을 형식론에 결부시키고, 판명한 판단을 정합 논리학에 그리고, 명확한 판단 중 오직 예료의 명확성이라는 의미에서만(자체소유의 명확성이란 의미에서는 아니고) 명확한 판단을 진리 논리학에 결부시키는 것이다. 명확한 판단 중 예료의 명확성만이 결부 가능한 이유는 형식적 진리 논리학에서는 판단들이 상응하는 사태 자체에 대한 가능한 충전성에서만 진리 논리학에 관계될 수 있는 것으로 고려할 수 있기 때문이다(70쪽 참조). 반면에 모호한 판단과 형식론 사이의 결합은 분명하지 않다. 예를 들어, 후설이 "모호한 판단의 개념

은 넓은 뜻의 모든 판단을 일정한 방식으로 포괄한다"(74쪽)고 말하는 것은 무엇을 뜻하는지 알기 어렵다.

4. 형식논리학의 분과들과 명증들 간의 관계

형식논리학의 3계층에 대한 후설의 논증은 세 계층과 세 가지 유형의 명증들 간의 관계가 어디에 근거하는가에 관한 문제에서 매우 어려운 난점이 드러난다. 세 가지 판단 개념(가장 넓은 의미의 판단 개념을 포함시킨다면 원래 네 가지로 설명되는)이 세 계층에 결부될 수 없다는 것은 이미 명백해졌다. 그렇다면 이 판단들이 거기서 구성되는 명증들과 형식논리학의 세 계층과의 관계도 단순한 등식 관계로 파악될 수는 없지 않을까? 즉, 형식론과 모호성, 정합 논리학과 판명성, 진리 논리학과 명확성 간에 독특한 관계가 있다는 것이 바로 명백하지는 않을 것이 아닌가? 무엇보다도 후설은 《선험 논리학》 65쪽에서 판명성의 명증과 명확성의 명증이 명백하게 나누어진다는 설명을 하고 그 다음 73쪽에서 세 번째 명증으로서, 모호한 판단에서 판명한 판단으로 이행하는 데서 나타나는 명증을 말하는 반면에 모호한 판단의 명증, 즉 모호성의 명증에 대해서는 별로 언급하고 있지 않기 때문이다.

그러나 물음을 그렇게 제기한다면, 원래의 물음은 묻혀버리고 만다. 왜냐하면, 형식논리학의 각 계층은 하나의 판단으로 나타나는 것을 인정하거나 배척할 기본 법칙들 및 규범적 기초개념들을 지니고 있으며, 이것들과 명증들 간의 관계에 대한 문제가 보다 중요하기 때문이다. 그리고 후설은 이미 형식론에 의미와 무의미를 구별하는 기능을 부여하고 있기 때문에,[8] 정합 논리학에게는 분석적 정합Konsequenz과 모순을 구별하는 기능을(60, 68, 70쪽 참조), 형식적 진리 논리학에게는 가능한 의미, 무의미와 사실적sachlich 의미, 무의미를 구별하는 기능을 부여하고 있기 때문이다(70쪽 참조). 따라서 또한 보다 중요한 문제는 이 구별 기준들과 명증들 간의 관계에 관한 문제이다. 예를 들어, 무슨 이유로 분석적 모순을 포함하는 하나의 판단이 판명성이 아니라, 모호성의 명증에서 수행될 수 있는 특징을 지니게 되는가 하는 것이다.[9] 그리고 무슨 이유로 사실적 모순을 포함하는 하나의 판단이 명확성의 명증이 아니라, 판명성의 명증에서 수행될 수 있다는 것인가?(70쪽 참조) 판명한 판단을 주제 및 영역개념으로서 갖는다는 정합 논리학의 기준과 관련해서는, 단순한 무모순성이 판명성의 명증을 지니고 수행가능한 판단의 필요충분조건인가에 대하여 물을 수 있다.[10] 이 물음에 대한 긍정적 대답은 제1부 A의 제1장(53-76쪽)에 이미 전제되어 있으며 이 근거 위에서 판명성의 명증에서 수행될 수 있는 일정한 판단들이 있으나 명확성의 명증에서는 그렇지 않다는 결론을 이끌어내고 있다.[11]

---

8 《논리연구 II/1》, §10, 316쪽 이하, 《선험 논리학》, §13, 55쪽 참조.

9 《선험 논리학》, §18, 69쪽 ; §20, 71-72쪽 ; §22, 75쪽 참조.

10 *Ibid.*, §88, 222-223 쪽 참조.

11 *Ibid.*, 74쪽에서는 "모든 모호한 판단이 동일한 그러나, 판명한 판단으로 이행될 수 있는 것"이 아니며, "마찬가지로 모든 판명한 판단이 가능성으로서든, 진리로서든, 사실적 통찰로 이행될 수 있는 것이 아니다"라고 말하며, 75쪽에서는 "판명성에서 불가능한 모든 판단이 모호성에서는 가능하며, 또 통찰된 인식으로서는 불가능한 모든 판단이 판명성에서는 가능하다"고 말한다.

5. 판단 작용의 여러 가지 태도

객관적 형식논리학의 연구에서 태도의 문제를 다룬다는 것은 주제에서 매우 벗어나는 것 같이 보일지 모른다. 그러나 판단의 순수 형식론, 정합 논리학 그리고 진리 논리학이라는 형식논리학의 세 계층의 구별을 정초하기 위해서는 판단의 유형과 명증성의 구별만으로는 충분하지 못하다는 것을 알 수 있다. 모호한 판단이든, 판명한 판단이든, 또는 진리 요구를 지닌 명확한 판단이든 간에 모든 판단은 판단을 형성시킨 판단 작용 또는 달리 말하여, 정립된 것 Gesetztes, Satz을 가능하게 한 정립작용Setzen으로 소급해서만 그 구별 근거를 해명할 수 있다고 보는 것이 현상학의 기본적 입장이다. 그리고 이 판단 작용은 판단을 수행한 판단주체의 태도가 가장 근본적인 구성적 역할을 하고 있다. 이것은 《이념들》 I, II 중 태도의 개념이 주제로 다루어지는 모든 곳에서 강조되고 있으며, 《선험 논리학》에서도 선험 논리학이 주제인 제2부와는 별도로 하나의 독립적 연구체계라고 보는 제1부인 '객관적 형식논리학의 구조와 범위'에서 이미 태도의 문제를 다루고 있다. 후설은 형식논리학을 다루고 있는 제1부를 A와 B로 나누고 있는데 이 B 전체가 직접, 간접으로 태도의 문제를 다루고 있다.[12]

§16의 제목, "명제론의 계층적 구별을 정초하는 명증의 구별. 명확성의 명증과 판명성의 명증"이라는 제목은 형식논리학의 세 가지 계층의 전체 정초가

12 직접적으로는 《선험 논리학》 제1부 B 중에서 '대상에 대한 태도와 판단에 대한 태도'라는 제목을 지닌 제4장(110-135쪽) 전체가 태도와 판단유형의 정초 관계를 다루고 있으며, 제5장 §48, 제1부의 마지막 부분인 §54에 이르기까지 언급되고 있다.

이 명증의 구별에 달려 있는 것 같은 인상을 준다(61쪽). 그러나 §22에서는 이 정초가 제1부 A의 제1장이 다 끝날 때까지 계속된다는 말을 하고 있다. "이 분석으로 §13-§15에서 짧게 특징을 서술하는 데서 도입한, 형식논리학의 세 가지 계층 구별의 의미가 근원적으로 해명되었으며 이 계층의 본질 필연성이 정초되었다"(76쪽). 이 문장에서 '이 분석들'이란 §22(75-76쪽)에서 수행되는 분석을 가리킨다. 형식논리학의 세 가지 계층에 대한 정초가 제1부 A의 제1장이 끝날 때까지 이어진다는 말이 더 진실에 가까운 것은 §16에서는 아직 판단작용에서의 태도에 관해서는 전혀 언급이 없기 때문이다. 만일 그 정초가 §16에서 시작하여 거기서 멈춘다고 가정한다면, 태도는 정초에서 아무런 역할도 하지 않는 것으로 보아야 한다. 그러나 사실은 그렇지 않은 것이 §19에서 후설이 태도들 간의 구별에 대하여 언급하고 있는 것을 보면 알 수 있다. 여기서 후설은 순수 분석론 및 무모순성의 형식논리학의 태도가 진리의 형식논리학의 태도와 어떻게 구별되는가를 해명하려고 시도하고 있다. 이 시도는 §16의 분석 결과와 관련하여 다음과 같이 묻고 있는 것 같다 : 형식논리학의 두 번째 계층을 세 번째 계층으로부터 구별지어주는 것은 원래 무엇인가? 명증의 차이인가 아니면, 태도의 차이인가?

후설은 동일한 태도 내에서도 동일한 판단을 여러 가지 상이한 방식, 즉 모호성, 판명성, 명확성의 방식으로 수행할 수 있다고 말한다.[13] 판명한 판단의 예에서 후설은 강조하기를, 이 판단을 수행하는 경우 판단 그 자체가 주제로 되는 것은 아니다. 즉, 인식하고자 하는 것으로부터 단순한 판단으로 옮겨가는 것은

---

13 *Ibid.*, §16a, 61쪽 ; §16b, 65-66쪽 참조.

아니다. 그리고 불명확한 판단수행으로부터 판명한 판단수행, 심지어 명확한 판단수행으로 이행하는 데서도 태도의 변경은 필요하지 않다는 것이다(§16, 65쪽 참조). 이와 같이 §16에서는 정합 논리학과 진리 논리학을 구별짓는 것은 명증의 차이인 것처럼 말한다. 그러나 후설은 §19에서는 그것이 태도의 차이인 것처럼 말하면서 태도를 다음과 같은 식으로 구별하고 있다.

> 이제 (진리의 논리학에서는) 처음부터 판단이 단순한 판단이 아니라, 인식노력에 의하여 지배되는 판단으로서, 충실되어야 할 사념으로서 고려되고 있다. 이 사념은 단순한 판명성으로 이루어진 소여라는 의미의 대상 그 자체가 아니라, 목표로 되어 있는 '진리들'에 이르는 통로이다.
>
> 이런 방식으로 단순한 판단들에 대한 이론적 태도를 인식태도, 즉 판단하면서 인식될 수 있는 사태 및 확증하는 충전성에 대한 태도로 바꾼다면, 〔…〕(70쪽)[14]

이제 우리가 알 수 있는 것은 첫째, §19에서는 후설이 나중에 주장한 것처럼 판단 작용에서 두 가지 태도가 아니라, 세 가지 태도가 서로 구별된다는 것이다. 그러나 가장 넓은 뜻의 판단 개념을 주제로 삼는 순수 형식론을 추구하는 태도가 무엇이며, 그것이 정합 논리학을 추구하는 태도와 어떻게 다른가 하는 것은 분명하지 않다. 둘째, 정합 논리학과 진리 논리학의 구별에서는 태도들 간의 구별이 명증들 간의 구별보다도 더 근본적이다. 그것은 다음과 점에서 쉽게 알 수 있다. 즉, 판단되는 사태가 거기서 주어지는 태도와 판단들 그 자체가 거기서 주어지는 태도의 구별을 고려하지 않고는, (판단 작용에서 주어진

14 인용문 중 괄호 안의 것은 필자가 삽입한 것임.

사태 자체의 명증인)(65-66쪽 참조) 명확성의 명증들과 (판단들 자체의 명증인)(65쪽 참조) 판명성의 명증들을 구별하는 것은 별로 의미가 없다는 점에서 쉽게 알 수 있다. 그러나 후설은 판단의 수행양식, 즉 모호한 판단, 판명한 판단, 그리고 명확한 판단을 분석하는 데에 국한함으로써 이러한 난점을 피하고 있다(§16 참조). 그리고 제1부의 B가 시작되는 제4장 '대상에 대한 태도와 판단에 대한 태도'라는 제목 아래 태도의 문제를 본격적으로 다루고 있다. 우선 구별되어야 할 것은 판단주체가 판단 작용에서 판단하는 경우 지향되는 것은 판단되는 현실적인 것 자체이다. 이것은 지각 판단의 경우 사물 또는 사태 그 자체이다. 그 반면에 판단 그 자체를 지향하는 것은 일종의 반성적 태도이다. 아리스토텔레스 이래 분석론Analytik으로 지칭되는 형식논리학의 태도도 같은 의미에서 하나의 반성적 태도이다. 판단 자체를 문제삼되 참, 거짓의 문제를 도외시하는 정합 논리학이든, 인식을 목표로 한 판단을 그 주제영역으로 삼는 진리 논리학이든 모두 반성적 태도라는 점에서는 동일하다. 그러나 판단을 대상으로 삼는 태도에서도 두 가지 태도를 구별할 수 있다. 하나는 판단의 순수 형식론과 정합 논리학을 수행하는 학문적 태도로서 오직 판단들 그 자체와 그것을 구성하는 개념들 그리고 판단을 이루는 구문적 형식syntaktische Form 및 그 법칙을 향하는 태도이다. 여기서는 오직 의미범주들Bedeutungskategorien[15]이 주제 개념이다. 이에 대하여, 판단의 진리 여부가 중요한 연구 영역에서는 판단 자체가 아니라, 판단이 지시하는 사태를 지향하게 된다. 여기서는 명제, 개념, 논리적 구문 등을 지향하는 태도에서 대상 일반 및 그 양태로서 대상, 사태, 관계,

15 《선험 논리학》, 92쪽 ; 《논리연구 I》, 244쪽 참조.

실체, 성질 일반 등을 향한 태도로 변경된다. 이 태도에서는 그와 같은 대상 범주들Gegenstandskategorien이 직접적인 주제이며, 이 태도에 판단 자체를 향한 태도가 반드시 선행된다 하더라도 그것은 하나의 "수단"일 뿐이다(150쪽 참조). 후설은 "판단들에 주제적으로 태도를 취하는" 전자의 태도를 "명제론적 태도apophantische Einstellung", 형식적 대상 일반을 향하는 후자의 태도를 "존재론적 태도ontologische Einstellung"라고 부른다(115, 116 참조). 그리고 후자의 태도에서 수행되는 형식논리학의 분과를 후설은 이미 《논리연구》에서부터 도입한 용어인 '형식적 존재론'으로 부른다.[16]

結論

후설이 제1부, A의 연구 주제를 제2부의 2장과 3장에서 다시 다루고 있는 것으로 미루어 보면, 저 1부에서의 정초가 완전한 것이 못되며, 그가 정합 논리학과 관련하여 말하듯이 "그렇게 전혀 전반적으로 올바른 것은 아님"을 보여주는 것이며, "설명되지 않은 전제가 포함되어 있는" 것으로 보인다(223쪽). 제1부에서 시도된 형식논리학의 명증에 관한 연구가 충분하지 못하기 때문에 우리는 제1부와 제2부의 관계에 대하여 주목하지 않을 수 없다. 제1부의 제목은 '객관적 형식논리학의 구조와 범위', 제2부는 '형식논리학으로부터 선험 논리학으로'라는 제목으로 되어 있다. 첫 눈에는 이 책의 중요한 두 부분 사이의 차이가 마치 제1부에서는 객관적 형식논리학이 다루어지고 제2부에서는 주관적인 선험 논리학이 처음으로 다루어지는 것처럼 보인다. 따라서 제1부와

16 《선험 논리학》, §24, 88쪽 이하, §27, 90쪽 이하 ; 《논리연구 I》, 233 쪽 이하 참조.

2부는 단순히 선험 논리학이 있는가 없는가의 차이인 것처럼 보인다. 그렇다면 주관성에 대한 현상학적 분석도 제2부에서 비로소 시작된다고 보아야한다. 제1부의 첫 부분에서, 즉 A의 제1장, 후설은 "논리학은 순수 객관적 주제에 대한 우리 스스로 획득한 통찰에 따라 우선 근원적인 논리적 명제론, 객관적 명제 논리학의 본질적 구조들을, '분석적', '형식적' 논리학의 본질적 구조들을 연구하고 그 본질적 경계의 문제를 다루기 위하여 주관적 연구는 잠정적으로 고려 밖에 두었으며 좀더 그렇게 두도록 하자"(49쪽)라고 말하지 않았는가? 그러나 다섯 절(§) 뒤, §16에서는 '주관적 연구'만 발견되는 것이 아니라, 객관적 논리학의 구조와 범위는 주관적인 것과의 관계에서만 해명될 수 있다는, 근본 토대가 되는 전제를 발견하게 된다고 말하고 있다(61쪽 참조). 어떻게 판단 작용에 관한 주관적 연구들이 판단의 객관적 학문의 세 가지 계층 구조를 정초할 수 있다는 것인가?

위에서 우리는 §16을 더욱 잘 이해하기 위하여 후설의 내용 분석을 이용하였다. 후설은 여기에 도입한 연구 방식에 관한 힌트도 주고 있는가?

그것에 관해서는 《선험 논리학》 〈서론Einleitung〉에 다음과 같이 언급하고 있다. "논리적 분과들의 세 계층을 정초하는 연구는 반드시 노에시스적 지향성으로 소급하는 연구로서—논리적 형성체들은 범주적 활동으로 부터 산출되므로—주관적으로 방향지어져 있다"(15쪽) 나중에 제2부, 2장, §70a에 가면 "이 연구는 전적으로 주관적-현상학적으로 방향지어졌다"(186쪽)고 말하고 있다.

제1부의 분석은 확실히 지향적이며 주관적이요, 현상학적이다. 그러나 이 분석들이 선험적인가? 이른바 '선험 논리학'이라는 이 책에서 심리학적 연구와

는 명확히 구별되는 선험적 연구라고 할 만한 것이 쉽게 발견되지는 않는다. 특히 제1부의 B에서 수행되는 분석들은 지향적, 주관적, 현상학적이긴 하나, 다만 '심리학적'일 뿐 선험적이지는 않은 것같이 보인다. 그러나 이 책에는 이 연구들이 선험적이지 심리학적이라고 말할 수 없다는 두 가지 기본적인 주장이 있다. 그 한 가지 주장은 서론에서 발견된다: "학문과 논리학에 대해서 의문으로 제기되는, 제기되어야 할 주관적으로 방향 지어진 모든 의미 문제들은 자연적인 인간의 주관성의 문제, 따라서 심리학적 문제가 아니라, (나에 의해서 도입된 선험 현상학의 의미에서) 선험적 주관성의 문제이다"(17쪽). 다른 한 가지 주장은 제2부 7장 §102에서 발견된다. "완전히 주관적으로 방향 지어진, 논리적 이성의 연구들은 앞서 지적한 뜻에서 의미되고 진행된다면, 논리적 토대의 원천적 의미에 대한 연구들로서 선험 현상학적 연구이며 심리학적 연구가 아님은 자명하다"(275쪽).

우리가 이 책의 제1부와 제2부의 관계에 관한 후설의 해석을 따라가 보면 서론에서 이런 글을 읽을 수 있다. "제1부의 연구들은 궁극적이라기보다 관심을 불러일으키게 설명된, 제2부로부터 벗어남에 틀림없는 일정한 완결성과 독립성을 갖는다. 왜냐하면 제1부에서 우리는 지향적 현상학의 엄청나게 넓은 영역으로 끌려들어가게 되기 때문이다"(21쪽).

그러나 이 주장들이 완전히 정당화될 수 있을지 의문스럽다. 왜냐하면, 첫째, 제1부에서 정당한 근거를 제시하지 않고 사용된 방법은 제2부에서 비로소 궁극적으로 해명되고 있으며, 둘째, 제1부에서는 판단들의 객관적 학문은 판단 작용의 주관적 학문과 관련해서만 해명될 수 있다는 것이 이미 전제되어 있기 때문이다. 따라서 제1부는 제2부에 의존적이며 불완전한 성격을 지니고 있다.

또 하나의 예를 든다면, '명증'의 개념이 형식논리학의 세 계층을 정초하기 위하여 제1부 A에서 사용된다(특히 §16). 그리고 이 개념은 제1부, B, 제4장과 5장에서 명제론과 형식 존재론의 차이를 설명하기 위하여 사용된다(특히 §46). 그러나 명증 개념 자체는 제2부에 가서야 주제로 된다.[17] "모든 기본 개념들과 기본 명제들을 포함하여 논리적 원리들의 타당성을 해명하는 것은 주관적으로 방향지어진 연구들로 인도한다. 이 연구 없이는 이 원리들은 학문적으로 그 근거를 상실하게 된다"(§93b, 236쪽). 그리고 또 다른 곳에서는 이렇게 말하고 있다. "사람들은 오직 하나의 '형식논리학'을 원하지만 명증의 문제는 현상학적 주관성으로 인도하며 〔…〕 이로부터 존재하는 선험적 주관성으로 인도한다. 자명성을 지니고 아주 단순하게 보이는 것이 이제 전반적으로 복잡하게 된다"(§102, 277쪽).

형식논리학을 다루는 제1부는 주로 주관적 논리학을 다루는 제2부에 의존되어 있다. 왜냐하면 객관적 형식논리학은 선험 현상학에 달려 있기 때문이다. 이 책에서 다루고 있는 구조는 바로 다루어지는 연구 대상의 구조를 반영하고 있는 것이다. 그것은 마치 선험 현상학에서 현실적으로 세계 내에서 살아가는 실재적 주관성으로부터 선험적 주관성으로 나아가는 연구방향과 같은 것이다.

---

17 《선험 논리학》 제2부에서, '환원'문제를 도입하기 이전에는 제1장, §57-§64에서, '환원' 문제를 도입한 후에는 제7장, §107에서 명증 개념을 주제로 삼고 있다.

현상학적 관점에서 본 회의주의*

1. 서론

'회의주의와 현상학'이란 주제 아래에서 연구하고자 하는 것은 현상학적 관점에서 본 회의주의이다. 얼른 보기에는 현상학과 회의주의는 별로 관계없는 것처럼 보일지 모른다. 왜냐하면 이른바 '엄밀학'을 추구하는 철학으로서 어떠한 의문도 허용하지 않는 '필증적' 진리의 체계, 즉 의문의 여지가 없는 궁극적 정초의 학문이고자 하는 현상학은 독단론과 마찬가지로 회의주의 내지 상대주의를 그의 가장 큰 적으로 삼을 것이기 때문이다. 그러나 현상학이 진정으로 엄밀한 학문, 즉 모든 근본적인 것을 그 궁극적 토대에서 필증적으로 설명해 주는 학문이고자 한다면, 우리가 소박하게 자명한 것으로 받아들이고 있는 진리를 그대로 받아들여서는 안 되고 그 타당근거에 대한 검토에서부터 출발하지 않으면 안 된다. 그 때문에 현상학의 관점에서도 회의는 모든 진정한 철학

* 미발표 유고.

함의 출발점이며, 현상학의 출발점이다. 그러므로 현상학의 기초자인 후설E. Husserl은 회의주의가 "소박하게 또는, 자연스럽게 수행된 인식의 불완전성을 들추어내는 기능을 갖는다"고 말한다(《제1철학 II》, 19쪽).

현상학적 관점에서 회의주의를 고찰하기 전에 먼저 확실히 규정해 두어야 할 것은 현상학적 관점이 어떤 입장을 뜻하는가 하는 것이다. 여기서 말하고자 하는 현상학은 현대철학에서 하나의 넓은 의미로 말하는 현상학이 아니다. 넓은 의미의 현상학은 존재론적 현상학이나 실존철학적 현상학이나 그밖에 현상학적 방법을 원용한 다양한 응용 현상학이 포함된다. 그러나 우리의 주제와 관련해서는 그러한 현상학이 아니라, 현상학의 본류本流를 가리키는 후설의 선험적 현상학transcendental phenomenology이다. 선험(적) 현상학이란 한마디로 존재의 근본원리를, 존재를 인식하는 주관성과의 관계에서 밝혀내려는 철학이다. 이러한 입장에서는 존재의 객관성을 단순히 소박하게 믿는 일상적 입장에 대한 회의에서 출발하지 않을 수 없다. 그런 의미에서 회의주의의 입장은 현상학적 사유의 실마리가 된다.

이 연구는 진정한 철학의 출발점으로서의 회의가 지닌 긍정적 의의와 함께 회의주의가 지닌 부정적 요소를 고찰하고 이에 대한 비판적 고찰을 통하여 현상학이 근본적으로 회의주의를 어떻게 극복하며 나아가서 엄밀학, 또는 제1철학으로서 현상학이 어떤 방식으로 그 목표에 도달하고자 하는가를 살펴보고자 한다. 그리고 이 문제를 이론철학의 영역에 국한하지 않고 현상학의 윤리학에서도 동일한 목표가 추구되는가, 그리고 추구된다면 어느 정도로 실현되고 있는가를 살펴볼 수 있기를 기대한다.

2. 회의—철학의 출발

철학적 사유가 출발하기 전에 주어진 상황에 대하여 반성적으로 고찰한다면, 우리는 일단 우리 자신을 포함한 세계 내의 모든 사실에 대한 소박한 믿음을 확인하게 된다. 우리는 그야말로 자연스럽게 살아가는 일상인이다. 후설은 "본질적으로는 어느 누구도 철학자로서 태어나지는 않는다. 누구나 다만 자연스러운, 비철학적 인간으로서만 출발할 수 있다"고 말한다(《현상학적 심리학》, 전집 IX권, 47쪽). 이러한 상황에서 철학자가 되고자 하는 자는 모든 자명한 인식에 대한 근본적인 회의로부터 시작하지 않으면 안 된다. 근본적 회의란 우리가 데카르트의 《제1철학의 성찰》에서 보는 것과 같이 우리가 가진 기존의 모든 인식의 소박성naivety을 철저히 파괴하는 것이다. 이것은 말하자면, '자명성의 파괴der Bruch der Natürlichkeit'이다(《제1철학 I》, 8쪽 참조). "소박하게 외부 세계를 향하는 그리스 철학은 그 발전 과정에서 소피스트의 회의에 의하여 파괴당하였다"고 말하는 후설은 프로타고라스와 고르기아스의 이론에서 모든 객관성에 대한 근본적 회의를 확인하게 된다고 본다(《제1철학 I》, 8, 58쪽 참조).[1] 단순히 외부세계에 몰두하고 거기서 주어지는 대로 믿는 소박성에 머물러서는 철학을 시작할 수 없고, 그렇게 믿는 의식에 대한 반성적 시각을 가짐으로써, 그리고 그러한 믿음doxa의 소박성으로부터 벗어남으로써 철학적 출발점이 되는 회의적 태도를 갖게 된다. 후설은 소피스트들이야말로 처음으로 세계가 소박하게 앞서 주어져 있음에 대하여 문제로 삼았다고 보고

1 소피스트들에 대한 후설의 견해에 대해서는 보다 상세한 설명이 이 연구에서 필요하다.

그것은 바로 실재 세계에 대한 최초의 선험적transcendental 고찰이었다고 확언한다(《제1철학 I》, 60쪽 참조).

후설 자신 그의 《논리연구》에서 표명한 '논리적 객관주의'의 입장은 비록 그것이 학문적 입장이긴 하나 역시 외적으로 향한 소박한 객관주의라는 점에서 진정한 철학적 입장은 아닌 그러한 상황에 있었다. 그 후 사상적 위기의 시기를 지나 선험 현상학의 구상을 하기까지, 즉 소박한 객관주의에서 선험적 주관주의로 넘어가는 데서는 무엇보다도 모든 객관적인 것에 대한 근본적 회의가 필수적인 과정이었다. 그 후 이 선험적 주관주의는 궁극에 가서는 선험적 객관주의로 완성되는 과정을 겪게 된다. 이것은 후설이라는 한 철학자의 사상 발전과정에서 보아도 그러하지만, 철학사적으로도, 후설이 보는 바와 같이, 소피스트의 시대에 소박한 객관주의에서 일종의 '선험적' 주관주의로 전환하는 것을 볼 수 있으며, 그것은 근세의 데카르트나 로크, 그리고 흄의 철학에서도 발견할 수 있다. 그러나 물론 이들에게서 우리는 그 철저성Radikalität의 차이를 간과해서는 안 될 것이다. 객관적인 것, 객관성에 대하여 소박하게 받아들이는 태도로부터 주관적 태도로 태도 전환을 가져오는 중요한 계기가 바로 모든 객관적인 것에 대한 근본적 회의라면, 회의는 진정한 철학, 또는 현상학에서 말하는 '엄밀학'의 출발점이다. 물론 단순히 주관적 태도로 전환하는 것이 곧 철학적 태도는 아니다.

"모든 객관적인 것은 인식하는 자에게는 오직 그가 그것을 경험함으로써만 원천적으로 주어"(《제1철학 I》, 58쪽)지므로 인식 주체에 대한 반성적 고려가 필수적이다. 따라서 주관성을 고려하지 않고 객관성만을 말함은 소박할 뿐만 아니라, 무의미하며, 이러한 소박성에 대한 회의를 통하여 주관성으로 시선을 향할 때 비로소 의문의 여지없이 근원적으로 정초하는 엄밀학의 이념을 실현하는 첫걸음이 된다.[2]

3. 태도의 전환과 현상학적 판단중지

마음 밖의 외적 세계 내의 사물과 사태에 대하여 전체적으로는 감각적으로 지각하는 대로 존재하며 변화한다고 소박하게 믿는 우리의 일상적 태도를 현상학에서는 '자연적 태도'라고 부른다. 이것은 말하자면, 자연스러운 태도라는 뜻이다. 즉 우리가 언제나 일상적으로 그것에 대한 아무런 의식 없이 갖고 있는 태도이다. 이러한 태도의 근본 특징을 후설은 '존재믿음'이라고 부른다(《이념들 I》, 63쪽 이하 참조). 이 태도는 말하자면 비철학적 태도인데 철학사적으로 보면 진정한 철학임을 표방하는 사상에서도 이러한 태도를 발견할 수 있다. 이러한 태도에서도 개별적인 존재에 대한 의심은 일어날 수 있으나 세계의 모든 사물과 사태의 존재에 대한 전반적 의심은 일어나지 않는다. 《제1철학의 성찰》에서 수행되는 데카르트의 의심이 철학적인 것은 존재 일반에 대한 총체적 의심이기 때문이다.

존재믿음을 기본 특징으로 하는 자연적 태도로부터 현상학에서 진정한 철학적 태도라고 보는 현상학적 태도, 더 정확하게 표현하면, 선험 현상학적 태도

2 현상학에서 그 자명성과 소박성에 대하여 문제로 삼는 사상은 심리학주의, 자연주의, 나아가서 자연과학적 객관주의와 이를 모델로 삼는 사고방식이다. 이에 대해서는 이 연구에서 장차 상세한 고찰이 있어야 한다.

로 전환하는 데에는 근원적 진리, 필증적 진리에 대한 요구가 존재믿음을 파기하는 계기로 작용하지 않으면 안 된다. 이것이 '현상학적 판단중지'이다. 원래 '에포케epoché'(판단중지)란 말은 고대 그리스의 스토아학파나 회의주의의 퓌론Pyrrhon 그리고 섹스투스 엠피리쿠스S. Empiricus 등이 사용하였던 것을 현상학에서 빌려온 것이다. 고대에는 사물에 관한 인식이 불가능하므로 '마음의 평정ataraxia'를 얻기 위해서는 일체의 판단을 중지해야 한다는 의미로 사용되었다. 현상학에서는 확실한 인식을 얻기 위해서는 모든 모호한 인식을 배제해야 한다는 동기에서 나온 순전히 이론적 작업 절차라고 말할 수 있다. 그러므로 현상학에서 의미하는 판단중지란 단순히 사물의 객관적 존재를 긍정하거나, 부정하거나 또는, 의심하는 것이 아니라, 일체의 존재 판단을 배제하는 것을 말한다. 현상학적 판단중지는 결국 존재 원리의 근원으로 소급하기 위한 하나의 방법적 절차라고 볼 수 있다. 이러한 절차에 따라서 현상학자는 존재가 아니라 존재 현상으로, 세계가 아니라 세계 현상으로서만 타당하게 여기는 태도를 갖게 된다. 존재자는 즉자적an sich seiend 존재자가 아니라, 우리가 사유에서 또는 의식 활동에서 '즉자적'이라는 의미를 부여한 '의미된' 존재자로서만 타당할 뿐이다. 그러므로 존재란 의식에서 그 의미가 구성된 '존재 의미'이다. 세계와 세계 내의 사물 및 사태들을 이런 방식으로 보는 태도가 바로 현상학적 태도이다. 고대 회의주의의 판단중지가 강한 실천적 의지의 산물이며 그 목표 또한 실천적 의미를 지닌다면, 현상학의 판단중지는 어디까지나 이론적, 특히 인식론적 의미를 지닌다고 볼 수 있다.

퓌론을 위시한 고대의 회의주의가 이론적 의미보다는 실천적 삶의 태도라는 의미가 훨씬 강하므로 현상학에서는 고대의 소피스트 철학을 그 주된 비판 대상으로 삼고 있다. 그것은 논리 법칙 및 논리학과 관련된 상대주의라고 볼 수 있는 심리학주의가 일종의 인간 중심주의이며, 그 때문에 상대주의로 귀결되고 결국에 가서는 객관적 인식에 대한 회의주의로 끝나기 때문이다. 회의주의 및 상대주의에 대한 현상학의 비판은 논리학적 비판 영역과 형이상학적 비판 영역으로 나누어 살펴볼 수 있는데 전자는 주로 《논리연구 I》에서, 후자는 《엄밀학으로서의 철학》과 《제1철학 I · II》 등에서 확인할 수 있다[3].

4. 실천철학적 현상학의 관점에서 본 회의주의

후설의 선험 현상학은 이론철학에서와 마찬가지로 실천철학의 영역에서도 회의주의와 상대주의를 배격한다. 현상학의 윤리학적 입장은 쾌락주의를 대표로 하는 모든 유형의 윤리적 회의주의와 상대주의를 비판한다. 인식론적 측면에서 논리적 상대주의라고 보는 사상에 상응하여 윤리적 상대주의도 역사적으로 많은 영향을 끼쳐왔다. 현상학은 공리주의나 허치슨F. Hutcheson이나 흄 식의 감정 도덕도 윤리적 상대주의의 한 유형이라고 보고 이를 비판함으로써 칸트와 유사한 '순수 윤리학'을 표방한다. 현상학의 순수 윤리학은 어디까지나 선험 현상학의 한 연구 영역으로서 윤리적 의지와 행위를 지배하는 윤리적 가치의 법칙을 찾아내는 연구이다. 선험 현상학은 칸트의 도덕 형이상학과 마찬가지로 어떻게 원하고 행위하면 도덕적인 의지와 행위일 수 있는가를 연구하는 '행위의 공학'이 아니라, 도덕적 의지와 행위를 지배하는 객관적 도덕법칙

---

3 이에 관한 구체적인 고찰이 추가되어야 할 것임.

을 밝혀내고자 하는 것을 목표로 하는 윤리학을 추구한다.

그러나 후설은 흄의 감정 윤리학을 비판하면서도 흄을 비판하는 칸트의 입장을 그대로 따르는 것이 아니라, 칸트의 형식주의적 측면을 또한 비판하여 이른 바 '내용적 윤리학'의 입장에서 윤리적 의지와 행위에서 기능하는 감정의 역할을 강조한다. 그렇다면 어떻게 후설은 도덕에서 감정의 기능을 절대적 요소로 보는 흄처럼 윤리적 상대주의에 빠지지 않을 수 있는가 하는 의문이 생긴다. 그러나 흄의 감정 윤리학에 대한 후설 자신의 비판을 살펴보면, 흄이 규정하는 감정과 후설이 강조하는 감정은 그 규정 내용이 상당히 다르다는 것을 알 수 있다. 흄은 감정을 인간이 보편적으로 느끼는 방식으로 보긴 하지만 그의 경험론적 입장에서 어디까지나 그것을 일종의 심리학적 개념으로 이해한다. 그러나 후설은 감정의 경험 독립성Apriorität을 정초함으로써 감정의 경험 독립적 원리를 밝혀내고자 한다.[4]

---

4 이 연구에서는 윤리적 상대주의로 귀결되고 마는 흄의 감정 윤리학에 대한 현상학의 비판을 구체적으로 살펴봄으로써 이 점을 보다 명확하게 설명해야 한다.

정신의 본질과 인문학*

서양의 근세 철학사에서 르네 데카르트가 차지하는 위치는 오늘날 상대주의의 여러 경향들이 아무리 흔들려고 시도한다 하더라도 요지부동이다. 그의 철저한 철학 자세에 있어서나 이루어놓은 철학적 성과에 있어서나 데카르트를 제외하고는 근세 철학뿐만 아니라 근세 이후 자연과학의 발전에 대해서도 말하기가 어려울 정도이다. 자연과학의 발전에 미친 데카르트의 영향에 관하여 살펴본다면 우리는 우선 한마디로 그의 실체관, 즉 실체substance에 관한 그의 이론을 말하지 않을 수 없다. 물체와 정신이라는 두 유한실체를 주장하는 그는 특히, 물체를 연장적 존재(현대 물리학에서 질량에 해당)라고 규정함으로써 물질의 최소 단위를 확증하려는 자연과학적 노력에 길을 열어놓았다. 그러나 이 규정은 자연과학적 발전을 촉진시킨 긍정적인 측면과 동시에, 오늘날 양자 물리학에서 볼 수 있는 것처럼 물질의 최소 단위를 결정하는 노력은

* 1998년 10월경 강원대학교 강연 원고.

사실상 무의미하다는 불가피한 결론에 도달하고 있다는 점에서 부정적인 영향도 없지 않다. 연장성이라는 물체의 규정에는 처음부터 난점이 있다는 것을 독일의 철학자 라이프니츠는 그 자신의 철학적 관점에서 이미 내다보고 있었다. 그가 말하듯이, '무한 분할'이란 논리적 가능성일 뿐 현실적으로는 불가능함은 말할 필요도 없다. 그러나 연장적인 것, 즉 질량을 가진 것은 분할할(쪼갤) 수 있다는 뜻이 되므로 데카르트의 그러한 물체 규정은 모순된 것이 아닐 수 없다. 그 때문에 라이프니츠는 연장적이지 않은 일종의 정신적 원자인 '모나드'를 가정했던 것이다.

앞서 말한 것들은 서양 근세철학에 대한 개략적 지식을 가진 사람이면 누구나 알고 있는 사항인데, 이제 중요한 것은 데카르트의 그러한 이원론적 사고방식이 전적으로 데카르트란 한 철학자의 독창적인 사유에서 생긴 것인가 하는 점이다. 데카르트는 물체를 연장적 존재res extensa라고 규정하는 반면에, 정신을 '사유하는 존재res cogitans'라고 불렀다. 이 두 실체의 구별을 데카르트가 제시하였기 때문에 우리는 그를 이원론자라고 부르지만, 과연 그러한 구별이 오직 데카르트에게서 독창적으로 비롯되었는가 물어보고자 한다. 우리가 그의 저서 《제1철학의 성찰》에서 볼 수 있는 바와 같이, 그는 자신의 경험내용을 분석함으로써 물체와 정신을 경험하는 우리의 경험 방식이 다르다는 것을 확인하게 된다. 물체는 신체의 오관을 통하여 감각 내용이 밖으로부터 우리에게 주어짐으로써 경험되는 데 반하여, 자신의 심적 상태나 감정, 사유 활동 같은 것은 내재적으로 경험된다. 전자는 외관을 통한 경험, 후자는 내관을 통한 경험이라고 말하기도 하지만, 이러한 구별 자체가 이미 물체와 정신에 대한 경험의 방식이 서로 다름을 가리키는 것이다. 물체가 연장적이라는 것을 데카르트는 물론 경험과는 독립된 사유에서 결론지은 것이 아니라, 경험의 분석을 통해 알았다. 데카르트는 물체가 다른 속성도 지니고 있을는지 모르나, 적어도 인간이 알 수 있는 것은 연장성뿐이라고 말한다. 물체에 그 어떠한 변화를 가해도 연장성은 없어지지 않는다는 것을 그는 알았다. 이렇게 물체가 연장적인 것, 즉 질량을 가진 것이라면 모든 물체와 물질적인 현상들은 수학적으로 측정 가능하다는 것도 확실하다. 그것은 이미 갈릴레이가 과학적으로 입증해 보여 준 것이다.

자연과학에서는 양적인 것은 그 무엇이나 수학적으로 측정 가능하다는 확신에서, 이제 한 걸음 더 나아가 질적인 것도 양화量化할 수 있으면 수학적으로 규정할 수 있다는 것도 알게 되었다. 이로부터 마침내는 인간의 심적인 것, 처음에는 감각적인 것, 나중에는 인간의 감정마저도 어느 정도까지 측정 가능하게 되었다. 현대의 심리학이 그 연구에서 통계를 하나의 중요한 방법적 도구로 사용하고 있는 것도 그러한 가능성에 근거한 것이다.

여기서 한 가지 주목해야 할 것은 데카르트의 경우, 아직 신체와 불가분하게 결부된 심적인 것(심리학의 대상이 되는 것)과 순전히 정신적인 것, 즉 우리가 이성이라든가 논리 법칙 등을 관련시키는 정신적인 것을 명확하게 구별하지 않고 이 모든 것을 정신이라고 불렀다는 사실이다. 현대철학에서는 신체나 뇌 활동과 불가분하게 관계되어 있는 모든 심적 현상들은 일종의 자연과학적 방법으로 인과관계적 해명이 원칙적으로 가능하다고 본다. 그러나 순전히 정신적인 것은 그 이상의 차원에 있는 것이어서 자연과학적 방법으로 양화하고 측정할 수 있는 것이 아니다. 물질적인 것 그리고 물질적인 것과 직접, 간접으로 관련이 있는 것은 자연과학적 방법으로 해명이 가능하며, 이것을 우리는 자연과학적 사실이라고 부를 수 있다. 그러나 자연과학적 사실만이 존재세계의 전부는 아니다. 다시 말하여, 자연과학이 해석한 세계, 그리고 해석 가능한 세계가 현실 세계의 전부는 아니다. 자연과학이 궁극적으로 어떤 방식으로도 해석할 수 없는 세계가 있다면 그것 역시 우리의 현실 세계에 속한다. 현상학의 창시자 에드문트 후설은 말한다 : "자연과학이 어떻게 설명하든 우리에게는 태양이 여전히 아침이면 떠오르고 저녁이면 진다."

인문학의 대상은 바로 자연과학이 양화시킬 수 없는 세계에 주목하는 학문들의 분야라고 말할 수 있다. 인문학은 영어로 'human science'라고 하지만 여기에는 사회학, 역사학도 포함되고, 부분적으로는 심리학도 포함된다. 심리학의 경우, 인간의 심리를 연구하니까 인문과학에 속한다고 볼 수 있으나, 오늘날 자연과학적 연구가 지배적인 영미 경험주의 전통의 심리학이라면, 그리고 인간의 심리와 동물의 심리를 구별하지 않고 유사하게 본다면 자연과학에 속한다고 봐야 할 것이다. 이렇게 분류가 애매한 분야도 있으나 전체적으로 인문학은 자연의 인과관계적 설명으로는 불가능한 부분에 관한 연구를 담당하고 있다. 예를 들어, 예술과 종교의 영역을 자연과학적 방법으로 연구할 수 없다는 것을 생각해보면 인문학의 연구 대상은 자연과학의 연구 대상과 분명히 구별된다. 연구 대상이 전혀 다르다면 그에 대한 연구방법도 다르지 않을 수 없다.

영국의 물리학자 아더 에딩튼 경(노벨 물리학상 수상자)은 1939년에 나온 그의 저서 《물리학의 철학》에서 이런 비유를 했다. 어류학자(자연과학자)가 물고기를 오랫동안 연구한 뒤, 두 개의 법칙 명제를 확정하였다. 1) 모든 물고기는 아가미를 갖고 있다. 2) 모든 물고기는 5cm의 크기를 갖고 있다. 이것을 본 철학자가 어류학자에게 말했다. "당신의 첫 번째 명제에 대해서는 나도 법칙 명제로서 별다른 이의를 제기하지 않겠소. 그러나 두 번째 명제는 별로 의미가 없는 것 같소. 우리가 물속을 들여다 보기만 해도 5cm 이하의 물고기를 발견할 수 있는데 어째서 당신은 모든 물고기가 그 이상의 크기를 갖고 있다고 하는 것이오?" 어류학자는 그물코가 5cm인 그물을 갖고 물고기를 채집하였던 것이다. 어류학자는 그 철학자의 말에 조금도 동요하지 않고 이렇게 말했다. "어류학자인 나에게는 5cm 이하의 물고기는 물고기의 정의定義에 들어가지 않소." 자연과학에서는 그 방법에 의해 걸리는 것만이 자연과학적 의미를 지닌다는 것을 물리학자 에딩튼은 말하려는 것이다. 비유는 계속되는데, 이제 이 두 사람의 견해 차이를 중재하려는 또 다른 한 철학자가 나타나 말하기를, "두 번째 명제가 저 철학자가 말하듯이, 전혀 의미가 없는 것은 아니고, 과학적 의미가 있다는 것을 나는 인정하고 싶소. 그런데 어류학자 당신은 모든 물고기가 5cm 이상이라는 명제를 확정하기 위하여 오대양을 다니면서 가능한 한 많은 물고기를 잡아서 관찰하였는데, 그럴 필요가 전혀 없었소. 그렇게 하지 말고 그냥 당신이 가진 그물의 그물코만 재어보면 충분하였을 것이 아니오?" 에딩튼은 이 비유를 통해 과학과 철학의 방법적 차이를 논하는 것이라기보다 과학자가 해석한 세계와 우리의 경험 현실 간의 차이를 지적하고자 하는 것이다.

자연과학자는, 만일 진정한 자연과학자라면, 과학적 세계와 현실 세계를 차이를 잘 알고 있다. 그러나 눈부신 자연과학적 성과에 매료된 현대의 일상인들은 자연과학이 해석해놓은 세계를 세계 그 자체로 본다. 즉 과학의 세계와 현실 세계를 무조건 동일시한다. 그리고 과학만능주의적 사고방식에 우리들 자신도 모르게 빠져들어 인문학적 문제도 모두 자연과학적 방법으로 해명할 수 있다고 보는 사고방식을 갖게 된다. 오늘날 특히 컴퓨터와 반도체, 전자기기 등의 급속한 발전을 우리는 경이감을 갖고 바라보고 있다. 이 발전들은 생활의 편의를 가져올 뿐만 아니라, 경제적인 부를 약속해준다. 이와 관련된 산업들이 전 세계적으로 얼마나 많은 달러를 벌어들이는가를 우리는 매일같이 여러 정보 매체를 통하여 잘 알고 있다. 이러한 발전에 대해서 경탄하면 할수록 우리는 이것들이 모두 인간 정신의 산물임을 잊어버리기 쉽다. 또 그 때문에 인간이 무엇보다도 정신적 존재라는 사실에 대해서도 별로 생각하지 않게 된다.

인간은 물론 본질적으로 여러 가지 측면에서 규정할 수 있다. 예를 들어, 'homo fabers'(도구를 만드는 인간, 즉 기술적 인간), 'homo economicus'(경제적 인간), 또는 'homo sapiens'(사유하는 인간), 'homo ethicus'(윤리적 인간) 등 또 더 많은 규정이 있을 수 있겠지만, 그 어느 한 편의 규정만을 강조하고 오직 그러한 관점에서만 인간을 해석하는 것은 문제라고 말할 수 있을 것이다. 오늘날 우리는 인간을 오직 전자의 두 인간관, 즉 기술 공학적 인간과 경제적 인간만을 가치 있는 인간의 본질로 보는 것 같다. 이성적 존재, 윤리적 존재라는 인간 규정은 전자의 두 규정에 비하여 단순히 보조적인 것으로만 여겨지고 있는 것 같다. 이성은 기술적 인간이나 경제적 인간의 구현을 위한 수단에 지나지 않는 것처럼 되어버린 것이다. 그 때문에 예술, 종교, 문학, 철학에 관한 연구는 자연과학적, 공학적 연구를 촉진시키기 위하여 이들 연구자의 여가 활동이나 취미를 위한 보조 역할의 학문쯤으로 생각한다고 말해도 지나친 말은 아닐 것이다. 이러한 사고방식은 어쩔 수 없이 인간을 도구화하고 상품화하는 경향을 더욱 촉진시킨다. 이러한 사고방식은 국가의 모든 산업 정책, 기술 정책은 말할 것도 없고 교육 정책, 문화 정책에도 전반적으로 반영되고 있다. 그 때문에 우리는 이제 이것을 거의 당연한 것처럼 받아들이고 있다. 예술작품이 상품화된 것은 이미 오래 전이며, 이제는 그것이 하등 이상하게 보이지 않는다. 자기 아이가 그림이나 만화 그리는 데 소질이 좀 있다 싶으면 곧장 화가나 만화가를 만들려고 학원에 보내고, 미대에 보내기 위해 개인 교습을 시키는 데 돈을 아끼지 않는다. 만일 화가나 만화가가 옛날처럼 밥 먹기조차 힘들다면 그렇게 많은 돈을 써가면서 시키겠는가?

교육부는 2, 3년 전부터 시작하여 올해는 본격적으로 각 대학이 학부제를 실시하도록 강요하고 있다.[1] 이 학부제가 그 이념에서는, 교육 수요자인 학생들이 원하는 대로 전공을 선택하여 공부할 수 있도록 하자는 것이어서 우선 보기에는 나쁠 것이 없다. 그러나 사회 구조나 국가의 정책에서 기술 공학적 인간과 경제적 인간만을 인간의 중요한 본질로 보는 가치관이 지배적인 우리나라에서 학생이나 학부모들이 어떤 기준에서 전공을 선택하는가 하는 것은 이미 학부제를 실시하고 있는 대학에서 잘 드러나고 있다. 지금까지 이른 바 '인기학과'는 왜 인기가 있는가? 취직이 잘 되고 출세를 할 수 있고 돈을 잘 벌 수 있기 때문이다. 그렇다면 모두 다 의과대학이나 법대를 나오고, 컴퓨터를

1 이글은 1998년 10월에 쓰인 것으로 보인다—편집자 주.

전공하고 영문과를 나오면 어떻게 될 것인가? 그래도 취직이 잘 되고 돈을 잘 벌 수 있을까? 가치관을 바꾸지 못하는 사회에서 대학의 학부제는 반드시 실패하고 말 것이다. 이 가치관을 바꾸기 위해서는 인문학을 더욱 지원하고 강화하여 발전시켜야 한다. 이성적 인간, 윤리적 인간이 경제적, 기술적 인간보다 훨씬 중요하다는 것을 모든 사람이 인식해야 한다. 인문학을 소홀히 취급하고, 문학, 예술, 철학을 경제 대국, 기술 대국의 구색 갖추기 정도로만 생각하는 나라는 잘 될 리가 없다. 우리나라가 그런 방향으로 가서는 안 될 것이며, 우리 사회는 그런 가치관을 하루 속히 바꾸지 않으면 안 된다.

인간을 기술적 인간, 경제적 인간으로만 보는 사고방식은 결국 인간을 물화物化하고, 이기적 욕구 충족의 대상으로만 생각하게 만들고 만다. 인간은 무엇보다도 정신적 존재이며, 자신의 자유의지를 전적으로 자연의 본능과 욕구의 지배 아래에 두지는 않는 존재이다. 물질과 구별되는 정신의 본질은 자연의 인과법칙에 그 자신을 전적으로 종속시키지는 않는 이성의 순수성에 있다. 칸트가 순수이성이라고 부르는 것은 물질적 자연에 대한 우리의 경험을 초월하는 것에 대해서도 사유할 수 있는 능력을 말한다. 이 순수이성이 실천적인 사용에서는 의지를 최초의 원인, 즉 자유원인이 되도록 할 수 있다. 자연의 경험세계에서는 최초의 원인, 즉 어떤 다른 것의 결과가 아닌 원인은 없지만 인간이 이성적으로 원하고 행하는 데서는 바로 의지가 최초의 원인일 수 있다. 자연의 모든 존재와 구별되는 정신의 탁월한 본질은 바로 이것이며, 그 때문에 인간은 자유의지를 가진 존재로서 윤리적 존재homo ethicus인 것이다. 만일 인간이 윤리적 존재가 아니라면, 그리고 이성을 오직 기술적, 경제적 인간의 발전에만 봉사하도록 사용한다면, 인간의 사회는 근본적으로는 동물의 사회와 다를 것이 없다. 인문학은 바로 인간의 정신적 본질을 밝히고, 이것의 가치를 드러내줌으로써 인간의 세계를 동물의 세계로 전락하지 않게 하며, 인간과 인간 사회의 진정한 가치를 보존 발전시키는 데에 기여한다.

끝으로 던지는 물음 — 철학이란 무엇인가?*

1. 철학의 의미와 철학적 사유의 단초

1) 철학에 대한 일반적인 통념

오늘날 철학에 대하여 관심을 갖는 사람은 그렇게 많지 않은 것 같다. 설령 관심을 어느 정도 가지고 있는 사람도 철학이 무엇인지 기본적인 것이나마 알고 있는 사람은 드물다. 흔히 사람들은 철학을 특수한 어떤 사람만이 하는 사유의 도락으로 알거나 비현실적인 쓸데없는 공론空論으로 여기기 일쑤이다. 철학을 긍정적으로 보는 사람도 기껏해야 삶의 지침을 주는 명언을 많이 만들어 사람들의 정신을 깨우치는 일쯤으로 아는 것이 보통이다.

철학을 부정적으로 보든 긍정적으로 보든 간에 철학에 대한 일반적인 통념은 철학이 무엇인가에 대한 정확한 이해가 없는 데에 기인한다. 철학에 대한 몰이해는 철학에 대한 많은 오해와 편견을 낳았으며, 그와 동시에 철학이란

* 《철학의 이해》, 이길우 외, 강원대학교출판부, 1994.

용어의 남용을 가져왔고 이 남용이 또한 철학에 대한 의문을 크게 하였다. 그 때문에 사람들이 묻는 철학이란 무엇인가라는 물음에는 흔히 이미 부정적인 시각이 들어있기 일쑤이다. 즉, '철학이 도대체 뭐야?', '철학이 해놓은 게 뭐야', '철학은 해서 무엇하나' '어디다 써먹는가' 등등.

철학을 부정적으로 보는 시각에 한몫을 하는 것은 철학서적이 어렵다는 사실이다. 철학은 쉽게 쓸 수 있는 내용을 괜히 어렵게 표현하여 굉장히 심오한 이론임을 과시하려한다는 것이다. 또 철학자는 현실과 거리가 먼 관념적인 얘기를 하자니까 자연히 어려운 표현을 쓸 수밖에 없는데 그런 책을 읽는 것은 세상일을 다 아는 듯, 모든 일에 달관한 듯 자신을 속이는 일 밖에 아무 것도 아니라고 보는 사람도 있다. 그 때문에 사람들은 순수 이론적인 철학 책은 어렵기도 하거니와 읽어 보아야 별로 주는 게 없고 어떻게 살 것인가 하는 가장 절실하고 중요한 문제에 아무런 보탬이 되는 대답을 얻을 수 없고 그 보다는 소위 '명상 철학자'들이 쓴 글들이 얼마나 가슴에 와 닿고 신선한 기쁨을 주는지 모른다고 감탄하면서 이런 사람들이야말로 진정한 철학자라고 감탄하며 존경해 마지않는다.

철학에 대한 일반적인 통념을 요약하면 다음과 같다.

1. 철학은 비현실적인 관념적 사유의 놀이에 지나지 않는다.
2. 철학에서 주장하는 진리는 철학자마다 다르므로 객관적 진리란 철학에서는 중요하지 않을 뿐만 아니라 도대체 그런 것은 없다.
3. 철학적 연구성과는 별로 유용성이 없다. 철학이 해놓은 것이 무엇인가?

4. 철학이 현실적으로 별로 소용이 없다면 철학책이 재미라도 있어야 할 텐데 재미도 없고 어렵기만 하다.

5. 철학이 하나의 학문일 수 있는가? 도대체 철학을 대학에서 공부할 필요가 있는가?

이 일반적인 통념에도 그 나름의 근거는 충분히 있을 것이다. 그것이 철학이란 학문 자체의 어떤 결함일까? 위에서 열거한 그러한 통념에 대하여 철학은 어떻게 대답할 수 있을까? 그리고 만일 그러한 통념에 반대하는 철학자는 '그러면 철학이란 도대체 무엇이냐'고 물을 때 어디서부터 설명을 시작해야 할까?

2) 생활철학과 학문철학

'철학이 무엇이냐'고 묻는 물음에 대하여 우선 분명히 해야 할 것이 하나 있다. 그것은 철학을 생활로서의 철학과 학문으로서의 철학이라는 두 가지 의미로 구별하는 일이다. 일반적으로 '철학이 무엇이냐'고 묻는 사람은 우리의 일상생활에서 사용되는 철학이란 말의 의미를 대체로 알고 있다고 볼 수 있다. 그러나 일상생활에서 말하는 철학이란 '생활철학'이라고 부를 수 있는 것을 의미하는 것이 보통이다. 즉, 우리가 살아가는 가운데 여러 가지 문제에 부딪혀서 묻게 되는 것들이 있다, 예를 들어 '산다는 게 무엇인가', '행복이란 무엇인가', '어떻게 사는 것이 가치 있는 삶일까', '인간은 왜 반드시 죽지 않으면 안 될까', '신은 존재하는가' 등등. 그리고 이에 대하여 일상생활에서 사람들은 스스로 적당히 대답을 내리거나 의문을 가진 채 일상사의 긴급한 일에 몰두하며 살아가지만 철학자는 이런 문제를 좀더 깊이 생각하는 사람들이라는 정도의 이해이다. 이러한 이해가 전적으로 틀린 것은 아니다. 그러나 거기에는 분명한 구별이 없고 다만 더 깊이 생각하느냐 않느냐 하는 정도의 차이로만 알 뿐이다.

생활철학과 학문철학의 차이는 기본적으로 생활과학과 자연과학의 차이와 다르지 않다. 우리가 생활과학이라고 부르는 것은 일상생활에서 필요한 과학적 상식을 가리키는 말일 것이다. 즉, 일상생활에서 부딪히는 여러 가지 자연과학적 문제를 해결하는 데에 유용하게 쓰이는 단편적 지식을 뜻한다. 이러한 생활과학과 학문으로서의 자연과학에 어떠한 차이가 있는가 하는 것을 우리는 어렵지 않게 지적할 수 있다. 생활과학적 지식이 자연과학적 연구결과로부터 나온 것이든 생활경험의 축적에서 저절로 이루어진 것이든 간에 우리는 그 지식의 참된 근거에 대하여 별로 깊이 따지지 않는다. 즉, 그 참됨을 어떻게 증명할 수 있는가 하는 문제는 전혀 중요하지 않고 그 지식이 실생활에 유용한가 하는 것만이 문제이다. 그러나 자연과학은 서양의 학문 체계가 다 그런 것처럼 어디까지나 이론의 체계이다. 그리고 이론은 증명의 체계이어야 한다. 가설은 아직 엄밀한 뜻의 이론에 포함되지 않는다. 그 참됨이 증명된 이론만이 진정한 이론일 수 있다. 생활철학과 학문철학의 차이도 크게 보면 이와 다르지 않다. 학문철학도 어디까지나 이론의 체계이며 그것도 증명된 이론의 체계이다. 물론 자연과학적 증명과 같은 의미의 증명은 아니고 철학적으로 증명된 이론이다.

생활철학과 학문철학의 구체적 차이점은 물론 학문철학이 무엇인가 하는 것이 상세히 논의된 뒤에라야 명백히 드러난다. 그리고 이 차이, 즉 생활상식과 학문의 차이에 대한 일반적인 인식이 과학에서는 대체로 분명한데 철학에서는 왜 모호하고 혼동되어 있는 것일까 하는 점도 그 때에 가서야 밝혀질 것이다. 철학에 대해서는 이 차이를 명확히 인식하지 못하는 것이 앞서 언급한 철학에 대한 잘못된 통념이 생겨나는 원인이기도 하다. 그러나 구체적인 차이를 알기 위하여 학문철학이 무엇인가를 묻기 전에 생활철학과 학문철학의 공통점을 먼저 살펴보는 것이 중요하다. 이 공통점은 철학이란 말의 어원을 살펴보고 철학적 사유가 어떻게 발생하게 되는가를 살펴봄으로써 쉽게 알게 된다.

3) 철학의 어원

'철학'이란 말의 어원을 살펴보기 전에 먼저 생각해보아야 할 것은 많은 학술용어가 그러하듯이 철학에서 사용하는 용어들이 대체로 서양의 용어를 번역한 것이라는 점이다. 예를 들어, '진리', '이성', '감성' 등과 마찬가지로 '철학'이란 말도 번역된 말이다. 즉, 철학은 영어의 'philosophy', 독일어의 'Philosophie'를 번역한 것이다. 따라서 '哲學'이란 한문에서 이 용어의 어원을 따질 수는 없는 일이다. 철학이란 말이 너무나 일반화된 나머지 사람들은 이 언급할 필요조차 없는 사실을 흔히 잊어버리고 있다. 어원에 대하여 모르기 때문에, 또는 전혀 주목하지 않기 때문에 이 한문의 의미만을 생각하여 철학에 대하여 잘못 생각하게 된다. '哲學'이란 한문에서 우리는 '지혜를 배우는 것' 또는 '지혜를 가르쳐 주는 학문' 정도의 의미를 찾는다. 물론 철학이란 학문이 그런 의미를 전혀 갖지 않는 것은 아니지만 서양의 'philosophy'가 원래 의미하는 것과는 상당히 거리가 있다. 'Philosophy'의 어원은 고대 그리스의 'Philosophia'(Φιλοσοφια)

에서 나온 것으로 이것은 동사 'philein'(사랑하다)과 'Sophia'(숙련, 지혜, 지식)의 합성어이다. 'Sophia'를 지닌 사람이란 뜻의 'Sophos'란 어떤 방면에서 잘 해나가는 노련한 사람을 가리키고 그 방면의 지식을 많이 가진 사람이다. 이 의미가 확대되어 삶의 기술을 잘 터득한 사람, 삶에 대한 지혜와 지식을 많이 가진 사람을 뜻하게 되었다. 따라서 'Philosophia'란 '지혜와 지식을 사랑함'이며 'Philosophos'란 '지혜와 지식을 사랑하는 자'이다. 진정한 지식은 그와 관련된 지혜까지도 포함하는 것이라고 본다면, 간단히 '지식을 사랑하는 자', 즉 '애지자'(愛知者, 또는 愛智者)이다. 그리고 철학은 그 어원상 '애지'(愛知, 愛智)라는 뜻이다.

이 어원에서 우리가 특별히 주목해야 할 것은 '사랑한다'는 말의 의미이다. 그리스의 철학자 플라톤Platon(BC 427-347)은 대화편 《향연*Symposion*》에서 사랑에는 사랑의 대상이 반드시 있으며 사랑하는 자는 사랑의 대상을 갖고 있지 못하기 때문에 그것을 얻으려고 하는 것이라고 말한다. 지식에 대한 사랑도 그것을 사랑하는 자는 그것을 지니고 있지 못하기 때문에 사랑하는 것이다. 따라서 애지자Philosophos는 지자知者Sophos는 아니다. 그렇다고 무지자無知者도 아니다. 왜냐하면, 지식을 사랑하여 그것을 얻으려고 노력하는 자는 적어도 그 자신이 무지하다는 것 하나는 알고 있기 때문이다. 그야말로 완전한 무지자는 그 자신이 무지하다는 것조차도 알지 못하고 오히려 많이 알고 있다고 생각한다. 철학자는 그 자신이 아무 것도 모른다는 것을 알기 때문에 알려고 하며 앎을 사랑한다.

이 무지의 자각에서 나온, 오직 이것만이 유일한 동기인 앎에 대한 사랑은 그 때문에 순수하다고 말할 수 있다. 즉, 어떤 다른 것 때문에, 어떤 다른 것을 위하여 사랑하는 것이 아니라, 오직 모르기 때문에 알고자하는 그러한 사랑이므로 순수하다. 알고자 하는 것이 앎을 사랑하는 유일한 목적이므로 그러한 사랑은 순수하다. 그런데 철학자의 앎에 대한 사랑은 매우 특이하다. 이 사랑에서는 알면 알수록 모른다는 자각이 더욱 강해지는 사랑이다. 얻으면 얻을수록 더욱 더 가진 것이 없다는 궁핍감을 느끼게 되는 사랑이다. 플라톤은 위에 언급한 《향연》에서 지식에 대하여 끊임없이 궁핍감을 느끼는 철학자의 사랑을 그리스 신화의 '에로스Eros' 신(사랑의 신)에 비유하여 말하고 있다. 에로스는 풍요의 신 포로스Poros와 궁핍의 여신 페니아Penia를 부모로 하여 태어났으므로 상반되는 이중의 성격을 지니고 있어서 궁핍하면서 풍요하고 풍요한가 하면 궁핍한 존재이다. 그 때문에 에로스는 끊임없이 풍요와 부유함을 추구하지만 끝내 지닌 것은 아무것도 없다고 여기는 그러한 성격의 소유자이다.[1] 철학자도 그와 같다는 것이다.

지식에 대한 철학자의 사랑이 지닌 성격은 그가 사랑하는 대상인 지식의 성격과도 관련이 있다. 철학자가 얻고자 하는 지식은 일상적 지식이나 개별과학적 지식이 아니다. 철학자가 추구하는 지식은 더 이상 의문을 가질 수 없을 정도로 완전히 그 근거가 밝혀진 지식이다. 일상적 지식은 말할 것도 없고 개별

1 '포로스'와 '페니아'는 그리스 어로 '풍요'와 '궁핍'이라는 추상명사인데 플라톤이 이것을 신의 명칭으로 만든 것이다. 실제로 그리스 신화에는 이런 이름의 신이 없다고 한다. 그리고 플라톤은 신이라고 말하지 않고 정령Demon이다. 그리스 신하에는 세 가지 존재가 있는데 신神과 정령 그리고 인간이다. 신과 인간, 신과 정령, 정령과 인간, 그리고 정령들 사이에 태어난 존재는 정령이다. 정령은 신과 인간 사이에 있는 존재라고 말할 수 있다.

과학적 지식은 그 어떤 것이든 궁극에 이르기까지 완전히 명백하여 더 이상 의문을 허용하지 않는 그러한 지식은 아니다. 그 때문에 개별과학적 지식은 결코 철학자가 추구하는 지식이 될 수 없다. 철학자는 개별과학적 지식을 얻으면 얻을수록 그 자신이 무지함을 더욱 더 느끼게 될 뿐이며 의문은 더욱 커진다. 예를 들어, 개별과학은 개별적인 사실들의 원인과 결과에 대하여 묻는다. 즉, 개별적인 인과관계를 밝히는 학문이다. 그런데 철학은 '인과관계 자체가 무엇인가', 또는 '인과관계의 근거가 어디에 있는가' 하고 묻는다. 개별적인 인과관계를 다 밝혀낸다고 하여도 인과관계의 근거가 무엇인지는 밝혀지지 않으므로 의문은 남는다. 의문이 남는 지식은 철학자가 추구하는 진정한 지식이 아님을 철학자는 안다. 그러므로 그는 역시 무지하며 아무 것도 얻은 것이 없다고 여긴다.[2]

4) 철학적 사유의 단초

생활철학과 학문철학을 구별하지 않고 전체적으로 말한다면, 철학은 어떤 특별한 통찰력을 가진 특수한 사람만이 할 수 있는 것은 아니다. 철학적 사유는 누구라도 할 수 있으며 또 생활철학의 의미에서 말한다면 우리는 이미 철학을 해오고 있다. 철학이란 근본적으로 우리에게 전혀 새로운 것이 아니다. 이렇게 말할 수 있는 것은 철학적 사유이든 자연과학적 사유이든 간에 학문적 사유의 출발점은 일상생활에 있기 때문이다. 일상생활에서는 대체로 모든 것이 자명

---

2 철학이 추구하는 지식과 개별과학이 추구하는 지식의 차이에 대해서는 뒤의 '2) 철학과 경험과학의 차이'(515쪽)를 참조 바람.

하여 별로 의문을 가질 필요가 없게 보인다. 그러나 우리는 이 자명한 일상 속에서도 어떤 경우 일상의 자명성과 친숙성이 사라지고 갑자기 낯설고 의문스럽게 되는 상황에 부딪히게 된다. 이 때 우리는 공포감이나 경이감을 느낀다. 이러한 상황이 반드시 육친의 죽음이나 천재지변, 목숨이 경각에 달린 전쟁터와 같은 극한상황이 아닐 수도 있다. 보통 때는 예사로 보아오던 것이 어느 순간 커다란 의문의 대상으로 나타날 수도 있다. 플라톤은 그의 대화편 《테아이테토스*Theaitetos*》에서 이렇게 말하고 있다 :

> 경이驚異Thauma는 진정으로 지혜를 사랑하는 자의 태도이다. 이것밖에는 달리 어떠한 철학의 출발도 없다. 이리스Iris가 타우마Thauma의 딸이라고 말하는 자는 그 혈통을 바로 맞힌 것으로 보인다.[3]

경이감은 우리의 모든 일상적 지식을 무력하게 만든다. 일상의 자명하고 친숙한 세계에 대한 우리의 앎이 전혀 아무 것도 아님을 깨닫게 만든다. 경이감에 이어 우리에게 다가 오는 것은 우리의 경험적 지식이 이 경이의 대상 앞에서는 매우 의심스러운 것으로 나타난다. 예를 들어, 부모형제나 친구 등 가까이 사랑하는 사람 중의 어느 한 사람이 갑자기 세상을 떠났을 때 우리는 그저 믿을 수 없다는 말을 한다. 그리고 삶이 허무하게 여겨질 뿐만 아니라, 죽음이 무엇

---

3 Iris는 그리스 신화에서 신들의 사자使者로서 무지개의 여신이다. 따라서 신들에 대한 정보를 많이 가진 여신이다. Thauma는 '경이'라는 그리스 어를 신의 명칭으로 사용한 것이다. 따라서 Iris가 Thauma의 딸이라는 것은 경이로부터 지혜가 나온다는 뜻이다.

인가에 대해 전혀 설명할 수 없다는 것, 이에 대해서는 완전히 무지하다는 것을 느끼게 된다. 그리고 완전한 무지 가운데서 묻게 된다. 죽음이 무엇인가? 인간은 왜 반드시 죽는가? 죽은 뒤에는 어떻게 되는가? 이 물음은 물론 자연과학적 물음이 될 수도 있고 종교적 물음이 될 수도 있으나 철학적 물음이 될 수도 있다. 자연과학은 경험의 한계 내에서 답하게 되고 종교는 무조건적인 신앙에 의하여 그 물음을 극복한다. 그러나 철학은 경험적 지식에 머물지 않고 신앙에 맡겨버리지도 않는다. 그리고 계속 묻는다. 의문이 있는 한 묻지 않을 수 없다.

철학의 물음은 흔히 어린아이들이 묻는 것과 같다고 한다. 그것은 아무런 이해관계나 사심없이 묻기 때문이다. 앞서 예를 든 것처럼 '죽는다는 게 무엇이냐'라든가, '왜 이것이, 또는 저것이 있는가', '왜 세계는 이런 식으로 존재하고 달리 존재하지 않는가', '왜 나는 나이고 다른 사람이 아닌가' 등과 같은 철학적 물음은 원래부터 인간이면 누구에게나 직접 관계된 물음이다. 누구나 이러한 물음에 어느 정도는 답할 수 있으며 토론할 수도 있다. 이러한 물음을 무의미하게 보고, 모른다거나 관심없는 태도를 취하는 것도 역시 하나의 대답이다. 따라서 이러한 물음을 인간은 피할 수 없다. 여기에는 기권이란 없다. 부정적이든, 긍정적이든 사는 이상 인간은 어떤 태도를 취해야 한다. 그런 의미에서 철학한다는 것은 인간의 어쩔 수 없는 운명이다. 인간이면 누구나 그 답을 강요받게 되는 이 물음들은 물론 우리에게 처음 제기된 것은 아니다. 이 물음들은 동서양을 막론하고 오랜 전통을 지니고 있다. 이 전통으로부터 우리는 그러한 철학적 물음과 관련하여 우리 자신이 철학하는 데에 하나의 기준 또는 척도를 마련할 수 있다. 이 문제에 대하여 다른 사람들은 생각하는가, 옛날 사람들은 어떻게 대답하는가를 알아봄으로써 우리의 문제 해결에 도움이 되는 실마리를 얻어 낼 수 있는 것이다. 그러나 우리의 의문이 여기서 그치지 않고 처음 생긴 의문을 철저히 그리고 진지하게 밀고 나아가서 결말이 날 때까지 포기하지 않는다면 이제 우리는 단순한 생활철학이 아니라 학문철학을 시작한 셈이다.

철학은 어떻게 보면 불가능한 대답을 얻으려는 무익한 노력처럼 보인다. 그러나 철학의 역사는 그렇지 않다는 것을 확실히 보여주고 있다. 어쩌면 그렇게 묻는 것이 철학의 목적인 것처럼 보인다. 스위스의 실존철학자 야스퍼스 Karl Jaspers(1883-1969)는 철학은 언제나 '길 위에 있는 것Auf dem Wege-Sein'이라고 말한다. 즉, 완전한 진리 또는 전지全知를 향하여 계속 걸어가는 도중에 있다는 뜻이다. 그는 또한, 철학에서는 답하는 것보다도 묻는 것이 훨씬 더 중요하며 철학의 역사는 물음의 발전의 역사라고 말한다.[4] 묻는 과정에서 얻는 많은 진리들은 보다 높은 차원의 물음을 위한 토대가 된다. 그러나 그러한 진리들은 궁극적인 절대적 진리에 비해 보면 잠정적이며 상대적인 것이다. 그러므로 물음은 계속 남게 되며 철학, 즉 애지활동은 중도에서 멈출 수 없다. 학문철학이 생활철학과 구별되는 중요한 차이점이 여기에 있다. 생활철학의 물음이 비록 학문철학의 물음과 출발점에서 동일하고 물음의 형식도 같지만 일상생활에서의 철학적 물음은 언제나 중도에서 쉽게 멈추고 의문이 남아도 다른 일상사에 묻혀버리고 잊혀져버린다는 점에서 학문철학과 뚜렷이 구별된다. 생활철학적 사유도 경이와 의문에서 출발한다는 점에서는 학문철학과 동일하나 그것은 순수한 애지활동이 아니다. 중도에서 멈추거나 쉽게 잊어버리거

---

4 이에 관해서는 야스퍼스의 저서 《철학의 작은 학교》를 참조 바람.

나 기회 있을 때마다 가끔씩 생각하는 사랑(지식에 대한)은 결코 진정한 사랑은 아니기 때문이다.

철학의 사유의 두 가지 출발점이라고 할 수 있는 경이와 의문이 어디서 생겨나는가를 생각한다면 우리는 보다 보편적인 출발점으로서 '일상적 경험의 세계'를 말하지 않을 수 없다. 우리는 이미 이루어져 있는 세계 내에 태어나서 살고 있다. 독일의 현대 철학자 하이데거Martin Heidegger(1889-1976)는 인간을 '세계-내-존재In-der-Welt- Sein'로 규정한다. 모든 철학적 사유는 개별과학과 마찬가지로 경험세계에서 출발한다. 여기서 경험이란 오관五官을 직접, 간접으로 사용하여 얻는 넓은 뜻의 앎이다. 경험의 축적에서 우리는 사물을 판별하고 사유의 실마리를 얻으며 지식을 획득한다. 우리가 비록 사유하는 능력을 갖고 있다 하더라도 경험이 없이는 아무 것도 생각할 수 없다. 경험은 철학적 사유의 출발점일 뿐만 아니라, 모든 사유의 출발점이다.

2. 학문으로서의 철학

엄밀한 뜻의 철학을 말할 때 이제 생활철학은 논의의 대상이 되지 않는다. 그것은 학문이 아니기 때문에 사실 '학學, science, Wissenschaft'이란 말을 붙일 수 없다. 서양의 의미에서 학문이란 앞서 말한 대로 논증된 진리의 체계이다. 개별과학도 철학도 그런 점에서는 마찬가지이다. 그러나 철학과 개별과학 사이에는 커다란 차이가 있다. 이 차이를 밝혀봄으로써 우리는 철학이 학문으로서 어떠한 특성을 지니고 있는가를 보다 분명히 알게 된다. 그리고 이 차이란 철학과 개별과학의 지식에 대한 '사랑'의 차이 그리고 지식Sophia의 차이이기도 하다. 이 차이를 명확히 하기 위해서는 우리가 이미 잘 알고 있다고 여기는 개별과학의 특성을 정리해볼 필요가 있는데 이를 위해서는 학문 일반을 전체적으로 그 대체적인 특성에 따라서 분류해보는 것이 효과적이다.

1) 학문의 분류

우리가 학문을 그 특성에 따라서 분류한다면 우선 '경험과학'이라는 명칭으로 부를 수 있는 일련의 개별과학들을 말할 수 있다. 경험과학이란 말에서 사용하는 '경험'이란 앞서 언급한대로 우리의 오관을 직접, 간접으로 사용한다는 것과 귀납법induction을 사용한다는 것이다. 귀납법이란 물론 다수의 개별적인 자료로부터 공통된 규칙성, 또는 일반적으로 표현하여, 보편성을 이끌어내는 것을 의미한다. 이 귀납법이란 일상의 경험에서도 사용하고 있다. 일상생활에서도 우리는 최초로 어떤 것을 경험하고 그것을 기억 속에 저장하며 그 후의 유사한 경험을 최초의 경험과 비교함으로써 그것이 동일한 사물 또는 사태에 대한 경험임을 확인한다. 이러한 과정에서 우리는 이 세계에 친숙해진다. 이러한 일상경험에서 우리는 이미 일정한 방식으로 귀납법을 사용하고 있다. 일상생활의 경험적 사고과정에서 우리가 사용하는 귀납법은 대체로 무의식적이며 주관적인 것이므로 과학적 연구에서 사용하는 정밀한 귀납법과는 다르다. 그러나 그 차이란 근본적으로는 정도의 차이일 뿐이다. 예를 들어, 자연과학에서는 분명한 목적의식을 갖고 경험대상을 가능한 한 정확히 관찰하고 그 관찰결과를 기록하며 당장 경험할 수 없는 것은 실험장치 등을 통하여 인위적으로 경험가능하게 하여 그 경험결과를 수집한다. 경험의 수집방법, 수집결과의 정리, 분류에는 오차없는 정밀성을 유지하기 위하여 수학, 기하학적 방법이 이용된다. 이 귀납법이 자연과학적 연구방법의 전부는 아니지만 적어도 필수 불가결한 하나의 방법이다. 자연과학뿐만 아니라 인문과학과 사회과학도 마찬가지이다. 즉, 오관을 직접, 간접으로 사용하고 귀납법을 사용한다. 이러한 공통점이 있기 때문에 우리는 자연과학과 인문사회과학을 경험과학이라고 부를 수 있다.

다른 한편 경험과학이라고 부를 수 없는 학문들이 있다. 수학, 기하학, 논리학 같은 것들이 그것이다. 이들 학문들은 순전히 사물과 사태의 형식만을 다루는 분과이다. 그 연구 대상이 전적으로 형식적인 것이기 때문에 경험적으로 연구하지 않으며 그렇게 할 수도 없다. 즉, 오관을 통하여 자료를 수집하지 않고 귀납법을 사용하지 않는다. 삼각형의 내각의 합을 구하기 위하여 기하학자는 삼각형의 형태를 지닌 사물을 찾아다니며 그 내각의 합을 측정하여 기록하는 방식으로 연구하지는 않는다. 그는 하나의 삼각형 도형을 그려서 이것을 실마리로 삼아 삼각형 일반을 생각한다. 이 경우 기하학자는 여기 그려진 구체적인 도형, 눈으로 볼 수 있는, 경험할 수 있는 이 도형으로부터 그의 사유를 출발시키지만 그 경험적인 도형에 머물지 않고 그것을 떠나 삼각형 일반을 향한다. 이렇게 기하학의 연구는 어떤 의미에서 경험을 떠난다. 또는, 경험을 초월한다. 수학, 논리학도 마찬가지이다. 수학, 기하학, 논리학과 같이 형식을 다루는 학문을 우리가 형식학形式學 또는 형식과학이라고 부른다면 확실히 이것들은 경험과학은 아니다.

학문의 세 번째 형태로 우리는 이제 철학을 말할 수 있다. 철학도 구체적인 경험에서 출발한다는 점에서는 경험과학이나 형식학과 마찬가지이다. 그런데 철학도 구체적인 경험현실에 머물지 않고 형식학처럼 그것을 넘어서 나아가지 않을 수 없다. 더 이상 의문이 없는 궁극적인 대답을 추구할 때 그 대답은 경험세계 안에서 발견될 수 없다. 경험과학은 경험 사실의 영역 내에서 그것을 지배하는 경험 법칙을 찾고자 한다. 이 법칙은 한마디로 인과법칙이라고 부를 수 있다. 자연적인 인과법칙이든, 정신적인 인과법칙이든 간에 인과법칙이란 경험적인 사실들 간의 관계를 의미한다. 따라서 결코 경험의 영역을 떠나지 않는다. 그러나 철학은 '인과법칙 자체'가 무엇인가 하고 묻는다. 어떤 특정한 인과법칙이 아니라 인과법칙 자체 또는 모든 인과법칙의 근거가 무엇인가 하고 묻는다. 철학은 이러한 물음을 제기함으로써 이미 경험을 떠나는 것이 된다. 왜냐하면 인과법칙 자체라든가 인과법칙을 가능하게 하는 근거는 다시금 인과관계의 연쇄라고 볼 수 있는 경험세계 안에 있는 것이 아니기 때문이다. 우리가 경험세계 안에서 어떤 사물이나 사태의 원인을 찾는다. 그리고 찾은 원인은 다시금 다른 것의 결과임을 알게 된다. 이 원인의 원인을 찾아도 역시 그것은 다른 것의 결과임을 알게 된다. 이렇게 경험세계 안에서는 어떤 다른 것의 결과가 아닌 원인, 즉 최초의 원인을 찾을 수 없다. 이 최초의 원인을 묻는다면 우리의 사유는 이미 경험을 떠난 것이다.

인과법칙 자체를 물을 때 우리는 이 문제에 시간의 문제가 개입되어 있음을 알 수 있다. 왜냐하면 인과관계는 시간 형식에서 이루어지는 관계이다. 즉, 원인은 반드시 결과에 시간적으로 앞선다는 생각을 갖고 있다. 그러면 시간은 무엇인가라는 새로운 물음이 나온다. 어떤 특정한 사물이 존재하는 시간이나 사태가 일어나는 시간이 아니라 '시간 자체'가 무엇인가라는 물음은 이미 경험을 넘어선 물음이다. 인과법칙 자체라든가 시간 자체에 관한 물음은 철학의 중요한 물음이었다. 이러한 물음에 답하기 위하여 철학은 개별적인 인과관계라든가 어떤 특정한 길이의 시간을 연구하는 것으로는 얻는 것이 별로 없다. 물론 그런 것이 어떤 특정한 삼각형의 도형이 기하학자에게 도움이 되는 정도로 사유의 실마리를 제공하는 역할을 할 수 있으나 그 이상은 아니다. 그리고 개별적인 인과관계의 사례를 아무리 모아도 인과관계 자체가 무엇인가에 대한 대답은 얻을 수 없다. 따라서 귀납법도 별로 도움이 되지 않는다. 다시 말하면 경험에 머물러서 경험세계 안에서 대답을 구하려는 노력은 헛된 일이므로 반드시 경험을 떠나지 않으면 안 된다.

경험을 떠난다는 말은 잘못 이해될 우려가 있다. 경험을 떠난다는 것이 결코 경험을 무시하고 상상을 통하여 신비스러운 경지로 사유의 날개를 펼쳐 날아간다는 뜻은 아니다. 묻는 물음의 대상 자체가 오관을 통하여 주어지는 것이 아니므로 어쩔 수 없이 경험을 넘어서지 않을 수 없는 것이다. 경험을 넘어선다는 것은 구체적이며 개별적인 경험적 사실에 사유를 묶어두지 않는다는 것을 말하는 데에 지나지 않으며 수학, 기하학, 논리학도 바로 그렇게 하고 있는 것을 뜻한다. 자연과학자도 경우에 따라서는 경험을 떠난 사유를 한다. 직관적 통찰은 자연법칙의 발견에서 중요한 역할을 한다. 그러나 자연과학에서는 이렇게 통찰된 자연법칙을 표현한 명제는 경험적 방식으로 증명되지 않으면 안 된다. 어떤 식으로든 오관을 직접, 간접으로 사용하여 관찰될 수 있고 귀납법에 의하여 단 하나의 예외도 없이 관찰된 모든 자료는 그 법칙명제의 참됨을 증명해주는 것이어야 한다. 따라서 그것은 결코 경험을 떠난 것이 아니라 경험의 종합적 결과이다. 그와 같이 참됨이 증명된 법칙명제는 하나 또는 몇 가지 개별적인 경험적 인과관계의 연쇄고리를 해명한 것에 지나지 않기 때문이다.

2) 철학과 경험과학의 차이

철학과 경험과학의 차이 중 첫 번째 중요한 차이는 앞서 학문을 세 가지로 분류할 때 이미 드러났다. 즉, 경험과학은 경험세계 내에 머물러서 경험을 결코 떠나지 않는 데 대하여 철학은 그 물음의 보편성 때문에 경험 내에 머물러서는 안 되고 반드시 경험을 떠나지 않으면 안 된다는 것이다. 한마디로 경험과학은 경험적 연구인 데 반하여 철학은 위에서 설명한 의미에서 형식학과 마찬가지로 비경험적 또는 초경험적 연구이다.

둘째, 경험과학은 그 연구 대상이 제한되어 있다. 즉, 각 개별과학들은 그에 고유한 일정한 연구 대상을 지니고 있다. 물리학은 물리학의, 심리학은 심리학의, 그리고 사회학은 사회학의 연구 대상을 갖고 있다. 천체물리학의 연구 대상을 심리학이 연구하지는 않는다. 물론 어떤 대상은 몇몇 개별과학이 공동으로 연구해야 할 경우도 있으나 대체로 개별과학들에게는 그에 고유한 연구영역이 있다. 이에 비하여 철학은 어떤 의미에서 대상이 제한되지 않는다. 이 말은 철학이 무엇이든지 연구할 수 있다는 뜻은 아니다. 철학의 연구 대상은 개별적, 구체적인 것이 아니라 보편적인 것이므로 제한되지 않는다는 뜻일 뿐이다. 물리학은 물리적 현상들을 지배하는 인과법칙을 해명하고자 한다. 이 물리적 인과법칙도 보편적이지만 철학의 연구 대상인 인과법칙 자체에 비해 보면 상대적 보편성, 또는 제한된 보편성을 지닌 것이다. 왜냐하면 인과법칙은 물리적 인과법칙 외에도 화학적, 생물학적, 심리학적 인과법칙이 있으며 또 이들과는 그 성격이 다른 역사의 인과법칙, 사회적 현상들의 인과법칙도 있기 때문이다. 다시 말하면, 경험과학에서는 각 개별과학들이 여러 가지 사물과 사태를 일정한 시각에서 연구한다고 말할 수 있다. 화학적 시각과 심리학적 시각은 인간이라는 동일한 존재를 그 보는 시각에 따라 다른 두 대상으로 만든다. 화학적 시각에서 본 인간과 심리학적 시각에서 본 인간은 동일한 대상이 아니다. 하나는 화학의 (연구)대상, 다른 하나는 심리학의 (연구)대상이다.

반면에 철학이 만일 '인간이 무엇인가'하고 묻는다면 어떤 특정한 시각에서 묻는 것이 아니라 전체적으로 묻는다. 그리고 이 '전체적'이라는 말은 결코 부분들의 단순한 총합을 의미하는 것이 아니라, 인간 자체가 무엇인가라는 단적인 물음이다. 만일 부분들의 총합이라면 개별과학에서 여러 가지 시각에서 묻고 답하기를 기다려서 그것을 합치면 그만이다. 철학이 하는 일이 그런 것이라면 철학도 역시 단순히 경험과학일 것이며 별도로 철학이란 학문이 존재할 아무런 이유도 없다. 현존하는 경험과학이 존재하는 사물과 사태들을 관찰할 수 있는 모든 시각을 다 대표하지도 않을 뿐만 아니라, 전체는 언제나 부분들의 총합 이상이다. '인과관계 자체가 무엇인가'라는 물음에 대한 대답은 경험과학이 밝혀놓은 개별적인 인과법칙들을 다 합친다고 얻어지는 것이 아니며, 또 모든 인과법칙을 다 밝혀낼 수도 없는 일이다.

셋째, 경험과학은 그 방법이 제한되어 있다. 즉, 개별과학들은 각기 그에 고유한 연구방법을 갖고 있다. 경험과학은 자연현상, 심리현상, 사회현상, 역사현상들을 인과관계로 묶어서 해명한다는 것과 귀납법을 사용한다는 것, 수학적 통계 방법 등 기본적 방법 외에도 그 연구 대상을 가장 효과적으로 연구하는 데에 필요한 일정한 방법을 이미 마련해 놓고 있다. 물론 필요한 경우 새로운 방법을 만들어내기도 한다.

개별과학들이 그 고유한 방법을 갖고 있다는 것은 바꿔 말하면, 다른 과학의 연구방법을 멋대로 사용할 수는 없다는 것을 의미한다. 물리학은 심리학에만 고유한 연구방법을 사용할 수 없으며 그 반대도 마찬가지이다. 방법을 관찰도구에 비해 보면 이 사실은 분명해진다. 천체물리학은 결코 미생물학의 연구에서 사용하는 전자현미경을 갖고 천체를 관측할 수 없다는 것은 말할 필요도 없다. 방법과 그 방법을 효과적으로 사용하는 데에 필요한 관찰도구, 실험도구는 밀접한 관계가 있다. 그리고 방법과 도구가 연구 대상을 결정해주는 경우도 흔히 있다. 망원경과 현미경의 발달, X 광선의 이용, 분자가속기의 발명 등은 자연과학 연구의 대상 영역을 크게 확대시켰다는 것을 우리는 잘 알고 있다. 서양의 근세 초기(16세기경) 자연과학의 발전은 자연을 객관적으로 관찰하려는 사고방식으로부터 시작하여 새로운 방법적 도구를 도입함으로써 가능하였다. 이 방법적 도구란 바로 자연의 수학화數學化이었다. 우선 길이, 넓이, 부피와 같은 양적인 것을 수학적으로 표현하는 것으로부터 시작하여 마침내는 색채, 열, 강약强弱 등 질적인 것도 양적인 것으로 환원하여, 즉 측정할 수 있는 것으로 바꾸어 고찰하게 되었다. 그리하여 관찰 가능한 모든 자연현상들을 수량화함으로써 이러한 경향은 관찰과 실험적 검증의 새로운 방법으로 되었다. 이와 같이 함으로써 이른바 정밀자연과학은 자연을 측정가능성이라는 관점 아래에서만 인식한다. 자연의 수학화에 결정적 공헌을 한 갈릴레이 Galileo Galilei(1564-1642)는 이렇게 말한다: "측정할 수 있는 모든 것을 다 측정하라! 아직 측정할 수 없는 것도 측정할 수 있도록 만들어라!" 이렇게 하여 모든 자연현상을 수학적으로 파악하게 되었다.

수학적 방법은 오늘의 기온과 습도를 온도계와 습도계로 측정하여 온도는 섭씨 23도이며 습도는 55도이므로 오늘은 매우 쾌적한 날씨라고 규정한다. 그러나 자연과 수학적 모델(온도와 습도의 측정수치와 같은 척도)은 동일한 것이 아니다. 자연현상은 엄밀하게 말하여 수학적 개념과는 아무런 관계가 없다. 자연 그 자체는 수학과는 아무런 관계가 없다. 수학은 자연과학에게는 다만 자연을 파악하는 하나의 방법적 수단일 뿐이다. 그러나 자연과학은 자연과 수학적 모델 사이의 차이에 대해서는 도외시한다. 왜냐하면 그것은 자연과학적 방법의 한계를 넘어선 문제이기 때문이다. 즉, 측정할 수 없는 것, 수학적으로 표현할 수 없는 것은 연구할 수 없기 때문이다. 그런데 자연과학이 수학적 방법을 도입함으로써 눈부신 발전을 거듭해온 탓으로 수학적으로 해석된 자연이 곧 참모습의 자연 그대로인 것처럼 생각하는 경향이 생겨났다. 그리고 오늘날 이런 문제에 대하여 별로 의식하지 않는 영역, 철학 밖의 경험과학이나 일상생활에서는 그러한 사고방식이 자명한 것처럼 여겨지고 있다. 심지어 수학이 자연과학의 한 분과인 것처럼 생각하며 수학적으로 표현될 수 없는 것은 무의미할 뿐만 아니라 객관적인 것이 될 수 없다는 사고방식이 지배적으로 되었다. 이와 같은 사고방식이 야기하는 문제점에 주목하고 그것이 가져오는 위험성을 경고하는 일을 경험과학과 형식학은 할 수 없고 철학만이 그 특성상 그러한 문제를 다룰 수 있다.

경험과학이 그와 같이 방법적으로 제한되어 있다면 철학은 어떤가? 철학은 어떤 의미에서는 방법이 제한되어 있지 않다고 말할 수 있으나 또 다른 의미에서는 어떤 방법도 사용해서는 안 된다는 다소 역설적인 말을 할 수 있다. 철학은 어떤 방법도 사용할 수 있으나 여기에는 중요한 조건이 붙는다. 즉, 그 방법의 정당성, 그 방법의 필수 불가결함의 근거를 충분히 제시한다면 어떠한 방법도 사용할 수 있다. 그러나 그렇지 못할 경우 어떠한 방법도 사용해서는 안 된다. 만일 어떤 한 철학자가 수학의 연구방법을 철학적 문제의 해명을 위하여 사용한다면, 그가 우선적으로 해야 할 일은 왜 그 방법을 사용해야 하는가, 왜 그 방법이 그가 해결해야 할 철학적 문제를 해결하는 데에 최선의 방법인가를 의문의 여지없이 충분히 설명하는 일이다. 그 때문에 철학에서는 방법 자체가 하나의 중요한 철학적 문제가 되며 철학자마다 철학을 '어떻게' 시작할 것인가 하는 문제에 고심하게 되는 것이다.

3) 철학과 형식학의 차이

철학과 형식학이 함께 경험과학과는 구별되는 공통점을 지니고 있다는 것을 학문을 세 가지로 분류할 때 지적하였다. 즉, 경험을 넘어서 나아간다는 점에서 철학은 형식학과 공통된 특성을 지니고 있다. 이러한 공통점을 갖게 되는 이유는 두 학문이 다 같이 개별적 사실들을 다루는 것이 아니라 일정한 사실들에 공통된 본질들을 다루기 때문이다. 형식학은 사물과 사태의 오직 형식적 본질, 즉 수학은 양적 본질, 기하학은 형태적 본질, 논리학은 사유내용의 형식적 본질만을 다루는 반면에 철학은 형식적 본질뿐만 아니라 내용적 본질을 다룬다. 예를 들어, 철학은 자연의 본질, 정신의 본질, 경험의 본질, 존재의 본질 등을 그 내용과 형식적 측면에서 다룬다. 이것이 철학과 형식학의 첫 번째 차이이다.

본질은 어떤 특정한 사실의 본질로서는 경험되며 경험될 수 있으나 본질 그 자체는 특정한 몇몇의 사실들에 한정되어 있는 것이 아니므로 경험가능한 시공간적 존재가 아니다. 그 때문에 본질 그 자체를 사유할 때는 어떤 특정한 구체적인 경험적 사실을 넘어서 나아가게 되는 것이다. 예를 들어, 피타고라스의 정리定理Proposition로 표현되는 '직각 삼각형에서 빗변의 길이를 제곱한 값은 다른 두 변의 제곱을 합한 값과 같다'는 명제는 여기 흑판에 그려진 일정한 길이의 직각 삼각형의 형식적 본질만을 의미하는 것은 아니고 어떤 직각 삼각형이든지 그러하다는 뜻이다. 이 '어떤 직각 삼각형이든지'라는 생각은 이미 일정한 길이의, 일정한 시공간 내에 있는, 눈으로 볼 수 있는 특정한 직각 삼각형을 넘어서 나아가는 것이다. 철학도 앞서 인과법칙 자체에 관한 물음에서 살펴본 것처럼 경험될 수 있는 특정한 인과관계를 넘어서 나아간다는 점에서 경험을 초월한다. 플라톤은 그의 대화편 《국가론*Politeia*》 제7권에서 유명한 '동굴의 비유'를 말하고 있는데 여기서 인간이 감각경험을 떠나기가 얼마나 어렵다는 것과 함께 진리(참된 존재에 대한 앎)를 얻기 위해서는 감각경험을 떠나야한다는 것을 암시하고 있다. 그 뿐만 아니라 그가 세운 교육기관인 '아카데미아'의 문 위에 "기하학을 모르는 자는 들어오지 말라"고 써 놓은 것도 기하학이 감각경험을 넘어서 사유하는 연습이 되며 그렇게 함으로써만 철학적 사유가 가능하다는 생각에서였던 것이다.

철학과 형식학의 두 번째 차이는 형식학의 진리는 그 타당성을 언제나 공리公理axiom에 근거하여 증명한다는 점에 있다. 공리라고 부르는 이 기본명제는 '그 타당성을 증명할 수도 없고 증명할 필요도 없이 자명한 명제'를 뜻한다. 공리의 근거를 묻는다는 것은 형식학에서는 무의미한 일일 뿐만 아니라 대답해야 할 물음도 아니다. 수학 기하학뿐만 아니라 논리학도 개별적인 명제의 논리적 타당성의 근거를 '논리적 공리'에서 마련한다. 이들 공리들의 타당근거를 물을 때 우리는 이미 그 학문의 영역을 떠나 철학의 문제영역에 들어선 것이 된다. 공리의 근거에 대한 물음은 형식학에서 물을 수 있는 물음이 아니다. 그러나 철학은 공리의 근거가 어디에 있는가를 묻는다. 철학은 다른 개별과학이 자명하게 전제하는 것을 물을 때 비로소 진정한 철학적 물음이 된다.

우리는 앞서 철학의 '지식에 대한 사랑'은 순수하다고 말하였다. 그리고 순수하다는 의미에는 끊임없다, 중도에서 멈추지 않는다는 뜻도 포함된다는 것을 알았다. 이 순수성과 관련하여 철학과 형식학을 비교한다면, 형식학의 사랑은 공리에서 끝나는 사랑이라고 말할 수 있다. 의문이 있어도 공리 이상은 묻지 않기 때문이다. 그러나 철학은 공리의 근거에 대하여 의문이 있으므로, 모르기 때문에 계속하여 묻지 않을 수 없다. 그 근거를 알지 못하면서 자명한 것으로 전제하는 지식은 진정으로 참된 지식이 될 수는 없기 때문이다. 경험과학이 경험적 인과관계를 밝히는 것으로 만족하고 더 이상 나아가지 않음으로써 그 사랑이 끝난다면 형식학은 공리에서 그 사랑이 끝난다. 이렇게 중도에서 끝나는 사랑은 그 순수성에서 완전하다고 말할 수는 없다. 자연과학에서도 순수과학이라는 말을 쓰고 형식학에서도 순수 수학, 순수 기하학이라는 말을 쓰지만 그 순수성은 철학의 순수성에 비해 보면 상대적으로만 순수한 것일 뿐이다. 순수성과 관련하여 이렇게 말하는 것은 결코 철학이 더 순수하니까 더 가치가 있고 경험과학이나 형식학은 그 사랑이 중도에 멈추므로 덜 순수하니까 가치가 못하다는 뜻은 결코 아니다. 여기서 말하는 것은 학문의 특성을 비교하는 것일 뿐 어떤 학문이 다른 학문보다 더 가치가 있다는 뜻은 결코 아니다. 경험과학과 형식학, 철학은 각기 인간의 발전을 위한 그 역할이 다른 것일 뿐이다.

근세 이래 수학이 자연과학과 밀접한 관계를 가지게 된 것처럼 형식학의 하나인 논리학은 고대 그리스 이래 특히 아리스토텔레스Aristoteles(BC 384-322) 이래 철학과 밀접한 관계를 맺게 되었다. 논리학은 사유의, 정확히 말하여 사유내용의 형식적 법칙을 대상으로 한다. 철학은 곧 반성적 사유에서 시작하여 언제나 거기에서 진행되므로 사유내용의 형식적 법칙인 논리 법칙을 안다는 것은 중요하다. 그 때문에 그리스 이래로 흔히 철학의 한 분과로 간주될 만큼 논리학이 철학에서 중요한 역할을 해왔으나 학문의 특성상 결코 철학은 아니며 철학과는 구별되는 형식학인 것이다. 논리학은 철학적 문제를 올바르게 논증하고 정확히 분석하는 데에 도움을 주기 때문에 아리스토텔레스는 논리학을 철학의 도구라는 뜻으로 그의 형식논리학 책의 제목을 'Organon'(도구)이라고 불렀다.

4) 철학과 신학의 차이

철학과 신학의 차이를 말하기 전에 먼저 종교가 무엇인가 하는 것을 살펴보아야 한다. 왜냐하면 신학이란 종교적 신앙에 대한 학문적인 체계적 반성이기 때문이다. 종교도 철학과 마찬가지로 일상생활의 문제상황에서 생겨난다. 우리는 일상생활에서 '인간은 왜 반드시 죽는가', '인간과 자연의 창조자가 있는가, 아니면 저절로 생겨났는가' 또는 '영혼은 무엇이며 그것은 우리의 몸이 죽은 뒤에도 존재하는가' 등등의 물음에 대하여 스스로 답을 내린다. 예를 들어, '그것은 우리의 경험으로는 알 수 없다. 그러나 나는 창조자가 존재하며 영혼은 불멸이라고 믿고 싶다'고 스스로 대답을 내리면 그 창조자와 자신과의 결합을 추구하게 된다. 종교라는 말의 영어 'Religion'은 라틴어 'religare'라는 동사에 기원을 둔 것으로 '단단히 묶는다'는 뜻이다. 이 어원을 보면, 인간이 절대자와 단단히 결합되었다는 의식과 그 표현이 종교라고 말할 수 있다. 인간의 궁극적 근거와 인간 개인이 구체적이며 실제적으로 관계되어 있다는 생각이 기도, 경전, 노래 등 여러 가지 표현으로 나타난 것이 곧 종교이다.

우리는 앞서 철학적 사유의 단초를 '경이'라고 말하였다. 종교적 의식意識도 역시 경이이며 또 공포이다. 자연 또는 세계의 불가사의한 힘은 인간을 두 가지로 영향을 준다. 신비감과 공포감이다. 인간은 자연의 이 비밀을 알고자 한다. 그런데 자연과학이나 철학처럼 이성적 인식 활동을 통하여 알고자 하는 것이 아니라, 어떤 정서적인 관계를 통하여 그러한 비밀의 의지意志를 알고자 한다. 그리고 이 의지에 대하여 성스러움을 느끼고 그것과 관계를 맺고자 한다. 이것이 곧 신앙이다. 이 신앙을 통하여 인간은 그 자신의 의지를 세계의 비밀의 성스러운 근원인 절대자, 즉 신의 의지에 결합시키려는 실천을 행한다. 그러므로 인간은 종교에서 절대자를 신앙의 방식으로 단순히 알고자 하는 것이 아니라, 그 자신을 절대자에 실제로 결합시키고자 하는 것이다. 그러나 이러한 결합의 실천은 자아 자신과 세계가 절대자에 귀속되어 있음을 '인식'함으로써 가능하다. 자아와 세계가 신의 피조물로 생각하든가 또는 신을 닮아 있다고 생각함으로써 신에 귀속되어 있다고 확신하는 것이다.

철학의 근본문제는 플라톤 이래 사실상 자아, 세계 그리고 절대자에 관한 이해로 나누어 볼 수 있다. 플라톤에 의하면, 자아Ego는 원래 참된 존재들과 절대자의 세계인 '이데아Idea'의 세계에서 살다가 태어나면서 신체와 결합함으로써 이데아의 세계에서의 절대자에 대한 인식을 잃어버렸다(망각하였다). 그리고 경험세계의 모든 사물들은 참된 존재인 이데아들의 본질을 나누어 받고Methexis 있는데 자아는 세계 내의 사물들을 경험함으로써 이데아의 세계를 회상Anamnesis할 수 있게 되어 절대자와의 관계를 회복하게 된다. 아리스토텔레스는 인식과 존재문제를 다루는 이론철학의 세 가지 기본 분과를 인간정신에 관한 이론, 자연에 관한 이론 그리고 신에 관한 이론으로 나누었고 독일의 계몽시대 철학자 칸트Immanuel Kant(1724-1804)도 모든 인식은 정신, 세계 그리고 신의 세 가지 이념에 관계되어 있다고 보았다. 종교와 신학도 사실 근본적으로는 그와 같은 기능을 지니고 있다고 볼 수 있으나 그것을 수행하는 방식은 철학과 매우 다르다. 철학은 어디까지나 이성적 학문이다. 즉, 경험세계의 가능 조건을 찾으려 하지만 오직 인간의 이성 능력(논리적 사유에 의한 인식 능력)을 한껏 사용하여 찾고자 한다. 그러므로 이성적으로 증명되지 않는 어떠한 주장도 배제하려 한다. 종교가 신앙을 바탕으로 여러 가지 의식儀式으로 신과의 합일을 도모하는 실천적 노력이라면 신학은 그러한 신앙을 바탕으로 인간의 신앙과 신의 계시에 관하여 체계적으로 반성하는 활동이다. 신학을 하나의 학문으로 부를 수 있다면 그 학문적 성격은 철학과는 달리 오히려 개별과학의 학문적 성격과 비슷하다. 다만 신은 절대자로서 반드시 존재한다는 대전제 아래에서 신의 의지가 인간의 세계에서 어떻게 나타나는가 그리고 인간은 신에게 어떤 태도로, 어떻게 살아가야 하는가를 체계적으로 사유하고 서술한다. 신학이 절대자인 신의 존재와 인간과의 관계를 무조건 확신하고 있는 한, 그리고 신의 존재는 신앙을 가진 자에 의하여 경험될 수 있으며 신화, 전설, 경전 등을 통하여 이미 증명되어 있다고 확신하고 있는 한, 이성적인 학문은 아니다. 신의 계시라든가 은총은 이성적인 것, 비이성적인 것의 차원을 넘어서는 초이성적인 것의 차원이다. 인식과 믿음은 전혀 다른 차원이다. 철학은 이성의 활동을 넘어서지 않는 반면에, 신학은 이성의 한계를 넘어서는 데서 시작된다.

5) 보편적 반성으로서의 철학

이제 우리는 다시 '철학이 무엇인가'라는 최초의 물음으로 되돌아가 보자. 이 물음에 대하여 철학 밖에서 관심을 갖든 갖지 않든 철학에서는 이 물음이 수천 년 이래 끊임없이 제기되어 왔으며 앞으로도 계속 제기될 물음이다. 모든 진정한 철학자는 이 물음을 제기하지 않을 수 없으며 그 자신으로부터 대답을 마련하지 않으면 안 된다. 왜 철학자들은 그래야만 하는가? 그들은 철학이 무엇인지 모르기 때문인가? 아니다. 철학이 무엇인지 모르기 때문에 그런 것도 아니며 철학이 하나의 학문으로서 존립할 수 있음이 의심스러워서도 아니다. 철학이 그 스스로 무엇인가를 끊임없이 묻는다는 것은 바로 철학 자체의 본질을 드러내고 있는 것이다. 철학 아닌 어떤 다른 학문도 하나의 학문으로서 그 자체 무엇인가를 끊임없이 묻지 않는다. 경험과학이든 형식학이든 모든 개별과학은 그것이 무엇이라는 것이 단순하고 명료하게 이미 규정되어 있다. 자연의 물질적 인과법칙을 연구하는 것이 물리학이라는 것은 어느 특정한 물리학자에 의해 규정된 것은 아니지만 이미 그렇게 정의 내려져 있다. 개별과학의 구별이 우리들 경험의 유형에 근거한다는 것은 물론 철학이 밝혀내지만 개별과학들은 그러한 문제는 그 과학 밖의 문제로 보고 전혀 관여하지 않고 오직 개별적인 현상들 간의 관계에만 주목하는 일을 주된 과제로 삼는다. 그러나 철학에서는 '철학이 무엇인가'라는 물음이 모든 개별적인 철학적 물음의 출발이요 마지막이다. 왜냐하면 철학은 그 자신에 대한 반성으로부터 시작하여 반성으로 끝나기 때문이다.

모든 철학적 물음은 반성 속에서 싹이 트고 반성 속에서 결실을 맺는다. 반성은 철학의 알파요 오메가이다. 철학자는 철학이 무엇인가에 대한 그 나름의 대답에 토대를 두고 개별적인 철학적 문제를 다루어 나간다. 음식은 그 어떤 것이든 일정한 형태의 그릇에 담겨져 제공된다. 어떠한 철학적 물음도 철학이 무엇인가라는 기본적인 물음의 그릇에 담기게 된다. 그릇의 형태가 거기에 담겨지는 음식에 따라 조금씩 다를 수 있듯이 철학자마다 철학이 무엇인가라는 물음에 대한 대답도 다소간 다르다. 그러나 대답하는 방식이 다르고, 어디에 중점을 두는가의 차이가 있다 하더라도 철학의 본질과 관련된 근본적인 점, 즉 무엇보다도 먼저 지식과 지혜에 대한 순수한 사랑이라는 점과 보편적 원리에 관한 탐구라는 점에서는 다르지 않다. '보편적'이란 말이 언제, 어디서나, 누구에게나 예외없이 적용되는 뜻한다면, 그리고 보편적이지 아니한 원리가 없는 이상 원리란 보편성을 포함하고 있는 것이다. 법칙이란 말로도 표현할 수 있는 원리란 구체적이며 개별적인 사실事實에 대한 상관개념이다. 원리란 사실이 바로 그런 방식으로, 그런 내용으로 있게 하는 근거요 법칙이다. 경험과학이 추구하는 법칙도 확실히 어떤 의미에서는 보편적 원리이다. 그러나 철학이 추구하는 원리는 경험과학적 원리에 비하여 훨씬 더 보편성이 큰 원리이다. 말하자면 원리들 중의 원리이다. 그리고 경험적 원리 또는 경험 법칙은 경험으로부터 귀납한 것이므로 대체로 그렇다는 의미의 개연성을 지니는 반면에, 철학적 원리는 필연성을 지닌다. 필연성이란 그 반대의 경우가 있을 수 있다는 것은 처음부터 생각할 수조차 없는 것을 말한다. 그렇게 밖에는 달리 있을 수 없는 경우 우리는 그것을 필연적이라고 말한다. 그런데 이러한 필연성을 지닌 것은 감각기관을 통하여 밖으로 향한 경험에서는 얻을 수 없다. 경험은 언제나 대체로 그렇다는 것, 달리 있을 수도 있다는 것을 가르칠 뿐이기 때문이다. 그러므로 서양 중세의 철학자 아우구스티누스Aurelius Augustinus(354-430)는 '밖으로 향하기를 원하지 말고 그대 안으로 되돌아오라. 거기에 진리가 있으므로'라고 말한다. 감각경험의 대상에 몰두해 있는 이상, 우리는 경험 자체나 경험하는 자아를 알기는커녕 우리의 시선 밖에 놓여 있어서 이에 대해서는 완전히 망각하고 있다. 자아에 대한 망각은 자아 밖의 존재에 대한 진정한 인식을 불가능하게 만든다. 왜냐하면 인식은 자아가 그의 사고에서 수행하는 것인 한, 인식에서 자아가 하는 역할을 반드시 고려하지 않을 수 없기 때문이다. 그 때문에 반성은 철학적 인식을 위하여 불가결하다. 반성이란 자아가 그 자신이나 그의 사고 작용 또는, 사고활동과 사고 내용을 대상으로 다시 사고하는 것을 말한다. 경험과학도 일정한 한도 안에서 반성적 사고를 행한다. 경험과학자들은 경험적 사고 내용들을 비교, 검토하여 그로부터 일정한 법칙적 관계를 찾아내는 일을 한다. 그러나 자아와 그의 사고 작용은 그의 반성적 사고대상이 되지 않는다.

경험과학자는 경험적 사고 내용이 오직 객관적 사물과 사태로부터 우리에게 주어진 것으로 보므로 원칙적으로 객관적 대상의 현상과 사고 내용은 동일한 것으로 간주할 뿐 객관적으로 존재하는 것, 즉 존재자와 그에 대한 우리의 사고 내용을 구별하는 것은 전혀 문제되지 않는다. 그러나 철학에서는 이 양자를 동일한 것으로 보든 다른 것으로 보든 간에, 개념적으로 구별하는 일은 매우 중요하다. 서양철학에서는 존재자가 무엇인가 그리고 그것을 우리는 존재하는 그대로 인식할 수 있는가하는 문제가 끊임없이 논의되어 왔다. 이 문제를 올바른 시각에서 고찰하기 위해서는 경험적 사고 내용을 이루는 조건들 중 어느 것이 존재자에 속하고 어느 것이 사고하는 주체에 속하는가를 구별하는 것이 중요하다. 물론 경우에 따라서는 모든 조건은 존재자에 있다든가 아니면, 사고하는 주체에 있다든가 또는 양쪽에 다 있다든가 하는 일정한 입장을 취할 수 있으나 그러한 입장의 정당성은 어느 정도로 충분한 논거가 있는가에 달려 있다. 그러나 그 어떤 입장이든 확실한 것은 충분한 철학적 반성을 반드시 필요로 한다는 것이다.

3. 철학의 분과

1) 이론과 실천의 개념

철학을 크게 이론철학과 실천철학으로 나누어 보는 만큼 이 분류를 이해하기 위해서는 이론과 실천이라는 두 개념과 이들 간의 관계를 먼저 살펴보아야 한다. 이론이라든가 실천이라는 말은 우리가 일상생활에서 흔히 사용하는 말인 만큼 이에 대해서는 대체로 그 의미를 알고 있다고 말할 수 있다. 그러나 이 말들 역시 서양의 학문적 용어를 번역한 말이라는 것은 일반적으로 모르고 있다. 이론이란 영어의 'theory'나 또는 독일어의 'Theorie'를 번역한 말이며 그 어원을 거슬러 올라가면 고대 그리스 어의 'theoria'이다. 이 말은 동사 'theorein'을 명사화한 것으로 이 동사의 뜻은 '보다', '직시하다', '관조하다' 등의 뜻이 있다. 'Theoria'를 보다 정확하게 '이론 활동'이라고 번역한다면 이 말의 의미는 '관조활동'이다. 즉, 아무런 가치 평가나 감정의 개입없이 있는 그대로 바라본다는 뜻이다. 그러므로 넓은 뜻의 이론 활동은 아무런 감정이나 평가하는 의식을 갖지 않고 냉정하게(객관적으로) 감각적으로 보는 것, 듣는 것 등 오관을 사용하여 지각하는 것으로부터 고도의 이론적 연구활동에 이르기까지를 다 일컫는 말이다. 그러므로 이론 활동은 일상생활에서도 얼마든지 있을 수 있으며 과학적 연구과정에서 수행하는 차원 높은 이론 활동만을 가리키는 것은 아니다.

실천이란 말은 역시 영어나 독일어의 'Praxis'를 번역한 말로서 이것도 '행위', '일', '노동' 등을 의미하는 고대 그리스어의 'praxis'로 거슬러 올라간다. 이 'praxis'는 그러나 넓은 뜻으로는 겉으로 드러나거나 변화를 가져오는 활동뿐만 아니라 이와 관련된 사고까지도 포함한다. 예를 들어, 무엇을 하겠다고 마음을 작정하는 것이나 결정을 내리는 사고 같은 것도 실천의 의미에 포함된다. 속으로 생각하는 것도 그것이 단순한 이론적 사고가 아닌 한 실천의 의미에 포함된다는 점에서 일상적 의미의 실천이라는 말과 상당히 다르다는 것을 알 수 있다.

이론과 실천의 구별과 관계를 설명하는 훌륭한 예로서는 앞서 언급한 플라톤의 '동굴의 비유'가 자주 인용된다 : 태어나면서부터 동굴의 벽만을 볼 수 있게 결박된 채 살아가는 인간들을 상상해 본다면, 이들은 벽에 비친 그림자를 참된 존재로 알고 살아갈 것이다. 왜냐하면 그림자만이 그들이 볼 수 있는 전부이기 때문이다. 그러나 만일 이들 중 한 사람이 저항할 수 없는 강력한 힘에 의해서 결박이 풀리고 강제로 일으켜 세워진다고 상상해 보자. 그가 일어나서 뒤를 돌아다보고, 걸어서 동굴 밖을 나올 수 있게 되면 비로소 참된 것과 거짓(그림자)을 그는 구별할 수 있게 될 것이다. 이 과정은 사물을 있는 그대로 인식하는 과정, 즉 이론 활동theoria이다. 그런데 이제 동굴 밖 참된 존재의 세계를 알게 된, 말하자면 진리를 얻게 된 사람은 그 세계가 참으로 좋은 세계라고 평가하는 한편, 다시는 동굴 안으로 되돌아가기를 원하지 않을 것이다. 좋다고 평가하거나 동굴 밖에서 영원히 살기를 원하는 이 생각이 이미 실천 활동에 속할 뿐만 아니라, 그는 이제 참으로 중요한 실천적 문제 앞에 서게 된다. 그는 이 좋은 참된 존재의 세계에서 살기로 작정하는 한편, 여전히 동굴 속에 갇혀서 그림자를 참된 존재로 잘못 알고 있으며 결박이 풀린 자유의 상태가 어떤 것인지 모르는 다른 사람들을 생각하게 될 것이다. 그는 참된 존재의 세계에서 혼자 행복을 누리든지 동굴 속의 그들을 데려나오기 위해 다시 내려가든지 결정해야 한다. 다시 내려가서 그들에게 진리를 알리는 것이 그에게 주어진 피할 수 없는 의무라고 생각한다면, 그는 다시 내려갈 것이다. 그러나 그림자 외에는 아무것도 알지 못하는 사람들은 그의 말을 믿지 않고 미친 사람이나 위험한 존재로 여겨 그럴 수만 있다면 그를 죽일 것이다.

그는 이제 생명의 위험을 무릅쓰고 의무를 지키든가 생명의 안전을 위해 의무를 버리든가 어떻든 결정하지 않으면 안 된다. 이렇게 결정하고 행위하는 것은 실천의 문제이다. 동굴 속에서 결박을 풀고 동굴 밖으로 올라가서 나가는 길이 이론 활동을 뜻한다면 동굴 밖에서 참된 존재를 좋다고 여기는 것으로부터 다시 동굴 안으로 들어가서 다른 사람들에게 진리의 세계를 알리는 과정은 실천 활동을 뜻하는 것이다.

2) 이론과 실천의 관계

이론과 실천의 관계는 플라톤의 '동굴의 비유'가 보여주는 것과 같이 서로 불가분한 관계에 있다. 동굴 속에 갇혀있던 상태로부터 벗어나 동굴 밖으로 나오는 이론 활동의 과정이 없었다면 동굴 밖에서 다시 안으로 들어가는 실천 활동도 있을 수 없다. 다시 말하면 이론 활동은 실천 활동에 선행되어야 하며 그 필수적 전제로 볼 수 있다. 무슨 일에든지 바로 알지 않고는 올바로 행할 수 없다. 알지 못하고 행할 때 그 행위는 맹목적인 것이 되며 결과적으로 그 행위가 올바른 것이었다 하더라도 그 올바름은 우연적인 올바름에 지나지 않는다. 이것은 일상의 사소한 행위에서부터 윤리적으로 매우 가치있는 행위에 이르기까지

다 그러하다. 참된 인식 위에서만 진정으로 올바른 행위가 가능하며 절대적으로 참된 인식을 토대로 하여서만 윤리적인 의미에서 절대적으로 올바른 행위가 가능하다.

모든 행함이 일정한 앎을 전제로 한다는 외견상 평범한 이 관계는 실천 활동을 좀더 분석적으로 고찰할 경우 필연적 관계라는 것이 드러난다. 먼저 행위가 어떻게 이루어지는가를 살펴볼 때, 우리는 현재는 없는, 이루어지지 않은 것을 원한다. 즉, 어떤 것이 실현될 것을 원한다. 그리고 이 목적이 실현될 수 있는 수단을 생각하고 가장 효과적으로 목적을 달성할 수 있는 수단을 선택한다. 그 다음 선택된 수단을 실현하고 이것을 통하여 목적을 달성하는 행위를 수행한다. 이러한 과정의 처음에 그 무엇을 원하는 사고활동도 역시 하나의 실천 활동의 의미에 포함된다고 앞서 말하였다. 이 원하는 사고를 할 수 있는 능력을 우리는 의지意志라고 부른다. 의지를 영어로 'will', 독일어로 'Wille'라고 부르는 것을 생각할 때 '원하다'라는 뜻의 영어 'will'이나 독일어 'wollen'과 같은 어원임을 알 수 있다. 이 원하는 능력인 의지는 단순히 욕구한다는 본능적 기능과는 구별되어야 한다. 원하는 의지활동은 본능적, 충동적으로 욕구하는 것과는 다르다. 왜냐하면 욕구하는 것은 인식적으로 알든 모르든 관계없이 욕구한다. 욕구가 충족될 수 있는 가능성이 없다고 해서 욕구가 일어나지 않는 것이 아니다. 그러나 원하는 사고활동은 명확한 인식이든 모호한 대체적인 앎이든 간에 일정한 앎을 토대로, 원하는 것이 실현가능하다는 가능성의 의식이 있는 경우에만 원한다. 여러 가지 가능한 경우에 선택적으로 원하며 가능성이 전혀 보이지 않을 때는 비록 욕구는 있더라도 원하지는 않는다. 이 경우 오히려 욕구를 억제하기를 원한다. 인간은 욕구의 충족도 상황에 대한 인식적 판단 아래 선택적으로 행한다. 그 때문에 인간은 의지적 주체이다. 의지활동인 이 원함은 반드시 이론적 앎의 활동을 전제한다. 그 무엇이 어떻다는 것을 '이론적으로' 알고 그것을 좋다고 평가하기 때문에 그리고, 그것을 얻을 수 있다고 판단하기 때문에 그것을 원한다. 인식적 판단으로부터 곧장 의지활동이 생겨나는 것이 아니라 이에 앞서 평가 활동이 있어야 한다. 이 평가 활동 역시 하나의 실천 활동이며 무엇이 좋다는 평가는 물론 객관적일 수도, 주관적일 수도 있다. 그러나 그 무엇을 나쁘다, 필요없다, 불가능하다는 등 부정적으로 평가하면서 그것을 원하지는 않는다. 언제나 긍정적으로 평가하는 대상을 원하는 것이다.

이제 요약하여 말한다면, 이론 활동, 평가 활동, 원하는 활동 또는 원망願望 활동 그리고 행위(수단을 선택하고 목적을 달성하려는 활동)라는 논리적 순서에 따라 실천 활동이 가능하다는 것을 알 수 있다. 즉, 이론 활동 없는 평가 활동이 있을 수 없고, 평가 활동 없는 원망활동이 없으며 그 무엇을 원하지 않고 행하는 것은 있을 수 없다는 것이다. 객관적으로 좋지 않은 것, 윤리적으로 나쁜 것을 원하는 경우에도 그것을 주관적으로는 좋다고 평가하거나 필요하다고 평가하므로 그것을 원하며 행하는 것이다.

이론과 실천의 관계는 또 하나의 다른 측면을 갖는다. 플라톤의 '동굴의 비유'를 다시 생각해 보면, 동굴에서 나온 이상 다른 사람들에게 진리를 알리러 내려가든가 않든가 선택해야 한다. 참된 존재의 세계를 알게 된 이상 어떤 경우이든 그는 실천을 하지 않을 수 없다. 이런 측면에서도 앎과 행함은 불가분한 관계에 있다. 소크라테스(BC 470-399)는 말한다. '알면 행하지 않을 수 없다.'

동양에서도 흔히 '지행합일知行合一'을 말한다. 앎과 행함은 일치해야 한다는 뜻이다. 소크라테스 말에 대하여 우리는 의문을 제기하게 된다. 알고도 행하지 않는 경우가 많이 있는데 어떻게 알면 행하지 않을 수 없다고 말할 수 있는가? 이에 대한 소크라테스의 대답은 그 어떤 것을 완전히 아는 사람은 그것을 실천하지 않을 수 없다는 것이다. 알고도 행하지 않는 것은 그것을 완전히 알지 못하고 불확실하고 모호하게 알기 때문에, 즉 엄밀한 뜻으로는 무지하기 때문에 행하지 못하는 것이라고 한다. 또 모르면서 행하면 동물적, 조건반사적 행동에 지나지 않는다. 인간의 의지행위는 그 어떤 것이든 앎이 전제되어 있다. 그 때문에 이론없는 실천은 맹목적이다. 그러나 알고도 행하지 않으면 그 앎이란 무의미하다. 실천없는 이론은 공허한 것일 뿐이다. 진리의 가치를 인식한 자는 그 가치의 실현을 요구받는다. 그 때문에 알면서 행하지 않으면 그 진리를 얻은 자신의 무가치를 경험한다.

이론과 실천의 그러한 관계가 모든 이론에서 하나같이 명확하게 직접 드러나는 것은 아니다. 우리가 지식을 이론지理論知와 실천지實踐知로 나눈다면 앞서 말한 이론과 실천의 관계는 일차적으로는 실천지에서만 직접적으로 드러난다. 우리가 '이론지'를 이론 활동 자체에 관한 앎을 포함하여, 이의 대상이 되는 객관적 사태나 사물 그리고 이것들을 지배하는 원리에 관한 앎이라고 본다면 '실천지'는 실천 활동과 그 대상에 관한 앎이라고 말할 수 있을 것이다. 알면 행하지 않을 수 없다는 말이나 실천없는 이론은 공허하다는 말, 지행합일이라는 말은 모두 이 실천지에 관계된 것이지 이론지와는 적어도 직접적으로는 관계가 없다. 그러나 이론과 실천의 보편적 관계는 이론지와 실천지에도 적용되는 만큼 이론지는 실천지의 토대가 된다. 한 가지 쉬운 예를 든다면, 순수 기하학의 이론은 측량에 관한 실천지의 토대가 되고 이 실천지는 교량의 건설이라는 하나의 실천 활동에 이바지된다. 이와 같은 의미에서 이론지는 간접적으로 실천 활동에 관계되어 있다.

3) 이론철학과 실천철학

이론철학이란 위에서 정의한 의미의 이론 활동과 그 대상에 관하여 철학적으로 연구하는 철학의 분과라고 간단히 말할 수 있으나 이로써는 충분한 설명이 될 수 없다. 이론 활동을 객관적 사유활동이라고 본다면 이에 관한 개별과학적 연구는 무엇보다도 우선 심리학이 그러한 학문이다. 그리고 이론 활동의 대상에 관한 연구는 모든 경험과학과 형식학이 수행하고 있다. 그러나 철학이 이론 활동과 그 대상에 관한 연구라면 어디까지나 가장 보편적인 원리들을 밝혀내는 연구를 말한다. 즉, 개별적 이론 활동과 그 개별적 대상에 관한 연구가 아니라, 지각, 사유, 의식, 인식, 진리가 무엇이며 이들을 지배하는 궁극원리가 무엇인가를 묻는 이론 활동에 관련된 물음 그리고 자연, 인간, 세계, 존재가 무엇이며 이들을 지배하는 궁극원리가 무엇인가를 묻는 이론 활동의 대상에 관한 물음이다. 그러므로 이론철학의 가장 중요한 두 분과는 인식에 관한 철학적 연구인 '인식론epistemology'과 존재에 관한 철학적 연구인 '존재론ontology'이다. 이 두 분과 외에도 이론철학에 '철학적 인간학philosophical anthropology'과 철학적 신학을 포함시킬 수 있다. 인간은 물론 모든 존재하는 것들 중 하나의 존재자이지만 다른 존재자와 구별되는 특수한 존재자인 만큼 별도로 연구해야 할 분과로 보게 된 것은 최근의 일이다. 그리고 철학적 신학은 신의 존재를 처음부터 확신하고 그것을 자명하게 여기는 '계시신학'과는 다르게 신의 존재 여부를 묻고 신의 존재를 어떻게 철학적으로 증명할 수 있는가 하는 문제와 신에 대한 인간의 신앙과의 관계에서 신의 본질이 무엇인가를 다룬다.

실천 활동과 그 대상에 관한 학문은 순수 자연과학과 형식학을 제외한 모든 과학이 포함된다고 볼 수 있다. 순수 자연과학을 기초로 한 모든 공학들이 실천에 관한 학문이며 인문, 사회과학이 다 인간의 실천 활동과 그 대상에 관계된 학문이다. 그러나 실천철학은 이러한 개별과학적 연구와는 근본적으로 다르다. 그 다른 점은 물론 철학과 경험과학의 차이에서 이미 말한 대로 실천에 관한 개별과학적 연구는 개별적 사실들을 경험적으로 연구하여 경험적 인과관계를 밝혀내는 것을 목적으로 하지만 실천철학은 실천 활동과 그 대상들의 궁극원리를 연구하는 학문이다. 즉, 인간의 실천적 사고와 행위란 무엇이며 그 근본원리가 있는가, 그리고 있다면 그것이 무엇인가를 연구한다. 실천철학의 가장 중심되는 분과로서 보통 '도덕철학'이라고도 부르는 윤리학을 예로 든다면, 윤리학은 인간의 윤리적 가치판단과 이에 근거한 행위의 객관적 기준이 있는가 그리고 있다면 그것이 무엇인가를 연구한다. 더 나아가서 그러한 기준이 있다면 왜 우리는 그러한 기준에 따라서 행위해야 하는가를 논증하는 일이 중요하다. 개별적인 행위와 관련해서도 윤리학에서는 '어떻게 행위해야' 하는가 하는 것이 문제가 되며 '어떻게 행위하는가'는 중요하지 않다. '어떻게 행위하는가'하는 문제는 심리학, 사회학 등이 문제삼는 대상이다. 이 '해야 한다', '하지 않아야 한다'라는 말로 표현될 수 있는 당위성의 근거를 밝히는 일이 윤리학의 중심되는 과제라고 말할 수 있다.

윤리적ethical(도덕적이건, 비도덕적이건 간에 윤리적으로 문제가 되는) 가치판단과 윤리적 행위의 기준을 찾고 이 기준의 객관적 타당성을 논증하는 일은 윤리학의 순수한 이론적 연구이다. 그러므로 윤리학은 철학의 한 분과로서 일차적으로 순수 이론이다. 그러나 윤리학은 또 다른 한 기능을 갖고 있음에 틀림없다. 즉, 응용적 기능인데 서양 윤리학의 역사를 돌아보면 이 응용적 기능이 더욱 지배적이었다. 처음으로 윤리학을 체계적으로 연구한 아리스토텔레스는 인간은 좋은 삶eu Zen을 궁극목적으로 하는데 이 목표에 도달하기 위해서는 좋은 정신상태eu daimonia를 유지해야 하며 이를 위해서는 좋은 행위를 해야 한다는 생각이다. 이러한 윤리학적 관점을 보통 목적론적 관점이라고 부르는데 바로 이것은 윤리학의 응용적 측면을 강조한 관점이다. 즉, 왜 그렇게 해야 하는가라는 물음에 '무엇을 위하여'라고 대답하기 때문이다. 이렇게 목적론적 윤리학은 아리스토텔레스 이래 쾌락주의hedonism, 공리주의utilitarianism를 거쳐 오늘에 이르기까지 그 전통을 이어오고 있다. 그러나 공리주의 이전 칸트의 윤리학에서 비로소 그러한 목적론적 관점을 배제하고 오직 순수 이론으로서의 윤리학을 전면에 내세우는 시도가 나타나게 되었다.

윤리학과 함께 실천철학의 중요한 다른 한 분과는 법철학이다. 법학이 개별적 법률에 관한 이론과 그 응용을 다룬다면 법철학은 법의 근본원리를 연구한다. 우리가 법을 인간이 만드는 법률들의 총괄개념이라고 본다면 법철학은 이 법이 근본적으로 무엇이며, 무엇에 근거하여 그 객관적 타당성을 가질 수 있는가를 연구한다. 인간은 기본적으로는 누구나 자신의 자유를 마음대로 사용할 권리를 지니고 태어났다. 그러나 인간이 공동체 내에서 태어나고 공동체 내의 다른 구성원들과 함께 살아가야 하는 만큼 한 사람이 그의 자유를 마음대로 행사하면 반드시 다른 사람의 자유를 손상시키게 된다. 그러므로 공동체 내의 모든 구성원들은 자신의 자유행사와 타인의 자유행사가 충돌하지 않고 조화롭게 되도록 해야 할 필요가 있게 된다. 즉, 자신의 자유가 타인에 의해 손상당하지 않도록 하기 위해서는 그 자신의 자유를 어느 정도 제한하지 않으면 안 된다. 이것이 법의 발생근거라고 말할 수 있으나, 문제는 구성원들의 자유를 제한하는 한편 보장해주는 이 법을 만드는 사람들도 역시 다른 구성원들과 동등한 자유를 가진 구성원들이라는 데에 있다. 즉, 입법자도 역시 제한받아야 할 또는 보장받아야 할 바로 동일한 자유를 사용하여 입법해야 한다는 문제가 있다. 따라서 어떠한 기준에 따라서 입법해야 할 것인가 하는 문제가 생겨나며 이 입법의 기준은 다시금 어떠한 원리에 근거하여 정해야 할 것인가 하는 문제에 부딪히게 된다. 그러므로 법의 궁극원리를 규명하는 일, 그리고 이 원리의 객관적 타당성을 논증하는 일은 매우 중요하며 이것은 오직 법철학의 과제이다.

실천철학의 세 번째 중요한 분과로는 예술철학 또는 미학을 말하지 않을 수 없다. 아리스토텔레스는 그의 《니코마코스 윤리학》에서 실천 활동Praxis을 다시금 두 가지 유형으로 나누고 있다. 즉, 엄밀한 뜻의 실천 활동과 창작 활동Poiesis이 그것이다. 엄밀한 뜻의 실천 활동은 오직 윤리적 활동만을 의미하고 창작 활동은 그 활동의 목적이 그 활동의 밖에, 그 활동의 결과에 있는 활동으로서 예술적 창작이나 도구를 만드는 기술적 제작활동을 가리킨다.

이론 활동에 관련된 철학이 이론철학이라면 엄밀한 뜻의 실천 활동에 관련된 철학이 윤리학이며 창작 활동과 그 결과에 관련된 철학이 미학이다. 미학이란 한마디로 아름다움의 본질과 원리를 탐구하는 철학이다. 미학도 물론 실천철학인 이상 순수 이론적 측면과 함께 응용적 측면을 갖는다. 미적 가치가 객관적인 것인가 주관적인 것인가? 만일 전적으로 주관적인 것이라면, 즉 아름다움을 느끼는 것이 오직 개인의 취향과 관심에만 달려 있어서 인간 각자가 다 다르게 느끼는 데에 따라서 아름다움의 가치가 결정되는 것이라면 아름다움의 객관성과 그 원리를 말한다는 것은 아무런 의미가 없다. 그러나 각자가 아름다움을 느끼는 차이를 인정한다 하더라도 아름다움 그 자체의 객관적 측면을 도외시할 수 없다. 예를 들어, 어떤 특정한 음악은 어떤 사람에게는 매우 큰 미적 감흥을 느끼게 하지만 다른 어떤 사람에게는 전혀 그렇지가 못한 경우 그 음악이 지닌 아름다움은 어떤 사람에게는 있고 다른 어떤 사람에게는 없는 것이 아니라, 후자는 그 아름다움을 느끼지 못할 뿐이다. 우리가 한 사물을 경험하는 내용은 각기 차이가 있다 하더라도 그 사물의 보편적 본질은 객관적인 것으로 여기는 것과 마찬가지로 우리가 아름다움을 느끼고 그것을 표현하는 것은 사람마다, 시대마다 차이가 있다 하더라도 거기에는 개인과 시대와 공간적 제한을 넘어서는 어떤 보편적인 것이 있음을 인정하지 않을 수 없다. 그렇다면 미적 가치의 객관성은 어디에 근거하는 것일까 하고 물을 수 있다. 미적 가치의 객관성이 단순히 인간의 느끼는 방식의 공통성에 근거하는 것인지, 아니면 이 가치를 느끼는 방식의 공통성과 차이에 관계없이 객관성과 보편성을 갖는 것인지를 우리는 연구할 수 있다. 만일 미적 가치가 진정한 의미의 객관성을 갖는다면 그것은 어떠한 원리 아래에서 그러한가를 연구할 수 있다. 그리고 연구에서 밝혀진 원리는 개별적인 예술작품의 객관적 평가에 응용될 수 있다. 즉, 그러한 원리에 비추어서 어떤 한 예술작품이 지닌 예술적 가치를 평가할 수 있다.

윤리학, 법철학, 미학이 실천철학의 가장 으뜸되는 세 분과이지만 이 밖에도 정치철학, 경제철학, 역사철학 등 여러 가지 실천철학이 있다. 이러한 분류는 철학의 문제가 워낙 방대한 탓으로 편의상 분류한 것일 뿐 철학이 지닌 공통된 특징은 어떤 분과에서나 다르지 않다.

4. 철학의 정의定義

1) 철학에 대한 비난

우리는 처음에 철학에 대한 일반적인 통념을 몇 가지로 요약하였다. 이것을 크게 보면 철학적 진리는 객관적 진리가 아니라는 것, 다시 말하여 객관성이 없고 주관적 견해에 지나지 않는다는 것과 철학이 인류의 발전에 공헌한 것이 없으며 우리의 현실적인 삶을 개선하는 데에 아무런 소용이 없다는 것으로 다시 요약할 수 있다. 이제 이러한 비난은 사실 철학이 학문으로서 어떠한 특성을 갖는가에 대하여 잘 알지 못하기 때문에 나오는 것임이 지금까지의 고찰에서 드러났다. 그러나 철학에 대한 이러한 의심과 비난에 대하여 여기서 다시금 직접적으로 대답함으로써 지금까지의 설명을 보충하자.

철학적 진리의 객관성과 관련된 비난에 대한 대답을 위해서는 먼저 객관성이라는 것을 어떤 의미로 이해해야 할 것인가를 생각해 보아야 한다. 만일 이 객관성의 의미를 자연과학적 의미의 객관성으로만 이해한다면 이미 여기에는 과학주의적 사고, 즉 자연과학 제일주의적 사고가 바탕이 되어 있다고 볼 수 있다. 이러한 사고는 감각경험적 객관성이 어느 정도로 그 타당성이 보증되는가 하는 반성적 물음을 전혀 제기하지 않고 있다. 감각경험적 객관성은, 경험과학과 철학의 차이에서 이미 살펴본 바와 같이, 우리가 지닌 감각기관의 공통성, 관찰과 실험의 정밀성에 근거하고 있다. 그리고 결국에 가서는 귀납법에 의하여 확정되는 객관성이다. 이 객관성은 '우리에게는 지금까지' 객관적이라는 의미의 객관성이다. 진정한 의미의 객관성은 그 이상의 것이다. 물론 객관성의 의미를 규정하는 것 자체가 철학의 한 중요한 문제로 된다. 그러나 적어도 자연과학적 의미의 객관성은 객관성의 의미를 다 충족시키지는 못한다.

보통 그 무엇이 객관적이라고 말하는 것은 그것을 사고하는 주체subject와는 관계없이 그러하다는 것을 의미한다. 그리고 자연과학자는 가능한 한 관찰자나 실험자 등 주체의 주관적 요소를 배제함으로써 자연과학적 관찰대상의 객관성을 확보하려고 노력한다. 그러나 이 배제되어야 할 주관적 요소는 한 사람 또는 소수의 개인적 편견이나 감정 등의 특수성을 의미하는 것이지 객관적 인식의 필수조건이 되는 주체 자체를 두고 하는 말은 아니다. 이 주체의 배제는 원칙적으로 불가능할 뿐만 아니라 배제되어서도 안 된다. 왜냐하면 자연과학적 인식은 물론, 모든 객관적 인식은 바로 주체의 인식이며 주체와 대상과의 상관관계에서만 획득되는 것이기 때문이다. 즉, 인식은 주체가 대상에 대한 인식 활동에서 획득된 것을 말하며 획득된 인식은 대상이 지닌 조건에 못지않게 인식주체가 지닌 조건에 의존되어 있기 때문이다. 심지어 칸트는 그의 《순수이성 비판》에서 자연현상의 객관성은 인식주체가 자연현상에 객관성을 부여하였기 때문에 객관적이라고 말한다. 우리가 칸트의 견해에 전적으로 동의하지는 않는다 하더라도 적어도 객관적 인식이 가능하기 위해서는 주관적 조건, 즉 인식주체에 속하는 조건이 필수적임을 인정하지 않을 수 없다.

객관성의 의미를 이와 같이 생각해 볼 때 (경험)과학적 진리는 객관적이며 철학적 진리는 객관적이지 못하다고 단정할 아무런 근거가 없음을 알게 된다. 보다 엄밀한 뜻의 객관성이라는 의미에서 말한다면 오히려 철학적 진리는 과학적 진리보다 더 객관적이기를 원한다. 그래야만 철학적 진리로서 자격을 지닌다. 경험적으로만 그 객관성이 결정될 수 있는 그러한 진리는 철학적 진리가 되지 못한다. 개연적 진리는 철학적 진리가 아니라는 것은 이미 철학과 경험과학의 차이를 논할 때 살펴보았다.

그러면 왜 철학자는 동일한 대상에 대하여 각기 다르게 주장하는가? 각기 다르게 주장되는 철학적 진리가 어떻게 객관적 진리일 수 있는가? 이러한 물음에 대하여 우선 말할 수 있는 것은 철학에서는 어떤 한 철학자의 주장은 전적으로 정당하고 다른 한 철학자의 주장은 전적으로 틀리는 것이라고 말할 수 없다는 것이다. 경험과학과 형식학의 구체적이고 개별적인 대상들에 관한 주장은 그 무엇이 둥글거나 둥글지 않거나 둘 중의 하나만이 참인 주장이 된다. 그러나 철학의 연구 대상은 너무나 보편적일 뿐만 아니라 그에 대한 대답도 전체적인 대답이므로 어떤 한 철학자가 비록 완전무결한 대답을 할 수는 없다 하더라도 동일한 대상에 대하여 다른 대답과 전적으로 모순되는 대답은 있을 수 없다. 철학자들의 대답은 그것과는 다른 주장들을 전적으로 허위로서 용납하지 않는 상호 모순관계에 있는 것이 아니라, 보다 완전한 대답을 이루어 나가기 위하여 필요한 상호 보완관계에 있다고 볼 수 있다. 절대적으로 보편적인 문제에 대한 대답은 이러한 특성을 갖지 않을 수 없다.

자아, 윤리, 그리고 철학

초판 발행 2006년 5월 4일
초판 1쇄 2006년 5월 4일
지은이 이길우
펴낸곳 고려대학교출판부
www.kupress.com
kupress@korea.ac.kr
136-701 서울특별시 성북구 안암동
02-3290-4230~2
Fax 923-6311
찍은곳 이환기획인쇄

ISBN 89-7641-579-5 93160
값 25,000원